Bericht

der

Reichstags-Kommission

über den Entwurf eines

Bürgerlichen Gesetzbuchs und Einführungsgesetzes.

Bericht der Reichstags-Kommission

über den Entwurf eines

Bürgerlichen Gesetzbuchs

und

Einführungsgesetzes

nebst einer

Zusammenstellung der Kommissionsbeschlüsse.

Berichterstatter:

Abgeordnete Dr. Ennecerus, Dr. v. Buchka, Dr. Bachem, Schroeder.

Berlin.

J. Guttentag, Verlagsbuchhandlung.

1896.

Inhalts-Verzeichniß.

Drittes Buch.

Berichterstatter: Abgeordneter Dr. v. Buchka.

Viertes Buch.

Familienrecht.

Berichterstatter: Abgeordneter Dr. Bachem.

Fünftes Buch.

Erbrecht.

Berichterstatter: Abgeordneter Schroeder.

Bericht über den Entwurf eines Einführungsgesetzes zum Bürgerlichen Gesetzbuch.

Berichterstatter: Abgeordneter Schroeder.

Zusammenstellung des Entwurfs eines Bürgerlichen Gesetzbuchs nach den Beschlüssen der XII. Kommission.

Zusammenstellung des Entwurfs eines Einführungsgesetzes zum Bürgerlichen Gesetzbuch nach den Beschlüssen der XII. Kommission.

Bericht

über

den Entwurf eines Bürgerlichen Gesetzbuchs in Verbindung mit dem Entwurf eines Einführungsgesetzes zum Bürgerlichen Gesetzbuche.

Der dem Reichstag am 17. Januar 1896 vorgelegte Entwurf eines Bürgerlichen Gesetzbuchs nebst zugehöriger Denkschrift, sowie der Entwurf eines Einführungsgesetzes zum Bürgerlichen Gesetzbuch wurde am 6. Februar 1896 einer Kommission von 21 Mitgliedern überwiesen. Die Kommission konstituirte sich am 7. Februar 1896 und wählte als Vorsitzenden den zweiten Vizepräsidenten des Reichstags, Abgeordneten Dr. Spahn, als Stellvertreter des Vorsitzenden den Abgeordneten Kauffmann.

Als Vertreter der verbündeten Regierungen nahmen an den Kommissionsberathungen Theil:

A.

die Bevollmächtigten zum Bundesrath, beziehungsweise Stellvertreter:

der Wirkliche Geheime Rath, Staatssekretär des Reichsjustizamts Dr. Nieberding,

der Königlich preußische Wirkliche Geheime Ober-Justizrath und vortragende Rath im Justizministerium Dr. Küntzel,

der Königlich bayerische Ministerialrath Ritter v. Heller,

der Königlich sächsische Geheime Rath und Generalstaatsanwalt Dr. Rüger,

der Königlich württembergische Regierungsdirektor v. Schicker,

der Großherzoglich badische außerordentliche Gesandte und bevollmächtigte Minister, Geheime Legationsrath Dr v. Jagemann,

der Großherzoglich hessische Geheime Rath Dr. Dittmar,

der Großherzoglich mecklenburg-schwerinsche Ministerialrath Dr. Langfeld,

der Großherzoglich sächsische Wirkliche Geheime Rath Dr. v. Heerwart;

B.

die vom Bundesrath ernannten Kommissare:

der Kaiserliche Geheime Ober-Regierungsrath und vortragende Rath im Reichs-Justizamt Dr. Struckmann,

der Königlich preußische Geheime Justizrath, ordentlicher Honorarprofessor an der Universität Göttingen, Dr. Planck,

der Königlich bayerische Ministerialrath Ritter Dr. v. Jacubezky,
der Königlich sächsische Geheime Justizrath und vortragende Rath im Ministerium der Justiz Dr. Boerner,
der Königlich sächsische Geheime Hofrath, ordentlicher Professor an der Universität Leipzig, Dr. Sohm,
der ordentliche Professor an der Königlich württembergischen Universität zu Tübingen Dr. v. Mandry,
der Großherzoglich badische Geheime Rath, ordentlicher Professor an der Universität zu Freiburg i. Bad., Dr. Gebhard,
der Königlich preußische Geheime Ober-Regierungsrath und vortragende Rath im Ministerium des Innern v. Philipsborn,
der Königlich preußische Geheime Ober-Regierungsrath und vortragende Rath im Ministerium des Innern v. Knebel-Döberitz,
der Königlich preußische Geheime Ober-Regierungsrath und vortragende Rath im Ministerium für Landwirthschaft, Domänen und Forsten Dr. Hermes,
der Königlich preußische Ober-Forstmeister und Direktor der Königlichen Forstakademie Eberswalde Dr. Danckelmann.

Die Kommission berieth die beiden Gesetzentwürfe in zwei Lesungen und 53 Sitzungen. Die Durchberathung erfolgte, von einzelnen Ausnahmen abgesehen, nach der Paragraphenfolge des Bürgerlichen Gesetzbuchs unter Miterörterung der einschlagenden Artikel des Einführungsgesetzes. Die auf diese Weise noch nicht erledigten Theile des Einführungsgesetzes wurden am Schlusse jeder Lesung des Bürgerlichen Gesetzbuchs berathen.

Von der der Kommission durch Plenarbeschluß vom 6. Februar 1896 ertheilten Ermächtigung,

einzelne Abschnitte dieser Gesetzentwürfe durch Majoritätsbeschlüsse, ohne in eine Berathung über dieselben einzutreten, unverändert anzunehmen,

hat die Kommission in keinem Fall Gebrauch gemacht. Auch wurde während der ganzen Verhandlungen in erster und zweiter Lesung kein Schlußantrag angenommen. Es wurden indeß nur diejenigen Paragraphen und Artikel aufgerufen, zu welchen Anträge gestellt oder Wortmeldungen erfolgt waren. Alle übrigen Paragraphen des Bürgerlichen Gesetzbuchs oder Artikel des Einführungsgesetzes wurden stillschweigend genehmigt.

Auch die folgende Berichterstattung wird sich demgemäß auf diejenigen Paragraphen und Artikel beschränken, über welche eine Diskussion stattfand, so daß alle in dem Berichte nicht erwähnten Paragraphen und Artikel als stillschweigend genehmigt zu betrachten sind.

Die Berichterstattung für das Plenum übernahm:

für das erste Buch, „Allgemeiner Theil", und das zweite Buch, „Recht der Schuldverhältnisse", Abgeordneter Dr. Enneccerus,
für das dritte Buch, „Sachenrecht", Abgeordneter Dr. v. Buchka,
für das vierte Buch, „Familienrecht", Abgeordneter Dr. Bachem,
für das fünfte Buch, „Erbrecht", sowie für die nicht schon im Zusammenhang mit den einzelnen Lehren des Bürgerlichen Gesetzbuchs erörterten Artikel des Einführungsgesetzes Abgeordneter Schroeder.

Erstes Buch.

Allgemeiner Theil.

Erster Abschnitt.

Personen.

Erster Titel.

Natürliche Personen.

(§§. 1 bis 20.)

(Einführungsgesetz Artikel 6, 157, 158.)

§. 1.

Es wurde beantragt, dem §. 1 folgende Fassung zu geben:

„Jeder Mensch besitzt Rechtspersönlichkeit; diese Persönlichkeit beginnt mit der Vollendung der Geburt und währt bis zum Tode."

Zur Begründung wurde angeführt: Der Ausdruck „Rechtsfähigkeit", den der Entwurf gebrauche, sei mehrdeutig und könne insonderheit auch von der Erwerbsfähigkeit verstanden werden. Sodann sei es wünschenswerth (was der Entwurf unterlasse), die Fortdauer der Rechtspersönlichkeit bis zum Tode ausdrücklich zu betonen und damit namentlich auch in Rücksicht auf unsere Kolonien die Unzulässigkeit der Sklaverei auszusprechen.

Von Seiten der Kommissare der verbündeten Regierungen und von verschiedenen Kommissionsmitgliedern wurde dagegen der Ausdruck „Rechtsfähigkeit" als der in Theorie und Praxis gebräuchlichere, zudem gemeinverständlichere, entschieden bevorzugt. Auch bei den juristischen Personen bezeichne der Entwurf die Persönlichkeit als „Rechtsfähigkeit", ein Ausdruck, der gerade bei ihnen ohne die Gefahr von Mißverständnissen und Unklarheiten am wenigsten entbehrt werden könne. Eine Verwechslung der Rechtsfähigkeit mit der Erwerbsfähigkeit durch eigene Handlung, also der Handlungsfähigkeit wurde als völlig ausgeschlossen bezeichnet, da der Unterschied beider Begriffe unmöglich verkannt werden könne. Daß ferner die Rechtsfähigkeit und folgeweise die Freiheit des Menschen bis zum Tode dauere, sei selbstverständlich und gehe aus dem Gesammtinhalt des Gesetzbuchs mit Nothwendigkeit hervor; mit Recht aber habe sich der Entwurf bestrebt, die Aufstellung selbstverständlicher Sätze thunlichst zu vermeiden. Sollte aber wirklich eine ausdrückliche Regelung der Frage für die Kolonien als wünschenswerth erscheinen, so würde dieselbe besser bei der Regelung des internationalen Privatrechts erfolgen.

Demgemäß wurde der Antrag abgelehnt.

§. 6.

Die im Entwurfe vorgeschlagene Entmündigung wegen Trunksucht wurde von einer Seite beanstandet und demgemäß die Streichung der Nr. 3 des §. 6 beantragt.

Der Antragsteller erblickte in der Entmündigung wegen Trunksucht eine Gefahr namentlich für die weniger Bemittelten, insonders den Arbeiterstand. Es sei hier die Besorgniß nicht unbegründet, daß an den regelmäßigen Branntweingenuß gewöhnte Personen eben wegen dieser Gewöhnung als Trunksüchtige behandelt, demnach entmündigt und in ihrem Arbeitserwerb geschädigt, ja gehindert würden. Besonders bedenklich aber erscheine es, daß die Entmündigung wegen Trunksucht tendenziös mißbraucht werden könne, um vor zweifelhaften Wahlen die Stimmen der arbeitenden Bevölkerung zu vermindern.

Die Vertreter der verbündeten Regierungen wie eine sehr große Mehrzahl der Mitglieder der Kommission erklärte sich gegen diese Befürchtung; sie erkannten in der Einführung der Entmündigung wegen Trunksucht einen hochbedeutenden sozialen Fortschritt. Nicht jeder an den Branntweingenuß Gewöhnte, sondern nur der „Trunksüchtige“ solle nach dem Wortlaute des Entwurfs entmündigt werden können, d. h. Derjenige, der einer in der Regel oder doch häufig unwiderstehlichen „Sucht“ zum Trinken verfallen sei, und selbst dieser nur dann, wenn er in Folge dieser Trunksucht seine Angelegenheiten nicht zu besorgen vermag, sich oder seine Familie der Gefahr des Nothstandes aussetzt, oder die Sicherheit Anderer gefährdet. Eine Pflegschaft, wie von der Gegenseite vorgeschlagen war, könne zur Bekämpfung der Trunksucht keinesfalls genügen, denn eine Pflegschaft könne nur mit Einwilligung des Trunksüchtigen angeordnet werden (§. 1886), und diese werde, da es sich hauptsächlich darum handele, den Trunksüchtigen auch gegen seinen Willen in einer Heilanstalt unterbringen zu können, schwerlich zu erlangen sein.

Das einzige Mittel, welches eine Besserung erwarten lasse, die Entmündigung, sei danach eine Wohlthat für den Trunksüchtigen selbst, namentlich aber sei sie zum Schutz der Frau und Kinder unbedingt erforderlich. In diesem Sinne haben sich auch der Deutsche Juristentag, der Aerztetag und viele andere Vereinigungen ausgesprochen. Anerkannt wurde indessen von verschiedenen Mitgliedern der Kommission, daß das Entmündigungsverfahren in diesem wie in den übrigen Fällen einer Verbesserung bedürfe, daß namentlich dem zu Entmündigenden eine größere Rechtssicherheit gewährt werden müsse, mit seinen Beweismitteln gehört zu werden.

Demgemäß wurde die folgende Resolution mit großer Majorität angenommen.

Resolution.

Der Reichstag wolle beschließen:

„die Erwartung auszusprechen: daß bei der bevorstehenden Revision der Civilprozeßordnung das Entmündigungsverfahren im Sinne eines besseren Rechtsschutzes des Beklagten abgeändert, insbesondere die volle Berücksichtigung der von dem Beklagten angebotenen Gegenbeweise gesichert werde.“

Auch in der zweiten Lesung wurde die Nr. 3 des §. 6 trotz wiederholter Anfechtung und unter Ablehnung der gestellten Abänderungsanträge mit sehr großer Majorität angenommen.

Der erste dieser Abänderungsanträge ging dahin,

hinter dem Worte „Trunksucht“ das Wort „dauernd“

einzuschieben, um dadurch die sogenannten Quartalssäufer von der Entmündigung auszuschließen. Da indes von anderer Seite dargelegt wurde, daß der Zustand der Quartalssäufer für die wirthschaftlichen und Familienverhältnisse des Betreffenden keineswegs weniger, ja wegen der außerordentlichen Intensität, mit der dieses Laster auftrete, vielleicht noch gefährlicher sei als andere Formen der Trunksucht, wurde der Antrag mit Majorität abgelehnt.

Ebenso ein zweiter Antrag, nach welchem die Worte

„oder sich oder seine Familie der Gefahr des Nothstandes aussetzt“

gestrichen werden sollten.

Der Schutz der Familie des trunksüchtigen und sein eigener Schutz sei, so wurde gegen den Antrag bemerkt, unzweifelhaft der erste Zweck der Entmündigung; lasse man sie in diesem Fall nicht zu, so werde sie überhaupt nahezu werthlos.

Dem Grundgedanken einer zu diesem Paragraphen beantragten

Resolution

„Der Reichstag wolle beschließen:

die Voraussetzung auszusprechen, daß in der Novelle zur Civilprozeßordnung dem Staatsanwalt ein Recht, die Entmündigung wegen Trunksucht zu beantragen, nicht eingeräumt werde."

wurde von mehreren Seiten zugestimmt; freilich erscheine dieselbe kaum nothwendig, da die gewünschte Vorschrift als Absatz 4 des §. 621 der Aenderungen und Ergänzungen der Civilprozeßordnung (neue Fassung) bereits in Aussicht genommen sei.

Die Resolution wurde darauf unter Abänderung des Wortes „Voraussetzung" in „Erwartung" einstimmig angenommen.

§. 7.

Ein Antrag,

den zweiten Absatz:

„Der Wohnsitz kann gleichzeitig an mehreren Orten bestehen."

zu streichen,

wurde zurückgezogen, nachdem von Seiten eines Vertreters der verbündeten Regierungen und aus der Mitte der Kommission die Nachtheile dargelegt waren, welche entstehen würden, wenn Jemand, der thatsächlich zwei Wohnsitze hat, nur an einem derselben, etwa dem früher begründeten, zu Gericht zu stehen brauche. Die Zweifel, welche im Falle eines doppelten Wohnsitzes entstehen können, seien daher bei den Einzelvorschriften, für welche der Wohnsitz entscheidend sei, nicht aber durch eine Einengung des Wohnsitzbegriffes selber zu lösen.

In der zweiten Lesung wurde der Antrag auf Streichung wiederholt, in gleicher Weise begründet und ohne Diskussion gegen die Stimme des Antragstellers abgelehnt.

Zweiter Titel.

Juristische Personen.

I. Vereine.

(§§. 21—76.)

Die Regelung des Vereinsrechts führte in der Kommission zu sehr eingehenden Erörterungen, sowohl was die prinzipielle Stellungnahme zu den einschlagenden Fragen, als was die Ausbildung der Einzelheiten betrifft.

Wie in den Verhandlungen der Kommission selbst, wird auch in der folgenden Berichterstattung die Darlegung der Hauptgesichtspunkte von der Regelung der Einzelfragen zu trennen sein.

Wenn man von gewissen formalen Verschiedenheiten zunächst absieht, so traten in der Kommission vier Hauptansichten hervor, welche den gestellten Anträgen bezw. dem Entwurfe selbst zu Grunde liegen und gesonderter Besprechung bedürfen:

I. Das Prinzip der freien Körperschaftsbildung vertreten Anträge, welche im Folgenden als Anträge A bezeichnet werden.

II. Das Vereinsrecht des Entwurfes selbst beruht auf dem System der Normativbestimmungen mit Vereinsregister, jedoch mit schwerwiegenden Abweichungen für politische und ähnliche Vereine.

III. Das System der Normativbestimmungen mit Vereinsregister zur ausschließlichen Geltung zu bringen, ist der Zweck von Anträgen, die im Folgenden als Anträge B bezeichnet werden.

IV. Eine letzte Kategorie von Anträgen — die Anträge C — stellt sich im Ganzen auf den Boden des Entwurfes, erstrebt aber einen wirksameren verwaltungsrechtlichen Schutz bezüglich der Eintragung und der Auflösung der Vereine.

I.

Anträge A.

Die Anträge A bezwecken, alle rechtmäßig bestehenden Vereine, deren Verwaltung einem Vorstande mit satzungsmäßiger Vollmacht übertragen worden ist, für rechtsfähig zu erklären. Nur die Fähigkeit, in das Grundbuch eingetragen zu werden, soll der Verein erst durch Eintragung in das bei jedem Amtsgericht zu führende Vereinsregister erhalten.

Für dieses System der freien Körperschaftsbildung wurde namentlich angeführt, daß es allein dem Wesen der Vereine entspreche. Wie diese nicht aus einer staatlichen Genehmigung oder Mitwirkung, sondern lediglich aus dem freien Zusammentritt der Mitglieder ihr Dasein ableiteten, so müsse auch die Rechtsfähigkeit des Vereins lediglich als ein Resultat des Willens der Mitglieder erscheinen, und nur wo, wie bei einer Eintragung in das Grundbuch, eine öffentliche Beglaubigung unentbehrlich sei, könne man die Eintragung des Vereins in ein Vereinsregister als Vorbedingung aufstellen.

Von anderer Seite wurden indessen dem System der freien Körperschaftsbildung gewichtige Bedenken entgegengehalten. Das Interesse der Vereinsmitglieder erheische mit Nothwendigkeit Klarstellung, ob es sich um eine Gesellschaft, bei welcher die Mitglieder persönlich haften, oder um einen Verein mit juristischer Persönlichkeit, bei dem der Verein und nur der Verein verantwortlich sei, handele. Namentlich aber müsse alle jenen dritten Personen, welche mit dem Verein oder dessen Vorstande in Rechtsbeziehungen treten, ein sicheres Mittel gegeben sein, festzustellen, ob sie es mit einer juristischen Person oder einer Gesellschaft zu thun haben. Diese Sicherheit nach außen und innen zu gewähren, sei eben der Zweck der in dem Entwurf vorgeschlagenen Eintragung in das Vereinsregister. Was die Anträge A für die nicht eingetragenen Vereine bezwecken, werde zudem zu einem erheblichen Theile bereits durch die beabsichtigte Veränderung der Civilprozeßordnung gewährleistet, nach welcher nicht rechtsfähige Vereine verklagt werden können, wie wenn sie rechtsfähig wären, und zur Zwangsvollstreckung in das Vermögen eines nicht rechtsfähigen Vereins ein gegen den Verein ergangenes Urtheil genügt (§§. 49 a. 668 a der Civilprozeßordnung).

Bei der Abstimmung wurden die Anträge A mit allen gegen 2 Stimmen abgelehnt.

II.

Das Vereinsrecht des Entwurfs.

Nach dem Entwurf erlangen die nicht auf einen wirthschaftlichen Geschäftsbetrieb gerichteten Vereine (Vereine mit idealen Tendenzen) die Rechtsfähigkeit regelmäßig durch Eintragung in das Vereinsregister des zuständigen Amtsgerichts.

Wenn jedoch der Verein nach dem öffentlichen Vereinsrecht unerlaubt ist oder verboten werden kann, oder wenn er einen dem Gebiet der Politik, der Sozialpolitik, der Religion, der Erziehung oder des Unterrichts angehörenden Zweck verfolgt, so kann die Verwaltungsbehörde (der die Anmeldung zum Vereinsregister mitzutheilen ist) gegen die Eintragung Einspruch erheben. Für die Begründung dieses Einspruchs kommt es lediglich darauf an, ob der in der Satzung bestimmte Zweck des Vereins ein politischer, sozialpolitischer &c. ist. Gegen den Einspruch findet Anfechtung statt. Die Zuständigkeit und das Verfahren bestimmen sich nach den Landesgesetzen.

Aufgelöst werden kann der eingetragene Verein:
1. wenn er durch einen gesetzwidrigen Beschluß der Mitglieder-Versammlung oder durch gesetzwidriges Verhalten des Vorstandes das Gemeinwohl gefährdet;
2. wenn sein Zweck nach der Satzung nicht auf einen wirthschaftlichen Geschäftsbetrieb gerichtet ist und er gleichwohl einen solchen Zweck verfolgt;
3. wenn sein Zweck nach der Satzung nicht auf dem Gebiet der Politik, der Sozialpolitik, der Religion, der Erziehung oder des Unterrichts liegt, er aber gleichwohl einen solchen Zweck verfolgt.

Die Zuständigkeit und das Verfahren bezüglich der Auflösung in diesen Fällen bestimmen sich nach den Landesgesetzen.

Außer durch Eintragung in das Vereinsregister können Vereine mit idealen Tendenzen (aushilfsweise) auch durch staatliche Verleihung Rechtsfähigkeit erlangen; Vereine zu wirthschaftlichen Zwecken erlangen Rechtsfähigkeit in Ermangelung besonderer reichsgesetzlicher Vorschriften nur durch staatliche Verleihung.

Für Vereine, deren Rechtsfähigkeit auf staatlicher Beleihung beruht, gelten dieselben Auflösungsgründe, wie für eingetragene Vereine; außerdem aber kann ein solcher konzessionirter Verein aufgelöst werden, wenn er einen anderen als den in der Satzung bestimmten Zweck verfolgt.

III.

Anträge B.

Nach den Anträgen B erhalten die Vereine, deren Zweck nicht auf einen wirthschaftlichen Betrieb gerichtet ist wie nach dem Entwurf Rechtsfähigkeit durch Eintragung in das Vereinsregister des zuständigen Amtsgerichts. Jedes Einspruchsrecht der Verwaltungsbehörde gegen politische &c. Vereine fällt weg. Die Anmeldung (zum Vereinsregister) ist von dem Amtsgericht unter Angabe der Gründe nur dann zurückzuweisen, wenn der Zweck des Vereins auf einen wirthschaftlichen Geschäftsbetrieb gerichtet ist, oder gegen ein gesetzliches Verbot oder gegen die guten Sitten verstößt (oder wenn gewissen formalen Erfordernissen nicht genügt ist). Gegen den zurückweisenden Beschluß findet innerhalb eines Monats nach der Zustellung die Klage bei dem Landgericht statt. Die Klage ist gegen den Staatsanwalt zu richten. Aufgelöst werden kann der Verein:
1. wenn er durch einen gesetzwidrigen Beschluß der Mitgliederversammlung oder durch gesetzwidriges Verhalten des Vorstandes das Gemeinwohl gefährdet (wie nach dem Entwurf);
2. wenn sein Zweck nach der Satzung nicht auf einen wirthschaftlichen Betrieb gerichtet ist, und er gleichwohl einen solchen Zweck verfolgt (wie nach dem Entwurf);
3. wenn er einen Zweck verfolgt, der gegen ein gesetzliches Verbot oder gegen die guten Sitten verstößt.

Die Auflösung erfolgt auf Antrag des Staatsanwalts durch Beschluß des zuständigen Amtsgerichts.

Gegen den ablehnenden Beschluß steht dem Staatsanwalt, gegen den stattgebenden Beschluß den Verein innerhalb eines Monats nach der Zustellung die Klage bei dem Landgericht zu.

Die staatliche Verleihung der Rechtsfähigkeit wurde nach diesem Antrage nur für Vereine zugelassen, deren Zweck auf einen wirthschaftlichen Geschäftsbetrieb gerichtet ist und für die besondere reichsgesetzliche Vorschriften mangeln, so daß also die Vereine mit idealen Tendenzen lediglich durch Eintragung in das Vereinsregister Rechtsfähigkeit erlangen können.

Zur Begründung dieser Anträge wurde namentlich das Folgende angeführt:

Es sei anzuerkennen, daß der Entwurf, indem er den Vereinen die Möglichkeit gebe, ohne staatliche Genehmigung nach Erfüllung gewisser Normativbestimmungen die

Rechtsfähigkeit zu erlangen, grundsätzlich den richtigen Standpunkt eingenommen habe, allein dieser richtige Standpunkt sei für die politischen, sozialpolitischen, religiösen oder mit Erziehung und Unterricht sich beschäftigenden Vereine in folgewidriger Weise verlassen; für diese Vereine sei in der That nichts weiter, wie ein verschleiertes Konzessionssystem eingeführt, denn es mache praktisch kaum einen Unterschied, ob der Staat die juristische Persönlichkeit verleihe (Konzessionssystem), oder gegen die Eintragung in das Vereinsregister, also gegen die Entstehung der Rechtsfähigkeit Einspruch zu erheben berechtigt sei. Zudem enthalte der Entwurf eine unleidliche Verquickung des öffentlichen und des privaten Vereinsrechts. Beide bedürfen strengster Scheidung. Ob ein Verein, der zu einem bestimmten Zweck zusammentrete, aus öffentlichen Gründen erlaubt oder unerlaubt sei, ob ein bereits entstandener Verein aus öffentlichen Gründen aufzulösen sei oder nicht, das zu entscheiden sei lediglich Sache des öffentlichen Vereinsrechts. Erst wenn dieses gesprochen, komme die rein privatrechtliche Frage, ob der erlaubte, beziehungsweise fortbestehende Verein als Rechtssubjekt anzuerkennen sei. Diese letzte Frage allein sei in dem Bürgerlichen Gesetzbuch zu entscheiden, und deshalb müsse sich das Gesetzbuch auf den Standpunkt stellen, jeden bestehenden, d. h. nach dem öffentlichen Vereinsrecht nicht verbotenen oder aufgelösten Verein ohne Weiteres als juristische Person gelten zu lassen. Dies sei der Grundgedanke der Anträge B. Nach diesen Anträgen sei daher die Eintragung (abgesehen von dem Falle wirthschaftlichen Geschäftsbetriebes oder der Nichterfüllung der formalen Erfordernisse) von dem Amtsgericht nur dann abzulehnen, „wenn der Zweck des Vereins gegen ein gesetzliches Verbot oder gegen die guten Sitten verstoße", gleichwie auch sonst privatrechtliche Rechtsgeschäfte, falls sie gegen ein gesetzliches Verbot oder gegen die guten Sitten verstoßen, für ungültig erklärt würden.

Ebenso ergebe sich aus diesem Prinzip, daß nicht den Verwaltungsbehörden oder Verwaltungsgerichten, sondern lediglich den ordentlichen Civilgerichten die Entscheidung darüber gebühre, ob die Voraussetzungen der Eintragung in das Vereinsregister vorliegen oder nicht.

Was hiernach von der Eintragung gelten müsse, das komme in gleicher Weise für die Auflösung in Betracht. Auch die Auflösung sei daher nur dann zu gestatten, wenn der Verein einen Zweck verfolge, der gegen ein gesetzliches Verbot oder gegen die guten Sitten verstoße, oder wenn er durch einen gesetzwidrigen Beschluß der Mitgliederversammlung oder durch gesetzwidriges Verhalten des Vorstands das Gemeinwohl gefährde.

Werde das Vereinsrecht im Sinne dieses Antrages B geordnet, so sei dadurch zugleich für den Reichstag und die Reichsregierung ein kaum abweisbarer Zwang gegeben, das öffentliche Vereinsrecht baldigst für das gesammte Reich zu regeln.

IV.

Anträge C.

Die Anträge C stellten sich im Allgemeinen auf den Standpunkt des Entwurfs, jedoch mit zwei wichtigen Abweichungen, welche beide sowohl für die Eintragung wie für die Auflösung der Vereine in Betracht kommen.

1. Sie gewähren das Einspruchsrecht der Verwaltungsbehörden gegen die Eintragung (§. 58 Absatz 2) nur bei den politischen und religiösen Vereinen, nicht also bei den Vereinen zu sozialpolitischen, Erziehungs- und Unterrichtszwecken, und beschränken demgemäß auch das Auflösungsrecht nach §. 40 Absatz 3 auf den Fall der satzungswidrigen Verfolgung „politischer oder religiöser Zwecke."

2. Die Anfechtung des Einspruchs der Verwaltungsbehörden gegen die Eintragung der Vereine in das Vereinsregister, sowie die Anfechtung der Auflösung eines eingetragenen Vereins soll nach diesen Anträgen im Verwaltungsstreitverfahren entschieden

werden, und wo ein Verwaltungsstreitverfahren nicht besteht, soll der Rekurs nach Maßgabe der Vorschriften der §§. 20 und 21 der Gewerbeordnung stattfinden.

Zur Begründung dieser Anträge, wurde zunächst auf den gewaltigen Fortschritt hingewiesen, welche das Vereinsrecht des Entwurfs gegenüber fast allen in Deutschland geltenden Rechten bedeute: überall im Deutschen Reiche mit Ausnahme von Bayern und Sachsen gelte zur Zeit, wenn auch theoretisch mehrfach angefochten, praktisch lediglich das Konzessionssystem. Nur unter großen Schwierigkeiten, langsam und spärlich werde thatsächlich den Vereinen juristische Persönlichkeit verliehen.

Nach dem Entwurf dagegen erhalten alle Vereine, welche nicht politische, sozialpolitische, religiöse, Erziehungs- und Unterrichtszwecke verfolgen, ohne jede behördliche Zustimmung oder Genehmigung kraft ihres Antrages die Rechtsfähigkeit durch Eintragung in das Vereinsregister.

Der ungeheuren Mehrheit aller Vereine sei damit ein sicherer Weg zur Erlangung der juristischen Persönlichkeit geboten; aber auch für die politischen rc. Vereine bedeute bereits der Entwurf einen wesentlichen Fortschritt. Auch für sie werde nicht mehr eine eigentliche Konzessionirung erfordert, sondern es genüge die Nichtausübung des Einspruchsrechtes von Seiten der Verwaltungsbehörden. Alle Verzögerungen und Verschleppungen, alle Vorverhandlungen über den Nachweis eines ausreichenden Vermögens und anderer von den Behörden aufgestellter Erfordernisse seien damit mit einem Schlage weggefallen. Auch hier also werde sich für die Bildung rechtsfähiger Vereine ein erheblicher Vortheil ergeben.

Nicht verkannt solle werden, daß es an sich folgerichtig sei, privatrechtlich die politischen, religiösen rc. Vereine den übrigen Vereinen mit idealen Tendenzen gleichzustellen und die verschiedene Behandlung dieser Kategorien lediglich dem öffentlichen Vereinsrecht zu überweisen.

Allein eine solche Gleichstellung setze ein ausgebildetes und dem Bedürfniß genügendes öffentliches Vereinsrecht voraus; dieses aber mangele in vielen, ja in den meisten Bundesstaaten, und die Aussicht, bis zur Emanirung des Bürgerlichen Gesetzbuches ein gemeinsames Reichsvereinsrecht zu erhalten, müsse gegenwärtig als eine höchst geringe bezeichnet werden.

Wolle man sich daher bei der Beschlußfassung über das bürgerliche Gesetzbuch ohne Berücksichtigung der vorhandenen Mängel des öffentlichen Vereinsrechts lediglich auf den Standpunkt stellen, daß allen durch das öffentliche Vereinsrecht nicht verbotenen Vereinen Rechtsfähigkeit gewährt werden müsse, so werde das Zustandekommen des Bürgerlichen Gesetzbuchs auf das Höchste gefährdet, mindestens aber die Befürchtung hervorrufen, daß das Vereinsrecht, wieder, wie ursprünglich beabsichtigt, aus dem Bürgerlichen Gesetzbuch ausscheide; damit aber würden die wesentlichen Fortschritte versäumt, welche bereits das Vereinsrecht des Entwurfs enthalte.

Könne man aus diesen Gründen Sonderbestimmungen für politische rc. Vereine nicht völlig vermeiden, so seien dieselben doch auf das wirklich unentbehrlichste Maß zu beschränken und im Interesse der Freiheit des Vereinslebens und der Vereinsbildung mit den erforderlichen Rechtsgarantien zu umgeben. Auf diesen Grundgedanken beruhen die Anträge unter C.

Dieselben wollen zunächst das Einspruchsrecht, beziehungsweise das Auflösungsrecht auf politische und religiöse Vereine beschränken. Für die sozialpolitischen Vereine erscheine diese Befugniß der Behörde nicht erforderlich. Erstreben solche die Verwirklichung ihrer sozialpolitischen Zwecke durch politische Machtmittel, so seien sie unzweifelhaft als politische Vereine zu betrachten und unterständen schon als solche der Sonderbestimmung des Gesetzes, sei das aber nicht der Fall, wie z. B. bei einem Verein zur Verbesserung der Arbeiterwohnungen oder bei einem rein wissenschaftlichen Verein, wie dem bekannten Verein für Sozialpolitik, so seien die in dem Entwurf vorgeschlagenen Beschränkungen nicht gerechtfertigt. Was sodann die sich mit Erziehung oder Unterrichtswesen beschäftigenden Vereine betreffe, so stehen dem Staate gerade auf diesem Gebiete so mannigfache Machtmittel zur Seite, daß es nicht nothwendig erscheine, die vom Entwurf vorgeschlagenen Beschränkungen des Vereinsrechts hinzuzufügen.

Der weitere Antrag, die Anfechtung des Einspruchs oder der Auflösung im Verwaltungsstreitverfahren entscheiden zu lassen, bezwecke den Vereinen die nöthigen Rechtsgarantien gegen ungerechtfertigte Ausübung des Einspruchs- oder Auflösungsrechts zu gewähren und sei mit den Beschlüssen der Gesetzgebungskommission zweiter Lesung im Einklang, während die bezüglichen Bestimmungen erst auf Beschluß des Bundesraths beruhen. Zudem habe sich der deutsche Juristentag mit einer an Einstimmigkeit grenzenden Majorität im Sinne der Anträge C ausgesprochen.

V.

Erklärungen des Staatssekretärs des Reichsjustizamts und der verbündeten Regierungen.

Von Seiten des Staatssekretärs des Reichsjustizamts wurde den Anträgen unter B namentlich das Folgende entgegengehalten:

Die Regelung des Vereinswesens auf privatrechtlichem Gebiete finde seine Schwierigkeiten lediglich darin, daß es bei uns an einer reichsrechtlichen Regelung dieses Gegenstandes auf polizeilichem Gebiete fehle. Die verbündeten Regierungen hätten diese Schwierigkeiten von vornherein in ihrer ganzen Tragweite ermessen und deshalb es lieber gesehen, wenn die Frage nach der privatrechtlichen Stellung der Vereine ganz aus dem Gesetzbuch ausgeschieden worden wäre. Nachdem die Kommission, gedrängt durch die öffentliche Kritik des ersten Entwurfes, sich gleichwohl für die Erledigung der Fragen im Rahmen des Gesetzbuchs entschieden hätte, seien die Regierungen von ihrem Widerstande zurückgetreten, hätten dafür aber auch diejenigen Kautelen vorsehen müssen, welche der ungenügende Zustand des öffentlichen Rechts unbedingt verlangt.

Die Kommission für das Bürgerliche Gesetzbuch habe nach ihrer ganzen Zusammensetzung sich nicht in der Lage befunden, die öffentlich-rechtliche und politische Seite der Frage erschöpfend zu würdigen. Die Verantwortlichkeit der Regierungen und ihre auf praktischen Erfahrungen der Verwaltung beruhende Kenntniß der Verhältnisse habe zu wenigen, aber wichtigen Aenderungen des Entwurfs der Kommission genöthigt. Wenn man im Reichstage mit diesen Aenderungen sich nicht befreunden könne, oder wenn man gar die Stellung der Vereine noch unabhängiger von jedem Einfluß der Verwaltung zu regeln geneigt sein sollte, als die Kommission dies für zulässig erachtet habe, dann müsse der Gedanke doch wieder in den Vordergrund treten, ob es nicht besser sei, den ganzen Abschnitt über die Rechtsstellung der Vereine aus dem Gesetzbuch auszuschließen und mit der privatrechtlichen Regelung des Vereinswesens bis dahin zu warten, daß auch auf öffentlich-rechtlichem Gebiete eine reichsrechtliche Ordnung erzielt sei.

Die Verleihung der Rechtsfähigkeit an die Vereine bedeute eine beträchtliche Stärkung ihrer Organisation und ihres Wirkens. Daß die Vereinsthätigkeit vermöge dieser Stärkung weniger bedenklich für die öffentlichen Interessen werde, indem der Besitz von Vermögen das Gefühl der Verantwortlichkeit in den Vereinen erhöhe, sei eine unbeweisbare Behauptung. Sie möge in einzelnen Fällen richtig sein, in anderen Fällen werde sie jedenfalls nicht zutreffen, unter allen Umständen handele es sich hier um ein Experiment, das eine ihrer politischen Verantwortlichkeit sich bewußte Regierung nicht mitmachen könne. Es gebe unzweifelhaft Vereine und würde in Zukunft deren noch mehr geben, deren Zweck und Thätigkeit gegen die öffentlichen Interessen, wie die Regierungen sie zu schützen hätten, sich richten. Diese Vereine mit den Mitteln der staatlichen Gesetzgebung zu stärken, ohne auf der anderen Seite die Mittel einer nothwendig werdenden Repression zu besitzen, müßten die verbündeten Regierungen unbedingt ablehnen. Nur wenige Bundesstaaten besäßen ein öffentliches Vereinsrecht, welches vielleicht gestatten würde, mit privatrechtlichen Bestimmungen auszukommen, wie die Gesetzbuchs-Kommission sie vorgeschlagen habe. Die meisten Staaten, vor Allem Preußen, besäßen ein solches Recht nicht. Einzelne Regierungen, wie namentlich die von Württemberg, seien auf dem Gebiete der Verwaltung ohne alle Machtmittel gegenüber einer exzessiven Vereinsthätigkeit. Das sei ein thatsächlicher Zustand, der bei der Würdigung einer privatrechtlichen Belebung und Kräftigung der Vereine unmöglich außer Betracht bleiben könne.

Was biete nun der Entwurf und was verlange er? Innerhalb eines Gebiets, das etwa 4/5 des ganzen Reichs darstelle, können Vereine die Rechtsfähigkeit jetzt nur im Konzessionswege erlangen. Für dieses Gebiet werde allen, nicht vornehmlich wirthschaftlichen Zwecken dienenden Vereinen, mit Ausnahme der politischen Vereine, d. h. es werde der weit überwiegenden Mehrzahl der vorhandenen und weiter sich bildenden Vereine die Möglichkeit geboten, die Rechtsfähigkeit, unter Voraussetzung der Erfüllung gewisser wesentlich formaler Anforderungen im Wege der Anmeldung bei dem Gerichte zu erlangen, ohne Zeitverlust, ohne Bedingungen und Vorbehalt, ohne jede Einwirkung der Verwaltung. Darin liege doch eine außerordentliche Verbesserung der Lage dieser Vereine. Auch den politischen Vereinen sei dieser Weg nicht verschlossen, verlangt werde nur in einzelnen Fällen, bestimmten Vereinen gegenüber die Erlangung der Rechtsfähigkeit auf dem gedachten Wege verhindern zu können. Schlechter als bisher würden auch diese Vereine nicht gestellt; im Gegentheil erführen auch sie eine Besserung ihrer Lage, denn sie hätten nicht mehr nöthig, sich an die Verwaltung zu wenden, um die Rechtsfähigkeit zu erlangen und langwierige Verhandlungen über ihren Antrag zu gewärtigen; sondern auch sie könnten sich auf eine einfache Anmeldung beschränken und die Verwaltung sei, wenn sie Einspruch gegen die Erlangung der Rechtfähigkeit erheben wolle, gezwungen, in kurzer Frist sich darüber schlüssig zu machen. Das erleichtere den Vereinen eine rasche Klärung ihrer Rechtslage. Werde ihnen aber die Rechtsfähigkeit nicht eingeräumt, dann bleibe ihnen der Bestand auf dem Boden des neuen Gesellschaftsrechts, das zweifellos der Vereinsthätigkeit günstigere Unterlagen biete, als dies nach dem bestehenden Rechte der Fall sei.

Allen politischen Vereinen, zu denen im weiteren Sinne auch die auf dem Gebiete der Religion, des Unterrichts, der Sozialpolitik wirkenden Organisationen gehören, ohne jeden Unterschied die Rechtsfähigkeit von Staatswegen zu verleihen, selbst dann, wenn die Thätigkeit der Vereine sich gegen wichtige Staatsinteressen wende, das könne im Ernst Niemand verlangen. Solle der Staat etwa ruhig mithelfen, wenn die Vereine die Rechtsfähigkeit erstreben, obwohl sie nach ihrem Programm Agitationen fördern sollen, die auf Beseitigung solcher internationaler Bestimmungen gerichtet sind, auf welchen der Bestand des Reichsgebiets und die Lage seiner Grenzen beruhen? oder Agitationen fördern sollen, die die Beseitigung von Gesetzen, z. B. des Impfgesetzes, mittelst fortwährender Beunruhigung der Bevölkerung, z. B. über die Wirkungen des Impfzwanges, zum Ziel haben? Oder wenn es sich um Vereine handle, deren Programm die Verbreitung atheistischer Anschauungen beziele oder auf die Organisation des Austritts aus der christlichen Kirchengemeinschaft hinwirke, oder endlich um Vereine, welche helfen sollen, die gesetzlichen Grundlagen unseres Unterrichtswesens, insbesondere der Volksschule zu beseitigen? Von Vereinen gar nicht zu reden, die auf sozialpolitischem Gebiete für die Anschauungen der kommunistischen Lehre Propaganda zu machen suchen! Keine Staatsverwaltung, die ihrer Verantwortlichkeit sich bewußt sei, könne dazu die Hand bieten.

Wenn man dem gegenüber auf den Erlaß eines Reichsvereinsgesetzes verweise, das den auf öffentlich-rechtlichem Gebiete vermißten Schutz zu bieten habe, so verschweige man, das ein solches Gesetz in naher Aussicht nicht steht. Ein solcher Hinweis enthalte also für die praktische Politik nichts Brauchbares. Im Laufe der Diskussion habe der Gedanke Ausdruck gefunden, daß nichts mehr dazu beitragen werde, die Regierungen zu einem möglichste Freiheiten bietenden Vereinspolizeigesetz zu drängen, als die Gestaltung des privaten Vereinsrechts auf dem Boden der Anträge B. Wenn das richtig sei, dann werde es erst recht die unabweisbare Pflicht der Regierungen, diesen Boden nicht zu betreten; denn sie würden dann jede feste Position für die Zeit verlieren, in welcher es sich um den Ausgleich ihrer Auffassung einerseits und der Wünsche innerhalb der politischen Parteien auf dem Gebiete des öffentlichen Vereinsrechtes andererseits handeln werde. Auch aus diesem Grunde sei mit Bestimmtheit anzunehmen, daß die Regierungen in keinem Falle den Grundsätzen der Anträge B zustimmen würden.

Zu der Frage, ob, wie der Entwurf will, die Verwaltungsbehörden, oder, wie die Kommission vorgeschlagen hatte, die Verwaltungsgerichte bei der Entscheidung über die Zulassung von Vereinen zur Rechtsfähigkeit eintreten sollten, äußerte der Staatssekretär sich in folgendem Sinne:

Er könne diese Frage nur vom Standpunkte des Systems behandeln, das der Entwurf vertrete; danach handle es sich bei allen in Betracht kommenden Entscheidungen allein um die Thatfrage, ob ein Verein zu denjenigen gehöre, gegen deren Zulassung zur Rechtsfähigkeit ein Einspruch zulässig sei. Diese thatsächliche Frage richtig zu beantworten, seien die Verwaltungsbehörden besser geeignet als die Organe der Verwaltungsrechtspflege, die Beantwortung werde überdies zuweilen von der Würdigung sachlicher oder persönlicher Verhältnisse abhängen, die nicht in eine öffentliche Verhandlung hineingetragen werden könnten, weil sie diskreter Natur seien. Es würde auch nicht zum Vortheil der Verwaltungsgerichte sein, wenn man sie mit Streitigkeiten befassen wollte, bei welchen es, namentlich für die außerhalb des Beamtenstandes stehenden Besitzer, oft schwer werde, die eigenen politischen Anschauungen nicht auf das Urtheil einwirken zu lassen; man brauche da nur an die Verhältnisse des Vereinswesens in manchen unserer Grenzgebiete mit sprachlich gemischter Bevölkerung zu denken.

Im Anschluß an die Erklärung des Staatssekretärs des Reichs-Justizamts wurde seitens sämmtlicher in der Kommissionssitzung anwesenden Vertreter der verbündeten Regierungen, nämlich Preußens, Bayerns, Württembergs, Badens, Hessens und Mecklenburg-Schwerins, ausgesprochen, daß, wenn der Reichstag das Einspruchsrecht und die Auflösungsbefugniß bezüglich der politischen, religiösen u. s. w. Vereine (in Gemäßheit der Anträge B) beseitige, nichts Anderes übrig bleibe, als das Vereinsrecht, wie es auch Anfangs in der Intention der Regierungen gelegen habe, vom bürgerlichen Gesetzbuch vollständig auszuschließen.

VI.

Prinzipielle Abstimmung in erster Lesung.

In prinzipieller Abstimmung beschloß die Kommission mit 13 gegen 8 Stimmen, von den in den Anträgen B bezeichneten Grundlagen auszugehen; jedoch wurde von einer Seite hervorgehoben, daß man nicht gesonnen sei, am Vereinsrecht die Vorlage scheitern zu lassen, und daher diese erste Abstimmung für die Anträge B nur als prinzipielle Stellungnahme betrachte, um dasjenige zu kennzeichnen, was, abgesehen von der Rücksicht auf das Zustandekommen des Gesetzes, als der richtige Standpunkt erscheinen müsse.

VII.
Einzelne Beschlüsse erster Lesung.

(§§. 21, 21a und 21b.)

Gemäß der prinzipiellen Abstimmung wurde der §. 21 in folgender Fassung angenommen:

§. 21.

Ein Verein, dessen Zweck nicht auf einen wirthschaftlichen Geschäftsbetrieb gerichtet ist, erlangt Rechtsfähigkeit durch Eintragung in das Vereinsregister des zuständigen Amtsgerichts.

und demselben als §. 21a und b hinzugefügt:

§. 21a.

Ein Verein, dessen Zweck auf einen wirthschaftlichen Geschäftsbetrieb gerichtet ist, erlangt in Ermangelung besonderer reichsgesetzlicher Vorschriften Rechtsfähigkeit durch staatliche Verleihung. Die Verleihung steht dem Bundesstaate zu, in dessen Gebiete der Verein seinen Sitz hat.

§. 21b.

Einem Vereine, der seinen Sitz nicht in einem Bundesstaate hat, kann in Ermangelung besonderer reichsgesetzlicher Vorschriften Rechtsfähigkeit durch Beschluß des Bundesraths verliehen werden.

Von Seiten der Vertreter der verbündeten Regierungen, wie aus der Mitte der Kommission wurde die Fassung des §. 21a als zu eng bezeichnet. Nicht selten sei es zweifelhaft, ob ein Verein einen wirthschaftlichen Geschäftsbetrieb verfolge. Wenn beispielsweise ein Verein die Herstellung, die Vermiethung und den Verkauf billiger Arbeiterwohnungen bezwecke, dergestalt, daß den Vereinsmitgliedern eine Verzinsung ihrer Einlagen zu höchstens 5 Prozent gewährt werde, so könne es zweifelhaft sein, ob dieser Verein in erster Linie als Verein zur Förderung der öffentlichen Wohlfahrt oder als wirthschaftlicher Verein aufgefaßt werden müsse. Gehe nun der Verein von der ersteren Ansicht aus, werde ihm aber vom Amtsgericht beziehungsweise Landgericht unter der Annahme, er sei ein wirthschaftlicher Verein, die Eintragung verweigert, so müsse doch ein anderer Weg für ihn offen stehen, um zur Rechtsfähigkeit zu gelangen. Das sei aber nach dem beantragten §. 21a keineswegs sicher der Fall. Die mit der Verleihung der Rechtsfähigkeit beauftragten staatlichen Behörden hätten nach demselben selbständig und ohne an die amts- beziehungsweise landgerichtlichen Entscheidungen gebunden zu sein, die Frage, ob es sich um einen wirthschaftlichen Verein handele, zu prüfen. Verneinen sie nun in dem vorliegenden Falle diese Frage, so sei die Verleihung der Rechtsfähigkeit nach der beantragten Fassung des §. 21a ebenfalls ausgeschlossen, und folglich ein derartiger Verein, obgleich er doch gewiß alle Förderung verdiene, in Folge dieses negativen Kompetenzkonfliktes an der Erlangung der Rechtsfähigkeit völlig verhindert.

In der Verfolgung dieses Gedankens wurde beantragt, dem §. 21a die Worte hinzuzufügen:

„In gleicher Weise können andere Vereine zur Rechtsfähigkeit gelangen, sofern die Eintragung in das Vereinsregister ausgeschlossen oder abgelehnt ist."

Allein dieser Antrag wurde abgelehnt.

§. 21c bis §. 38.

§. 21c entspricht mit geringer redaktioneller Aenderung dem §. 21 Absatz 4. Die Veränderung des §. 30 Absatz 2 ist eine Folge der Einfügung des §. 21b.

§. 39.

Der §. 39 Absatz 1 lautet in der Vorlage:

„Der Verein wird durch die Eröffnung des Konkurses aufgelöst."

Derselbe wurde in folgender Fassung einstimmig angenommen:

„Der Verein **verliert die Rechtsfähigkeit** durch die Eröffnung des Konkurses."

Maßgebend für diese nur redaktionelle Aenderung war, daß das Bürgerliche Gesetzbuch nur den Erwerb beziehungsweise den Verlust der Rechtsfähigkeit der Vereine ordnet, während die Entstehung beziehungsweise die Auflösung an sich zu bestimmen, dem öffentlichen Vereinsrecht vorbehalten sei. Entsprechend dieser redaktionellen Aenderung wurden auch die §§. 40, 41, 42, 47, 48, 70 und 71 umgestaltet.

§. 39 Absatz 2 wurde unverändert nach der Vorlage angenommen.

§. 40.

Der §. 40 Absatz 1 wurde in folgender Form angenommen:

„Dem Verein kann die Rechtsfähigkeit entzogen werden, wenn er einen Zweck verfolgt, der gegen ein gesetzliches Verbot oder gegen die guten Sitten verstößt, oder wenn er durch einen gesetzwidrigen Beschluß der Mitgliederversammlung oder durch gesetzwidriges Verhalten des Vorstandes das Gemeinwohl gefährdet."

Ueber die Gründe für und wider ist im Allgemeinen schon unter III, IV und V berichtet. Ueber die Fassung im Einzelnen ist Folgendes nachzutragen:

Es wurde beantragt, nach den Worten „gegen die guten Sitten verstößt" hinzuzufügen: „oder die öffentliche Ordnung gefährdet".

Zur Begründung führten verschiedene Kommissionsmitglieder aus: Wenn den (oben inhaltlich mitgetheilten) von der Kommission prinzipiell angenommenen Anträgen B auch nach den Erklärungen der Antragsteller die Absicht zu Grunde liege, die Frage, ob der Zweck und das Verhalten eines Vereins den Grundsätzen des öffentlichen Rechtes entspreche oder widerstreite, aus dem bürgerlichen Gesetzbuch völlig fern zu halten, so sei doch diese Absicht durch die Fassung des §. 40 keineswegs erreicht und könne auch nicht erreicht werden. Die Frage, ob ein Verein durch den gesetzwidrigen Beschluß einer Mitgliederversammlung oder durch gesetzwidriges Verhalten des Vorstandes *das Gemeinwohl gefährde*, sei offenbar nicht privatrechtlicher Natur, sondern gehöre dem öffentlichen Rechte an, und das Gleiche gelte von der Auflösung aus dem Grunde, weil *der Zweck eines mit öffentlichen Dingen sich beschäftigenden Vereins* gegen ein gesetzliches Gebot oder die guten Sitten verstoße. Könne man also das öffentliche Recht von der Frage der Auflösung der Vereine doch nicht fern halten, so müsse man die Auflösungsbefugniß auch dann gewähren, wenn der Zweck des Vereins die öffentliche Ordnung gefährde. Den Behörden diese zur Aufrechterhaltung der öffentlichen Ordnung unbedingt nothwendige Befugniß zu verweigern, heiße nichts Anderes, als erklären, daß man zwar nicht Vereine, deren Zweck gegen die guten Sitten verstößt, wohl aber solche, deren Zweck oder Verhalten die öffentliche Ordnung gefährdet, zulassen wolle. Von anderer Seite wurde hiergegen geltend gemacht, daß sich der §. 40 Absatz 1 durchaus auf privatrechtlichem Gebiete halte und die Unterdrückung solcher Vereine, welche die öffentliche Ordnung gefährden, lediglich dem öffentlichen Recht zu überlassen sei.

Der gestellte Abänderungsantrag wurde hiernach gegen 8 Stimmen abgelehnt.

Der §. 40 Absatz 2 und 3 wurde in folgender Form angenommen:

„Einem Vereine, dessen Zweck nach der Satzung nicht auf einem wirthschaftlichen Geschäftsbetrieb gerichtet ist, kann die Rechtsfähigkeit entzogen werden, wenn er einen solchen Zweck verfolgt.

Einem Vereine, dessen Rechtsfähigkeit auf Verleihung beruht, kann die Rechtsfähigkeit entzogen werden, wenn er einen andern als den in der Satzung bestimmten Zweck verfolgt."

Die Absätze 2 und 3 dieses Paragraphen entsprechen, abgesehen von der schon bei §. 39 erwähnten Fassungsänderung, dem Entwurf. Einverstanden waren die Vertreter der verbündeten Regierungen wie die Mitglieder der Kommission darüber, daß der Absatz 2 nicht schon dann zur Anwendung komme, wenn der Verein im Zusammenhange mit seinen idealen Tendenzen, welche nach wie vor als Hauptzweck erscheinen, nebenher seine Thätigkeit auf einen wirthschaftlichen Betrieb ausdehne, sondern daß die Auflösung erst dann zulässig sei, wenn der wirthschaftliche Geschäftsbetrieb zur Hauptsache werde, dergestalt, daß der Verein, wenn er seinen Zweck von Anfang an in solcher Weise bestimmt hätte, wegen seiner vorwiegend wirthschaftlichen Natur nach §. 21 nicht hätte in das Vereinsregister eingetragen werden dürfen.

§. 41.

§. 41 wurde aus den bereits unter III (vgl. IV und V) berichteten Gründen in folgender Fassung angenommen:

„Die Entziehung der Rechtsfähigkeit erfolgt auf Antrag des Staatsanwalts durch Beschluß des Amtsgerichts, in dessen Bezirke der Verein seinen Sitz hat.

Gegen den ablehnenden Beschluß steht dem Staatsanwalte, gegen den stattgebenden Beschluß dem Verein innerhalb eines Monats nach der Zustellung des Beschlusses die Klage bei dem Landgerichte zu. Die Klage ist von dem Staatsanwalte gegen den Verein, von dem Vereine gegen den Staatsanwalt zu richten; das Landgericht ist ausschließlich zuständig.

Beruht die Rechtsfähigkeit auf Verleihung durch den Bundesrath, so erfolgt die Entziehung durch Beschluß des Bundesraths."

§§. 42—51.

Die §§. 42—51 wurden mit einigen redaktionellen Aenderungen (vgl. den Bericht zu §. 39) angenommen.

§. 51.

Zu §. 51 (Nicht rechtsfähige Vereine) wurde in Uebereinstimmung mit der Denkschrift Seite 17 und 18 und aus den daselbst dargelegten Gründen folgende Resolution beschlossen:

Der Reichstag wolle beschließen, daß vorausgesetzt werde,

„daß in der gleichzeitig mit dem Bürgerlichen Gesetzbuch in Kraft tretenden Novelle zur Civilprozeßordnung folgende Vorschriften aufgenommen werden:

§. 49a.

Parteifähig ist, wer rechtsfähig ist.

Vereine, die nicht rechtsfähig sind, können verklagt werden, wie wenn sie rechtsfähig wären.

§. 670a.

Zur Zwangsvollstreckung in das Vermögen eines nicht rechtsfähigen Vereins genügt ein gegen den Verein ergangenes Urtheil."

§§. 52—55.

Diese Paragraphen wurden, von einer unbedeutenden redaktionellen Aenderung abgesehen, unverändert angenommen.

§. 56.

In §. 56 wurde die im Entwurf vorgeschlagene Verpflichtung des Vorstandes gestrichen, bei der Anmeldung des Vereins eine Liste der Mitglieder des Vereins beizufügen.

Die Majorität der Kommission erblickte in der Nothwendigkeit, bei der Anmeldung des Vereins ein solches Mitgliederverzeichniß aufzustellen und einzureichen, eine unnöthige Arbeitserschwerung, da zur Eintragung des Vereins im Uebrigen die Unterschrift der Satzungen von mindestens 7 Mitgliedern genüge.

§§. 57—60.

Anstatt der §§. 57—60 wurde der folgende Paragraph mit Majorität angenommen:

„Die Eintragung ist von dem Amtsgericht abzulehnen, wenn der Zweck des Vereins auf einen wirthschaftlichen Geschäftsbetrieb gerichtet ist oder gegen ein gesetzliches Verbot oder gegen die guten Sitten verstößt oder wenn den Erfordernissen der §§. 53—56 nicht genügt ist. In dem Beschlusse sind die Gründe der Ablehnung anzugeben.

Gegen den ablehnenden Beschluß steht dem Verein innerhalb eines Monats nach der Zustellung des Beschlusses die Klage bei dem Landgerichte zu. Die Klage ist gegen den Staatsanwalt zu richten. Das Landgericht ist ausschließlich zuständig."

Die allgemeine Begründung dieses Paragraphen sowie die Einwendungen gegen denselben sind bereits oben unter III, IV und V gegeben. Im Einzelnen ist Folgendes nachzutragen:

Es wurde von Mitgliedern der Minorität der Versuch gemacht, zwar im Allgemeinen den von der Majorität der Kommission angenommenen Standpunkt zu acceptiren, jedoch die Anfechtung der Zulassung oder Verweigerung der Eintragung in das Vereinsregister dem Verwaltungsstreitverfahren zu überweisen. Demgemäß würden sich die oben mitgetheilten Paragraphen folgendermaßen gestaltet haben:

„Wird die Anmeldung zugelassen, so hat das Amtsgericht sie der zuständigen Verwaltungsbehörde mitzutheilen.

Die Verwaltungsbehörde kann gegen die Eintragung Einspruch erheben, wenn der Zweck des Vereins auf einen wirthschaftlichen Geschäftsbetrieb gerichtet ist oder gegen ein gesetzliches Verbot oder gegen die guten Sitten verstößt.

Erhebt die Verwaltungsbehörde Einspruch, so hat das Amtsgericht den Einspruch dem Vorstande mitzutheilen.

Der Einspruch kann im Wege des Verwaltungsstreitverfahrens oder, wo ein solches nicht besteht, im Wege des Rekurses nach Maßgabe der §§. 20, 21 der Gewerbeordnung angefochten werden."

Zur Begründung dieses Antrages wurde geltend gemacht: die Frage, ob ein Verein gegen die guten Sitten verstoße, greife, sobald es sich um einen öffentliche Zwecke verfolgenden Verein handele, vielfach in das Gebiet des öffentlichen Rechts über und sei daher für die ordentliche Gerichte ungeeignet und den mit öffentlich rechtlichen Fragen beschäftigten Verwaltungsgerichten zu überlassen.

Diese Abänderungsanträge wurden indessen aus unter III. mitgetheilten allgemeinen Gesichtspunkten abgelehnt.

§§. 61—76.

Die §§. 61 bis 76 wurden mit einigen schon bei §. 39 erwähnten redaktionellen Aenderungen unverändert angenommen.

VIII.

Die Anträge zur zweiten Lesung.

In zweiter Lesung waren zum Vereinsrecht von drei verschiedenen Seiten Anträge gestellt.

Die Anträge I gingen dahin:

„prinzipaliter statt §§. 21 bis 85 zu setzen:

a) Die Körperschaften des öffentlichen Rechts sowie alle Vereine mit körperschaftlicher Verfassung sind als solche vermögensfähig.

Ein Verein besitzt eine körperschaftliche Verfassung, wenn die Verwaltung der gemeinsamen Angelegenheiten einem Vorstand mit satzungsmäßiger Vollmacht übertragen ist. Die Satzung muß schriftlich abgefaßt sein.

Die reichsgesetzlich bereits geregelten Körperschaften, Genossenschaften und sonstigen Vereine bleiben bei ihrem bisherigen Recht.

b) Die Vereinsmitgliedschaft ist unveräußerlich."

eventuell, falls der Prinzipalsantrag abgelehnt werden sollte:

a) in §. 40 die Worte „oder gegen die guten Sitten" zu streichen,

b) in §. 41 Absatz 2 die Worte „gegen den ablehnenden Beschluß steht dem Staatsanwalt" und „von dem Staatsanwalt gegen den Verein" zu streichen,

c) in §. 57 Absatz 1 „oder gegen die guten Sitten" zu streichen,

d) §. 69 zu streichen.

Die Anträge II waren darauf gerichtet:

1. den §. 40 folgendermaßen zu fassen:

Dem Vereine kann die Rechtsfähigkeit entzogen werden, wenn er durch einen gesetzwidrigen Beschluß der Mitgliederversammlung oder durch gesetzwidriges Verhalten des Vorstandes das Gemeinwohl gefährdet.

Einem Vereine, dessen Zweck nach der Satzung nicht auf einen wirthschaftlichen Geschäftsbetrieb gerichtet ist, kann die Rechtsfähigkeit entzogen werden, wenn er einen solchen Zweck verfolgt.

Einem Vereine, der nach der Satzung einen politischen, sozialpolitischen oder religiösen Zweck nicht hat, kann die Rechtsfähigkeit entzogen werden, wenn er einen solchen Zweck verfolgt.

Einem Vereine, dessen Rechtsfähigkeit auf Verleihung beruht, kann die Rechtsfähigkeit entzogen werden, wenn er einen anderen als den in der Satzung bestimmten Zweck verfolgt.

2. §. 41 folgendermaßen zu fassen:

Die Zuständigkeit und das Verfahren bestimmen sich in den Fällen des §. 40 nach den für streitige Verwaltungssachen geltenden Vorschriften der Landesgesetze. Wo ein Verwaltungsstreitverfahren nicht besteht, finden die Vorschriften der §§. 20, 21 der Gewerbeordnung Anwendung; die Entscheidung erfolgt in erster Instanz durch die höhere Verwaltungsbehörde, in deren Bezirke der Verein seinen Sitz hat.

Beruht die Rechtsfähigkeit auf Verleihung durch den Bundesrath, so erfolgt die Entziehung durch Beschluß des Bundesraths.

3. §. 57 nach der Regierungsvorlage wiederherzustellen.

4. §. 58 folgendermaßen zu fassen:

Wird die Anmeldung zugelassen, so hat das Amtsgericht sie der zuständigen Verwaltungsbehörde mitzutheilen.

Die Verwaltungsbehörde kann gegen die Eintragung Einspruch erheben, wenn der Verein nach dem öffentlichen Vereinsrecht unerlaubt ist oder verboten werden kann oder wenn er einen politischen, sozialpolitischen oder religiösen Zweck verfolgt.

5. §. 59 folgendermaßen zu fassen:

Erhebt die Verwaltungsbehörde Einspruch, so hat das Amtsgericht den Einspruch dem Vorstande mitzutheilen.

Der Einspruch kann im Wege des Verwaltungsstreitverfahrens oder, wo ein solches nicht besteht, im Wege des Rekurses nach Maßgabe der §§. 20, 21 der Gewerbeordnung angefochten werden.

6. §§. 60 und 68 nach der Regierungsvorlage wiederherzustellen.

Die Anträge III endlich lauteten:

1. dem §. 40 in der Fassung der Kommissionsbeschlüsse folgende Bestimmung als dritten Absatz hinzuzufügen:

   Einem Verein, der nach der Satzung einen dem Gebiete der Politik oder der Sozialpolitik, der Religion, der Erziehung oder des Unterrichts angehörenden Zweck nicht hat, kann die Rechtsfähigkeit entzogen werden, wenn er einen solchen Zweck verfolgt.

2. den §. 41 in der Fassung der Kommissionsbeschlüsse zu streichen und an dessen Stelle folgenden §. 41 anzunehmen:

   Die Zuständigkeit und das Verfahren der Behörden richten sich in den Fällen des §. 40 nach den für streitige Verwaltungssachen geltenden Vorschriften der Landesgesetze. In denjenigen Bundesstaaten, in welchen ein Verwaltungsstreitverfahren nicht besteht, finden die Vorschriften der §§. 20, 21 der Gewerbeordnung Anwendung.

   Beruht die Rechtsfähigkeit eines Vereins auf Verleihung durch den Bundesrath, so erfolgt die Entziehung derselben durch Beschluß des Bundesraths.

3. den §. 57 in der Fassung der Kommissionsbeschlüsse zu streichen und die §§. 57, 58 und 60 des Entwurfs wiederherzustellen;

4. dem §. 59 des Entwurfs folgende Fassung zu geben:

   Erhebt die Verwaltungsbehörde Einspruch, so hat das Amtsgericht den Einspruch dem Vorstande mitzutheilen.

   Der Einspruch kann im Wege des Verwaltungsstreitverfahrens oder in denjenigen Bundesstaaten, in denen ein solches nicht besteht, im Wege des Rekurses nach Maßgabe der §§. 20, 21 der Gewerbeordnung angefochten werden.

5. den §. 68 in der Fassung des Entwurfs wiederherzustellen.

IX.

Prinzipielle Diskussion in zweiter Lesung.

Der Prinzipalantrag I ist im Wesentlichen eine Wiederholung der in erster Lesung gestellten Anträge A, führt jedoch das Prinzip der freien Körperschaftsbildung insofern noch rücksichtsloser durch, als er selbst für die Fähigkeit des Vereins, als Eigenthümer im Grundbuch eingetragen zu werden, die Voraussetzung einer vorherigen Eintragung des Vereins ins Vereinsregister nicht mehr aufstellt. Der Antrag wurde wie in erster Lesung begründet und mit allen gegen 2 Stimmen abgelehnt.

Die Anträge II sind in der Hauptsache eine Wiederholung der in erster Lesung gestellten und damals abgelehnten Anträge C und stellen sich wie diese im Allgemeinen auf den Standpunkt des Entwurfs, jedoch mit drei erheblichen Abweichungen:

1. Sie lassen die Konzessionirung, wie in erster Lesung beschlossen, nur zu für wirthschaftliche Vereine, für welche besondere reichsgesetzliche Vorschriften fehlen, und für Vereine, welche ihren Sitz nicht in einem Bundesstaate haben (§§. 21a, 21b).
2. Sie gewähren den Verwaltungsbehörden ein Einspruchsrecht gegen die Eintragung nur bezüglich derjenigen Vereine, welche einen politischen, sozialpolitischen oder religiösen Zweck verfolgen, nicht also bezüglich der Vereine zu Erziehungs- und Unterrichtszwecken und beschränken demgemäß auch das Auflösungsrecht nach §. 40 Abs. 3 auf den Fall satzungswidriger Verfolgung politischer, sozialpolitischer oder religiöser Zwecke.
3. Die Anfechtung des Einspruchs der Verwaltungsbehörden gegen die Eintragung der Vereine in das Vereinsregister, sowie die Anfechtung der Auflösung eines

eingetragenen Vereins soll nach diesen Anträgen im Verwaltungsstreitverfahren entschieden werden, und wo ein Verwaltungsstreitverfahren nicht besteht, soll der Rekurs nach Maßgabe der Vorschriften der §§. 20 und 21 der Gewerbeordnung stattfinden.

Die Antragsteller bezogen sich im Allgemeinen auf die in erster Lesung zu den Anträgen C gegebene Begründung. Wie sie schon damals hervorgehoben, hätten sie diese Anträge von vornherein mit der Absicht eingebracht, daß auf dieser Grundlage die Verständigung über das hochwichtige Gebiet des Vereinsrechtes gefunden werde; jetzt seien sie den verbündeten Regierungen noch um einen, wenngleich nicht großen Schritt entgegengekommen, indem sie das Einspruchsrecht auch bei sozialpolitischen Vereinen gewähren wollten und folgeweise damit einverstanden seien, daß auch die Entziehung der Rechtsfähigkeit bei satzungswidriger Verfolgung sozialpolitischer Zwecke eintreten könne. Nach wie vor seien sie allerdings der Ansicht, daß es dieser Bestimmung nicht bedurft hätte; denn eine staatsgefährliche oder den öffentlichen Frieden bedrohende Wirksamkeit sozialpolitischer Vereine sei, so lange dieselben nicht in das Gebiet der eigentlichen Politik übergriffen, also den Bestimmungen über politische Vereine unterlägen, kaum denkbar. Eben deshalb aber werde freilich die gemachte Konzession auch nicht zu großen praktischen Schäden führen, und sicherlich stehe sie in gar keinem Verhältniß zu dem unschätzbaren Gewinn, den eine Einigung der Majorität des Reichstags mit den verbündeten Regierungen dem deutschen Volke bringen werde. Zwei Punkte seien es, bezüglich welcher die Verständigung von vorn herein besonders schwierig und zweifelhaft erscheinen mußte, das Vereinsrecht und das persönliche Eherecht. Auf letzterem Gebiete seien die Antragsteller bereits in erster Lesung den Wünschen eines großen Theils der katholischen Abgeordneten durch die Zulassung des Antrags auf Scheidung von Tisch und Bett und auch in einigen anderen Beziehungen entgegengekommen, wie sie denn auch bereit seien, noch einigen bereits in den Anträgen festgestellten formalen Aenderungen, wenngleich nicht leichten Herzens, ihre Zustimmung zu geben. Da von der anderen Seite diesen Konzessionen gegenüber auf weitergehende Wünsche, insonderheit solche, welche das Prinzip der obligatorischen Civilehe antasten, verzichtet werde, so sei auf dem Gebiete des Eherechts eine völlige Einigung zu hoffen.

Der andere Stein des Anstoßes solle durch die zum Vereinsrechte gestellten Anträge II aus dem Wege geräumt werden, und wenn man den großen Fortschritt im Auge behalte, den schon das Vereinsrecht des Entwurfs, und in noch höherem Grade das Vereinsrecht der gestellten Anträge gegenüber dem bestehenden Rechte fast sämmtlicher deutschen Staaten enthalte, zumal aber, wenn man in Betracht ziehe, daß die Einigung in dieser Frage das Zustandekommen des Bürgerlichen Gesetzbuchs bedeute, könne ein Verzicht auf einzelne noch über das Erreichte hinausgehende Wünsche nicht allzuschwer wiegen.

Von denjenigen Mitgliedern, von denen die in erster Lesung angenommenen Anträge B ausgingen, wurde erklärt, sie erkännten das Entgegenkommen bei den Fragen des persönlichen Eherechtes und einigen anderen Punkten dankbar an und seien dadurch zu einem Entgegenkommen auf dem Gebiete des Vereinsrechtes bewogen worden, das auch ihnen recht schwer falle, von dem sie aber hoffen dürften, daß das Opfer dem großen nationalen Werk und dessen endlichem Zustandekommen sowie der Befriedigung der großen Mehrheit des deutschen Volkes mit dem Inhalte des Gesetzbuches nicht umsonst gebracht sei.

Die Anträge III unterscheiden sich von den Anträgen II in der Hauptsache dadurch, daß sie das Einspruchsrecht der Verwaltungsbehörden gegen die Eintragung auch bei den Erziehungs- oder Unterrichtszwecke verfolgenden Vereinen zulassen und demgemäß auch das Auflösungsrecht nach § 40 Absatz 3 auf den Fall satzungswidriger Verfolgung von Unterrichts- und Erziehungszwecken ausdehnen.

Diese Anträge wurden von den Antragstellern folgendermaßen begründet:

Durch dieselben solle im Wesentlichen der Entwurf, wenngleich mit einigen nicht unwichtigen Aenderungen, wieder hergestellt werden. Die Regelung des Vereinsrechts, wie sie in erster Lesung der Kommission beschlossen, sei für die Partei der Antragsteller unannehmbar, weil danach Vereine, welche nach ihren Satzungen direkt staatsgefährliche Zwecke verfolgen, Rechtsfähigkeit erlangen könnten, und weil Vereine, welche zunächst zulässige Ziele hatten und unter Berufung auf diese die Rechtsfähigkeit erlangten, der Rechtsfähigkeit nicht dadurch verlustig gehen, daß sie hinterher sich staatsgefährlichen Zwecken widmen. Auch die verbündeten Regierungen müßten einer Gesetzgebung die Zustimmung verweigern, welche es den staatsgefährlichen Elementen erleichtere, ihre auf Beseitigung der Staatsordnung gerichteten Kräfte zu konzentriren.

Ebensowenig aber dürften die staatserhaltenden Parteien für die Kommissionsbeschlüsse erster Lesung stimmen, und ganz besonders seien diejenigen unter ihnen, welche grundsätzlich Ausnahmegesetze gegen staatsgefährliche Bestrebungen ablehnen, verpflichtet, das gemeine Recht so zu formuliren, daß es Schutz gegen derartige Bestrebungen gewähre, mindestens aber solche nicht befördere. Im Falle der Ablehnung der Anträge III werde der Redner mit seinen anwesenden politischen Freunden für die Anträge II stimmen unter Vorbehalt ihrer Stellungnahme im Plenum.

Den Erklärungen dieser drei Gruppen trat man von zwei anderen Seiten scharf entgegen. Es komme nicht darauf an, daß in Bezug auf das Vereinsrecht eine Einigung mit den verbündeten Regierungen erreicht werde, sondern man müsse unbedingt bei den in erster Lesung beschlossenen Anträgen B stehen bleiben, welche bereits ein genügendes Entgegenkommen gegenüber den verbündeten Regierungen enthielten. Scheitere der Entwurf daran, oder scheide das Vereinsrecht deshalb wieder aus dem Entwurf aus, so könne das bedauert werden, aber nicht zu einem Verlassen der prinzipiell richtigen Stellung bewegen.

Von einer letzten Seite wurde in erster Linie der Wunsch ausgesprochen, daß das Vereinsrecht, wie auch die verbündeten Regierungen Anfangs beabsichtigten, dem Entwurf völlig ferne geblieben wäre; da dies nicht geschehen, und eine Ausscheidung jetzt nicht mehr zu erreichen sei, so werde Redner, wenngleich mit schweren Bedenken, für die Anträge II als die allein aussichtsvolle Basis einer Verständigung stimmen.

Der Staatssekretär des Reichsjustizamts wiederholte die bereits in erster Lesung abgegebene Erklärung, daß die damals beschlossene Fassung des Vereinsrechts für die verbündeten Regierungen unter allen Umständen unannehmbar sei. Die Beschlüsse der ersten Lesung hätten die Regierungen nur darin bestärkt, daß es am besten gewesen wäre, das Vereinsrecht aus dem Entwurf überhaupt weg zu lassen; sie hätten schon aus diesem Grunde den Wunsch, daß die Beschlüsse zweiter Lesung soweit wie irgend möglich zur Vorlage zurückkehren möchten. Am weitesten komme diesem Wunsche der Antrag III entgegen, dessen Annahme daher den Regierungen am genehmsten sei. Der Antrag II, um welchen sich die Diskussion hauptsächlich bewege, unterscheide sich von der Vorlage in zwei wesentlichen Punkten; er gewähre zunächst den Behörden ein Einspruchsrecht gegen Vereine, die auf dem Gebiete der Erziehung und des Unterrichts wirken, nicht und verlange für diejenigen Fälle, in welchen Einspruch gegen einen politischen, sozialpolitischen und religiösen Verein erhoben ist und dieser Einspruch mit der Behauptung angefochten wird, daß der Verein keine politischen, sozialpolitischen oder religiösen Zwecke verfolge, daß über die Berechtigung des so begründeten Einspruchs, also über die Befugniß der Behörde, von ihrem Einspruchsrecht Gebrauch zu machen, nicht im Verwaltungswege, sondern im Verwaltungsstreitverfahren entschieden werden soll. Beide Aenderungen seien von erheblicher Bedeutung und nicht ohne schwere Bedenken. Die preußische Regierung wolle sich über diese Bedenken hinwegsetzen für den Fall, daß das Gesetzbuch im Uebrigen eine annehmbare Gestalt erhalte; denn sie würdige die große Bedeutung des ganzen

Werkes zu sehr, um nicht auch einzelne Konzessionen zu machen, die ihr schwer fallen. Voraussichtlich würden sich die meisten übrigen Regierungen auf den gleichen Standpunkt stellen, und darnach erscheine es nicht ausgeschlossen, daß, falls der Antrag die Zustimmung des Reichstags finde, der Bundesrath darin kein entscheidendes Bedenken gegen das Gesetzbuch erblicken würde.

X.

Unteranträge und Abstimmung in zweiter Lesung.

Zu den Anträgen II, welche die Grundlage der Diskussion zweiter Lesung gebildet hatten, waren zwei Unteranträge gestellt:

1. im §. 40 des Antrages II. 1, nach den Worten „wenn er" die Worte „durch Verstoß gegen die guten Sitten" einzuschieben;
2. dem §. 40 Absatz 3 derselben Anträge den Satz hinzuzufügen:

   „Vereine, welche die Beförderung der Berufsinteressen und die Unterstützung ihrer Mitglieder bezwecken, gelten im Sinne dieses Gesetzes nicht als politische oder sozialpolitische Vereine."

Für den ersten Unterantrag wurden die bereits in erster Lesung mitgetheilten Gründe geltend gemacht, allein von verschiedenen Seiten jetzt deshalb für unzutreffend erklärt, weil die gesammten Voraussetzungen, aus denen die beantragten Worte in der Fassung der damaligen Anträge B hervorgegangen seien, bei Annahme der jetzigen Anträge II wegfielen.

Zur Begründung des zweiten Unterantrages führte der Antragsteller aus, daß der Reichstag sich bereits seit längerer Zeit mit einem Gesetze über die Berufsvereine beschäftige und die beantragte Bestimmung im Interesse der Berufsvereine, welche jede Förderung verdienten, in hohem Maße wünschenswerth sei.

Von anderer Seite wurde indeß entgegengehalten: So geneigt man auch sei, den Berufsvereinen durch ein besonderes Gesetz entgegen zu kommen, so sei es doch ganz unmöglich, diesen offenbar ein Spezialgesetz fordernden Gegenstand, zu welchem das Plenum des Reichstages noch nicht einmal entscheidende Stellung genommen, nebenher im Bürgerlichen Gesetzbuch zu entscheiden. Verfolge ein Berufsverein keine politischen oder sozialpolitischen Zwecke, so werde er auch ohne besondere Bestimmung von dem Auflösungsrecht des §. 40 und dem Einspruchsrecht nach §. 58 nicht getroffen. Verfolge er aber solche Zwecke, so könne man doch diese politischen Zwecke nicht deshalb für unpolitische erklären, weil sie von einem Berufsverein verfolgt würden.

Der erste dieser Unteranträge wurde mit allen gegen drei, der zweite mit allen gegen vier Stimmen abgelehnt.

Bei der darauf folgenden Hauptabstimmung wurden die Anträge III mit allen gegen drei Stimmen abgelehnt, die unveränderten Anträge II dagegen mit 16 gegen 5 Stimmen angenommen.

XI.

Sonstige Anregungen und Resolution.

Zu Absatz 1 Satz 3 des §. 29 wurde die Einfügung des Wortes „stimmberechtigten" hinter „erschienenen" angeregt, jedoch ein Antrag nicht gestellt, da allseitig anerkannt wurde, daß nach den folgenden Bestimmungen unzweifelhaft nur die Mehrheit der stimmberechtigten Mitglieder für die Entscheidung in Betracht komme; zudem würde die Aufnahme des Wortes „stimmberechtigten" an dieser Stelle möglicherweise auf die Auslegung anderer Bestimmungen zurückwirken.

Ferner wurde angeregt, in §. 37 die Verweisung auf den §. 30 einzuschränken auf §. 30 Absatz 1, weil in §. 30 Absatz 2 die Aenderung der Vereinssatzung von der staatlichen Genehmigung abhängig mache und die Vereinssatzung nicht das Gegen=

theil festsetzen dürfe. Entgegnet wurde, daß eine Beschränkung der Verweisung auf §. 30 Absatz 1 nicht richtig sei, weil der Fall gedacht werden könne, daß in der Vereinssatzung für gewisse Fälle im Voraus eine Aenderung der Satzungen vorbehalten werde und daß der Staat bei Verleihung der Rechtsfähigkeit einer solchen Bestimmung die Genehmigung ertheilen könne, um nicht wegen jeder geringfügigen Aenderung später wieder eine neue Prüfung eintreten lassen zu müssen; man könne es getrost der Staatsbehörde überlassen, ob sie eine solche Bestimmung der Vereinssatzung genehmigen wolle, und wenn eine solche Genehmigung erfolgt sei, dann könne allerdings §. 30 Absatz 2 auch — wie §. 37 besage — insoweit keine Anwendung finden, als die Satzung ein Anderes bestimmt.

Im Anschluß an den unter X mitgetheilten Unterantrag wurde ferner die folgende Resolution beantragt und mit großer Mehrheit angenommen:

„Der Reichstag wolle beschließen, die verbündeten Regierungen zu ersuchen, thunlichst bald den Entwurf eines Reichsgesetzes, betreffend die Regelung der Berufsvereine, dem Reichstage vorzulegen."

II. Stiftungen.
(§§. 77 bis 84.)

§. 77.

Es war beantragt, den §. 77 Absatz 1 wie folgt zu fassen:

„Zur Entstehung einer rechtsfähigen Stiftung ist außer dem Stiftungsgeschäfte die Eintragung in das Körperschaftsregister desjenigen Amtsgerichts erforderlich, in dessen Bezirk die Stiftung ihren Sitz haben soll."

Die Antragsteller führten aus, diese Bestimmung sei lediglich eine Konsequenz der bezüglich der Vereine gefaßten Beschlüsse. Stelle man sich bei den Vereinen, wie geschehen, auf den Standpunkt, daß (von besonderen Fällen abgesehen) das faktische Zusammentreten des Vereins und die Eintragung in das Vereinsregister, also mit anderen Worten ein Privatakt und dessen öffentliche Beurkundung zur Entstehung des Vereins genüge, so müsse man in gleicher Weise den Privatakt des Stiftungsgeschäfts und dessen öffentliche Beurkundung im Körperschaftsregister für die Entstehung der Stiftung als genügend anerkennen. Auch in der wissenschaftlichen Theorie sei die Ansicht, daß die Stiftungen zu ihrer Entstehung staatlicher Genehmigung nicht bedürfen, weit verbreitet. Praktische oder wirthschaftliche Bedenken ständen einer solchen Bestimmung ebensowenig wie derjenigen bezüglich der Vereine entgegen; wenn man auch zugeben könne, daß die vollkommene Freiheit, durch Privatakte Stiftungen zu errichten, vielleicht im Mittelalter nicht ohne Bedenken gewesen sein würde und vielleicht in kommenden Jahrhunderten wieder Bedenken unterliegen möchte, so sei doch gegenwärtig oder in näherer Zukunft keinerlei Gefahr eines übermäßigen Anwachsens der Stiftungen zu befürchten.

Regierungsseitig und von mehreren Kommissionsmitgliedern wurde diesen Ausführungen auf das Entschiedenste widersprochen. Die Gesammtfrage der Begründung von Stiftungen durch Privatakt sei eine völlig andere, wie bezüglich der privaten Vereinsgründungen. Durch Anerkennung eines rein privaten Stiftungsgeschäftes, welches auf unabsehbare Zeiten ein Vermögen einem bestimmten Zweck unterwerfe, werden die Befugnisse des Eigenthümers weit über den normalen Gehalt hinaus verstärkt und erweitert. Die Gesetzgebung thue daher nicht wohl, einen solchen auf unabsehbare Zeit bindenden Willen ohne jede Prüfung des Werths oder Unwerths seines Inhalts anzuerkennen.

Die, wie das praktische Leben zeige, keineswegs seltene Neigung, Stiftungen zu thörichten, unnützen oder bizarren Zwecken zu errichten, dürfe durch das Gesetz in keiner Weise unterstützt werden. Da aber eine Abgrenzung sittlich oder wirthschaftlich zu billigender Stiftungen von den nicht billigenswerthen durch allgemeine gesetzliche Regel nicht erfolgen könne, so sei es ganz unvermeidlich, die Entscheidung darüber im Einzelfalle der staatlichen Genehmigung anheimzustellen. Gerade in der gegenwärtigen Zeit sei es besonders bedenklich, wenn erhebliche Vermögensobjekte dauernd für bestimmte, vielleicht ganz unnütze oder doch minderwerthige Zwecke festgelegt werden könnten. Ein Staat, der, wie das Deutsche Reich, an Uebervölkerung leide, thue gewiß gut, das Nationalvermögen so viel als nur irgend möglich dem lebendigen Verkehr zu erhalten, und die Gefahr übermäßiger Stiftungen wachse naturgemäß mit der steigenden Konzentration großer Vermögen in verhältnißmäßig wenigen Händen. Wenn also zu irgend einer Zeit die Errichtung von Stiftungen durch freie Privatwillkür ohne staatliche Genehmigung bedenklich gewesen sei, so sei dies gerade im gegenwärtigen Moment der Fall. Völlig unzutreffend sei die Gleichstellung der Stiftungen mit den Vereinen. Der Verein lebe und könne die Verwendung seines Vermögens und sein gesammtes Wirken den Zeitverhältnissen entsprechend umgestalten, die Stiftung sei todt und der Einwirkung der lebenden Generation entzogen.

Der gestellte Antrag wurde hiernach gegen 6 Stimmen abgelehnt.

Der §. 77 des Entwurfs wurde unverändert angenommen.

§. 77 a.

In zweiter Lesung wurde beantragt:

nach §. 77 folgende Vorschriften als besonderen Paragraphen aufzunehmen:

„Die Genehmigung der Stiftung darf nicht versagt werden, wenn die Stiftung einen gemeinnützigen oder wohlthätigen Zweck verfolgt, die Verfassung der Stiftung den gesetzlichen Erfordernissen (§§. 82, 83) genügt und ein zur Erfüllung des Stiftungszweckes ausreichendes Vermögen sichergestellt ist.

Als gemeinnützig ist eine Stiftung insbesondere dann anzusehen, wenn sie Aufgaben des Staats oder einer staatlich anerkannten Religionsgesellschaft fördert.“

Der Antrag bezweckte, den Gedanken des in erster Lesung zu §. 77 gestellten Antrages in weit beschränkterer Weise durchzuführen. Allein nachdem von Seiten des Vertreters der verbündeten Regierungen dargelegt war, daß der Antrag in das den Landesgesetzen im Uebrigen vorbehaltene Recht der Stiftungsgenehmigung in unzulässiger und praktisch kaum lösbarer Weise eingreife, wurde der Antrag fast einstimmig abgelehnt.

§. 78.

Während der § 78 Absatz 1 des Entwurfs für das Stiftungsgeschäft unter Lebenden gerichtliche oder notarielle Beurkundung verlangt, wurde von der Kommission die folgende Fassung mit großer Majorität angenommen:

Das Stiftungsgeschäft unter Lebenden bedarf der schriftlichen Form.

Die Kommission erblickte in dem Erforderniß der staatlichen Genehmigung eine genügende Garantie für die Unzweifelhaftigkeit und Sicherheit der in dem Stiftungsgeschäft enthaltenen Willenserklärung, da die zuständige Behörde bei Unklarheit oder Zweifelhaftigkeit des Ausdrucks selbstverständlich vor der Genehmigung eine bessere Abfassung oder Klarstellung des Stiftungsgeschäfts fordern werde.

Die zu Absatz 2 beschlossene redaktionelle Aenderung ist lediglich die Folge des zu Absatz 1 gefaßten Beschlusses.

§§. 83, 83 a.

Nach Artikel 85 des Einführungsgesetzes sollen die landesgesetzlichen Vorschriften über das Erlöschen oder die Umwandlung von Stiftungen unberührt bleiben.

Von verschiedenen Seiten wurde ausgeführt, daß zu diesem Vorbehalte ein genügender Grund nicht vorliege. Die Bestimmungen über das Erlöschen und die Umwandlung von Stiftungen können sehr wohl reichsgesetzlich geregelt werden; und wenn auch in den einzelnen Landesgesetzen Verschiedenheiten sich fänden, so sei es doch wohl möglich, für die Bestimmungen derselben eine richtige Mittellinie zu finden, welche für alle Staaten an=

nehmbar sei. Namentlich aber werde durch die Aufnahme solcher Vorschriften in das Bürgerliche Gesetzbuch für diejenigen Staaten Sorge getragen, in denen es an ausreichenden Bestimmungen bisher noch fehle.

Demnach wurde beantragt:

1. im §. 83 Zeile 2 statt „§. 39 Absatz 2" zu setzen: „§. 39".
2. hinter §. 83 als §. 83a folgende Bestimmung aufzunehmen:

„Ist die Erfüllung des Stiftungszweckes unmöglich geworden oder gefährdet sie das Gemeinwohl, so kann die zuständige Behörde der Stiftung eine andere Zweckbestimmung geben oder sie aufheben.

Bei der Umwandlung des Zweckes ist die Absicht des Stifters thunlichst zu berücksichtigen, insbesondere dafür Sorge zu tragen, daß die Erträge des Stiftungsvermögens dem Personenkreise, dem sie zu Statten kommen sollten, im Sinne des Stifters thunlichst erhalten bleiben. Die Behörde kann die Verfassung der Stiftung ändern, soweit die Umwandlung des Zweckes es erfordert.

Vor der Umwandlung des Zweckes und der Veränderung der Verfassung soll der Vorstand der Stiftung gehört werden."

3. den Artikel 85 des Einführungsgesetzes zu streichen.

Der Antrag 1 wurde ohne Widerspruch angenommen, da es naturgemäß ist, daß die Stiftung beim Ausbruch des Konkurses über das Stiftungsvermögen erlischt. Wenn diese Vorschrift im Entwurf fehlte, so hatte das eben nur seinen Grund, daß nach dem Entwurf die sämmtlichen Bestimmungen über die Aufhebung von Stiftungen den Landesgesetzen überlassen bleiben sollten.

Auch der beantragte §. 83a wurde nach eingehender Diskussion mit großer Mehrheit unverändert angenommen. Zwar wurde beantragt, die Worte „oder das Gemeinwohl gefährdet" in dem ersten Absatze zu streichen; allein von Seiten der Vertreter der verbündeten Regierungen wie von verschiedenen Mitgliedern der Kommission wurde entgegengestellt, daß alsdann im Falle der Gefährdung des Gemeinwohls den Aufsichtsbehörden überhaupt jedes Mittel zum Einschreiten fehlen würde. Auch der Staatssekretär des Reichsjustizamts erklärte, daß die verbündeten Regierungen einem solchen Antrage auf keinen Fall ihre Zustimmung zu geben vermögen. Der Antrag wurde hierauf mit großer Mehrheit abgelehnt.

Ferner wurde das Bedenken ausgesprochen, ob nicht in denjenigen Fällen, in denen nach dem Stiftungsstatut das Vermögen nach Erlöschen der Stiftung einer bestimmten Korporation zufallen oder in anderer Weise verwandt werden solle, die Staatsbehörden die Wirksamkeit dieser eventuellen Statutenvorschrift dadurch umgehen könnten, daß sie in Fällen, wo sonst die Aufhebung der Stiftung angezeigt wäre, nur eine Umwandlung vornehmen.

Allein diese Befürchtung wurde von anderen Seiten nicht getheilt. Die Frage sei lediglich nach dem vermuthlichen Willen des Stifters und der Bedeutung der beabsichtigten Umwandlung der Stiftung zu beurtheilen. Sei die beabsichtigte Veränderung des Zweckes eine derartige, daß nicht angenommen werden könne, der Stifter würde sie der von ihm für den Fall der Stiftungsauflösung angeordneten Verwendung des Stiftungsvermögens vorgezogen haben, so sei die Behörde nicht befugt, die Umwandlung mit Wirksamkeit für das Stiftungsvermögen vorzunehmen.

Von der Stellung eines Antrages wurde hiernach abgesehen.

Der Artikel 85 des Einführungsgesetzes wurde alsdann gestrichen, da durch die angenommenen §§. 83, 83a das Erlöschen und die Umwandlung der Stiftungen reichsgesetzlich geregelt ist.

III. Juristische Personen des öffentlichen Rechtes.

§. 85.

Ohne Diskussion angenommen.

Artikel 80 bis 87 des Einführungsgesetzes.

Artikel 80.

Der Artikel 80 des Einführungsgesetzes lautet nach dem Entwurf:

Unberührt bleiben die landesgesetzlichen Vorschriften über die Beaufsichtigung juristischer Personen.

Es wurde (Antrag A) die Streichung dieses Paragraphen beantragt, weil eine besondere Beaufsichtigung der juristischen Personen entbehrlich und schädlich sei; freilich bleiben, auch wenn die Streichung beschlossen werde, die öffentlichrechtlichen Bestimmungen über die Beaufsichtigung unverändert bestehen, allein dieselben seien dann doch nicht gewissermaßen reichsgesetzlich sanktionirt.

Von anderer Seite wurde ausgeführt, daß bei den Vereinen eine weitergehende privatrechtliche Kontrole, als sie schon in den Bestimmungen des Bürgerlichen Gesetzbuchs enthalten sei, nicht nöthig erscheine. Bezüglich der Vereine sei also der Artikel 80 entbehrlich. Bei Stiftungen könne man die Nothwendigkeit einer Kontrole anerkennen, soweit dieselbe sich auf die Einsichtnahme und Prüfung der Vermögensübersichten sowie der stiftungsmäßigen Verwendung der Einkünfte beschränke. Die Beaufsichtigung derjenigen Stiftungen, welche einer staatlich anerkannten Religionsgesellschaft angehören, sei zweckmäßigerweise den Aufsichtsbehörden dieser Religionsgesellschaften zu überweisen.

Demgemäß wurde beantragt (Antrag B), den Artikel 80 in folgender Fassung anzunehmen:

„Unberührt bleiben die landesgesetzlichen Vorschriften über die Beaufsichtigung der Stiftungen, insoweit es sich um die Einsichtnahme und Prüfung der Vermögensübersichten handelt.

Ueber Stiftungen einer staatlich anerkannten Religionsgesellschaft steht die Beaufsichtigung den Aufsichtsbehörden der Religionsgesellschaft zu."

Von Seiten der Vertreter der verbündeten Regierungen wurde hiergegen ausgeführt:

Bei der Bedeutung, welche die juristischen Personen für das Gemeinwohl und das öffentliche Interesse haben, könne kein Staat des Aufsichtsrechts über dieselben, seien es Korporationen des öffentlichen oder des Privatrechts, seien es Personenvereinigungen oder Stiftungen, entbehren. Das Bürgerliche Gesetzbuch könne und dürfe in diesen Ausfluß des Staatshoheitsrechtes nicht eingreifen. Die angemessene Regelung des Aufsichtsrechts, bei welchem selbstverständlich der Unterschied zwischen Personen des öffentlichen Rechts und des Privatrechts, zwischen Personenvereinigungen und Stiftungen wesentlich in Betracht komme, müsse dem öffentlichen Rechte der Bundesstaaten überlassen bleiben. Die Streichung des Artikels würde deshalb eine Rechtsänderung allerdings nicht zur Folge haben. Die Beibehaltung des Artikels aber empfehle sich, um Zweifeln und Meinungsverschiedenheiten vorzubeugen, ob ein bestehendes Aufsichtsrecht über die juristischen Personen öffentlichrechtlicher Natur sei.

Der Antrag B, welcher das staatliche Aufsichtsrecht über Stiftungen auf die Befugniß, die Vermögensübersichten einzusehen und zu prüfen, beschränken wolle, sei unverträglich mit dem Einfluß, welchen die Landesgesetzgebung auf die Verfassung und Verwaltung der Stiftungen stets gehabt habe und haben müsse. Der gestellte Antrag würde es der Staatsverwaltung gradezu unmöglich machen, ihre Aufgabe den Stiftungen gegenüber zu erfüllen.

Der zweite Absatz des Antrages B enthalte gleichfalls einen unzulässigen Eingriff in den öffentlichen Rechtszustand der Bundesstaaten, indem er öffentliche Befugnisse der Staatsgewalt auf kirchliche Organe übertragen wolle.

Aus der Mitte der Kommission wurde hinzugefügt, daß der Antrag B auch dem von der Kommission anerkannten Erfordernisse der staatlichen Genehmigung der Stiftungen widerspreche. Die staatliche Genehmigung würde illusorisch werden, wenn man der Aufsichtsbehörde das Recht nähme, einzuschreiten, sobald dem Zweck der Stiftung und den Stiftungsbestimmungen zuwider gehandelt werde. Zudem habe die staatliche Aufsicht vielfach die Aufgabe, die Rechte Dritter, der Destinatäre einer Stiftung oder derjenigen Personen, welche ein Recht auf die Verwaltung haben, zu schützen. Ohne das staatliche Aufsichtsrecht würden diese Rechte vielfach jedes wirksamen Schutzes entbehren. Der zweite Absatz des Antrages B stehe zudem nicht nur, wie bereits ausgeführt, mit dem öffentlichen Recht der Bundesstaaten in direktem Widerspruch, sondern häufig auch mit der Absicht des Stifters selbst, denn, wie ein Blick in's Leben zeige, würden Stiftungen zu Gunsten der Angehörigen einer bestimmten Konfession sehr häufig nicht der Verwaltung der Aufsichtsbehörde der Religionsgesellschaft, sondern bürgerlichen, namentlich kommunalen Behörden unterstellt. Dieser Absatz 2 stelle sich also dar als ein unmotivirter Eingriff in das bestehende öffentliche Recht und die Absicht der Stifter.

Nachdem von verschiedenen anderen Seiten dem Antrage B widersprochen war, wurde der Artikel 80 gestrichen unter der ausdrücklichen Anerkennung, daß der Inhalt desselben, weil er sich nur auf das öffentliche Aufsichtsrecht beziehe, von selbst gelte. In dem Bürgerlichen Gesetzbuche bezw. dem Einführungsgesetze brauchen die landesgesetzlichen Vorschriften über die Beaufsichtigung juristischer Personen eben deshalb nicht vorbehalten bleiben, weil das Bürgerliche Gesetzbuch ohnehin nur das Privatrecht, nicht aber das öffentliche Recht regele.

Artikel 81.

Artikel 81 wurde ohne Diskussion angenommen.

Artikel 82.

Zu Artikel 82 war die Streichung beantragt, weil es wünschenswerth sei, die Verhältnisse der Waldgenossenschaften reichsgesetzlich zu regeln, allein dieser Antrag wurde zurückgezogen, da sonst in Ermangelung eines bis zum Inkrafttreten des Bürgerlichen Gesetzbuchs zu erlassenden Reichsgesetzes über die Waldgenossenschaften eine Lücke in der Gesetzgebung entstehen müßte.

Der Artikel 82 wurde darauf angenommen.

Artikel 83.

Nach Artikel 83 des Entwurfs sollen die landesgesetzlichen Vorschriften unberührt bleiben, nach welchen eine Religions- oder geistliche Gesellschaft Rechtsfähigkeit nur im Wege der Gesetzgebung erlangen kann.

Die Streichung dieses Artikels wurde von verschiedenen Seiten beantragt, theils weil derselbe eine Verletzung der Gewissensfreiheit enthalte, theils weil für ein solches Ausnahmsrecht zu Ungunsten der Religionsgesellschaften oder geistlichen Gesellschaften kein genügender Grund vorliege, theils weil der Artikel 83 zum Mindesten überflüssig sei, da derselbe lediglich Regeln des öffentlichen Rechts aufrecht erhalte, welche einer Anerkennung im Bürgerlichen Gesetzbuch, wie das die Kommission soeben erst durch die Streichung des Artikels 80 anerkannt habe, keineswegs bedürfen.

Von Seiten des Staatssekretärs des Reichsjustizamts und anderer Vertreter der verbündeten Regierungen wie von verschiedenen Mitgliedern der Kommission wurde diesen Ausführungen widersprochen. Der Vorbehalt des §. 83 sei keineswegs unnöthig. Derselbe stelle klar, daß Religionsgesellschaften oder geistliche Gesellschaften beim Entgegenstehen landesgesetzlicher Vorschriften durch Eintragung in das Vereinsregister die Rechtsfähigkeit nicht zu erlangen vermögen. Insofern sei der Artikel eine nothwendige Ergänzung der

Bestimmungen des Bürgerlichen Gesetzbuches selbst. Die landesgesetzlichen Vorschriften, welche, wie z. B. §. 13 der preußischen Verfassungsurkunde, bestimmen, daß Religionsgesellschaften und geistliche Gesellschaften, soweit sie nicht zu den vom Staat ausdrücklich aufgenommenen oder anerkannten und als solche mit juristischer Persönlichkeit bekleideten Körperschaften gehören, die Rechtsfähigkeit nur durch besonderes Gesetz erlangen können, fallen allerdings in das Bereich des öffentlichen Rechtes und stehen mit den gesammten öffentlichen Zuständen der einzelnen Staaten im engsten Zusammenhange. Grade deshalb aber liegen sie auch außerhalb des Bereichs der Fragen, welche bei der Kodifikation des bürgerlichen Rechts zu entscheiden seien. Ein Versuch, in dieses Gebiet überzugreifen, werde sich nicht allein als fruchtlos erweisen, sondern könnte auch den Erfolg haben, den Abschluß des Bürgerlichen Gesetzbuches erheblich zu erschweren.

Der Artikel 83 des Einführungsgesetzes wurde hiernach mit 11 gegen 8 Stimmen angenommen.

Artikel 84.

Es war beantragt, dem Artikel 84 folgenden Absatz 2 hinzuzufügen:

> „Fällt nach landesgesetzlicher Vorschrift das Vermögen von Vereinen staatlich anerkannter Religionsgesellschaften bei ihrer Auflösung an den Fiskus, so tritt an die Stelle des Fiskus eine von der Aufsichtsbehörde der Religionsgesellschaft bezeichnete Körperschaft, Stiftung oder Anstalt."

Von Seiten der Vertreter der verbündeten Regierungen wurde gegen den Antrag geltend gemacht: so weit derselbe sich auf juristische Personen des öffentlichen Rechts beziehen solle, sei die Vorschrift nicht am Platz, da sich das Bürgerliche Gesetzbuch mit der Regelung der Verhältnisse dieser juristischen Personen (von den Vorschriften des §. 85 abgesehen) grundsätzlich nicht befasse; soweit aber der Antrag sich auf Vereine erstrecke, welche der Sphäre des Privatrechts angehören, könne derselbe als eine Verbesserung des Entwurfs und des Einführungsgesetzes nicht anerkannt werden. Der §. 42 des Entwurfs gebe dem Verein die Befugniß, das Schicksal seines Vermögens autonomisch zu bestimmen; mache der Verein von dieser Befugniß keinen Gebrauch, so falle das Vermögen, sofern es nicht nach der Satzung ausschließlich den Interessen der Mitglieder diene, nach reichsgesetzlichen Vorschriften an den Fiskus des betreffenden Bundesstaates. Für den letzteren Fall nun gewähre Artikel 84 der Landesgesetzgebung den Landesgesetzen die Möglichkeit, an die Stelle des Fiskus eine Körperschaft, Stiftung oder andere Anstalt des öffentlichen Rechts treten zu lassen, wenn dies nach der Lage der Verhältnisse, deren Vielseitigkeit sich nicht übersehen lasse, dem Bedürfniß und der Zweckmäßigkeit entsprechen sollte. Das Schicksal des Vermögens des Vereins sei hiernach für jeden Fall im Einklang mit der Gerechtigkeit und Zweckmäßigkeit geregelt. Aus der Mitte der Kommission wurde hinzugefügt, die Ablehnung des Antrages folge mit Nothwendigkeit aus dem zu Artikel 80 gefaßten Beschluß der Kommission, denn wenn man, wie geschehen, den Aufsichtsbehörden der Religionsgesellschaften das Aufsichtsrecht über die betreffenden juristischen Personen nicht zugestehe, so könne ihnen noch weniger die zu Artikel 84 beantragte Verfügung über das Vermögen derselben zugestanden werden.

Der gestellte Antrag wurde hiernach gegen 6 Stimmen abgelehnt und der Artikel 84 des Einführungsgesetzes angenommen.

Artikel 85.

In Konsequenz der zu §§. 80 und 84 gefaßten Beschlüsse, wurde in erster Lesung der zu Artikel 85 gestellte Antrag abgelehnt, diesem Artikel als Absatz 2 hinzuzufügen:

> „Ueber das Erlöschen und die Umwandlung von Stiftungen zu religiösen Zwecken, welche unter der Aufsicht einer staatlich anerkannten Religionsgesellschaft oder einer öffentlichen Behörde stehen, entscheidet die Aufsichtsbehörde der Religionsgesellschaft."

Der Artikel 85 wurde in erster Lesung angenommen, in zweiter Lesung jedoch aus den oben zu den §§. 83, 83a des Bürgerlichen Gesetzbuchs mitgetheilten Gründen gestrichen (S. 1947 des Berichts).

Artikel 86 und 87 des Einführungsgesetzes.

Zu Artikel 86 waren folgende Anträge gestellt:

I. Den Artikel 86 zu streichen, eventuell demselben folgende Worte als Absatz 2 hinzuzufügen:

„Die Vorschriften des Absatz 1 finden keine Anwendung auf juristischen Personen, deren Rechtsfähigkeit auf reichsgesetzlichen Vorschriften beruht."

II. Dem Artikel folgende Worte als zweiten Absatz hinzuzufügen:

„Pfandbriefanstalten und Immobiliengesellschaften, die in einem Bundesstaat domizilirt sind, sind berechtigt, Immobilien in jedem anderen Bundesstaat unter denselben Voraussetzungen, wie die einheimischen Institute zu erwerben."

III. Dem Artikel folgende Worte als zweiten Absatz hinzuzufügen:

„Die einem anderen Bundesstaat angehörenden juristischen Personen, deren Rechtsfähigkeit auf einem neben dem Bürgerlichen Gesetzbuch geltenden Reichsgesetze beruht, können nicht weitergehenden Beschränkungen im Erwerbe vom Rechten unterworfen werden, als die dem Bundesstaate selbst angehörenden juristischen Personen derselben Art."

Zu Antrag I.

Für den Antrag auf Streichung des Paragraphen wurde ausgeführt: Die in den einzelnen Landesgesetzgebungen bestehenden Beschränkungen der Erwerbung der todten Hand haben sich überlebt und gehören einer längst überwundenen Periode an, es sei daher wünschenswerth, dieselben völlig zu beseitigen oder jedenfalls, wie es der Eventualantrag I bezwecke, für diejenigen juristischen Personen zu beseitigen, deren Rechtsfähigkeit auf reichsgesetzlichen Vorschriften beruht.

Von Seiten der Vertreter der verbündeten Regierungen wurde dem auf Streichung gerichteten Antrag entschieden widersprochen. In einer Reihe von Bundesstaaten bestehe das Bedürfniß, den Vermögenserwerb juristischer Personen und zwar namentlich der kirchlichen Institute und der Stiftungen zu beschränken oder von staatlicher Genehmigung abhängig zu machen.

Dies Bedürfniß habe zahlreiche ältere und neue Gesetze hervorgerufen, welche mit den staatsrechtlichen Zuständen der einzelnen Länder, insbesondere mit dem Gesammtverhältniß zwischen Staat und Kirche, sowie mit den wirthschaftlichen Zuständen im engsten Zusammenhange stehen.

Nach preußischem Rechte z. B. sei für die Mehrzahl der inländischen juristischen Personen zum Erwerb von Grundeigenthum die Genehmigung der ihnen vorgesetzten staatlichen Behörden, für ausländische die Genehmigung des Königs bezw. einer durch Königliche Verordnung hierzu delegirten Behörde erforderlich (Allgemeines Landrecht II. §. 83, Gesetze vom 4. Mai 1846, 23. Februar 1870).

Für Schenkungen und für letztwillige Zuwendungen zu Gunsten juristischer Personen bedürfe es nach dem Gesetz vom 23. Februar 1870 landesherrlicher Genehmigung.

Derartige, auf politischen, sozialen und volkswirthschaftlichen Gründen beruhende Beschränkungen eignen sich nicht zu reichsgesetzlicher Regelung und Einführung in solche Gebiete, welche derselben entrathen können; andererseits aber sei es nicht möglich, sie da zu beseitigen, wo die geschichtliche Entwickelung ihre Nothwendigkeit gezeigt und wo sie deshalb für unentbehrlich erachtet werden. Der Eventualantrag I komme praktisch darauf hinaus, jene landesgesetzlichen Erwerbsbeschränkungen für diejenigen inländischen juristischen Personen zu beseitigen, welche nicht dem öffentlichen Rechte angehören, denn er beziehe sich nicht bloß auf diejenigen, deren Rechtsfähigkeit auf besonderen neben dem Bürgerlichen

Gesetzbuch bestehenden Reichsgesetzen beruhe, sondern auch auf die Vereine mit idealen Tendenzen, die Erwerbsvereine und auf die Stiftungen, welche auf Grund des Bürgerlichen Gesetzbuches die juristische Persönlichkeit, sei es durch Eintragung ins Vereinsregister, sei es durch Verleihung oder Genehmigung erlangen.

Bei der Abstimmung wurde der Eventualantrag I mit 11 gegen 8 Stimmen angenommen, darauf aber der ganze Artikel einstimmig abgelehnt.

Zu Antrag II und III wurde seitens der Antragsteller ausgeführt: Nach dem preußischen Gesetz vom 4. Mai 1846 können ausländische Korporationen und andere juristische Personen des Auslands Grundeigenthum innerhalb der preußischen Staaten nur mit königlicher Genehmigung erwerben, das preußische Gesetz vom 23. Februar 1870 halte diese Vorschriften aufrecht und durch Allerhöchsten Erlaß vom 14. Februar 1882 seien die betreffenden Ressortminister ermächtigt, die staatliche Genehmigung zum Erwerb preußischer Grundstücke an Aktiengesellschaften, Kommanditgesellschaften auf Aktien, eingetragene Genossenschaften und Hilfskassen, sowie gegenseitige Versicherungsgesellschaften zu ertheilen, soweit diese Rechtsinstitute im Deutschen Reiche außerhalb Preußens ihren Sitz haben. Gleichwohl sei es keineswegs zweifellos, ob diese Bestimmungen noch für giltig zu halten seien, und das Reichsgericht habe in einem Urtheil vom 14. April 1882 — allerdings nur in den Entscheidungsgründen — ausgesprochen, daß das in Artikel 3 der Reichsverfassung enthaltene Prinzip, nach welchem kein einzelner deutscher Staat einen Deutschen ungünstiger behandeln dürfe als seinen eigenen Angehörigen, auch auf die juristischen Personen Anwendung finden müsse. Allein die Gerichtspraxis und Verwaltung behandeln diese Bestimmungen als fortdauernd giltig, namentlich in Preußen werde das Gesetz vom 4. Mai 1846 fortdauernd auch auf juristische Personen anderer Bundesstaaten angewandt. Hypothekenbanken, welche anderen Bundesstaaten angehören, können daher in Preußen nur mit staatlicher Genehmigung bei Subhastationen bieten und ansteigern, während die preußischen Bodenkreditanstalten, welche, wenn sie in süddeutschen Staaten ausleihen, derartigen Beschränkungen bezüglich des Erwerbs der von ihnen beliehenen Grundstücke nicht unterworfen würden. Die Anträge bezwecken, diese innerhalb des Reichsgebiets nicht berechtigte Ungleichheit zu beseitigen, sie stehen durchaus auf dem Boden des allerdings nicht zum Gesetz gewordenen Entwurfs eines Gesetzes betreffend das Faustpfandrecht für Pfandbriefe und ähnliche Schuldverschreibungen vom 27. Februar 1880 §. 52. Auch die mit der Vorberathung dieses Entwurfs betraute Reichstagskommission habe sich in einer Resolution in gleichem Sinne ausgesprochen.

Der Staatssekretär des Reichsjustizamts erkannte die Forderung, daß die durch Reichsgesetz mit Rechtsfähigkeit bekleideten Gesellschaften, insbesondere also Aktiengesellschaften, innerhalb der einzelnen Bundesstaaten nicht verschieden gestellt sein sollten, soweit es sich um den Erwerb von Rechten, vor Allem um den Grunderwerb handelt, als eine solche an, der man grundsätzlich nicht entgegentreten könne. Es unterliege auch keinem Zweifel, daß sie mit der Zeit gesetzlich werde durchgeführt werden müssen. Eine andere Frage sei es aber, ob jetzt die Zeit und dies der Ort sei, die Forderung zu verwirklichen. Die verbündeten Regierungen hätten diese Frage verneint. Wenn hervorgehoben werde, daß die den Gesellschaften vom Reiche verliehene Rechtsfähigkeit ohne Weiteres zu der Nothwendigkeit führe, ihnen auch im Rechtsverkehr volle Gleichstellung zu gewähren, so werde dabei übersehen, daß die Gesetzgebung nicht dazu da sei, formale juristische Konsequenzen zu ziehen ohne Rücksicht auf die realen Verhältnisse, und daß innerhalb einzelner Bundesstaaten die Gleichstellung im Rechtsverkehr für in- und ausländische Gesellschaften eine Unbilligkeit gegenüber den inländischen Gesellschaften und eine Beeinträchtigung der allgemeinen Interessen einschließe, solange der Geschäftsverkehr inländischer Gesellschaften strengerer Kontrole und ihre Geschäftsgrundsätze strengeren Anforderungen unterliegen, als die gleichen Verhältnisse bei ausländischen Gesellschaften. Diese Erwägung komme gerade bei den Immobiliargesellschaften in Betracht, welche der Antrag II ausdrücklich erwähne und die den praktischen Kern der übrigen Anträge bildeten. Im Interesse eines gesunden Kredits im Bereiche des Immobiliarbesitzes unterliegen vor Allem Pfandbriefanstalten strengen Anforderungen und einer sorgfältigen Kontrole innerhalb einzelner Staatsgebiete, während in anderen Staatsgebieten von dem Geschäftsverkehr dieser Anstalten weniger, zum Theil sehr wenig verlangt werde. Sei es da ungerechtfertigt, wenn die einzelne Landesregierung einem Institute gegenüber, das sich, vielleicht gerade um den strengen inländischen Kontrolen zu entgehen, außerhalb der Landesgrenze gebildet hat, durch Vorenthaltung der vollen Freiheit im Grunderwerb den für nöthig erachteten Einfluß zu wahren sucht? das geschehe vor Allem in Preußen und man wünsche dort sich diesen Einfluß so lange, aber auch nur so lange zu erhalten, bis reichsgesetzlich für die fraglichen Institute die Bedingungen des Geschäftsverkehrs gleichmäßig geregelt sein würden. Wenn darauf hingewiesen werde, daß preußische Institute in anderen Bundesstaaten gleichen Beschränkungen nicht unterworfen seien, so erscheine das sehr erklärlich: in diesen Bundesstaaten werden an die Institute eben keine Anforderungen gestellt, die in Preußen nicht auch in gleicher oder in schärferer Art erhoben würden. Unter solchen Umständen könne es politisch nicht räthlich erscheinen, zur Zeit in die Materie einzugreifen. Man erschwere dadurch nur die baldige reichsgesetzliche Regelung der Verhältnisse der Pfandbriefanstalten und das dürfte doch Niemandem erwünscht sein, höchstens einigen weniger soliden Gesellschaften. Der Reichstag könne die Frage um so unbedenklicher vertagen, als dieselbe noch vor dem Zeitpunkt, mit welchem das Bürgerliche Gesetzbuch in Kraft treten würde, doch wieder an ihn herantreten werde. Denn die Frage einer reichsgesetzlichen Intervention auf dem Gebiete des Pfandbriefwesens sei im Reichsjustizamt bereits aufgenommen und es sei der Wunsch der Reichsverwaltung, dem sie im Bundesrathe bestimmt Ausdruck gegeben habe, eine reichsgesetzliche Vorlage auf diesem Gebiete so zeitig an Bundesrath und Reichstag zu bringen, daß das zu erwartende Gesetz gleichzeitig mit dem Bürgerlichen Gesetzbuch in Geltung treten könne. Wenn die Sache bisher nicht weiter gediehen sei, so liege das zum Theil an der Vielgestaltigkeit unseres Hypothekenrechts; sobald hier das Gesetzbuch Wandel geschaffen habe, könne man auch mit größerer Aussicht auf Erfolg zu jener, schon in früheren Jahren vergeblich unternommenen Arbeit zurückkehren. Damit sei aber dem Reichstag die bestimmte Aussicht eröffnet, noch vor der Zeit, da das Bürgerliche Gesetzbuch in Geltung treten solle, mit der Behandlung des Pfandbriefwesens befaßt zu werden, und hierbei werde die jetzt berührte Frage nicht umgangen werden können. Es sei also in jeder Beziehung unpräjudizirlich, wenn man jetzt nach dem Wunsche der Regierungen die Frage auf sich beruhen lasse. Thue man dies, so trage man zur Förderung einer reichsgesetzlichen Regelung des Pfandbriefwesens bei. Handle man umgekehrt, so schädige man diese Aufgabe, ohne Jemandem zu nützen.

Von Seiten des Vertreters des preußischen Ministers für Landwirthschaft wurde hinzugefügt, die preußische Regierung habe zwar über die preußischen, nicht aber über die außerpreußischen Hypothekenbanken ein Aufsichtsrecht, das Genehmigungsrecht bezüglich der Grunderwerbungen biete ihr also die einzige Handhabe zur Einwirkung auf die Geschäftsführung außerpreußischer Hypothekenbanken in Preußen und zur mittelbaren Repression von Ausschreitungen.

Aus der Mitte der Kommission wurde hiergegen bemerkt, daß es doch unzulässig scheine, eine derartige Beschränkung als ein Zwangsmittel für ganz andere Zwecke zu benutzen, z. B. mittels desselben in die Vertragsfreiheit, betreffend die Höhe des Zinsfußes, einzugreifen.

Die Anträge II und III gelangten in Folge der erfolgten Ablehnung des Artikel 86 in der Kommission nicht zur Abstimmung.

Artikel 87 wurde ohne Diskussion abgelehnt.

Als Vermittelungsvorschlag zwischen der von dem Herrn Staatssekretär des Reichsjustizamts in erster Lesung betonten Stellung der verbündeten Regierungen und dem

Beschluß der Kommission, die Artikel 86 und 87 zu streichen, wurde in zweiter Lesung der Antrag gestellt:

1. den Artikel 86 des Einführungsgesetzes in folgender Fassung wiederherzustellen:

   „Unberührt bleiben die landesgesetzlichen Vorschriften, welche den Erwerb von Rechten durch juristische Personen beschränken oder von staatlicher Genehmigung abhängig machen, soweit diese Vorschriften Gegenstände im Werth von mehr als fünftausend Mark betreffen. Wird die nach dem Landesgesetze zu einem Erwerbe von Todeswegen erforderliche Genehmigung ertheilt, so gilt u. s. w. wie in dem Entwurf."

2. den Artikel 87 nach dem Entwurfe wiederherzustellen und demselben folgenden Absatz 3 hinzuzufügen:

   „Mitglieder solcher religiöser Orden oder ordensähnlicher Kongregationen, bei denen Gelübde auf Lebenszeit oder auf unbestimmte Dauer nicht abgelegt werden, unterliegen nicht den Vorbehalten des Absatzes 1 und 2."

Die Anträge schließen sich in der Hauptsache an das preußische Recht an. Sie wurden fast allseitig als eine zutreffende Grundlage des Ausgleichs anerkannt und, nachdem auch der Vertreter des Reichsjustizamts die Zustimmung der verbündeten Regierungen dazu als wahrscheinlich bezeichnet hatte, mit sehr großer Mehrheit angenommen.

Zweiter Abschnitt.

Sachen.

(§§. 86 bis 99.)

§. 89.

Die Streichung dieses Paragraphen wurde beantragt, mit der Begründung, daß es sonst unzulässig sei, einen stehenden Wald zu verkaufen und zu übergeben. Allein nachdem von anderer Seite ausgeführt war, daß dieser Paragraph lediglich den bisher bestehenden und unentbehrlichen Begriff des wesentlichen Bestandtheiles einer Sache erläutere und die rechtliche Bedeutung desselben im Allgemeinen feststelle, wurde dieser Antrag fallen gelassen und der §. 89 ohne weitere Diskussion angenommen.

§. 91.

Es war beantragt, einzufügen: „dinglichen oder persönlichen" Rechtes. Der Antrag wurde abgelehnt, weil der erste Satz des §. 91 genüge.

§. 93.

Es war beantragt,

hinter dem ersten Satze einzuschalten,

„insofern sie dem Eigenthümer der Hauptsache gehören",

mithin Sachen, welche dem Eigenthümer der Hauptsache nicht gehören, vollständig von der Pertinenzqualität auszuschließen.

Von anderer Seite wurde der Antrag für gewisse Fälle als unnöthig, für andere aber als unzutreffend bezeichnet. Wenn ein Nichteigenthümer der Hauptsache, z. B. der Miether oder Pächter eine andere Sache für den wirthschaftlichen Zweck der Hauptsache verwende, so sei die Pertinenzqualität schon deshalb ausgeschlossen, weil diese Benutzung naturgemäß nur als vorübergehende, mit der Dauer der Miethe oder Pacht endigende gedacht sei, die vorübergehende Benutzung für den wirthschaftlichen Zweck einer anderen Sache aber nach §. 93 Absatz 2 die Zubehörseigenschaft nicht begründe. Verwende dagegen der Eigenthümer der Hauptsache eine ihm nicht gehörige Sache (deren Eigenthümer er vielleicht zu sein glaubt) nicht bloß vorübergehend, sondern dauernd für die Zwecke der Hauptsache, so müsse diese Nebensache auch als Zubehör betrachtet werden. Denn die Zubehörseigenschaft komme wesentlich in Betracht, wenn es sich darum handle, ob ein über die Hauptsache geschlossenes Geschäft sich stillschweigend mit auf die Nebensache beziehen solle oder nicht. Es würde aber offensichtlich der guten Treue widersprechen, wenn der Eigenthümer, der beispielsweise sein Haus verkauft habe, die seit langen Jahren in jedem Winter eingesetzten Doppelfenster deshalb zurückbehalten wolle, weil sie aus irgend einem Grunde nicht sein Eigenthum seien.

Der Antrag wurde nahezu einstimmig abgelehnt.

§. 97.

In zweiter Lesung wurde der Antrag gestellt,

im §. 97 nach den Worten der Ziffer 1 hinzuzufügen:

„bestehen jedoch die Früchte in Erzeugnissen, welche durch Verwendungen auf deren Gewinnung hervorgebracht werden, so gebühren dem Berechtigten auch die während der Dauer der Berechtigung nicht getrennten Früchte nach dem Verhältniß der von ihm gemachten Verwendungen".

Der Antrag bezweckt, nach den Darlegungen des Antragstellers, diejenigen Früchte des ersten und des letzten Jahres, welche durch Verwendungen hervorgebracht werden, zwischen den verschiedenen Nutzungsberechtigten nach Verhältniß der Zeitdauer ihres Nutzungsrechtes, nicht aber nach dem mehr zufälligen Umstande zu theilen, ob sie während des Nutzungsrechtes des Einen oder des Anderen von der Muttersache getrennt wurden. Der Antragsteller bezeichnete diese Vorschrift als mehr der Billigkeit entsprechend und mit den deutschrechtlichen Anschauungen im Einklang.

Regierungsseitig und aus der Mitte der Kommission wurden wesentlich praktische Bedenken entgegengestellt. Schon die Frage, ob die Früchte durch Verwendungen hervorgebracht seien, gebe zu mannigfachen Zweifeln Anlaß. Ganz ohne Verwendungen werde kaum eine Frucht gewonnen. Solle die Vorschrift schon bei Aufwendung irgend welcher, sei es auch noch so geringer, Verwendungen gelten, so würde es also praktischer sein, sie für alle Früchte ohne Unterschied zu geben. Durchschlagend aber sei gegen den Antrag die große Schwierigkeit der Berechnung für das letzte, und in noch höherem Grade für das erste, vielleicht weit zurückliegende Jahr. Beispielsweise werde nach dem Antrage für jedes Stück eines vielleicht sehr zahlreichen Rindviehbestandes eine gesonderte und komplizirte Rechnung eintreten müssen, und die gleichen Schwierigkeiten würden sich für die einzelnen Grundstücke eines Landgutes ergeben.

Der gestellte Antrag wurde hiernach mit großer Majorität abgelehnt.

§. 99a.

In zweiter Lesung wurde die Einschiebung des folgenden Paragraphen beantragt:

„Bei landwirthschaftlichen Grundstücken sind die Einnahmen und Ausgaben des letzten Wirthschaftsjahres zu ermitteln und der Ertrag nach Verhältniß der Zeit zwischen dem antretenden und abtretenden Berechtigten zu vertheilen.

Das Wirthschaftsjahr beginnt mit dem 1. Juli, insofern nicht ein anderer Zeitpunkt nach der Verkehrssitte maßgebend ist."

Der Antragsteller führte aus, daß für die Vertheilung der Früchte und die Verrechnung der Verwendungen die Annahme eines bestimmten Wirthschaftsjahres für landwirthschaftliche Grundstücke dringend zu empfehlen sei. Aus manigfachen wirthschaftlichen Gründen empfehle es sich, dasselbe vom 1. Juli bis 30. Juni zu rechnen, jedoch eine etwa bestehende abweichende Ortssitte aufrecht zu erhalten.

Nachdem indeß regierungsseitig entgegengehalten war, daß die in den verschiedenen Theilen des Deutschen Reichs durchaus verschiedenen wirthschaftlichen Verhältnisse der Aufstellung einer allgemeinen Regel widerriethen, ja nahezu unmöglich machten, wurde der Antrag mit großer Majorität abgelehnt.

Dritter Abschnitt.
Rechtsgeschäfte.
Erster Titel.
Geschäftsfähigkeit.
(§§. 100 bis 111.)

§. 100.

Vergleiche den Bericht zu §. 101 am Schlusse.

§. 101.

Zu §. 101 war ein Antrag gestellt, welcher wesentlich darauf hinauslief, Kinder unter 7 Jahren und wegen Geisteskrankheit Entmündigte den Minderjährigen gleichzustellen, allein dieses Ziel nach verschiedenen Seiten überschritt. Der Antrag wurde daher nach Darlegung der Bedenken zu Gunsten eines zweiten Antrages zurückgezogen, nach welchem nach Absatz 1 als besonderer Absatz eingefügt werden sollte:

„Eine Willenserklärung, durch welche der Geschäftsunfähige lediglich einen rechtlichen Vortheil erlangt, ist gültig, sofern er die erforderliche Einsicht hatte."

Zur Begründung wurde namentlich ausgeführt: Wenn der Entwurf das Recht der wegen Geisteskrankheit Entmündigten, in lichten Zwischenräumen Geschäfte gültig abzuschließen, aufhebe und ferner Kinder unter 7 Jahren von der Geschäftsfähigkeit ausschließe, so könne das im Interesse der Sicherheit der betreffenden Personen im Allgemeinen gebilligt werden, wenngleich unter Umständen erhebliche Nachtheile damit verbunden seien. Zu groß aber würde das der Sicherheit gebrachte Opfer sein, wenn man selbst diejenigen Geschäfte für ungültig erklären wollte, welche den Geschäftsunfähigen keinerlei Nachtheile zu bringen im Stande seien, sondern ihm lediglich zum Vortheil gereichten. Nach den meisten bestehenden Rechten würden solche Geschäfte im weiteren oder engeren Umfange für gültig gehalten. Ihre völlige Nichtigkeit widerspreche gesundem Rechtsgefühle. Wenn beispielsweise, wie das gar nicht selten sei, eine Mutter oder Großmutter kurz vor ihrem Tode ihre Schmucksachen unter die Kinder oder Enkel vertheile, so sei es unerträglich, wenn diese Geschenke an die Kinder über 7 Jahre gültig, unter 7 Jahren dagegen ungültig seien und nach dem Tode der Schenkerin von den Vormündern pflichtmäßigst auch thatsächlich als ungültig behandelt werden müßten; oder wenn Jemand einem den Sinn der Schenkung völlig verstehenden aber entmündigten Geisteskranken eine Summe geschenkt habe, so erscheine es mit Sitte und Anstand nicht vereinbar, wenn nach dem Tode des Schenkers dessen Erben die Schenkung wegen Nichtigkeit zurückfordern würden. Was aber dem Anstands- und Rechtsgefühle widerstreite, dürfte auch im Gesetzbuche nicht festgestellt werden.

Von den Vertretern der verbündeten Regierungen sowie aus der Mitte der Kommission wurde dem entgegengehalten, die Fälle, auf welche der Antrag sich beziehe, seien verhältnißmäßig selten und in den meisten Fällen führen sie deshalb nicht zu Mißständen, weil thatsächlich derartige Schenkungen unangefochten zu bleiben pflegen. Dagegen würde die Annahme des Antrages auf die zweifelhafte, im Einzelfalle oft schwer zu entscheidende Frage führen, ob das Kind oder der entmündigte Geisteskranke die erforderliche Einsicht gehabt habe. Gegen die unbefugte Wegnahme des Gegenstandes sei das Kind oder der Geisteskranke ohnehin geschützt, da beide nach den Bestimmungen des Entwurfs Besitz zu erwerben fähig, also gegen Besitzentziehung und Besitzstörung nach §. 845 geschützt seien und selbst, wenn sie den Besitz ohne Eigenmacht z. B. durch Uebergabe an einen Andern verloren hätten, ihn nach §. 991, eventuell wenigstens mit der Klage wegen ungerechtfertigter Bereicherung (§. 796) zurückerlangen könnten.

Von anderer Seite wurden freilich diese Argumente bestritten. Wenn der §. 101, wie im Entwurf geschehe, dem entmündigten Geisteskranken oder dem Kinde die Geschäftsfähigkeit völlig entziehe, so entstehe der Zweifel, ob nicht aus diesem Grunde dem Geisteskranken oder Kinde auch die Fähigkeit, in eigener Person Besitz d. h. die „thatsächliche Gewalt“ (vergl. §. 838) zu erlangen, abgesprochen werden müsse. Geschehe dies, so sei in den in Betracht kommenden Fällen das Kind oder der Geisteskranke vollkommen schutzlos; aber selbst, wenn man sich der anderen Ansicht anschließen wolle, so könne doch der Besitzschutz nicht genügen. Dem Veräußerer selbst, seinen Erben, seinen Gläubigern u. s. w. gegenüber reiche er nicht aus, und es sei überhaupt kein zutreffender Grund, Jemandem das Eigenthum deshalb zu versagen, weil er in manchen Fällen vielleicht mit dem Besitz ausreichen könne.

Bei der Abstimmung wurde der gestellte Antrag mit 9 gegen 9 Stimmen abgelehnt.

In zweiter Lesung wurde dieser Antrag unter Beschränkung auf Kinder unter 7 Jahre in veränderter Form wiederholt. Es wurde nämlich beantragt:

im §. 100 die Worte „wer nicht das siebente Lebensjahr vollendet hat“,
und im §. 102 die Worte „der das siebente Lebensjahr vollendet hat“
zu streichen,

mithin entsprechend den Bestimmungen des französischen Rechtes die Kinder unter sieben Jahren den übrigen Minderjährigen gleichzustellen, ihre Willenserklärungen also (sofern sie thatsächlich überhaupt solche abgeben können) insoweit als giltig anzuerkennen, als sie durch dieselben lediglich einen rechtlichen Vortheil erlangen (§. 103).

Allein auch dieser Antrag, über dessen Motivirung und Widerlegung auf die Erörterungen erster Lesung zu verweisen ist, wurde abgelehnt.

§. 104 Absatz 1.

Es wurde beantragt, vor dem Worte „Genehmigung“ das Wort „ausdrückliche“ einzuschieben, um den Minderjährigen vor den nachtheiligen Folgen einer vielleicht irrig angenommenen Genehmigung zu schützen.

Nachdem indeß entgegnet war, daß die Unmöglichkeit stillschweigender Genehmigung dem Minderjährigen in mindestens ebensoviel Fällen nachtheilig wie vortheilhaft sein dürfte, wurde der Antrag mit allen gegen 2 Stimmen abgelehnt.

Der in zweiter Lesung wiederholte Antrag wurde abermals gegen 2 Stimmen abgelehnt.

§. 108.

Ein Antrag, dem §. 108 als Absatz 3 hinzuzufügen:

„Der Vater als gesetzlicher Vertreter bedarf zur Ermächtigung des Minderjährigen zum selbstständigen Betriebe eines Erwerbsgeschäftes oder zur Zurücknahme dieser Ermächtigung der Genehmigung des Vormundschaftsgerichts nicht.“

entsprang dem Wunsche, die elterliche Gewalt des Vaters in diesen wie in vielen anderen Beziehungen dem Vormundschaftsgericht nicht unterzuordnen.

Von den Kommissaren der verbündeten Regierungen wurde indessen ausgeführt: In neuerer Zeit, und namentlich sei das auch für Bremen und Hamburg bezeugt, sei es mehrfach vorgekommen, daß bankerotte Väter auf den Namen ihres Kindes ein Geschäft gegründet haben. Der Vater habe dann das Geschäft als Handelsbevollmächtigter des Kindes geführt. Da er in diesem Falle nicht Kaufmann sei, liegen ihm auch die nach dem Handelsgesetzbuche dem Kaufmann aufgelegten Pflichten, namentlich der Buchführung u. s. w. nicht ob, mithin könne er auch nicht nach §. 210 der Konkursordnung verfolgt werden. Die hieraus sich ergebenden Uebelstände seien der Grund, weßhalb der §. 1622 des Entwurfes ausspreche, daß der Vater nicht ohne Genehmigung des Vormundschaftsgerichts ein neues Erwerbsgeschäft im Namen des Kindes beginnen solle. Diese Bestimmung, deren Verschärfung sogar mehrfach aus Handelskreisen beantragt sei, werde aber ganz illusorisch, wenn es dem Vater nach den gestellten Anträgen gestattet werde, sein bereits bestehendes Geschäft ohne vormundschaftliche Genehmigung auf das minderjährige Kind zu übertragen. Auch sei das Erforderniß vormundschaftsgerichtlicher Genehmigung gerade in diesem Falle innerlich besonders gerechtfertigt. Die Ermächtigung zum selbstständigen Geschäftsbetriebe wirke hier wie eine partielle Volljährigkeitserklärung. Eine solche aber ohne jede gerichtliche Mitwirkung lediglich von dem Willen des Vaters abhängig zu machen, sei gewiß höchst bedenklich.

Der Antrag wurde hierauf von dem Antragsteller zurückgezogen, jedoch von anderer Seite aufrecht erhalten und bei der Abstimmung mit 13 gegen 7 Stimmen abgelehnt.

In zweiter Lesung wurde der Antrag gestellt:

die Worte „mit Genehmigung des Vormundschaftsgerichts“ zu streichen,

also nicht nur (wie in erster Lesung beantragt war) dem Vater, sondern auch der Mutter und namentlich dem Vormund das Recht zu geben, den Minderjährigen zum selbstständigen Betrieb eines Erwerbsgeschäftes ohne Genehmigung des Vormundschaftsgerichtes zu ermächtigen.

§. 109.

Der zu Absatz 2 beantragte Zusatz:

„Auch kann der Vertreter die sofortige Auflösung des Dienst- oder Arbeitsvertrages fordern, wenn durch die Fortsetzung des Dienst- oder Arbeitsverhältnisses die Gesundheit oder Sittlichkeit des Minderjährigen gefährdet ist.“

fand, was seine Tendenz betrifft, allgemeine Zustimmung, allein er wurde deshalb für unnöthig erklärt, weil nach §. 617 das Dienstverhältniß von jedem Theil ohne Einhaltung einer Kündigungsfrist gekündigt werden könne, wenn ein wichtiger Grund vorliege. Gefährdung der Gesundheit oder Sittlichkeit sei ohne Zweifel ein solcher wichtiger Grund. Der Minderjährige werde also einen derartigen Vertrag auch ohne eine solche Sonderbestimmung lösen können, ebenso aber auch, wenn er selbst nicht einwillige, sein Vertreter; denn demselben stehe nach §. 109 Absatz 2 jederzeit das Recht zu, die Ermächtigung zu derartigen Dienstverträgen wieder zurückzunehmen. Habe er das gethan, so trete auch in Bezug auf die Dienstverträge bezw. deren Auflösung der Minderjährige ganz in die frühere Stellung zu seinem gesetzlichen Vertreter zurück. Der Vertreter könne also auch gegen den Willen des Minderjährigen die Kündigung des Vertrages in Gemäßheit des §. 617 aussprechen. Eine ganz andere Frage sei es, ob nicht etwa bei §. 617 der Fall der Gesundheits- oder Sittlichkeitsgefährdung als Beispiel ausdrücklich anzuführen sei.

Auch dieser weitergehende Antrag wurde aus gleichen Gründen mit allen gegen 2 Stimmen abgelehnt.

In zweiter Lesung wurden ferner zwei Anträge auf Einfügung eines neuen Absatzes zwischen Absatz 2 und 3 gestellt:

Antrag A.

„Ist die Ermächtigung des gesetzlichen Vertreters nicht zu beschaffen oder verweigert der gesetzliche Vertreter die Ermächtigung ohne genügenden Grund und zum Nachtheil des Arbeiters, so kann die Gemeindebehörde, in deren Bezirk der Minderjährige zuletzt seinen dauernden Aufenthalt hatte, die Zustimmung des gesetzlichen Vertreters ergänzen.“

Antrag B.

„Verweigert der Vertreter die Ermächtigung ohne ausreichenden Grund, so kann sie auf Antrag des Minderjährigen durch das Vormundschaftsgericht ersetzt werden. Der Vertreter kann die Ermächtigung in einem solchen Falle nur mit Genehmigung des Vormundschaftsgerichts zurücknehmen oder einschränken.“

Für den Fall der Ablehnung des Antrags B war folgende Fassung vorgeschlagen:

„Ist der gesetzliche Vertreter ein Vormund, so kann die Ermächtigung, wenn sie von ihm verweigert wird, auf Antrag des Minderjährigen durch das Vormundschaftsgericht ersetzt werden. Das Vormundschaftsgericht hat die Ermächtigung zu ersetzen, wenn es im Interesse des Mündels liegt."

Beide Anträge wurden damit begründet, daß es nothwendig sei, dem Minderjährigen gegen grundlose Verweigerung der Erlaubniß, in Dienst oder in Arbeit zu treten, Schutz zu gewähren.

Der Antrag A hielt für die Gewährung dieses Schutzes die Gemeindebehörde für besonders geeignet, während nach dem Antrage B die Entscheidung dem Vormundschaftsgericht zukommen soll, da dasselbe in allen übrigen Beziehungen die Führung der Vormundschaft überwacht.

Regierungsseitig und aus der Mitte der Kommission wurde die durch die beiden Anträge dem Vater und der Mutter auferlegte Beschränkung als mit der elterlichen Stellung unvereinbar erklärt. Obgleich der Antragsteller (Antrag B) einwandte: gerade dem Vater müsse entgegen getreten werden, wenn er dem Kinde aus Eigennutz, um es in der eigenen Wirthschaft weiter zu verwenden, den Eintritt in fremden Dienst untersage, wurde der Antrag B in der prinzipalen Fassung abgelehnt, dagegen in der eventuellen Fassung mit erheblicher Majorität angenommen.

§. 118.

Es wurde beantragt:

den zweiten Satz des zweiten Absatzes zu streichen.

Wer die Erklärung einer anderen Person empfange, so führte der Antragsteller aus, müsse, wenn diese Erklärung nicht mit dem Willen übereinstimme, in allen Fällen ein Recht auf Schadensersatz haben, auch dann, wenn die Unrichtigkeit der Uebermittelung ihren Grund in höherer Gewalt habe. Denn für den Geschädigten sei der Grund der unrichtigen Uebermittelung vollkommen gleichgültig, und die Sicherheit des Verkehrs fordere, daß dieser Fall nicht anders behandelt werde, wie alle übrigen Fälle unrichtiger Uebermittelungen.

Gegen den Antrag wurde geltend gemacht, daß die in Folge höherer Gewalt unrichtig übermittelte Willenserklärung dem Erklärenden überhaupt nicht zugerechnet werden dürfe, da sie in dieser Form von ihm nicht herrührt und ihm jede Möglichkeit fehlte, die Unrichtigkeit zu verhindern.

Indeß wurde der Antrag mit knapper Majorität angenommen.

Zweiter Titel.

Willenserklärung.

(§§. 112 bis 140.)

§. 119.

Auf die Anregung, das Wort „widerrechtlich" in Absatz 1 zu streichen, wurde zunächst unter allgemeinem Einverständniß festgestellt, daß dasselbe sich nur auf den Fall der Drohung, nicht aber auf den Fall der arglistigen Täuschung beziehe, da die Widerrechtlichkeit der letzteren selbstverständlich sei. Ein Antrag, statt „durch Drohung widerrechtlich" zu setzen „widerrechtlich durch Drohung" gelangte zu einstimmiger Annahme.

Die Aenderung des Absatz 2 Satz 2 bezweckt nur eine Vereinfachung des Ausdrucks.

§. 121.

Die Veränderung des zweiten Absatzes hat nur redaktionelle Bedeutung.

Ein Antrag, den Mangel der gesetzlich vorgeschriebenen schriftlichen Form nach der Erfüllung des Geschäfts als geheilt zu betrachten, wurde nach kurzer Diskussion mit allen gegen eine Stimme abgelehnt.

§. 122 Absatz 1.

Es wurde beantragt, die Worte „mittels gerichtlich oder notariell beglaubigten Handzeichens" zu ersetzen durch die Worte „mittels eines von einer öffentlichen Behörde oder einer mit öffentlichem Glauben versehenen Person beglaubigten Handzeichens".

Zur Begründung wurde namentlich darauf hingewiesen, daß in verschiedenen Ländern, z. B. in Württemberg, außer Gerichten und Notaren auch andere Personen Urkunden mit öffentlichem Glauben aufnehmen könnten. Es sei wünschenswerth, das Publikum nicht nur an die oft schwerer zugänglichen Gerichte und Notare zu verweisen.

Von den Vertretern der verbündeten Regierungen wurde gerade auf die Gleichmäßigkeit des Rechtes im Reich besonderes Gewicht gelegt und auf die nothwendige Uebereinstimmung mit §. 381 der Civilprozeßordnung hingewiesen, während der von der Gegenseite in Bezug genommene §. 380 hier, wo es sich um die Beglaubigung der Unterschriften von Privatgeschäften handele, überhaupt nicht in Betracht komme.

Der Antrag wurde mit 12 gegen 8 Stimmen abgelehnt.

In zweiter Lesung wurde der Antrag unter gleicher Motivirung in etwas veränderter Form wiederholt:

in Absatz 1 die Schlußworte dahin zu ändern:

„oder mittels eines Handzeichens, wenn dasselbe von einer zuständigen öffentlichen Behörde oder von einem zuständigen Beamten oder einer mit öffentlichem Glauben versehenen Person beglaubigt ist, unterzeichnet werden",

und aus den oben angeführten Gründen abermals mit großer Majorität abgelehnt.

Damit fielen auch zwei weitere zu §. 122 Absatz 3 und §§. 124 und 125 gestellte Anträge, sowie eine zur Novelle zur Civilprozeßordnung beantragte Resolution, da dieselben als Konsequenzen des Antrags zu §. 122 Absatz 1 erschienen.

§. 122 Absatz 2

Es wurde beantragt, diesen Absatz durch folgende Vorschrift zu ersetzen:

„Die schriftliche Form wird gewahrt auch durch telegraphische Uebermittelung; wird diese gewählt, so kann der andere Theil eine schriftliche nochmalige Beurkundung verlangen."

Die Annahme des Antrages würde die doppelte Folge gehabt haben, daß einmal in den wenigen Fällen, in welchen zum Zweck einer besonderen Sicherheit vom Gesetz schriftliche Form von Verträgen verlangt wird, nicht mehr beiderseitig unterschriebene Urkunden, sondern überhaupt nur ein von dem Aussteller unterschriebenes Schriftstück erforderlich gewesen wäre, sowie ferner, daß auch dieses Schriftstück durch telegraphische Uebermittelung hätte ersetzt werden können. Der Antrag würde somit den Zweck, jenen ganz wenigen besonders wichtigen Verträgen, für welche das Gesetz die Schriftform erfordert, besondere Sicherheit zu gewähren, verhindert haben und wurde daher nach kurzer Debatte mit allen gegen 2 Stimmen abgelehnt.

Ein weiterer Antrag ging dahin, im §. 122 hinter dem Absatz 2 folgenden neuen Absatz aufzunehmen:

„Personen, welche zur Zeit der Unterzeichnung einer Urkunde nicht im Stande sind, sich ohne Beihülfe eines Anderen Kenntniß von dem Inhalt der Urkunde zu verschaffen, werden nur insofern verpflichtet, als ihnen nachgewiesen werden kann, daß der Inhalt des Schriftstücks dem Gewollten entsprochen hat."

Zur Begründung wurde bemerkt, es komme nicht selten vor, daß in gemischtsprachlichen Distrikten weniger gebildeten Personen Urkunden in einer ihnen nicht bekannten Sprache zur Unterschrift vorgelegt werden. Es entstehe daraus die Gefahr, daß solche Personen in Irrthum über den Inhalt oder die Bedeutung der Urkunde ihre Unterschrift geben könnten, und das gleiche Bedenken treffe überall bei denjenigen Personen zu, welche Geschriebenes nicht zu lesen vermöchten oder aus irgend einem anderen Grunde an der eigenen Kenntnißnahme von dem Inhalt der Urkunde gehindert seien. Von anderer Seite sowie von den Kommissaren der verbündeten Regierungen dagegen wurde ausgeführt: Für die Fälle, in denen Jemand erweislich im Irrthum die Urkunde unterzeichnet habe, geben die Bestimmungen über den Irrthum genügenden Schutz. Wolle man aber weitergehen, und mit den Antragstellern solche Unterzeichner schon dann schützen, wenn die Gegenpartei nicht den Beweis erbringen könne, daß sie den Inhalt der Urkunde erkannt und richtig verstanden hätten, so wäre dem Rechtsverkehr mit solchen Personen jede Sicherheit genommen. Der von ihnen schriftlich geschlossene Vertrag verliere als solcher jede Bedeutung. Dem Gegner werde ein Beweis aufgebürdet, den er, von seltenen Fällen abgesehen, überhaupt nicht anders, als etwa durch Eideszuschiebung zu erbringen im Stande sei, und selbst dies einzige Beweismittel falle weg, wenn der Aussteller gestorben sei und der Anspruch gegen den Rechtsnachfolger geltend gemacht werde. Kein Vorsichtiger könne sich daher alsdann noch mit derartigen Personen auf einen schriftlichen Vertrag einlassen. Die Annahme der beantragten Gesetzesbestimmung würde somit den vermeintlich zu schützenden Personen selbst zum allerschwersten Nachtheil gereichen und ihnen zum Mindesten in vielen Fällen die Kosten der alsdann mit Sicherheit nur gerichtlich oder notariell abzuschließenden Verträge aufbürden.

Entsprechend diesen Ausführungen wurde der Antrag gegen 7 Stimmen abgelehnt, und mit gleicher Majorität und aus wesentlich den gleichen Gründen erklärte sich die Kommission gegen den einen ähnlichen Zweck verfolgenden Antrag:

> „Schriftliche Willenserklärungen der Analphabeten und solcher Personen, welche der Sprache des Schriftstückes nicht mächtig sind, verpflichten letztere nur insofern, als ihnen nachgewiesen werden kann, daß der Inhalt des Schriftstückes vorgelesen beziehungsweise verdolmetscht worden ist."

In zweiter Lesung wurden die beiden letzteren Anträge wiederholt und mit großer Majorität abgelehnt.

Ferner war als Resolution beantragt:

> die Voraussetzung auszusprechen, daß in der Novelle zur Civilprozeßordnung folgende Vorschrift aufgenommen werde:

§. 381 a.

> „Urkunden solcher Personen, welche das Geschriebene zu lesen nicht vermögen oder der Sprache der Urkunde nicht mächtig sind, begründen gemäß §§. 380, 381 vollen Beweis nur dann, wenn der Inhalt der Urkunde vor deren Unterzeichnung vorgelesen oder verdolmetscht worden ist und die Thatsache der Verlesung oder Verdolmetschung in der Beurkundung durch die Behörde oder Urkundsperson, oder durch einen die Urkunde mitunterzeichnenden Zeugen bestätigt wird."

Diese Resolution wurde aus wesentlich den gleichen Gründen mit großer Majorität abgelehnt. Auch eine solche Vorschrift werde den Geschäftsverkehr der Analphabeten nicht unerheblich erschweren. Jedenfalls aber sei nicht hier, sondern bei der Berathung der Civilprozeßordnung der geeignete Platz, derartige Beweisvorschriften im Zusammenhange mit der gesammten Beweislehre zu ordnen.

§. 123.

Ein Antrag, in Zeile 3 nach den Worten „telegraphische Uebermittelung" einzufügen:

„und bei einem Vertrage Briefwechsel"

wurde folgendermaßen begründet: Der Entwurf gehe im §. 123 von der Auffassung aus, daß, wenn die Parteien Schriftlichkeit verabreden, damit regelmäßig eine von beiden Parteien unterzeichnete Urkunde (oder zwei gleichlautende Urkunden vergl. §. 122) gemeint sei, und daß es gleichwohl ihrer Absicht entspreche, telegraphische Mittheilung als Ersatz für eine solche Urkunde anzuerkennen. Beide Vermuthungen seien indessen mit den Gepflogenheiten des Verkehrs schwerlich im Einklange; wer schriftliche Form verabrede, meine damit sehr häufig und namentlich in den Fällen, wo thatsächlich nachher briefliche Willenserklärungen folgen, eben die Erledigung durch Korrespondenz, und nur sofern briefliche Mittheilungen genügend seien, könne ein Ersatz dieser Schriftlichkeit durch telegraphische Korrespondenz als nach der Absicht der Parteien zulässig erscheinen. Man werde es im praktischen Leben nicht verstehen, wenn nach der Verabredung der Schriftlichkeit eine telegraphische Offerte mit telegraphischer Annahmeerklärung vollgültig sei, eine Briefofferte mit brieflicher Annahmeerklärung dagegen eine Rechtswirkung überhaupt nicht erziele. Ob nach dem Entwurf eine briefliche Offerte, welche telegraphisch angenommen sei, Rechtswirkung haben würde, bleibe zudem zweifelhaft. Dem Wortlaut nach sei es nicht anzunehmen, da die Willenserklärung des Offerenten, weil brieflich, der schriftlichen Form nicht entspreche, also nichtig sei, und die Annahmeerklärung allein keine Bedeutung habe.

Von Seiten der Vertreter der verbündeten Regierungen wurde dagegen namentlich darauf hingewiesen, daß die Zulässigkeit telegraphischer Uebermittelungen lediglich ein dringendes Verkehrsbedürfniß befriedigen solle in Fällen, wo die Ausstellung einer dem §. 122 entsprechenden Urkunde nicht schnell genug würde erfolgen können. Allein aus der Mitte der Kommission wurde das gleiche Verkehrsbedürfniß auch für die briefliche Uebermittelung in Anspruch genommen, welche gleichfalls in den meisten Fällen binnen sehr kurzer Zeit zu bewirken sei, während die Herstellung einer von beiden Parteien zu unterzeichnenden Vertragsurkunde selbstverständlich einen weit umfassenderen Zeitaufwand erfordere.

Der gestellte Antrag wurde mit sehr großer Majorität und darauf der ganze Paragraph in folgender veränderter Fassung angenommen:

> „Die Vorschriften des §. 122 gelten im Zweifel auch für die durch Rechtsgeschäft bestimmte schriftliche Form. Zur Wahrung der Form genügt jedoch, soweit nicht ein anderer Wille anzunehmen ist, telegraphische Uebermittelung und bei einem Vertrage Briefwechsel; wird eine solche Form gewählt, so kann nachträglich eine dem §. 122 entsprechende Beurkundung verlangt werden."

In zweiter Lesung wurde die Wiederherstellung der Regierungsvorlage zwar beantragt, aber mit allen gegen zwei Stimmen abgelehnt, und demgemäß der §. 123 in der Fassung der Beschlüsse erster Lesung angenommen.

§. 126.

Die Veränderung ist nur redaktionell.

§. 128 Absatz 1.

Aus der Mitte der Kommission wurde ausgeführt, nach §. 126 Absatz 1 werde die einem Andern gegenüber in dessen Abwesenheit abzugebende Erklärung in dem Zeitpunkte wirksam, in welchem sie ihm zugehe. Diese Vorschrift stehe nicht im Einklang mit §. 128 Absatz 1, da hier die Zustellung durch den Gerichtsvollzieher nach den Vorschriften der Civilprozeßordnung nachgelassen wird. Da nämlich nach §. 161 der Civilprozeßordnung der Gerichtsvollzieher das zuzustellende Schriftstück auch zur Post aufgeben könne und alsdann die Zustellung schon mit der Aufgabe zur Post als bewirkt angesehen werde, selbst wenn die Sendung als unbestellbar zurückkomme, so könne die Erklärung hiernach wirksam werden, auch wenn sie dem Verpflichteten überhaupt nicht zugegangen sei. Der Widerspruch könne am besten durch Streichung des §. 128 Absatz 1 gelöst werden, was sich auch namentlich in Rücksicht auf §. 167 der Civilprozeßordnung empfehle.

Von Seiten der Vertreter der verbündeten Regierungen wurde dagegen ausgeführt, daß für die Zustellung durch den Gerichtsvollzieher, welche im §. 128 Absatz 1 erwähnt sei, lediglich die §§. 153, 155—159, 165—174, 176—178 der Civilprozeßordnung entscheidend seien, während die Zustellung durch Aufgabe zur Post (§§. 161, 164 Absatz 2, 175 der Civilprozeßordnung) für den §. 128 Absatz 1 des Entwurfs nicht in Betracht komme. Hiernach sei ein Widerspruch zwischen §. 126 Absatz 1 und §. 128 Absatz 1 keineswegs vorhanden. Von einem Antrage auf Streichung des §. 128 Absatz 1 wurde hiernach abgesehen.

§. 129a.

Der Antrag, hinter §. 129 folgende Bestimmung einzuschalten:

„Wird durch ein Rechtsgeschäft einem Erstgeborenen eine Zuwendung gemacht und läßt sich bei Zwillingen oder Mehrgeburten nicht ermitteln, wer von den mehreren Geborenen der Erstgeborene ist, so sind die mehreren Geborenen zu gleichen Theilen berechtigt."

wurde mit der Nothwendigkeit begründet, für diesen Fall eine feste Richtschnur für die richterliche Entscheidung zu schaffen.

Andererseits wurde dem Antrag entgegengehalten, der in Frage stehende Zweifelsfall sei von vielen anderen Fällen, in denen bezweifelt werden könne, auf welche aus einem gewissen Kreise von Personen sich eine Bestimmung oder Verfügung beziehe, nicht innerlich verschieden. Es empfehle sich daher nicht, gerade für diesen Fall allein eine Sonderbestimmung zu treffen.

Das Recht des Erstgeborenen sei besonders wichtig in erbrechtlichen Fragen, soweit eine besondere Erbfolgeordnung zu Gunsten des Erst- oder Letztgeborenen gelte, wie Primogenitur, Seniorat, Minorat. Gerade in solchen Fällen aber würde eine derartige Bestimmung besonders unzutreffend sein, da hier der erste Zweck sei, das fragliche Gut in einer einzigen Hand zu erhalten, während der gestellte Antrag die Theilung zur Folge haben werde. Uebrigens seien diese Rechtsgebiete der Landesgesetzgebung überlassen. Wo in Familienstiftungen dem Erstgeborenen besondere Rechte gewährt würden, sei häufig eine besondere Bestimmung über diesen Fall getroffen oder aus dem Geist der Stiftung zu entwickeln, und für alle anderen Fälle, namentlich testamentarische Zuwendungen an den Erstgeborenen, sei es richtiger, daß der Richter die der vermuthlichen Absicht der Parteien oder des Verfügenden entsprechende Lösung der Frage im einzelnen Falle finde, als durch allgemeine alsdann für viele Fälle nicht zutreffende Regeln die Ungewißheit heben zu wollen.

Der Antrag wurde demgemäß mit großer Majorität abgelehnt.

§. 129b und 138a.

Ferner war der Antrag gestellt, hinter §. 129 folgende Vorschrift als besonderen Paragraphen aufzunehmen:

„Ein Rechtsgeschäft, welches den Erwerb oder die Ausübung eines Rechtes von der Zugehörigkeit zu einem bestimmten Glaubensbekenntniß abhängig macht, ist wirksam.

Ein Rechtsgeschäft, dessen Wirksamkeit davon abhängig gemacht ist, daß eine bestimmte Person ihr Glaubensbekenntniß ändern oder nicht ändern werde, ist nichtig."

Diese Regel entspreche, so wurde zur Begründung ausgeführt, im Ganzen und Großen demjenigen, was in dieser höchstbestrittenen Frage vorherrschende Ansicht geworden sei, und es sei nothwendig, hier eine bestimmte Regel zu schaffen, welche dem Richter zur sicheren Richtschnur der Entscheidung diene. Von anderer Seite wurde dagegen ausgeführt, da der §. 134 des Entwurfs jedes den guten Sitten widerstreitende Rechtsgeschäfts für nichtig erklärt, so sei vollkommen unzweifelhaft festgestellt, daß auch dasjenige Rechtsgeschäft nichtig sei, welches in Folge einer demselben hinzugefügten Bedingung einen den guten Sitten widerstreitenden Charakter erhalte. Ob aber das Rechtsgeschäft den guten Sitten widerstreite, könne nur im Einzelfalle durch richterliche Entscheidung festgestellt und auch nicht nach dem Inhalt der Bedingung allein, sondern nur aus dieser und dem Zusammenhang mit dem übrigen Geschäftsinhalt ermittelt werden. Die in dem Antrage vorgesehene Regel werde gewiß für zahlreiche Fälle zutreffen, in diesen aber werde der Richter ohne Zweifel auch ohne dieselbe richtig entscheiden, in anderen Fällen aber sei dieselbe nicht zutreffend. Wenn beispielsweise ein Angehöriger einer bestimmten Konfession seinem ältesten Sohn einen nur für diese Konfession werthvollen Gegenstand unter der Bedingung, daß er die Konfession nicht ändere, vermache, so müßte nach dem gestellten Antrage das Geschäft nichtig sein, obgleich vom sittlichen und rechtlichen Standpunkte aus nichts gegen dasselbe eingewendet werden könne. Wenn umgekehrt eine Familienstiftung Unterstützungen im Falle der Verarmung und Noth nur denjenigen Familienmitgliedern aussetze, welche einer bestimmten Konfession angehören, so sei sehr wohl vom sittlichen Standpunkte aus etwas dagegen einzuwenden. Außerdem sei die Grenze zwischen den Fällen des Absatzes 1 und des Absatzes 2 des gestellten Antrages so vieldeutig und zweifelhaft, daß der Vorschlag sich schon deshalb als Regel nicht empfehle.

Der Antrag wurde mit großer Majorität abgelehnt.

In zweiter Lesung wurde der Antrag, etwas verändert, in folgender Form wiederholt: hinter §. 158 folgende Vorschriften als §. 158a einzuschalten:

„Ein Rechtsgeschäft, welches die Erlangung eines rechtlichen Vortheils von der Bedingung abhängig macht, daß eine bestimmte Person ihr Glaubensbekenntniß ändere oder festhalte, ist nichtig, wenn durch die Bedingung auf die Willensbestimmung jener Person eingewirkt werden will.

Stiftungen, bei welchen die Erlangung rechtlicher Vortheile von der Zugehörigkeit zu einem bestimmten Glaubensbekenntniß abhängig gemacht ist, werden durch vorstehende Bestimmung nicht berührt."

Der Antragsteller glaubte durch diese Fassung die seinem früheren Antrag entgegenstehenden Bedenken beseitigt zu haben, allein von Seiten der Kommissare der verbündeten Regierungen wurde auch diese Fassung zwar für viele, jedoch keineswegs für alle Fälle zutreffend erklärt. Sei beispielsweise Jemand nach seiner innersten Ueberzeugung geneigt, an der Konfession, welcher er angehöre, festzuhalten, während ihm beim Wechsel der Konfession Vortheile in Aussicht ständen, so erscheine es keineswegs unsittlich, ihm für den Fall, daß er seiner wirklichen Ueberzeugung gemäß bei seinem Glauben verbleibe, einen gewissen Vortheil zuzusichern. Nach dem Absatz 1 des Antrags aber müßte eine solche Zusicherung nichtig sein, da durch sie immerhin auf die Willensbestimmung eingewirkt werden solle. Gegen den zweiten Absatz bleiben, wie von anderer Seite bemerkt wurde, zudem die schon in der ersten Lesung gemachten Einwendungen im Wesentlichen bestehen.

Der beantragte §. 158a wurde mit großer Majorität abgelehnt.

§§. 130 und 134.

Es war beantragt, den §. 130 wie folgt zu fassen:

„Ein Rechtsgeschäft, das gegen ein gesetzliches Verbot, gegen die öffentliche Ordnung oder gegen die guten Sitten verstößt, ist nichtig."

Der Antrag enthält in der Hauptsache eine Vereinigung der in den §§. 130 und 134 des Entwurfes aufgestellten Sätze, unterscheidet sich aber von denselben durch ein Doppeltes:

1. dadurch, daß ein gegen ein gesetzliches Verbot verstoßendes Rechtsgeschäft schlechthin für nichtig erklärt werden soll und nicht nur, wie der Entwurf besagt, wenn sich nicht aus dem Gesetz ein Anderes ergiebt,
2. dadurch, daß auch ein gegen die „öffentliche Ordnung" verstoßendes Rechtsgeschäft mit Nichtigkeit bedroht ist.

Zu 1 wurde dem Antrage entgegengehalten: ob ein Gesetz das verbotene Rechtsgeschäft mit Nichtigkeit bedrohen oder nur mit Strafe belegen, oder ob das Gesetz nur als Ordnungsvorschrift gelten wolle (lex imperfecta), müsse an sich dem Gesetz selbst vorbehalten werden; nur eine Interpretationsregel lasse sich in dieser Beziehung aufstellen und sei daher in dem Entwurf dahin gegeben, daß, wenn sich aus dem Gesetz kein anderer Sinn ergebe, Nichtigkeit als die gewollte Folge betrachtet werden müsse. Die Kommission pflichtete dem durch ihre Abstimmung mit großer Majorität bei.

Zu 2 wurde von dem Antragsteller und einem anderen Kommissionsmitgliede ausgeführt, die Rechtsentwickelung habe zur Anerkennung einer Anzahl hochwichtiger allgemeiner Rechtsprinzipien geführt, so beispielsweise der persönlichen Freiheit, der Koalitionsfreiheit, der Gewerbefreiheit, der Gewissensfreiheit, der Freiheit in Ausübung des Wahlrechts und anderer. Taste nun ein Rechtsgeschäft derartige Grundprinzipien der Rechtsordnung an, so müsse es mit Nichtigkeit bedroht werden. Auch der Code civil erkläre in Artikel 6 jedes Geschäft für nichtig, welches mit Gesetzen in Widerspruch stehe, welche die öffentliche Ordnung betreffen. Wie sich in Frankreich aus dieser Regel eine hochwichtige Judikatur im Interesse des Schutzes der Freiheit entwickelt habe, so werde es bei Aufnahme der beantragten Bestimmung auch in Deutschland der Fall sein.

Von Seiten der Vertreter der verbündeten Regierungen und von verschiedenen Kommissionsmitgliedern wurde dagegen zunächst auf die völlige Unbestimmtheit des Begriffs der öffentlichen Ordnung hingewiesen, welche auch in Frankreich zu zahlreichen, keineswegs unbedenklichen richterlichen Entscheidungen geführt habe. Freilich sei gewiß nicht zu verkennen, daß der Schutz der Koalitionsfreiheit, Wahlfreiheit, Gewerbefreiheit u. s. w. die Nichtigkeit gewisser Verträge gebieterisch verlange, allein diese Nichtigkeit trete dann auch nach dem Entwurfe zweifellos ein, da solche Verträge als „gegen die guten Sitten“ verstoßend zu betrachten seien. Ein Vertrag, durch welchen Jemand beispielsweise die Koalitionsfreiheit, die Gewissensfreiheit, die Ausübung oder Nichtausübung des Wahlrechts beschränke, verstoße zweifellos gegen die guten Sitten. Auch Beschränkungen der Gewerbefreiheit, sofern sie das durch wirthschaftliches Interesse berechtigte Maß überschreiten, seien als den guten Sitten widerstreitend zu verwerfen. Wo aber ein solcher Widerstreit gegen die guten Sitten nicht vorliege, da müsse der Vertrag auch gültig sein, wie z. B., wenn ein Hotelwirth ein an sein Hotel angrenzendes Grundstück verkaufe und sich dabei ausbedinge, daß der Käufer auf demselben kein Hotel errichten oder betreiben dürfe.

Auch die zunächst von der Gegenseite angeführte Konkurrenzklausel sei, wo sie das berechtigte wirthschaftliche Interesse überschreite, nicht mit den guten Sitten im Einklang, wo sie sich aber in den angemessenen Schranken halte, könne sie keineswegs deshalb, weil sie die Gewerbefreiheit der Betreffenden nach gewisser Richtung hin beschränke, allgemein als verwerflich bezeichnet werden. Thatsächlich werde auch die völlige Beseitigung der Konkurrenzklausel von Niemandem verlangt und gerade dies Beispiel zeige besonders deutlich, daß auf einem so schwierigen Gebiet am besten durch Einzelbestimmungen, nicht aber durch einen allgemeinen Satz von völlig unbestimmter Tragweite geholfen werde. Die Aufnahme der beantragten Worte in den §. 130 habe aber außerdem noch eine Kehrseite; der Verstoß gegen die öffentliche Ordnung könne sehr leicht als Verstoß gegen polizeiliche Anordnungen und Vorschriften aufgefaßt werden. Jedes Rechtsgeschäft aber, welches mit solchen in Widerspruch stehe, dieserhalb als unter den Parteien nichtig zu bezeichnen, müsse als höchst bedenklich erscheinen. Die Antragsteller erklärten freilich ihrerseits, daß sie eine derartige Mißdeutung des Begriffs der öffentlichen Ordnung für ausgeschlossen betrachteten.

Der gestellte Antrag wurde mit großer Majorität abgelehnt. Ebenso der Antrag, die Worte des §. 130 „gegen ein gesetzliches Verbot“ zu ersetzen durch „gegen die Gesetze“. Richtig verstanden — so wurde gegen den letzteren Antrag angeführt — besage derselbe nichts Anderes, als was der §. 130 ohnehin in klarer Form bestimme;

denn es sei selbstverständlich, daß für die Frage, ob ein Gesetz als Verbot aufzufassen sei, nicht die Form allein, sondern vielmehr der Sinn desselben entscheide. Wo aber der Gesetzgeber eine Vorschrift gegeben hätte ohne die Absicht, daß dieselbe als Verbot eines Rechtsgeschäfts wirken solle, da würde es dem Willen des Gesetzgebers geradezu zuwiderlaufen, wenn man gleichwohl das Rechtsgeschäft mit Nichtigkeit bedrohen wolle.

Die §§. 130 und 134 wurden darauf unverändert angenommen.

Die beiden in erster Lesung gestellten Anträge wurden auch in zweiter Lesung wiederholt und mit allen gegen drei Stimmen abgelehnt.

In erster Lesung war ferner beantragt, dem §. 134 als zweiten Absatz hinzuzufügen:

„Nichtig ist insbesondere ein Rechtsgeschäft, durch das Jemand unter Ausbeutung der Nothlage, des Leichtsinns oder der Unerfahrenheit eines Anderen sich oder einem Dritten für eine Leistung Vermögensvortheile versprechen oder gewähren läßt, welche den Werth der Leistung dergestalt übersteigen, daß den Umständen nach die Vermögensvortheile in auffälligem Mißverhältnisse zu der Leistung stehen."

Es sei, so wurde von den Antragstellern und von anderer Seite ausgeführt, in dem bürgerlichen Gesetzbuch die Nichtigkeit wucherischer Verträge ausdrücklich auszusprechen, und wichtig sei dies namentlich für die Fälle des Sachwuchers, in denen das Strafgesetzbuch nur bei gewohnheitsmäßiger Ausübung Strafe drohe. Wenngleich von Seiten der Vertreter der verbündeten Regierungen eingewandt wurde, es sei selbstverständlich, daß Handlungen, welche, wenn auch nur im Falle gewohnheitsmäßiger Vornahme, für strafbar erklärt seien, als unsittliche Handlungen behandelt werden müßten, so legte doch die große Mehrheit der Kommission Werth darauf, eine so wichtige, ins Civilrecht tief eingreifende Vorschrift im bürgerlichen Gesetzbuch nicht unerwähnt zu lassen.

Der Antrag wurde daher mit großer Majorität angenommen.

Ferner wurde in zweiter Lesung beantragt:

den in erster Lesung beschlossenen zweiten Absatz des §. 134 dem §. 130 als zweiten Absatz hinzuzufügen, sowie ferner in dem Abschnitte über unerlaubte Handlungen hinter §. 809 als besondere Vorschrift aufzunehmen:

§. 809 a.

„Wer unter Ausbeutung der Nothlage, des Leichtsinns oder der Unerfahrenheit eines Anderen sich oder einem Dritten für eine Leistung Vermögensvortheile versprechen oder gewähren läßt, welche den Werth der Leistung dergestalt übersteigen, daß sie den Umständen nach in auffälligem Mißverhältnisse zu der Leistung stehen, *hat dem Anderen den Schaden zu ersetzen*, der diesem durch die Gewährung der Vermögensvortheile oder durch die Geltendmachung des Anspruchs auf die Vermögensvortheile entsteht.

Die gleiche Verantwortlichkeit trifft denjenigen, welcher in Kenntniß der Sachlage die Vermögensvortheile annimmt oder den Anspruch auf die Vermögensvortheile geltend macht oder veräußert."

Zur Begründung führte der Antragsteller an, daß es wünschenswerth sei, die Schadensersatzpflichtigkeit des Wucherers in unzweifelhafter Weise auszusprechen.

Von Seiten des Vertreters der verbündeten Regierungen wurde dagegen geltend gemacht: Soweit der Wucher nach den Gesetzen vom 24. Mai 1880 und vom 19. Juni 1893 strafbar sei, ergebe sich die Verpflichtung des Wucherers, dem durch das wucherliche Geschäft Beschädigten Schadenersatz zu leisten, aus §. 807 Absatz 2 der Vorlage. Sei das wucherliche Geschäft zwar keine strafbare, aber eine nach §. 134 Absatz 2 der

Kommissionsbeschlüsse gegen die guten Sitten verstoßende Handlung, so folge aus dem §. 810 in der Fassung der Kommissionsbeschlüsse, daß der Wucherer dem anderen Theile zum Schadensersatze verpflichtet sei, da der Wucherer durch das wucherliche Geschäft in einer gegen die guten Sitten verstoßenden Weise dem anderen Theile vorsätzlich Schaden zufüge. Der Absatz 1 des beantragten neuen §. 809a sei daher jedenfalls entbehrlich. Das Gleiche gelte aber auch von dem Absatz 2 des §. 809a, soweit ein Dritter in Kenntniß der Sachlage die mit dem wucherlichen Geschäfte erwachsenen Vortheile erwerbe und entweder weiter veräußere oder geltend mache; denn unter diesen Voraussetzungen mache der Dritte sich gleichfalls einer gegen die guten Sitten verstoßenden Handlung schuldig und sei er daher nach §. 810 auch für den daraus entstehenden Schaden verantwortlich, sofern er — was unter den bezeichneten Voraussetzungen immer zutreffen werde — sich bewußt sei, daß er durch seine Handlung dem Bewucherten Schaden zufüge. Dagegen reiche der Erwerb der Vermögensvortheile, z. B. der wucherlichen Forderung, allein nicht aus, da er auch in wohlwollender Absicht erfolgen könne, um den Schuldner aus den Händen des Wucherers zu befreien. Der Absatz 2 des beantragten §. 809a gehe daher zu weit, wenn er denjenigen, welcher in Kenntniß des Sachverhalts die Vermögensvortheile annehme, schlechthin verantwortlich machen wolle.

Nach dieser Darlegung wurden die gestellten Anträge zurückgezogen und die §§. 130 und 134 unverändert angenommen.

Artikel 45a des Einführungsgesetzes.

Es wurde beantragt, in das Einführungsgesetz nach Artikel 45 folgende Bestimmung als besonderen Artikel aufzunehmen:

„Der Artikel 3 des Reichsgesetzes vom 24. Mai 1880, betreffend den Wucher (Reichs-Gesetzbl. S. 109), wird aufgehoben."

Die Vertreter der verbündeten Regierungen waren mit diesem Antrage einverstanden. Die besonderen Vorschriften des Artikel 3 über die civilrechtlichen Folgen des Wuchers seien nur mit Rücksicht auf die Verschiedenheit der Landesgesetze aufgenommen worden. Nach dem Inkrafttreten des Bürgerlichen Gesetzbuchs müßten dessen Vorschriften über ungerechtfertigte Bereicherung (§§. 796, 801 ff.) und über unerlaubte Handlungen (§§. 807 ff.) an die Stelle treten. Es fehle an einem genügenden Grunde, die Fälle, in denen der Wucher strafbar sei, und diejenigen, in welchen er nicht unter das Strafgesetz falle, in civilrechtlicher Hinsicht verschieden zu behandeln. Diese Verschiedenheit lasse sich um so weniger rechtfertigen, als die besonderen, auf den strafbaren Wucher sich beziehenden Vorschriften des Artikel 3 dem Wucherer zum Theil günstiger seien, als die allgemeinen Vorschriften des Bürgerlichen Gesetzbuchs. Dies gelte insbesondere von der Vorschrift des Artikel 3 Absatz 4 Satz 1, wonach die für die vertragsmäßige Forderung bestellte Sicherheit für den Anspruch des Gläubigers auf Rückforderung des aus dem ungültigen Vertrage Geleisteten hafte. Dem Bürgerlichen Gesetzbuche sei eine solche von den allgemeinen Grundsätzen abweichende Vorschrift fremd. Nach dem Artikel 3 Absatz 3 verjähre allerdings das Rückforderungsrecht des Schuldners erst in fünf Jahren seit dem Tage, an welchem die Leistung erfolgt sei, während nach dem §. 836 der Vorlage der Anspruch des Schuldners in drei Jahren von dem Zeitpunkt an verjähre, in welchem der Schuldner von dem Schaden und der Person des Ersatzpflichtigen Kenntniß erlangt habe. Auf der anderen Seite seien aber die Vorschriften des Bürgerlichen Gesetzbuchs dem Schuldner insofern günstiger, als er den Anspruch auf Herausgabe einer ungerechtfertigten Bereicherung bis zum Ablaufe der ordentlichen Verjährungsfrist von dreißig Jahren geltend machen könne. (§. 836 Abs. 2.)

Nach diesen Darlegungen wurde der beantragte Artikel 45a einstimmig angenommen.

Dritter Titel.

Vertrag.

(§§. 141 bis 153.)

§. 143.

Es wurde beantragt, den zweiten Absatz, welcher lautet:

„Der einem Abwesenden gemachte Antrag kann nur bis zu dem Zeitpunkte angenommen werden, in welchem der Antragende den Eingang der Antwort unter regelmäßigen Umständen erwarten darf."

durch folgende Bestimmung zu ersetzen:

„Der einem Abwesenden gemachte Antrag kann nur bis zu dem Zeitpunkte angenommen werden, in welchem der Antragende den Eingang einer am nächsten Werktage nach Empfang des Antrags abgesandten Antwort unter regelmäßigen Umständen erwarten darf."

sowie ferner den folgenden neuen Absatz hinzuzufügen:

„Ein telegraphisch übermittelter Antrag kann nur bis zu dem Zeitpunkte angenommen werden, in welchem der Antragende den Eingang einer umgehenden Antwort unter regelmäßigen Umständen erwarten darf."

Der Antragsteller glaubte durch die von ihm empfohlene Vorschrift eine größere Klarheit und Sicherheit der Rechtsprechung zu erreichen, da die Regierungsvorlage der richterlichen Erwägung einen weiten Spielraum lasse.

Nachdem indeß von verschiedenen Seiten an Beispielen gezeigt war, daß der in dem Antrage vorgeschlagene Zeitraum je nach den besonderen Umständen, zumal dem Vertragsobjekte und dem Aufenthaltsorte beider Parteien, in manchen Fällen entschieden zu weit, in anderen ebenso gewiß zu enge sein würde, wurde der Antrag einstimmig abgelehnt.

Vierter Titel.

Bedingung. Zeitbestimmung.

(§§. 154 bis 159.)

Ohne Diskussion angenommen.

Fünfter Titel.

Vertretung. Vollmacht.

(§§. 160 bis 177.)

Es war beantragt als §. 168a einzufügen, daß der für einen bestimmten Geschäftskreis bestellte Vertreter zur Vertretung für alle in diesen Geschäftskreis fallende Rechtsgeschäfte befugt sei, der Antrag wurde abgelehnt. Ebenso der in zweiter Lesung beantragte auf Arbeitsverhältnisse beschränkte §. 620a.

In zweiter Lesung wurde ein den als §. 620a in erster Lesung gestellten Antrag erweiternder Antrag gestellt aber abgelehnt.

Sechster Titel.

Einwilligung. Genehmigung.

(§§. 178 bis 181.)

Ohne Diskussion angenommen.

Vierter Abschnitt.

Fristen. Termine.

(§§. 182 bis 188 a.)

§. 188a.

Zu den §§. 128a, 184, 265 waren Anträge gestellt, welche in Bezug auf die Abgabe oder Annahme von Willenserklärungen, ferner in Bezug auf den Fristenablauf, endlich in Bezug auf Leistungen eine verstärkte Sonntags-(Feiertags-)heiligung herbeizuführen bezweckten.

Nachdem indessen namentlich von Seiten der Vertreter der verbündeten Regierungen dargelegt war, daß der Fristenablauf in außerordentlich vielen und wichtigen Fällen mit der Sonntagsheiligung überhaupt nicht zusammenhänge, daß ferner die gestellten Anträge dazu führen würden, auf eine bestimmte Zeitdauer übernommene Verpflichtungen, z. B. Dienstverpflichtungen von Arbeitern, falls die bestimmte Zeitfrist am Sonntag endigen würde, willkürlich und, sofern der Lohn nicht nach Tagen bestimmt sei, ohne Entgelt, um einen Tag, den folgenden Werktag zu verlängern, wurde auf den zu §. 184 gestellten Antrag verzichtet, die beiden übrigen Anträge aber dahin kombinirt, nach §. 188 folgenden Paragraphen einzuschieben:

> „Fällt der für die Abgabe einer Willenserklärung oder der für eine Leistung bestimmte Tag oder der letzte Tag der für die Abgabe einer Willenserklärung oder für eine Leistung bestimmten Frist auf einen Sonntag, oder einen am Erklärungs- oder Leistungsorte staatlich anerkannten allgemeinen Feiertag, so tritt an Stelle des Sonntags oder Feiertags der nächstfolgende Werktag."

Soweit dieser Paragraph sich auf „Leistungen" bezieht, ist er bereits im §. 265 des Entwurfs enthalten, jedoch mit dem hochwichtigen Unterschiede, daß er in dem Entwurf nur eine Auslegungsregel für den vermuthlichen Willen der Parteien bildet, während er nach dem gestellten Antrage sich zu einer allgemein gültigen Norm gestalten würde. Daß dies aber höchst bedenklich wäre, wurde von verschiedenen Seiten dargelegt: Selbst die in bestimmtester Absicht von den Parteien gerade auf den Sonntag festgesetzten Leistungen, wie beispielsweise die Fuhrwerksbestellung für eine Ausfahrt oder eine nothwendige Reise, ja die Leistungen der unentbehrlichsten persönlichen oder häuslichen gerade für den Sonntag verabredeten Dienste, können bei unveränderter Annahme dieses Antrages am Sonntage willkürlich verweigert werden und müssen dagegen am folgenden Werktage, wo sie dem anderen Vertragsschließenden vielleicht völlig werthlos seien, noch angenommen werden.

Im Verfolg dieser Ausführungen wurde von der Kommission mit großer Mehrheit in Eventualabstimmung beschlossen, in den letzten Theil des Antrages die Worte „im Zweifel" einzufügen.

In der so veränderten Form wurde der Antrag, soweit er er sich auf Leistungen bezieht, in Uebereinstimmung mit §. 265 des Entwurfes allgemein gebilligt; soweit er dagegen die Annahme oder Abgabe von Willenserklärungen beschränkt, von verschiedenen Seiten für bedenklich gehalten.

Das Prinzip der Sonntagsheiligung fordere keineswegs, daß ein am Sonntag abgegebener Brief, welcher eine Kündigung enthalte, ohne Zustimmung des Empfängers für ungültig gehalten werden müsse, oder daß eine mündlich ausgesprochene Kündigung von dem Empfänger dieser Willenserklärung zurückgewiesen werden dürfe. Zudem benachtheilige die vorgeschlagene Maßregel gerade die ärmere Bevölkerung, zumal auf dem Lande, in recht fühlbarer Weise.

Gerade hier sei der Arbeiter, der Knecht, dem gekündigt sei, durch sein eigenes Interesse darauf angewiesen, gerade den Sonntag zur Ermittelung neuer Arbeitsgelegenheit zu benutzen, wenn er nicht einen Arbeitstag verlieren wolle oder könne. Werde ihm nun von der vielleicht ohnehin kurzen Kündigungsfrist der erste, gerade auf einen Sonntag fallende Tag entzogen, so könne das für ihn eine tiefgreifende Schädigung bedeuten.

Von Seiten der Antragsteller und von anderen Mitgliedern der Kommission dagegen wurde auf die möglichste Freihaltung des Sonntags von jedem Geschäftsverkehr das entscheidende Gewicht gelegt, zudem die behaupteten Uebelstände bestritten oder doch als unbedeutend dargestellt.

Der Antrag wurde mit 10 gegen 8 Stimmen mit Einfügung der Worte „im Zweifel" angenommen und nach redaktioneller Umgestaltung dem Entwurf als §. 188a eingefügt in folgender Fassung, welche die Worte „im Zweifel" deshalb überflüssig macht, weil nach §. 182 die sämmtlichen Vorschriften der §§. 183 bis 188a nur als Auslegungsvorschriften gelten:

§. 188a.

> Ist an einem bestimmten Tage oder innerhalb einer Frist eine Willenserklärung abzugeben oder eine Leistung zu bewirken und fällt der bestimmte Tag oder der letzte Tag der Frist auf einen Sonntag oder einen am Erklärungs- oder Leistungsorte staatlich anerkannten allgemeinen Feiertag, so tritt an die Stelle des Sonntags oder des Feiertags der nächstfolgende Werktag.

In zweiter Lesung wurde der Antrag gestellt:

> in dem in erster Lesung beschlossenen §. 188a die Worte „eine Willenserklärung abzugeben oder", sowie die Worte „Erklärungs- oder" zu streichen.

Der Antrag bezweckte, die Vorschrift des §. 188a, insofern sich dieselbe auf die Abgabe von Willenserklärungen bezieht, aufzuheben, dagegen für Leistungen aufrecht zu erhalten. Mit Fug und Recht sei schon in der Regierungsvorlage vorgeschlagen, daß, wenn der für eine Leistung bestimmte Tag oder der letzte Tag einer für eine Leistung bestimmten Frist auf einen Sonntag oder Feiertag falle, im Zweifel an die Stelle desselben der nächste Werktag trete; die gleiche Vorschrift aber, wie es die Kommission in erster Lesung gethan, auf die Abgabe von Willenserklärungen zu beziehen, werde weder durch den Gedanken der Sonntagsheiligung gefordert, noch entspreche es den Bedürfnissen des Verkehrs, insonderheit den Interessen des kleinen Mannes. Für die kleinen Leute, zumal auf dem Lande, sei es eine unerträgliche Belästigung, gerade die Sonntage, welche sie, namentlich wo weitere Wege damit verbunden sind, allein für solche Gelegenheiten benutzen können, entbehren zu müssen.

Wie der Sonntag dadurch entheiligt werde, daß man eine Kündigung ausspreche oder einen empfangenen Kündigungsbrief lese, sei überhaupt nicht abzusehen. Falle der letzte Tag einer vierzehntägigen Kündigungsfrist für einen Land- oder Forstarbeiter auf den Sonntag und werde ihm nun, dem vorgeschlagenen §. 188a entsprechend, erst am Montag gekündigt, so werde er es schwer empfinden, thatsächlich erst eine Woche später sich nach neuer Arbeit umsehen zu können, und in gleicher Weise werde bei vierzehntägigen Kündigungsfristen für kleine Wohnungen dem gekündigten Miether der beste Tag für das Aufsuchen der neuen Wohnung entzogen.

Auch der Vertreter der verbündeten Regierungen erklärte sich mit Entschiedenheit für den gestellten Antrag, welcher den Gedanken der Vorlage wiederherstellt, allein der Antrag wurde gleichwohl mit 9 gegen 8 Stimmen abgelehnt und der Paragraph unverändert angenommen.

Fünfter Abschnitt.

Verjährung.

(§§. 189 bis 220.)

§. 191 Absatz 1.

Ziffer 1.

Zu der Ziffer 1 lagen in der Hauptsache übereinstimmende Petitionen von 15 Handelskammern aus den verschiedensten Theilen des Deutschen Reiches vor, welche beantragten,

am Schlusse der Ziffer 1 die Worte

„es sei denn, daß die Leistung für den Gewerbebetrieb des Schuldners erfolgt"

zu streichen.

Zur Begründung wurde in diesen Petitionen namentlich auf die betreffenden Ausführungen der Motive zum Entwurf erster Lesung, Bd. I Seite 298 und 299, hingewiesen und ferner ausgeführt:

Für die Ansprüche der Kaufleute, Fabrikanten, Handwerker sei eine kurze Verjährung auch dann unbedingt erforderlich, wenn die Lieferung von Waaren u. s. w. für den Gewerbebetrieb des Schuldners erfolgt sei. Auch bei derartigen Geschäften müsse der allzu großen Ausdehnung des Borgsystems im Geschäftsverkehr entgegengetreten werden, auch hier hindern die Rücksichten auf die Konkurrenten den Einzelnen an der rechtzeitigen und strengen Einziehung der Geschäftsaußenstände, auch hier sei schon die Mahnung für den säumigen Schuldner empfindlich, und ziehe die Klageerhebung in der Regel die Aufhebung der Geschäftsverbindung nach sich, so daß Handel und Gewerbe in gleichem Maße leiden. Die Einführung einer kurzen Verjährungsfrist werde alle diese Uebelstände beseitigen, da sie die entschiedenere Wahrnehmung des Geschäftsinteresses von selbst herbeiführe, ohne daß der Schuldner hieraus eine Kränkung entnehmen könne.

Auch die bei einer längeren Verjährungszeit Platz greifende Unsicherheit komme bei solchen Forderungen gleichfalls in Betracht, denn die große Anzahl der Minderkaufleute habe in der Regel keine geordnete Buchführung. Endlich werde die Verallgemeinerung des Baarzahlungssystems, auf welches die Verkürzung der Verjährungsfristen auf dem hier behandelten Gebiete hinwirke, einen sehr großen Theil der Klagen des Kleinhandels und Handwerks über den ihm von Bazaren, Versandgeschäften und Konsumvereinen bereiteten, angeblich unlauteren Wettbewerb beseitigen, ein Wettbewerb, der diesen Unternehmungen hauptsächlich deshalb zu gelingen pflege, weil sie, beim Verkauf grundsätzlich Baarzahlung fordernd, ihre Betriebsmittel nicht unwirthschaftlich festlegen und daher auch im Einkauf die Vortheile der Baarzahlung genießen.

Der Referent hielt diese Motivirung für durchschlagend und beantragte demgemäß die Streichung der oben bezeichneten Worte.

Dieser Antrag wurde jedoch mit geringer Majorität abgelehnt und die Ziffer 1 unverändert angenommen.

Der weiter in jenen Petitionen ausgesprochene Wunsch, für die in Ziffer 1 angeführten Ansprüche eine einjährige Verjährung einzuführen, wurde in der Komission nicht befürwortet.

Ziffer 8.

Es war beantragt, dieser Ziffer die Worte hinzuzufügen:

„sowie der Dienstberechtigten wegen der auf solche Ansprüche gewährten Vorschüsse".

Der Antrag wurde nach kurzer Diskussion einstimmig angenommen, da es für angemessen erachtet wurde, die im §. 191 Nr. 10 zu Gunsten der Arbeiter eingeführte kurze Verjährung auch auf Angestellte in Dienstverhältnissen auszudehnen.

Ziffer 9 und 10.

Es lagen zwei Anträge vor:

Antrag A, die Ziffer 10 folgendermaßen zu fassen:

„der Arbeitgeber wegen der Ansprüche, die ihnen den von ihnen beschäftigten Arbeitern gegenüber aus dem Arbeitsverhältnisse zustehen."

Antrag B, der Ziffer 9 die Worte hinzuzufügen:

„sowie der Arbeitgeber wegen der auf solche Ansprüche gewährten Vorschüsse", und dagegen die Nr. 10 zu streichen.

Der erste dieser Anträge wurde in erster und ebenso in zweiter Lesung mit großer Majorität abgelehnt, nachdem es als höchst bedenklich bezeichnet war, die den Arbeitern rc. gewährte kurze Verjährungsfrist auch auf Schadensersatzansprüche gegen dieselben auszudehnen. Könne doch z. B. ein erheblicher Schaden, den ein Handwerksgeselle bei der Ausführung eines Baues durch schweres Verschulden veranlaßt hat, sehr wohl erst nach Jahren entdeckt werden. Der vielleicht keineswegs wohlhabende Meister sei alsdann schadensersatzpflichtig, könne sich aber wegen Ersatzes dieses Schadens in Folge der kurzen Verjährung nicht an den allein schuldigen Gesellen mehr halten, was als schwere Ungerechtigkeit empfunden werden müsse.

Der zweite Antrag dagegen wurde einstimmig angenommen, da er lediglich die den gewerblichen Arbeitern gewährte Vergünstigung auch auf die Tagelöhner und Handarbeiter ausdehnt.

§. 191 Absatz 2.

Während der Entwurf für die kurze Verjährung im §. 191 Absatz 1 und im §. 192 ein Frist von zwei oder oder vier Jahren als Regel vorschreibt, hat der §. 191 Absatz 2 für gewisse Fälle auch eine fünfjährige Frist vorgeschlagen. Die Kommission beschloß nach kurzer Debatte, um der Vereinfachung willen die Frist auch in diesen Fällen auf vier Jahre festzusetzen.

§. 192 a.

Ein Antrag,

hinter §. 192 als besonderen Paragraphen einzufügen:

„In 10 Jahren verjähren die Ansprüche aus gegenseitigen Verträgen, welche nicht schriftlich aufgenommen worden sind."

wurde nahezu einstimmig abgelehnt, da, wie von mehreren Seiten ausgeführt wurde, bei der völligen Gleichstellung schriftlicher und mündlicher Verträge im Entwurf eine verschiedene Verjährungszeit für dieselben als ungeeignet erscheinen müsse.

§. 199.

Ein Antrag,

dem §. 199 zuzusetzen:

„sowie von Ansprüchen zwischen Arbeitgebern und Arbeitnehmern, während der Dauer des Arbeitsverhältnisses, falls der Arbeitnehmer in die häusliche Gemeinschaft aufgenommen war."

wurde vom Antragsteller folgendermaßen begründet: Arbeitnehmer, welche mit dem Arbeitgeber in häuslicher Gemeinschaft leben, seien um des Friedens willen oft thatsächlich verhindert, ihre Ansprüche gegen den Arbeitgeber klageweise geltend zu machen. Wenn beispielsweise eine alte Dienstmagd oder Haushälterin seit langen Jahren keinen Lohn oder nur einen Theil ihres Lohnes empfangen habe, so bedeute es für sie eine außerordentliche Härte, für die vor den letzten zwei Jahren liegende Zeit nach §. 191 Nr. 8 mit der Klage ausgeschlossen zu sein.

Von den Kommissaren der verbündeten Regierungen sowie von anderen Kommissionsmitgliedern wurde zwar nicht verkannt, daß in ganz vereinzelten Fällen eine derartige Härte nicht völlig ausgeschlossen sei, allein es wurde dem Antrag entgegengehalten, daß derselbe gerade bei länger dauernden Dienstverhältnissen dauernde Unsicherheit zur Folge haben werde, die der Dienstberechtigte nur durch ein gerade in diesen Verhältnissen höchst lästiges Nehmen und langjähriges Aufbewahren von Quittungen bekämpfen könne.

Auch die große Mehrheit der Kommission pflichtete diesen Ausführungen durch Ablehnung des Antrags bei.

Sechster Abschnitt.

Ausübung der Rechte. Selbstvertheidigung. Selbsthülfe.

(§§. 220a bis 225.)

§. 220a.

Es wurde beantragt, als ersten Paragraphen dieses Abschnittes Folgendes anzunehmen:

„Die Ausübung eines Rechtes ist unzulässig, wenn sie nur den Zweck haben kann, einem Anderen Schaden zuzufügen."

und demzufolge die Ueberschrift folgendermaßen zu fassen:

„Sechster Abschnitt."

„Ausübung der Rechte. Selbstvertheidigung. Selbsthülfe."

Ein Verbot lediglich chikanöser Rechtsausübung finde sich im Entwurfe — so führte der Antragsteller aus — lediglich bezüglich des Eigenthums, indem der §. 887 in seinem zweiten Absatze bestimme: „Eine Ausübung des Eigenthums, die nur den Zweck haben kann, einem Anderen Schaden zuzufügen, ist unzulässig." Der Antrag wolle lediglich, was hier anerkannt sei, zum allgemeinen Prinzip erheben, was, da es sich um eine Frage von allgemeiner, nicht auf ein bestimmtes Rechtsgebiet beschränkter Bedeutung handle, keinem Bedenken unterliegen könne, auch der gemeinrechtlichen Theorie entspreche.

Die Vertreter der verbündeten Regierungen und verschiedene Kommissionsmitglieder führten gegen den Antrag Folgendes aus. Was der §. 887 Absatz 2 für das Eigenthum bestimme, sei unzweifelhaft analog auf die übrigen dinglichen Rechte auszudehnen. Die Aufstellung des gleichen Grundsatzes für das Obligationenrecht aber sei eher geeignet, die Chikane zu vermehren als sie zu verhindern. Kaum jemals werde von Jemanden, der die Erfüllung einer vermögensrechtlichen Verpflichtung fordere, mit Recht gesagt werden können, daß seine Rechtsausübung *keinen anderen Zweck haben könne*, als einem Anderen Schaden zuzufügen. Gleichwohl werde der Schuldner, von dem zu unbequemer Zeit oder unter erschwerenden Umständen die Erfüllung seiner Verbindlichkeit verlangt werde, sehr häufig geneigt sein, lediglich Chikane vorauszusetzen, und dem böswilligen Schuldner sei ein stets bereites Mittel zur Verzögerung des Prozesses in die Hand gegeben. Von anderer Seite wurden diese praktischen Bedenken indessen nicht getheilt. Der Antrag wurde mit geringer Majorität angenommen.

Zu §§. 223 bis 225.

Es wurde beantragt, diese Paragraphen abzulehnen, eventuell im §. 223 die Worte „oder wer zum Zweck der Selbsthülfe den Verpflichteten festnimmt" und in Folge dessen auch den Absatz 3 des §. 224 zu streichen.

Der Prinzipialantrag bezweckt eine völlige Beseitigung der Selbsthülfe mit Ausnahme allein des Falles der Nothwehr und der Sachbeschädigung und Zerstörung, falls diese erfolgt, um eine durch diese Sache drohende Gefahr von sich oder Anderen abzuwenden.

Der Eventualantrag würde nur die Selbsthülfe durch persönliche Festnahme ausschließen.

Zur Begründung beider Anträge wurde geltend gemacht, daß die Selbsthülfe sich mit geordneten Rechtszuständen nicht vertrage und die Gefahr des Mißbrauchs nahe lege; sie sei daher überhaupt zu beseitigen oder mindestens die bedenklichste Form derselben, die persönliche Festnahme, auszuschließen.

Allein der Entwurf beschränkt, wie von den Vertretern der verbündeten Regierungen und aus der Mitte der Kommission ausgeführt wurde, die Selbsthülfe in Uebereinstimmung mit den meisten geltenden Rechten bereits in hohem Maße und läßt sie nur unter ganz besonderen Voraussetzungen zu, nämlich wenn ohne sofortiges Eingreifen die Gefahr besteht, daß die Verwirklichung des durch die Selbsthülfe zu schützenden Rechtes vereitelt oder wesentlich erschwert werde. In diesen Grenzen aber sei sie nicht zu entbehren. Man dürfe den Eigenthümer, dem seine Sache genommen, z. B. die Uhr gestohlen sei, nicht hindern, wenn ihm die Uhr sonst verloren gehe, sie dem Thäter gewaltsam wieder abzunehmen oder denselben festzuhalten. Man könne dem Gläubiger, der den Schwindler oder Schuldner im letzten Moment vor seinem Verschwinden noch erreiche, nicht verbieten, denselben vorübergehend festzunehmen, falls obrigkeitliche Hülfe nicht zu erlangen sei. Die nöthigen Garantien gegen eine Ueberschreitung dieser Befugniß seien im §. 224, namentlich auch im Absatz 3, gegeben, ebenso im §. 225, welcher denjenigen, der zu unberechtigter Selbsthülfe schreite, selbst dann schadensersatzpflichtig mache, wenn er sich bezüglich der Voraussetzungen der Selbsthülfe in entschuldbarem Irrthum befunden habe.

Die gestellten Anträge wurden sowohl in erster als in zweiter Lesung mit großer Majorität abgelehnt.

Ein in erster Lesung gestellter Antrag, dem §. 223 hinzuzufügen:

> „Die Selbsthülfe mittelst Festnahme ist nur dann erlaubt, wenn es sich um einen flüchtigen, Deckungsmittel bei sich führenden Schuldner handelt."

wurde gleichfalls abgelehnt, da dem festnehmenden Gläubiger unmöglich die Kenntniß davon zugemuthet werden könne, ob der Schuldner Deckungsmittel bei sich führe oder vielleicht bei der beabsichtigten Abreise schon vorausgesandt habe.

Dagegen wurde in zweiter Lesung ein veränderter Antrag, die Selbsthülfe durch persönliche Festnahme auf den Fall der Fluchtverdächtigkeit des Schuldners (jedoch ohne das Erforderniß, daß derselbe Deckungsmittel bei sich führe) zu beschränken, einstimmig angenommen, da man anerkannte, daß die Fassung der Regierungsvorlage möglicherweise dahin verstanden werden könne, als ob die persönliche Festnahme unter den im Paragraphen angegebenen Voraussetzungen auch zulässig sein solle, um einen Schuldner zur Vornahme geschuldeter Handlungen, z. B. versprochener Arbeiten, zu zwingen.

Der §. 223 erhielt hiernach folgende Fassung:

> „Wer zum Zwecke der Selbsthülfe eine Sache wegnimmt, zerstört oder beschädigt, oder wer zum Zwecke der Selbsthülfe einen Verpflichteten, der der Flucht verdächtig ist, festnimmt oder den Widerstand des Verpflichteten gegen eine Handlung, die dieser zu dulden verpflichtet ist, beseitigt, handelt nicht wiederrechtlich, wenn obrigkeitliche Hülfe nicht rechtzeitig zu erlangen ist und ohne sofortiges Eingreifen die Gefahr besteht, daß die Verwirklichung des Anspruchs vereitelt oder wesentlich erschwert werde."

Endlich wurde beantragt, im §. 223 die Worte „oder wesentlich erschwert" zu streichen, eventuell durch die Worte „oder durch die Nothwendigkeit, den Anspruch im Auslande zu verfolgen, erschwert" zu ersetzen.

Beide Anträge wurden indessen mit großer Majorität abgelehnt, der erstere, weil eine Abgrenzung zwischen der Gefahr der Vereitelung und der wesentlichen Erschwerung praktisch kaum gefunden werden könne, der zweite, weil sich auch im Inlande eine der

Vereitelung nahe kommende Erschwerung, z. B. durch Verschleppung, Verbergung der in Betracht kommenden Sache, sehr wohl denken lasse.

Die §§. 223 bis 225 wurden hiernach mit der zu §. 223 beschlossenen Abänderung angenommen.

§. 225.

Es war beantragt, den §. 225 zu streichen, eventuell demselben als Absatz 2 hinzuzufügen:

„Die Verpflichtung zum Schadensersatz erstreckt sich nicht auf einen Schaden, dessen Entstehung außerhalb des Bereichs der Wahrscheinlichkeit lag oder nach den Umständen, die der zur Selbsthülfe Schreitende kannte oder kennen mußte, als außerhalb dieses Bereichs liegend angesehen werden konnte."

Der Antragsteller glaubte in dem §. 225 insofern eine Härte erkennen zu müssen, als der widerrechtlich zur Selbsthülfe Schreitende, selbst wenn ihn kein Vorwurf der Fahrlässigkeit treffe, für schadensersatzpflichtig erklärt werde. Es stehe dies mit den allgemeinen Grundsätzen, namentlich aber mit der schwächeren Ersatzpflicht der Beamten nach §. 823 des Entwurfs und den Bestimmungen über die Pfändung im Widerspruch.

Von Seiten der Vertreter der verbündeten Regierungen und aus der Mitte der Kommission wurde dem entgegengehalten: wenn auch im Allgemeinen der Entwurf eine Schadensersatzpflicht nur bei Verschuldung annehme, so sei doch dies Prinzip keineswegs ausnahmsweise eingehalten, beispielsweise werde im §. 118 in Irrthumsfällen ein Anspruch auf Ersatz des sogenannten negativen Schadens ohne jede Verschuldung gewährt; ferner werde nach §. 813 in den Grenzen der Billigkeit ein Ersatzanspruch für den von einem Unzurechnungsfähigen verursachten Schaden anerkannt und nach §. 888 sei derjenige, welcher eine fremde Sache im Nothstande beschädigte oder vernichtete, auch ohne subjektives Verschulden ersatzpflichtig.

Ganz gewiß aber sei im Falle des §. 225 die Ersatzpflicht auch ohne Fahrlässigkeit begründet, denn die Selbsthülfe sei ein ganz exceptionelles Recht, welches den Gegner mit großer Gefahr bedrohe. Unbedingt nothwendig erscheine es daher, daß derjenige, der zur Selbsthülfe schreite, „auf eigene Gefahr" handele und, wenn es an den Voraussetzungen der Selbsthülfe mangelt, sich nicht mit der Berufung auf Irrthum entschuldigen könne.

Der §. 225 wurde hiernach unverändert mit großer Majorität angenommen.

Siebenter Abschnitt.

Sicherheitsleistung.

(§§. 226 bis 234.)

§. 233.

Die Streichung der Worte „schriftlich abgefaßt sein und" ist lediglich eine Folge davon, daß nach dem von der Kommission Beschlossenen §. 750a[1]) schriftliche Ertheilung der Bürgschaftserklärung schon zur Gültigkeit des Bürgschaftsvertrages erforderlich sein soll, mithin nicht mehr als besonderes Erforderniß einer zur Sicherheitsleistung tauglichen Bürgschaft bezeichnet werden durfte.

[1]) Dem §. 750a entspricht B.G.B. §. 766.

Zweites Buch.

Recht der Schuldverhältnisse.

Erster Abschnitt.

Inhalt der Schuldverhältnisse.

Erster Titel.

Verpflichtung zur Leistung.

(§§. 235 bis 286.)

§. 240 und 282.

Es war beantragt im §. 240 die Höhe der gesetzlichen Zinsen, soweit nicht ein Anderes vorgeschrieben ist, auf 4 Prozent festzusetzen, während der Entwurf 5 Prozent vorschlägt, und demgemäß auch die Höhe der Verzugszinsen im § 282 auf 4 Prozent zu bestimmen.

Zur Begründung wurde von verschiedenen Seiten namentlich Folgendes ausgeführt: die Haftung des Schuldners für Verzugszinsen sowie die Verpflichtung desselben zur Zahlung gesetzlicher Zinsen überhaupt enthalte dem Grundgedanken nach für den Schuldner keineswegs eine Strafe, vielmehr solle dem Gläubiger nur dasjenige ersetzt werden, was ihm durch die verzögerte Zahlung verloren gehe. Vollkommen entsprechend diesem Grundgedanken habe denn auch das römische Recht die Verzugszinsen nicht fest normirt, sondern auf das mittlere Maß landesüblicher Zinsen festgesetzt und erst seit dem Reichsdeputationsabschied von 1600 sei der bestimmte Satz von 5 Prozent als Regel an die Stelle getreten. Gegenwärtig aber treffe es nicht mehr zu, daß der Gläubiger mit dem ihm nicht rechtzeitig gezahlten Gelde 5 Prozent würde haben erwerben können. Im Laufe der letzten Jahrzehnte sei der Zinsfuß erster Hypotheken im Durchschnitt ein volles Prozent gesunken. Während man für solche vor 40 Jahren $4^1/_2$ Prozent bis 5 Prozent zahlte, seien dieselben jetzt fast überall für $3^1/_2$ bis höchstens 4 Prozent zu haben. Auch beim Personalkredit sei der Zinsfus namentlich in Folge der großartigen Entwickelung des Genossenschaftswesens stark gefallen und übersteige unter normalen Verhältnissen kaum noch 4 Prozent. Diesen veränderten Verhältnissen sei es durchaus entsprechend, auch den Prozentsatz für gesetzliche, namentlich Verzugszinsen um 1 Prozent, also auf 4 Prozent herabzusetzen, und dies sei um so weniger bedenklich, als ja im Falle des Verzuges die Liquidirung eines höheren Schadens, sobald er erweislich sei, nach dem Entwurf ebensowenig wie bisher ausgeschlossen sein solle.

Von Seiten der Vertreter der verbündeten Regierungen wurde gegen den gestellten Antrag namentlich geltend gemacht: für die Höhe der Verzugszinsen komme nicht nur der Zinssatz in Betracht, den der Gläubiger mit dem rechtzeitig gezahlten Gelde event. gemacht haben würde, sondern weit mehr noch derjenige, den er wegen Ausbleibens des Geldes als Kreditsucher selbst bezahlen müsse. Es sei aber keineswegs zutreffend, daß der Gläubiger jederzeit ohne Weiteres Kredit zu 4 Prozent würde erhalten können. Zudem sei die niedrige Normirung des gesetzlichen Zinsfußes namentlich im Interesse der Verkäufer (§. 446) und Handwerker (§. 631) zu widerrathen. Endlich aber und hauptsächlich erscheine es im höchsten Grade wünschenswerth, daß die bisher bestehende Differenz der gesetzlichen Zinsen in Handelsgeschäften und anderen Geschäften in Zukunft wegfalle; dies aber werde, da man im Handelsverkehr den gesetzlichen Zinsfuß nicht wohl auf 4 Prozent herabsetzen könne, nur möglich sein, wenn, wie in der That mit Bestimmtheit in Aussicht genommen sei, für das Handelsrecht wie das bürgerliche Recht der gleichmäßige Satz von 5 Prozent angenommen werde. Aus der Mitte der Kommission wurden indessen diese Einwendungen für nicht durchschlagend gehalten. Es sei keineswegs immer oder auch nur in der Regel zutreffend, daß der Gläubiger, dem eine Schuld nicht rechtzeitig gezahlt werde, darum genöthigt sei, anderweitig Kredit zu suchen. Treffe dies aber im einzelnen Falle wirklich einmal zu und sei derselbe genöthigt, mehr als 4 Prozent Zinsen zu zahlen, so werde er diesen höheren Schaden auch mit Leichtigkeit zu liquidiren im Stande sein, also von der Erhöhung der Verzugszinsen auf 4 Prozent keinen Nachtheil erleiden. Verkäufer und Handwerker hätten allerdings nach dem Entwurf, wie schon bisher, gesetzlich das Recht, für die gelieferten Waaren und Werke Zinsen zu verlangen, allein thatsächlich seien sie in fast allen Fällen in Rücksicht auf ihre Kundschaft an der Geltendmachung derartiger Zinsforderungen gehindert, so daß ihnen der höhere gesetzliche Zins schwerlich vortheilhaft, wohl aber ihren Gläubigern gegenüber nachtheilig sein würde. Die Differenz der gesetzlichen Zinsen des Handelsrechts und des bürgerlichen Rechts habe bisher ohne daß besondere Uebelstände hervorgetreten seien, bestanden und sei in Zukunft wegen der viel einfacheren Abgrenzung des Begriffs der Handelsgeschäfte noch weit unbedenklicher als bisher.

Der Antrag, in den §§. 240 und 282 das Wort fünf durch vier zu ersetzen, wurde hierauf angenommen.

In zweiter Lesung wurde vorgeschlagen den §. 240 in folgender Fassung anzunehmen:

„Ist eine Schuld nach Gesetz oder Rechtsgeschäft zu verzinsen, so sind vier vom Hundert für das Jahr zu entrichten, sofern nicht ein Anderes bestimmt ist."

Der Antrag unterscheidet sich von dem Beschlusse erster Lesung nur dadurch, daß er die Verzinsung von 4 Prozent auch dann als Regel gelten lassen will, wenn eine Zinspflicht auf Vereinbarung der Parteien beruht, die Höhe des Zinsfußes aber von den Parteien nicht festgesetzt wurde. Auch hier sei, wie der Antragsteller ausführte, es wünschenswerth, dem Richter eine feste Norm an die Hand zu geben und dadurch alle Zweifel und Schwierigkeiten abzuschneiden. Obgleich von einer Seite Widerspruch erhoben wurde, weil in solchen Fällen der Richter sicher nicht geneigt sein werde, über 4 Prozent festzusetzen, nicht selten aber, namentlich beim Bestehen anderer, niedriger verzinslicher Schulden zwischen denselben Parteien eben diesen niedrigen Zinsfuß als maßgebend betrachten werde, wurde der Antrag mit Majorität angenommen.

§. 241.

Zu §. 241 war beantragt:

a) den Absatz 1 dahin abzuändern:

„Die Höhe der Zinsen unterliegt der freien Vereinbarung, soweit nicht die reichsgesetzlichen Vorschriften über den Wucher entgegenstehen; sie darf jedoch acht vom Hundert für das Jahr nicht übersteigen."

b) den Absatz 2 folgendermaßen zu ändern:

„Ist ein höherer Zinssatz als fünf vom Hundert für das Jahr vereinbart, so kann u. s. w."

Für die Annahme eines Zinsmaximums von 8 Prozent wurde geltend gemacht, daß die Bestimmungen über den Wucher in vielen Fällen unzureichend seien, weil die Voraussetzungen des Wuchers meist schwer zu erweisen seien. Ein Zinsfuß zu 8 Prozent erscheine aber in allen normal liegenden Fällen genügend und könne in wirthschaftlicher Beziehung nur wohlthätig wirken.

Von anderer Seite wurde dem Antrage entgegengehalten: Der Zinsfuß enthalte einerseits ein Entgelt für den Gebrauch des Kapitals in der betreffenden Zeit, er sei andererseits aber eine Prämie für die von dem Gläubiger übernommene Gefahr, daß ihm das Kapital event. bei Zahlungsunfähigkeit des Schuldners verloren gehe. Wenn nun schon das Gebrauchsentgelt je nach den Umständen außerordentlich wechselnd sei, wie die hohen Zinssätze in unruhigen Zeiten, namentlich Kriegszeiten, beweisen, so sei andererseits das von dem Gläubiger zu übernehmende Risiko in jedem einzelnen Falle so außerordentlich verschieden, daß eine gerechte Abschätzung durch allgemeine Regeln geradezu unmöglich erscheine. Wolle man ein allgemeines Zinsmaximum von 8 Prozent annehmen, so würde man die Schuldner, welche eben wegen der großen Gefahr zu diesem Zinssatz kein Geld erhalten könnten, lediglich den allerschlechtesten Kreditgebern in die Hände treiben. Die Bedingungen aber, zu denen der Schuldner alsdann noch Kredit erhalte, würden durch die von dem Gläubiger zu übernehmende Gefahr der Gesetzesübertretung noch weiter verschlechtert. Ganz unzureichend sei zudem der Zinsfuß von 8 Prozent für ganz kleine Darlehen auf kurze Zeit. Wer im Pfandhause auf seine Uhr 3 Mk. auf Monatsfrist entnehme, würde hiernach keinesfalls mehr als 2 Pfennig Zinsen zu zahlen haben, wofür der Gläubiger die Abschätzung, die Ausstellung des Pfandscheines, die Buchung, die Aufbewahrung u. s. w. übernehmen müsse. Aus diesen und ähnlichen Gründen hätten sich sämmtliche neuere Gesetze ohne Ausnahme gegen eine feste Zinstaxe erklärt, und das Reichsgericht habe in verschiedenen Fällen einen weit höheren Zinssatz als 8 Prozent nach den Umständen als völlig gerechtfertigt angenommen.

Der Antrag a wurde hiernach mit allen gegen 2 Stimmen abgelehnt; ebenso der Antrag b gegen 5 Stimmen.

Die Streichung des ersten Absatzes hat nur redaktionelle Bedeutung und ist eine Folge des zu §. 134 gefaßten Beschlusses, nach welchem wucherische Verträge mit Nichtigkeit bedroht sind. Daß innerhalb der hierdurch gegebenen Schranken die Höhe des Zinsmaßes der freien Vereinbarung unterliegt, ergiebt sich aus dem allgemeinen Grundsatze der Vertragsfreiheit von selbst und bedurfte keiner ausdrücklichen Hervorhebung.

§. 242.

Zu Absatz 2 war beantragt, die Worte „bis zu sechs vom Hundert" zu ersetzen durch die Worte „bis zu fünf vom Hundert." Allein dieser Antrag wurde mit großer Majorität abgelehnt, nachdem von verschiedenen Seiten ausgeführt war, daß die Konsequenz der bisher gefaßten Beschlüsse (Nichtannahme einer Zinstaxe) eigentlich zur Streichung der Worte „bis zu sechs vom Hundert" führen würde.

In zweiter Lesung wurde dem letzteren Gedanken in der That Folge gegeben und die Worte „bis zu sechs vom Hundert" gestrichen. Der zweite Absatz erhielt hiernach folgende Fassung:

> „Eine im voraus getroffene Vereinbarung, daß fällige Zinsen wieder Zinsen tragen sollen, ist nichtig.
>
> Sparkassen, Kreditanstalten und Inhaber von Bankgeschäften können im voraus vereinbaren, daß nicht erhobene Zinsen von Einlagen als neue verzinsliche Einlagen gelten sollen. Kreditanstalten, die berechtigt sind, für den Betrag der von ihnen gewährten Darlehen verzinsliche Schuldverschreibungen auf den Inhaber auszugeben, können sich bei solchen Darlehen die Verzinsung rückständiger Zinsen im voraus versprechen lassen."

Ferner war zu §. 242 als Absatz 3 folgender Zusatz beantragt:

> „Die im voraus getroffene Vereinbarung einer Geldstrafe für den Fall einer nichtpünktlichen Zinsenzahlung ist nichtig."

Gegen diesen Antrag erklärte sich die Kommission mit großer Majorität, einmal weil der Gläubiger nicht selten an der pünktlichen Zahlung ein besonders hohes Interesse habe, das durch Verabredung einer Konventionalstrafe zu sichern ihm unbenommen bleiben müsse, andererseits, weil unbillige derartige Konventionalstrafen ohnehin dem Wuchergesetz unterstehen.

§. 246a und §. 248.

Es wurde beantragt, hinter §. 246 nachfolgende Vorschrift als §. 246a einzustellen.

„Die Ersatzpflicht wegen Nichterfüllung einer Verbindlichkeit erstreckt sich nicht auf einen Schaden, dessen Entstehung außerhalb des Bereichs der Wahrscheinlichkeit lag, oder nach den Umständen, die der Schuldner kannte oder kennen mußte, als außerhalb dieses Bereichs liegend angesehen werden durfte."

Zur Begründung dieser in manchen anderen Rechten, namentlich im preußischen Landrecht, in ähnlicher Weise sich findenden Bestimmungen wurde darauf hingewiesen, daß es nicht selten für den Schuldner eine unbillige Härte bedeute, wenn er für einen Schaden einzustehen habe, dessen Größe ihm weder vorschwebte noch vorschweben konnte. Sei es beispielsweise nicht unbillig, einem Droschkenkutscher, der sich in der Zeit versäumt habe, einen unverhältnißmäßig hohen Schaden aufzubürden, den der Fahrgast vielleicht durch die Verspätung erlitten haben könne, oder dem Schuldner im Verzuge die vielleicht außerordentlich hohen Nachtheile aufzubürden, die der Gläubiger durch das nicht rechtzeitige Eintreffen des Geldes erlitten habe? Von Seiten der Vertreter der verbündeten Regierungen und aus der Mitte der Kommission wurde dagegen geltend gemacht, daß die beantragte Beschränkung mit den Bedürfnissen namentlich des kaufmännischen Verkehrs sich in scharfem Widerspruch befinde und zu den größten Härten führen würde. Wenn ein Kommissionär den Verkauf von Bergwerkspapieren fahrlässig versäumte, kurz nach Schluß der Börse aber das Bergwerk ersoffen sei, dürfe er von der Haftung für diesen unwahrscheinlichen Schaden keinesfalls frei bleiben. Wenn ein Landwirth angeblich gesunde Treber als Viehfutter gekauft, alsdann aber sein ganzer Viehstand zu Grunde gehe, weil die Treber von giftigen Mikroben infizirt waren, so sei es gewiß ungerecht, den Verkäufer für diesen unwahrscheinlichen Schaden nicht haften zu lassen. Außerdem stehe die beantragte Bestimmung im Widerspruch mit §. 281 des Entwurfs, nach welchem der Schuldner nach eingetretenem Verzuge für den Zufall in jedem Fall hafte, also auch dann, wenn es sich um einen unwahrscheinlichen Schaden handle, beispielsweise das verkaufte Pferd beim Verkäufer vom Blitz erschlagen sei.

Ueberhaupt aber entspreche es mehr der Billigkeit, wenn derjenige den Schaden trage, welcher ihn verschuldet habe. Dabei ergebe es sich aus §. 248 Absatz 2 von selbst, daß für unvorhergesehene Nachtheile insoweit kein Ersatz geleistet zu werden brauche, als es die Pflicht des Beschädigten gewesen wäre, über die Möglichkeit jener Nachtheile dem Gegner Auskunft zu ertheilen.

Endlich würde durch den gestellten Antrag eine unnöthige und bedauerliche Differenz zwischen dem Bürgerlichen Gesetzbuch und §. 283 des Handelsgesetzbuchs entstehen, da eine derartige Beschränkung der Schadensersatzleistung für das Gebiet des Handelsverkehrs, wo regelmäßig ein Geschäft mit anderen folgenden Geschäften im inneren Zusammenhang stehe, als absolut ausgeschlossen erscheinen müsse. Nicht zutreffend sei es außerdem, die vorgeschlagene Beschränkung, wenn man sie einmal annehmen wolle, auf die Fälle der Nichtleistung, einer Verbindlichkeit zu beschränken, und keinesfalls könne die vorgeschlagene Beschränkung der Schadensersatzleistung für alle Fälle als gerechtfertigt erscheinen, in denen die Schadensersatzpflicht durch Vorsatz oder grobe Fahrlässigkeit begründet sei.

Die letzten beiden Einwendungen wurden durch Abänderungsanträge zu beseitigen gesucht. Nachdem der Antrag in folgender Weise gestaltet war:

„Die Ersatzpflicht erstreckt sich nicht auf einen Schaden, dessen Entstehung außerhalb des Bereichs der Wahrscheinlichkeit lag oder nach den Umständen, die der Schuldner kannte oder kennen mußte, als außerhalb dieses Bereichs liegend angesehen werden durfte.

Diese Beschränkung tritt nicht ein, wenn dem Ersatzpflichtigen Vorsatz und grobe Fahrlässigkeit zur Last fällt."

wurde derselbe mit knapper Majorität angenommen.

In zweiter Lesung wurde beantragt,

den §. 246a zu streichen und dagegen den zweiten Absatz des §. 248 folgendermaßen zu fassen:

„Dies gilt auch dann, wenn sich das Verschulden des Beschädigten darauf beschränkt, daß er unterlassen hat, den Schuldner auf die Gefahr eines ungewöhnlich hohen Schadens aufmerksam zu machen, die der Schuldner weder kannte noch kennen mußte, oder daß er unterlassen hat, den Schaden abzuwenden oder zu mindern. Die Vorschrift des §. 272 findet entsprechende Anwendung."

Der Antragsteller führte aus, die Schadensersatzpflicht in Bezug auf den nicht wahrscheinlichen Schaden (abgesehen von dem Falle des Vorsatzes und der groben Fahrlässigkeit) auszuschließen, widerspreche, wie gerade die in erster Lesung angeführten Beispiele zeigen, in vielen Fällen der Billigkeit. Wenn beide Parteien, Gläubiger und Schuldner, die Entstehung des Schadens nicht voraussehen konnten, so müsse unzweifelhaft nicht der Gläubiger, der sich keinerlei Fahrlässigkeit habe zu Schulden kommen lassen, sondern der Schuldner, durch dessen Fahrlässigkeit der Schaden verursacht sei, für den Schaden verantwortlich sein. Anders allerdings liege die Sache, wenn der Gläubiger die Gefahr eines ungewöhnlich großen Schadens voraussah oder nach seiner Kenntniß der Verhältnisse hätte voraussehen müssen, und gleichwohl den Schuldner auf diese drohende Gefahr nicht aufmerksam gemacht habe. Gehe man von diesem Gedanken aus, so sei in dem ersten der in erster Lesung zur Empfehlung des §. 246a angeführten Beispiele eine Haftung nicht begründet. Denn wer sich eine Droschke bestelle in Fällen, wo durch eine Verzögerung ein außerordentlich hoher Schaden veranlaßt werde, sei nach Treue und Glauben verpflichtet, dem anderen Theile davon Mittheilung zu machen; und das Gleiche gelte, wo bei Verzögerung einer Geldzahlung ungewöhnlich hoher Schaden drohe. Es könne dahin gestellt bleiben, ob der §. 248 in seiner jetzigen Fassung für die in Rede stehenden Fälle bereits genügend Abhilfe gewähre, jedenfalls sei es zur Abschneidung von Zweifeln dienlich, sie besonders hervorzuheben.

Regierungsseitig wurde die Streichung des §. 246a lebhaft befürwortet und der Veränderung des §. 248 zugestimmt.

Nachdem der Antrag von verschiedenen Kommissionsmitgliedern empfohlen war, wurde er einstimmig angenommen.

§. 249a.

Wenn auch ohne besondere Bestimmung hier anzunehmen sein dürfte, daß derjenige, welcher Ersatz für Aufwendungen zu verlangen berechtigt ist, auch die Verzinsung des aufgewendeten Betrages oder des zu ersetzenden Werthes der aufgewendeten Gegenstände fordern kann, da der Betrag dieser Zinsen dem Ersatzberechtigten in Folge der Aufwendung verloren geht, also als mit aufgewendet erscheint, so hielt die Kommission es doch für wünschenswerth, eine dies aussprechende Bestimmung in das Gesetzbuch aufzunehmen. Die Verzinsung hat regelmäßig mit dem Tage der Aufwendung zu beginnen, tritt jedoch für diejenige Zeit nicht ein, für welche dem Ersatzberechtigten die Nutzungen oder Früchte des aufgewendeten Gegenstandes ohne Vergütung verbleiben. Der Antrag, nach §. 249 als besonderen Paragraphen das Folgende einzuschieben, gelangte nach diesen Darlegungen ohne weitere Diskussion zur Annahme:

„Wer zum Ersatze von Aufwendungen verpflichtet ist, hat den aufgewendeten Betrag oder, wenn andere Gegenstände als Geld aufgewendet worden sind, den als Ersatz ihres Werthes zu zahlenden Betrag von der Zeit der Aufwendung an zu verzinsen. Sind Aufwendungen auf einen Gegenstand gemacht worden, der dem Ersatzpflichtigen herauszugeben ist, so sind Zinsen für die Zeit, für welche dem Ersatzberechtigten die Nutzungen oder die Früchte des Gegenstandes ohne Vergütung verbleiben, nicht zu entrichten."

§. 265.

Zu der Streichung des §. 265 des Entwurfes vergl. den Bericht zu §. 188a.

§. 282.

Vergl. den Bericht zu §. 240.

§. 284.

Dieser Paragraph wurde in folgender Fassung angenommen:

„Ist der Schuldner zum Ersatze des Werthes eines Gegenstandes verpflichtet, der während des Verzugs untergegangen ist oder aus einem während des Verzugs eingetretenen Grunde nicht herausgegeben werden kann, so kann der Gläubiger Zinsen des zu ersetzenden Betrags von dem Zeitpunkt an verlangen, welcher der Bestimmung des Werthes zu Grunde gelegt wird. Das Gleiche gilt, wenn der Schuldner zum Ersatze der Minderung des Werthes eines während des Verzugs verschlechterten Gegenstandes verpflichtet ist."

Die Bedeutung und Nothwendigkeit der beschlossenen Fassungsänderung wurde namentlich durch folgendes Beispiel erläutert:

Sei der Schuldner bezüglich der Verpflichtung zur Leistung eines Rindes im Anfang des Januar in Verzug gekommen und fordere der Gläubiger, nachdem inzwischen das Rind geschlachtet, Anfangs Dezember Schadensersatz mit dem Verlangen, daß bei der Werthberechnung derjenige Werth zu Grunde gelegt werde, den das Rind in Folge der inzwischen eingetretenenen Werthsteigerung erlangt haben würde, wenn es Anfangs Dezember noch gelebt hätte, so könne der Gläubiger selbstverständlich von dem so ermittelten Betrage Zinsen nicht seit Anfang Januar, sondern erst von Anfang Dezember des betreffenden Jahres verlangen.

Die Streichung des zweiten Absatzes soll den in demselben ausgesprochenen Satz nicht für unrichtig erklären, sondern die Frage lediglich der Judikatur überlassen.

Zweiter Titel.

Verzug des Gläubigers.

(§§. 287 bis 298.)

Ohne Diskussion angenommen.

Zweiter Abschnitt.

Schuldverhältnisse aus Verträgen.

Erster Titel.

Begründung. Inhalt des Vertrags.

(§§. 299 bis 313.)

§. 307.

Zu diesem Paragraphen war beantragt, statt der Worte „der gerichtlichen oder notariellen Beurkundung" zu setzen „der schriftlichen Form", so daß also ein Vertrag, durch den der eine Theil sich verpflichtet, das Eigenthum an einem Grundstück zu übertragen, lediglich der schriftlichen Form zur Gültigkeit bedürfen würde. Nachdem der Antragsteller zur Begründung seines Antrages auf das gemeine Recht, welches überhaupt in diesem Falle keine Form erfordere, und das preußische Landrecht, nach welchem

Schriftlichkeit genüge, hingewiesen hatte, wurde von Seiten der Vertreter der verbündeten Regierungen und aus der Mitte der Kommission ausgeführt: wenn der §. 307 des Entwurfs gerichtliche oder notarielle Beurkundung verlange, so bezwecke er damit wesentlich, übereilte Geschäfte zurückzudrängen, namentlich die in manchen Gegenden so bedenklich wirkenden Wirthshausgeschäfte. Durch die Annahme des gestellten Antrages werde dieser Zweck völlig vereitelt. Im Sinne des Entwurfs hätten sich namentlich auch das preußische Landesökonomie-Kollegium, der westfälische Bauernverein und viele andere landwirthschaftliche Vereine ausgesprochen. Besondere Ausnahmevorschriften zu erlassen, sei zudem die Landesgesetzgebung nach Artikel 142 des Einführungsgesetzes befugt.

Der gestellte Antrag wurde hiernach mit großer Majorität abgelehnt und der §. 307 des Entwurfs in erster Lesung unverändert angenommen.

In zweiter Lesung wurde im Anschluß an eine Petition des deutschen Notariatsvereins beantragt, den zweiten Satz dieses Paragraphen zu streichen. Es sei eine künstliche, durch nichts gerechtfertigte Bestimmung, wenn der rein formelle Auflassungsakt rückwärts dem obligatorischen Privatvertrage nachträglich die Klagbarkeit verleihe.

Von Seiten der Vertreter der verbündeten Regierungen und von mehreren Kommissionsmitgliedern wurde dagegen die Beibehaltung des zweiten Satzes für dringend nothwendig erklärt. Wolle man, wie es die weiteren Wünsche der Petition und ein Vorschlag desselben Antragstellers zu §. 909 empfehlen, das Publikum zwingen, auch beim unbedeutendsten Geschäft über ein Grundstück erst das obligatorische Geschäft vor einem Notar abzuschließen und alsdann die gerichtliche Auflassung folgen zu lassen, so müßte der hierdurch erforderte doppelte Aufwand von Zeit, Mühe und Kosten in dem bei weitem größten Theile von Deutschland als ein schwerer Uebelstand empfunden werden. Haben beide Parteien in gleichzeitiger Anwesenheit vor dem Richter die Auflassung bewilligt, so sei der Zweck des §. 307, die Parteien vor übereilten, insbesondere vor den sogenannten Wirthshausgeschäften zu bewahren, unzweifelhaft erreicht, und würde es deshalb als ein unberechtigter Dogmatismus erscheinen, wenn man auch in diesem Falle die Formvorschrift des §. 307 aufrecht erhalten wollte.

Der gestellte Antrag wurde hierauf mit großer Majorität abgelehnt und der §. 307 auch in zweiter Lesung unverändert angenommen.

Zweiter Titel.

Gegenseitiger Vertrag.

(§§. 314 bis 321.)

§. 318:

Es war beantragt,

den zweiten Satz des ersten Absatzes zu streichen,

eventuell in demselben die Worte

„oder zu erwerben böswillig unterläßt"

zu streichen.

Der Antragsteller führte aus: Wenn der Arbeiter wegen eines von dem Arbeitgeber zu vertretenden Umstandes die Arbeit nicht leisten könne und demnach unter Befreiung von jeder eigenen Leistung gleichwohl nach §. 318 den Lohn beanspruchen könne, so sei es doch ungerecht, daß er sich auf diesen Lohn dasjenige anrechnen lassen müsse, was er in Folge der Befreiung von der Leistung erspart oder durch anderweitige Verwendung seiner Arbeitskraft erworben oder zu erwerben böswillig unterlassen habe. Lasse man nämlich diese Anrechnung zu, so werde sie zu einer Quelle der Chikane werden; man werde dem Arbeiter entgegenhalten, daß er sich nicht genügend um Erlangung anderer Arbeit bemüht, oder daß er von einer Arbeitsgelegenheit, die ihm vielleicht aus gerechten Gründen ungeeignet erschien, nicht Gebrauch gemacht habe.

Von anderen Seiten wurde entgegengehalten: die Nichtanrechnung des wirklich erworbenen Arbeitsverdienstes sei eine unzweifelhafte Ungerechtigkeit, da der Arbeiter in diesem Falle außer dem vollen Lohne für die nicht geleistete Arbeit noch ein zweites Mal den Lohn für die wirklich geleistete Arbeit empfangen würde. Aber auch der Ausschluß der Anrechnung desjenigen, was der Arbeiter „böswillig“ zu erwerben unterlassen habe, widerspreche der guten Treue. Habe der Arbeiter gerechte Gründe gehabt, die ihm gebotene Arbeitsgelegenheit auszuschlagen, so könne eben von Böswilligkeit nicht die Rede sein. Besondere Anstrengungen, anderweitig Arbeit zu erhalten, würden ihm durch den Paragraphen nicht auferlegt. Nur wenn er ohne gerechten Grund die ihm vom Arbeitgeber oder von anderer Seite gebotene Arbeitsgelegenheit böswillig ausschlage, müsse er sich den dadurch entgangenen Lohn anrechnen lassen und dies entspreche lediglich der Gerechtigkeit.

Der prinzipale wie der eventuelle Antrag auf Streichung wurde hiernach mit allen gegen zwei Stimmen abgelehnt.

Dritter Titel.

Versprechen der Leistung an einen Dritten.

(§§. 322 bis 329.)

Vierter Titel.

Draufgabe. Vertragsstrafe.

(§§. 330 bis 339.)

Titel 3 und 4 wurden ohne Diskussion angenommen.

Fünfter Titel.

Rücktritt.

(§§. 340 bis 355.)

§. 340.

Zu diesem Paragraphen war als Absatz 2 folgender Zusatz beantragt:

„Diese Verpflichtung zur Rückgewährung der empfangenen Leistung kann durch Vertrag im voraus weder ausgeschlossen noch beschränkt werden.“

Zur Begründung wurde geltend gemacht, daß, wie die Verfallsklausel bei den Abzahlungsgeschäften beweise, der vertragsmäßige Ausschluß der Rückgewährung der empfangenen Leistung im Falle des Rücktritts nicht selten die schwerste Unbilligkeit enthalte. Allein von anderer Seite wurde dem Antrage entschieden widersprochen. Wo ein besonderes Bedürfniß, die Vertragsfreiheit nach dieser Richtung hin zu beschränken, sich herausgestellt habe, wie namentlich bei den Abzahlungsgeschäften, da sei durch Sonderbestimmungen zu helfen. Zu einer allgemeinen Beschränkung der Vertragsfreiheit nach dieser Richtung liege dagegen kein Grund vor, da Uebelstände bisher nicht hervorgetreten seien. Außerdem würde der gestellte Antrag, wenn er nicht vollkommen wirkungslos sein solle, mit Nothwendigkeit auch dahin führen, daß man Verabredungen über die Modifikation der Rückgewährung der empfangenen Leistungen beschränken oder für ungültig erklären müsse. Der Antrag wurde hiernach mit großer Majorität abgelehnt.

§. 355.

Es war beantragt, die Schlußworte folgendermaßen zu fassen:

„so ist der Gläubiger zum Rücktritte vom Vertrage nur dann berechtigt, wenn der Schuldner seine Verbindlichkeit schuldhafter Weise nicht erfüllt hat. Entgegenstehende Vereinbarungen sind unwirksam.“

Für den Schuldner bedeute es — so führte der Antragsteller aus — nicht selten eine große Härte, wenn der Vertrag der Verabredung der Parteien gemäß, ohne daß seinerseits ein Verschulden eingetreten sei, gelöst werden könne. Allein von anderer Seite wurde dem entgegengehalten, daß der gestellte Antrag offensichtliche und berechtigte Interessen des Gläubigers aufs Schwerste verletzen würde. Wenn man beispielsweise eine Wohnung gemiethet und für den Fall der nicht rechtzeitigen Einräumung sich das Rücktrittsrecht ausbedungen habe, so dürfte man doch im Falle der Nichteinräumung der Wohnung keinesfalls an der Ausübung dieses Rücktrittsrechtes gehindert werden, ob der Vermiether im Verschulden sei oder nicht.

Der Antrag wurde hiernach mit großer Majorität abgelehnt.

§. 355 a.

Die Vorschrift des §. 351 wurde dort gestrichen und an dieser Stelle als §. 355 a eingestellt, weil es angemessen erschien, diese Auslegungsregel an den Schluß der Bestimmungen über das Rücktrittsrecht zu stellen.

Dritter Abschnitt.

Erlöschen der Schuldverhältnisse.

Erster Titel.

Erfüllung.

(§§. 356 bis 365.)

Zweiter Titel.

Hinterlegung.

(§§. 366 bis 380.)

Titel 1 und 2 wurden ohne Debatte angenommen.

§. 366.

Zu diesem Paragraphen waren zwei Resolutionen beantragt:

I. es wird die Erwartung ausgesprochen, daß gleichzeitig mit dem Bürgerlichen Gesetzbuch eine Reichs-Hinterlegungsordnung in Kraft trete unter Anerkennung des Grundsatzes, daß dem Hinterleger ein Klagerecht gegen den Staat zustehe.

II. es wird die Erwartung ausgesprochen, daß durch gesetzliche Maßnahmen dafür Sorge getragen werde, daß Geld, Werthpapiere, sonstige Urkunden, sowie Kostbarkeiten werktäglich während der üblichen Geschäftsstunden bei der öffentlichen Hinterlegungsstelle hinterlegt werden können.

Nachdem von den Vertretern der verbündeten Regierungen ausgeführt war, daß sich die Kompetenz des Deutschen Reichs auf das rein staatliche Hinterlegungswesen nicht beziehe, wurde die Resolution I zurückgezogen, die Resolution II gegen zwei Stimmen abgelehnt.

Dritter Titel.

Aufrechnung.

(§§. 381 bis 390.)

Vierter Titel.

Erlaß.

(§. 391.)

Der 3. und 4. Titel wurden ohne Debatte angenommen.

Vierter Abschnitt.

Uebertragung der Forderung.

(§§. 392 bis 407.)

§. 393.

Ein Antrag diesem Paragraphen hinzuzusetzen:

„zur Giltigkeit der Abtretung des Rechtes auf eine persönliche Arbeitsleistung ist die Zustimmung des Arbeitnehmers erforderlich,"

wurde gegen zwei Stimmen abgelehnt, nachdem darauf hingewiesen war, daß bei der Regelung des Dienstvertrages nach §. 606 des Entwurfes der Anspruch auf die Dienste bereits für im Zweifel nicht übertragbar erklärt ist.

Fünfter Abschnitt.

Schuldübernahme.

(§§. 408 bis 413.)

Sechster Abschnitt.

Mehrheit von Schuldnern und Gläubigern.

(§§. 414 bis 426.)

Der fünfte und sechste Abschnitt wurden ohne Diskussion angenommen.

Siebenter Abschnitt.

Einzelne Schuldverhältnisse.

Erster Titel.

Kauf. Tausch.

I. Allgemeine Vorschriften.

(§§. 427 bis 452.)

§. 434.

Es war beantragt, dem Absatz 1 hinzuzufügen:

„Der Schadensersatz darf jedoch das Doppelte des Kaufpreises nicht übersteigen."

Empfohlen wurde der Antrag durch einen Hinweis auf die bekannte römische Bestimmung.

Die Kommission beschloß indessen mit großer Majorität, den Antrag abzulehnen, da, wie von anderen Seiten ausgeführt wurde, der Satz keineswegs der Gerechtigkeit entspreche, sondern unter Umständen zu höchst unbilligen Resultaten führe und deshalb mit Recht in allen neueren Gesetzgebungen keine Aufnahme gefunden habe. Inkonsequent würde es zudem sein, eine derartige Bestimmung auf den Kauf allein zu beschränken.

§. 446.

Ein Antrag auf Streichung dieses Paragraphen wurde namentlich dadurch begründet, daß die Verzinsung des Kaufpreises den Gewohnheiten des kleinen Verkehrs nicht entspreche und wenn sie wirklich in Folge der vorgeschlagenen Gesetzesbestimmung zur Gewohnheit würde, das Interesse des kleinen Mannes schädige. Zudem zeige das österreichische Recht, daß es sich hier keineswegs um ein Bedürfniß handele.

Von anderer Seite wurde indessen entgegen gehalten: die Vorschrift des Paragraphen entspreche nicht nur dem geltenden Recht, sondern gelange auch, wo es sich um einigermaßen bedeutende Objekte handele, in keineswegs seltenen Fällen zur praktischen Anwendung. Der kleine Verkehr freilich werde nach wie vor von der Bestimmung, falls freiwillige Zahlung von Seiten des Schuldners erfolge, schwerlich Gebrauch machen. Dadurch verliere sie aber nicht ihren Werth für die Fälle längerer Zahlungssäumniß, in denen es schließlich zur Klage komme. Grade für die Handwerker sei in Ansehung der von ihnen hergestellten und gelieferten Gegenstände für die Fälle, wo es zur Klage komme, das Recht, Zinsen zu fordern, von nicht unerheblicher Bedeutung. Der Paragraph wurde hiernach mit 9 gegen 8 Stimmen beibehalten.

§. 449a.

Ein Antrag auf Einschaltung eines Paragraphen, welcher die Klagbarkeit von Trinkschulden ausschließen sollte, wurde von der Kommission mit allen gegen eine Stimme abgelehnt, nachdem von Seiten der Vertreter der verbündeten Regierungen die Bitte ausgesprochen war, diese Angelegenheit, deren Grundgedanken man sympathisch gegenüberstehe, der Spezialgesetzgebung zu überlassen. Auch in Oesterreich, so wurde aus der Mitte der Kommissiou hinzugefügt, sei diese Angelegenheit nicht im Bürgerlichen Gesetzbuch, sondern in einem Spezialgesetz geregelt, und nur in einem solchen, einem Trunksuchtsgesetz, sei eine Reihe besonderer Bestimmungen am Platze, welche die Einführung einer derartigen Vorschrift erfordern werde.

II. Gewährleistung wegen Mängel der Sache.

(§§. 453 bis 486.)

§§. 476 bis 486 (Viehmängel).

Zu §§. 476 bis 486 war beantragt:

1. die §§. 476 bis 478 zu streichen;
2. dem §. 479 folgende Fassung zu geben:

   „Der Käufer verliert die ihm wegen eines Mangels zustehenden Rechte, wenn er nicht ungesäumt nach Erkennung des Mangels, spätestens aber innerhalb vier Wochen nach der Ablieferung des Thiers (§§. 440, 441), oder falls das Thier vor dem Ablauf dieser Frist getödtet worden oder sonst verendet ist, spätestens innerhalb zweier Tage nach dem Tode desselben den Mangel dem Verkäufer anzeigt" u. s. w. (wie in dem Entwurf).
3. dem §. 480 folgende Fassung zu geben:

   „Die im §. 479 bestimmte Anzeigefrist kann durch Vertrag verlängert oder abgekürzt werden. Die vereinbarte Frist tritt an die Stelle der gesetzlichen Frist."
4. im §. 484 Absatz 1
   a) statt des Wortes „Hauptmangels" zu setzen „Mangels",
   b) statt der Worte „der Gewährfrist" zu setzen „der im §. 479 bestimmten Anzeigefrist";
5. dem §. 486 folgende Fassung zu geben:

   „Sichert der Verkäufer eine Eigenschaft des Thieres zu, so finden die Vorschriften der §§. 479, 481 bis 485 entsprechende Anwendung."

Die Anträge bezwecken, anstatt des im Entwurf vorgeschlagenen deutschrechtlichen Systems das römisch-rechtliche System für die Gewährleistung der Viehmängel einzuführen. Die Bestimmungen des römischen Rechts entsprechen, so wurde seitens des Antragstellers ausgeführt, durchaus den Bedürfnissen des Verkehrs, wenn man nur die Haftung auf kurze Zeit beschränke und den Käufer zu unverzüglicher Anzeige verpflichte, wie es die beantragte Fassung des §. 479 des Näheren angebe. Die Vorschriften des römischen Rechts seien nicht ein Erzeugniß der Theorie, sondern unmittelbar aus dem Marktverkehr erwachsen und durchweg mit der Gerechtigkeit im Einklang. An die Stelle eines gesunden, aus dem Wesen der Sache selbst entspringenden Grundgedankens setze das deutsche System ein stets mehr oder weniger willkürliches Schema der einzelnen Viehmängel. Stehe der Mangel, um den es sich handele, nicht im Verzeichniß, so verweigere der Entwurf jeden Anspruch, auch wenn der Mangel im einzelnen Falle noch so bedeutend sei. Liege dagegen ein Hauptmangel nach Maßgabe des Verzeichnisses vor, so werden dem Käufer Ansprüche gewährt, auch wenn dieser Mangel in dem betreffenden Falle nur eine sehr geringe Entwerthung zur Folge habe. Und dieser Fall sei keineswegs selten, wie denn z. B. tuberkulöse Knötchen im Darm den Kaufwerth des Schlachtviehs kaum beeinflussen. Zudem seien die wesentlichen Mängel selbst bei ein und derselben Gattung von Vieh, z. B. den Pferden, je nach dem verschiedenen Gebrauch derselben andere. Was für ein Rennpferd, ein Luxuspferd als Hauptmangel erscheine, könne vielleicht bei dem Arbeitspferde nicht als solcher betrachtet werden. Ein zutreffendes Mängelverzeichniß sei daher unmöglich, und selbst von Anhängern des deutsch-rechtlichen Systems werde zugegeben, daß man nicht alle Hauptmängel in eine Liste aufnehmen könne, sondern nur etwa 75 bis 80% der vorhandenen wesentlichen Mängel bei der Annahme eines solchen Verzeichnisses getroffen werden würden. Bedenklich sei außerdem, daß im Bürgerlichen Gesetzbuch nach dem Vorschlage des Entwurfs eine klaffende Lücke bleibe, welche erst durch Kaiserliche Verordnung mit Zustimmung des Bundesraths ihre Ausfüllung erhalten solle.

Von Seiten der Vertreter der verbündeten Regierungen dagegen wurde zunächst darauf hingewiesen, daß das römisch-rechtliche System unverändert nur in einem Theil der norddeutschen gemeinrechtlichen Gebiete und in dem Bezirk des vormaligen Appellationsgerichts Köln gelte, während das deutschrechtliche System namentlich in Bayern, Württemberg, Baden, Hessen-Nassau, Frankfurt a. M. und Elsaß-Lothringen durchgeführt sei und in Hannover, den Hansestädten und einigen kleineren Gebieten wenigstens für den Pferdehandel maßgebend sei; endlich, daß das gemischte System die Gebiete des preußischen Landrechts und in einer Verbindung mit dem deutschrechtlichen System das Königreich Sachsen und Großherzogthum Hessen beherrsche. Besonders instruktiv sei das Vorgehen Frankreichs. Während der code civil auf dem Boden des römisch-rechtlichen Systems stehe, sei 1853 das deutschrechtliche zur Herrschaft gelangt und 1884 durch eine Einschränkung der Zahl der Gewährsmängel noch erheblich verschärft. Auch in Belgien und Luxemburg sei die deutschrechtliche Auffassung durchgedrungen. Richtig sei allerdings, daß die Thierärzte wesentlich dem gemeinrechtlichen System zuneigen, allein auch sie nur mit gewichtigen Ausnahmen. Die Ansichten der landwirthschaftlichen Kreise seien getheilt. Das preußische Landesökonomie-Kollegium habe sich für das gemeinrechtliche, das bayerische Generalkomité, sowie auch der deutsche Landwirthschaftsrath, für das deutsche System erklärt. Der große Vorzug desselben liege in der Rechtssicherheit und in der Verminderung der Prozesse. Nach gemeinem Recht müsse der Käufer in jedem einzelnen Falle beweisen, daß der Mangel ein nach Lage der Sache erheblicher und namentlich, daß er schon zur Zeit des Kaufes vorhanden gewesen sei. Für diese Beweise sei er in den meisten Fällen auf die häufig ungewissen und einander widersprechenden Sachverständigen-Gutachten angewiesen. Nach dem System des Entwurfs dagegen habe er nur zu beweisen, daß ein Hauptmangel innerhalb der Gewährsfrist hervorgetreten sei, ein Beweis, der in den meisten Fällen durch unmittelbaren Augenschein geliefert werden könne. Gerade weil das deutsche System sich auf den objektiven Standpunkt stellt, könne es natürlich die Frage, welcher Mangel ein Hauptmangel sei, nicht nach Lage des einzelnen Falles, sondern nur durch eine durchschnittliche Norm beantworten. Die dadurch unleugbar in einzelnen Fällen entstehenden Nachtheile würden aber durch den Vortheil der größeren Rechtssicherheit bei Weitem überwogen, zudem stehe es dem Käufer frei, sich in derartigen Fällen durch besondere Vereinbarungen von vornherein zu schützen, und wegen eines arglistig verschwiegenen Mangels sei der Verkäufer auf jeden Fall haftbar.

Auch aus der Mitte der Kommission wurde dem deutschen System von mehreren Seiten der Vorzug gegeben. Hingewiesen wurde namentlich auf die große Zahl der Viehmängelprozesse und die sehr erheblichen Kosten, welche durch dieselben veranlaßt würden; gerade auf diesem Gebiete sei daher eine Verminderung der Prozesse besonders wünschenswerth. Ganz besonders aber spreche für das deutsche System, daß keine Gesetzgebung, die dasselbe einmal acceptirt habe, zum römischen Recht zurückgekehrt sei, während man in vielen Ländern, in denen ursprünglich das römische Recht gegolten, das deutsche an dessen Stelle gesetzt habe.

Die gestellten Anträge wurden hiernach von dem Antragsteller zurückgezogen.

§. 480.

Ein Antrag, für die vertragsmäßige Verlängerung und Verkürzung der Gewährsfrist das Erforderniß der Schriftlichkeit aufzustellen, wurde mit großer Mehrheit abgelehnt.

Bei der diesem Beschlusse vorausgehenden Debatte wurde namentlich auf das allgemeine Prinzip des Entwurfs, welcher eine bestimmte Form nur bei wenigen besonders wichtigen Verträgen erfordere, und ferner darauf hingewiesen, daß die beantragte Formvorschrift vermuthlich lediglich zum Nachtheil des weniger geschäftsgewandten Kontrahenten ausschlagen werde.

§. 481a.

Es war beantragt,

folgenden neuen Paragraphen hinzuzufügen:

„Der Verkäufer hat das Thier an dem Orte zurückzunehmen, wo es in den Gewahrsam des Käufers gekommen ist.

Der Antragsteller hielt diese Vorschrift im Interesse der Landwirthschaft für erforderlich. Wenn der Händler das von dem Landwirthe gekaufte Vieh vielleicht auf weite Entfernungen verschickt habe und sich alsdann ein Fehler herausstelle, so sei es für den Landwirth hart, das Vieh an dem Orte, wo es sich alsdann befinde, obgleich er an demselben vielleicht aller Beziehungen bar sei, zurücknehmen zu müssen. Nicht selten werde hierdurch der Werth der Rückgabe völlig illusorisch gemacht.

Allein von anderer Seite wurde entgegengehalten, daß diese Bestimmung den Landwirthen eher schädlich als vortheilhaft sein werde, da erfahrungsmäßig fehlerhaftes Vieh weit häufiger von den Händlern als von den Landwirthen ohne Angabe der Fehler verkauft werde. Namentlich aber widerspreche die beantragte Vorschrift der Gerechtigkeit, denn sie bürde dem Käufer des Viehs, welcher um der Fehlerhaftigkeit desselben willen eben von dem Vertrag gelöst werden soll, gleichwohl die unter Umständen sehr erheblichen Kosten des Rücktransportes auf.

Der Antrag wurde hiernach mit großer Majorität abgelehnt.

§. 484.

Zum dritten Absatze des §. 484 wurde in Uebereinstimmung mit der Denkschrift, Seite 69, und unter allgemeiner Zustimmung bemerkt, daß der Käufer das Recht, auch nach der Verjährung des Anspruchs auf Wandelung die Zahlung des Kaufpreises zu verweigern, selbstredend nur dann hat, wenn er rechtzeitig eine der im §. 479 bezeichneten Handlungen vorgenommen hat. Hat er keine dieser Handlungen vorgenommen, so sind schon aus diesem Grunde seine etwaigen Rechte wegen des Mangels untergegangen und er kann die Zahlung des Kaufpreises nicht verweigern. Das Gleiche gilt von der im zweiten Satze des dritten Absatzes behandelten Aufrechnung des Anspruchs; sie setzt voraus, daß der Anspruch nicht schon wegen Unterlassung der im §. 479 bezeichneten Handlungen untergegangen sei.

§. 487.

Zu §. 487 waren mehrere Abänderungsanträge gestellt, außerdem aber die Streichung desselben beantragt. Es sei dem Wortlaut und der vermuthlichen Absicht der

Parteien direkt zuwider, wenn man das Versprechen des Verkäufers, die Gewährleistung für alle Fehler zu übernehmen, nur auf die Hauptmängel beziehen wolle.

Wenn das Gesetz eine prinzipielle Scheidung der Mängel in zwei Klassen, Hauptmängel und andere Mängel, vornehme, so könne man unmöglich annehmen, daß bei dem Versprechen, für alle Mängel zu haften, eben nur die eine, nicht aber die andere Klasse dieser Mängel gemeint sein solle; zudem werde die Bestimmung des Entwurfs, wenn unverändert angenommen, dem geschäftsgewandteren Kontrahenten ein bequemes Mittel gewähren, den geschäftsungewandteren Käufer zu benachtheiligen, indem dieser, durch das scheinbar genügende Versprechen gedeckt, von einer genaueren Prüfung oder besonderen Verabredungen ablasse.

Die Kommission beschloß hiernach mit allen gegen eine Stimme, den Paragraphen zu streichen.

III. Besondere Arten des Kaufes.

(§§. 489 bis 509.)

IV. Tausch.

(§. 510.)

Die §§. 489 bis 510 wurden ohne Diskussion angenommen.

Zweiter Titel.

Schenkung.

(§§. 511 bis 527a.)

§. 514.

Ein Antrag, den §. 514 folgendermaßen zu fassen:

„Der Schenker ist berechtigt, die Erfüllung eines schenkweise ertheilten Versprechens zu verweigern, soweit er bei Berücksichtigung seiner sonstigen Verpflichtungen außer Stande ist, das Versprechen zu erfüllen, ohne daß sein standesmäßiger Unterhalt oder die Erfüllung der ihm kraft Gesetzes obliegenden Unterhaltspflichten gefährdet wird."

Treffen die Ansprüche mehrerer Beschenkten zusammen, so geht der früher entstandene Anspruch vor.

wurde vom Antragsteller und von anderer Seite folgendermaßen begründet:

Es entspreche nicht der Billigkeit, daß ein gesetzlich zum Unterhalt von Verwandten Verpflichteter die Erfüllung dieser Verpflichtung um eines von ihm gemachten Schenkungsversprechens willen unter Umständen verweigern könne. Nach §. 1581 Absatz 1 aber würde dies (sofern es sich nicht um den Unterhalt minderjähriger unverheiratheter Kinder handle, §. 1581 Absatz 2) der Fall sein, da nach diesem Absatze derjenige nicht unterhaltungspflichtig sei, der bei Berücksichtigung seiner sonstigen Verpflichtungen, wozu auch die Verpflichtung aus dem Schenkungsversprechen gehöre, außer Stande sei, ohne Gefährdung seines standesgemäßen Unterhaltes den Unterhalt zu gewähren.

Der Antrag wurde unter allseitiger Zustimmung ohne weitere Diskussion angenommen.

§. 522a bis 527a

Es wurde der Antrag gestellt, nach §. 522 folgende beiden Paragraphen als §. 522a und b einzufügen:

§. 522a.

„Soweit der Schenker nach der Vollziehung der Schenkung außer Stande ist, seinen standesmäßigen Unterhalt zu bestreiten und die ihm seinen Verwandten, seinem Ehegatten oder seinem früheren Ehegatten gegenüber gesetzlich obliegende Unterhaltspflicht zu erfüllen, kann er von dem Beschenkten die Herausgabe des Geschenkes nach den Vorschriften über die Herausgabe einer ungerechtfertigten Bereicherung fordern. Der Beschenkte kann die Herausgabe durch Zahlung des für den Unterhalt erforderlichen Betrags abwenden. Auf die Verpflichtung des Beschenkten finden die Vorschriften des §. 747 sowie die für die Unterhaltspflicht der Verwandten geltende Vorschrift des §. 1591 und im Falle des Todes des Schenkers auch die Vorschriften des §. 1593 entsprechende Anwendung.

Unter mehreren Beschenkten haftet der früher Beschenkte nur insoweit, als der später Beschenkte nicht verpflichtet ist."

§. 522b.

„Der Anspruch auf Herausgabe des Geschenkes ist ausgeschlossen, wenn der Schenker seine Bedürftigkeit vorsätzlich oder durch grobe Fahrlässigkeit herbeigeführt hat oder wenn zur Zeit des Eintritts seiner Bedürftigkeit seit der Leistung des geschenkten Gegenstandes zehn Jahre verstrichen sind.

Das Gleiche gilt, soweit der Beschenkte bei Berücksichtigung seiner sonstigen Verpflichtungen außer Stande ist, das Geschenk herauszugeben, ohne daß sein standesmäßiger Unterhalt oder die Erfüllung der ihm kraft Gesetzes obliegenden Unterhaltspflichten gefährdet wird."

Dieser Antrag, welcher sich im Grundgedanken an die §§. 1123 Theil I, 11 des preußischen Landrechts anlehnt, wurde nach kurzer Debatte mit großer Majorität angenommen und demgemäß die Bestimmung des §. 524 auf die Rückforderung ausgedehnt, woraus sich auch die veränderte Stellung des letzteren Paragraphen nach §. 527 ergiebt.

Dritter Titel.

Miethe. Pacht.

I. Miethe.

(§§. 528 bis 573.)

§. 537.

Der Eingang des Paragraphen wurde dahin geändert:

„Ist eine Wohnung oder ein anderer zum Aufenthalte von Menschen bestimmter Raum so beschaffen, daß die Benutzung mit einer erheblichen Gefährdung der Gesundheit verbunden ist", ...

Beabsichtigt wurde nach den Ausführungen des Antragstellers und anderer Kommissionsmitglieder, dadurch auszusprechen, daß die Bestimmung des Paragraphen nicht nur auf eigentliche Wohnräume, sondern auch auf andere, zum Aufenthalt von Menschen bestimmte Räume zu beziehen sei, wie z. B. ein Comptoir, ein Laden, eine vermiethete Werkstäte. Der Antrag, den auch die Vertreter der verbündeten Regierungen als dem Sinne des Entwurfes entsprechend bezeichneten, wurde ohne Widerspruch als eine Verbesserung der Fassung anerkannt.

§. 542.

Es war beantragt, dem Miether das Recht der Untervermiethung zu gewähren, und zwar dergestalt, daß es ihm auch nicht durch vorgängige Vereinbarung entzogen werden könne.

Der Antrag wurde nahezu einstimmig abgelehnt, da er eine durch nichts gerechtfertigte, die berechtigten Interessen des Vermiethers schwer beeinträchtigende Verletzung der Vetragsfreiheit herbeiführen würde.

Ein zweiter Antrag, dem Miether, falls ihm der Vermiether die Erlaubniß zur Untervermiethung verweigere, das Recht zu geben, das Miethverhältniß mit Ablauf des auf die Weigerung folgenden Tages aufzuheben, wurde aus gleichem Grunde fast einstimmig abgelehnt.

§. 545.

Ein Antrag, in §. 545 Zeile 1 das Wort „nicht" zu streichen, also den Miether auch dann von der Zahlung des Miethzinses zu befreien, wenn er durch einen in seiner Person liegenden Grund an der Ausübung des ihm zustehenden Gebrauchsrechtes verhindert sei, also z. B. wegen Krankheit oder Versetzung die gemiethete Wohnung nicht beziehe, wurde ohne Diskussion gegen zwei Stimmen abgelehnt.

§. 546.

Einem Antrag auf Streichung zuwider wurde der Paragraph ohne Diskussion mit allen gegen zwei Stimmen angenommen.

§. 548.

Zu diesem Paragraphen war der Zusatz beantragt:

„Eine entgegenstehende Vereinbarung ist ungültig."

Zur Begründung wurde darauf hingewiesen, daß der Vermiether, indem er sich die Vorausbezahlung des Miethszinses und die Nichtrückerstattung desselben bei Lösung des Miethsverhältnisses ausbedinge, durch die Ausübung des Kündigungsrechtes nach §§. 546 und 547 den Miether erheblich zu schädigen im Stande sei.

Regierungsseitig und aus der Mitte der Kommission wurde indessen entgegnet: Der §. 548 finde nur Anwendung auf diejenigen Fälle, in denen der Vermiether das Miethverhältniß wegen vertragswidrigen Gebrauches (§. 546) oder wegen Verzuges des Miethers an zwei aufeinander folgenden Miethsterminen (§. 547) löse. In beiden Fällen, von denen aber für die vorliegende Frage nur der erstere in Betracht komme, werde der Vermiether häufig nicht im Stande sein, sofort einen neuen Miether zu finden. Sich für die hieraus erwachsende Gefahr von vorn herein durch Verabredung der Nichtrückgewährung im Voraus bezahlten Miethszinses zu sichern, sei keineswegs in allen Fällen verwerflich.

Der Antrag wurde hierauf mit sehr großer Mehrheit abgelehnt.

§. 552.

Zu diesem Paragraphen wurden durchaus entgegengesetzte Anträge gestellt:

A. den letzten Satz zu streichen, das Pfandrecht des Vermiethers also auch auf die der Pfändung nicht unterworfenen Sachen auszudehnen;

B. den ganzen §. 552 und folgeweise auch die §§. 553 bis 556 zu streichen, mithin ein gesetzliches Pfandrecht des Vermiethers an den eingebrachten Sachen des Miethers überhaupt nicht anzuerkennen.

Für den ersten Antrag wurde geltend gemacht: Da der Hausrath der Miether sich bei kleinen Leuten nicht selten auf das Unentbehrliche, was der Verpfändung entzogen sei, beschränke, so enthalte die vorgeschlagene Beschränkung des Pfandrechts häufig eine bedenkliche Schädigung des Vermiethers, der in sehr vielen, ja vielleicht in den meisten Fällen den mittleren Ständen angehöre. Aber auch dem Kredit des Miethers selbst sei die vorgeschlagene Bestimmung hinderlich.

Für den zweiten Antrag wurde umgekehrt das Interesse des Miethers, regelmäßig des kleinen Mannes, als das allein Ausschlaggebende bezeichnet; das Pfandrecht des Vermiethers sei innerlich nicht gerechtfertigt, erst ein Produkt des späteren römischen Rechts und enthalte für den Miether eine bedenkliche Beschränkung und Härte.

Die große Mehrheit der Kommission glaubte indeß, daß der Entwurf zwischen den beiden vorgeschlagenen Extremen die richtige Mitte einhalte; durch die Ausnahme der

der Pfändung nicht unterworfenen Sachen schütze er das Interesse des Miethers, soweit es unbedingt erforderlich scheine; die Beseitigung des Pfandrechts überhaupt aber werde es gerade den kleinen Leuten außerordentlich erschweren, zu annehmbaren Bedingungen eine Wohnung zu finden. Nehme man dem Vermiether alle Sicherheit, so werde derselbe dazu gedrängt, Vorausbezahlung der Miethe zu fordern, eine bei kleineren Wohnungen schon jetzt in Berlin gewöhnliche, höchst bedauerliche Vertragsbestimmung, deren allgemeine Ausdehnung nicht gefördert werden dürfe. Ebenso aber werde der Vermiether, sobald der Miether einmal mit dem Miethgeld im Rückstand bleibe, zu einer strengeren Ausübung seines Kündigungs- und Exmissionsrechtes genöthigt, sehr zum Schaden gerade der kleineren Miether.

Bei der Abstimmung wurde der letzte Satz des §. 552 mit allen gegen eine Stimme, und darauf der ganze Paragraph mit allen gegen zwei Stimmen unverändert angenommen.

§. 562.

Es war beantragt, die Worte „sowohl“ und ferner die Worte „als der Vermiether“ zu streichen, beim Tode des Miethers mithin nur dem Erben, aber nicht dem Vermiether das Recht zu geben, das Miethsverhältniß unter Einhaltung der gesetzlichen Frist zu kündigen. Nachdem indessen von verschiedenen Seiten darauf hingewiesen war, daß bei der völligen Veränderung der häuslichen und ökonomischen Verhältnisse, welche in der Regel der Tod des Miethers nach sich ziehe, der Vermiether häufig ein berechtigtes Interesse habe, das Miethsverhältniß nach angemessener Frist zu lösen, wurde der Paragraph mit großer Mehrheit unverändert angenommen.

§. 563.

Die Streichung dieses Paragraphen war beantragt, da ein solches Sonderrecht der Militärpersonen, Beamten, Geistlichen und Lehrer innerlich nicht gerechtfertigt erscheine. Von verschiedenen anderen Seiten wurde dagegen die Beibehaltung des Paragraphen dringend befürwortet: Jedem Vermiether sei bekannt, daß bei Militärpersonen, Beamten, Geistlichen und Lehrern an öffentlichen Unterrichtsanstalten eine Versetzung nach einem anderen Orte nicht unwahrscheinlich sei. In der Regel werde daher in dem Miethsvertrage auch ein Kündigungsrecht für diesen Fall vorgesehen, und die Vorschrift des Paragraphen wolle nur das versehentliche Unterlassen eines solchen Vorbehaltes unschädlich machen, mithin dasjenige als vermuthlich gewollt hinstellen, was der regelmäßigen Willensmeinung der Kontrahenten entspreche. Selbstverständlich sei der Paragraph nur dispositiv, könne also durch eine besondere Bestimmung des Miethsvertrages außer Wirkung gesetzt werden.

Der Paragraph wurde mit großer Majorität angenommen.

§. 569 Absatz 2.

Zu dem Antrage, im §. 569 Absatz 2 vor dem Worte „Zustimmung“ das Wort „schriftlicher“ einzuschalten, wurde von Seiten des Vertreters der verbündeten Regierungen bemerkt:

„Nach dem §. 178 Absatz 3 des Entwurfs finden, wenn ein einseitiges Rechtsgeschäft, dessen Wirksamkeit von der Zustimmung eines Dritten abhänge, mit Einwilligung des Dritten angenommen werde, die Vorschriften des §. 107 Satz 2, 3 entsprechende Anwendung. Als ein einseitiges Rechtsgeschäfts sei auch die im §. 569 Absatz 2 vorgesehene Zurücknahme der Anzeige anzusehen. Die entsprechende Anwendung des §. 107 Satz 2 führe aber dahin, daß die Zurücknahme der Anzeige dem Miether gegenüber unwirksam sei, wenn der Vermiether die Einwilligung des neuen Eigenthümers nicht in schriftlicher Form vorlege und der Miether die Zurücknahme der Anzeige aus diesem Grunde unverzüglich zurückweise. Nur dann sei nach §. 107 Satz 3 diese Zurückweisung ausgeschlossen, wenn der neue Eigenthümer den Miether von der Einwilligung in Kenntniß gesetzt hat. Durch diese Vorschriften werde der Miether ausreichend geschützt."

Nach diesen Darlegungen wurde der Antrag mit großer Majorität abgelehnt.

§. 572a.

Es war beantragt, folgenden Paragraphen einzuschieben:

„Vereinbarungen, durch welche der Miether eines Grundstücks aus anderen als in diesem Abschnitt ausgedrückten Gründen dem Vermiether das Recht einseitiger Aufhebung des Miethsvertrages oder des Rücktritts vom Miethsvertrage einräumt oder sich einer Konventionalstrafe in einer größeren Höhe als eines Wochenzinses unterwirft, sind ungültig."

Der Antragsteller begründete den Antrag mit dem Wunsche, den Miether gegen harte Bestimmungen des Miethsvertrages zu schützen. Von anderer Seite wurde indeß entgegengehalten, daß der Vermiether in vielen Fällen ein durchaus berechtigtes Interesse habe, sich den Rücktritt von der Miethe für besondere Fälle, z. B. den des eigenen Bedürfnisses, vorzubehalten. Ihn daran zu hindern, sei eine durch nichts gerechtfertigte Beschränkung der Vertragsfreiheit. Die Festsetzung von Konventionalstrafen aber unterliege ohnehin dem richterlichen Ermäßigungsrecht, und es fehle an jedem ersichtlichen Grunde, hier eine Ausnahmebestimmung zu treffen.

Resolution.

Um allzu große aus einem auf sofortige Räumung lautenden Urtheile möglicherweise entstehende Härten abzuschneiden, wurde die folgende Resolution ohne Widerspruch angenommen:

Der Reichstag wolle beschließen:

„den Herrn Reichskanzler zu ersuchen, bei der Novelle zur Civilprozeßordnung eine Vorschrift in Erwägung zu nehmen, nach welcher in einem auf Räumung einer Wohnung lautenden Urtheil eine angemessene Frist zur Räumung gewährt werden muß."

II. Pacht.

(§§. 574 bis 590.)

§. 574.

In Folge eines Antrags, statt der Worte „und den Fruchtgenuß" in Absatz 1 Satz 1 zu setzen: „und den Genuß der Früchte, soweit sie nach den Regeln einer ordnungsmäßigen Wirthschaft als Ertrag anzusehen sind" wurde von Seiten der Vertreter der verbündeten Regierungen erklärt, der Antrag diene dazu, den Paragraphen mit den übrigen Bestimmungen des Bürgerlichen Gesetzbuches über die Früchte in Einklang zu setzen. Nach §. 95 Absatz 1 seien die Erzeugnisse Früchte, auch soweit sie wirthschaftlich nicht zu den Einkünften gehören, sondern als Kapital zu betrachten seien wie z. B. die wegen Windbruchs gefällten Bäume. Nun erwerbe zwar der Nutzungsberechtigte oder der gutgläubige Besitzer nach §§. 938 bis 941 das Eigenthum aller, mithin auch dieser Früchte mit der Trennung; allein nach §. 1022 müsse der Nießbraucher den Werth der Früchte, die nicht als Einkünfte anzusehen sind, dem Eigenthümer ersetzen, und diese Vorschrift finde entsprechende Anwendung auf das gesetzliche eheliche Güterrecht (§. 1366), die Errungenschaftsgemeinschaft (§. 1508), die Fahrnißgemeinschaft (§. 1533), die elterliche Nutznießung (§. 1629), und die gleiche Verpflichtung liege auch dem Vorerben ob (§. 2108). Nach der Fassung des Entwurfs des §. 574 Absatz 1 würde dagegen der Pächter das Eigenthum an den nicht zum Ertrag gehörenden Früchten erwerben und dieselben, wenn wie z. B. bei Windbrüchen die Gewinnung derselben den Regeln ordnungsmäßiger Wirthschaft entspräche, dem Verpächter auch nicht zu ersetzen brauchen. Der Genuß der Früchte von Seiten des Pächters müsse daher, wie es auch der Absicht der Parteien bei der Verpachtung entspreche, auf diejenigen Früchte beschränkt werden, welche als Ertrag anzusehen seien; Früchte, die ein Theil des Kapitals seien, hätten dem Verpächter zu verbleiben.

Auch bezüglich des gutgläubigen Besitzers empfehle sich eine ähnliche Bestimmung. Derselbe behalte nach §. 971 die vor dem Eintritt der Rechtshängigkeit des Eigenthumsanspruchs gewonnenen Früchte. Es rechtfertige sich daher eine Vorschrift, welche ihm die Herausgabe der nicht als Ertrag anzusehenden Früchte nach den Vorschriften über die Herausgabe einer ungerechtfertigten Bereicherung zur Pflicht mache.

Von der Kommission wurden diese Ausführungen durch widerspruchslose Annahme des gestellten Antrages als richtig anerkannt.

§. 574 a.

Es war beantragt:

nach §. 574 folgende Vorschrift als §. 574 a einzufügen:

„Ist bei einer auf nicht länger als ein Jahr geschlossenen Pacht durch Naturereignisse an den Früchten vor deren Einheimsung ein die Hälfte des durchschnittlichen Ertrages übersteigender Verlust, welcher bei Anwendung gewöhnlicher Sorgfalt nicht abgewendet werden konnte, entstanden, so hat der Pächter Anspruch auf verhältnißmäßigen Nachlaß am Pachtzins.

Umfaßt der Pachtvertrag mehrere Grundstücke, so ist die Größe des Verlustes nach dem durchschnittlichen Gesammtertrag des ganzen Pachtgegenstandes zu bemessen."

Der Antrag wurde durch den Hinweis auf das gemeinrechtliche Remissionsrecht des Pächters wegen außerordentlicher Unglücksfälle gerechtfertigt, welches in neuere Gesetzgebungen, wenngleich mit mannigfachen Veränderungen, übergegangen sei und dem praktischen Bedürfniß wie der Billigkeit entspreche.

Von den Vertretern der verbündeten Regierungen wie aus der Mitte der Kommission wurde dem Antrag widersprochen. Innerlich sei dies Remissionsrecht nicht begründet, da der Verpächter durch Pachtvertrag sich nur anheischig mache, die **Möglichkeit** der Fruchtziehung zu gewähren, nicht aber dafür einzustehen, daß die Früchte auch wirklich gewonnen würden. Zudem sei das praktische Bedürfniß eines außerordentlichen Remissionsrechtes durch die Möglichkeit der Versicherung, namentlich der Hagelversicherung, ein weit geringeres geworden, und erfahrungsmäßig werde in den Pachtverträgen auf das Remissionsrecht in der Regel verzichtet.

Eine Unbilligkeit gegen den Verpächter enthalte das Remissionsrecht, wie es beantragt werde, namentlich auch deshalb, weil in den zahlreichen Fällen, in denen ein derartiger Minderertrag nicht ganz unwahrscheinlich sei, das Pachtgeld eben deshalb niedriger bemessen zu werden pflege. Diese Gründe gegen das Remissionsrecht seien als die überwiegenden anzuerkennen, wenn auch nicht geleugnet werden solle, daß der Wegfall des Remissionsrechts für einen unvorsichtigen Pächter bei kurzen Pachtzeiten unter Umständen eine Härte bedeuten könne.

Der gestellte Antrag wurde gegen 7 Stimmen abgelehnt.

§. 578.

Prinzipiell war beantragt, den §. 578 zu streichen, eventuell

1. im Absatz 1 die Worte „und unterliegt nicht der im §. 556 bestimmten Beschränkung",

und 2. den zweiten Satz zu streichen.

Der erste Abänderungsantrag wurde mit sehr großer Majorität abgelehnt, weil es im Interesse des Pächters liege, daß das Pfandrecht des Verpächters wegen des rückständigen Pachtzinses nicht auf eine bestimmte Zeit beschränkt werde, damit der Verpächter in der Lage sei, bei Mißernten und sonstigen Nothständen angemessen zu stunden. Die Vorschrift des Entwurfs stehe auch mit dem §. 41 Nr. 2 der Konkursordnung in Einklang.

Ueber den zweiten Abänderungsantrag entspann sich eine lebhafte Diskussion. Für denselben wurde geltend gemacht, daß der Pächter das nothwendige Wirthschaftsinventar nicht entbehren könne, daß die Erstreckung des Pfandrechts auf dieses sonach seine Interessen aufs Tiefste zu schädigen geeignet sei. Dagegen wurde angeführt: solange das Pachtverhältniß bestehe, sei der Verpächter durch sein eigenes Interesse darauf hingewiesen, das Pfandrecht an dem Wirthschaftsinventar nicht anders geltend zu machen, als indem er für die Erhaltung desselben auf dem Pachtgrundstück Sorge trage. Nach Endigung des Pachtverhältnisses aber bewirthschafte der Pächter das Gut nicht mehr und bedürfe also des Inventars zur Wirthschaftsführung nicht mehr; das Inventar unterscheide sich jetzt nicht mehr von anderen Vermögensstücken, und es sei jeder Grund weggefallen, dem Inventar eine Sonderstellung einzuräumen.

Insbesondere komme das Landeskulturinteresse, welches für die Bestimmung des §. 715 Nr. 5 der Civilprozeßordnung maßgebend gewesen sei, nach der Endigung des Pachtverhältnisses nicht mehr in Betracht. Anderseits werde die Streichung des Satzes 2 voraussichtlich zu einer Erhöhung der Pachtkautionen führen, was im Interesse der Landwirthschaft, insbesondere den weniger bemittelten Pächtern gegenüber höchst unerwünscht sein würde.

Auch dieser Antrag wurde abgelehnt und darauf der ganze Paragraph aus den bereits bei §. 552 erörterten Gründen mit sehr großer Majorität angenommen.

Auch in zweiter Lesung wurde der wiederholte Antrag mit großer Mehrheit abgelehnt.

§. 586.

Zum Absatz 3 dieses Paragraphen waren zwei in der Hauptsache übereinstimmende Anträge gestellt, nämlich diesen Absatz folgendermaßen zu fassen:

Fassung A:

„Stroh und Dünger vom letzten Jahr hat der Pächter, soweit solche auf dem Gut gewonnen und nicht in der Wirthschaft verwendet sind, zurückzulassen, ohne daß er Ersatz des Werthes verlangen kann."

Fassung B:

„Dünger, Stroh und andere zur Vermehrung des Düngers dienliche Materialien vom letzten Jahre hat der Pächter" u. s. w. wie sub A.

Für beide Anträge wurde geltend gemacht, daß ein derartiges Verhalten den Regeln ordnungsmäßiger Wirthschaft entspreche und daher als bei der Verpachtung stillschweigend vereinbart anzusehen sei. Von anderer Seite wurden beide Anträge als unzutreffend bezeichnet. Nach beiden Anträgen hänge nämlich die Frage, ob der Pächter Stroh unentgeltlich abzugeben habe und auf wie viel Stroh sich diese Verpflichtung beziehe, lediglich von dem rein zufälligen Umstande ab, ob im Moment der Beendigung der Pacht derartiges Stroh noch vorhanden oder vielleicht, was natürlich dann in der Regel geschehen werde, kurz vorher veräußert sei. Auch entsprächen die vorgeschlagenen Bestimmungen keineswegs der Billigkeit: habe der Pächter das Gut ohne jeden Strohvorrath übernommen, so könne ihm nicht zugemuthet werden, bei Beendigung der Pacht ohne Entschädigung den vielleicht recht erheblichen Vorrath abzugeben.

Beide Abänderungsanträge wurden hiernach abgelehnt und der §. 586 unverändert angenommen.

§. 589.

Ein Antrag, den ersten Absatz zu streichen, also dem Pächter das Recht zuzugestehen, wenn der Verpächter einen Unterpächter nicht anerkennen wolle, das Pachtverhältniß zu lösen, wurde mit sehr großer Majorität abgelehnt, weil dem Verpächter nicht zugemuthet werden kann, eine Person in den Besitz des Pachtgrundstückes zuzulassen, von deren wirthschaftlicher Tüchtigkeit, Zuverlässigkeit und Leistungsfähigkeit er nicht überzeugt sei; die Sachlage sei bei der Pacht auch insofern eine andere wie bei der Miethe, als der Pächter sein Pachtrecht durch einen Verwalter ausüben könne.

Auch in zweiter Lesung wurde der wiederholte Antrag mit großer Majorität abgelehnt.

§. 590.

Ein Antrag, diesen Paragraphen zu streichen, wurde mit allen gegen zwei Stimmen abgelehnt.

Die Kommission konnte sich den Ausführungen des Antragstellers nicht anschließen, nach welchen es unbillig sein sollte, dem Verpächter in diesem Falle einen nach Verhältniß der gezogenen Nutzung zu bestimmenden Theil des Jahrespachtzinses zu gewähren, und glaubte die Vorschrift auch im Interesse einer einfacheren Regulirung des Ersatzanspruchs aufrecht erhalten zu müssen.

Vierter Titel.

Leihe.

(§§. 591 bis 599.)

§. 598.

Ein Antrag, in §. 598 folgende Vorschrift als Absatz 2 hinzuzufügen:

„In den Fällen der Ziffer 1 ist der Verleiher verpflichtet, dem Entleiher den durch die vorzeitige Kündigung entstandenen Schaden zu ersetzen."

wurde damit begründet, daß der Entleiher, wenn ihm eine Sache für einen bestimmten Gebrauch oder gar eine bestimme Zeit geliehen sei, ein Recht darauf habe, sie auch für diese Zeit zu behalten; müsse nun auch dieses Recht nach Ziffer 1 dann zurücktreten, wenn der Verleiher in Folge eines nicht vorhergesehenen Umstandes der verliehenen Sache selbst bedürfe, so erfordere doch die Billigkeit, daß dem Entleiher in diesem Falle Schadensersatz gewährt werde.

Regierungsseitig und aus der Mitte der Kommission wurde dagegen auf die Unentgeltlichkeit der Leihe hingewiesen, welche eine Entschädigungsforderung in diesem Falle als mit der Billigkeit unvereinbar erscheinen lasse.

Der Antrag wurde hierauf mit großer Majorität abgelehnt.

Fünfter Titel.

Darlehen.

(§§. 600 bis 603.)

§. 601.

Es war beantragt, als Absatz 2 folgende Bestimmung aufzunehmen:

„Werden Zinsen vor Beginn der Zinspflicht entrichtet, so mindert sich das Darlehen um deren Betrag."

Zur Begründung wurde auf die Billigkeit der vorgeschlagenen Vorschrift hingewiesen. Allein von anderer Seite wurde ausgeführt, daß der Antrag in sehr vielen Fällen den Intentionen beider Parteien entschieden widerspreche. Zahle aus besonderen Gründen der Schuldner die Zinsen beispielsweise für ein halbes Jahr voraus, so wolle er eben nicht gezwungen sein, für dieses selbe halbe Jahr noch einmal Zinsen, sei es auch für eine etwas kleinere Darlehenssumme zu entrichten. Außerdem wurde die Unbequemlichkeit betont, welche dadurch verursacht werde, daß in runden Summen gegebene Darlehen auf diese Weise um kleine Beträge vermindert werden. Der Antrag wurde sowohl in erster als in zweiter Lesung mit großer Majorität abgelehnt.

Sechster Titel.

Dienstvertrag.

(§§. 604 bis 620.)

Es war beantragt, als Ueberschrift dieses Titels statt „Dienstvertrag“ zu setzen „Arbeitsvertrag“. Der Ausdruck „Dienstvertrag“ sei lediglich ein Rest des alten Hörigkeitsverhältnisses und hänge auch damit zusammen, daß man, entsprechend den Bestimmungen des römischen Rechts, bisher eine Dienstmiethe nur bei einem Versprechen niedrigerer Dienste angenommen. Von verschiedenen anderen Seiten dagegen wurde in dem Ausdruck „Dienstvertrag“ durchaus nichts erniedrigendes gefunden; wurden doch gleiche oder ähnliche Ausdrücke durchweg auch für die höheren Berufszweige gebraucht, Militärdienst, Staatsdienst u. s. w. Der Ausdruck „Arbeitsvertrag“ scheine dagegen wenig geeignet, weil der sechste Titel gleichmäßig für das Versprechen niedrigerer und höherer Dienste, für die übernommenen Verpflichtungen der Lehrer, Künstler, Geschäftsführer u. s. w. wie für die Arbeiter im engeren Sinne gelte. Die Ueberschrift wurde hierauf unverändert nach dem Entwurf mit erheblicher Majorität angenommen. Das Gleiche wurde in zweiter Lesung beschlossen.

§. 604.

Es war beantragt, statt des §. 604 zu setzen:

„Arbeitsvertrag (Lohnvertrag, Dienstvertrag oder dergl.) ist ein Vertrag, durch welchen der Arbeitnehmer sich verpflichtet, einen Theil seiner geistigen oder körperlichen Arbeitskraft für die häusliche Gemeinschaft, ein wirthschaftliches oder ein gewerbliches Unternehmen des Arbeitgebers gegen einen vereinbarten Lohn (Gehalt, Salair, Honorar, Gage, Stolgebühr oder dergl. zu verwenden.

Unter Arbeitnehmern werden auch diejenigen Personen verstanden, welche für bestimmte Gewerbetreibende außerhalb der Arbeitsstätten der letzteren mit der Anfertigung gewerblicher Erzeugnisse beschäftigt sind, und zwar auch dann, wenn sie die Roh- und Hülfsstoffe selbst beschaffen.“

Es sei wünschenswerth, so wurde ausgeführt, die häusliche, wirthschaftliche und gewerbliche Arbeit, welche von hervorragender Bedeutung sei, zum alleinigen Inhalt des Dienstvertrags zu machen, alle übrigen Dienste aber beim Werkvertrag abzuhandeln. Allein von Seiten der Vertreter der verbündeten Regierungen und von verschiedenen Kommissionsmitgliedern wurde eingewandt: der Unterschied von Dienst- und Werkvertrag sei kein willkürlicher, sondern beruhe auf den innerlichen Unterschied, ob die Leistung der Dienste unmittelbar versprochen oder ob das durch die Dienste herbeizuführende Resultat den Gegenstand der Verpflichtung bilde. Für beide Fälle müßten nothwendig verschiedene Regeln gelten, und deshalb sei es völlig unzulässig, solche Verträge, welche ihrem Inhalt nach der ersteren Klasse angehören, willkürlich dem Werkvertrag zu überweisen. Die Regelung der besonderen Verhältnisse der gewerblichen Arbeiter müsse der Reichsspezialgesetzgebung überlassen bleiben. Zudem würde durch den Antrag ein wesentlicher ethischer Fortschritt aufgehoben werden; der Entwurf zeichne sich eben dadurch aus, daß er die Verträge, durch welche höhere und durch welche niedere Dienste versprochen werden, völlig gleichstelle, also nicht mehr zwischen operae liberales und illiberales unterscheide; der Antrag aber wolle diese Unterscheidung wieder herbeiführen.

Aus diesen Gründen wurde der Antrag mit allen gegen zwei Stimmen abgelehnt und der §. 604 unverändert angenommen.

Nach der Wiederholung in zweiter Lesung wurde der Antrag gleichfalls mit allen gegen zwei Stimmen abgelehnt.

Ferner wurde in zweiter Lesung beantragt, dem §. 604 folgenden Absatz zuzusetzen:

„Vereinbarungen, die zum Gegenstand des Arbeitsvertrages Arbeitsleistungen machen, die gegen ein Verbotsgesetz oder gegen die guten Sitten verstoßen, insbesondere Vereinbarungen, durch welche Arbeitern die Verpflichtung auferlegt wird, bestimmten politischen, gewerkschaftlichen oder religiösen Vereinigungen nicht anzugehören oder aus denselben auszutreten, sind ungültig. Desgleichen sind Konventionalstrafen ungültig, die für den Fall der Zugehörigkeit zu einer derartigen Vereinigung festgesetzt werden."

Der Antragsteller führte aus: zwar sei von einem Mitglied der Kommission bei den Verhandlungen über §§. 130 und 134 die Behauptung aufgestellt, daß eine Vereinbarung, durch welche Jemandem beispielsweise die Koalitionsfreiheit oder die Gewissensfreiheit beschränkt werde, zweifellos gegen die guten Sitten verstoße und also nach der angenommenen Fassung des §. 134 für nichtig zu halten sei; allein diese Ansicht herrsche keineswegs allgemein, und deshalb sei eine besondere Vorschrift unentbehrlich.

Die große Mehrheit der Kommission konnte sich diesen Ausführungen nicht anschließen, lehnte vielmehr den Antrag aus den schon bei §§. 130 und 134 erörterten Gründen ab.

§§. 605 und 606.

In Folge der Beschlußfassung über den zu §. 604 gestellten Antrag wurden eine Reihe weiterer mit demselben in engem Zusammenhang stehender Anträge theils zurückgezogen, theils mit großer Majorität abgelehnt..

Ferner lag eine Petition des Vereins der Bureaubeamten der Rechtsanwälte und Gerichtsvollzieher zu Berlin vor, welche zu §. 605 Absatz 2 folgenden Zusatz in Anregung brachte:

„Ist eine übliche Vergütung nicht festzustellen, so ist der ortsübliche Tagelohn gewöhnlicher Tagelöhner zu Grunde zu legen unter entsprechender Erhöhung desselben bei Diensten höherer Art."

In der Kommission wie bei den Vertretern der verbündeten Regierungen herrschte indeß darüber Einstimmigkeit, daß, wenn die übliche Vergütung nicht festzustellen sei, die §§. 309 und 310 in Anwendung kämen, und daß sich zu den beantragten Sonderbestimmungen, welche übrigens auch als den Petenten keineswegs günstig betrachtet wurden, ein Bedürfniß nicht ergebe. Ebenso herrschte Einstimmigkeit darüber, daß im Absatz 1 unter den „Umständen" die Verkehrssitte mitzuverstehen sei.

§. 606 a.

Es war beantragt, hinter §. 606 folgenden Paragraphen einzufügen:

„Wer mehreren Personen Dienste im Haushalts- oder Wirthschaftsbetrieb für dieselbe Zeit zusagt, hat die Dienste demjenigen zu leisten, welchem er sie zuerst zugesagt hat."

Treue und Glauben erfordern, so führte der Antragsteller aus, daß das Gesinde, welches sich für eine bestimmte Zeit zu Diensten verpflichtet habe, sich nicht einem anderen Dienstherrn gegenüber für dieselbe Zeit verpflichten könne; zudem sei von der Anerkennung dieser Regel zu erwarten, daß der Geist der Gewissenhaftigkeit und Ordnung in den Beziehungen des Gesindes zur Dienstherrschaft eine Stärkung erfahre.

Die Vertreter der verbündeten Regierungen und verschiedene Kommissionsmitglieder wiesen dagegen darauf hin, daß im Recht der Schuldverhältnisse ein Vorrang der älteren Forderung gegenüber der jüngeren nicht angenommen werde, daß insonderheit im Konkurs die ältere und die jüngere Forderung nicht nacheinander, sondern nebeneinander zur Befriedigung gelangen. Es erscheine unberechtigt, für den Fall des Gesindedienstvertrags eine Abweichung einzuführen, keinesfalls aber sei es zu billigen, eine derartige Abweichung ins Bürgerliche Gesetzbuch aufzunehmen, vielmehr müsse dieselbe den landesgesetzlichen Gesindeordnungen oder, wie von verschiedenen Kommissionsmitgliedern hervorgehoben wurde, einer für das Reich neu einzuführenden Gesindeordnung überlassen bleiben. Einzelne Sonderbestimmungen über den Gesindedienstvertrag in das Bürgerliche Gesetzbuch aufzunehmen, empfehle sich schon im Allgemeinen nicht, sei aber gewiß zu vermeiden, wenn es sich, wie hier, um eine dem Gesinde nachtheilige Sonderbestimmung handle.

Der gestellte Antrag wurde hiernach abgelehnt.

§. 607.

Zu diesem Paragraphen war beantragt, im ersten Satze nach den Worten „Vergütung ist", und ebenso im zweiten Satze nach den Worten „nach Zeitabschnitten bemessen, so ist", die Worte „im Zweifel" einzuschieben.

Beide Anträge wurden indeß abgelehnt, da es nach der Gesammtfassung des Entwurfs ohnehin unzweifelhaft ist, da es sich im §. 607 um eine dispositive Vorschrift handelt, deren Abänderung durch besondere Vereinbarung keineswegs ausgeschlossen ist.

§. 607 a.

Es war beantragt, nach §. 607 folgenden Paragraphen einzuschieben:

„Die Vergütung, welche einem Minderjährigen oder einer den Minderjährigen gleichgestellten Person zusteht, darf an diese nur mit Zustimmung ihrer Eltern oder Vormünder entrichtet werden."

Diese Vorschrift wurde namentlich als im Interesse der Minderjährigen liegend empfohlen, da dieselben dadurch vor unnützen Ausgaben bewahrt und zur Sparsamkeit angehalten würden. Von anderer Seite wurde empfohlen, die beantragte Bestimmung auf die Minderjährigen unter 16 Jahren zu beschränken, da, wer 16 Jahre alt sei und sein Brod selbst verdiene, insoweit auch als selbstständig anerkannt werden müsse. Allein aus der Mitte der Kommission wie von Seiten der Vertreter der verbündeten Regierungen wurde gegen den gesammten Vorschlag geltend gemacht, daß die Ausführung desselben auf dem Lande selbst bei Beschränkung auf die Minderjährigen unter 16 Jahren kaum ausführbar sei, sicher aber große Weiterungen und Zeitverlust zur Folge haben werde, außerdem aber in unzulässiger Weise die Minderjährigen an den Wohnort ihrer Eltern oder Vormünder oder dessen nächste Umgebung fessele. Mit Recht habe daher die Gewerbeordnung die Auszahlung des Lohnes an die Eltern oder Vormünder nur da vorgeschrieben, wo dies durch statutarische Bestimmung der Gemeinde angeordnet, also mit anderen Worten, wo es den besonderen Verhältnissen entspreche. Zudem befinde sich der Antrag mit §. 109 des Bürgerlichen Gesetzbuches im Widerspruch, da dieser die mit Ermächtigung des gesetzlichen Vertreters in Dienst oder Arbeit getretenen Minderjährigen für solche Rechtsgeschäfte, welche Eingehung oder Aufhebung eines Dienst- oder Arbeitsverhältnisses oder die Erfüllung der sich aus einem solchen Verhältniß ergebenden Verpflichtungen betreffen, für vollkommen geschäftsfähig und sogar prozeßfähig erkläre.

Der gestellte Antrag wurde hiernach mit erheblicher Majorität abgelehnt.

§. 607 b.

Es wurde der Antrag gestellt, folgenden Paragraphen einzuschieben:

„Tritt bei im Haushalt oder Wirthschaftsbetriebe zu leistenden Diensten vor Beginn des Dienstverhältnisses in den Verhältnissen des Dienstberechtigten oder Dienstverpflichteten eine dem anderen Theile bei Schließung des Vertrages unbekannte Aenderung ein, welche die Kündigung des begonnenen Dienstverhältnisses nach §. 617 gestattet, so kann der Dienstvertrag aufgelöst werden. Als wichtiger Grund gilt insbesondere grobe Pflichtverletzung in einem früheren Dienstverhältnisse, welche bei der Schließung des Vertrages dem anderen Theile unbekannt war, Unfähigkeit zur Leistung der zugesagten Dienste, bis zur Zeit des Dienstantritts nicht zu heilende Krankheit, Verheirathung oder Wohnsitzveränderung."

Nachdem indeß von Seiten der Vertreter der verbündeten Regierungen darauf hingewiesen war, daß der Inhalt dieses Antrages sachlich zweifellos mit dem Entwurf übereinstimme (§. 617 verglichen mit §. 619), daß es sich aber gewiß nicht empfehle, Exemplifikationen zum §. 617 einzufügen, wurde der Antrag zurückgezogen.

§. 607 c.

Es wurde beantragt, folgenden Paragraphen einzufügen:

„Ist ein Dienstverhältniß zu Dienstleistungen im Haushalt oder im Wirthschaftsbetrieb eingegangen, so gilt, soweit nicht ein Anderes vereinbart ist, je der Beginn des Kalendermonates als Tag des Beginns des Dienstverhältnisses."

Die an den verschiedenen Orten sehr abweichende, oft innerhalb kleiner Gebiete wechselnde Dienstantrittszeit für das Gesinde sei, so wurde ausgeführt, ein erheblicher Uebelstand gleicher Weise für das Gesinde wie für die Dienstberechtigten; der Antrag wolle daher eine Gleichmäßigkeit herbeiführen, an welche sich die Bevölkerung leicht gewöhnen werde, und die sie alsdann als Wohlthat empfinden müsse.

Von Seiten der Vertreter der verbündeten Regierungen wurde indeß entgegengehalten: bei der Feststellung der Dienstantrittszeit müsse nicht nur zwischen ländlichem und städtischem Gesinde unterschieden werden, sondern auch innerhalb dieser Kategorien bedürften noch die verschiedenen Dienstzweige einer verschiedenen Behandlung; beim ländlichen Gesinde müsse dasjenige, welches nur häusliche Dienste leiste, und das im landwirthschaftlichen Betrieb beschäftigte unterschieden werden. Für die Gestaltung der Ortssitte in allen diesen Beziehungen seien die Boden- und Wirthschaftsverhältnisse fast durchweg entscheidend gewesen. Als unzulässig und schädlich müsse es daher erscheinen, in diesen für die einzelnen Gegenden und Wirthschaftszweige nothwendig verschiedenen Verhältnissen mit einer einheitlichen Regel vorzugehen. Die Vorschrift des §. 607 c werde, wenn angenommen, die Bevölkerung ohne Noth in hohem Grade beunruhigen und zudem eine allen Theilen schädliche Rechtsunsicherheit zur Folge haben. Nach der allgemeinen Vorschrift des §. 153 seien nämlich Verträge so auszulegen, wie Treue und Glauben mit Rücksicht auf die Verkehrssitte es erforderten. Fordere nun die Verkehrssitte den Dienstantritt an einem anderen Tage als dem Beginn des Kalendermonats, so werde stets der Zweifel entstehen, ob nicht die Parteien eben diesen anderen, der Ortssitte entsprechenden Tag stillschweigend festgesetzt, oder ob die dispositive Regel des §. 607 c zur Anwendung kommen sollte. Die badische Regierung habe einen ähnlichen Antrag gestellt, aber schließlich auch nicht weiter verfolgen können.

Auch aus der Mitte der Kommission erfuhr der beantragte Paragraph mehrfachen Widerspruch; namentlich wurde auf die Unzuträglichkeiten, welche derselbe für gewisse Wirthschaftszweige zur Folge haben müsse, hingewiesen und betont, daß es für die Beurtheilung der zahlreichen hierbei zu beantwortenden, für die verschiedenen Gegenden sehr verschiedenen Fragen der Kommission wie den verbündeten Regierungen zur Zeit an jedem ausreichenden Material fehle. Eine derartige Frage müsse, wenn sie überhaupt einer gemeinsamen Regelung fähig sei, jedenfalls einer besonders vorzubereitenden Gesindeordnung überlassen bleiben.

Der Antrag wurde hierauf mit erheblicher Majorität abgelehnt.

§§. 607 b bis 607 g.

Es wurde beantragt, an dieser Stelle besondere Paragraphen einzuschalten, welche den §§. 115—119 der Gewerbeordnung entsprechen und sich nach der Meinung der Antragsteller zur allgemeinen Anwendung eigneten. Letzteres wurde indeß entschieden bestritten; es sei durchaus nicht einzusehen, weshalb beispielsweise ein Kaufmann dem Klavierlehrer seines Sohnes keine Waaren auf Kredit solle verkaufen dürfen, oder weshalb ein Wirth seinen Kellnern ihren Lohn nur mit Genehmigung der unteren Verwaltungsbehörde in der Schankwirthschaft auszahlen dürfe; sicher aber sei für eine allgemeine Ausdehnung solcher Bestimmungen kein Bedürfniß vorhanden.

Bei der Abstimmung wurden die gestellten Anträge mit allen gegen zwei Stimmen abgelehnt.

§. 608.

Zwei Anträge,

1. nach dem ersten Satze die Worte einzuschieben:
„Die Vorschrift des §. 298 findet entsprechende Anwendung",
2. den letzten Satz „auf dasjenige zu beschränken, was der Verpflichtete durch anderweitige Verwendung seiner Dienste thatsächlich erwirbt",

wurde gegen zwei Stimmen abgelehnt, der erste, nachdem ausgeführt war, daß die Anwendbarkeit des §. 298 auch auf diesen Fall des Verzugs sich von selbst verstehe, der zweite, weil es Treue und Glauben widersprechen würde, dem Dienstverpflichteten den Lohn auch dann zuzuerkennen, wenn er böswillig die sich ihm bietende Gelegenheit, seine Dienste anderweitig zu verwenden, nicht benutzt habe.

Der zweite Antrag wurde auch in zweiter Lesung wiederholt, jedoch mit allen gegen zwei Stimmen abgelehnt.

§§. 609 und 609a.

Mit großer Mehrheit wurde beschlossen, den Anfang des §. 609 folgendermaßen zu fassen:

„Der zur Dienstleistung Verpflichtete wird des Anspruchs auf die Vergütung nicht dadurch verlustig" u. s. w.

Es soll dadurch zum Ausdruck gebracht werden, daß die Regel des §. 609 auch dann zur Anwendung kommt, wenn die Vergütung nicht nach Zeitabschnitten, sondern in der Form des Stücklohns bemessen ist.

Ferner wurden zwei verschiedene Gestaltungen des zweiten Satzes dieses Paragraphen vorgeschlagen:

A. „Er muß sich jedoch den Betrag, welcher ihm für die Zeit der Verhinderung aus einer auf Grund gesetzlicher Verpflichtung bestehenden Kranken- oder Unfallversicherung zukommt, in dem Verhältniß, in welchem der Dienstberechtigte Beiträge zur Kranken- oder Unfallversicherung gezahlt hat, anrechnen lassen."

B. „Er muß sich jedoch den Betrag anrechnen lassen, welcher ihm für die Zeit der Verhinderung aus einer auf Grund gesetzlicher Verpflichtung bestehenden Kranken- oder Unfallversicherung zukommt, soweit der Dienstberechtigte die Versicherungsbeiträge kraft gesetzlicher Verpflichtung gezahlt hat."

Beide Antragsteller gingen davon aus, daß es für den Dienstberechtigten keinen Unterschied machen dürfe, ob der Dienstverpflichtete sich auf seine eigenen Kosten gegen Krankheit oder Unfall versichert habe; fließe dem Verpflichteten aus diesem Grunde ein Vortheil zu, so dürfe das sein Verhältniß zum Dienstberechtigten nicht verschlechtern.

Zur Unterstützung des etwas weitergehenden Antrags B wurde ferner geltend gemacht, daß, wenn der Dienstberechtigte freiwillig für den Verpflichteten die Krankenversicherungs- u. s. w. Beiträge bezahlt habe, dies entweder sich als Lohnzahlung oder als Geschenk charakterisire; im ersten Falle müsse es ebenso gehalten werden, als habe der Dienstverpflichtete einen um soviel höheren Lohn empfangen und die Beiträge selber bezahlt, im zweiten Falle aber handele es sich um eine definitive Gabe, welche in dem betreffenden Verhältniß ebensowenig wie ein baares Geldgeschenk eine Veränderung herbeiführen dürfe.

Von anderer Seite wurde indeß den Anträgen entgegengehalten, daß der Dienstverpflichtete bei Annahme derselben unter Umständen höhere Einnahmen haben werde, als sei er überhaupt nicht erkrankt; ihm einen Vortheil zu gewähren aber dürfe keineswegs in der Absicht des Gesetzes liegen. Die Vorschrift des Entwurfs entspreche zudem dem §. 133c Absatz 2 Satz 2 der Gewerbeordnung.

Bei der Abstimmung wurden beide Anträge abgelehnt.

Endlich lagen verschiedene Anträge vor, dem §. 609 einen zweiten Absatz hinzuzufügen, welcher den Dienstberechtigten verpflichte, solchen mit ihm in häuslicher Gemeinschaft lebenden, zu dauernden Dienstleistungen verpflichteten Personen, deren Erwerbsthätigkeit durch das Dienstverhältniß vollständig oder hauptsächlich in Anspruch genommen wird, bei vorübergehender Krankheit auf eigene Kosten Verpflegung und ärztliche Behandlung zu gewähren.

Zur allgemeinen Begründung derselben wurde namentlich auf die Bestimmungen einer Reihe von Gesindeordnungen hingewiesen und betont, daß eine derartige Verpflichtung der Volksanschauung durchaus entspreche.

Wenngleich von Seiten der Vertreter der verbündeten Regierungen gewünscht wurde, auch diesen Punkt der Landesgesetzgebung vorzubehalten, so wurde doch aus der Kommission von den verschiedensten Seiten betont, daß sich hier eine Berücksichtigung der Ortsgewohnheiten nur dahin empfehle, daß im Einführungsgesetz weitergehende Verpflichtungen aufrecht erhalten würden, nicht aber dazu führen könnten, das nach der allgemeinen Ansicht unbedingt Nothwendige aus dem Bürgerlichen Gesetzbuche fern zu halten.

Nach dem Ergebniß einer Reihe von Einzelabstimmungen über diejenigen Punkte, in denen die gestellten Anträge von einander abwichen, wurde hierauf Folgendes als §. 609a mit allen gegen zwei Stimmen angenommen:

„Ist bei einem dauernden Dienstverhältnisse, welches die Erwerbsthätigkeit des Verpflichteten vollständig oder hauptsächlich in Anspruch nimmt, der Verpflichtete in die häusliche Gemeinschaft aufgenommen, so hat der Dienstberechtigte ihm im Falle der Erkrankung die erforderliche Verpflegung und ärztliche Behandlung bis zur Dauer von sechs Wochen, jedoch nicht über die Beendigung des Dienstverhältnisses hinaus, zu gewähren, sofern nicht die Erkrankung von dem Verpflichteten vorsätzlich oder durch grobe Fahrlässigkeit herbeigeführt worden ist. Die Verpflegung und ärztliche Behandlung kann durch Aufnahme des Verpflichteten in eine Krankenanstalt gewährt werden. Die Kosten können auf die für die Zeit der Erkrankung geschuldete Vergütung angerechnet werden. Wird das Dienstverhältniß wegen der Erkrankung von dem Dienstberechtigten nach §. 617 gekündigt, so bleibt die dadurch herbeigeführte Beendigung des Dienstverhältnisses außer Betracht.

Die Verpflichtung des Dienstberechtigten tritt nicht ein, wenn für die Verpflegung und ärztliche Behandlung durch eine Versicherung oder durch eine Einrichtung der öffentlichen Krankenpflege Vorsorge getroffen ist."

In zweiter Lesung wurde bei der Berathung dieses Paragraphen beantragt, im Einführungsgesetz an geeigneter Stelle das Folgende aufzunehmen:

Der §. 1 des Krankenversicherungsgesetzes vom 15. Juni 1883 in der Fassung der Novelle vom 10. April 1892 erhält folgenden Zusatz:

„4. in einer häuslichen Gemeinschaft, falls das Dienstverhältniß ein dauerndes ist, das die Erwerbsthätigkeit des Verpflichteten vollständig oder hauptsächlich in Anspruch nimmt."

Der Antragsteller führte aus, daß bei Annahme dieser die Krankenversicherungspflicht des Gesindes reichsgesetzlich statuirenden Vorschrift der §. 609 des Bürgerlichen Gesetzbuches entbehrlich werde. Freilich seien alsdann verschiedene redaktionelle Aenderungen des Krankenversicherungs-Gesetzes erforderlich.

Von anderer Seite wurde entgegengehalten, daß es durchaus unzulässig sei, bei der Berathung des Bürgerlichen Gesetzbuches solche, einem ganz anderen Gebiete angehörende, tief einschneidende Fragen zu erledigen. Selbst diejenigen Kommissionsmitglieder, welche einer Ausdehnung der Krankenversicherungspflicht auf das Gesinde geneigt seien, könnten daher an dieser Stelle einem solchen Antrage unmöglich zustimmen.

Der Antrag wurde mit allen gegen 2 Stimmen abgelehnt.

Für den Fall der Ablehnung der Ausdehnung der Krankenversicherungspflicht auf das Gesinde waren die Anträge gestellt:

a) im §. 609a:

1. die Worte: „6 Wochen, jedoch nicht über die Beendigung des Dienstverhältnisses hinaus, zu gewähren, sofern nicht die Erkrankung von dem Verpflichteten vorsätzlich oder durch grobe Fahrlässigkeit herbeigeführt worden" zu ersetzen durch die Worte: „13 Wochen",

2. im Absatz 2 des §. 609a statt „eine Versicherung" zu setzen: „eine auf Grund gesetzlicher Verpflichtung bestehende Versicherung";

b) folgender Resolution ihre Zustimmung zu ertheilen:

Der Reichstag wolle beschließen:

den Herrn Reichskanzler zu ersuchen, baldmöglichst den Entwurf eines Gesetzes vorzulegen, das das Gesinde einer Zwangs-Kranken- und Unfallversicherung unterwirft.

Der Antragsteller suchte den ersten Antrag durch die Analogie des Krankenversicherungsgesetzes, den zweiten durch den Hinweis darauf zu begründen, daß der Vortheil aus der Privat-Versicherung lediglich dem Erkrankten, aber nicht dessen Arbeitgeber zu Gute kommen dürfe.

Von anderer Seite wurde die Analogie der Kranken-Versicherung für unzutreffend erachtet; wenn eine öffentliche Versicherungsanstalt die Fürsorge für den Kranken auf 13 Wochen übernehme, so könne man darum nicht jedem Privaten eine Fürsorgepflicht für sein Gesinde für die gleiche Zeitdauer auferlegen.

Der zweite Antrag enthalte deshalb eine Ungerechtigkeit, weil die Leistung der Versicherungs-Anstalt in jedem Falle Demjenigen zu Gute kommen müßte, der den durch die Erkrankung des Versicherten entstehenden Schaden trage, und das sei für die Dauer der Verpflegungspflicht im Falle des §. 609a die Dienstherrschaft.

Beide Anträge wurden hierauf mit allen gegen 2 Stimmen abgelehnt; ebenso die beantragte Resolution. Die Gründe des letzteren Beschlusses sind bereits im Bericht über den Prinzipalantrag mitgetheilt.

§. 610.

Es wurde beantragt, nach Absatz 1 einen Absatz einzuschieben, der im Laufe der Diskussion folgendermaßen formulirt wurde:

„Ist der Verpflichtete in die häusliche Gemeinschaft aufgenommen, so hat der Dienstberechtigte in Ansehung des Wohn- und Schlafraums, der Verpflegung sowie der Arbeits- und Erholungszeit diejenigen Einrichtungen und Anordnungen zu treffen, welche mit Rücksicht auf die Gesundheit, die Sittlichkeit und die Religion des Verpflichteten erforderlich sind."

Zur Begründung wies der Antragsteller auf die Wichtigkeit der Schlafräume für die Gesundheit und Sittlichkeit hin und betonte die Verpflichtung der Dienstherrschaft, dem Gesinde die nöthige Zeit zur Erholung und zur Erfüllung der religiösen Verpflichtungen zu gewähren. Bekämpft wurde der Antrag namentlich in Rücksicht darauf, daß die allgemeine Fassung bezüglich der Religion zu vielfachen Zweifeln Anlaß gebe; gerade dies sei eine Frage, welche genau und deshalb zufriedenstellend nur in einer ausführlichen Gesindeordnung geregelt werden könne.

Der gestellte Antrag wurde mit 9 gegen 8 Stimmen angenommen.

Die redaktionelle Veränderung des zweiten Absatzes ist eine Folge dieses Beschlusses.

Da über den Sinn des zweiten (künftig dritten) Absatzes des Entwurfs Zweifel erhoben waren, so wurde von den Vertretern der verbündeten Regierungen im Einklang mit den Mitgliedern der Kommission festgestellt, daß derselbe nicht nur verbiete, die

Schadensersatzpflicht in den Fällen des Absatz 1 im Voraus durch Vertrag aufzuheben oder zu beschränken, sondern auch bestimme, daß der Dienstverpflichtete auf Geltendmachung des ihm nach §. 610 Absatz 1 eingeräumten Rechts auf Schutz gegen Gefahren für Leben und Gesundheit „im Voraus“, d. h. so lange, bis das Dienstverhältniß völlig abgelaufen sei, nicht rechtsgültig verzichten könne.

§. 610a.

Unter den Kommissionsmitgliedern und den Vertretern der verbündeten Regierungen herrschte darüber Einverständniß, daß, wie die Vorschriften des §. 610 bereits nach dem Entwurf, so auch die Vorschriften des §. 609a zwingender Natur sein müssen. Anstatt des letzten Absatzes des §. 610 des Entwurfs wurde daher folgender besondere Paragraph angenommen:

„Die den Dienstberechtigten nach den §§. 609a, 610 obliegenden Verpflichtungen können nicht im Voraus durch Vertrag aufgehoben oder beschränkt werden.“

§§. 611 bis 614.

Zu §§. 611 bis 614 war eine Reihe von Anträgen gestellt, welche im Wesentlichen bezweckten:

1. die nach §. 614 Absatz 2 für gewisse Fälle angeordnete Kündigungsfrist von 14 Tagen zur Regel zu machen, ferner
2. mit zwingender Wirkung zu bestimmen, daß etwa vereinbarte Aufkündigungsfristen für beide Theile die gleichen seien, endlich
3. mit zwingender Wirkung anzuordnen, daß bei Verabredung vom Stücklohn das Dienstverhältniß erst mit Fertigstellung des Stückes oder der Stücke, deren Herstellung vereinbart war, aufgehoben werden könne.

Gegen den Antrag 1 wurde indessen von verschiedenen Seiten eingewendet, daß derselbe als Regel nur für die gewerblichen Arbeiter, nicht aber für alle außerordentlich mannigfaltigen Fälle von Dienstleistungen verschiedenster Art als passend erscheine;

gegen den Antrag 2, daß ein derartiger Eingriff in die Vertragsfreiheit bisher durch das Bedürfniß in keiner Weise gerechtfertigt erscheine und in vielen Fällen bald dem berechtigten Interesse des Dienstverpflichteten, bald dem des Dienstberechtigten zuwiderlaufe;

gegen den Antrag 3 endlich, daß man unmöglich den Parteien verwehren könne, auch bei verabredetem Stücklohn jederzeitige Kündigung zu vereinbaren.

In Gemäßheit dieser Ausführungen wurden die Anträge 1 und 3 gegen 2 Stimmen, der Antrag 2 gegen 7 Stimmen abgelehnt.

Außerdem wurde zu diesem Paragraphen die Frage aufgeworfen, ob ein Dienstvertrag, bei welchem Stücklohn verabredet und die Herstellung einer bestimmten Stückzahl mit Hülfe der Dienste des Dienstverpflichteten vereinbart sei, nach Maßgabe des §. 614 des Entwurfs vor Herstellung jener vereinbarten Stückzahl gekündigt werden könne. Die Frage wurde von den Vertretern der verbündeten Regierungen unter Hinweis auf §. 611 Absatz 2 verneint, da im Zweifel anzunehmen sei, daß die Parteien in einem solchen Falle die Dauer des Dienstverhältnisses bis zur Herstellung der vereinbarten Stückzahl stillschweigend vereinbart hätten.

Da indessen der §. 611 Absatz 2 in dieser Beziehung Anlaß zu Zweifeln bot, so wurde derselbe in folgender Weise gefaßt:

„Ist die Dauer des Dienstverhältnisses weder bestimmt noch aus der Beschaffenheit oder dem Zwecke der Dienste zu entnehmen, so kann jeder Theil das Dienstverhältniß nach Maßgabe der §§. 612 bis 614 kündigen.“

In zweiter Lesung wurde der Antrag wiederholt, dem §. 614 hinzuzusetzen:

„Werden andere Kündigungsfristen vereinbart, so müssen sie für beide Theile gleich sein. Vereinbarungen, welche dieser Bestimmung zuwiderlaufen, sind nichtig."

jedoch abermals aus den schon zur ersten Lesung erörterten Gründen mit großer Majorität abgelehnt.

§. 615.

Von der Kommission wie von den Vertretern der verbündeten Regierungen wurde anerkannt, daß möglicherweise der letzte Satz dieses Paragraphen zu einer Beschränkung der persönlichen Freiheit in denjenigen Fällen führen könne, in denen der Verpflichtete die Dienste zwar durch einen Anderen leisten dürfe, thatsächlich aber nicht in der Lage sei, für die Dienstleistung einen Vertreter zu beschaffen.

Regierungsseitig wurde dabei hervorgehoben, daß der Satz in den Entwurf lediglich in Rücksicht auf besondere verhältnißmäßig seltene Fälle, zumal Verträge mit Altentheilsberechtigten, aufgenommen sei. Ein Antrag auf Streichung dieses Satzes wurde einstimmig angenommen.

Allseitig wurde anerkannt, daß die Uebernahme der Verpflichtung, einem Anderen gewisse Dienste dritter Personen zu verschaffen, nicht unter den §. 615 falle.

§. 616.

Unter Berufung namentlich auf das sächsische Gesetzbuch war beantragt, dem §. 616 folgenden Absatz 2 hinzuzufügen:

„Bei einem Dienstverhältniß im Haushalt oder im Wirthschaftsbetriebe ist im Zweifel anzunehmen, daß das Dienstverhältniß auf die Dauer der ursprünglich vereinbarten Dienstzeit verlängert ist."

Allein diesem Antrage wurde entgegengehalten, daß derselbe jedenfalls für diejenigen Fälle nicht passe, in welchen ein Dienstvertrag auf mehrere, z. B. 5 Jahre, abgeschlossen sei. Hier könne unmöglich ohne Weiteres als die Absicht der Parteien angenommen werden, daß die Fortsetzung des Dienstverhältnisses über die verabredete Zeit hinaus eine Erneuerung des Vertrages auf weitere 5 Jahre bedeute. Außerdem aber wolle der gestellte Antrag die fragliche Bestimmung im Wesentlichen nur für das Gesindeverhältniß einführen; gerade für dieses aber könne sie am wenigsten als passend erachtet werden, wie beispielsweise eben die sächsische Gesindeordnung, die Bremer und andere Gesindeordnungen beweisen.

Der gestellte Antrag wurde hiernach mit großer Majorität abgelehnt.

Die Abänderung des §. 616 durch Streichung der Worte „zur Dienstleistung" vor „Verpflichteten" ist nur redaktionell.

§. 617.

Es wurde beantragt, an Stelle des §. 617 drei Paragraphen einzuschalten, welche zahlreiche bestimmte Einzelfälle aufzählten, in denen der Dienstberechtigte oder der Dienstverpflichtete zur außerordentlichen Kündigung berechtigt sein solle, und außerdem bestimmten, daß jeder der beiden Theile auch aus anderen wichtigen Gründen vor Ablauf der vertragsmäßigen Zeit die Kündigung aussprechen könne. Der Antrag stieß indessen in der Kommission auf überwiegenden Widerspruch. Fast allseitig wurde betont, daß die Dienstverträge nach Inhalt und Natur der zu leistenden Dienste, nach dem persönlichen Verhältniß des Dienstberechtigten und Dienstverpflichteten zu einander und in vielen anderen Beziehungen so außerordentlich verschieden erscheinen, daß es unmöglich sei, durch allgemeine Regeln für alle Dienstverträge zu bestimmen, welche Gründe eine sofortige Aufhebung des Dienstverhältnisses vor Ablauf der Kündigungszeit rechtfertigen. Wohl könnten derartige Bestimmungen in der Gewerbeordnung für gewerbliche Arbeiter, in den Gesindeordnungen für das Gesinde, oder in Spezialgesetzen für bestimmte Arten von Dienstverpflichteten angeordnet werden; allgemeine Bestimmungen dieser Art für alle Dienstberechtigten und Dienstverpflichteten seien indessen nothwendig für gewisse Fälle fehlerhaft und zu mannigfaltigen Irrthümern verleitend.

Die gestellten Anträge wurden hiernach mit allen gegen 2 Stimmen abgelehnt.

§. 617a.

Es wurde beantragt, die folgende Vorschrift als besonderen Paragraphen einzufügen:

„Ist für Dienstleistungen im Haushalt oder in der Wirthschaft die Vergütung nach Halbjahren oder längeren Zeitabschnitten bemessen, so kann der Dienstberechtigte ein Dritttheil der Vergütung bis zum Schluß der Dienstzeit einbehalten."

Der Antrag wolle, so wurde ausgeführt, ein wirksames Mittel gegen den Kontraktbruch gewähren, dadurch aber zugleich das Verhältniß des Dienstherrn zum Gesinde festigen und dem schnellen, für beide Parteien nachtheiligen Wechsel des Gesindes thunlichst vorbeugen.

Gegen den Antrag wurde regierungsseitig und von verschiedenen Kommissionsmitgliedern eingewandt, daß auch nach dem Entwurf beim Abschluß des Dienstvertrages ein derartiges Einbehaltungsrecht vereinbart werden könne. Sei dies aber nicht geschehen, so wäre die Einräumung eines solchen Rechts an den Dienstberechtigten eine der vermuthlichen Absicht der Parteien widersprechende Begünstigung des Dienstberechtigten, welche von dem Dienstverpflichteten als schwere Ungerechtigkeit empfunden werden müsse.

Der Antrag wurde hiernach mit großer Majorität abgelehnt.

§. 619a und §. 620.

Zu §. 620 war beantragt,

den Dienstberechtigten für verpflichtet zu erklären, von der Kündigung des Dienstverhältnisses an dem Verpflichteten auf Verlangen eine angemessene Zeit zur Aufsuchung von Arbeitsgelegenheit zu gewähren.

Der Antrag wurde gegen zwei Stimmen abgelehnt, da sich diese Verpflichtung nach dem Grundsatze der Auslegung der Verträge nach Treue und Glauben und nach der Vertragssitte von selbst ergebe, eine besondere Hervorhebung aber deshalb nicht zu empfehlen sei, weil analoge Bestimmungen sonst auch bei anderen Materien, z. B. der Miethe, hätten getroffen werden müssen.

In zweiter Lesung wurde jedoch der wiederholte Antrag in folgender Form als besonderer, vor §. 620 zu stellender Paragraph angenommen:

„Nach der Kündigung eines dauernden Dienstverhältnisses hat der Dienstberechtigte dem Verpflichteten auf Verlangen angemessene Zeit zum Aufsuchen eines anderen Dienstverhältnisses zu gewähren."

Bestimmend war für die Annahme des Antrags, daß bei einer im gewöhnlichen Leben so häufig praktisch werdenden Frage eine ausdrückliche Regelung wünschenswerth erscheine.

Bei der Wohnungsmiethe wurde gleichwohl eine analoge Bestimmung nicht aufgenommen. Zwar sei, wie allseitig anerkannt wurde, der Miether unzweifelhaft verpflichtet, nach eingetretener Kündigung dem Vermiether die Vorweisung der Wohnung an Miethsuchende in angemessener Zeit zu gestatten; wolle man dies aber ausdrücklich im Gesetz aussprechen, so müsse man auch Vorschriften darüber treffen, wann der Vermiether zum Zwecke einer Besichtigung oder Reparatur die Wohnung betreten dürfe, Fragen, welche besser dem Ermessen des Richters im Einzelfalle überlassen bleiben.

Ein fernerer Antrag, die Verpflichtung des Dienstberechtigten zur Ausstellung eines schriftlichen Zeugnisses schon mit der Kündigung des Dienstverhältnisses beginnen zu lassen, wurde gegen 2 Stimmen abgelehnt, da die Vorschrift des §. 620 des Entwurfs der Gewerbeordnung entspreche und die Ausstellung eines Zeugnisses vor Endigung des Dienstverhältnisses, wenn das Zeugniß ein schlechtes sei, dem Dienstberechtigten den Rest der Dienstzeit häufig zu verleiden geeignet sein würde.

§. 620a.

Der Antrag zweiter Lesung, nach §. 620 die folgende Bestimmung als besonderen Paragraphen einzuschalten:

> „Wer die Stellung eines Stellvertreters in einem wirthschaftlichen oder gewerblichen Unternehmen thatsächlich ausübt, ist auch ohne Vollmacht als berechtigt zu erachten, Arbeitsverhältnisse, die sich auf dem wirthschaftlichen oder gewerblichen Betrieb beziehen, mit bindender Kraft für den von ihm Vertretenen zu schließen"

wurde als ein Bedürfniß der Verkehrssicherheit bezeichnet. Insbesondere liege es im Interesse der Arbeiter, welche von einem Stellvertreter des Bauunternehmers in Arbeit genommen seien, volle Sicherheit darüber zu haben, daß der mit dem Vertreter abgeschlossene Dienstvertrag den Unternehmer verbinde.

Regierungsseitig und aus der Mitte der Kommission wurde dagegen bemerkt, wenn eine analoge Bestimmung auch auf dem Gebiete des Handelsrechtes für den Handelsbevollmächtigten am Platze sei, so eigne sich dieselbe doch schwerlich zu allgemeiner Anwendung, weil das Vertretungsverhältniß und der Zweig von Geschäften, für welche die Vertretung angeordnet werde, in den meisten Fällen Dritten gegenüber nicht mit genügender Klarheit hervortrete. Sei die Vollmacht bekannt gemacht, so werde das, was der Antrag bezweckt, sich von selbst ergeben, für andere Fälle aber würde die beantragte Vorschrift häufig zu unzutreffenden Resultaten führen.

Der Antrag wurde hierauf mit großer Majorität abgelehnt.

§. 620b.

Es wurde in zweiter Lesung beantragt, als §. 620b einzuschalten:

> „Ist eine Arbeitsleistung für ein wirthschaftliches oder gewerbliches Unternehmen geleistet, so haftet für die Entrichtung des Lohnes außer dem unmittelbar Vertragschließenden derjenige, in dessen Nutzen die Arbeitskraft vom Arbeitnehmer verwendet ist, falls er wußte oder hätte wissen müssen, daß die Arbeitsleistung von dem Vertragschließenden nicht bezahlt werden kann oder soll."

Von Seiten des Vertreters der verbündeten Regierungen wurde Folgendes erklärt:

Soweit der Antrag solche Fälle im Auge habe, in denen der Zwischenunternehmer lediglich eine vorgeschobene Person sei und die Absicht desjenigen, in dessen Nutzen die Arbeitsleistung verwendet wurde, von vornherein dahin gehe, daß diese Arbeitsleistung von dem Zwischenunternehmer nicht bezahlt werden solle, genüge zum Schutze der Arbeiter die Vorschrift des §. 810 in der Fassung der Kommissionsbeschlüsse; denn unter den angegebenen Voraussetzungen füge derjenige, in dessen Nutzen die Arbeitsleistung verwendet wurde, der aber gleichwohl unter Berufung auf die formale Gestaltung des Vertragsverhältnisses die Befriedigung der Arbeiter verweigere, diesen in einer gegen die guten Sitten verstoßenden Weise vorsätzlich Schaden zu. Das Gleiche sei dann anzunehmen, wenn derjenige, in dessen Nutzen die Arbeitsleistung verwendet wurde, von vornherein wisse, daß der von ihm in eigennützigem Interesse angenommene Zwischenunternehmer zahlungsunfähig sei und daher die Arbeiter nicht bezahlen werde.

Soweit dagegen der Antrag in noch weiterem Umfange diejenigen, in dessen Nutzen die Arbeitsleistung verwendet wurde, unmittelbar haftbar machen wolle, könne dem Antrage nicht zugestimmt werden, da eine so weit gehende Haftung den redlichen Verkehr zu schädigen drohe.

Nach diesen Darlegungen wurde der gestellte Antrag zurückgezogen.

Resolution.

Im Anschluß an die Erörterungen über den Dienstvertrag wurde endlich unter Zustimmung des Staatssekretärs des Reichsjustizamts folgende Resolution angenommen:

Der Reichstag wolle beschließen:

> den Herrn Reichskanzler zu ersuchen, bei der Revision der Civilprozeßordnung Vorschriften in Erwägung zu nehmen, nach welchen eine schleunigere Beitreibung des verdienten Arbeitslohns ermöglicht wird.

Erläuternd wurde bemerkt, daß es insbesondere wünschenswerth sei, derartige Prozesse für Feriensachen zu erklären, sowie die möglichste Verkürzung der Termine anzuordnen.

Artikel 95 des Einführungsgesetzes.

Da die in § 609a auf S. 79 beschlossene Verpflichtung, dem Dienstberechtigten in Krankheitsfällen Kur und Pflege zu gewähren, keineswegs etwaige weitergehende landesgesetzliche Vorschriften außer Kraft setzen sollte, so wurde ein dies besagender Zusatz zu Artikel 95 Absatz 1 mit großer Mehrheit angenommen.

Ferner wurden außer den bereits in dem Entwurf enthaltenen Paragraphen auch die §§. 609a, 610a und 618 als für das Gesindedienstverhältniß anwendbar erklärt. Der erste Absatz erhielt hiernach folgende Fassung:

> „Unberührt bleiben die landesgesetzlichen Vorschriften, welche dem Gesinderecht angehören. Dies gilt insbesondere auch von den Vorschriften über die Schadensersatzpflicht desjenigen, welcher Gesinde zum widerrechtlichen Verlassen des Dienstes verleitet oder in Kenntniß eines noch bestehenden Gesindeverhältnisses in Dienst nimmt oder ein unrichtiges Dienstzeugniß ertheilt. Die Vorschriften der §§. 100 bis 111, 127, 272, 609a bis 610a, 615, 815, des §. 825 Absatz 2 und des §. 1341 des Bürgerlichen Gesetzbuchs finden Anwendung, die Vorschriften des §. 609a jedoch nur insoweit, als die Landesgesetze dem Gesinde nicht weitergehende Ansprüche gewähren."

An früherer Stelle war ferner beantragt, allgemein auszusprechen,

> „daß dem Dienstberechtigten gegen den zur Leistung der Dienste Verpflichteten ein Züchtigungsrecht nicht zustehe."

Da indeß unter den Vertretern der verbündeten Regierungen wie den Mitgliedern der Kommission Einverständniß darüber herrschte, daß ein Züchtigungsrecht überhaupt nur in denjenigen Fällen begründet sein kann, in denen es gesetzlich anerkannt ist, da ferner ein solches Züchtigungsrecht heutzutage in Deutschland nur noch nach einigen wenigen Gesindeordnungen besteht, so beschloß die große Mehrheit der Kommission, von einer allgemeinen Bestimmung der beantragten Art Abstand zu nehmen, um nicht den Schein zu erwecken, als habe es für Deutschland eines solchen allgemeinen Verbotes der Züchtigung der Dienstverpflichteten überhaupt noch bedurft. Dagegen wurde beschlossen, dem Artikel 95 als Absatz 2 hinzuzufügen:

> „Eine Züchtigung des Gesindes steht der Dienstherrschaft nicht zu."

Zwar wurde zur Begründung des allgemeinen Verbotes von einer Seite ausgeführt, daß vereinzelt in der Praxis nach der Seemannsordnung, wenngleich vielleicht nur nach einer unrichtigen Auslegung derselben, ein Züchtigungsrecht angenommen werde; allein die Mehrheit der Kommission hielt diese Behauptung, selbst ihre Richtigkeit vorausgesetzt, nicht für entscheidend, da eine besondere Bestimmung der Seemannsordnung nicht durch das Bürgerliche Gesetzbuch berührt werde, also selbst die beantragte allgemeine Fassung des Verbotes eine Aenderung nicht bewirken würde.

Endlich wurde bezüglich des Artikels 95 auf eine Anfrage von Seiten der Vertreter der verbündeten Regierungen die Erklärung abgegeben: „der Vorbehalt des Artikels 95 des Einführungsgesetzes beziehe sich nur auf das Gesinde; Dienstverträge solcher Personen, welche nicht zum Gesinde gehörten, unterlägen, vorbehaltlich der neben dem Bürgerlichen Gesetzbuche bestehenden besonderen reichsgesetzlichen Vorschriften, den Vorschriften des Bürgerlichen Gesetzbuches in allen Beziehungen, auch insoweit, als das Landesrecht gewisse Vorschriften des Gesinderechts auf nicht zum Gesinde gehörende Personen anwende. Demgemäß komme auch für die Hausoffizianten des Preußischen Landrechts, Theil II Titel 5 §§. 177 ff., in Zukunft das Reichsrecht in allen Beziehungen zur Anwendung, soweit nach Preußischem Rechte jene Personen nicht als eigentliches Gesinde aufzufassen seien.

Einem in zweiter Lesung gestellten Antrage auf Streichung des Artikels 95 des Einführungsgesetzes gegenüber wurde dieser Artikel mit allen gegen 2 Stimmen aufrecht erhalten.

Eventuell wurde beantragt, dem Artikel 95 als Satz 2 hinzuzufügen:

> „Unter Gesinde (Dienstboten) sind diejenigen Personen zu verstehen, welche sich einem Anderen unter Eintritt in seine Hausgenossenschaft zur fortlaufenden Verrichtung von häuslichen Diensten und Arbeiten gegen Vergütung verpflichtet haben."

Der Antragsteller erklärte es für nothwendig, für die Anwendbarkeit oder Unanwendbarkeit der reichsgesetzlichen Vorschrift über den Dienstvertrag eine sichere Grenze zu ziehen und zu diesem Behufe allgemein den Begriff des Gesindes festzulegen. Erscheine die zu diesem Zweck beantragte Definition zu eng, so gebe er anheim, nach den Worten „der häuslichen" noch die Worte „oder wirthschaftlichen" einzuschieben, in welchem Falle die beantragte Definition durchaus dem §. 2 der Bremer Gesindeordnung vom 22. Juli 1894 entspreche. Nachdem von anderer Seite kurz darauf hingewiesen war, daß nach der Verschiedenheit der Gesindeverhältnisse auch der Kreis von Personen, welche man der Gesindeordnung unterstelle, an den verschiedenen Orten keineswegs ein übereinstimmender sei, daß es aber unthunlich erscheine, unter Aufrechterhaltung der verschiedenen Gesindeordnungen gleichwohl den Personenkreis, auf welche diese sich beziehen, reichsgesetzlich ordnen zu wollen, wurde der Antrag mit allen gegen 2 Stimmen abgelehnt.

Von einem der Kommissionsmitglieder, welche die letzterwähnten Anträge gestellt hatten, wurde der Kommission in der Schlußsitzung die Uebergabe einer Zusammenstellung der deutschen Gesindeordnungen und sonstiger auf das Gesindeverhältniß bezüglicher Materialien in Aussicht gestellt. Die Kommission trat in eine Diskussion über dieselbe nicht ein; der Vorsitzende erklärte jedoch, daß er nichts dawider habe, wenn das betreffende Kommissionsmitglied die angekündigte Zusammenstellung dem Bureau des Reichstages zum Druck übergebe und mit dem Kommissionsbericht den Mitgliedern zugehen lassen wolle. Irgend welche Gewähr für den Inhalt der ihr nicht vorliegenden Zusammenstellung könne die Kommission natürlich nicht übernehmen.

§. 638.

Ein Antrag, den ersten Satz des §. 638 folgendermaßen zu fassen:

> „Der Unternehmer eines Bauwerkes oder eines einzelnen Theiles eines Bauwerkes, sowie diejenigen, welche Arbeiten für das Bauwerk ausgeführt oder Waaren zum Bauwerk geliefert haben, können für ihre Forderungen aus dem

Vertrage die Einräumung einer Hypothek an dem Baugrundstück des Bestellers verlangen.“

wurde folgendermaßen begründet:

Es sei wünschenswerth: 1. das vom Entwurf gewährte Recht auf Sicherstellung nicht auf diejenigen Unternehmer und Handwerker zu beschränken, welche mit dem Eigenthümer des Baugrundstücks unmittelbar kontrahirt haben, sondern es auch denjenigen zu gewähren, welche ihrerseits wieder mit dem Hauptunternehmer einen Werkvertrag abgeschlossen hätten.

2. Die gleiche Befugniß sei den Lieferanten, auch wenn sie nicht Unternehmer oder Bauhandwerker seien, zu gewähren.

3. Endlich empfehle es sich, ihnen nicht nur das Recht auf die Einräumung einer Sicherungshypothek, sondern vielmehr auf eine Hypothek zu gewähren.

Allein von den Vertretern der verbündeten Regierungen und aus der Mitte der Kommission wurde eingewandt, die unter 1. erwähnte Ausdehnung werde zu außerordentlichen Schwierigkeiten und großer Verwirrung führen, belaste zudem unter Umständen das Grundstück für ein und dieselbe Leistung mit zwei- ja dreifachen Haftungen und werde fast mit Nothwendigkeit zur Folge haben, daß sich die Bauherren von Privatunternehmern, welche wieder mit Handwerkern arbeiten, zurückzögen und die Ausführung lediglich Baugesellschaften überträgen, welche den gesammten Bau in eigener Regie auszuführen im Stande seien. Für die Ausdehnung unter 2. sei kein Bedürfniß vorhanden, denn die Lieferanten von Baumaterialien seien in der Regel kapitalkräftig genug, um ihre Interessen selbst zu wahren, brauchten außerdem auch nicht vorzuleisten und seien also im Stande, ein Rückbehaltungsrecht auszuüben. 3. Die Gewährung einer Hypothek statt einer Sicherungshypothek endlich sei für den Schutz des Bauunternehmers nicht erforderlich, häufig dagegen den Interessen des Eigenthümers zuwider.

Der gestellte Antrag wurde hiernach mit großer Majorität abgelehnt.

Ferner war zu §. 638 beantragt, die Voraussetzung auszusprechen

„daß in dem Gesetz über die Zwangsvollstreckung in das unbewegliche Vermögen für die in §. 638 bezeichneten Forderungen ein Vorzugsrecht vor den voreingetragenen Hypotheken in Höhe der Werthsteigerung des Grundstücks aufgenommen werde.“

Auch dieser Antrag stieß indeß sowohl bei den Regierungen wie aus der Mitte der Kommission auf lebhaften Widerspruch. Die Sicherstellung der Bauhandwerker gegenüber den schwindelhaften Bauunternehmern bilde im Reich wie in den Einzelstaaten gegenwärtig den Gegenstand ernster und eingehender Erwägungen. Die dabei in Betracht kommenden Fragen greifen nicht nur in das Privatrecht, sondern auch in andere Rechtsgebiete, namentlich das Verwaltungsrecht, tief ein; schon deshalb können sie nicht bei Gelegenheit des Bürgerlichen Gesetzbuches, sondern nur durch ein Spezialgesetz in wirklich befriedigender Weise erledigt werden. Eine derartige Spezialgesetzgebung aber werde durch den gestellten Antrag verhindert. Aus den etwa dreißig bisher gemachten und zur Erwägung stehenden Vorschlägen zur Sicherung der Bauhandwerker werde hier ein einzelner herausgegriffen, ohne daß es feststehe, ob derselbe überhaupt zum Ziele führe. Der Vorschlag laufe auf die Schaffung einer privilegirten Hypothek hinaus, eine solche aber unterliege, gegenüber dem gesammten geltenden Hypothekenrecht den allerschwersten Bedenken. Eben deshalb sei jetzt im preußischen Abgeordnetenhause ein Versuch gemacht, ohne Eingriff in das Hypothekenrecht die hervorgetretenen unleugbaren großen Schäden zu beseitigen. Möge man doch den Erfolg dieses keineswegs aussichtslosen Versuches abwarten. Auch im Reichstag habe bei der Verhandlung der den Schutz der Bauhandwerker fordernden Initiativanträge nicht eine einzige Stimme die privilegirte Hypothek empfohlen; vielmehr sei eben wegen der Bedenklichkeit dieses Weges die dort angenommene

Resolution unter Rückziehung der früheren speziellen Formulirung ganz allgemein gefaßt worden.

Der gestellte Antrag wurde hiernach mit großer Majorität abgelehnt.

§. 643.

In Folge eines auf Streichung des ersten Absatzes gerichteten Antrags wurde von Seiten der verbündeten Regierungen ausgeführt: Dieser Absatz sei keineswegs selbstverständlich und überflüssig, denn er gelte auch dann, wenn der andere Theil nicht gewußt habe, daß die dem Makler übertragene Leistung nur gegen Vergütung zu erwarten sei. Richtig sei allerdings gewiß, daß der Makler nicht schon dann, wenn er sich nur zur Vermittelung erboten habe oder unaufgefordert ein Angebot einer anderen Person mittheile, den Maklerlohn fordern könne, und dies sei auch in dem Absatz 1 des §. 643 ausdrücklich ausgesprochen, da derselbe nur von einer „dem Makler übertragenen Leistung" spreche.

Der Paragraph wurde hierauf unverändert angenommen.

§. 643a.

Zu §. 643 war eine Reihe von Anträgen gestellt, welche den Mäkler verhindern sollten, sich der Intention der Parteien zuwider von beiden Theilen Mäklerlohn versprechen zu lassen.

Die Vertreter der verbündeten Regierungen widersprachen diesen Anträgen: der Fall könne allerdings so liegen, daß der Mäkler ausschließlich im Interesse seines ersten Auftraggebers thätig sein solle, allein dann ergebe sich aus allgemeinen Grundsätzen von selbst, daß er den Mäklerlohn nicht erhalte, wenn er jener übernommenen Verpflichtung zuwider die Interessen des Gegners vertrete. In der Mehrzahl der Fälle liege aber die Sache so, daß der Mäkler nur vermitteln soll ohne Interessenvertretung einer Partei gegen die andere; alsdann stehe nichts entgegen, daß der Mäklerlohn von den Parteien gleichmäßig getragen werde. Auch das Handelsgesetzbuch habe deshalb als Regel bestimmt, daß der Mäkler von beiden Theilen die Hälfte der Vergütung erhalte.

In Rücksicht auf diese Ausführung wurden die gestellten Anträge verändert und die folgende Formulirung als §. 643a mit großer Majorität angenommen:

> „Der Anspruch auf den Mäklerlohn und den Ersatz von Aufwendungen ist ausgeschlossen, wenn der Mäkler dem Inhalte des Vertrags zuwider auch für den anderen Theil thätig gewesen ist."

Zwar wurde von Seiten der verbündeten Regierungen eingewandt, daß eine Bestimmung dieses Inhalts selbstverständlich und deshalb unnöthig sei, allein die Majorität der Kommission legte gleichwohl Werth auf deren ausdrückliche Aufnahme, weil das Interesse des Publikums Klarheit in dieser Angelegenheit erheische.

§. 643b.

Dem Antrage der Einfügung des folgenden Paragraphen:

> „Ein unverhältnißmäßig hoher Mäklerlohn kann auf Antrag des Schuldners durch Urtheil auf den angemessenen Betrag herabgesetzt werden. Nach der Entrichtung des Lohnes ist die Herabsetzung ausgeschlossen."

wurde regierungsseitig widersprochen; die Beschränkung der Vertragsfreiheit in diesem Punkte sei durch ein besonderes Bedürfniß nicht begründet, zumal die schlimmsten Schäden bereits durch das Wuchergesetz getroffen würden. Ferner werde die Beurtheilung der Fragen, ob der beanspruchte Mäklerlohn unverhältnißmäßig hoch sei, deshalb zu ganz besonderen Schwierigkeiten und Zweifeln führen, weil in Mäklergeschäften zahllose Bemühungen nicht zum Ziele führten und keinen Lohn abwürfen, wofür der Mäklerlohn eines gelingenden Geschäftes den Ausgleich bringen müsse.

Allein der gestellte Antrag wurde gleichwohl von der Kommission gegen zwei Stimmen angenommen.

Die Thatsache, daß in Mäklergeschäften, vom Handelsverkehr abgesehen, bedeutende Uebervortheilungen insbesondere Dienstsuchenden, Schauspielern u. s. w. gegenüber sehr häufig seien, könne, wie von verschiedenen Seiten ausgeführt wurde, nicht geleugnet werden; zudem seien diejenigen Personen, welche solche Vermittelungsgeschäfte trieben, von den Handelsmäklern abgesehen, zum großen Theil nicht besonders vertrauenswürdige Personen, eine Beschränkung übermäßiger Forderungen hier also gewiß am Platze. Ob, was keineswegs bestritten werden soll, für die Handelsmakler eine Ausnahme zu machen sei, könne nicht hier, sondern nur bei den Berathungen über das Handelsgesetzbuch entschieden werden.

In zweiter Lesung wurde ein Antrag auf Streichung dieses in erster Lesung angenommenen Paragraphen damit begründet, daß zur Einführung einer solchen, die Vertragsfreiheit in hohem Maße beeinträchtigenden Vorschrift kein genügender Grund vorliege.

Dieser Antrag wurde indeß mit sehr großer Majorität abgelehnt unter wiederholtem Hinweis auf die bei den Mäklergeschäften häufig hervortretenden Uebelstände, welche von dem Antragsteller selbst nicht in Abrede gestellt seien.

Ein Abänderungsantrag, den Eingang des in erster Lesung beschlossenen §. 643b folgendermaßen zu fassen:

> „Ist für den Nachweis der Gelegenheit zum Abschluß eines Dienstvertrags oder für die Vermittelung eines solchen Vertrags ein unverhältnißmäßig hoher Mäklerlohn vereinbart worden, so kann er auf Antrag . . . . ."

wurde angenommen, nachdem der Antragsteller und ein anderes Kommissionsmitglied dargelegt hatten, daß die bei Mäklergeschäften hervorgetretenen Uebelstände, welche allein den §. 643b rechtfertigen, sich wesentlich auf derartige Mäklergeschäfte beschränken.

§. 643c.

Um den unsittlichen unentgeltlichen Heirathsvermittelungen entgegenzutreten, wurde die Annahme des folgenden besonderen Paragraphen beantragt:

> „Durch das Versprechen eines Lohnes für den Nachweis der Gelegenheit zur Eingehung einer Ehe oder für die Vermittelung des Zustandekommens einer Ehe wird eine Verbindlichkeit nicht begründet. Das auf Grund des Versprechens Geleistete kann nicht deshalb zurückgefordert werden, weil eine Verbindlichkeit nicht bestanden hat.
>
> Diese Vorschriften gelten auch für eine Vereinbarung, durch die der andere Theil zum Zwecke der Erfüllung des Versprechens dem Mäkler gegenüber eine Verbindlichkeit eingeht, insbesondere für ein Schuldanerkenntniß."

Zwar wandten die Vertreter der verbündeten Regierungen ein: Das Versprechen eines Vermögenvortheils für Heirathsvermittelung könne unzweifelhaft in einem bestimmten Falle unsittlich sein und sei dann nach den allgemeinen Grundsätzen des bürgerlichen Gesetzbuches auch ohne besondere Bestimmung für nichtig zu halten; daß dieser Gesichtspunkt aber nicht für alle Fälle durchschlage, ergebe sich aus der Ueblichkeit derartiger Leistungen in den bäuerlichen Kreisen mancher Gegenden wie in anderen Kreisen der Bevölkerung.

Die Mehrheit der Kommission hielt indeß diese Sitte nicht für ausschlaggebend. Die große Mehrheit der Bevölkerung betrachte unzweifelhaft das Nehmen oder Geben eines Lohnes für Heirathsvermittelung als unsittlich, mindestes als unanständig und werde es für eine schwere Beleidigung halten, wenn ihr ein derartiges Verhalten nachgesagt werde. Sei diese allein mit dem sittlichen Charakter der Ehe vereinbarte Auffassung noch nicht in allen Kreisen durchgedrungen, so sei das nur ein Grund mehr, ihr durch die erziehliche Wirkung des Bürgerlichen Gesetzbuches zum Durchbruch zu helfen. Die Prozesse wegen Heirathsvermittelung gäben zu den allergrößten Aergernissen Anlaß, es empfehle sich daher nicht nur, die Klage auf Zahlung der vereinbarten Leistungen, sondern ebenso die Rückforderung des etwa aus diesem Grunde Geleisteten auszuschließen. Der gestellte Antrag wurde mit sehr großer Majorität angenommen.

Neunter Titel.

Auslobung.

(§§. 644 bis 648.)

Ohne Diskussion angenommen.

Zehnter Titel.

Auftrag.

(§§. 649 bis 656.)

§. 657.

Die Streichung des letzten Satzes ist eine Folge der Annahme des §. 250a, in welchem die Frage der Verzinsung von Aufwendungen in einer auch für den Auftrag maßgebenden Weise geregelt ist.

§. 659.

Die Veränderung des Wortes „aufgetragenen" in „übertragenen" ist nur redaktionell.

Elfter Titel.

Geschäftsführung ohne Auftrag.

(§§. 664 bis 674.)

Ohne Diskussion angenommen.

Zwölfter Titel.

Verwahrung.

(§§. 675 bis 687.)

Nach kurzer Diskussion wurde beschlossen, die Ueberschrift „Hinterlegungsvertrag" in „Verwahrung" zu verändern, da dieser Ausdruck dem Sprachgebrauch des Lebens besser gerecht werde und eher als Hinterlegungsvertrag auf allgemeines Verständniß rechnen dürfe. In Folge dessen wurden auch die §§. 675, 686, 687 redaktionell verändert.

§. 680.

Die Streichung des letzten Satzes ist die Folge der Annahme des §. 250a, der auch auf den Verwahrungsvertrag Anwendung findet.

§. 684.

Eine lediglich redaktionelle Aenderung.

Dreizehnter Titel.

Einbringung von Sachen bei Gastwirthen.

(§§. 688 bis 691.)

§. 688.

Zu Absatz 1 war folgender Zusatz beantragt:

„sowie wenn der Gast in Bezug auf seine Sachen, Kostbarkeiten, Geld oder

Werthpapiere diejenigen Vorsichtsmaßregeln außer Acht gelassen hat, welche für deren Sicherheit geboten waren."

Von den Vertretern der verbündeten Regierungen wurde dieser Antrag indes als überflüssig bezeichnet, da dasjenige, was er aussprechen wolle, sich bereits nach §. 248 des Entwurfs von selbst verstehe. Der §. 248 spreche ganz allgemein aus, daß — wenn bei Entstehung des Schadens ein Verschulden des Beschädigten mitgewirkt habe, die Ersatzpflicht und der Umfang der Entschädigung davon abhänge, inwieweit der Schaden vorwiegend von dem einen oder dem anderen Theil verursacht worden sei. Diese Vorschrift beschränke sich also nicht auf die Fälle, in denen eine Ersatzpflicht infolge von Verschulden in Frage stehe, sondern komme auch für die Haftpflicht des Wirthes (§. 688), welche ohne Rücksicht auf Verschulden ex lege eintritt, zur Anwendung.

In dem ersten Entwurf sei allerdings dem §. 688 (damals §. 626) ein Absatz eingefügt gewesen, welcher lautete:

„Hat bei der Entstehung des Schadens eine Fahrlässigkeit des Gastes mitgewirkt, so finden die Vorschriften des §. 222 (jetzt §. 248) entsprechende Anwendung."

Allein diese Bestimmung sei nur deshalb nothwendig gewesen, weil damals der §. 222 sich auf die Fälle einer verschuldeten Schadensersatzpflicht beschränkte. Mit der eingetretenen Ausdehnung des §. 222 (jetzt §. 248) werde dieser direkt auf §. 688 anwendbar und deshalb mußte die Bestimmung über die analoge Anwendung wegfallen.

Der gestellte Antrag sowie ein anderer, welcher wesentlich auf das gleiche Ziel hinauslief, wurde hiernach abgelehnt. Ebenso ein Eventualantrag, ausdrücklich die Worte hinzuzufügen „die Bestimmungen des §. 248 finden Anwendung". Eine deutlichere Fassung des §. 248 wurde vorbehalten.

Vierzehnter Titel.

Gesellschaft.

(§§. 692 bis 727.)

Ohne Diskussion angenommen.

Fünfzehnter Titel.

Gemeinschaft.

(§§. 728 bis 745.)

§. 740.

In erster Lesung wurde ohne Diskussion beschlossen, dem Paragraphen zur Klarstellung folgende Fassung zu geben:

„Ist die Theilung in Natur ausgeschlossen, so erfolgt die Aufhebung der Gemeinschaft durch Verkauf des gemeinschaftlichen Gegenstandes nach den Vorschriften über den Pfandverkauf, bei Grundstücken durch Zwangsversteigerung, und durch Theilung des Erlöses. Ist die Veräußerung an einen Dritten unstatthaft, so ist der Gegenstand unter den Theilhabern zu versteigern.

Hat der Versuch, den Gegenstand zu verkaufen, keinen Erfolg, so kann jeder Theilhaber die Wiederholung verlangen; er hat jedoch die Kosten zu tragen, wenn der wiederholte Versuch mißlingt."

Gegen diesen Beschluß wandte sich der in zweiter Lesung gestellte Antrag:

die Worte „nach den Vorschriften über den Pfandverkauf" durch die Worte „unter entsprechender Anwendung der Vorschriften der §§. 1218, 1220, 1223, 1229" zu ersetzen; eventuell sie zu streichen.

Der Antragsteller führte aus: nach der in erster Lesung vorgeschlagenen Fassung sollten bei der Theilung der Gemeinschaft schlechthin die Vorschriften über den Pfandverkauf beobachtet werden; unter diesen Vorschriften befinden sich aber verschiedene, deren Anwendung für den hier in Rede stehenden Verkauf behufs Theilung der Gemeinschaft völlig ungerechtfertigt und unzweckmäßig sein würde, so z. B. die Vorschrift des §. 1222, daß das Gebot des Eigenthümers zurückgewiesen werden dürfe, wenn der Betrag nicht baar erlegt wird, ferner die Vorschrift des §. 1221, daß der Käufer den Kaufpreis sofort baar zu entrichten habe, widrigenfalls er seiner Rechte verlustig gehe. Es sei doch gewiß ungerechtfertigt, daß der Miteigenthümer, welcher bei der Versteigerung gemeinschaftliche Sachen erstehe, sie sofort baar bezahlen müsse, während naturgemäß der ihm zur Last fallende Steigpreis bei der schließlichen Auseinandersetzung verrechnet werden müsse.

Regierungsseitig wurde diesem Antrag widersprochen. Der §. 740 sei lediglich dispositiver Natur; sofern also die Parteien über Nichtbaarzahlung einverstanden seien, komme er nicht zur Anwendung, sei aber ein solches Einverständniß nicht erzielt, so könne allerdings derjenige Geschäftstheilnehmer, welcher die gemeinschaftliche Sache nicht ersteigere, ein lebhaftes Interesse daran haben, daß die Zahlung baar erfolge. Bezüglich seines Antheils an der gemeinschaftlichen Sache stehe er hier dem Ersteigerer nicht anders wie bei anderen Zwangsversteigerungen gegenüber und es sei deshalb kein ausreichender Grund gegeben, die allgemeinen Vorschriften über den Zwangsverkauf nicht zur Anwendung kommen zu lassen.

Der Antrag wurde hiernach mit großer Majorität abgelehnt.

Sechszehnter Titel.

Leibrente.

(§§. 745 bis 747a.)

§. 746.

Zu Gunsten eines Antrages, dem Absatz 1 folgende Worte hinzuzufügen:

„Wird die Leibrente Ehegatten geschuldet, so hat der Ueberlebende im Zweifel nur den Anspruch auf die Hälfte der theilbaren Leistungen."

wurde ausgeführt: der Antrag gehe aus von dem häufigsten Falle der Bestellung einer Leibrente zu Gunsten zweier Ehegatten durch deren das Gut oder Vermögen übernehmende Kinder und wolle in diesem Falle die jüngere Generation vor einer übermäßigen Belastung zu Gunsten der älteren Generation schützen.

Die Vertreter der verbündeten Regierungen erklärten sich gegen den Antrag: ob beabsichtigt sei, daß nach dem Tode des einen Ehegatten die Leibrente desselben dem anderen zufalle oder nicht, sei nach der Absicht des Vertrags zu entscheiden. Sei diese nicht mit Bestimmtheit zu erkennen, so komme der §. 414 des Entwurfs zur Anwendung, nach welchem durchaus dem Wunsche des Antragstellers entsprechend der Leibrentenantheil des Verstorbenen zu Gunsten des Schuldners erlösche. Dies, wie das Allgemeine Landrecht es allerdings thue, noch einmal besonders auszusprechen, erscheine unnöthig und sei auch in den übrigen Gesetzbüchern nicht geschehen. Der Antrag wurde hiernach mit großer Majorität abgelehnt.

§. 747a.

Folgender besonderer Paragraph

„Zur Gültigkeit eines Vertrags durch den eine Leibrente versprochen wird, ist, soweit nicht eine andere Form vorgeschrieben ist, schriftliche Ertheilung des Versprechens erforderlich."

wurde nach kurzer Diskussion, in welcher namentlich auf die Wichtigkeit des Leibrentenvertrags und die lange Dauer seiner Wirksamkeit hingewiesen wurde, einstimmig angenommen.

Siebzehnter Titel.

Spiel. Wette.

(§§. 748 bis 749a).

§. 748.

Hier wurde die Frage angeregt, ob sich nicht eine Bestimmung empfehle, nach welcher aus Darlehen zu Spielzwecken sowie aus Aufträgen und Vereinigungen zu Spielen Rechtspflichten nicht entstehen. Von den Vertretern der verbündeten Regierungen wurde die Räthlichkeit einer derartigen allgemeinen Regel verneint: Darlehen zum Zwecke der Bezahlung von Spielschulden enthielten keine Förderung des Spiels und könnten ganz gerechtfertigt sein, z. B. um einen Freund zu retten; aber auch das vor dem Spiel zur Förderung desselben gegebene Darlehen müsse dann zurückgefordert werden können, wenn das Geld zum Spiele gar nicht benutzt sei. Auch wenn der Empfänger mit Hilfe des Geldes einen Gewinn gemacht habe, widerstreite die Ausschließung der Rückforderung dem Rechtsbewußtsein, ebenso aber auch, wenn der Empfänger verloren, jedoch nicht an den Geber, der sich an dem Spiele vielleicht gar nicht betheiligte. Sei aber das Geld an den Geber verloren, so sei es eine Frage des einzelnen Falles, ob eine Umgehung der Bestimmungen über das Spiel vorliege, mit anderen Worten, ob nicht thatsächlich eine kreditirte Spielschuld vorhanden sei, wie das Reichsoberhandelsgericht in einem sächsischen Falle ausgesprochen habe und auch die französische Praxis annehme.

Von einem Antrage wurde hiernach abgesehen.

§. 749a.

Es war der Antrag gestellt, das Differenzgeschäft ausdrücklich im Bürgerlichen Gesetzbuch für nichtig zu erklären. Nach vielen Erwägungen und Zweifeln in Theorie und Praxis habe das Reichsgericht anerkannt, daß das Differenzgeschäft ein Spiel und folglich klaglos sei. Dieser Grundsatz aber müsse im Bürgerlichen Gesetzbuch ausgesprochen werden, einmal weil er in erster Linie ein Grundsatz des bürgerlichen Rechts, nicht etwa nur einer Börsenordnung sei, anderseits weil die jetzt herrschende Theorie und Praxis, wie sie entstanden, auch wieder durch eine andere Ansicht verdrängt werden könne.

Von den Vertretern der verbündeten Regierungen wurde dem Antrag widersprochen: es sei außerordentlich schwierig, eine Fassung zu finden, welche die Fälle des Differenzgeschäftes genau decke; richtiger sei es daher, die sehr schwierigen Einzelfragen der Judikatur zu überlassen, die sich hier auf dem richtigen Wege befinde, namentlich aber sei einer Entscheidung der Frage im Bürgerlichen Gesetzbuch deshalb zu widerrathen, weil gegenwärtig der Reichstag sich bei der Berathung des Börsengesetzes auf Grund eines weit umfassenderen Materials und viel eindringenderer Erörterungen mit den gleichen und ähnlichen Fragen beschäftige, und das Börsengesetz voraussichtlich eher die Stadien der Gesetzgebung durchlaufen werde als das Bürgerliche Gesetzbuch. Sollten die Bestimmungen des Börsengesetzes nicht genügen, so könne man dann der Sache noch näher treten.

Die Kommission entschloß sich jedoch mit Stimmenmehrheit, die Frage schon jetzt vorläufig zu ordnen und einen formulirten Paragraphen in den Entwurf aufzunehmen, den eventuell wieder aus dem Entwurf zu entfernen oder umzugestalten dem Reichstage weit leichter sein werde als eine Neuformulirung, wenn das Plenum unvorbereitet vor die Frage gestellt werden sollte.

Der gestellte Antrag wurde hierauf nach mehrfachen Abänderungen in Bezug auf Einzelheiten in folgender Form angenommen:

„Wird ein auf Lieferung von Waaren oder Werthpapieren lautender Vertrag in der Absicht geschlossen, daß der Unterschied zwischen dem vereinbarten Preise und dem Börsen- oder Marktpreise der Lieferungszeit von dem verlierenden Theile an den gewinnenden gezahlt werden soll, so ist der Vertrag als Spiel anzusehen. Dies gilt auch dann, wenn nur die Absicht des einen Theiles auf die Zahlung des Unterschieds gerichtet ist, der andere Theil aber diese Absicht kennt oder kennen muß."

Achtzehnter Titel.

Bürgschaft.

(§§. 750 bis 762.)

§. 750a.

Es war beantragt, das Folgende als §. 750a anzunehmen:

„Zur Gültigkeit des Bürgschaftsvertrags ist schriftliche Ertheilung der Bürgschaftserklärung erforderlich."

sowie ferner für den Fall der Annahme dieses Antrages dem §. 408 hinzuzufügen:

„Die Schuldübernahme bedarf der schriftlichen Form."

Zur Begründung wurde auf die große Bedeutung der Bürgschaft und namentlich auf die Gefahren hingewiesen, welche dieselbe mit sich bringe. Wenn irgendwo empfehle es sich hier, durch eine Formvorschrift den sich Verpflichtenden zu größerer Vorsicht anzuspornen. Auch von Seiten der verbündeten Regierungen wurde die Frage als eine keineswegs unzweifelhafte bezeichnet, wie sich denn auch die Handelskammern theils dafür, theils dagegen erklärt hätten und die Meinungen im preuß. Landesökonomiekollegium getheilt gewesen seien.

Gegen die Schriftlichkeit spreche allerdings, daß, wer sich schriftlich verbürge, dadurch thatsächlich nicht selten seine Einreden verliere, weil er nicht zu beweisen im Stande sei, daß die mündlichen Nebenberedungen neben dem schriftlichen Vertrag haben gelten sollen. Auch entwickele sich gerade bei schriftlichen Verbürgungen der Verzicht auf die Einrede der Vorausklage zu einer ganz gewöhnlichen Klausel, was gleichfalls dem Bürgen erhebliche Nachtheile bringe.

Dem Antrage, auch die Schuldübernahme an die schriftliche Form zu binden, wurde dagegen entschieden widersprochen. Der Entwurf schreibe für die Cession keine Form vor, es bedeute also einen Mangel an Folgerichtigkeit, wenn man die Schuldübernahme von einer Form abhängig machen wolle. Eine besondere Gefahr wie die Bürgschaft bringe die Schuldübernahme keineswegs mit sich, zudem sei die Schuldübernahme praktisch kaum von der Erfüllungsübernahme zu scheiden und berühre sich sehr häufig mit den Verträgen zu Gunsten Dritter. Die Rechtssicherheit müsse also leiden, wenn man für diese Geschäfte verschiedene Formen anordnen wollte.

Auch aus der Mitte der Kommission wurde dem Erforderniß der Schriftlichkeit für die Schuldübernahme von verschiedenen Seiten widersprochen.

Bei der Abstimmung fand der Prinzipalantrag fast einstimmige Annahme, während der auf die Schuldübernahme bezügliche Antrag zu §. 408 mit großer Majorität abgelehnt wurde.

Ein in zweiter Lesung gestellter Antrag, dem §. 750a folgende Worte hinzuzufügen:

„Soweit der Bürge die Hauptverbindlichkeit erfüllt, wird der Mangel der Form geheilt."

fand ohne Widerspruch Annahme, da der Grund des Erfordernisses der Schriftform, den Bürgen vor der Inanspruchnahme unüberlegter Bürgschaften zu sichern, nach der freiwilligen Erfüllung von Seiten des Bürgen hinweggefallen ist.

Neunzehnter Titel.

Vergleich.

§. 763.

Ohne Diskussion angenommen.

Zwanzigster Titel.

Schuldversprechen. Schuldanerkenntniß.

(§§. 764 bis 766.)

Es war beantragt:

die §§. 764 und 765 zu streichen und den §. 766 in folgender Fassung anzunehmen:

„Ein Schuldversprechen oder ein Schuldanerkenntniß, welches auf Grund einer Abrechnung oder im Wege eines Vergleichs ertheilt wird, begründet selbstständig eine Verpflichtung."

Zur Begründung wurde ausgeführt, daß ein allgemeines Bedürfniß zur Anerkennung des abstrakten Schuldversprechens und Schuldanerkenntnisses nicht bestehe, dasselbe sei wesentlich ein Kind der Theorie, hervorgerufen durch das bekannte Buch Bähr's. Abstrakte Schuldversprechen seien gefährlich, wie am besten der Wechsel beweise, und deshalb auf die unentbehrlichsten Fälle, der Abrechnung und des Vergleichs, zu beschränken.

Von den Vertretern der verbündeten Regierungen und aus der Mitte der Kommission wurde dieser Antrag lebhaft bekämpft. Das abstrakte Schuldversprechen sei keineswegs ein Erzeugniß der Theorie, sondern habe gerade umgekehrt in praktischen Gerichtsentscheidungen seine erste Wurzel und sei, wenn auch unter Mitwirkung der angeführten Bähr'schen Schrift, überraschend schnell zur allgemeinen Anerkennung gelangt, nicht nur für die Gebiete des gemeinen Rechts, sondern auch für die Gebiete des preußischen Rechts, obgleich es für die letzteren an einem gesetzlichen Anhalt fehle. Die Giltigkeit namentlich des Schuldanerkenntnisses sei namentlich da Bedürfniß, wo verwickelte Verhältnisse vorlägen und dem Gläubiger die Geltendmachung der anerkannten Forderungen erleichtert werden sollte. Ganz unzulässig und praktisch kaum durchführbar sei es zudem, das Anerkenntniß auf Grund einer Abrechnung für giltig, wo keine Abrechnung stattgefunden habe, dagegen für ungiltig zu erklären. Man könne es doch nicht für entscheidend halten, ob das Anerkenntniß sich auf einen Posten oder die Summe mehrerer Posten beziehe und ob vorher eine Absetzung von Gegenforderungen stattgefunden habe, oder ob solche Gegenforderungen nicht vorhanden gewesen seien. Die Ungiltigkeit des abstrakten Schuldversprechens widerstreite ferner dem Prinzip der allgemeinen Vertragsfreiheit und verstoße wider Treue und Glauben. Endlich würden die gestellten Anträge den gewollten Erfolg auch keineswegs herbeiführen. Denn selbst wenn man ausdrücklich bestimmen wollte, daß andere abstrakte Schuldversprechen und -Anerkenntnisse ungiltig sein sollten, würde der gleiche wirthschaftliche Erfolg durch Anwendung der Anweisung (§§. 767, 768) erreicht werden können.

Der gestellte Antrag wurde mit großer Majorität abgelehnt und die §§. 764 bis 766 nach der Vorlage angenommen.

Einundzwanzigster Titel.

Anweisung.

(§§. 767 bis 776.)

Ohne Diskussion angenommen.

Zweiundzwanzigster Titel.

Schuldverschreibung auf den Inhaber.

(§§. 777 bis 792.)

§. 787.

Ein zum Absatz 2 gestellter Antrag bezweckte die Härte auszugleichen, welche darin liegt, daß dem Inhaber einer Schuldverschreibung, deren Zinsscheine ganz oder theilweise verloren sind, der Betrag dieser Zinsscheine bei der Einlösung der Schuldverschreibung ebenso gekürzt wird, als seien sie bereits fällig, und daß ihm der Betrag derselben selbst dann verloren geht, wenn die Zinsscheine später überhaupt nicht zur Einlösung präsentirt werden.

Der Antrag wurde indeß nach kurzer Diskussion in Rücksicht auf die außerordentlichen Schwierigkeiten abgelehnt, welche größeren Verwaltungen, insonderheit der preußischen Staatsschuldenverwaltung, aus demselben erwachsen würden.

Dreiundzwanzigster Titel.

Vorlegung von Sachen.

(§§. 793 bis 795.)

Ohne Diskussion angenommen.

Vierundzwanzigster Titel.

Ungerechtfertigte Bereicherung.

(§§. 796 bis 806.)

§. 796.

Es war beantragt, dem 2. Absatz hinzuzufügen:

„sowie die auf Grund eines Vertrags mit einem Anderen erfolgte Verwendung der Arbeiskraft in den Nutzen des Bereicherten".

und ferner nach §. 796 als besonderen Paragraphen einzuschalten:

§. 796a.

„Für die Entrichtung des Lohnes haftet außer dem unmittelbar Vertragschließenden derjenige, in dessen Nutzen die Arbeitskraft von dem Arbeitnehmer verwendet ist."

Für den ersten Antrag wurde geltend gemacht, daß die Verwendung der Arbeitszeit zum Nutzen Jemandes dem Uebergang eines Vermögensrechtes auf denselben gleichgestellt werden müsse, mithin demjenigen, dessen Arbeitskraft zum Nutzen eines Anderen thätig gewesen, gegen diesen eine Klage wegen grundloser Bereicherung gegeben werden müsse.

Von anderer Seite wurde der Antrag indeß entschieden bekämpft. Der Antragsteller habe den Fall im Auge, daß ein Arbeiter in Folge eines mit dem Unternehmer geschlossenen Vertragsverhältnisses einem Dritten Arbeit geleistet und nun vom Unternehmer den bedungenen Lohn nicht erhalten habe. In diesem Falle sei der Dritte keineswegs bereichert, da er dem Unternehmer die Vergütung gezahlt habe oder schulde, und selbst wenn der Werth der Leistung die Vergütung etwa übersteigen sollte, so erscheine diese Bereicherung doch nicht als grundlose, werde vielmehr durch das eingegangene Vertragsverhältniß des Dritten mit dem Unternehmer begründet. Dieselben Bedenken stehen der Annahme des beantragten §. 796a entgegen, dessen Fassung außerdem zu Irrthümern zu verleiten geeignet sei.

Beide Anträge wurden hiernach mit großer Majorität abgelehnt.

§. 797.

Der beschlossene Zusatz (Abs. 1 Satz 2) ist nur von redaktioneller Bedeutung und bezweckt, den scheinbaren Widerspruch im §. 217 Absatz 2 zu beseitigen.

§. 801.

Die Fassungsänderung durch Umstellung des Nachsatzes im Satz 1 in den Satz 2 dient lediglich zur Klarstellung.

§. 801 b.

Es war beantragt,

als §. 801b einzufügen:

„Uebersteigt bei einem gegenseitigen Vertrage der Werth der Leistung den Werth der Gegenleistung um das Doppelte oder mehr, so kann der Geschädigte gegen Rückgewähr der empfangenen Gegenleistung das Geleistete nach den Vorschriften über die Herausgabe einer ungerechtfertigten Bereicherung zurückfordern. Die Herausgabe kann durch Zahlung des Unterschiedes zwischen dem wirklichen und dem vereinbarten Werthe beider Leistungen abgewendet werden."

Der Antragsteller begründete den Antrag als ein Erforderniß der Billigkeit.

Die Vertreter der verbündeten Regierungen widersprachen unter Hinweis auf die Sicherheit des Verkehrs und die neueren Gesetzgebungen. Auch die Billigkeit der vorgeschlagenen Bestimmung wurde von ihnen wie von anderen Kommissionsmitgliedern nicht anerkannt: wo es sich um eine Ausbeutung der Nothlage, des Leichtsinns oder der Unerfahrenheit handle, seien die Bestimmungen über die Nichtigkeit wucherischer Geschäfte ausreichend; habe sich aber, abgesehen von solchen Fällen, Jemand aus besonderen Gründen zu einem unvortheilhaften Geschäfte entschlossen, so könne man dem Gegner, der vielleicht auch nur gegen Einräumung dieser ganz besonderen Vortheile das Geschäft einzugehen geneigt gewesen sei, nicht zumuthen, auf diese Vortheile nachträglich wieder zu verzichten. Liege endlich ein Irrthum über den Werth des Gegenstandes vor und begründe derselbe, weil nicht wesentlich, keine Anfechtung des Geschäftes, so sei es auch nicht folgerichtig, Ansprüche wegen Verletzung über die Hälfte zu gewähren, da man die Fälle, in denen das Geschäft ohne den Irrthum nur zu diesen Bedingungen nicht eingegangen sein würde, nicht anders behandeln könne, als die, in denen ohne den Irrthum überhaupt kein Geschäft zu Stande gekommen wäre.

Der Antrag wurde mit erheblicher Majorität abgelehnt.

Fünfundzwanzigster Titel.

Unerlaubte Handlungen.

(§§. 807 bis 837.)

§. 807.

Es wurde beantragt

I. den Absatz 1 wie folgt zu fassen:

„Wer das Leben, den Körper, die Gesundheit, die Freiheit, das Eigenthum, die Arbeitskraft, die Ehre, die Sittlichkeit oder ein sonstiges Recht eines Anderen verletzt oder beschädigt, ist dem Anderen zum Ersatze des daraus entstehenden Schadens verpflichtet."

II. den letzten Satz des 2. Absatzes zu streichen.

Der Antrag bezweckte nach den Ausführungen des Antragstellers, eine Schadensersatzpflicht nicht nur für die Fälle vorsätzlicher und fahrlässiger derartiger Rechtsverletzungen, sondern auch für völlig unverschuldete Verletzungen einzuführen, sowie Verletzungen der Arbeitskraft, der Ehre und der Sittlichkeit den Körper- und Eigenthumsverletzungen gleichzustellen. Die Worte „die Arbeitskraft" wurden indes vom Antragsteller selbst gestrichen, nachdem klar gestellt war, daß die Verletzung der Arbeitskraft stets eine Verletzung der Gesundheit voraussetze.

Die Ausdehnung des §. 807 auf schuldloses Unrecht wurde von den Vertretern der verbündeten Regierungen wie aus der Mitte der Kommission entschieden widersprochen. Wenn auch eine solche Regel in früheren Perioden der Rechtsentwickelung bestanden habe, so widerspreche sie doch dem geläuterten Rechtsbewußtsein, und es sei als ein Vorzug des römischen wie fast aller geltenden Rechte anzuerkennen, daß die Deliktshaftung prinzipiell auf die Fälle des Verschuldens beschränkt sei. Die Annahme einer Schadensersatzpflicht für unverschuldetes Unrecht werde die Freiheit der Bewegung in bedauerlichster Weise beschränken. Allerdings gebe es Gewerbe und Beschäftigungen, deren Ausübung mit einer besonderen Gefahr für Andere verbunden sei, und in solchen Fällen empfehlen sich Spezialgesetze, welche dem betreffenden Gewerbetreibenden auch die damit für Andere verbundene Gefahr aufbürden; dringend aber sei vor der beantragten allgemeinen Regel zu warnen. An die Verletzung der „Ehre" auch in den Fällen, in welchen durch die Ehrverletzung ein Vermögensschaden nicht entstanden, eine Schadensersatzpflicht in dem Sinne zu knüpfen, daß in solchen Fällen unter dem Schein einer Schadensersatzleistung auf eine an den Beleidigten zu leistende Geldstrafe erkannt werden solle, bedeute die Rückkehr zum längst überwundenen Recht der Privatstrafklagen wegen Beleidigung, der entschieden widersprochen werden müßte. Nach der allgemeinen Volksansicht sei es nicht ehrenvoll, sich Beleidigungen durch Geld abkaufen zu lassen, und derjenige habe wenig Ehre zu verlieren, der die Verletzung derselben durch eine Klage auf Geld zu repariren suche. Auch die Einfügung der „Sittlichkeit" sei in diesen Paragraphen nicht am Platze. Die eigene Sittlichkeit könne durch Handlungen Dritter überhaupt nicht verletzt werden, gemeint sei also nur die Bestimmung oder Verleitung eines Anderen zu eigenen Handlungen, welche seine Sittlichkeit schädigen. Eine solche Verleitung aber, obgleich sie stets eigene Schuld des Verleiteten oder Bestimmten voraussetze, allgemein unter Schadensersatzpflicht zu stellen, würde den sonst herrschenden Rechtsprinzipien schwerlich entsprechen. Zudem sei durch die Verletzung der Sittlichkeit an sich ein Vermögensschaden in der Regel überhaupt nicht gegeben; der Fall aber, den der Antragsteller in erster Linie im Auge habe, die Verführung unbescholtener Frauenspersonen, werde weit sicherer und besser durch Sonderbestimmungen als durch eine solche allgemeine Regel geordnet.

Der gestellte Antrag wurde nahezu einstimmig abgelehnt.

§. 809.

Es wurden zwei Anträge gestellt,

1. den Paragraphen folgendermaßen zu fassen:

   „Wer eine Frauensperson zur Gestattung der außerehelichen Beiwohnung verführt, ist ihr zum Ersatze des daraus entstehenden Schadens verpflichtet, sofern er sie nicht ehelichen kann oder will.

   Der Anspruch auf Schadensersatz ist ausgeschlossen, wenn die Frauensperson die Unzucht gewerbsmäßig betreibt, oder sittlich bescholten ist, oder die Beiwohnung gegen Belohnung gestattet hat, oder das Anerbieten zur Ehelichung ohne Grund ablehnt".

2. statt der Worte „durch Anwendung hinterlistiger Kunstgriffe" zu setzen: „durch Hinterlist oder unter Mißbrauch eines Abhängigkeitsverhältnisses".

Der erstere Antrag sollte die Regel des kanonischen Rechts „duc aut dota" wieder zur Anerkennung bringen. Die Annahme des Antrags werde, so müsse man hoffen, den Verführungen entgegenwirken.

Von den Vertretern der verbündeten Regierungen wie von verschiedenen Kommissionsmitgliedern wurde dagegen auf eine Einschränkung der Verführung durch eine solche Bestimmung nicht gerechnet. Die Regel „duc aut dota“ komme auch nur der unbescholtenen Jungfrau zu gute; sie auf jede Frauensperson (mit den wenigen Beschränkungen des Absatzes 2) auszudehnen, erscheine bei dem höchst vagen Begriff der Verführung außerordentlich bedenklich. Der Antragsteller habe offenbar wesentlich die Fälle im Auge, in denen Schwängerung eingetreten sei; allein dann müsse der Antrag auch auf diesen Fall beschränkt werden. Die Zulassung einer Klage wegen Verführung ohne Schwängerung würde zu den unleidlichsten Prozessen führen; die Deflorationsklage im Falle der Schwängerung aber werde besser im Familienrechte im Anschluß an die Rechte der unehelichen Kinder geregelt. Ganz besonders aber sprächen gegen den Antrag die praktisch kaum zu überwindenden Zweifel, ob im Einzelfalle wirklich eine Verführung vorliege und wer als der mehr oder weniger verführte Theil zu betrachten sei. Nur wo Hinterlist angewandt, z. B. Vorspiegelungen unwahrer Thatsachen, eine Scheintrauung, Verabreichung berauschender Getränke u. s. w., fielen diese Bedenken weg, und sei deshalb eine Schadensersatzpflicht anzunehmen. Bei der Abstimmung wurde der Antrag 1 abgelehnt.

Der Antrag 2 fand weder von Seiten der Regierungsvertreter noch aus der Kommission Widerspruch und wurde einstimmig angenommen, ebenso mit ihm der ganze Paragraph.

In zweiter Lesung wurde beantragt, den Paragraphen folgendermaßen zu fassen:

„Wer eine Frauensperson durch Hinterlist, durch Drohung oder unter Mißbrauch eines Abhängigkeitsverhältnisses zur Gestattung der außerehelichen Beiwohnung bestimmt, ist ihr zum Ersatze des daraus entstehenden Schadens verpflichtet.“

Der Antrag, welcher sich von den Beschlüssen erster Lesung wesentlich durch die Einfügung der Worte „durch Drohung“ unterscheidet, wurde ohne Widerspruch angenommen, da in einem solchen Falle der Schadensersatzanspruch zweifellos gerechtfertigt erscheine, und die Bestimmungen des Strafgesetzbuchs, welche nach §. 807 des Entwurfs eines bürgerlichen Gesetzbuchs auch für die Entschädigungsfrage in Betracht kommen, nach dieser Richtung zu enge gefaßt sind.

§. 810.

Die Kommission beschloß nach kurzer Diskussion einstimmig, die Worte

„durch eine Handlung, die er nicht in Ausübung eines ihm zustehenden Rechtes vornimmt“

zu streichen. Bestimmend war, daß es nicht gebilligt werden kann, wenn Jemand, selbst in der Ausübung eines formalen Rechts, einem Anderen vorsätzlich in einer gegen die guten Sitten verstoßenden Weise Schaden zufügt.

§. 813.

Zu §. 813 wurden zwei Anträge gestellt, welche die Ausdehnung der Bestimmungen desselben auf weitere analoge Fälle bezwecken, und zwar der erste auf alle Fälle schuldlosen Unrechts, der zweite auf diejenigen Fälle, in welchen die Verantwortlichkeit des Thäters in Folge eines entschuldbaren Irrthums ausgeschlossen ist.

1. „Wer in einem der in den §§. 807, 808 bezeichneten Fälle für einen von ihm verursachten Schaden deshalb nicht verantwortlich ist, weil ihm Vorsatz oder Fahrlässigkeit nicht zur Last fällt, hat gleichwohl den Schaden insoweit zu ersetzen, als die Billigkeit nach den Umständen, insbesondere nach den Verhältnissen der Betheiligten, eine Schadloshaltung erfordert und ihm nicht die Mittel entzogen werden, deren er zum standesmäßigen Unterhalte sowie zur Erfüllung seiner gesetzlichen Unterhaltspflichten bedarf.

Das Gleiche gilt, wenn Jemand in einem der in den §§. 807 bis 810 bezeichneten Fälle für einen von ihm verursachten Schaden auf Grund der §§. 811,

812 nicht verantwortlich ist und der Ersatz des Schadens nicht von einem aufsichtspflichtigen Dritten erlangt werden kann."

2. „Wer in einem der in den §§. 807, 808 bezeichneten Fälle für einen von ihm verursachten Schaden deshalb nicht verantwortlich ist, weil er aus entschuldbarem Irrthum die beschädigende Handlung für erlaubt gehalten hat, hat gleichwohl den Schaden insoweit zu ersetzen, als die Billigkeit nach den Umständen, insbesondere nach den Verhältnissen der Betheiligten, eine Schadloshaltung erfordert und ihm nicht die Mittel entzogen werden, deren er zum standesmäßigen Unterhalte sowie zur Erfüllung seiner Unterhaltspflichten bedarf."

„Das Gleiche gilt, wenn Jemand in einem der in den §§. 807 bis 810 bezeichneten Fälle für einen von ihm verursachten Schaden auf Grund der §§. 811, 812 nicht verantwortlich ist und der Ersatz des Schadens nicht von einem aufsichtpflichtigen Dritten erlangt werden kann."

Zur Begründung des ersten, mit dem Entwurf zweiter Lesung übereinstimmenden Antrages wurde von dem Antragsteller und anderen Kommissionsmitgliedern namentlich das Folgende ausgeführt:

Der §. 813 lasse denjenigen, der einen Schaden ohne eigenes subjektives Verschulden verursacht habe, in gewissen Fällen insoweit für den Schaden haften, als die Billigkeit nach den Umständen, insbesondere nach den Verhältnissen der Betheiligten, eine Schadloshaltung erfordere und ihm nicht die Mittel entzogen werden, deren er zum standesmäßigen Unterhalte bedürfe; aber er beschränke diese Haftung auf diejenigen verhältnißmäßig seltenen Fälle, in denen das subjektive Verschulden deshalb ausgeschlossen sei, weil der Thäter in einem Zustande der Bewußtlosigkeit oder in Geisteskrankheit gehandelt, oder weil ihm in Folge jugendlichen Alters die zur Erkenntniß der Verantwortlichkeit erforderliche Einsicht gefehlt habe. Diese Beschränkung sei innerlich nicht gerechtfertigt; was in dem einen Falle schuldloser Schädigung anderer Personen gelte, müsse auch im anderen gelten.

Sitte und Anstandsgefühl fordern, daß ein wohlhabender Mann, der, wenn auch ohne eigenes Verschulden einen Bedürftigen verletzte, z. B. überfahren habe, demselben Ersatz leiste; und was Sitte und Anstand erfordere, müsse im Gesetz selbst Ausdruck finden. Daß für den Verletzer aus seiner Haftung eine Härte entstehe, sei durch die Fassung des Antrages ausgeschlossen. Seien Beide, der Verletzer und der Verletzte, in etwa gleichen Vermögensverhältnissen, so werde, wenn nicht besondere Gründe vorliegen, der Richter nach dem beantragten Paragraphen schwerlich zu einer Zubilligung des vollen Schadens kommen können, wohl aber einen gerechten Ausgleich herbeiführen.

Die Frage, wer den Schaden zu tragen habe, wenn Jemand einem Anderen ohne subjektives Verschulden ein Unrecht zugefügt, könne in zweifacher Weise beantwortet werden. Das römische und heutige Recht bürdeten den Schaden lediglich dem auf, welchen er betroffen. Casum sentit dominus. Der entgegengesetzte Standpunkt würde der sein, daß derjenige den Schaden zu tragen hat, der ihn verursacht; und wenn man Theorie und Praxis des Civilrechts aufmerksam verfolge, könne man sich nicht verhehlen, daß gerade in neuerer Zeit in manchen Fällen Schadensersatzhaftungen auch ohne eigenes Verschulden angenommen würden. Zwischen diesen beiden Extremen halte der Antrag die glückliche Mitte, er lasse für die Frage, ob der Schaden lediglich den Geschädigten treffen solle, oder ob der Verursacher des Schadens ihm ersatzpflichtig sei, die besondere Lage des Falles, die Billigkeit, in Sonderheit die Vermögensverhältnisse der beiden Personen entscheiden.

Der Antrag 2 hielt zwar eine so weite Ausdehnung der im Entwurf enthaltenen Bestimmung für bedenklich, glaubte aber dieselbe wenigstens auf diejenigen Fälle erweitern zu müssen, in denen der Thäter die beschädigende Handlung aus entschuldbarem Irrthum für erlaubt gehalten habe. Wenn nach dem Entwurfe der in Bewußtlosigkeit Handelnde, der Geisteskranke, das Kind unter 7 Jahren, in den Schranken der Billigkeit für ihre Handlungen schadensersatzpflichtig seien, obgleich in diesen Fällen ein Verschulden geradezu undenkbar erscheine, so müsse doch ebenso gut, ja noch viel mehr, derjenige schadensersatzpflichtig sein, dessen Verschuldung lediglich durch Irrthum, wenngleich durch einen entschuldbaren Irrthum, ausgeschlossen erscheine.

Von Seiten der Vertreter der verbündeten Regierungen wurde namentlich dem ersteren Antrage widersprochen. Wenn auch zugestanden werden müsse, daß theoretisch eine gewisse Aehnlichkeit der verschiedenen Fälle des schuldlosen Unrechts bestehe, so gehe doch der Antrag 1 in dieser Gleichstellung viel zu weit. Die Annahme desselben werde eine nicht unbedenkliche Rechtsunsicherheit zur Folge haben. Der Richter könne aus demselben Alles oder garnichts machen. Die Frage, wann denn die Billigkeit in derartigen Fällen eine Entschädigung fordere, sei völlig unbestimmt und unbestimmbar. Je nachdem der Richter mehr dem Verschuldungs- oder dem Verursachungsprinzip zuneige, werde er sehr selten oder sehr häufig den Schadensersatz zuerkennen, und die Frage, welchen Einfluß die Verschiedenheit des Vermögens haben solle, sei so ungewiß, daß sich nicht einmal eine konstante Rechtsprechung bezüglich derselben werde bilden können. Der Gedanke beruhe zu einem guten Theile auf dem Prinzip der Vertheilung der Lasten nach der ökonomischen Tragfähigkeit; ein solches aber sei nur für öffentliche Lasten, nicht für Privatansprüche, bei denen es sich um Mein und Dein handelt, verwendbar.

Aus der Mitte der Kommission wurde hiergegen bemerkt, daß die letzteren Vorwürfe sich in gleicher Weise auch gegen §. 813 des Entwurfs richten müßten, da der Antrag 1 wie der Antrag 2 nur die bereits im Entwurfe aufgestellten Grundsätze unverändert auch auf andere Fälle ausdehnen. Ein anderes Mitglied erklärte, daß die Hineinziehung der Vermögenslage in die Frage, ob ein verursachter (nicht verschuldeter) Schaden zu ersetzen sei, auf einem sozialistischen Gedanken beruhe, und daß deshalb nicht nur die beiden gestellten Anträge, sondern der ganze §. 813 des Entwurfs abgelehnt werden müsse.

Bei der Abstimmung wurden die beiden gestellten Anträge mit geringer Mehrheit abgelehnt und darauf der §. 813 des Entwurfs mit überwiegender Mehrheit angenommen.

§. 813a.

Der Antrag, hinter den §. 813 folgende Bestimmung als §. 813a aufzunehmen:

> „Wer ein auf Schadensvergütung abzielendes Polizeigesetz vernachlässigt, muß für allen Schaden, welcher durch die Beobachtung des Gesetzes hätte vermieden werden können, ebenso haften, als wenn derselbe aus seiner Handlung unmittelbar entstanden wäre, sofern die Billigkeit nach den Umständen, insbesondere nach den Verhältnissen der Betheiligten, eine Schadloshaltung erfordert und ihm nicht die Mittel entzogen werden, deren er zum standesmäßigen Unterhalte sowie zur Erfüllung seiner gesetzlichen Unterhaltspflichten bedarf."

wurde mit ähnlichen Bestimmungen des französischen und schweizerischen Rechts begründet.

Von den Vertretern der verbündeten Regierungen wurde der Antrag als viel zu weit gehend bezeichnet. Nach §. 807 Absatz 2 sei derjenige schadensersatzpflichtig, welcher gegen ein den Schutz eines Anderen bezweckendes Gesetz verstößt. Selbstverständlich sei es nun, daß ein Gesetz, welches die Gesammtheit schützen solle, auch den Einzelnen schütze, und daß also die Verletzung eines solchen Gesetzes bereits nach §. 807 Absatz 2 schadensersatzpflichtig mache. Insoweit sei also der beantragte §. 813a nicht nothwendig.

Aeußerst bedenklich aber sei die Ausdehnung der Schadensersatzpflicht auf Fälle, wo das Gesetz mit dem Schutz des Verletzten nicht das Geringste zu thun habe. Habe beispielsweise ein Wirth nach der Polizeistunde zwei Gäste zugelassen, so könne er doch, wenn der eine nun den anderen bestehle, unmöglich deshalb für den Diebstahl haftbar gemacht werden, weil ohne Uebertretung der Polizeistunde der Diebstahl nicht erfolgt wäre. Wenn Jemand das Gesetz über die Sonntagsruhe verletzt habe, und nun in Folge der vorgenommenen Handlungen, aber ohne jedes Verschulden Schaden eingetreten sei, so könne doch der Verletzte auf die Verletzung der Sonntagsruhe keinen Schadensersatzanspruch begründen.

Auch nach anderer Richtung gehe der Antrag zu weit, indem er bei einer Gesetzesverletzung nicht nur dem unmittelbar Geschädigten, zu dessen Schutz das Gesetz bestimmt sei, sondern auch dritten nur mittelbar interessirten Personen einen Anspruch zubilligen wolle. Sei ein Violinspieler in Folge davon gefallen, daß vor einem Hause die nach einer Polizeiverordnung nothwendige Streuung unterlassen war, so habe der Violinspieler nach §. 807 Absatz 2 des Entwurfs einen Schadensersatzanspruch. Der gestellte Antrag wolle auch allen mittelbar geschädigten Personen Schadensersatz gewähren, so dem Wirth, für dessen Lokal der Violinspieler ein Konzert zugesagt, dem Garderobier und vielen anderen Personen. Der Antrag gehe daher weit über das durch die Gerechtigkeit Gebotene hinaus und führe zu einer kaum übersehbaren Rechtsunsicherheit.

Der Antrag wurde hierauf mit großer Majorität abgelehnt.

§. 814a.

Es wurde beantragt, an dieser Stelle die privatrechtlichen Bestimmungen des Reichsgesetzes vom 7. Juni 1871, betreffend die Verbindlichkeit zum Schadensersatze für die bei dem Betriebe von Eisenbahnen, Bergwerken u. s. w. herbeigeführten Tödtungen und Körperverletzungen, ins Bürgerliche Gesetzbuch aufzunehmen, und dieselben zugleich auf die Tödtungen und Körperverletzungen in Folge von Dampfschiffahrt und anderen Unternehmungen auszudehnen, bei welchen ein Dampfkessel oder ein durch elementare Kraft bewegtes Triebwerk nicht bloß vorübergehend zur Verwendung kommt, oder Explosivstoffe hergestellt oder verbraucht werden.

Zur Begründung wies der Antragsteller auf die hohe privatrechtliche Bedeutung des Haftpflichtgesetzes und auf die Nothwendigkeit der Ausdehnung der Grundsätze desselben hin. Allein von den Vertretern der verbündeten Regierungen, wie von verschiedenen Seiten aus der Mitte der Kommission wurde eingewandt: die Frage, wie weit die Grundsätze des Haftpflichtgesetzes auszudehnen seien, bedürfe einer ausführlichen Prüfung durch technische Sachverständige und könne nur auf Grund eines im gegenwärtigen Momente nicht zu beschaffenden umfangreichen Materials stattfinden. Die (eventuell beantragte) unveränderte Aufnahme der Vorschriften des Haftpflichtgesetzes ins Bürgerliche Gesetzbuch sei aber noch entschiedener zu widerrathen. Gerade wer anerkenne, daß die Ausdehnung des Haftpflichtgesetzes auf andere Gewerbe, auch solche, welche der Antragsteller in seinen Antrag nicht aufgenommen, notwendig sei, müsse sich der unveränderten Aufnahme am lebhaftesten widersetzen.

Hiernach wurde der gestellte Antrag mit großer Majorität abgelehnt.

§. 815.

Ein Antrag:

„den zweiten Satz des ersten Absatzes und den zweiten Absatz zu streichen“,

wurde unter dem Hinweis auf die gleiche Bestimmung des französischen Rechts damit begründet, daß die Rechtssicherheit eine unbedingte Haftung des Geschäftsherrn für alle von seinen Beauftragten, Arbeitern u. s. w. in der Ausführung ihrer Verrichtungen einem Dritten zugefügten Schädigungen erfordere.

Von Seiten der Vertreter der verbündeten Regierungen und aus der Mitte der Kommission wurde dem Antrag entschieden widersprochen. In obligatorischen Verhältnissen nehme der Entwurf eine unbedingte Haftung des Geschäftsherrn für den mit der Ausführung der übernommenen Verrichtungen Betrauten gegenüber der anderen Partei an. Weiter zu gehen würde den Unternehmern aller Art, in Sonderheit aber den Handwerkern, Fuhrherren u. s. w. gegenüber eine große Unbilligkeit sein. Schon der Entwurf führe, dem schweizerischen Rechte folgend, eine Umkehrung der Beweislast ein, lasse also den Geschäftsherrn in allen Fällen haften, wo er nicht im Stande sei, zu beweisen, daß ihn kein Verschulden bei der Auswahl der bestellten Personen treffe. Eine unbedingte Haftung aber sei sehr bedenklich. Könne beispielsweise ein Fuhrherr beweisen, daß er bei der Auswahl seines Kutschers mit aller im Verkehr üblichen Sorgfalt verfahren, so bedeute es eine außerordentliche Härte, ja unter Umständen den Ruin des Fuhrherrn, wenn er für jeden Schaden durch Ueberfahren haften soll, den der betreffende Kutscher einem Dritten zufüge.

Der gestellte Antrag wurde darauf abgelehnt, ebenso ein zweiter Antrag, welcher den entgegengesetzten Zweck hatte, den Geschäftsherrn nur dann haften zu lassen, wenn ihm ein Verschulden bei der Auswahl der bestellten Personen rc. nachgewiesen werden könne.

Der §. 815 wurde mit sehr großer Majorität angenommen.

Ueber die Aenderung des letzten Absatzes vergleiche den Bericht zu §. 816.

§. 816.

Es wurde ohne Widerspruch beschlossen, im Abs. 2 die Worte „für den kraft Gesetzes Verpflichteten" zu streichen und dafür die Worte „durch Vertrag" einzufügen. Der Beschluß bezweckt einerseits klarzustellen, daß während Absatz 1 von den gesetzlich zur Beaufsichtigung Verpflichteten spricht, der Absatz 2 diejenigen treffen will, welche die Beaufsichtigung vertragsmäßig übernommen haben, nicht dagegen solche Personen, welche etwa nur thatsächlich sich der Beaufsichtigung unterzogen haben, daß andererseits aber die vertragsmäßig zur Aufsichtsführung Verpflichteten auch dann haften, wenn es an einem gesetzlich Verpflichteten fehlt.

§. 817.

Ein Antrag, den zweiten Satz zu streichen, also auch denjenigen, welcher ein Hausthier hält, für den von demselben angerichteten Schaden unbedingt haften zu lassen, wurde von dem Antragsteller und anderen Mitgliedern unter dem Hinweis auf die öffentliche Sicherheit begründet, wie sich denn auch die gleiche Bestimmung des französischen Rechts durchaus bewährt habe.

Von Seiten der Vertreter der verbündeten Regierungen wurde der Antrag namentlich durch den Hinweis darauf bekämpft, daß eine soweit gehende, insbesondere dem preußischen Rechte fremde Haftung in unbilliger Weise alle Diejenigen belaste, welche vermöge ihres Berufs genöthigt seien, Hausthiere zu halten.

Der Antrag wurde indeß mit großer Majorität angenommen.

Auch in zweiter Lesung wurde dieser Beschluß mit sehr großer Majorität aufrecht erhalten, nachdem einem Antrag auf Wiederherstellung der Regierungsvorlage gegenüber auf die nicht wenigen, durch das Halten von großen Luxushunden hervorgerufenen Körperverletzungen hingewiesen und betont war, daß auch, wer zu gewerblichen Zwecken gefährliche Thiere zu halten gezwungen sei, die damit für Andere verbundenen Gefahren übernehmen müsse.

§. 818.

Ueber die Einfügung der Worte „durch Vertrag" vergleiche den Bericht zu §. 816.

§. 819.

Zu §. 819 lagen 3 Anträge vor:

1. dem Absatz 1 hinzuzufügen:

„Als eingeerntet gelten die Erzeugnisse auch dann, wenn sie in Diemen, Mieten, Beimen und dergl. zusammengebracht worden sind."

Da von Seiten der Vertreter der verbündeten Regierungen erklärt und von verschiedenen Seiten bestätigt wurde, daß dies nach dem Inhalte des Entwurfs und den Bestimmungen über die Früchte ohnehin unzweifelhaft sei, wurde dieser Antrag zurückgezogen.

2. In Absatz 1 Satz 1 nach dem Worte „Rehwild" die Worte „durch Hasen oder durch Fasanen" einzufügen.

Wenn auch, so führte der Antragsteller aus, der durch Hasen veranlaßte Wildschaden bei Feldgrundstücken wenig zu bedeuten habe und gewiß durch die Erhöhung der Jagdpacht bei starkem Hasenbestande mehr als aufgewogen werde, so sei doch dieser Schaden in Gärten, namentlich aber in Baumschulen von sehr großer Bedeutung und deshalb eine Schadensersatzpflicht unzweifelhaft begründet. Ebenso sei da, wo ein starker Fasanenbestand gehalten werde, der Schaden namentlich an der Aussaat unter Umständen ein sehr empfindlicher.

Von Seiten der Regierungsvertreter und aus der Mitte der Kommission wurde freilich entgegengehalten, vor dem Schaden durch Hasen könne sich der Baumschulenbesitzer durch sorgfältige Einzäunung vollkommen schützen, und der durch Fasanen veranlaßte Schaden trete nur in verhältnismäßig wenigen Gegenden hervor. Die Regelung dieses Punktes sei somit besser der Landesgesetzgebung zu überlassen. Allein die Kommission nahm in getrennter Abstimmung die Worte „durch Hasen oder durch Fasanen" an.

In zweiter Lesung wurde namentlich darüber eingehend debattirt, ob nicht die durch die Beschlüsse erster Lesung eingefügten Worte „durch Hasen" zu streichen seien. Gegen die Anerkennung einer Ersatzpflicht für den durch Hasen veranlaßten Wildschaden wurde regierungsseitig und von verschiedenen Kommissionsmitgliedern namentlich das Folgende ausgeführt: Da der Hase auch da, wo er in großer Anzahl vorkomme, doch niemals in Schaaren, sondern stets einzeln lebe, so sei der an Feldfrüchten durch Hasen veranlaßte Schaden kaum bemerkbar. Die Anerkennung einer Ersatzpflicht für diesen Schaden werde wohl zu zahllosen Prozessen und somit zu erheblichen Kosten führen, aber keinen nennenswerthen praktischen Erfolg haben. Zudem müsse ein Ersatz dieses Schadens deshalb für ungerecht gehalten werden, weil der geringe durch die Hasen zugefügte Nachtheil durch die Erhöhung der Jagdpachten bei nennenswerthem Hasenbestand nicht allein ausgeglichen, sondern ohne Frage weit überwogen werde. Die Einbeziehung der Hasen in die Ersatzpflicht werde demnach auch ihre nachtheilige Rückwirkung auf die Höhe der Pachtsummen für die Gemeindejagden mit sich bringen, somit für die Grundbesitzer eher nachtheilig als vortheilhaft wirken. Was den in Baumschulen durch die Hasen angerichteten Schaden betreffe, so müsse die Behauptung aufgestellt werden, daß ein ordentlicher Wirth, möge Wildschadensersatzpflicht für Hasen bestehen oder nicht, die Baumschule stets durch eine Umzäunung schützen werde, und die Kosten einer solchen Umzäunung durch Stacheldraht seien gegenüber dem dadurch geschützten Werthe der Baumschulen von außerordentlich niedrigem Betrage. Die Einzäunung der Baumschulen zu bewirken, könne aber dem Jagdberechtigten unmöglich auferlegt werden, schon deshalb nicht, weil es ihm an jedem Rechte, dieselbe vorzunehmen, fehle. Zudem haben die Erfahrungen in Hannover gezeigt, daß für den durch Hasen an Baumschulen zugefügten Schaden ganz unverhältnißmäßig hohe Entschädigungen geleistet werden müssen; der Hannoversche Provinziallandtag habe sich deshalb auch dafür ausgesprochen, daß das Hannoversche Wildschadengesetz, soweit es sich auf den durch Hasen verursachten Schaden beziehe, geändert werde.

Von anderer Seite wurde diesen Ausführungen entgegengesetzt, daß sich hier wesentlich die Interessen der wohlhabenden Jagdliebhaber und des kleinen Mannes gegenüberständen, und daß deshalb die letzteren Interessen den Ausschlag geben müßten.

Bei der Abstimmung wurden die Worte „durch Hasen" den Beschlüssen der ersten Lesung gemäß mit 11 gegen 9 Stimmen aufrecht erhalten.

Auch die Einbeziehung des „durch Fasanen“ verursachten Schadens in die Ersatzpflicht wurde in zweiter Lesung angefochten, und der Antrag, die Worte „durch Fasanen“ zu streichen, namentlich dadurch begründet, daß in vielen Fällen nicht festzustellen sei, durch welche Art von Federwild ein Schaden angerichtet sei. Die Streichung wurde auch von dem Vertreter der Bayerischen Regierung befürwortet. Von anderer Seite wurde der angeführte Grund als nicht ausschlaggebend bezeichnet; wo die Fasanen in größerem Maße gehalten werden — und nur da stehe die Wildschadensersatzpflicht ernstlich in Frage — sei sehr wohl mit Sicherheit zu bestimmen, daß der Schaden auf die Fasanen zurückzuführen sei, selbst wenn daneben ein verhältnißmäßig geringer Bestand anderen Federwildes sich finde. Daß aber der durch Fasanen namentlich an der Aussaat angerichtete Schaden unter Umständen sehr erhebliche Beträge erreiche, könne von keiner Seite bestritten werden.

Der Antrag wurde hierauf mit großer Majorität abgelehnt.

§. 819a.

Es war beantragt, nach §. 819 folgenden besonderen Paragraphen einzufügen:

> „Wird der Schaden durch Schwarz- oder Rothwild verursacht, das seinen Stand in einem anderen Jagdbezirke hat, so ist dem Ersatzpflichtigen gegenüber derjenige für den Schaden verantwortlich, welcher in dem anderen Jagdbezirke ersatzpflichtig sein würde.“

Unter Hinweis auf die in Hannover bestehende gleiche Vorschrift wurde von dem Antragsteller und verschiedenen anderen Kommissionsmitgliedern für diesen Antrag namentlich geltend gemacht, daß derjenige, welcher den Vortheil von dem Wilde hat, sei es ein Vortheil des Vergnügens an der Jagd, sei es der pekuniäre Vortheil durch Erlegung des Wildes, billigerweise auch den Schaden tragen müsse, den sein aus dem Walde austretendes Schwarz- oder Rothwild auf den benachbarten Grundstücken verursache, und dieser Schaden sei, wie jeder mit der Jagd auf Hochwild Vertraute wisse, unter Umständen ein sehr bedeutender. Zuzugeben sei gewiß, daß der Paragraph nicht in allen Fällen eines derartigen Wildschadens thatsächlich Hilfe gewähren könne. Nicht selten werde es, wenn eine Feldmark von Wäldern verschiedener Eigenthümer begrenzt sei, ungewiß bleiben, aus wessen Wildstand das Hochwild ausgetreten sei. In solchen Fällen werde es dann eben wegen der Ungewißheit des Beweises nicht zum Ersatze kommen. Aber das sei kein Grund, die Schadensersatzpflicht in den anderen ebenfalls sehr zahlreichen Fällen auszuschließen, in welchen nach der Lage überhaupt nur der Wildstand eines Besitzers, besonders häufig des Staates, in Betracht kommen könne, also die Person des Schadensersatzpflichtigen von vornherein feststehe.

Der Hauptvortheil aber dieser Einführung der Regreßpflicht werde, wie eben das Beispiel Hannovers zeige, der sein, daß die Großwaldbesitzer, welche einen erheblichen Wildstand halten oder gar hegen, zur Eingatterung ihres Waldbesitzes gezwungen würden und somit ohne übergroße Kosten der Wildschaden für Schwarz- und Rothwild überhaupt verhindert werde.

Die Vertreter der verbündeten Regierungen und einige Kommissionsmitglieder erklärten sich gegen die Annahme dieser Regreßpflicht. Dieselbe werde zu zahlreichen kostspieligen, nicht selten chikanösen und schließlich meist erfolglosen Prozessen führen, weil der Standort des Wildes in vielen Fällen nicht nachgewiesen werden könne. Das Schwarzwild namentlich streife so weit umher, daß man von einem Standort desselben kaum reden könne. Auch nach den Gesetzen der Billigkeit sei die Regreßpflicht nicht voll begründet. Der Feldbesitzer habe von dem Wildstande des benachbarten Großwaldbesitzers nicht nur Schaden, sondern durch die erhöhten Erträge der Jagd auf das austretende Hochwild auch unter Umständen wesentlichen Vortheil.

Der letztere Gesichtspunkt wurde auch von einigen Vertretern des Antrages anerkannt. Für die zweite Lesung wurde vorbehalten, entweder in dem Paragraphen selbst eine Theilung des Schadens zwischen den Feldjagdberechtigten und den Großwaldbesitzern zu beantragen oder im Einführungsgesetz die Landesgesetzgebung zu derartigen Bestimmungen zu ermächtigen.

Der beantragte §. 819a wurde mit großer Majorität angenommen.

In zweiter Lesung wurde der Antrag gestellt, den §. 819a folgendermaßen zu fassen:

„4. Wird der Schaden durch Schwarz- oder Rothwild verursacht, das aus einem anderen Jagdbezirke ausgetreten ist, so ist im Verhältniß zu dem Ersatzpflichtigen derjenige zum Ersatze der Hälfte des Schadens verpflichtet, welcher in dem anderen Jagdbezirke für Wildschaden ersatzpflichtig ist."

Der Antrag unterscheidet sich, so wurde zur Begründung ausgeführt, von dem Beschlusse erster Lesung durch ein Doppeltes: erstens soll nach diesem Antrag der Großwaldbesitzer nur für die Hälfte des Wildschadens regreßpflichtig sein, weil der aus dem Wildstand erwachsene Vortheil ihm nur zu einem Theile, zu einem anderen Theile dagegen dem der Feldjagdberechtigten zufalle. Rationeller erscheine es allerdings, die Theilung der Schadensersatzpflicht nach dem Verhältniß eintreten zu lassen, in welchem die Erträge der Jagd dem Großwaldbesitzer und dem Feldjagdberechtigten thatsächlich zu Theil werden. Da indeß die Annahme eines solchen Verhältnisses zu schwierigen, alljährlich wiederkehrenden Rechnungen führen werde, so müsse in der beantragten Weise eine allgemeine, für alle Fälle anwendbare Regel geschaffen werden. Zweitens mache der Antrag nicht Denjenigen, in dessen Jagdbezirk das Schwarz- oder Rothwild seinen Standort hat, regreßpflichtig, sondern vielmehr Denjenigen, aus dessen Jagdbezirk es ausgetreten sei. Diese Abänderung sei durch praktische Erwägungen veranlaßt. Der Nachweis, wo das Wild seinen Stand habe, sei in vielen Fällen außerordentlich schwierig, ja nicht selten unmöglich, und führe zu zahlreichen Vernehmungen von Zeugen und Sachverständigen, mithin zu erheblichen Prozeßkosten, der jetzt gestellte Antrag dagegen fordere nur den meistens leicht zu erbringenden Beweis, daß das Wild aus einem anderen Jagdbezirk ausgetreten sei, und die Schadensersatzpflicht werde gleichwohl thatsächlich in den meisten Fällen dieselbe Person wie nach den Beschlüssen erster Lesung treffen.

Die Vertreter der verbündeten Regierungen wandten sich zunächst in eingehender Widerlegung gegen den Kommissionsbeschluß erster Lesung; derselbe entspreche dem Hannoverschen Rechte, aber gerade in der Provinz Hannover habe die gleiche Vorschrift zu zahllosen, im Verhältniß zu den zuerkannten Beträgen, außerordentlich hohen Prozeßkosten geführt, so daß mit Fug und Recht behauptet werden könne, daß diese Bestimmung den Advokaten günstiger sei als den zu schützenden Gemeinden.

Der neu gestellte Antrag sei zwar insofern den Kommissionsbeschlüssen vorzuziehen, als er die Regreßpflicht nur zur Hälfte annehme, was der Gerechtigkeit wenigstens näher liege, da es zweifellos richtig sei, daß auch dem Feldjagdberechtigten ein Theil des Nutzens aus dem Wildstand durch Erhöhung der Jagdpachten zufließe. Auch sei der Antrag praktisch weit leichter durchführbar als der in erster Lesung beschlossene §. 819a. Dagegen stehe er mit der Gerechtigkeit nicht im Einklang, da er denjenigen, aus dessen Jagdbezirk das Wild ausgetreten sei, auch dann haftbar mache, wenn der Standort des Wildes nicht in seinem, sondern in einem dritten Jagdbezirke sich befinde. Nur den am Standorte des Wildes des Jagdberechtigten, nicht aber den Jagdberechtigten, aus dessen Bezirk das Wild nur ausgetreten sei, könne man unter dem Gesichtspunkte für haftbar erklären, daß gleichsam sein Wild den Schaden veranlaßt habe.

Nachdem der neu gestellte Antrag zurückgezogen war, wurde der §. 819a in der Fassung der Beschlüsse erster Lesung mit einer Majorität von einer Stimme angenommen.

§. 819b und c.

Es wurde beantragt:

hinter §. 819 folgende Bestimmungen als §§. 819b und 819c einzusetzen:

§. 819b.

„Ist aus einem Gebäude nach einer öffentlichen Straße oder nach einem anderen Orte hin, wo Menschen zu verkehren pflegen, ein Gegenstand ausgeworfen oder ausgegossen und dadurch ein Mensch getödtet oder der Körper oder die Gesundheit eines Menschen verletzt oder eine Sache beschädigt worden, so ist der Besitzer des Raumes, aus welchem der Schaden verursacht worden ist, verpflichtet, dem Verletzten den daraus entstandenen Schaden zu ersetzen. Befindet sich der betreffende Raum im ungetheilten Besitze Mehrerer, so haften sie als Gesammtschuldner.

Die Ersatzpflicht tritt nicht ein, wenn der Besitzer nachweist, daß die schädigende Handlung von einer Person, die sich gegen seinen Willen in dem Raume aufgehalten hat, verübt worden ist.

Der Ersatzanspruch verjährt mit Ablauf eines Monats seit dem Zeitpunkt der Beschädigung.

Der Ersatzpflichtige, welcher Schadensersatz geleistet hat, kann von Demjenigen, welcher für die beschädigende Handlung nach allgemeinen Vorschriften verantwortlich ist, Erstattung des Geleisteten verlangen."

§. 819c.

„Die Vorschriften des §. 819a finden entsprechende Anwendung, wenn ein Gegenstand ohne gehörige Befestigung an einem Gebäude aufgestellt oder aufgehängt und durch sein Herabfallen das Leben, der Körper oder die Gesundheit eines Menschen verletzt oder eine Sache beschädigt worden ist."

Wer durch Ausgießen oder Auswerfen aus einem Hause geschädigt sei, vermöge, so führte der Antragsteller aus, in vielen Fällen die Person des Thäters nicht zu ermitteln. Ein wirksamer Schutz könne ihm nur gewährt werden, wenn der Eigenthümer des Hauses oder der Wohnung hafte, der ja dann gegen den wirklichen Thäter seinen Regreß nehmen werde. Die Bestimmung sei daher im Interesse der öffentlichen Sicherheit geboten und schließe sich im Wesentlichen an die bekannten und bewährten Bestimmungen des römischen Rechtes an.

Von den Vertretern der verbündeten Regierungen und aus der Mitte der Kommission wurde dagegen ausgeführt: Das römische Recht könne aus einem doppelten Grunde hier nicht als Vorbild dienen. Bei der verhältnißmäßig schwach entwickelten Polizei der Römer seien im römischen Recht vielfach Interessen, welche jetzt eines wirksamen polizeilichen Schutzes theilhaftig werden, lediglich auf den Weg der Privatklage verwiesen. Wenn Jemand durch Herauswerfen oder -Gießen aus einem Hause geschädigt sei, schreite jetzt die Polizei ungesäumt ein und suche durch unmittelbare Nachforschung in dem Hause die Person des Thäters zu ermitteln. Jene im Grunde doch ungerechtfertigte unbedingte Haftung des Hausbesitzers sei also nicht mehr geboten und darum verwerflich. Der Gedanke, daß der Hausbesitzer seinerseits im Stande sei, den wirklichen Thäter zu ermitteln, möge in dem römischen Hause, welches in den meisten Fällen nur von dem Besitzer, seiner Familie und seinen Sklaven bewohnt gewesen, zutreffen, sei aber bei den heutigen Miethskasernen, namentlich der Großstädte, mit den Thatsachen in Widerspruch.

Der Antrag wurde hiernach mit großer Majorität abgelehnt.

§. 820.

Zu diesem Paragraphen lag ein Antrag vor, welcher im Wesentlichen bezweckte, den Besitzer eines Gebäudes für den durch Einsturz oder Ablösung von Theilen des

Gebäudes entstandenen Schaden selbst dann haften zu lassen, wenn der Besitzer zum Zweck der Abwendung der Gefahr die im Verkehr erforderliche Sorgfalt beobachtet habe.

Begründet wurde der Antrag durch das Streben nach möglichster allgemeiner Sicherheit. Der Antrag fand indessen bei den Regierungsvertretern wie in der Kommission fast allseitigen Widerspruch. Es sei eine schwere Ungerechtigkeit, wenn der Hausbesitzer für den Schaden haften müsse, obgleich er zur Abwendung der Gefahr alles gethan, was von ihm erwartet werden konnte.

Der Antrag wurde mit sehr großer Majorität abgelehnt.

§. 822a.

Es wurde beantragt:

a) nach §. 822 folgende Bestimmungen als §. 822a einzuschalten:

„Wenn bei einer öffentlichen Zusammenrottung oder einem Auflauf durch eine Gewaltthat oder durch die Anwendung einer dagegen getroffenen gesetzlichen Maßregel ein Mensch getödtet oder der Körper oder die Gesundheit eines Menschen verletzt oder eine Sache beschädigt wird, so ist die Gemeinde, in deren Bezirk diese Handlung geschehen ist, zum Ersatze des dadurch verursachten Schadens verpflichtet.

Besteht die Menschenmenge ganz oder vorwiegend aus Einwohnern einer anderen Gemeinde und ist zugleich die Gemeinde, in welcher die Zusammenrottung oder der Auflauf stattfindet, außer Stand, die Gewaltthat zu verhindern, so trifft die Ersatzpflicht diejenige Gemeinde, aus welcher die Theilnehmer an der Zusammenrottung oder dem Auflauf gekommen sind.

Die Gemeinde, welche Schadensersatz geleistet hat, kann Erstattung des Geleisteten von denjenigen Personen verlangen, welche nach allgemeinen Vorschriften zum Schadensersatz verpflichtet sind."

b) den Artikel 107 des Einführungsgesetzes zu streichen.

Der Antragsteller führte aus, der Antrag schließe sich im Wesentlichen dem preußischen Gesetze von 1850 an; eine reichsrechtliche Regelung der Frage sei aber wünschenswerth, theils weil in einzelnen Staaten derartige Vorschriften nicht oder nur in ungenügendem Maße bestehen, theils weil die Frage an sich privatrechtlich und deshalb im Bürgerlichen Gesetzbuche zu ordnen sei.

Die Vertreter der verbündeten Regierungen und verschiedene Mitglieder der Kommission erwiderten: Vorschriften über die Ersatzpflicht der Gemeinden für den bei Zusammenrottung oder Auflauf angerichteten Schaden gehörten ihrer Grundlage nach durchaus dem öffentlichen Rechte an; denn sie sollen den Einzelnen an der Aufrechterhaltung der Ruhe und Ordnung interessiren, wie denn z. B. das bayerische Gesetz ausdrücklich vorschreibe, daß, selbst wenn die betreffende Gemeinde vermögend sei, dieser Schaden nicht aus dem Gemeindevermögen, sondern nur durch Umlagen gedeckt werden dürfe. Ferner aber hänge die Frage mit anderen öffentlich-rechtlichen Bestimmungen und der Ordnung der Polizeiverwaltung untrennbar zusammen. Wo der Gemeinde die Machtmittel fehlen, Zusammenrottungen und Aufläufen entgegen zu treten, würde ihre Schadensersatzpflicht dem Gerechtigkeitsgefühl und der Billigkeit widersprechen. Sei beispielsweise in großen Städten die Polizeiverwaltung dem Staate vorbehalten, so könne unmöglich die Gemeinde für denjenigen Schaden aufkommen, den zu verhindern in erster Linie Aufgabe der staatlichen Polizei gewesen wäre. Wolle man darum aber in diesen großen Städten den Staat schadensersatzpflichtig erklären, so heiße das, da die Staatsbedürfnisse durch allgemeine Steuern gedeckt werden, nichts anderes, als die übrigen Gemeinden einmal für sich selbst und andererseits noch für die großen Gemeinden mithaftbar zu machen. Schon hieraus gehe hervor, daß die Angelegenheit nur für jeden Einzelstaat, dessen öffentlichem Rechte entsprechend, geordnet werden könne. Dort allein sei es möglich, die jedenfalls nöthigen Einzelbestimmungen zu treffen (cfr. z. B. §. 5 des preußischen Gesetzes vom Jahre 1850). Auch der Inhalt des beantragten Paragraphen, welcher sich wesentlich dem preußischen Gesetze anschließe, unterliege gewissen Bedenken, wie man denn eben aus diesem Grunde das preußische Gesetz von 1850 nicht auf die 1866 neu erworbenen Gebiete ausgedehnt habe.

Der §. 822a wurde hierauf mit großer Majorität abgelehnt und der Artikel 107 des Einführungsgesetzes angenommen.

§. 823 Absatz 1 und 2.

Es war beantragt, an Stelle des Absatz 1 und 2 folgende Bestimmung anzunehmen:

„Verletzt ein Beamter in Ausübung seiner amtlichen Wirksamkeit seine Amtspflicht oder verletzt er in Ausübung seiner amtlichen Wirksamkeit eine Gesetzesvorschrift, so haftet er dem Verletzten für den daraus entstehenden Schaden."

Der Antragsteller berief sich zur Begründung auf die Ansicht Laband's, welcher darlege, daß die Reichsbeamten schon jetzt für jede Gesetzwidrigkeit auch ohne Verschulden nach §. 13 des Reichsbeamtengesetzes haftbar seien. Eine Ausdehnung dieser Bestimmung auf alle Beamten sei wünschenswerth, um die Staatsbürger gegen jeden Schaden, der durch eine unrichtige, wenngleich unverschuldete, Ausübung der Staatsgewalt entstehe, zu schützen.

Der Antrag rief indeß nicht nur von Seiten der verbündeten Regierungen, sondern auch aus der Mitte der Kommission vielseitigen Widerspruch hervor. Die Haftung des Beamten ohne jedes eigene Verschulden sei mit der Gerechtigkeit unvereinbar. Laband stehe in der Auslegung des §. 13 des Reichsbeamtengesetzes ganz vereinzelt. Der §. 13 wolle keineswegs die Frage, ob die Haftung des Beamten Verschulden erfordere, regeln, sondern nur den Grundsatz feststellen, daß die nach dem allgemeinen Recht begründete Haftung der Beamten in Ansehung der gerichtlichen Verfolgbarkeit besonderen reichsrechtlichen Beschränkungen nicht unterliege. Von verschiedenen Seiten sei gerade umgekehrt angeregt, die Haftung der Beamten auf grobes Verschulden zu beschränken. Gleichwohl habe die zweite Kommission für das bürgerliche Gesetzbuch an dem preußischen Prinzip einer subsidiären Haftung für jedes Verschulden festgehalten, weiter aber dürfe keinesfalls gegangen werden. Würde der gestellte Antrag angenommen, so sei der Beamte mit der steten Sorge, sich haftbar zu machen, belastet, seine Thatkraft werde daher geschwächt, seine Unbefangenheit vermindert. Jede richterliche Entscheidung aber würde wieder und immer wieder freilich nicht der Gegenpartei, wohl aber dem Richter gegenüber zum Gegenstand eines Rechtsstreites gemacht werden können.

Der gestellte Antrag wurde hiernach mit großer Majorität abgelehnt.

In zweiter Lesung wurde der Antrag wiederholt und mit allen gegen zwei Stimmen abgelehnt.

Ferner war beantragt worden, im Absatz 2 das Wort „Beamte" durch „Spruchrichter" zu ersetzen, um dadurch auszuschließen, daß der Absatz 2 auf Staatsanwälte und ähnliche Beamte bezogen werden könne. Nachdem indeß von Seiten der Regierungsvertreter dargelegt war, daß das Wort „Spruchrichter" keineswegs alle Zweifel ausschließe, daß die Fassung des Entwurfs dagegen nach dem klaren Wortlaut auf richterliche Beamte in weiterem Sinne, also auch auf Verwaltungsbeamte, die ein richterliches Erkenntniß abzugeben haben, nicht aber auf Staatsanwälte und ähnliche Beamte zu beziehen sei, wurde der Antrag mit großer Majorität abgelehnt.

§. 823 Absatz 3.

Ein Antrag, den Absatz 3 des Entwurfs dahin abzuändern:

„Die Ersatzpflicht tritt nicht ein, wenn der Verletzte vorsätzlich oder fahrlässig unterlassen hat, den Schaden durch Gebrauch eines Rechtsmittels abzuwenden."

bezweckt nach den Darlegungen des Antragstellers, die allgemeine Regel zur Anwendnng zu bringen, daß der Beschädigte nur dann keinen Schadenersatzanspruch habe, wenn ihn selbst bezüglich der Nichtabwendung des Schadens ein Verschulden treffe. Die Regierungsvertreter widersprachen dem Antrage. Die schwere Haftung, die den Beamten nach §. 823 Absatz 1 treffe, könne ihn leicht zu einer übertriebenen Aengstlichkeit in der Amtsführung veranlassen. Eine solche Folge liege weder im Interesse des Dienstes noch im Interesse des auf dem Verkehr mit den Beamten angewiesenen Publikums. Ihr vorzubeugen sei Zweck des Absatzes 3. Das Nächstliegende und Natürlichste sei, daß, wer sich durch eine amtliche Verfügung geschädigt glaube, Abhülfe durch Einlegung des gesetzlich geordneten Rechtsmittels suche. Der Instanzenzug sei gerade dazu da, diese Abhülfe in der einfachsten, sichersten und schnellsten Weise zu erzielen. Der Beamte könne überdies billigerweise verlangen, daß seine Handlungsweise zunächst der Prüfung der vorgesetzten Behörde unterstellt werde, die mit den einschlagenden gesetzlichen Bestimmungen, mit den Eigenthümlichkeiten und den besonderen Anforderungen seines Amtes am besten vertraut sei. Der Gesetzgeber sei daher vollberechtigt, aus der Gewährung des Instanzenzuges die Folgerung abzuleiten, daß der Beamte nicht hafte, soweit der Schaden durch Beschreitung des Instanzenweges hätte abgewendet werden können. Die Bestimmung befinde sich auch im Einklange mit der neueren Gesetzgebung, insbesondere mit dem sächsischen und dem Züricher Gesetzbuche, mit dem österreichischen Gesetze vom 12. Juli 1872 und dem bayerischen, dem hessischen und dem dresdener Entwurfe.

Hierauf wurde erwidert: Maßgebend für die allerdings nicht leichte Haftung des Beamten sei die Rücksicht auf das Interesse derjenigen, die gezwungen seien, sich die Einwirkung des Beamten auf ihre Angelegenheiten gefallen zu lassen. Der Absatz 3 schwäche diese Rücksichtnahme im Ergebniß erheblich ab. Außerdem entspreche es nicht der Gerechtigkeit, dem Verletzten den Schaden aufzubürden, auch wenn ihm keinerlei Verschulden hinsichtlich der Nichtabwendung zur Last falle. Habe er auf die Autorität des Beamten gebaut und dessen Entscheidung dieserhalb anfangs für richtig gehalten, habe er wichtige Gegengründe nicht gekannt, vielleicht noch nicht kennen können, und erscheine somit subjektiv die Nichteinlegung des Rechtsmittels durchaus gerechtfertigt, so könne man um dieser Unterlassung willen ihm den Ersatzanspruch nicht versagen.

Von anderer Seite wurde aus gleichem Grunde die Streichung des dritten Absatzes beantragt, welche im Wesentlichen zu demselben Resultate führe. Man hielt jedoch entgegen, daß hiernach der Beamte noch ungünstiger gestellt sein würde, da alsdann der §. 248 Anwendung finde, nach welchem der Beamte selbst bei Verschulden des Verletzten nicht ohne Weiteres von der Ersatzpflicht befreit sein würde.

Der ersterwähnte Antrag wurde mit erheblicher Majorität angenommen.

§. 823 Absatz 4.

Es lagen zwei Anträge vor, welche bezweckten, in den Fällen des §. 823 außer dem schädigenden Beamten auch den Staat, die Gemeinde oder die Körperschaft des öffentlichen Rechts, von der der Beamte angestellt wurde, haftbar zu machen, und zwar forderte der erste dieser Anträge subsidiäre Haftung des Staates 2c., der zweite prinzipale Haftung des Staates 2c. als Gesammtschuldners neben dem schädigenden Beamten.

Antrag I.

„Ist in den Fällen des Absatzes 1, 2 der Ersatz des Schadens von dem Beamten nicht zu erlangen, so ist zur Leistung des Ersatzes diejenige juristische Person des öffentlichen Rechtes verpflichtet, welche den Beamten angestellt hat".

Antrag II.

„Hat der Beamte in Ausübung der ihm anvertrauten öffentlichen Gewalt gehandelt, so haftet für den Schaden gemeinsam mit ihm als Gesammtschuldner der Staat, die Gemeinde oder die Körperschaft des öffentlichen Rechtes, von der er angestellt ist".

Die Antragsteller führten aus: entsprechend den Bestimmungen des französischen Rechts sei es allgemein wünschenswerth, daß derjenige, welcher eine Person zu einer Verrichtung angestellt, für den durch Verschulden derselben entstehenden Schaden einzustehen habe. Von dieser Regel für den Staat und die Gemeinde bezüglich der Haftung für ihre Beamten eine Ausnahme zu machen, liege kein Grund vor.

Der Staatssekretär des Reichsjustizamts wandte sich mit Entschiedenheit gegen beide Vorschläge. Es sei nicht wohlgethan, die ohnehin schwierigen Verhandlungen mit einer neuen Frage zu belasten, welche von der mit der Ausarbeitung des Entwurfs betrauten Kommission wohlbedacht aus dem Rahmen des Gesetzbuchs ausgeschieden sei — ein Beschluß, den die verbündeten Regierungen nach eingehender sachlicher Prüfung bestätigt hätten. Die Frage der Haftung des Staats für die Versehen der Beamten sei bisher, wenn man von einer Bestimmung des österreichischen Rechts über eine beschränkte Haftung des Staates für die Handlungen der richterlichen Beamten absieht, in der Gesetzgebung keines der größeren europäischen Kulturstaaten zum Austrag gebracht. In neuerer Zeit habe die Schweiz bei der Ausarbeitung des Obligationenrechts die Frage erwogen; auch dort habe man aber nicht gewagt, die Haftung des Staats anzuerkennen, man habe es bei dem bestehenden Rechte der einzelnen Kantone belassen und auf eine gemeinsame Regelung im Obligationenrecht des ganzen Landes verzichtet. Um wie viel mehr Bedenken müsse das Deutsche Reich tragen, die Frage so kurzer Hand, wie hier versucht werde, zu erledigen, wenn man den gewaltigen und verwickelten Organismus des Deutschen Beamtenwesens in Betracht ziehe. Auch in der theoretischen Behandlung sei die Frage noch nicht ausgereift; mehr und mehr neige die Theorie zu der Auffassung, daß über die Berechtigung und den Umfang der staatlichen Haftung nicht im Allgemeinen, sondern nur im Anschluß an die Verhältnisse der einzelnen Verwaltungszweige entschieden werden könne.

In erster Reihe komme aber in Betracht, daß es sich hierbei gar nicht um eine Aufgabe des bürgerlichen Rechts, sondern des öffentlichen Rechts handle. Ihre Lösung gehöre deshalb überhaupt nicht in das bürgerliche Gesetzbuch hinein. Ja, sie gehöre, soweit es sich nicht um die Reichsbeamten, sondern um die Beamten der einzelnen Staaten und der Gemeinden handle, überhaupt nicht zur Kompetenz der Reichsgesetzgebung. Dadurch werde zwar nicht ausgeschlossen, die Reichsgesetzgebung doch eintreten zu lassen; hiermit würden die verbündeten Regierungen aber jedenfalls nur dann einverstanden sein können, wenn es sich um eine, in der Hauptsache zweifelsfreie Angelegenheit handeln würde und wenn dabei keine bedenklichen Rückwirkungen auf das ganze Beamtenrecht der einzelnen Staaten zu besorgen wären. Keines von beiden treffe zu, und unter diesen Umständen müsse er dringend bitten, von Anträgen, welche die verfassungsmäßige Kompetenz der Reichsgesetzgebung überschreiten, Abstand zu nehmen.

Man könne dabei immerhin anerkennen, daß der gegenwärtig in Deutschland bestehende Rechtszustand unvollkommen sei. Wolle man aber im Reichstage eine erfolgversprechende Anregung zu einer Verbesserung des geltenden Rechtes geben, so müsse ein anderer Weg eingeschlagen werden. Es sei unmöglich, mit einem Federstrich hier eine gerechte und zweckmäßige Neuordnung zu schaffen. Die Verhältnisse in der Justiz und in der Verwaltung, in der Civilverwaltung und im Militär- und Marineressort vertrügen nicht die gleiche Behandlung. Die Stellung der höheren und der unteren Beamten verlange in der Sache Berücksichtigung; die Gemeinde könne nicht für einen Nachtwächter und für eine leitende Magistratsperson, der Staat nicht für einen mit mechanischen Dienstleistungen betrauten Unterbeamten und für den Chef eines Verwaltungsressorts in gleicher Weise haftbar gemacht werden. Die Obliegenheiten der technischen Beamten erheischten eine andere Würdigung wie die der übrigen Beamtenkreise. Wie weit solle überhaupt der in die Vorschläge einbezogene Beamtenkreis reichen? solle der Staat auch für die mittelbaren Beamten haften? solle er auch für solche Beamte, die nicht im eigentlichen Staatsdienste sich befinden, also z. B. für die Notare, haften? Ueber alle diese bedeutungsvollen Fragen gingen die gestellten Anträge einfach hinweg.

Hieraus ergebe sich, wie man vorgehen müsse, wenn man überhaupt etwas erreichen wolle. Man müsse die Verhältnisse der verschiedenen Staatsverwaltungszweige, wie auch die Verhältnisse der Gemeinden gesondert für sich prüfen und im Anschluß daran Sonderregelungen versuchen. Das sei in den einzelnen Staaten bereits für einige Verwaltungsgebiete, z. B. für das Grundbuchwesen, mit Erfolg geschehen. Wolle der Reichstag der Sache näher treten, so könne er dies nur, indem er seine Aufmerksamkeit zunächst den Verhältnissen der Reichsverwaltung zuwende, wo ihm kein in der Verfassung begründeter Kompetenzeinwand entgegengesetzt werden könne. In der allgemeinen Verwaltung, der Justizverwaltung, der Post, der Eisenbahnverwaltung, der Militär- und Marineverwaltung ließen sich fast alle einschlagenden Fragen sachgemäß prüfen. Gelänge es, hier für die verschiedenen Verwaltungsgebiete befriedigende Regelungen zu erzielen, so würde das sicher für die einzelnen Staaten vorbildlich sein. Gegen die in der Kommission gemachten Vorschläge müßten sich aber die verbündeten Regierungen vermöge ihres verfassungsmäßigen Rechtes verwahren. Die Vertreter der verbündeten Regierungen müßten dringend bitten, die eingebrachten Vorschläge nicht weiter zu verfolgen.

Auch von anderen Vertretern der verbündeten Regierungen und aus der Mitte der Kommission wurde betont, daß die Frage der Haftung des Staates für die Beamten unzweifelhaft eine Frage des öffentlichen Rechts sei, welche sich dahin präzisiren lasse: wie weit haftet der Staat, wenn dem Einzelnen durch die Ausübung der öffentlichen Gewalt Schaden zugefügt wird? Diese Frage könne der Staat in sehr verschiedener Weise ordnen; er könne (wie es die Anträge wollen) den Beamten und eventuell oder neben ihm den Staat haftbar erklären, er könne aber auch den Grundsatz aufstellen, daß der Schaden, der durch die Ausübung der öffentlichen Gewalt dem Einzelnen auferlegt werde, zunächst nur vom Staate allein getragen werden müsse, während die Beamten eventuell nur dem Staate haften. Eine solche, zweifellos in der Kompetenz der einzelnen Bundesstaaten liegende Bestimmung werde vom Entwurf nicht ausgeschlossen, da derselbe im Absatz 1 nur von der dem Beamten „einem Dritten gegenüber" obliegenden Amtspflicht spreche; die Annahme der gestellten Anträge dagegen werde eine derartige, durchaus zweckentsprechende Ordnung ihrer eigenen Angelegenheiten den Einzelstaaten unmöglich machen und sei deshalb in positiver wie in negativer Beziehung als eine offenbare Ueberschreitung der Kompetenz des Reiches zu betrachten.

Bei der Abstimmung wurde der Antrag 1 mit knapper Majorität angenommen.

In zweiter Lesung wurden die folgenden Anträge gestellt:

A. den Absatz 4 zu streichen;

B. am Schlusse des Absatzes 4 hinzuzufügen:

„es sei denn, daß der Beamte von diesen juristischen Personen ein Diensteinkommen überhaupt nicht oder nicht ausschließlich bezieht, noch zugesichert erhalten hat."

C. hinter dem Worte „Ersatzes" fortzufahren:

„sofern es sich um Beamte der Gerichte oder Staatsanwaltschaften handelt, der Staat, welcher den Beamten angestellt hat, und sofern es sich um Reichsbeamte handelt, das Reich verpflichtet."

D. für den Fall der Ablehnung der auch auf Staats- und Gemeindebeamten bezüglichen weiteren Fassung, den Abs. 4 auf Reichsbeamte zu beschränken;

E. am Schlusse des Absatzes 4 hinzuzufügen:

„falls der Schaden durch einen Reichsbeamten oder durch Beeinträchtigung der persönlichen Freiheit Jemandes zugefügt ist."

Ferner wurde folgende Resolution beantragt:

Resolution I.

Der Reichstag wolle beschließen:

„es werde die Erwartung ausgesprochen, daß alsbald ein Reichsgesetz dem Reichstage vorgelegt werde, wonach die Haftung des Staates und der juristischen Personen für den Fall geregelt wird, daß der Ersatz des Schadens von den Beamten nicht zu erlangen ist."

Resolution II.

Der Reichstag wolle beschließen:

„es werde die Erwartung ausgesprochen, daß baldmöglichst der Entwurf eines Gesetzes vorgelegt werde, durch welches die Haftung des Reichs für den durch Reichsbeamte in Ausübung der Amtsbefugnisse verursachten Schaden für den Fall geregelt wird, daß der Ersatz des Schadens von den Beamten nicht zu erlangen ist."

Die Anträge B, C, D, E bezweckten in verschiedener Weise diejenigen Bedenken zu beseitigen, welche dem in erster Lesung beschlossenen Absatz 4 des §. 823 schon damals entgegengestellt waren und jetzt von den verbündeten Regierungen und aus der Mitte der Kommission eindringlich wiederholt wurden.

Der Antrag B will die Haftung für die unbesoldeten Beamten ausschließen. Zur Begründung wurde namentlich auf die Notare hingewiesen, für deren Geschäftsführung eine eventuelle Haftung zu übernehmen in der That dem Staate nicht angesonnen werden könne. Allein von anderer Seite wurde bemerkt, daß es keineswegs der Mangel an Besoldung sei, welcher die eventuelle Haftung des Staates bei den Notaren ausschließen müsse; selbst wenn den Notaren, etwa um die Erniedrigung der Gebühren zu ermöglichen, vom Staate eine geringe Besoldung bezahlt werde, müsse die Haftung gleichwohl ausgeschlossen bleiben. Wie unzutreffend ein Unterschied zwischen nichtbesoldeten und besoldeten Beamten in dieser Beziehung sei, ergebe am schlagendsten ein Blick auf die Bürgermeister der kleineren Städte und Ortsvorsteher der Landgemeinden. Es sei kein Grund zu erkennen, weshalb die Gemeinde zwar nicht für die Handlungen ihres unbesoldeten, wohl aber für die Handlungen ihres besoldeten Bürgermeisters eventuell einzustehen verpflichtet sein solle.

Dem Antrag C, welcher die Haftung der Gemeinden für ihre Beamten ganz ausschließe und die Haftung des Staates nur für die Beamten der Gerichte und Staatsanwaltschaften einführeu wolle, wurde entgegengehalten, daß gerade für diese die Haftung am wenigsten praktisch in Betracht komme.

Gegen den Antrag E wurde von verschiedenen Seiten bemerkt, daß derselbe die allgemeine dem Absatz 4 entgegenstehenden Bedenken weder beseitige noch vermindere; wolle man aber von diesen Bedenken absehen, so sei eine Beschränkung der Haftung auf die Fälle, wo es sich um die persönliche Freiheit handle, nicht gerechtfertigt.

Den Hauptgegenstand der Debatte bildeten auch in zweiter Lesung die Fragen, ob die eventuelle Haftung für die Reichs-, Staats- und Gemeindebeamten nach den Beschlüssen der Kommission aufrecht zu erhalten oder auf Reichsbeamte zu beschränken (Antrag D) oder überhaupt in das Bürgerliche Gesetzbuch nicht aufzunehmen sei (Antrag A).

Für die Streichung des Absatzes wurden die in erster Lesung angeführten Bedenken ausführlich wiederholt und durch Beispiele begründet, namentlich aber auf die große Härte hingewiesen, welche für kleinere Gemeinden aus der eventuellen Haftung für ihre Beamten entstehen könne. Wolle man aber nach dem Antrag D die eventuelle Haftung nur für das Verschulden der Reichsbeamten anordnen, so fielen freilich die in der ersten Lesung dargelegten Kompetenzbedenken fort, bestehen aber bleibe der Nachtheil, daß durch allgemeine Regel und ohne die unbedingt nothwendige Prüfung der Verhältnisse der verschiedenen Ressorts diese noch nicht reife Frage in schematischer und vielleicht praktisch unzutreffender Weise geordnet werde.

Der Staatssekretär des Reichsjustizamts wies vor der Abstimmung nochmals darauf hin, daß es sich hier, nicht nur nach der Ansicht der verbündeten Regierungen, sondern auch nach der überwiegenden Meinung der hervorragendsten Rechtslehrer, um eine Frage handle, die wesentlich auf dem Gebiete des öffentlichen Rechts liege. Verfassungsmäßig sei die Reichsgesetzgebung nicht zuständig, hier, soweit es sich nicht um Reichs-, sondern um Landesbeamte handle, eine Regelung herbeizuführen. Man möge diese Gelegenheit nicht benutzen, um gegen die Regierungen einen Druck auszuüben, damit diese sich eine gesetzliche Regelung gefallen lassen, die verfassungsgemäß einen Eingriff in die Rechte der einzelnen Bundesstaaten darstelle; ein solcher Versuch könne die Verständigung nur erschweren. Man vergesse auch bei der Würdigung dieser Frage zu leicht, daß Staat und Gemeinden anders bezüglich der Wahl und Beschäftigung ihrer Beamten stehen, wie andere juristische Personen. Sie wären nicht in der Lage, ihre Beamten beliebig zu wählen, er erinnere an die Militäranwärter, die auf Meldung in bestimmter Reihenfolge angestellt werden müßten. Sie könnten auch die Beamten nicht beliebig entlassen, die Disziplinargesetze schränkten sie ein; ein Beamter könne aus Fahrlässigkeit wiederholte, den Schadenersatz begründende Verletzungen seiner Amtspflichten sich zu Schulden kommen lassen, ohne daß darin disziplinarisch schon ein Grund der Entlassung liege. Wenn man Staat und Gemeinde zwinge, solche Beamte zu behalten, und gleichwohl nöthige, auf öffentliche Kosten für deren Versehen aufzukommen, so liege darin ein Widerspruch und eine Ungerechtigkeit. Er müsse wiederholt die Behauptung zurückweisen, daß in den außerdeutschen Staaten immer mehr die Entwickelung auf eine Anerkennung des im Absatz 4 vertretenen Prinzips hindränge; keine gesetzliche Maßnahme sei in den letzten zwanzig Jahren erfolgt, durch welche diese Behauptung gerechtfertigt werde. Im Gegentheil, man stehe hier vor einem ersten gesetzgeberischen Versuch, dessen Tragweite sich gar nicht übersehen lasse. Nicht nur der Staat, sondern auch die Gemeinden, bis zur kleinsten hinab, würden dabei in Mitleidenschaft gezogen. Gerade die Verhältnisse der Gemeinden solle man in Betracht ziehen, wenn man die obwaltenden Bedenken sich recht klar machen wolle. Wenn für jedes Versehen eines Gemeindewächters, auf das z. B. ein Diebstahl sich zurückführen lasse, oder für jedes Versehen eines technischen Beamten, z. B. eines Fleischbeschauers, welcher ein trichinöses Schwein, an dessen Konsum sich später schwere Folgen knüpfen, habe passiren lassen, eine Haftung der Gemeinde eintreten würde, so könnte das, namentlich bei schwächeren Gemeinden, zu unerträglichen Belastungen führen. Aehnliche Folgen ziehe der Absatz 4 auch für den Staat nach sich; der Staat hätte danach für die Versehen der Notare, der Lootsen und anderer Geschäftstreibenden, die an einzelnen Orten und für manche Landesgebiete staatliche Beamte seien, zu haften, obwohl er ihren Geschäftsbetrieb zu kontroliren nicht befugt sei, obwohl niemand gezwungen werde, gerade an eine bestimmte Persönlichkeit dieser Art, um die gewünschten Dienste zu erhalten, sich zu wenden. Darin liegt eine so schreiende Härte, daß Jedermann verstehen würde, wenn regierungsseitig dahin gerichtete Vorschläge als unannehmbar bezeichnet würden.

Was aber würde die weitere Folge eines solchen gesetzgeberischen Experimentes sein? Staat und Gemeinden könnten zum Schutz ihrer berechtigten Interessen dahin gelangen, die Qualifikation als Beamter einen Theil der im unteren und der im technischen Dienste beschäftigten Leute zu entziehen, womit die Haftung für deren Versehen wegfallen würde. Oder sie könnten darauf sinnen, eine größere Zahl von Beamtenstellungen der Pflicht vorheriger Kautionsleistung zu unterwerfen, damit aber den Zugang zu den Stellungen gerade den weniger vermögenden Schichten der Bevölkerung erschweren. Weder im

Interesse des Beamtenstandes noch auch in demjenigen des Publikums lägen solche Eventualitäten.

Die jetzt gestellten Abänderungsanträge zu Absatz 4 seien geeignet, die Bedenken abzuschwächen, aber sie beseitigten sie nicht. Wenn insbesondere nach dem Antrage B auch dann eine staatliche Haftung eintreten solle, wenn dem Beamten lediglich ein Diensteinkommen zugesichert d. h. garantirt sei, so werde dabei nicht berücksichtigt, daß es Stellen giebt, bei denen nur ein beschränktes Diensteinkommen z. B. zur Deckung der Bureauunkosten garantirt werde, im Uebrigen aber der Beamte eine Besoldung nicht beziehe. Solche Stellungen könnten doch billiger Weise und wohl auch im Sinne des Antrages nicht anders behandelt werden, wie andere Stellungen, bei welchen eine gleiche Garantie nicht gegeben wird, vielleicht nur deshalb nicht, weil der entsprechende Dienstaufwand, dessen Deckung garantirt werden soll, dort nicht vorkommt. Mit Recht sei auch gefragt worden, wie es denn mit solchen Beamten zu halten sei, welche etwa vom Staate bestellt, aber von der Gemeinde besoldet werden, ob hier der Staat oder die Gemeinde ersatzpflichtig sein solle. Der Antrag B, ebenso wie der in erster Lesung beschlossene Absatz 4, entscheide diese Frage nicht, sie könne die Quelle unerwünschter Prozesse werden; es sei aber die Pflicht des Gesetzgebers in solchen weittragenden Fragen Klarheit zu schaffen und Prozessen vorzubeugen, die er kommen sehe.

Alles dieses beweise, wie bedenklich eine prinzipielle Lösung, die von den besonderen Verhältnissen der einzelnen Verwaltungszweige absehe, in jeder Fassung der Vorschrift bleibe. Es könne daher nur wiederholt davor gewarnt werden, einen Weg zu gehen, der zu einer zweckmäßigen Lösung nicht führe, der bisher von keinem großen Staate beschritten sei und der zudem einen Konflikt mit den Kompetenzbestimmungen der Reichsverfassung in sich schließe.

Die Anträge B, C, E wurden mit großer Majorität abgelehnt. Bei der Hauptabstimmung über den Absatz 4 wurde derselbe sowohl in der Fassung der Beschlüsse erster Lesung wie in der Beschränkung auf die Reichsbeamten nach Maßgabe des Antrags D mit geringer Majorität abgelehnt.

Gegen die Resolution 1 wurde eingewandt, daß dieselbe, da sie die reichsgesetzliche Regelung der Frage für alle Beamten, auch die Staats- und Gemeindebeamten anstrebe, den in erster Lesung geäußerten Kompetenzbedenken ebenfalls unterliege, die Resolution II dagegen, welche von diesen Bedenken nicht getroffen wird, wurde nach kurzer Diskussion mit großer Majorität angenommen.

§. 824.

Der Paragraph wurde in Konsequenz des zu §. 248 Absatz 2 gefaßten Beschlusses gestrichen.

§. 825a.

Der dritte Absatz des §. 825 lautet nach Berichtigung eines in der Vorlage enthaltenen Druckfehlers folgendermaßen:

> „Ist neben demjenigen, welcher nach den §§. 817 bis 822, 824 zum Ersatze des Schadens verpflichtet ist, ein Dritter für den Schaden verantwortlich, so ist in ihrem Verhältnisse zu einander der Dritte allein verpflichtet.“

Nun ist §. 824 in Folge der Abänderung des §. 248 Absatz 2 gestrichen; die durch die Bezugnahme auf diesen Paragraphen im §. 825 Absatz 3 ausgesprochene Vorschrift aufzuheben, wurde dagegen nicht beabsichtigt. Diese Vorschrift mußte daher in einem besonderen Satze Ausdruck finden, welche als §. 825a in folgender Fassung dem Entwurf eingefügt wurde:

> „Ist ein Beamter, der vermöge seiner Amtspflicht einen Anderen zur Geschäftsführung für einen Dritten zu bestellen oder eine solche Geschäftsführung zu beaufsichtigen oder durch Genehmigung von Rechtsgeschäften bei ihr mitzuwirken hat, wegen Verletzung dieser Pflichten neben dem Anderen für den

von diesem verursachten Schaden verantwortlich, so ist in ihrem Verhältnisse zu einander der Andere allein verpflichtet."

§. 828.

Der Antrag, im Absatz 2 den Eingangsworten folgende Fassung zu geben:

„Stand der Getödtete zur Zeit der Verletzung zu einem Dritten in einem Verhältnisse, vermöge dessen er diesem den Unterhalt gewährte oder zu gewähren verpflichtet war oder kraft Gesetzes unterhaltspflichtig werden konnte, u. s. w."

bezweckte im Falle der Tödtung den Schadensersatzanspruch auch auf diejenigen auszudehnen, welchen der Getödtete den Unterhalt nur thatsächlich gewährt hatte, oder denen er Unterhalt zu gewähren vertragsmäßig verpflichtet war, was der Antragsteller unter Hinweis auf die Billigkeit begründete.

Von anderer Seite wurde indeß entgegengehalten: wer von dem Getödteten nur thatsächlich, ohne jeden Rechtsanspruch, den Unterhalt empfangen habe, könne deshalb keinen Ersatzanspruch haben, weil nicht nachzuweisen sei, daß er, wenn die Tödtung nicht erfolgte, den Unterhalt weiter empfangen haben würde; wem aber ein vertragsmäßiges Recht auf Unterhalt gegen den Getödteten zustehe, der sei nicht anders wie jeder andere Gläubiger desselben zu behandeln.

Der Antrag wurde hiernach mit großer Majorität abgelehnt.

Ferner war beantragt, die Vorschriften des zweiten Absatzes auf den Fall der Freiheitsentziehung entsprechend anzuwenden. Auch dieser Antrag wurde nach kurzer Diskussion abgelehnt, da die Freiheitsentziehung dem Dritten das Recht auf den Unterhalt zu entziehen keineswegs geeignet ist.

§. 831.

Für den Absatz 1 wurde folgende Fassung vorgeschlagen:

„Im Falle der Verletzung des Körpers, der Gesundheit, der Ehre sowie im Falle der Freiheitsentziehung kann der Verletzte außer dem Ersatze des Vermögensschadens noch eine den Umständen angemessene Entschädigung in Geld verlangen (Satz 2 unverändert)."

Der Antrag wurde mit großer Majorität abgelehnt.

Ueber die auch hier als entscheidend bezeichneten Bedenken gegen die Wiedereinführung einer Klage auf Geldentschädigung wegen Beleidigung ist schon zu §. 807 berichtet.

Für Absatz 2 waren zwei in der Hauptsache auf dasselbe hinzielende Anträge eingegangen, von denen der eine in folgender, zum Theil erst durch die Beschlüsse zweiter Lesung festgestellten Fassung zur Annahme gelangte:

„Ein gleicher Anspruch steht einer Frauensperson zu, gegen die ein Verbrechen oder Vergehen wider die Sittlichkeit begangen oder die durch Hinterlist, durch Drohung oder unter Mißbrauch eines Abhängigkeitsverhältnisses zur Gestattung der außerehelichen Beiwohnung bestimmt wird."

Von den Vertretern der verbündeten Regierungen war dem Antrage nur insofern widersprochen, als derselbe sich auch auf die nicht durch Beiwohnung verübten Verbrechen oder Vergehen wider die Sittlichkeit beziehe, in denen ein Schadensersatzanspruch nicht gerechtfertigt erscheine.

§. 833.

Die zu diesem Paragraphen beschlossene Aenderung ist der Veränderung des §. 284 konform und schon dort im Berichte erläutert.

§. 836.

Es war beantragt, die Verjährung statt in drei erst in vier Jahren eintreten zu lassen, da es wünschenswerth sei, in den Verjährungszeiten eine gewisse Uebereinstimmung herbeizuführen und das Bürgerliche Gesetzbuch neben der zweijährigen bereits eine vierjährige Verjährungsfrist angenommen habe.

Der Antrag wurde abgelehnt, nachdem darauf hingewiesen war, daß für Ansprüche aus unerlaubten Handlungen sich eine kurze Verjährungszeit empfehle.

Auf eine Anfrage wurde außerdem von den Vertretern der verbündeten Regierungen bestätigt, daß sich der Ausdruck „unerlaubte Handlung" in diesem Paragraphen auf alle in dem 25. Titel erwähnten Fälle beziehe, auch auf diejenigen, in denen den Verletzer eine Schuld nicht treffe.

Titel 25a.

Verkürzung der Gläubiger.

Es wurde beantragt, nach Titel 25 einen besonderen Titel 25a, Verkürzung der Gläubiger, einzufügen, dessen vorgeschlagene Einzelbestimmungen sich in der Hauptsache, jedoch mit mannigfachen, nicht unwichtigen Aenderungen dem Inhalt des Reichsgesetzes vom 21. Juli 1879, betreffend die Anfechtung von Rechtshandlungen eines Schuldners außerhalb des Konkursverfahrens, anlehnten.

Es wurde beschlossen, zunächst darüber zu debattiren, ob derartige Bestimmungen, deren Inhalt im Einzelnen alsdann später festzustellen sei, ins Bürgerliche Gesetzbuch aufgenommen werden sollen. Für die Aufnahme machte der Antragsteller geltend, daß es sich um hochwichtige privatrechtliche Bestimmungen handle, welche an sich durchaus geeignet seien, im Bürgerlichen Gesetzbuch abgehandelt zu werden. Gegen die Aufnahme wurde eingewandt, die fraglichen Vorschriften ständen mit dem Konkursrecht im allerengsten Zusammenhang, es sei daher nicht zweckentsprechend, dieselben vor der Neuredaktion der Konkursordnung, welche unmittelbar bevorstehe, zu ordnen. Nach der Revision der Konkursordnung und nach den dort etwa beschlossenen Abänderungen der Anfechtung von Rechtshandlungen des Schuldners im Konkurse würden sich die entsprechenden Aenderungen des Anfechtungsgesetzes ohne Mühe von selbst ergeben.

Die Aufnahme der Materie ins Bürgerliche Gesetzbuch wurde hiernach mit großer Majorität abgelehnt und auf die einzelnen Anträge nicht eingegangen.

Artikel 75 des Einführungsgesetzes.

Ein Antrag, den Artikel 75 des Einführungsgesetzes wie folgt zu fassen:

> „Unberührt bleiben die über die Bestimmung des §. 823 des Bürgerlichen Gesetzbuches hinausgehenden landesgesetzlichen Vorschriften u. s. w. (wie im Entwurf)",

wurde angenommen als Konsequenz der zu §. 823 gefaßten Beschlüsse.

In zweiter Lesung wurde in Folge der in zweiter Lesung gefaßten Beschlüsse die Regierungsvorlage wieder hergestellt.

Die Kommission beantragt:

Der Reichstag wolle beschließen:

1. dem ersten Buch des Entwurfs eines Bürgerlichen Gesetzbuchs „Allgemeiner Theil" und dem zweiten Buch „Recht der Schuldverhältnisse" sowie den einschlagenden Artikeln des Einführungsgesetzes in der aus der Zusammenstellung der Beschlüsse der XII. Kommission — ad Nr. 440 bis 440d der Drucksachen — ersichtlichen Fassung die verfassungsmäßige Genehmigung zu ertheilen;
2. die bei dem Reichstag eingegangenen bezüglichen Petitionen durch die Beschlußfassung zu dem Gesetzentwurf für erledigt zu erklären.

Drittes Buch.

Sachenrecht.

1. Zu den §§. 857 und 307 wurden folgende Abänderungsanträge gestellt:

a) zwischen Absatz 1 und 2 des §. 857 einen neuen Absatz einzuschalten folgenden Inhalts:

„Die Eintragung der Rechtsänderung kann nur auf Grund eines über die Rechtsänderung abgeschlossenen schriftlichen Vertrags erfolgen."

b) in §. 307 dem zweiten Satz folgende Fassung zu geben:

„Ein ohne Beobachtung dieser Form, aber schriftlich geschlossener Vertrag wird seinem ganzen Inhalte nach gültig, wenn die Auflassung und die Eintragung in das Grundbuch erfolgen."

Der Antragsteller begründete dieselben mit Berufung darauf, daß die Trennung der Uebertragung des Eigenthums an einem Grundstück von dem dieser Uebertragung zu Grunde liegenden Kausalgeschäfte nur eine einseitig juristische Bedeutung, dagegen im Volksbewußtsein keine Wurzel habe und auch nicht der Natur der Sache entspreche. Es empfehle sich daher die Aufnahme der vorgeschlagenen Zusatzbestimmungen zum §. 857, durch welche die Zusammengehörigkeit des Kausalgeschäftes und des Aktes der Eigenthumsübertragung zum Ausdruck gebracht werde. Eine Konsequenz dieser Bestimmung sei die vorgeschlagene Abänderung des §. 307 Satz 2, welche überdies rechtsunerfahrenen Leuten einen Schutz gewähre.

Die Vertreter der verbündeten Regierungen wiedersprachen diesen Anträgen. Seitens derselben wurde darauf hingewiesen, daß der Entwurf das im Römischen Rechte ausgebildete Prinzip der Rechtswirksamkeit des abstrakten dinglichen Vertrages ohne Rücksicht auf den Rechtsbestand des zu Grunde liegenden Kausalgeschäftes bei allen Abtretungen dinglicher Rechte durchgeführt habe. Das Kausalgeschäft sei hiernach nur eine innere Angelegenheit zwischen den beiden Vertragschließenden, und Dritte könnten aus demselben keine Einwendungen gegen den dinglichen Vertrag erheben. Diese Konstruktion, welche sich im geltenden Rechte bewährt habe, für die Uebertragung des Eigenthums an Grundstücken zu verlassen, liege keine ausreichende Veranlassung vor. Der Zweck, unerfahrenen Leuten Schutz zu gewähren, werde durch die Anträge nicht erreicht, der geschäftserfahrenere Theil werde sein natürliches Uebergewicht bei der schriftlichen Abfassung des Vertrages geltend machen und die Ungiltigkeit von Aenderungen des schriftlichen Vertrags, die vor der Eintragung nur mündlich vereinbart wurden, könnte nur zu leicht zur Täuschung Rechtsunkundiger benutzt werden. Uebrigens werde auch der Mindergewandte in ausreichendem Maße erkennen, daß der Zeitpunkt der Auflassung der entscheidende sei, und es könne höchstens noch in Frage kommen, ob man durch eine Ordnungsvorschrift das Grundbuchamt anweisen wolle, keine Rechtsänderungen ohne Vorlegung eines schriftlichen Vertrages einzutragen. Hierdurch würde gegenüber dem Antrage wenigstens der Vortheil erreicht werden, daß etwaige Mängel des Kausalgeschäfts den Rechtsbestand des Uebertragungsaktes als solchen nicht berühren würden. Indessen seien die von dem Antragsteller befürchteten Gefahren nicht so groß, wie die Erfahrung in Preußen beweise, wo der in den Entwurf aufgenommene Rechtszustand bereits seit 25 Jahren bestehe, ohne daß sich erhebliche Unzuträglichkeiten gezeigt hätten. Auch dadurch, daß man dem Grundbuchrichter die Prüfung des Kausalgeschäftes zur Pflicht mache, werde nichts Wesentliches erreicht werden. Die materielle Prüfung belaste die Grundbuchämter in erheblichem Maße und führe oft zu unliebsamen Verzögerungen, biete aber keinen Schutz gegen Uebervortheilungen, weil sie nur die Gültigkeit, nicht die wirthschaftliche Zweckmäßigkeit der Kausalgeschäfte betreffen.

Von einem anderen Regierungsvertreter wurde noch darauf hingewiesen, daß der zum §. 857 beantragte Zusatz unklar sei. Seinem Wortlaute nach spreche er überhaupt nicht von dem Kausalgeschäft und sei so aufgefaßt überflüssig, während die Absicht des Antragstellers allerdings dahin gehe, die schriftliche Fixirung des Kausalgeschäftes zu verlangen.

Auch von Mitgliedern der Kommission wurde der Antrag bekämpft. Es wurde geltend gemacht, daß der jetzige Rechtszustand, den der Entwurf übernehmen wolle, sich wohl bewährt habe, insbesondere auch in der Beziehung, daß der Auflassung die Eintragung sofort folge, so daß Auflassung und Eintragung als ein Akt erschienen.

Der Antragsteller hielt diesen Ausführungen gegenüber seinen Standpunkt aufrecht und erklärte, daß eine bloße Ordnungsvorschrift für das Grundbuchamt ihm nicht als ausreichend erscheine.

Bei der Abstimmung wurde der Antrag a abgelehnt, der Antrag b wurde in Folge dessen als erledigt angesehen.

2. Zum §. 857 wurde ferner beantragt, demselben als neuen (vierten) Absatz folgende Bestimmung hinzuzufügen:

„Diese Vorschriften finden keine Anwendung auf Grunddienstbarkeiten."

Der Antragsteller machte zur Begründung geltend, daß es über das praktische Bedürfniß hinausgehe, die Grunddienstbarkeiten dem Buchungszwang zu unterwerfen, der außerdem ohne schwere Rechtsverletzungen nicht durchzuführen sei. Ueberdies bestimme der Artikel 186 des Einführungsgesetzes, daß die gegenwärtig bestehenden Grunddienstbarkeiten ihre rechtliche Wirksamkeit gegenüber dem öffentlichen Glauben des Grundbuchs auch ohne Eintragung behalten sollten, das Grundbuch werde daher in dieser Beziehung auf absehbare Zeiten hinaus unvollständig bleiben. Es seien auch genügend sachliche Gründe für den Eintragungszwang nicht vorhanden. In der Mehrzahl der Fälle handle es sich um Rechte von keinem sehr erheblichen Werthe, der in keinem Verhältniß zu der Umständlichkeit und den Kosten der Eintragung stehe, und diese Rechte seien überdies regelmäßig für Jeden offensichtlich erkennbar. Der Eintragungszwang für dieselben, welcher im größten Theile Deutschlands nicht bestehe, werde das Grundbuch durch eine große Anzahl unbedeutender Einträge überfüllen und dadurch unübersichtlich machen. Hinzu komme ferner, daß der Eintragungszwang die Ersitzung von Grunddienstbarkeiten ausschließen würde, was unter Umständen mit großen Härten verbunden sei, auch die Frage der Erlöschung derselben insbesondere durch Nichtgebrauch sei ohne Eintragungszwang leichter zu behandeln.

Die Regierungsvertreter widersprachen dem Antrage und führten aus, daß die Vortheile des Eintragungszwanges die Nachtheile desselben weit überwögen. Die Begründung von Grunddienstbarkeiten durch bloße mündliche Vereinbarung oder durch Privaturkunde, widerspreche dem im Uebrigen durchgeführten Grundsatze, daß für die Begründung von Rechten, welche für eine unabsehbare Zukunft wirksam sein und auch gegenüber Dritten Bedeutung haben sollten, öffentliche Beurkundung oder öffentliche Beglaubigung erforderlich sei. Verlange man aber eine amtliche Thätigkeit, so sei nicht abzusehen, weshalb man auf die Eintragung verzichten solle, die nicht lästiger sei, als die Errichtung einer gerichtlichen oder notariellen Urkunde und die außerdem den Vortheil leichter Zugänglichkeit für die Einsicht habe. Eine Ueberfüllung des Grundbuchs sei nicht zu befürchten; durch eine rationellere Abgrenzung der ländlichen Grundstücke gegen einander, wie sie in der Gegenwart mehr und mehr zur Durchführung gelange, sei das Bedürfniß zur Bestellung von Grunddienstbarkeiten ein wesentlich geringeres geworden und in ähnlicher Weise hätten in den Städten die neueren Bauordnungen gewirkt. Was die bestehenden Grunddienstbarkeiten betreffe, so sei durch Artikel 186 Absatz 2 des Einführungsgesetzes den Landesgesetzgebungen die Befugniß vorbehalten, auch diese dem Eintragungszwang zu unterwerfen und dadurch die Rechtsgleichheit herbeizuführen. In unseren jetzigen Verhältnissen, in denen die Kultur immer intensiver werde, sei es nicht richtig, daß Grunddienstbarkeiten regelmäßig ohne erheblichen Werth seien. Auch für den Verkäufer eines Grundstücks, welcher dem Käufer für alle nicht bekannten Rechte hafte, sei der Eintragungszwang von Bedeutung. Die Ausschließung der Ersitzung sei als ein Vortheil anzusehen, die Ersitzung führe leicht dazu, daß aus bloßen Vergünstigungen und nachbarlichen Gefälligkeiten Belastungen entständen, die schwer empfunden würden. Die Frage des Erlöschens durch Nichtgebrauch stehe nicht in nothwendigem Zusammenhange mit dem Eintragungszwange. Es sei möglich, eine Bestimmung zu treffen, nach welcher eine eingetragene Grunddienstbarkeit erlösche, wenn sie eine gewisse Zeit nicht ausgeübt sei.

Der Antrag wurde abgelehnt.

3. Zum §. 876 Absatz 1 wurde beantragt, dem ersten Satze die folgende Fassung zu geben:

> „Zu Gunsten desjenigen, welcher ein Recht an einem Grundstück oder ein Recht an einem solchen Rechte durch ein entgeltliches Rechtsgeschäft erwirbt, gilt der Inhalt des Grundbuchs als richtig, es sei denn, daß ein Widerspruch gegen die Richtigkeit eingetragen oder dem Erwerber die Unrichtigkeit oder die Anfechtbarkeit des Eintrags bekannt ist."

Zur Begründung führte der Antragsteller aus, daß der öffentliche Glaube des Grundbuchs im Interesse des Verkehrs eine Durchbrechung des Prinzips der Unverletzlichkeit des Eigenthums enthalte. Es würde aber zu weit führen, von diesem Prinzip auch zu Gunsten des unentgeltlichen Erwerbes abzugehen, und es widerspreche dem Rechtsbewußtsein, daß nach dem Entwurfe die Möglichkeit bestehe, Grundstücke auf Kosten unbetheiligter Dritter zu verschenken.

Regierungsseitig wurde dem Antrage widersprochen. Dasjenige, was der Antrag bezwecke, sei materiell bereits in der Bestimmung des §. 800 Absatz 1 Satz 2 (vgl. auch §. 806) des Entwurfs enthalten, wenn auch in einer anderen Rechtsform. Diese Rechtsform eines obligatorischen Anspruchs auf Herausgabe des durch die unentgeltliche Verfügung Erlangten sei mit Rücksicht auf diejenigen Geschäfte gewählt, welche (wie z. B. der Gutsüberlassungsvertrag) theilweise entgeltliche, theilweise unentgeltliche seien und bei welchen sonst ein praktisch unzweckmäßiges Miteigenthum entstehen würde, und gelte für alle Fälle, in denen die Verfügung eines Nichtberechtigten zu Gunsten eines gutgläubigen Dritten wirksam ist, insbesondere auch für den Erwerb auf Grund eines Erbscheins (§§. 2339, 2340) und für den Erwerb von Wechseln und anderen Ordrepapieren durch Indossament (Art. 74 W.=O., Art. 305 H.=G.=B.). Für Grundstücke eine Sondervorschrift zu geben, bestehe kein zureichender Grund.

Seitens eines anderen Regierungsvertreters wurde noch ausgeführt, daß es sich hier darum handle, zwischen zwei an und für sich richtigen Rechtsgedanken, dem Schutz des guten Glaubens des redlichen Erwerbers und dem Schutz des Rechts des bisherigen Eigenthümers eine Vermittelung zu finden. Der Entwurf habe den richtigen Mittelweg eingeschlagen, indem er auch bei unentgeltlichem Erwerbe den Uebergang des Eigenthums auf den redlichen Erwerber anerkenne, denselben aber, insoweit er durch die Verfügung eines Nichtberechtigten bereichert sei, zur Herausgabe des unentgeltlichen Erwerbs an den früher Berechtigten obligatorisch verpflichte.

Der Antrag wurde abgelehnt.

4. Zum §. 887 Abs. 1 wurde beantragt, dieser Bestimmung die folgende Fassung zu geben:

> „Dem Eigenthümer einer Sache kommt innerhalb der Schranken, welche die Gesetze oder die Rechte Dritter ziehen, die höchste rechtliche Herrschaft über die Sache zu."

eventuell die ganze Begriffsbestimmung dieses Paragraphen zu streichen.

Der Regierungsvertreter widersprach dem Antrag und wies darauf hin, daß der Entwurf auch für alle übrigen Rechte Definitionen enthalte. In der Definition des Eigenthums im §. 887 sei in treffender Weise zum Ausdruck gebracht, daß das Eigenthum nicht schrankenlos sei. Der Ausdruck „höchste rechtliche Herrschaft" sei unklar und auch nicht richtig, da das mit Rechten belastete Eigenthum nicht die höchste rechtliche Herrschaft gewähre, sondern jenen Rechten nachstehe. Außerdem bringe die Definition des Antrags nicht zum Ausdruck, daß dem Eigenthümer die Befugniß zustehe, Andere von der Einwirkung auf seine Sache auszuschließen.

Der Antragsteller machte noch geltend, daß die Begriffsbestimmung des Eigenthums nur dogmatische Bedeutung habe und daher nicht in das Gesetzbuch, sondern in die Lehrbücher gehöre. Im Uebrigen seien auch die Begriffe des Verlöbnisses, der Ehe, der Dienstbarkeiten im Entwurf nicht definirt. Er zog seinen prinzipalen Antrag zurück und hielt nur den Antrag auf Streichung des §. 887 Abs. 1 aufrecht. Der Antrag wurde abgelehnt, dagegen wurde von der Redaktionskommission mit Rücksicht auf die in dem allgemeinen Theil aufgenommene Bestimmung des §. 220a der zweite Absatz des §. 887 gestrichen.

5. Zum §. 890 wurde beantragt, die Worte:

„oder durch eine Benutzung des anderen Grundstücks herbeigeführt wird, die nach den örtlichen Verhältnissen bei Grundstücken dieser Lage gewöhnlich ist"

zu streichen.

Der Antragsteller wies zur Begründung auf die von dem deutschen Fischereivereine und dem landwirthschaftlichen Provinzialverein für die Provinz Posen eingereichten Petitionen hin, in denen auf die Gefahren aufmerksam gemacht wird, welche der Landwirthschaft und der Fischzucht durch die Annahme des §. 890 in der Fassung des Entwurfs erwachsen würden, insbesondere wenn die schädlichen Einwirkungen industrieller Unternehmungen auf die Nachbargrundstücke eine weitere Steigerung erführen.

Seitens des Regierungsvertreters wurde ausgeführt, daß eine Steigerung schädlicher Einflüsse sich Niemand gefallen zu lassen brauche, der Entwurf wolle nur zum Ausdruck bringen, daß der Grundstückseigenthümer sich darüber nicht solle beschweren dürfen, was hergebrachtermaßen die Nachbaren thäten.

Ein anderer Regierungsvertreter machte geltend, daß bei der Abgrenzung der Interessen der verschiedenen Grundstückseigenthümer auch die Ortsüblichkeit, das bisher Gewöhnliche maßgebend sein solle. Die angegriffene Bestimmung gebe einen guten Anhaltspunkt für das richterliche Ermessen.

Aus der Mitte der Kommission wurde ausgeführt, daß einer schadenbringenden Verunreinigung der Gewässer durch industrielle Unternehmungen allerdings vorgebeugt werden müsse; dies könne aber nicht an dieser Stelle geschehen, sondern in einer gesetzlichen Regelung des Wasserrechts. Vom Standpunkt des Nachbarrechts aus sei es an sich nicht zu verwerfen, daß auch erhebliche Belästigungen dort geduldet werden müßten, wo sie gewöhnlich und hergebracht seien.

Von anderer Seite wurde noch darauf aufmerksam gemacht, daß bereits das Reichsgericht das in der angefochtenen Bestimmung aufgestellte Prinzip anerkannt habe (vgl. Gruchot, Beiträge Bd. 36 S. 476).

Der Antrag wurde abgelehnt.

6. Zum §. 891 wurde beantragt, den zweiten Absatz durch folgende Vorschrift zu ersetzen:

„In Ermangelung weitergehender landesgesetzlicher Vorschriften muß der Abstand der Pflanzenanlagen von der Grenze des Nachbargrundstücks bei den nicht unter den Ortsbauplan einer Gemeinde fallenden Grundstücken für hochstämmige Bäume mindestens 2 Meter, für sonstige Bäume und für Sträucher mindestens 0,50 Meter betragen."

unter Hinweis darauf, daß es sich empfehle, den Minimalabstand von Pflanzenanlagen von der Grenze des Nachbargrundstücks gesetzlich ausdrücklich zu fixiren.

Regierungsseitig wurde ausgeführt, die Bestimmung des Absatz 2 des §. 891 sei aufgenommen worden, um außer Zweifel zu stellen, daß der Anpflanzung von Bäumen und Sträuchern in der Nähe der Grenze nicht deswegen widersprochen werden könne, weil in Folge des Wachsthums das Hinübergreifen von Wurzeln und Zweigen zu erwarten sei. In Ansehung der Bäume und Sträucher beschränke sich der Entwurf auf die Bestimmungen der §§. 894 (über eingedrungene Wurzeln und überragende Zweige) und 907 (über Grenzbäume und -Sträucher). Der Landesgesetzgebung sei durch Artikel 121 des Einführungsgesetzes vorbehalten, abweichende Vorschriften für den Fall, daß das Nachbargrundstück ein Waldgrundstück ist, sowie für Obstbäume zu treffen, außerdem könne dieselbe auf Grund des Artikels 123 des Einführungsgesetzes vorschreiben, daß Bäume und Sträucher nur in einem bestimmten Abstande von der Grenze gehalten werden dürften. Die Landesgesetzgebung in weiterem Umfange, als dies im Entwurfe vorgesehen sei, zu beschränken, empfehle sich nicht, da eine erschöpfende Regelung dieser Materie im Bürgerlichen Gesetzbuch wegen der vielfachen zu berücksichtigenden Lokalinteressen doch nicht erfolgen könne. Der Antrag richte sich hauptsächlich gegen den nachtheiligen Einfluß der Beschattung, das Bedürfniß des Schutzes gegen diesen hänge aber davon ab, zu welcher Kultur das Nachbargrundstück benutzt werde, in einem großen Theil des Reichsgebiets fehle es an Schutzvorschriften, ohne daß dies als Mangel empfunden werde. Auch von Mitgliedern der Kommission wurde der Antrag unter Hinweis darauf bekämpft, daß derselbe auf verschiedene Fälle nicht passe.

Der Antragsteller beantragte hierauf, um diesen Einwendungen zu begegnen, der von ihm gewünschten Bestimmung folgenden Satz hinzuzufügen:

> „es sei denn, daß die Anlage die Benutzung des Grundstücks nicht beeinträchtigt."

Der Antrag wurde jedoch auch mit diesem Zusatze abgelehnt und §. 891 des Entwurfs unverändert angenommen.

7. Zum Artikel 121 des Einführungsgesetzes wurde von einer Seite beantragt, den Absatz 1 zu streichen und folgende Bestimmung als Artikel 182a aufzunehmen:

> „Bei Grundstücken, welche zur Zeit des Inkrafttretens des Bürgerlichen Gesetzbuches mit Wald bestockt sind, finden bezüglich der Waldbäume die Vorschriften des §. 894 und des §. 907 Absatz 2 des Bürgerlichen Gesetzbuchs erst von der nächsten Verjüngung des Waldes, spätestens nach Ablauf von zwanzig Jahren, Anwendung."

Zur Begründung wurde geltend gemacht, daß die Bestimmungen der §§. 894 und 907 Absatz 2 auch für die Interessen des Waldes vollständig genügten, und daß es daher nicht als gerechtfertigt erscheine, die Regelung der Forstwirthschaft der Landesgesetzgebung vollständig zu überlassen. Nur soweit es sich um bereits bestehende Wälder handele, empfehle es sich, um nicht zu tief in einmal bestehende Verhältnisse einzugreifen, die vorgeschlagene Uebergangsbestimmung zu treffen.

Seitens des Regierungsvertreters wurde zur Bekämpfung dieser Anträge ausgeführt, wenngleich die Vorschriften der §§. 894 und 907 Absatz 2 im Allgemeinen auch für den Wald ausreichten, so könne je nach den örtlichen Verhältnissen, insbesondere wegen der Gefahr des Windbruchs, doch ein weitergehender Schutz der Wälder erforderlich sein, dessen Regelung man der Landesgesetzgebung überlassen müsse.

Die Anträge wurden in erster Lesung abgelehnt, dann aber in zweiter Lesung in der in der Zusammenstellung der Beschlüsse der XII. Kommission wiedergegebenen Fassung angenommen, nachdem von dem Antragsteller nochmals dargelegt war, daß ein Bedürfniß zur Aufrechterhaltung des Landesrechts für neu anzulegende Wälder nicht bestehe. Gegen die Begründung, daß der Waldbesitzer seinen Wald nicht auf Kosten des Nachbarbesitzers solle pflegen können, wurde darauf hingewiesen, daß in vielen Gebieten Deutschlands der Wald als Quelle der Feuchtigkeit und wegen des Schutzes gegen rauhen Wind den Angrenzern großen Nutzen gewähre.

8. Zum §. 895 wurde beantragt, im zweiten Satze hinter dem Worte „Nachbargrundstück" einzuschalten „auf welches die Früchte fallen".

Der Antrag wurde der Redaktions-Kommission überwiesen, welche es bei dem Entwurfe beließ, der denselben Sinn habe.

9. Zum §. 901 wurde von einer Seite angeregt, die Bestimmungen desselben über die Verbindung mit öffentlichen Wegen auf die Verbindung mit Eisenbahnen und Wasserstraßen auszudehnen.

Im Anschluß hieran wurde von einer anderen Seite beantragt, den Artikel 122 des Einführungsgesetzes zu streichen.

Der Antrag wurde abgelehnt.

10. Zum Artikel 60 des Einführungsgesetzes wurde beantragt, demselben folgende Fassung zu geben:

„Unberührt bleiben die landesgesetzlichen Vorschriften über Rentengüter."

Zur Begründung wurde ausgeführt, daß der Begriff der „Rentengüter" in der Bestimmung nicht näher definirt sei; der Schlußsatz, dessen Streichung gewünscht werde, sei daher überflüssig und auch politisch bedenklich, da das preußische Gesetz vom 26. April 1886, betreffend die Beförderung deutscher Ansiedelungen, ein Ausnahmegesetz sei, welches schon viel böses Blut gemacht habe.

Seitens der Vertreter der verbündeten Regierungen wurde der Antrag bekämpft. Es wurde ausgeführt, daß das genannte Gesetz vom 26. April 1886 keineswegs nur die Errichtung von Rentengütern, sondern auch die Ueberlassung der einzelnen Stellen zu Eigenthum gegen Kapital oder in Zeitpacht vorsehe; auch in den letzteren Fällen könne die Ueberlassung unter Bestimmungen erfolgen, welche von den Grundsätzen des Bürgerlichen Gesetzbuchs abwichen (insbesondere Bestimmungen über dingliche Wiederkaufsrechte und die mit dinglicher Wirkung ausgestattete Klausel, daß bei Veräußerungen der Käufer der Behörde genehm sei), diese Bestimmungen müßten aufrecht erhalten werden, weil anders die Zwecke des Gesetzes nicht erreicht werden könnten. Uebrigens könne nach Ansicht der verbündeten Regierungen in der Annahme des Artikel 60 des Einführungsgesetzes in der vorgeschlagenen Fassung eine Sanktionirung jenes Gesetzes vom 26. April 1886 seitens des Reichstags nicht gefunden werden.

Der Antragsteller führte hierauf aus, er wünsche nur, daß die ausdrückliche Bezeichnung des Gesetzes vom 26. April 1886 im Artikel 60 vermieden werde, und beantragte daher zum Zwecke einer anderweitigen Formulirung die Ueberweisung dieses Artikels an die Redaktions-Kommission.

Diesem Antrage wurde Folge gegeben. Die Redaktions-Kommission beschloß, dem Artikel 60 folgende Fassung zu geben:

„Unberührt bleiben die landesgesetzlichen Vorschriften über Rentengüter und Ansiedelungsstellen."

In der zweiten Lesung wurde in Ansehung der Rentengüter beantragt, diejenigen Vorschriften für aufgehoben zu erklären, nach welchen die Genehmigung zur Ansiedelung und Rentengutsbildung wegen der persönlichen Verhältnisse des Ansiedlers (Religion, Abstammung) verweigert werden kann. Der Antrag wurde damit begründet, daß in Posen wiederholt Katholiken und Polen von dem Erwerbe von Rentengütern in ganzen Gemeinden ausgeschlossen worden seien, weil man rein evangelische, rein deutsche Gemeinden bilden bezw. erhalten wolle. Es wurde erwidert, daß dafür im Einzelfalle praktische Erwägungen maßgebend sein könnten, daß das Rentengutsgesetz selbst eine Vorschrift nicht enthalte, wie sie aufzuheben beantragt sei, und daß eine derartige generelle

Vorschrift auch dem bereits bestehenden Reichsgesetz über die Gleichberechtigung der Konfessionen widersprechen würde, so daß nicht nöthig sei, sie nochmals für aufgehoben zu erklären. Der Antrag wurde abgelehnt.

11. Zu den §§. 909 und 999 sowie dem Artikel 143 des Einführungsgesetzes wurden folgende Anträge gestellt:

in §. 909 Abs. 1 Zeile 3 statt „vor dem Grundbuchamte" zu sagen:
„vor dem Grundbuchamte, vor Gericht oder vor einem Notar";
ebenso: in §. 999 Zeile 3 statt „vor dem Grundbuchamte" zu sagen:
„vor dem Grundbuchamte, vor Gericht oder vor einem Notar";
sodann: in Artikel 143 des Einführungsgesetzes den ersten Absatz zu streichen,
eventuell: in Artikel 143 des Einführungsgesetzes Absatz 1 Zeile 3 statt „außer vor dem Grundbuchamte" ꝛc. zu sagen:
„außer vor dem Grundbuchamte, vor Gericht oder vor einem Notar auch vor einer anderen Behörde oder vor einem anderen Beamten erklärt werden kann".

Zur Begründung der Anträge wurde Nachfolgendes geltend gemacht:

Der §. 909 schreibe vor, daß die Auflassung des Eigenthums an einem Grundstücke bei gleichzeitiger Anwesenheit beider Theile vor dem Grundbuchamt erklärt werden müsse, die gleiche Bestimmung treffe §. 999 für das Erbbaurecht und daneben wolle der Artikel 143 des Einführungsgesetzes die landesgesetzlichen Vorschriften unberührt lassen, nach welchen die Einigung der Parteien in den Fällen der §§. 909 und 999 außerdem auch vor Gericht, vor einem Notar, vor einer anderen Behörde oder vor einem anderen Beamten erklärt werden könne. Wenn man aber einmal diese landesgesetzlichen Bestimmungen konserviren wolle, so sei es richtiger, noch einen Schritt weiter zu gehen und im Gesetzbuch selbst das Prinzip anzuerkennen, daß die Auflassung auch vor Gericht oder vor einem Notar geschehen könne. Diese Regelung empfehle sich um deswillen, weil es für das Publikum wünschenswerth sei, daß dasjenige, was in das Grundbuch eingetragen werden solle, vorher von einer juristischen Instanz gesichtet werde; außerdem werde hierdurch auch der Grundbuchrichter entlastet. Die Auflassungserklärungen auch vor Gemeindebehörden zuzulassen, empfehle sich dagegen nicht, da diese Behörden vielfach aus juristisch nicht gebildeten Leuten zusammengesetzt seien; außerdem sei es bedenklich, auch andere Beamte mit der Entgegennahme jener Erklärungen zu betrauen. Wenn man hierbei insbesondere an die im Ansiedelungsgesetze vom 26. April 1886 bezeichneten Behörden gedacht habe, so eigneten sich diese doch wenig zu einer solchen Thätigkeit, da dieselben eine vorwiegend politische Bedeutung hätten und daher der erforderlichen Unparteilichkeit ermangelten.

Seitens der Regierungsvertreter wurden die Anträge bekämpft. Der Entwurf konservire für den größten Theil des Reichs das bestehende Recht, während der Vorbehalt des Artikel 143 des Einführungsgesetzes dadurch gerechtfertigt werde, daß es wünschenswerth sei, nicht in Einrichtungen einzugreifen, an welche in einzelnen Theilen des Reichs das Publikum sich seit langer Zeit gewöhnt habe. In technischer Beziehung sei die Auflassung vor dem Grundbuchamt die vollkommenste. Sie biete Gewähr dafür, daß der Erwerber die vorhandenen Belastungen des aufzulassenden Grundstücks vollständig erfahre und daß nicht einander widersprechende Anträge gestellt würden. Außerdem könnten die Leistungen der beiden Kontrahenten Zug um Zug erfolgen. Die Thätigkeit des die Auflassungserklärungen entgegennehmenden Beamten sei an und für sich eine nur geringfügige, da der der Auflassung vorhergehende obligatorische Vertrag bei derselben nicht beurkundet werde und nicht Bestandtheil derselben sei. Werde die Auflassung vor einem anderen Gericht als dem Grundbuchamt oder vor einem Notar vorgenommen, so sei der Erwerber stets der Möglichkeit einer Schädigung seiner Rechte in der Zwischenzeit ausgesetzt, welche bis zur Einreichung der Auflassungserklärungen bei dem Grundbuchamt verstreiche und die erfahrungsmäßig vielfach eine ungebührlich lange sei. Auch das öffentliche Interesse könne hierdurch in Mitleidenschaft gezogen werden, nachdem die Kommission die Haftung des Fiskus für die Versehen der Notare beschlossen habe. Andererseits empfehle es sich aber doch nicht, die Auflassung vor dem Notar in denjenigen Theilen des Reiches, in welchen sie bestehe, zu beseitigen, da hierdurch der Bestand des Notariats als eines selbständigen Amtes in Frage gestellt werden könne.

Seitens eines Regierungsvertreters wurde der Vorbehalt des Artikel 143 Absatz 1 auch hinsichtlich der Auflassungserklärungen vor Gemeindebeamten mit dem Hinweis auf die Bedürfnisse des kleinen ländlichen Grundbesitzes in denjenigen Gebieten vertheidigt, in welchen die Bodenzersplitterung weit vorgeschritten ist. In solchen Gebieten handle es sich um zahlreiche Auflassungen von Grundstücken, die sehr oft einen nur ganz geringfügigen Werth hätten. Es empfehle sich, bei derartigen Auflassungen der Landesgesetzgebung zu ermöglichen, den Betheiligten die Kosten einer Reise zum Grundbuchamt, Gericht oder Notar zu ersparen, soweit dies nach den in Betracht kommenden Verhältnissen mit der Rechtssicherheit verträglich erscheine. Hierzu komme, daß, während nach §. 307 der auf die Uebertragung des Eigenthums an einem Grundstücke gerichtete obligatorische Vertrag der gerichtlichen oder notariellen Beurkundung bedürfe, das Einführungsgesetz auch in Beziehung hierauf im Artikel 142 einen Vorbehalt zu Gunsten der landesgesetzlichen Vorschriften enthalte, nach welchen die Beurkundung dieses Vertrages auch vor anderen Behörden oder Beamten geschehen könne. Wenn aber hiernach der obligatorische Veräußerungsvertrag vor einer Gemeindebehörde geschlossen werden könne, so sei es eine große Erleichterung für das Publikum, wenn vor dieser Behörde gleichzeitig auch die Auflassung erfolgen könne.

Auch aus der Mitte der Kommission wurde den Anträgen von verschiedenen Seiten widersprochen, welche nach längerer Debatte abgelehnt wurden.

Ein in zweiter Lesung mündlich gestellter Antrag, das in Klammern im ersten Absatze eingeschaltete Wort „Auflassung“ an das Ende dieses Absatzes zu setzen, wurde der Redaktions-Kommission überwiesen, von dieser aber abgelehnt, weil die Willenseinigung der Parteien, deren Erklärung allerdings nur vor dem Grundbuchamt erfolgen könne, die Auflassung sei und weil das Wort „Auflassung“ nur einen Begriff widergeben könne, nicht aber einen Satz. Diese Bedeutung würde man dem Worte aber beilegen, wenn es an das Ende des Satzes gestellt würde.

12. Nach §. 910 wurde beantragt, die folgende Bestimmung als §. 910a einzufügen:

> „Sind für ein Grundstück mehrere Grundbuchblätter angelegt und widersprechende Einträge erfolgt, so hat der zuerst erfolgte Eintrag rechtliche Geltung.“

Regierungsseitig wurde hervorgehoben, daß dieser Punkt in die Grundbuchordnung gehöre. Der Antrag wurde vorläufig zurückgezogen.

13. Zum §. 912 wurde beantragt, dem Absatz 1 den Satz hinzuzufügen:

> „Die Verzichtserklärung ist unwiderruflich.“

Zur Begründung wurde geltend gemacht, daß ausweislich der Kommissionsprotokolle über die Widerruflichkeit des Verzichts verschiedene Ansichten hervorgetreten seien; aus diesem Grunde sei eine ausdrückliche Feststellung der Unwiderruflichkeit nothwendig.

Seitens des Regierungsvertreters wurde darauf hingewiesen, daß nach dem System des Entwurfs jede Erklärung mit rechtlicher Wirkung unwiderruflich sei, falls nicht das Gegentheil ausdrücklich bestimmt ist, mit Ausnahme derjenigen Fälle, in welchen es sich um die Zustimmung Dritter handelt (§. 179).

Es wurde ohne Widerspruch konstatirt, daß der im §. 912 behandelte Verzicht unwiderruflich sei, falls die Voraussetzungen des §. 859 vorliegen. Hierauf wurde der Antrag zurückgezogen.

14. Ferner wurde zum §. 912 beantragt:

zwischen Absatz 1 und 2 der Vorlage folgende Vorschrift als neuen Absatz einzufügen:

„Wenn das Eigenthum an dem Grundstück im Grundbuch nicht eingetragen ist, so kann das Eigenthum an demselben auch dadurch aufgegeben werden, daß der Eigenthümer in der Absicht, auf sein Eigenthum zu verzichten, sich des Besitzes entschlägt."

Regierungsseitig wurde der Antrag bekämpft. Die beantragte Vorschrift sei nicht erforderlich und würde singuläres Recht schaffen. Für die Uebergangszeit sei im Artikel 188 Absatz 1 des Einführungsgesetzes Vorsorge getroffen. Sei aber das Grundbuch angelegt und hierbei ein einzelnes Grundstück übersehen, so sei jede Verfügung über dasselbe vor seiner Eintragung unmöglich und es sei kein Grund vorhanden, den Verzicht auf dasselbe anders zu behandeln wie alle übrigen Verfügungen.

Der Antrag wurde abgelehnt.

15. Zum §. 913 wurde von einer Seite an die Regierungsvertreter die Anfrage gerichtet, ob die Uebertragung des Eigenthums an beweglichen Sachen auch unter einer Bedingung oder Befristung zulässig sein solle?

Die Frage wurde dahin beantwortet, daß die Zulässigkeit von Bedingungen und Befristungen im Allgemeinen Theil ausgesprochen sei. Diese Regel treffe überall zu, wo nicht das Gegentheil ausdrücklich bestimmt sei oder sich aus der Natur eines bestimmten Rechtsgeschäfts ergebe (vgl. Motive zum Entwurf erster Lesung I S. 249) — Ausnahmen, welche bei der Uebertragung des Eigenthums an beweglichen Sachen nicht platzgriffen.

16. Zum §. 914 wurde die folgende Zusatzbestimmmung beantragt:

„Dritten gegenüber ist dieses Rechtsverhältniß nur wirksam, wenn die Vereinbarung gerichtlich oder notariell beurkundet ist."

Dieser Antrag wurde von dem Regierungsvertreter unter Hinweis darauf bekämpft, daß kein Grund vorliege, den Beweis eines constitutum possessorium nur durch öffentliche Urkunden zuzulassen, und die Annahme des Antrags große Störungen im Verkehr, insbesondere bei den Verhältnissen des Beauftragten zum Auftraggeber, des Kommissionärs zum Kommittenten, des Vormunds zum Mündel herbeiführen würde.

Nachdem noch aus der Mitte der Kommission auf das Bedenkliche hingewiesen war, welches in der Konstruirung eines relativen Eigenthumsverhältnisses liege, wurde der Antrag abgelehnt.

17. Zum §. 916 wurde beantragt, dem ersten Satz folgende Fassung zu geben:

Durch eine nach §. 913 erfolgte Veräußerung einer Sache, deren Besitz dem Veräußerer vom Eigenthümer übertragen worden ist, wird der Erwerber auch dann Eigenthümer, wenn die Sache nicht dem Veräußerer gehört, es sei denn, daß er zu der Zeit, zu der er nach diesen Vorschriften das Eigenthum erwerben würde, nicht in gutem Glauben ist."

Der Antragsteller bemerkte, daß nach dem Entwurfe der Eigenthümer dem Erwerber gegenüber den Beweis des bösen Glaubens zu führen habe. Diese Regelung der Beweislast, welche in der Kommission zur Berathung des Entwurfs zweiter Lesung nur mit 9 gegen 8 Stimmen beschlossen sei, erscheine nicht gerechtfertigt für diejenigen Fälle, in denen der Eigenthümer den Besitz wider seinen Willen verloren habe, und es bezwecke daher sein Antrag, die Beweislast in diesem Falle dem Erwerber aufzuerlegen.

Der Regierungsvertreter bekämpfte den Antrag und führte aus, daß der Entwurf sich dem Artikel 306 des Handelsgesetzbuchs und mehreren ausländischen Gesetzen anschließe. Die Regelung der Beweislast, wie sie der Entwurf im §. 919 vorschlage, sei sachlich gerechtfertigt, da der Eigenthümer am besten selbst darüber Auskunft geben könne, in welcher Weise er den Besitz verloren habe, während man den redlichen Erwerber gefährde, wenn man ihm die Beweislast aufbürden wolle. In der gleichen Weise sei die Beweislast in den §§. 835, 990, 991 bestimmt.

Der Antrag wurde abgelehnt.

18. Zum §. 919 wurde beantragt:

a) im Absatz 1 den ersten Satz in folgender Fassung anzunehmen:

„Der Erwerb des Eigenthums auf Grund der §§. 916 bis 918 tritt nicht ein, wenn die Sache unentgeltlich veräußert oder dem Eigenthümer gestohlen worden, verloren gegangen oder sonst abhanden gekommen war."

b) den Absatz 2 zu streichen.

Der Regierungsvertreter widersprach beiden Anträgen und machte ad a geltend, daß es nicht angängig sei, den Fall der unentgeltlichen Veräußerung bei beweglichen Sachen anders als bei unbeweglichen zu regeln. Ad b habe das Bedürfniß, dem redlichen Erwerber von Inhaberpapieren auch gegenüber dem Bestohlenen Schutz zu gewähren, sich mit solcher Stärke geltend gemacht, daß die Rechtsprechung diesen Schutz aus dem Wesen des Inhaberpapiers herzuleiten versucht habe und diese Entwickelung habe ihren Abschluß gefunden in dem Artikel 307 des Handelsgesetzbuchs. Diesen Entwickelungsgang jetzt wieder rückgängig zu machen und den redlichen Erwerber von Inhaberpapieren, welche gestohlen waren, schutzlos zu lassen, würde schwere Nachtheile im Gefolge haben, allermindestens müsse man ihm einen Anspruch auf Ersatz des gezahlten Preises gegen den Eigenthümer gewähren. Dieselben Erwägungen träfen auch auf den Erwerb in öffentlichen Versteigerungen zu.

Die Anträge wurden abgelehnt.

Die Redaktions-Kommission änderte im zweiten Satz des ersten Absatzes des §. 919 das Wort „ist" in „war".

19. Zum §. 945 wurde beantragt, die Schlußworte:

„oder ihn dergestalt aus dem Gesichte verliert, daß er nicht mehr weiß, wo sich der Schwarm befindet."

zu streichen.

Der Antragsteller führte aus, daß der §. 945 im übrigen dem geltenden Rechte und auch der Natur der Sache entspreche, da Bienen nur insoweit der Herrschaft des Menschen unterworfen seien, als dieser sie verschlossen halte, ihren Herrn nicht kennten und keine zahmen Hausthiere seien. Dagegen seien die hervorgehobenen letzten Worte zu streichen, da ein Bienenschwarm oft so hoch in die Luft steige, daß man ihn aus dem Gesicht verliere, ohne daß es doch gerechtfertigt erscheine, ihn hierdurch herrenlos werden zu lassen.

Seitens des Regierungsvertreters wurde ausgeführt, daß der Antrag auf Streichung der betreffenden Worte wesentlich nur redaktionelle Bedeutung habe. Durch die Streichung werde Uebereinstimmung mit dem §. 944 erzielt werden.

Der Antrag wurde angenommen.

20. Zum §. 948 wurde beantragt, denselben wie folgt zu fassen:

„Zieht ein Bienenschwarm aus und verläßt das Grundstück des Eigenthümers, so wird er herrenlos, wenn nicht der Eigenthümer ihn noch am selben Tage verfolgt oder wenn der Eigenthümer die Verfolgung aufgiebt."

Zur Begründung führte der Antragsteller aus, daß die Biene in unseren gegenwärtigen Kulturverhältnissen ein Hausthier geworden sei. Wenn daher der ausziehende Bienenschwarm auf dem Grundstück des Eigenthümers bleibe, so sei nicht abzusehen, weshalb das Eigenthum an demselben verloren gehen und erst durch eine abermalige Occupation wieder gewonnen werden solle. Der letzte Satz des Antrags enthalte nur die praktische Regelung einer Beweisfrage, da der ausgezogene Schwarm am ersten Tage seines Ausziehens noch unter Feststellung seiner Identität eingefangen werden könne, was später nicht mehr möglich sei.

Der Regierungsvertreter führte gegen diesen Antrag aus, daß die Festsetzung einer Frist für die Verfolgung des Schwarms von Sachverständigen bekämpft sei. Die vorgeschlagene Bestimmung, daß der ausgezogene Schwarm erst herrenlos werden solle, wenn er das Grundstück des Eigenthümers verlasse, sei willkürlich und gehe weiter als die analogen Bestimmungen in Betreff der wilden und gezähmten Thiere.

Der Antrag wurde abgelehnt.

21. Zum §. 949 wurde beantragt, hinter den Worten „und an sich nimmt" einzuschalten „(Finder)".

Der Antrag, welcher nur redaktionelle Bedeutung hat, wurde abgelehnt.

22. Im §. 954 soll es nach Beschluß der Redaktions-Kommission statt „nach den Umständen" heißen „den Umständen nach".

23. Zum §. 962 wurde die Streichung beantragt und eventuell der Erlaß von Sondervorschriften für Eisenbahnen und andere Verkehrsanstalten in Anregung gebracht. Für den Fall der Annahme der Bestimmung dürfe nach Ansicht des Antragstellers von den allgemeinen Vorschriften über den Fund jedenfalls der §. 955 für die Fälle des §. 962 nicht ausgeschlossen werden.

Die Anträge wurden abgelehnt und §. 962 nach der Vorlage angenommen.

24. Zum §. 977 wurde beantragt, den ersten Absatz, wie folgt, zu fassen:

> „Liegen die in den §§. 971 bis 976 bezeichneten Voraussetzungen nicht vor, so hat der Besitzer die gezogenen Früchte, soweit sie nach den Regeln einer ordnungsmäßigen Wirthschaft nicht als Ertrag der Sache anzusehen sind, nach den Vorschriften über die Herausgabe einer ungerechtfertigten Bereicherung herauszugeben; im Uebrigen ist er weder zur Herausgabe von Nutzungen noch zum Schadensersatze verpflichtet."

Der Regierungsvertreter führte aus, daß der Antrag wesentlich nur redaktioneller Natur sei, und wies einerseits auf den §. 95 Absatz 1, nach welchem die Erzeugnisse einer Sache schlechthin als Früchte derselben anzusehen seien, ohne Rücksicht darauf, ob sie den Ertrag der Sache darstellen oder als Kapital zu betrachten seien, andererseits auf die §§. 1022, 2108 hin, die gleichfalls zwischen den als Ertrag und den als Theil des Kapitals zu betrachtenden Erzeugnissen unterschieden.

Der Antrag wurde der Redaktions-Kommission überwiesen, welche demselben Folge gab.

25. Zum §. 982 wurde beantragt, demselben folgenden zweiten Absatz hinzuzufügen:

> „War der Besitzer zur Zeit der Bestellung des Grundstücks in gutem Glauben, so kann er statt des Kostenersatzes verlangen, daß die Ergebnisse der Ernte zwischen ihm und dem Eigenthümer nach Verhältniß der Zeitdauer seines Besitzes im letzten Wirthschaftsjahr getheilt werden."

Zur Begründung machte der Antragsteller geltend, daß es nicht der Billigkeit entspreche, dem bisherigen Besitzer nur den Ersatz der Kosten zuzubilligen, die er auf die noch nicht getrennten Früchte verwandt habe, vielmehr müsse der Grundsatz „wer säet, der mähet" hier zur Anwendung gebracht werden.

Seitens des Regierungsvertreters, welcher den Antrag bekämpfte, wurde ausgeführt, daß entsprechende Vorschriften, wie sie der §. 982 vorschlage, für alle Fälle gelten, in denen ein Wechsel in dem Recht zum Fruchtbezug eintritt. Nach der allgemeinen Bestimmung des §. 97 Nr. 1 finde in Uebereinstimmung mit dem gemeinen Recht (abgesehen von den besonderen Vorschriften des Dotalrechts) die Theilung der Früchte nach der Zeit der Trennung statt, ein Wahlrecht zwischen Theilung und Kostenersatz lasse sich innerlich nicht begründen. Wolle man die Vertheilung nach der Dauer des Bezugsrechts vornehmen, so sei nicht abzusehen, warum für den guten Glauben die Zeit der Bestellung maßgebend sein solle.

Von einem anderen Regierungsvertreter wurde noch auf die großen praktischen Schwierigkeiten hingewiesen, welche damit verbunden seien, wenn man das letzte Wirthschaftsjahr als auf gemeinschaftliche Rechnung beider Theile geführt ansehen wolle.

Der Antrag wurde abgelehnt.

26. Von einem Mitgliede wurde die nachfolgende Resolution beantragt:

„Bei der Revision der Civilprozeßordnung im Anschluß an den in Aussicht genommenen §. 449a derselben Vorschriften aufzunehmen, nach welchen auf Antrag einer Partei auch abgesehen von den Voraussetzungen des §. 447 der Civilprozeßordnung der Zustand eines Grundstücks gerichtlich festgestellt werden könne."

Der Antrag wurde abgelehnt.

27. Zum Artikel 63 des Einführungsgesetzes wurde von einer Seite beantragt, die Eingangsworte, wie folgt, abzuändern:

„Der demnächstigen reichsgesetzlichen Regelung bleiben vorbehalten die Vorschriften, welche dem Wasserrecht angehören, mit Einschluß u. s. w."

Regierungsseitig wurde gegenüber dem Antrage geltend gemacht, daß die Kompetenz des Reichs sich nicht auch auf die öffentlich-rechtlichen Wasserrechtsverhältnisse erstrecke. Außerdem würden durch die Annahme des Antrags die bestehenden landesrechtlichen Vorschriften aufgehoben, ohne daß sofort reichsgesetzliche Bestimmungen an ihre Stelle träten, es würde also eine Lücke entstehen.

Der Antrag wurde sodann zurückgezogen zu Gunsten folgender von einer anderen Seite beantragten Resolution:

„Die verbündeten Regierungen zu ersuchen, die reichsgesetzliche Regelung des gesammten Wasserrechts thunlichst bald in Erwägung zu ziehen",

welche einstimmig angenommen wurde.

28. Zu den §§. 1002 bis 1012 wurde beantragt:

„In den Entwurf besondere, beim Mangel näherer Vereinbarungen der Vertragschließenden zur Anwendung gelangende Dispositivvorschriften über die wichtigsten Grunddienstbarkeiten, insbesondere Wege- und Wasserleitungsdienstbarkeiten, aufzunehmen und die Redaktions-Kommission mit Ausarbeitung solcher Vorschläge zu beauftragen."

Der Regierungsvertreter führte diesem Antrage gegenüber aus, daß der Vorbehalt des Artikels 114 des Einführungsgesetzes zu Gunsten der Landesgesetzgebung erforderlich sei, um den in Betracht kommenden sehr verschieden gearteten lokalen Verhältnissen und örtlichen Gewohnheiten die genügende Berücksichtigung zu Theil werden zu lassen. Der Sächsische Landeskulturrath habe Vorschriften der in dem Antrage bezeichneten Art vorgeschlagen, deren Abänderung dann der Landesgesetzgebung frei stehen solle. Wenn aber dieser Vorbehalt nothwendig sei, so sei es richtiger, von dem Erlaß derartiger reichsgesetzlicher Vorschriften ganz abzusehen.

Der Antrag wurde abgelehnt.

29. Zum §. 1003 wurde beantragt, demselben als zweiten Absatz hinzuzufügen:

„Maßgebend für den Umfang der Dienstbarkeit ist im Zweifel diejenige Art der Benutzung, in welcher das herrschende Grundstück stand, als die Dienstbarkeit bestellt wurde."

Zur Begründung machte der Antragsteller geltend, daß mit der immer weiter fortschreitenden Ausbreitung der Industrie die Verhältnisse, unter welchen die Dienstbarkeit bestellt wurde, sich im Laufe der Zeit in erheblicher Weise ändern könnten. Zur Abschneidung von Zweifeln erscheine daher die vorgeschlagene Bestimmung als zweckmäßig.

Der Regierungsvertreter, welcher den Antrag bekämpfte, führte aus, daß, soweit die Benutzung nicht wesentlich geändert und die auf dem dienenden Grundstück ruhende Last nicht erheblich vermehrt werde, die beantragte Bestimmung nicht zutreffend sein würde. Bei den dauernden Servituten komme es im Uebrigen nicht so sehr auf die Art der Benutzung des herrschenden Grundstücks zur Zeit der Begründung der Dienstbarkeit, als vielmehr auf die thatsächliche Ausübung derselben unter Uebereinstimmung der Betheiligten an. Außerdem sollten nach Artikel 183 des Einführungsgesetzes die Vorschriften der §§. 1004 bis 1011 des Bürgerlichen Gesetzbuchs auch auf die bereits bestehenden Grundienstbarkeiten Anwendung finden und passe hierzu die beantragte Bestimmung nicht. Man werde sich dabei beruhigen dürfen, daß die Rechtsprechung in dem Bedürfniß, welchem die Betheiligten durch die Bestellung der Servitut abhelfen wollen, jedenfalls ein wesentliches Interpretationsmittel finden werde.

Der Antrag wurde hierauf zurückgezogen.

30. Von einer Seite wurde beantragt, nach dem §. 1011 folgende Bestimmung als §. 1011a einzuschalten:

„Der Eigenthümer des belasteten Grundstücks kann von dem Eigenthümer des herrschenden Grundstücks die Bewilligung der Löschung der Grunddienstbarkeit verlangen, wenn dieselbe seit 30 Jahren nicht mehr ausgeübt worden ist."

Der Antrag wurde durch Hinweis darauf begründet, daß erfahrungsmäßig vielfach Servituten durch Nichtausübung, insbesondere auf Grund völlig veränderter Verhältnisse in Vergessenheit geriethen. Eine Berichtigung des Grundbuchs sei in solchen Fällen oft mit den größten Schwierigkeiten verbunden, und hierdurch werde dann wieder der Werth und die Verkäuflichkeit der mit derartigen Servituten belasteten Grundstücke ungünstig beeinflußt.

Regierungsseitig wurde auf die Bedenken hingewiesen, welche dem Antrage mit Rücksicht auf den öffentlichen Glauben des Grundbuchs entgegenständen. Wenn ein Interesse an der Aufrechterhaltung der Servitut für das herrschende Grundstück nicht mehr vorhanden sei, werde es auch nicht schwer fallen, die Einwilligung des Berechtigten zur Tilgung zu erreichen, insbesondere auch auf Grund des Nachweises stillschweigend erfolgter Einigung, und die Erfahrung habe gelehrt, daß in der Praxis die Berichtigung des Grundbuchs sich ohne erhebliche Schwierigkeiten durchführen lasse.

Der Antragsteller beantragte, eventuell der von ihm gewünschten Bestimmung folgende Fassung zu geben:

„Der Eigenthümer des belasteten Grundstücks kann von dem Eigenthümer des herrschenden Grundstücks die Bewilligung der Löschung der Grunddienstbarkeit verlangen, wenn eine mit der Ausübung derselben unvereinbare Anlage seit 30 Jahren ohne Widerspruch des Eigenthümers des herrschenden Grundstücks besteht.".

Dieser Eventualantrag wurde angenommen, die Bestimmung jedoch von der Redaktionskommission im Einverständniß mit dem Antragsteller in folgender Weise geändert:

„Ist auf dem belasteten Grundstück eine Anlage, durch welche die Grunddienstbarkeit beeinträchtigt wird, errichtet worden, so unterliegt der Anspruch des Berechtigten auf Beseitigung der Beeinträchtigung der Verjährung, auch wenn die Dienstbarkeit im Grundbuch eingetragen ist. Mit der Verjährung des Anspruchs erlischt die Dienstbarkeit, soweit der Bestand der Anlage mit ihr in Widerspruch steht."

Diese Vorschriften finden keine Anwendung, wenn der Berechtigte der Errichtung der Anlage widersprochen hat.

In zweiter Lesung wurde der zweite Absatz gestrichen, ein auf Streichung des ganzen §. 1011a gerichteter Antrag abgelehnt.

Der Vorschlag der Redaktionskommission, zur Beseitigung etwaiger Zweifel als zweiten Absatz hinzuzufügen:

„Die Vorschriften des §. 876 finden keine Anwendung."

wurde angenommen.

31. Der Schlußsatz des §. 1032 Abs. 1:

„Die Verzinsung des aufgewendeten Geldes kann der Nießbraucher für die Dauer des Nießbrauchs nicht verlangen."

wurde von der Redaktions-Kommission mit Rücksicht auf die von der Kommission neu aufgenommene Bestimmung des §. 250a gestrichen.

32. Zum §. 1042 wurde beantragt, den zweiten Satz durch folgende Bestimmung zu ersetzen:

„Die Ausübung des Nießbrauchs kann einem Anderen nur überlassen werden, wenn der Belastete die Ueberlassung gestattet."

Zur Begründung wurde geltend gemacht, daß durch die Bestimmung des Entwurfs im praktischen Resultat die Uebertragbarkeit des Nießbrauchs eingeführt werde, während solche Uebertragbarkeit mit dem Wesen des Nießbrauchs, dessen Begründung stets mit Rücksicht auf die Person des Berechtigten und das diesem vom Besteller geschenkte Vertrauen erfolge, nicht vereinbar sei. Außerdem vertrete der Entwurf im §. 1075 in Bezug auf beschränkte persönliche Dienstbarkeiten den entgegengesetzten Standpunkt.

Seitens des Regierungsvertreters wurde der Antrag unter Hinweis darauf bekämpft, daß nach den geltenden Rechten der Nießbraucher nicht darauf beschränkt sei, die ihm zustehenden Nutzungen der seinem Nießbrauchsrechte unterworfenen Sache in Natur zu beziehen, und diese Ausdehnung des Nießbrauchsrechts sei unbedingt erforderlich, soweit es sich um Grundstücke handle, sowie ferner bei der elterlichen und ehelichen Nutznießung. Die abweichende Regelung der Frage bei den beschränkten persönlichen Dienstbarkeiten rechtfertige sich dadurch, daß diese nur zur Befriedigung persönlicher Bedürfnisse bestimmt seien.

Der Antragsteller stellte hierauf den Eventualantrag, der von ihm beantragten Bestimmung die folgenden Worte hinzuzufügen:

„und wenn das Wohnungsrecht der Gegenstand des Nießbrauchs ist."

Beide Anträge wurden abgelehnt.

Von einer anderen Seite wurde an die Regierungsvertreter die Anfrage gestellt, in welcher Weise das Recht des Pfründeninhabers zur Verpachtung der Pfarrländereien künftig werde geregelt werden.

Die Anfrage wurde dahin beantwortet, daß das Pfründenrecht im Einführungsgesetz den Landesgesetzgebungen vorbehalten sei. Soweit in diesen auf Vorschriften des bürgerlichen Rechts über den Nießbrauch verwiesen werde, würden die Bestimmungen des Bürgerlichen Gesetzbuchs als subsidiäres Recht zur Anwendung kommen.

33. Zum §. 1067 wurde beantragt, statt des Wortes „verbrauchten" zu setzen „verbrauchbaren".

Der Antrag, welcher nur die Richtigstellung eines Druckfehlers enthält, wurde angenommen.

34. Ueber den achten Abschnitt des dritten Buchs (Hypothek, Grundschuld, Rentenschuld) fand zunächst eine Generaldebatte statt.

Von einer Seite wurde bemängelt, daß der Entwurf für die Belastung von Grundstücken mit Geldschulden drei verschiedene Formen enthalte. Von dieser Seite wurde ausgeführt, daß die Vielheit dieser Formen nur die praktische Folge haben könne, die Verschuldung des Grundbesitzes noch mehr als bisher zu erleichtern, der Grundbesitz werde nur noch mehr mobilisirt werden. Außerdem schaffe der Entwurf für viele Gebietstheile des Reichs gänzlich neues Recht. Es wurde daher von dieser Seite die Forderung gestellt, für die Belastung der Grundstücke mit Geldschulden eine einheitliche Form zu bestimmen in einer dem Volke verständlichen und für den Hypothekenverkehr praktischen Gestaltung, eventuell mit einem Vorbehalt für die Landesgesetzgebung bezüglich einzelner abweichender Formen.

Seitens der Vertreter der verbündeten Regierungen wurde dieser Forderung widersprochen.

Es wurde darauf hingewiesen, daß ein Beschreiten dieses Weges gleichbedeutend sein könnte mit dem Scheitern des Gesetzbuches. Wenn eine einheitliche Form der Hypothek für ganz Deutschland geschaffen werden solle, so würde diese Form nur die Briefhypothek sein können, welche die größte territoriale Verbreitung habe.

Neben der Briefhypothek verlangten aber auch noch andere Formen, die im außerpreußischen Deutschland fest eingebürgert seien, Berücksichtigung, und aus diesem Grunde sei man zu einem Kompromiß gelangt, als dessen Resultat die Vorlage sich darstelle. Wolle der Reichstag jenes Kompromiß nicht acceptiren und auf der Forderung einer einheitlichen Form bestehen, so würde die Regelung dieses wichtigen Abschnitts und damit auch das Zustandekommen des ganzen Gesetzbuchs überhaupt ernstlich in Frage gestellt werden. Der eventuell gewünschte Vorbehalt für die Landesgesetzgebung bezüglich abweichender Formen sei mit dem Gedanken der Rechtseinheit unverträglich. Der Entwurf werde auch die Grundlage für die demnächstige reichsgesetzliche Regelung des Pfandbriefwesens bilden; komme man nicht zur reichsgesetzlichen Regelung des Hypothekenrechts, so müßte Preußen die Ordnung des Pfandbriefwesens für sich allein in die Hand nehmen und daraus würden für die süddeutschen Bodenkreditinstitute die schwersten Gefahren entstehen.

Auch die Bundesrathsbevollmächtigten für Bayern, Württemberg und Mecklenburg gaben übereinstimmend die Erklärung ab, daß ihre Regierungen auf dem Standpunkt des Entwurfs ständen. Der Bevollmächtigte Bayerns bemerkte hierbei, seine Regierung habe sich zwar in einem früheren Stadium der Berathung mit dem Gedanken beschäftigt, die Aufnahme eines Vorbehaltes in den Entwurf des Einführungsgesetzes zu beantragen, durch den die Landesgesetzgebung ermächtigt würde, die eine oder andere Form der Belastung auszuschließen. In dem für die Gestaltung des Entwurfs im Bundesrathe entscheidenden Stadium aber habe sie diesen Gedanken nicht weiter verfolgt, weil eine solche Bestimmung in ihren Wirkungen die Bedeutung eines landesrechtlichen Vorbehaltes überschreiten würde.

Zur materiellen Rechtfertigung der Bestimmungen des Entwurfs wurde sodann seitens der Vertreter der verbündeten Regierungen noch Folgendes ausgeführt:

Die verschiedenen Formen des Entwurfs reduzirten sich der Sache nach auf zwei, eine Form für den reinen Realkredit (Grundschuld und Rentenschuld) und eine zweite für die Sicherung von Forderungen. Diese letztere Form der accessorischen Hypothek stelle sich als die einmal hergebrachte organische Verbindung zwischen Real- und Personalkredit dar, der weitaus größte Theil des überkommenen Bestandes an Immobiliarbelastungen habe nun einmal die Gestalt dieser Hypothek und die Beseitigung derselben würde einen radikalen Bruch mit der Vergangenheit bedeuten. Der Sicherheit und Leichtigkeit des Verkehrs werde ausreichend Rechnung getragen durch die Erstreckung des öffentlichen Glaubens auf den Bestand der Forderung, wodurch die Hypothek in der Hand des gutgläubigen Erwerbers selbständig werde. Wenn die Uebertragung der Hypothek in doppelter Weise geschehen könne, entweder durch Eintragung oder durch Ausstellung eines Briefs, so werde hierdurch die Hypothek nicht zu etwas Anderem. Im nördlichen Deutschland sei der Hypothekenbrief seit mehr als 100 Jahren eingebürgert und sei daher auch jetzt zu konserviren. Andererseits dürfe man ihn aber auch nicht obligatorisch machen, da die Unterlassung der Ausstellung eines Briefes im Interesse von Gläubiger und Schuldner liegen könne.

Die Zulassung einer selbständigen Hypothek (Grundschuld) neben der accessorischen rechtfertige sich dadurch, daß dieselbe das Mittel bilde, zur Schaffung eines reinen Realkredits. Die Nothwendigkeit, in jedem Falle der Belastung eines Grundstücks mit einer Hypothek auch eine persönliche Forderung zu begründen, sei eine unzweckmäßige und ungerechte Beschwerung des Schuldners, der hierdurch genöthigt werden würde, eine größere Last auf sich zu nehmen, als möglicherweise zur Erreichung seines Zweckes erforderlich sei. Wer im Stande sei, sein Kreditbedürfniß dadurch zu befriedigen, daß er schon auf sein Grundstück allein Geld erhalte, dürfe nicht gezwungen werden, außerdem noch eine persönliche Schuld zu übernehmen, welche ihm unter Umständen recht verhängnißvoll werden könne. Daß ein reiner Realkredit möglich sei, zeige die Erfahrung, insbesondere bei den Fideikommissen. In Mecklenburg, wo das Institut der Grundschuld am konsequentesten durchgeführt sei, habe dasselbe durchweg wohlthätig gewirkt. Die dem Eigenthümer gewährte Möglichkeit, den Werth seines Grundstückes in verschiedene kleinere Parzellen zu zerlegen, habe ihn unabhängig von den großen Banken gestellt, er finde stets sein Publikum, welches geneigt sei, auch kleinere Ersparnisse in sicheren Hypotheken anzulegen, wogegen eine Beförderung des Besitzwechsels durch die Einführung der selbständigen Hypothek nicht eingetreten sei. Die Verschuldungsmöglichkeit habe ihre bestimmten wirthschaftlichen Grenzen, die „Mobilisirung" des Grund und Bodens habe mit der Frage, ob für die Immobiliarbelastung neben der accessorischen Hypothek auch die Form der Grundschuld zuzulassen sei, nichts zu thun.

Wenn die Rentenschuld gegenwärtig noch keine große praktische Bedeutung habe, so sei doch zu hoffen, daß sie eine solche in Zukunft mehr und mehr erlangen werde, zumal sie diejenige Form sei, welche den Interessen der Landwirthschaft am meisten Rechnung trage.

Auch aus der Mitte der Kommission wurde von verschiedenen Seiten der Forderung auf Schaffung einer einheitlichen Form des Immobiliarkredits entgegengetreten. Es wurde anerkannt, daß der Entwurf den thatsächlichen Verhältnissen, wie sie nun einmal beständen, Rechnung trage, und gleichfalls auf die Gefahren hingewiesen, welche eine Ablehnung der Gestaltung des Entwurfs für das Zustandekommen des ganzen Gesetzeswerks im Gefolge haben werde, zumal man sich schwer darüber werde einigen können, welche Form der Immobiliarbelastung als die ausschließliche in dem Gesetzbuch anerkannt werden solle. Wenn auch der Wunsch, zu einer einheitlichen Form zu gelangen, begreiflich sei, so sei er doch unausführbar, da die Verschiedenheit der bestehenden Rechtsgewohnheiten eine zu große sei, als daß man sich darüber hinwegsetzen könne.

Von einer Seite wurde noch darauf hingewiesen, daß es systematisch richtiger gewesen wäre, die Bestimmungen über die Grundschuld an die Spitze zu stellen und die Hypothek nur anhangsweise zu behandeln, indessen wurde von der Stellung von Anträgen in dieser Richtung abgesehen, um dem Gesetzeswerke keine weiteren Schwierigkeiten in den Weg zu legen.

35. Zum §. 1104 wurde beantragt:

a) hinter dem ersten Satze hinzuzufügen:

„vorausgesetzt, daß die Wegschaffung sich als wirthschaftliche Maßregel darstellt";

b) im ersten Satze vor dem Worte „entfernt" zu setzen:

„nicht bloß vorübergehend".

Zur Begründung des Antrags wurde ausgeführt, daß nach dem Entwurfe die Zubehörstücke von der Verhaftung ausscheiden, sobald sie von dem Grundstück weggeschafft seien; dadurch sei ihre Mitverhaftung so gut wie werthlos, und alle Landschaften des Ostens berücksichtigten dieselben schon jetzt überhaupt nicht bei der Festsetzung des Beleihungswerthes. Der Antrag empfehle sich daher sowohl zur Konservirung der Rechte der Gläubiger als auch zur Erhöhung der Kreditfähigkeit des Realschuldners. Für Letzteren würde es auch von Werth sein, wenn ihm unwirthschaftliche Maßregeln unmöglich gemacht würden.

Der Regierungsvertreter widersprach dem Antrage unter Hinweis darauf, daß der Entwurf sich dem jetzt in Preußen geltenden Recht anschließe, wie dies auch die Mehrheit des preußischen Landes-Oekonomiekollegiums befürwortet habe. Es sei bedenklich, dem Landwirth die Hände in seiner Wirthschaftsführung zu binden, die Rechte der Gläubiger würden durch die Bestimmungen der §§. 1117 und 1118 genügend gesichert. Ueberdies werde der Antrag auch in praktischer Beziehung keinen Erfolg haben. Diejenigen Zubehörstücke, welche einmal entfernt seien, könnten doch nicht mehr zur Kreditunterlage dienen und seien in der zweiten Hand ganz verloren. Die beantragte Bestimmung sub a werde daher nur dem Landwirth den Absatz seiner Produkte erschweren, da der redliche Erwerber sich davor scheuen werde, mit den Hypothekengläubigern in Konflikt zu gerathen.

Der Antrag sub b wurde zurückgezogen, nachdem der Regierungsvertreter erklärt hatte, daß unter „Entfernung" im Sinne des §. 1104 nur eine solche zu verstehen sei, in der eine erfolgte Veräußerung zur thatsächlichen Verwirklichung gelange.

Der Antrag sub a wurde abgelehnt.

36. Zum §. 1111 wurde unter Bezugnahme auf eine Petition des Vorstandes des Verbandes öffentlicher Feuerversicherungsanstalten in Deutschland beantragt, zwischen dem ersten und zweiten Satze folgenden Satz einzuschalten:

„Die Anzeige darf unterbleiben, wenn sie unthunlich ist; in diesem Falle wird der Monat von dem Zeitpunkt an berechnet, in welchem die Versicherungssumme fällig wird."

Der Antrag wurde angenommen, nachdem der Regierungsvertreter erklärt hatte, kein Bedenken gegen denselben zu haben.

37. Im §. 1142 Absatz 1 wurden die Schlußworte:

„und für die nach §. 1129 zu entrichtenden Verzugszinsen"

gestrichen.

38. Zum §. 1145 wurde beantragt, den zweiten Absatz zu streichen unter Bezugnahme darauf, daß auch in die §§. 1153 und 1154 eine besondere Bestimmung, daß dem Gläubiger auf Antrag ein neuer Brief zu ertheilen sei, nicht aufgenommen sei. Diese Bestimmung gehöre richtiger in die Grundbuchordnung.

Der Antrag wurde angenommen.

39. Zu dem siebenten Abschnitt (Reallasten) wurde beantragt:

„die Ablösbarkeit neuer Reallasten zu beschließen und die Redaktions-Kommission mit der Ausarbeitung der betreffenden Bestimmungen zu beauftragen".

Gegen den Antrag wurde regierungsseitig geltend gemacht, daß gegenwärtig die Ablösbarkeit der Reallasten in fast allen Staaten geltendes Recht sei. Hierbei werde es für die bereits bestehenden Reallasten nach Artikel 112 des Einführungsgesetzes das Bewenden behalten, überdies blieben nach Artikel 114 des Einführungsgesetzes auch diejenigen landesgesetzlichen Vorschriften bei Bestand, welche die Belastung eines Grundstückes mit Reallasten untersagen oder beschränken, sowie die landesgesetzlichen Vorschriften, welche den Inhalt und das Maß solcher Rechte näher bestimmen. Daß in Zukunft neue Reallasten noch in erheblicherem Umfange würden begründet werden, sei nicht anzunehmen, die Ablösbarkeit dieser neuen Reallasten allgemein reichsgesetzlich vorzuschreiben, sei bei der großen Verschiedenheit ihres möglichen Inhalts nicht thunlich.

Der Antrag wurde abgelehnt.

40. Von einer Seite wurde beantragt, die §§. 1242 bis 1255 und 429 Absatz 2 zu streichen.

Zur Begründung führte der Antragsteller unter Bezugnahme auf eine dem Reichstag überreichte Denkschrift des Vorstandes des Vereins Hamburger Rheder aus, daß die Materie der Verpfändung von Schiffen besser im Handelsgesetzbuch geregelt werde. Die Vorschriften des Entwurfs berücksichtigen nicht in genügender Weise den Umstand, daß die Schiffe thatsächlich Mobilien seien, ständen auch nicht überall im Einklange mit den Bestimmungen des Handelsgesetzbuchs.

Der Antragsteller stellte ferner die Anfrage an die Regierungsvertreter, ob die Absicht bestehe, einige einschlägige Bestimmungen des Handelsgesetzbuchs, insbesondere die Bestimmungen über das Erlöschen des Pfandrechts an Seeschiffen zu ändern.

Seitens der Regierungsvertreter wurde erwidert, daß die Bestimmungen des 5. Buchs des Handelsgesetzbuchs (Seerecht) vorläufig nicht geändert werden sollten. Im Uebrigen sei es nothwendig, daß die Bestimmungen über die Verpfändung von Schiffen im Entwurf stehen blieben, da sie die Grundlage für die Vorschriften über die Zwangsvollstreckung bildeten sowie für die in Aussicht genommenen Aenderungen des Binnenschifffahrtsgesetzes in Bezug auf die Verpfändung der Flußschiffe.

Der Antrag wurde abgelehnt.

41. Schließlich wurde auf eine von einer Seite gestellte Anfrage regierungsseitig ausdrücklich erklärt, daß zu den landesgesetzlichen Vorschriften auf dem Gebiete des Sachenrechts, welche nach dem Entwurf des Einführungsgesetzes unberührt bleiben sollen, auch gehören

die einschlägigen Bestimmungen der Landesgesetze über den Rechtsbesitz, über die Ersitzung eines Rechts oder der Freiheit von einer dinglichen Belastung, über das Erlöschen eines Rechts durch Nichtgebrauch, über die unvordenkliche Verjährung und über die possessorischen Rechtsmittel.

Die Kommission beantragt hiernach:

Der Reichstag wolle beschließen:

1. dem dritten Buch des Entwurfs eines bürgerlichen Gesetzbuchs in der aus der Zusammenstellung der Beschlüsse der XII. Kommission — ad Nr. 440 bis 440d der Drucksachen — ersichtlichen Fassung die verfassungsmäßige Genehmigung zu ertheilen;
2. die bei dem Reichstag eingegangenen bezüglichen Petitionen durch die Beschlußfassung zu dem Gesetzentwurfe für erledigt zu erklären.

Viertes Buch.

Familienrecht.

Erster Abschnitt.

Ehe.

Die Ueberschrift „Ehe" wurde in zweiter Lesung ersetzt durch die Ueberschrift „Bürgerliche Ehe". Die Diskussion über den betreffenden Antrag siehe unten in der Generaldiskussion zu Beginn des Eheschließungsrechts. Die Ueberschrift lautet also jetzt:

Bürgerliche Ehe.

Erster Titel.

Verlöbniß.

Zu

§. 1280

wurde der Antrag gestellt:

Absatz 1 dahin zu fassen:

„Das Verlöbniß begründet die Verpflichtung zur Eheschließung; diese Verpflichtung ist jedoch nicht klagbar."

Zur Begründung desselben wurde ausgeführt, daß es für das populäre Verständniß des Gesetzbuches sehr mißlich sei, wenn der Abschnitt über die Ehe mit einem Satze beginne, der lediglich eine Negative enthalte. Zudem habe der Paragraph den Mangel, daß er für das Verständniß des nicht juristisch Gebildeten den Anschein erwecke, als habe das Verlöbniß überhaupt keine rechtlichen Folgen.

Seitens des Regierungsvertreters wurde entgegen diesen Ausführungen geltend gemacht, daß die aus dem Verlöbniß sich ergebende Verpflichtung zur Eheschließung nur eine höchst unvollkommene Verpflichtung sein könne. Sie sei jedenfalls keine Verpflichtung obligatorischer Art, sondern nur eine ethische oder soziale Verpflichtung, an welche sich allerdings unter gewissen Voraussetzungen (vergl. die §§. 1281 bis 1284) rechtliche Folgen anschließen. Unter diesen Umständen sei es richtiger, sich auf die Feststellung dieser rechtlichen Folgen zu beschränken und die Frage, ob von einer rechtlichen Verpflichtung gesprochen werden könne, der Wissenschaft zu überlassen.

Wenn man den Satz an die Spitze stellen würde, daß aus der Verlobung eine Verpflichtung zur Eheschließung sich ergebe, müßte man jedenfalls auch hervorheben, welche der gewöhnlichen Folgen einer rechtlichen Verpflichtung nicht eintreten; auch ließe sich kaum umgehen, eine Bestimmung aufzunehmen über die Form, in welcher ein Verlöbniß gültig abgeschlossen werden könne.

Aus dem Kreise der Kommission wurde dieser Anschauung beigetreten. Es sei selbstredend, daß ein frivoler Bruch eines Verlöbnisses unmoralisch sei; aber soweit zu gehen, die Verpflichtung, ein Verlöbniß auszuführen, zu einer wenn auch nicht klagbaren Rechtsverpflichtung zu machen, liege kein Grund vor.

Daraufhin wurde der Antrag abgelehnt.

Als

§. 1280a

wurde vorgeschlagen einzuschalten:

> „Das Verlöbniß, welches ein Geschäftsunfähiger oder ein Eheunmündiger abschließt, begründet die in den §§. 1281 bis 1284 bestimmten Ansprüche nicht.
>
> Das von einem ehemündigen Minderjährigen abgeschlossene Verlöbniß bedarf, um diese Ansprüche zu begründen, der Einwilligung des gesetzlichen Vertreters."

Es wurde angeführt, daß die Rechtsfolgen des Rücktritts von einem Verlöbniß, welche im Wesentlichen sich ja mit einem negativen Vertragsinteresse vergleichen lassen, nur eintreten dürften, wenn ein Verlöbniß von Geschäftsfähigen und Ehemündigen abgeschlossen sei, gerade wie auch sonst das negative Vertragsinteresse im Allgemeinen nur klagbar sei, wenn der Vertrag von einem Geschäftsfähigen abgeschlossen worden sei.

Der Widerspruch gegen diesen Antrag wurde zunächst damit begründet, daß schon nach §. 101 die Willenserklärung der Geschäftsunfähigen (von denen hier nur die zeitweilig oder dauernd Geisteskranken in Frage stehen) nichtig sei. Was den Fall anbelangt, daß ein Verlobter das Verlöbniß bricht, das er vor erreichter Ehemündigkeit oder Volljährigkeit eingegangen ist, so sei Eheunmündigkeit wie Minderjährigkeit zur Zeit des Verlöbnißabschlusses, wenn der gesetzliche Vertreter die Zustimmung verweigert, in der Regel als ein berechtigter Grund für den Rücktritt zu betrachten und sei eine besondere Vorschrift, wie sie der Antrag wolle, überflüssig.

Es wurde aus der Mitte der Kommission noch darauf hingewiesen, daß der Antrag zu sehr verkehrten Konsequenzen führen könne. Wie solle es z. B. nach diesem Antrag gehalten werden, wenn ein junger Mann mit 20 Jahren sich verlobt, aber erst mit 25 Jahren das Verlöbniß bricht? Man könne sagen, daß dann die Verlobung durch konkludente Handlung nach der Erreichung des Alters der Mündigkeit festgehalten sei. Doch sei es immerhin unsicher, ob die Jurisprudenz zu diesem Schlusse kommen werde. Auch könne ein Verlöbniß, geschlossen in einem jüngeren Alter als dem Alter der Ehemündigkeit, durchaus vernünftig sein.

Die Worte „Geschäftsunfähiger oder“ wurden daraufhin vom Antragsteller fallen gelassen, jedoch wurde auch der so veränderte Antrag abgelehnt.

Zu

§. 1281

wurde zunächst angeregt, nicht zu beginnen mit den Worten

„Tritt ein Verlobter von dem Verlöbnisse zurück“,

sondern mit den Worten

„Tritt ein Bräutigam von dem Verlöbnisse zurück“,

weil es beinahe niemals vorkomme, daß eine Braut ohne berechtigten Grund von dem Verlöbnisse zurücktrete. Die letztere Behauptung wurde bestritten, auch wurde darauf hingewiesen, daß, selbst wenn man zugeben wolle, daß nur selten Bräute unberechtigter Weise von einem Verlöbniß zurücktreten, es dennoch nöthig sei, auch für diese wenigen Fälle eine Bestimmung zu haben.

Die Anregung war damit erledigt.

Sodann wurde der Antrag gestellt, die Absätze 1 und 2 dieses Paragraphen zu streichen und an ihre Stelle folgende Bestimmungen zu setzen:

„Tritt ein Verlobter von dem Verlöbnisse zurück, so hat er dem anderen Verlobten allen Schaden zu ersetzen, auch für den Schaden, der nicht Vermögensschaden ist, eine billige Entschädigung in Geld zu gewähren. Den Eltern des anderen Verlobten hat er den Schaden zu ersetzen, der daraus entstanden ist, daß sie in Erwartung der Ehe Aufwendungen gemacht oder Verbindlichkeiten eingegangen haben.

Der Anspruch des anderen Verlobten auf Ersatz des Schadens, welcher nicht Vermögensschaden ist, ist nicht übertragbar und geht nicht auf die Erben über, es sei denn, daß er durch Vertrag anerkannt oder daß er rechtshängig geworden ist.“

Der Antragsteller führte aus, daß außer dem Schaden, den die Fassung der Vorlage berücksichtige, jedes Verlöbniß einen gewissen Schaden für das Fortkommen desjenigen bringe, der der passive Theil bei dem Abbruch des Verlöbnisses sei. Auch diesen Schaden müsse der Richter berücksichtigen können.

Es wurde entgegnet, wenn eine solche Bestimmung Aufnahme finde, nach welcher jeder durch den Abbruch des Verlöbnisses verursachte Schaden, einschließlich des immateriellen, zu berücksichtigen sei, so ergebe sich die Gefahr, daß der Bruch eines Verlöbnisses spekulativ ausgenutzt werde, wie dies namentlich in England nicht selten geschehe. Diese Folge widerspreche jedoch in der schärfsten Weise der deutschen Rechts- und Sittlichkeitsanschauung. Es sei ethisch nicht zu billigen, daß ein solches Unglück, wie es der Abbruch eines Verlöbnisses für die Regel sei, zu einer Vermögensvermehrung ausgenutzt werde. Der Rücktritt von einem Verlöbnisse solle aber auch weder direkt noch indirekt erschwert werden, weil es für die Verlobten besser sei, rechtzeitig von einander zu scheiden, als, um einer Vermögensschädigung zu entgehen, eine Ehe einzugehen, welche bereits innerlich den richtigen Boden verloren hat. Der Antrag gebe aus dem Bruch eines Verlöbnisses einen Anspruch auf das volle Erfüllungsinteresse, auch auf das lucrum cessans. Das sei eine gefährliche Bestimmung, weil man dadurch unsaubere Spekulationen erleichtere.

Vom Antragsteller wurde darauf hingewiesen, daß auch §. 1283 den immateriellen Schaden berücksichtige: es könne sich also nur darum handeln, ob es richtig sei, diese Bestimmung auszudehnen auf den einfachen Abbruch des Verlöbnisses. Doch wurde diese Konsequenz bestritten, weil bei §. 1283, der sich an den §. 831 Abs. 2 anschließe, ein besonderer Grund für die Berücksichtigung des immateriellen Schadens vorliege, der bei §. 1281 nicht gegeben sei.

Der Antrag wurde abgelehnt.

Sodann wurde beantragt, den Absatz 2 dieses Paragraphen zu streichen, weil es für die Richter außerordentliche Schwierigkeiten haben werde, zu bestimmen, was „den Umständen nach angemessen“ sei.

Ebenso wurde beantragt, den Absatz 3 zu streichen, weil der Richter nur dann bestimmen könne, ob ein „wichtiger Grund“ für den Rücktritt des Verlöbnisses vorliege, wenn er sich in die Seele desjenigen hinein denke, der das Verlöbniß abgebrochen habe, was ihm ganz unmöglich sein werde.

Es wurde entgegnet, daß allerdings Absatz 2 dem Ermessen des Richters einen gewissen Spielraum lasse. Doch sei das einerseits billig, andererseits nicht zu umgehen, wenn man der Natur des Verlöbnisses gerecht zu werden strebe. Wolle man Absatz 3 streichen, so müsse man auch §. 1282 weglassen, weil auch in dieser Bestimmung der Begriff „wichtiger Grund“ vorkomme.

Beide Anträge wurden abgelehnt.

Zu Absatz 3 wurde beantragt, denselben eventuell zu fassen wie folgt:

„Die Ersatzpflicht tritt nicht ein, wenn ein Grund für den Rücktritt vorliegt, der die Scheidung der Ehe zu Gunsten des Rücktretenden begründet hätte, falls die Ehe bereits geschlossen gewesen wäre.“

Es wurde entgegnet, daß es doch viele wichtige Gründe für den Rücktritt von einem Verlöbnisse geben könne, die durch die vorgeschlagene Ersatzbestimmung nicht gedeckt würden. Etwas anderes sei es, ein Verlöbniß rechtzeitig abbrechen, und eine Ehescheidung durchsetzen. Es sei nicht angängig, Verlöbniß und Ehe in Bezug auf den Abbruch des Verhältnisses gleich zu stellen.

Der Antrag wurde abgelehnt.

Endlich wurde beantragt, den Eingang des §. 1281 zu fassen, wie folgt:

„Tritt ein Verlobter von dem Verlöbnisse zurück, so hat er dem anderen Verlobten und dessen Eltern sowie dritten Personen, welche an Stelle der Eltern im Interesse der Verlobten thätig geworden sind, den Schaden zu ersetzen u. s. w.“

Es komme häufig vor, daß Pflegeeltern, Großeltern, sonstige Verwandte oder Freunde für die Ausstattung einer Braut oder auch eines Bräutigams erhebliche Aufwendungen machten, wenn die Eltern verstorben seien oder nicht die genügenden Mittel besäßen. Es sei kein Grund vorhanden, warum diese Umstände den das Verlöbniß Abbrechenden von der Schadensersatzpflicht befreien sollten.

Demgegenüber wurde eingewandt, mit diesem Antrag verliere man die Möglichkeit einer sicheren Umgrenzung des Kreises der klageberechtigten Personen, da es nicht unzweifelhaft sei, welche dritte Personen an Stelle der Eltern thätig werden; für die Beschränkung auf die Eltern spreche überdies, daß nur die Eltern ausstattungspflichtig seien. In Fällen, wo Pflegeeltern oder sonstige Verwandte für eine Ausstattung gesorgt hätten, würde die Sache meist so liegen, daß der Verlobte selber den Anspruch im eigenen Namen geltend machen könnte.

Von anderer Seite wurde dagegen bezweifelt, ob in solchen Fällen ohne die beantragte Ausdehnung der Zweck des §. 1281 erreicht werde, oder ob nicht vielmehr aus dem zufälligen Umstande, daß die Ausstattung nicht von den Eltern beschafft sei, für den abbrechenden Verlobten der Grund hergenommen werden könne, von einer berechtigten Schadensersatzverpflichtung loszukommen.

Der Antrag wurde mit großer Majorität angenommen.

Die Redaktionskommission strich sodann die Worte

„im Interesse der Verlobten“,

weil dieses Kriterium sich schon ganz allgemein aus der Fassung des ersten Satzes dieses Absatzes ergebe, und setzte statt „thätig geworden sind“ die Worte: „gehandelt haben“, im Anschluß an die sonstige Terminologie des Entwurfs: Rechtshandlungen, u. s. w.

§. 1282.

Ohne Debatte angenommen.

Bei

§. 1283

wurde zunächst angeregt, im Absatz 1 anstatt „billige Entschädigung" zu sagen „angemessene Entschädigung", weil „billig" vielfach im Volke verstanden werde in demselben Sinne wie wohlfeil, was doch nicht die Absicht des Gesetzes sein könne. Doch wurde entgegnet, daß der Ausdruck „billig" eine feste technische Bezeichnung sei, die zwar von „angemessen" sich einigermaßen unterscheide, aber mindestens in der Zusammensetzung „billige Entschädigung" mit „wohlfeil" nicht verwechselt werden könne. Ihn mit „angemessen" zu ersetzen, gehe auch deswegen nicht an, weil der §. 831 Absatz 1, an den der §. 1283 sich anschließe, ebenfalls von „billiger Entschädigung" spreche.

Daraufhin wurde der Anregung keine Folge gegeben.

Sodann wurde beantragt, in §. 1283 statt „billige Entschädigung" zu setzen:

„insbesondere unter Berücksichtigung der Vermögensverhältnisse des Verlobten und der Erschwerung der Eingehung einer anderen Heirath festzusetzende Entschädigung."

Zur Begründung wurde angeführt, der Begriff „billige" Entschädigung sei zu allgemein. Nach den bisherigen Erfahrungen der Praxis seien die Richter, ausgehend von der regelmäßigen Vermögenslosigkeit und niederen Lebensstellung des Mädchens, durchweg geneigt, außerordentlich geringe Entschädigungen zuzubilligen. Es empfehle sich daher ein Hinweis wie der beantragte, welcher den Richter veranlassen werde, in den gegebenen Fällen von der sonst zu befürchtenden zu geringen Bemessung des zugefügten Schadens abzugehen.

Es wurde entgegengesetzt, daß es nicht angemessen sei, bei der Festsetzung des Schadens von den Vermögensverhältnissen und der Lebensstellung des Mädchens ganz abzusehen, wie zu befürchten sei, wenn der Antrag angenommen werde. Es sei eine gesunde Rechtsprechung am sichersten zu erwarten, wenn man den Richter in der Bemessung des Schadens nach keiner Richtung hin einenge. Auch sei bei einem Schadensersatzanspruche, der sich an den Schadensersatzanspruch im Falle des §. 831, d. h. von Verbrechen und Vergehen, anschließe, die Fortsetzung der bisherigen Praxis bei der gewöhnlichen Deflorationsklage nicht zu fürchten.

Der Antrag wurde daraufhin abgelehnt.

Schließlich wurde beantragt, als Absatz 2 einzufügen die Worte:

„Die Entschädigung beträgt mindestens das Fünfzigfache des ortsüblichen Tagelohns."

Auch diesem Antrage wurde entgegengesetzt, daß Einzelbestimmungen über die Bemessung der Höhe des Schadensersatzes sich nicht empfehlen, namentlich aber nicht die Erwähnung eines einzelnen Moments, das bei der Schadensbemessung zu berücksichtigen sei, wenn man nicht alle Momente, welche zu berücksichtigen seien, vollzählig aufführen wolle. Auf der anderen Seite werde die Annahme des Antrags die Gefahr mit sich bringen, daß dann der Richter das 50fache des ortsüblichen Tagelohns als die normale Höhe des zugebilligten Schadensersatzes betrachte, was weder im Interesse der verlassenen Mädchen noch im Interesse der allgemeinen Sittlichkeit sei.

Der Antrag wurde abgelehnt.

Auch wurde beantragt, Absatz 2 dieses Paragraphen zu streichen. Doch wurde entgegnet, daß es sich hier wie in den Fällen des §. 831 um eine höchst persönliche Entschädigungsforderung handle, nicht um eine Forderung, die, sobald sie entstanden sei, als ein fester Vermögensbestandtheil betrachtet werden könne. Man müsse daher an der Nichtübertragbarkeit und Nichtvererblichkeit derselben festhalten.

Der Antrag wurde abgelehnt.

§. 1284.

Er wurde beantragt, den zweiten Satz dieses Paragraphen anstatt mit den Worten:

„Im Zweifel ist anzunehmen, daß die Rückforderung ausgeschlossen sein soll, wenn"

beginnen zu lassen mit den Worten:

„Die Rückforderung ist ausgeschlossen, wenn das Verlöbniß durch den Tod eines Verlobten aufgehoben wird."

Man müsse es als das Regelmäßige betrachten, daß in einem solchen Falle die Rückforderung ausgeschlossen sein solle; und es könne nur zu sehr unliebsamen Prozessen und zu großen Unbilligkeiten Anlaß geben, wenn man hier noch eine gerichtliche Kognition darüber eintreten lassen wolle, was die Absicht bei Hingabe der Geschenke gewesen sei.

Doch wurde entgegnet, es ergebe sich oft zwar nicht aus einer der Schenkung beigefügten Erklärung, wohl aber aus den Umständen des Falles, daß das Geschenk nur gemacht sei für den Fall, daß es zu einem gemeinsamen Hauswesen komme. Hierauf könnte, wenn die Vorschrift nicht als Auslegungsregel gegeben werde, keine Rücksicht genommen werden, während doch kein Grund abzusehen sei, solche Geschenke bei Nichteintritt des gemeinsamen Hauswesens dem überlebenden Verlobten zu belassen. Auch sei, wenn der Antrag angenommen werde, zu fürchten, daß nicht selten Familienstücke oder werthvolle Andenken, welche der eine Verlobte dem andern geschenkt habe, gegen den Willen des Schenkers in der Familie des verstorbenen Verlobten verblieben, für welche ein Affektionsinteresse an diesen Geschenken in keiner Weise vorliege.

Der Antrag wurde daraufhin abgelehnt.

§. 1285.

Es wurde beantragt, statt

„in einem Jahre von der Auflösung des Verlöbnisses an"

zu sagen

„in zwei Jahren von der Auflösung des Verlöbnisses an."

Es sei wünschenswerth, hier eine Uebereinstimmung mit den kurzen Verjährungsfristen des §. 191 herbeizuführen.

Dem wurde gegenüber gestellt, daß es wünschenswerth sei, derartige Rückforderungsklagen so rasch als möglich erledigt zu sehen. Eine Uebereinstimmung mit den kurzen Verjährungsfristen des §. 191 werde durch den Antrag doch nicht hergestellt, da in §. 196 der Beginn des Laufes der Fristen des §. 191 anders bestimmt sei, als er nach dem Antrag bestimmt werden solle.

Aus dem Kreise der Kommission wurde jedoch anerkannt, daß eine längere Frist wünschenswerth erscheine, weil aus Gründen des Zartgefühls oder der Pietät die Verhandlungen über die Rückgabe der Geschenke häufig nicht alsbald nach dem Tode eines Verlobten angeknüpft würden, und weil es nicht erwünscht sei, den überlebenden Verlobten durch eine allzu kurze Bemessung der Verjährungsfrist zu zwingen, diese Verhandlungen mit einer gewissen Rücksichtslosigkeit zu führen.

Daraufhin wurde der Antrag angenommen.

Zweiter Titel.

Eingehung der Ehe.

Vor Beginn der Berathung über die folgenden Bestimmungen wurden die Vertreter der verbündeten Regierungen um Mittheilung desjenigen statistischen Materials ersucht, welches für die Debatte von Werth sein könnte, namentlich um eine Statistik über die Ehen zwischen nahen Verwandten, das Verhältniß der staatlichen Eheschließungen zu den kirchlichen Trauungen, die Ehescheidungen, die Gründe der Ehescheidungen u. s. w. Die Vorlage solchen Materials wurde zugesagt.

Demnächst wurden der Kommission die statistischen Aufstellungen vorgelegt, welche als Anlage I und II am Ende dieses Berichtes angefügt sind.

§. 1286.

Es wurde beantragt, die Ehemündigkeit des Mannes statt mit der Volljährigkeit, wie im Entwurfe, mit der Vollendung des 20. Lebensjahres eintreten zu lassen.

Von anderer Seite wurde beantragt, die Ehemündigkeit der Frau statt an die Vollendung des sechszehnten Lebensjahres an die Vollendung des achtzehnten Lebensjahres zu knüpfen.

Der erste Antrag wurde begründet mit Rücksicht auf das bestehende Recht. (Vergleiche §. 28 des Reichscivilstandsgesetzes vom 6. Februar 1875.) Es sei kein Grund vorhanden, nunmehr die Ehemündigkeit für den Mann hinaufzusetzen; auch kämen ziemlich viel Ehen vor von Männern unter 21 Jahren, ohne daß Nachtheile daraus entständen.

Es wurde entgegnet, daß die Wahl des 20. Jahres als Ehemündigkeitsalter für den Mann im Reichscivilstandsgesetz nicht sowohl auf inneren Gründen beruhe, als auf einem Kompromisse, das mit Rücksicht auf die geltenden Rechte, namentlich das preußische Recht (18 bezw. 14 Jahr), geschlossen worden sei. Für den Entwurf des Bürgerlichen Gesetzbuchs werde es große Schwierigkeiten bereiten, wenn man mit Ehemännern zu rechnen habe, welche nicht selbstständig seien und daher unter Vormundschaft stehen müßten. Aber auch abgesehen hiervon sei die Uebereinstimmung des Alters der Ehemündigkeit des Mannes mit dem Alter der Volljährigkeit geboten: es sei ein innerer Widerspruch zwischen der dominirenden Stellung des Ehemannes über die Frau und der Unterwerfung desselben unter einen Vormund. Dieser Widerspruch nöthige auch, die Dispensationsmöglichkeit auszuschließen.

Zu Gunsten des zweiten Antrags bezog sich der Antragsteller auf eine Petition, welche von den Frauenvereinen ausgegangen sei.

Es wurde entgegnet, das 16. Lebensjahr als Ehemündigkeitsalter der Frau entspreche dem Reichscivilstandsgesetz (§ 28), das die Ehemündigkeit der Frau im Verhältnisse zu den damals geltenden Rechten im Allgemeinen hinaufgerückt habe — auf Grund umfassenden, auch statistischen Materials. Jetzt ein noch höheres Alter zu bestimmen, gehe nicht an: soziale Nachtheile seien aus der Bestimmung auf das 16. Jahr nicht erwachsen, obwohl eine recht erhebliche Anzahl von Ehen mit Frauen unter 18 Jahren geschlossen worden sei; außerehelicher geschlechtlicher Verkehr jüngerer Frauenspersonen sei häufig; so könne das Heraufsetzen des Ehemündigkeitsalters bedenkliche sittliche Wirkungen zur Folge haben. Auch werde zweifellos eine außerordentlich große Anzahl von Befreiungsgesuchen die Folge sein, welche von den Behörden gar nicht abgelehnt werden könnten und daher eine unnütze Belastung der Behörden darstellen würden. Sehr häufig sei es bei Mädchen unter 18 Jahren erwünscht, den Eheabschluß nicht durch die Verhandlungen über ein Befreiungsgesuch aufgehalten zu sehen, namentlich nicht, wenn die Reparation der weiblichen Ehre in Betracht komme.

Der letztere Antrag wurde daraufhin zurückgezogen, der erstere abgelehnt.

Ferner wurde beantragt, den Absatz 2 dieses Paragraphen zu fassen wie folgt:

„Eine Befreiung von dieser Vorschrift kann bewilligt werden."

Der Antrag hatte den Zweck, auch eine Befreiung von dieser Vorschrift für den Mann vorzusehen.

Es wurde entgegengehalten, daß es einer Befreiungsmöglichkeit für den Mann nicht bedürfe, weil die Ehemündigkeit des Mannes nicht an die Vollendung des 21. Lebensjahres, sondern an die Volljährigkeit geknüpft sei. Wolle also ein Mann vor vollendetem 21. Lebensjahr heirathen, so stehe ihm der Weg offen, seine Volljährigkeitserklärung nachzusuchen. Müsse dieses Gesuch abgelehnt werden, so sei auch kein Grund vorhanden, dem Mann schon die Ehe zu erlauben. Die Volljährigkeitserklärung sei vorgesehen für Männer vom vollendeten achtzehnten Lebensjahre an. Eine Nothwendigkeit aber, vorzusehen, daß Männer schon vor vollendetem 18. Lebensjahre heirathen könnten, sei nicht gegeben.

Der Antrag wurde abgelehnt.

Von Seiten eines Mitgliedes der Kommission wurde bei diesem Paragraphen als dem Beginn der Berathung über das materielle Eherecht erklärt, seine Konfessionsgenossen betrachteten entsprechend der Lehre ihrer Kirche die Ehe als ein Sakrament, so daß die Festsetzung der Bedingungen für den Empfang dieses Sakraments wie bei allen anderen Sakramenten für sie ein Recht der Kirche sei. Wenn sie sich an der Einzelberathung der Bestimmungen über das materielle Eherecht im Entwurf betheiligten, so geschehe das lediglich deshalb, weil sie nach Lage der Verhältnisse keine Aussicht hätten, den grundsätzlichen Standpunkt ihrer Kirche in diesem Punkte zur Anerkennung zu bringen. Sie betheiligten sich an dieser Berathung nur in der Richtung, daß sie suchten, das Eherecht des Entwurfes den religiösen Vorschriften der katholischen Kirche möglichst zu nähern, um dadurch die Gewissensbeschwerden, welche sich für die Katholiken aus dem Zwiespalt des staatlichen und kirchlichen Eherechtes ergäben, möglichst zu erleichtern. Sie verwahrten sich aber ausdrücklich dagegen, daß sie durch die Theilnahme an dieser Berathung den grundsätzlichen Standpunkt ihrer Kirche irgendwie verlassen wollten.

In zweiter Lesung wurde nochmals beantragt, in diesem Paragraphen statt der Worte:

„vor dem Eintritt der Volljährigkeit"

zu setzen:

„vor dem vollendeten zwanzigsten Lebensjahr" —

und ferner Absatz 2 zu fassen wie folgt:

„Eine Befreiung von dieser Vorschrift kann bewilligt werden."

Der Antrag wurde ähnlich begründet wie bei der ersten Lesung, er wurde jedoch auch in dieser Lesung abgelehnt.

§. 1287.

Ohne Debatte angenommen.

§. 1288.

Hierzu wurde beantragt, die Einwilligung des Vaters bezw. der Mutter zum Abschluß der Ehe des Kindes nicht bis zur Vollendung des 25. Lebensjahres bestehen, sondern mit der Vollendung des 21. Lebensjahres aufhören zu lassen.

Der Antrag wurde im Wesentlichen begründet vom Standpunkt der arbeitenden Klassen aus. Im 21. Jahre sei der Arbeiter regelmäßig wirthschaftlich selbstständig. Er habe die normale Lohnhöhe erreicht und sei auch meist thatsächlich schon von der elterlichen Familie losgelöst. Der Arbeiter sei sehr häufig gezwungen, an einem anderen Orte zu arbeiten als dem Wohnorte seiner Eltern. Alsdann sei die Einholung der Einwilligung der Eltern häufig lästig und schwierig. Die volle Freiheit des Eheabschlusses sei billig an den Zeitpunkt der vollständigen Geschäftsfähigkeit und der ökonomischen Selbstständigkeit zu knüpfen. Das entspreche der Entwickelung der heutigen Verhältnisse in den arbeitenden Klassen. Allerdings müsse zugegeben werden, daß die höheren Klassen häufig ein Interesse daran hätten, auf den Eheabschluß ihrer Kinder, welche bereits 21 Jahre alt seien, einen gewissen Einfluß zu behalten: doch könne das nicht ausschlaggebend sein.

Diesen Ausführungen wurde entgegengehalten, daß hier nicht die wirthschaftlichen Verhältnisse und die Vermögensinteressen entscheidend sein könnten, sondern daß die Pietät gegen die Eltern und das Gesammtinteresse der Familie, namentlich auch die Stärkung der elterlichen Autorität, ausschlaggebend sein müsse. Ein nothwendiger innerer Zusammenhang zwischen der Großjährigkeit und der Bestimmung dieses Paragraphen bestehe daher nicht. Auch könne nicht allgemein eine so weitgehende Auflösung unserer Familienverhältnisse anerkannt werden, daß die Freiheit der Eheschließung ohne Einwilligung der Eltern von dem 21. Lebensjahre ab unabweisbar wäre.

Von anderer Seite wurde der Entwurf bekämpft und der Abänderungsantrag befürwortet mit Rücksicht darauf, daß die Bestimmung des Entwurfs in diesem Punkte eine Vermehrung der Konkubinate zur Folge haben werde. Doch wurde entgegnet, daß solches nicht zu befürchten sei, weil nach §. 1291 die elterliche Einwilligung, wenn sie „ohne wichtigen Grund" verweigert werde, durch das Vormundschaftsgericht ersetzt werden müsse. Man dürfe das Vertrauen haben, daß diese Vollmacht durch den Vormundschaftsrichter nicht engherzig werde gehandhabt werden.

Der Antrag wurde abgelehnt.

In zweiter Lesung wurde nochmals beantragt, das Wort:

„fünfundzwanzigsten"

zu ersetzen durch das Wort:

„einundzwanzigsten".

Der Antrag wurde ähnlich begründet und bekämpft wie in der ersten Lesung; er wurde jedoch auch in zweiter Lesung abgelehnt.

§§. 1289, 1290.

Ohne Debatte angenommen.

Bei der zweiten Lesung wurde in

§. 1291

Absatz 2, letzter Satz anstatt

„Für den Ersatz der Kosten gilt die Vorschrift des §. 1823 Abs. 2."

gesetzt:

„Für den Ersatz der Auslagen gilt die Vorschrift des §. 1823 Abs. 2.",

da der angezogene §. 1823 im Absatz 2 von dem Ersatze der „Auslagen", nicht der „Kosten" spricht.

§. 1292.

Ohne Debatte angenommen.

§. 1293.

Es wurde beantragt, den Absatz 2 dieses Paragraphen zu streichen, da das Kriterium dieser Bestimmung äußerlich nicht erkennbar sei und daher fast niemals zur Kenntniß der Standesbeamten gelangen werde, wenn es aber zur Sprache gebracht werde, so könne dasselbe selten oder niemals bewiesen werden. Auch bestehe im geltenden Rechte eine solche Bestimmung nicht, ohne daß sich Mißstände ergeben hätten.

Zur Vertheidigung dieses Absatzes wurde darauf hingewiesen, daß eine Ehe solcher Art, wie sie diese Bestimmung verhindern wolle, ein öffentlicher Skandal sei, sobald das illegitime Verhältniß bekannt geworden sei. Man habe allen Grund, die daraus sich ergebende Verletzung des sittlichen Gefühls zu vermeiden. Sei das illegitime Verhältniß nicht öffentlich, so erfahre allerdings der Standesbeamte nichts von demselben: alsdann ergebe sich aber auch kein öffentliches Aergerniß. Im Uebrigen sei das Ehehinderniß nur aufschiebend, deshalb, nachdem die Ehe geschlossen, weitere Untersuchung und Verhandlung ausgeschlossen.

Der Antrag wurde abgelehnt.

Zu Absatz 3 wurde beantragt, die Worte

„im Sinne dieser Vorschriften"

zu streichen.

Die Annahme dieses Antrages würde die Folge haben, daß der 2. Absatz des §. 1567 wegfallen müßte. Mit Rücksicht darauf, daß die damit angeregte Frage besser bei §. 1567 zu erledigen sei, wurde der Antrag einstweilen zurückgezogen.

Als Absatz 4 wurde beantragt hinzuzufügen:

„Schwägerschaft im Sinne dieser Vorschriften besteht auch zwischen dem Ehegatten und den nach Absatz 3 mit dem anderen Ehegatten verwandten Personen."

Es wurde darauf hingewiesen, daß diese Hinzufügung überflüssig sei, da sich, was vorgeschlagen wurde, direkt aus dem §. 1568 ableiten lasse. Doch wurde der Antrag an die Redaktionskommission verwiesen, um zu erwägen, ob größerer Deutlichkeit halber eine Erweiterung des Paragraphen erwünscht sei. Die Redaktionskommission hielt jedoch einerseits eine solche Erweiterung nicht für nothwendig, andererseits für unerwünscht, weil aus einer solchen ein Gegensatz zu anderen Paragraphen, namentlich zu der Bestimmung des §. 1568, konstruirt werden könne, der nicht beabsichtigt sei und nicht vorliegen könne. Sie gab daher dieser Anregung keine Folge.

In zweiter Lesung wurde nochmals beantragt, Absatz 2 ganz zu streichen und im Absatz 3 die Worte:

„im Sinne dieser Vorschriften"

zu streichen.

Der Antrag wurde ähnlich begründet und bekämpft wie in der ersten Lesung, er wurde jedoch auch in der zweiten Lesung abgelehnt.

Als

§. 1293a

wurde beantragt einzuschalten:

„Eine Ehe darf nicht geschlossen werden zwischen Oheim und Nichte, Neffe und Tante, zwischen Geschwisterkindern, sowie zwischen einem Verlobten und den Verwandten des Anderen in gerader Linie, gleichviel ob die Verwandtschaft auf ehelicher oder unehelicher Geburt beruht.

Von dieser Vorschrift kann Befreiung bewilligt werden."

Zur Vertheidigung desselben wurde angeführt, daß das Verbot der Ehe zwischen Oheim und Nichte, Neffe und Tante in vielen Staaten bestehe. Auch ein Verbot der Ehe zwischen Geschwisterkindern sei aus Gründen der Volkshygiene zu empfehlen. Dasselbe sei auch unbedenklich, da vorgesehen sei, daß von dieser Vorschrift Befreiung bewilligt werden könne.

Es wurde entgegnet, daß schon das Reichscivilstandsgesetz in §. 33 Nr. 1 bis 3 eine Beschränkung des Ehehindernisses der Verwandtschaft in dem Umfange des Entwurfs vorgesehen habe. Die Einschränkung entspreche dem Gange der seit Jahrhunderten konstanten Entwicklung und habe nicht zu üblen Folgen geführt.

Ohnedies sei es bedenklich, Ehehindernisse aufzustellen, die man nicht streng durchführen könne oder gar wolle, und bei denen man daher von vornherein eine Möglichkeit der Befreiung vorsehen und häufigere Gewährung derselben erwarten müsse, was letzteres bei dem Verbote der Ehen zwischen Geschwisterkindern außer Zweifel sei. Es sei besser, die Ehehindernisse zu beschränken, sie dann aber auch streng durchzuführen, weil nur so der ethische Zweck derselben erreicht werden könne.

Der Antrag wurde abgelehnt.

§. 1294.

Ohne Debatte angenommen.

§. 1295.

Zunächst wurde beantragt den ganzen Paragraphen zu streichen. Derselbe passe nicht mehr in die heutigen gesellschaftlichen Verhältnisse hinein, es sei angezeigt, das Ehehinderniß des Ehebruches ganz fallen zu lassen, um damit das staatliche Verbot des

Ehebruchs zu beseitigen. Den modernen Verhältnissen entspreche nur eine freiere Gestaltung des Eheverhältnisses, bei dem die gegenseitige Zuneigung ausschlaggebend sein müsse, nicht aber eine starre Begrenzung des Rechtes der Ehe und eine staatliche Erzwingung des Rechtes der Ehegatten gegen einander.

Von anderer Seite wurde beantragt, Absatz 2 dieses Paragraphen zu streichen. Wenn man die Ansicht vertrete, daß es besser sei, eine kleinere Anzahl von Ehehindernissen aufzustellen, diese aber dann streng durchzuführen, so müsse dieselbe auch hier Platz greifen. Nur wenn es bekannt sei, daß von dem Ehehinderniß des Ehebruchs eine Befreiung nicht ertheilt werden könne, erfülle das Ehehinderniß seinen Zweck dahin, daß es von der Begehung eines Ehebruchs abschrecke. Eine Befreiung von diesem Ehehinderniß sehe einer nachträglichen Legitimation des Ehebruchs nicht unähnlich.

Demgegenüber wurde von den Vertretern der Regierungen erklärt, daß von den Regierungen Preußens und Bayerns die bestimmte Ansicht geäußert worden sei, man könne die Befreiungsbefugniß in diesem Falle nicht entbehren. Es sei auch besser, unter Umständen eine Befreiung eintreten zu lassen, als durch die Unmöglichkeit einer Befreiung Anlaß zu geben zur Fortsetzung eines ungeordneten Verhältnisses und des dadurch herbeigeführten Aergernisses.

Beide Anträge wurden abgelehnt.

Für den Fall dieser Ablehnung war beantragt worden, dem Absatz 2 folgenden Zusatz hinzuzufügen:

„Die Befreiung ist ausgeschlossen, wenn der wegen Ehebruchs geschiedene Ehegatte dem schuldlosen Ehegatten nach dem Leben gestrebt oder während Bestehens seiner Ehe derjenigen Person, mit welcher er den Ehebruch beging, für den Fall der Auflösung seiner Ehe ein Eheversprechen gegeben hat."

Wenn in solchen Fällen eine Befreiung ertheilt werde, so sei das öffentliche Aergerniß schlimmer, als wenn ein ungeordnetes Verhältnis fortgesetzt werde.

Es wurde entgegnet, man dürfe annehmen, daß in den Fällen, welche dieser Antrag vorsehe, eine Befreiung nicht werde ertheilt werden. Die Bestimmung bringe auch eine Schwierigkeit insofern, als nicht vorgesehen und nicht zu bestimmen sei, was dann zu geschehen habe, wenn eine Dispensation ertheilt worden sei ohne Kenntniß der Kriterien dieses Antrages, und wenn die betreffende Thatsache dann später bekannt werde. Nur außerordentlich selten werde der Fall vorliegen, daß die Thatsachen, bei deren Vorhandensein die Befreiung nach dem Antrage ausschlossen sein soll, vor der Gewährung der Befreiung der Behörde bekannt werden.

Von anderer Seite wurde entgegnet, daß, wenn dieser Antrag angenommen werde, es vielleicht noch besser erscheine, den ganzen Paragraphen zu streichen, weil die Annahme des Antrags eine Fülle von böswilligen Denunziationen herbeiführen werde, sobald ein Gesuch um Befreiung von dem Ehehinderniß des Ehebruchs eingereicht sei. Der Entwurf enthalte schon eine Erweiterung des Ehehindernisses des Ehebruchs gegenüber dem Reichscivilstandsgesetz insofern, als er nicht mehr spreche von dem „Mitschuldigen" des wegen Ehebruchs Geschiedenen, wie §. 33 Nr. 5 des genannten Gesetzes, so daß er auch diejenigen Fälle decke, in denen der Konkumbent des schuldigen Ehegatten von dem Bestehen der Ehe seines Konkumbenten nichts gewußt habe. In solchen Fällen sei unbedingt eine Befreiung nothwendig, und zwar ohne daß dieselbe gehindert werden könnte durch Einwendungen, wie sie sich aus dem Antrag ergäben.

Der Antrag wurde daraufhin abgelehnt.

§. 1295 ist demnach nach dem Entwurf unverändert angenommen.

§§. 1296 und 1297

wurden ohne Debatte angenommen.

§. 1298.

Dieser Paragraph verbietet die Eheschließung von Militärpersonen und solchen Landesbeamten, die nach den Reichs- beziehungsweise Landesgesetzen zur Eingehung einer Ehe einer besonderen Erlaubniß bedürfen, solange nicht diese Erlaubnis beigebracht ist.

Es wurde beantragt, diese Bestimmung zu streichen. Nach dem Wortlaut handle es sich nicht um eine materielle Vorschrift, deren Nichtbefolgung die Ehe der Militärpersonen und bezeichneten Landesbeamten nichtig mache, sondern lediglich um eine instruktionelle Anweisung, deren Nichtbeachtung ohne Einfluß auf die Gültigkeit der Ehe bleibe. Sie sei also im Wesentlichen eine rein disziplinare Maßregel, welche sich aus den Landesgesetzen erkläre, in das Bürgerliche Gesetzbuch für das Deutsche Reich aber nicht hineingehöre. Auch an und für sich seien die Vorschriften der Landesgesetze, welche die Ehe von Militärpersonen und Landesbeamten von einer besonderen Erlaubniß abhängig machten, als vollständig überlebt und in unsere heutige Zeit keineswegs mehr hineinpassend zu bezeichnen. Sie widersprächen sogar direkt dem Prinzip der freien Eheschließung.

Es wurde entgegnet, wenn man diesen Paragraphen streiche, so erkläre man damit die betreffenden Vorschriften der Landesgesetze für nicht beachtlich. Das würde einen Eingriff in das öffentliche Recht der Einzelstaaten bedeuten. Die gleiche Bestimmung finde sich auch jetzt schon im §. 38 des Reichscivilstandsgesetzes, ohne üble Folgen gezeitigt zu haben. Da die Vorschrift ein Ehehinderniß, wenn auch nur ein aufschiebendes, statuire, sei ihr richtiger Platz im Bürgerlichen Gesetzbuche.

Der Paragraph wurde daraufhin unverändert beibehalten.

Mit §. 1298 endigen die Bestimmungen des Bürgerlichen Gesetzbuchs über die Ehehinderungsgründe. Im Anschluß an die Gesammtheit dieser Ehehinderungsgründe wurde die Frage angeregt, ob damit für das gesammte Deutsche Reich der Katalog der Ehehinderungsgründe ein abgeschlossener sei, oder ob es der Landesgesetzgebung überlassen sei, zu diesem Katalog noch weitere Ehehinderungsgründe hinzuzufügen.

Von Seiten der Regierungsvertreter wurde erklärt, daß die Aufzählung der materiellen Ehehinderungsgründe im Bürgerlichen Gesetzbuch eine erschöpfende sei wie auch die Aufzählung der instruktionellen Anweisungen an die Standesbeamten im Reichscivilstandsgesetze und im Bürgerlichen Gesetzbuch. Der Standesbeamte dürfe daher von den Nupturienten nichts verlangen, als wozu ihn diese Gesetze anweisen. Ergänzungen durch die Landesregierungen seien unmöglich. Eine Ausnahme mache allein die bayerische Landesgesetzgebung, soweit aus dem bayerischen Reservatrecht in Bezug auf Heimath- und Niederlassungsgesetzgebung sich eine weitergehende Befugniß der bayerischen Landesgesetzgebung ergebe; dieses auf Nr. III §. 1 des Versailler Bündnißvertrags vom 23. November 1870 und Nr. I des Schlußprotokolls vom nämlichen Tage sich gründende Reservatrecht werde durch die Bestimmungen des Bürgerlichen Gesetzbuchs nicht berührt.

Ueber diese Auffassung herrschte in der gesammten Kommission sowie unter den Regierungsvertretern Einmüthigkeit.

In zweiter Lesung wurde wiederum beantragt, den ganzen Paragraphen zu streichen.

Der Antrag wurde in ähnlicher Weise begründet und bekämpft wie in erster Lesung; er wurde auch in zweiter Lesung abgelehnt.

§. 1299.

Ohne Debatte angenommen.

§. 1300 ff.

Eheschließungsrecht.

Generaldiskussion.

Erste Lesung.

Die §§. 1300 bis 1309 regeln das Eheschließungsrecht. Dieselben stehen im Wesentlichen auf dem Boden der obligatorischen Civilehe in dem Sinne, wie dieselbe durch das Reichscivilstandsgesetz vom 6. Februar 1875 für Deutschland erstmalig allgemein angeordnet worden ist. Zu diesen Paragraphen war eine Reihe von Anträgen gestellt, welche die obligatorische Civilehe mit Rücksicht auf die religiösen Gefühle eines großen Theils des deutschen Volkes und die kirchlichen Anforderungen der verschiedenen Konfessionen anders regeln wollten.

Zunächst wurde ein Antrag gestellt, welcher die Nothcivilehe einführen wollte. Derselbe lautete wie folgt:

„An Stelle des §. 1300 folgenden Paragraphen aufzunehmen:

§. 1300.

Die Ehe wird dadurch geschlossen, daß die Verlobten unter Beobachtung der Form, die den Grundsätzen der Religionsgesellschaften entspricht, welchen sie angehören, erklären, die Ehe mit einander eingehen zu wollen.

Von Verlobten, welche die Ehe nicht in den Formen der Religionsgesellschaft, welcher sie angehören, eingehen können, wird die Ehe dadurch geschlossen, daß sie vor einem Standesbeamten persönlich und bei gleichzeitiger Anwesenheit erklären, die Ehe mit einander eingehen zu wollen.

Die Erklärungen können nicht unter einer Bedingung oder einer Zeitbestimmung abgegeben werden.

Ueber die Ehehindernisse, Nichtigkeit und Anfechtbarkeit der Ehe, Wiederverheirathung im Fall der Todeserklärung und Scheidung der Ehe gelten für die Angehörigen der staatlich anerkannten Religionsgesellschaften deren Vorschriften."

Ein weiterer Antrag wollte die fakultative Civilehe einführen. Er hatte folgende Fassung:

„Die Kommission wolle beschließen:

I. hinter §. 1299 folgende drei neue Paragraphen einzuschieben:

§. 1299a.

Die Ehe wird vor einem Geistlichen in Form der kirchlichen Trauung oder vor einem Standesbeamten geschlossen; im letzteren Falle nach den in den §§. 1300 bis 1305 gegebenen Bestimmungen.

§. 1299b.

Die kirchliche Trauung darf nur durch einen Geistlichen einer der staatlich anerkannten Religionsgesellschaften vollzogen werden.

Die Trauung darf nur erfolgen, nachdem ein nach §. 1303 zuständiger Standesbeamter die Bescheinigung ausgestellt hat, daß Ehehindernisse nicht vorliegen.

Diese Bescheinigung soll alle diejenigen Angaben über die Verlobten enthalten, welche für eine standesamtliche Eheschließung vorgeschrieben sind. Sie verliert ihre Gültigkeit, falls die Trauung nicht binnen sieben Tagen nach Ausstellung der Bescheinigung vollzogen wird.

§. 1299c.

Die Ehe in Form der kirchlichen Trauung wird dadurch geschlossen, daß die Verlobten vor dem Geistlichen und mindestens zwei Zeugen persönlich und bei gleichzeitiger Anwesenheit erklären, die Ehe mit einander eingehen zu wollen, und daß hierauf der Geistliche die Ehe für geschlossen erklärt.

Auf die Zeugen findet §. 1301 Absatz 2 entsprechende Anwendung.

Die Erklärungen können nicht unter einer Bedingung oder einer Zeitbestimmung abgegeben werden. — Der Geistliche hat sofort über die erfolgte Eheschließung eine Urkunde aufzunehmen, diese von den Eheleuten durch deren Namensunterschriften vollziehen und, mit seiner eigenen Unterschrift versehen, dem Standesbeamten zugehen zu lassen, welcher die Bescheinigung (§. 1299b Absatz 2) ertheilt hat.

Der Standesbeamte trägt darauf die erfolgte Eheschließung in das Heirathsregister ein.

II. in §. 1300 hinter die Worte „die Ehe" einzufügen: „vor einem Standesbeamten".

III. den Absatz 1 des §. 1303 wie folgt zu fassen:

„Die standesamtliche Eheschließung soll vor dem zuständigen Standesbeamten erfolgen."

IV. zu Artikel 39 des Einführungsgesetzes als III. einzuschalten:

„Dem §. 67 des Gesetzes vom 6. Februar 1875 über die Beurkundung des Personenstandes ist folgender Absatz 1 voranzustellen:

Ein Geistlicher, welcher eine Eheschließung ohne die im §. 1299b des Bürgerlichen Gesetzbuchs erforderliche Bescheinigung vornimmt, wird mit Geldstrafe bis zu 1000 Mark oder Gefängniß bis zu 6 Monaten bestraft."

Ferner demselben Paragraphen als letzten Absatz hinzuzufügen:

„Ein Geistlicher, welcher es unterläßt, dem zuständigen Standesbeamten innerhalb von drei Tagen die Nachricht über eine von ihm auf Grund der §§. 1299b und c geschlossene Ehe zugehen zu lassen, wird mit Geldstrafe bis zu 300 Mark bestraft."

V. im Einführungsgesetz bezw. dem Gesetz vom 6. Februar 1875, betreffend Beurkundung des Personenstandes, diejenigen redaktionellen Aenderungen vorzunehmen, welche sich aus vorstehenden Anträgen ergeben."

Ferner war ein Antrag gestellt, welcher die Eheschließung regeln wollte im Anschluß an das in England geltende System. Er lautet:

„Für den Fall der Ablehnung des (oben mitgetheilten) Antrags auf Einführung der Notcivilehe und der Ablehnung der (ebenfalls vorhin angeführten) Anträge auf Einführung der fakultativen Civilehe den §. 1300 zu fassen wie folgt:

§. 1300.

Die Ehe wird dadurch geschlossen, daß die Verlobten vor einem Standesbeamten persönlich und bei gleichzeitiger Anwesenheit erklären, die Ehe mit einander eingehen zu wollen.

Auf Antrag der Verlobten hat der Standesbeamte diese Erklärung dadurch entgegen zu nehmen, daß er anwesend ist, wenn die Verlobten bei der kirchlichen Trauung vor dem Geistlichen erklären, die Ehe miteinander eingehen zu wollen."

Ein fernerer Antrag wollte für den Fall, daß alle diese vorhergehenden Systeme abgelehnt würden und beschlossen würde, das System des Entwurfes beizubehalten, wenigstens verhindern, daß staatliche Ehen geschlossen würden, denen aus kirchlichen Gründen die kirchliche Trauung nicht folgen könne. Er lautete:

„Bei Verlobten, welche einer staatlich anerkannten Religionsgesellschaft angehören, kann das Aufgebot nicht erfolgen oder die Befreiung nicht bewilligt werden, wenn nicht eine Bescheinigung ihrer kirchlichen Behörden dem Standesbeamten dahin vorgelegt wird, daß ein kirchlich trennendes Ehehinderniß nicht vorliegt."

Im Anschluß an diese Anträge wurde zunächst eine Generaldiskussion eröffnet über dasjenige Prinzip der Eheschließung, welches man in den Entwurf aufzunehmen habe.

Zur Begründung des Antrages, betreffend die Nothcivilehe, wurde im Wesentlichen Folgendes ausgeführt:

Nach der für die große Mehrzahl der 17 1/2 Millionen Katholiken maßgebenden, von ihnen nicht abänderbaren Lehre ihrer Kirche stehe die gesetzgebende Gewalt über die Ehen unter Katholiken einzig und allein der katholischen Kirche zu. Diese habe den Charakter des Eheinstituts, die Voraussetzungen der Eheschließung, die Ehehindernisse und die Eheschließungsform festgestellt. Nach ihrer Lehre sei die Ehe ein Sakrament. Ehevertrag und Ehesakrament könnten danach nicht von einander getrennnt werden; nach katholischer Lehre gebe es nur eine sakramentale Ehe. Hinsichtlich der Form der Eheschließung kämen für die Katholiken besonders die Vorschriften des Konzils von Trient in Betracht. Aus diesen ergebe sich, daß, wo und insoweit die tridentinische Vorschrift publizirt und nicht aufgehoben sei, nach der Auffassung der katholischen Kirche die staatlich abgeschlossene Ehe nicht als eine kirchlich gültige Ehe anzusehen sei. Auch da wo das Tridentinum nicht publizirt sei, verlange die katholische Kirche zur erlaubten Eheschließung die kirchliche Trauung. Da die Katholiken Deutschlands an diesen Lehren und Grundsätzen nichts ändern könnten, so habe man dieselben als gegeben hinzunehmen und nur danach zu suchen, den Anschauungen der Katholiken gerecht zu werden. Die Lehre der katholischen Kirche mache die Ehe der Katholiken zu einem Objekt der Gesetzgebung, welches von der Ehe der Angehörigen anderer Religionsgesellschaften innerlich verschieden sei. Die Vorschriften des Entwurfs über die Ehe bekämen deshalb für die Katholiken eine andere Bedeutung wie für die Angehörigen der anderen Religionsgesellschaften. Solle der Entwurf nicht ungerecht wirken gegen die Katholiken, so müsse ein Eherecht geschaffen werden, welches die religiösen Anschauungen der Katholiken beachtet. Der Grund verfange nicht, daß man ein staatliches und kein kirchliches Eherecht schaffe; denn abgesehen davon, daß der Entwurf den religiösen Anschauungen der Angehörigen der evangelischen Konfession vielfach Rechnung trage, greife derselbe ein in das kirchliche Gebiet. Er stelle sich dem katholischen Dogma prinzipiell entgegen, indem er das Recht des Reiches zur alleinigen und ausschließlichen Ordnung und Regelung des gesammten Ehewesens statuire, diesem die religiöse Grundlage entziehe, die nur kirchlich abgeschlossene Ehe als nicht beachtlich verwerfe und die kirchliche Trauung vor der standesamtlichen Eheschließung verbiete, dem Geistlichen gegenüber sogar bestrafe, und dadurch den Eheschließenden die Erfüllung ihrer kirchlichen Pflicht, welche auf die Eheschließung mittelst kirchlicher Trauung geht, unmöglich mache. Denn die kirchliche Ehe allein sei dem Katholiken die Ehe; die staatliche Eheschließung sei ihm nur eine Formalität.

Nach den Lehren der katholischen Kirche könne der sakramentale Charakter der Ehe nicht an einen staatlichen Akt der Eheschließung geknüpft werden. Daraus ergebe sich, daß die staatlich abgeschlossene Ehe nach den Dogmen und Vorschriften der katholischen Kirche dort, wo das Tridentinische Konzil verkündigt sei, nicht genüge. Die katholische Kirche halte mit voller Strenge darauf, daß die kirchliche Trauung wegen des sakramentalen Charakters der Ehe als die Form der Eheschließung beibehalten werde. Die Pflege des christlichen Volkslebens und die dauernde Durchdringung desselben mit der höheren, religiös-sittlichen Auffassung der Ehe erforderten dringend die Rückkehr zur kirchlichen Form der Eheschließung.

Allerdings haben die Erfahrungen gezeigt, daß alle Katholiken, welche Werth darauf legten, ihrer Kirche treu zu sein, unter der Herrschaft der obligatorischen Civilehe der staatlichen Eheschließung stets und unmittelbar die kirchliche Trauung folgen lassen. Aber gerade dadurch zeige sich der Zwiespalt zwischen den religiösen Anforderungen und den staatlichen Gesetzen. In katholischen Kreisen betrachteten die Eheleute sich niemals als Eheleute, bevor der Akt der kirchlichen Trauung vor sich gegangen sei. Ja mit einer gewissen Absichtlichkeit werde unter Katholiken die Pause zwischen der bürgerlichen Eheschließung und der kirchlichen Trauung benutzt, um die Nupturienten als Braut und Bräutigam zu behandeln und zu benennen.

Noch mehr trete jener Widerspruch dadurch hervor, daß von Zeit zu Zeit durch die katholischen Pfarrer von der Kanzel herab die Forderungen der katholischen Kirche in Bezug auf die kirchliche Trauung allen Gläubigen auseinandergesetzt und eingeschärft würden.

Etwas Aehnliches, wenn auch natürlich nicht in demselben Umfange und derselben Art, sei von dem überwiegenden Theile der evangelischen Landeskirche zu sagen. Die evangelische Landeskirche betrachte allerdings die Ehe nicht als ein Sakrament, doch halte sie streng daran fest, daß die Ehe in ihrem Wesen ein religiöser Akt sei, und daß daher der Eheabschluß in der Kirche vor dem Pfarrer stattzufinden habe. Die Lehre der evangelischen Kirche knüpfe den Abschluß der Ehe nicht wie die katholische an die Erklärungen der Nupturienten, sondern an die Erklärung des Pfarrers, daß er nunmehr die Nupturienten zusammen traue. Dem widerspreche der staatliche Abschluß der Ehe durch den Ausspruch des Standesbeamten fast noch mehr wie der katholischen Lehre. Auch in den bezeichneten Kreisen der evangelischen Landeskirche werde der Zwiespalt zwischen den staatlichen und kirchlichen Anforderungen sehr unangenehm empfunden, und am meisten selbstverständlich von Seiten der evangelischen Geistlichen. Von diesen werde namentlich auch bedauert, daß von den evangelischen Brautpaaren ein größerer Theil nach Abschluß der bürgerlichen Eheschließung sich der Nachholung der kirchlichen Trauung enthalte, als das bei den Katholiken der Fall sei. Aus diesen Kreisen sei eine außerordentlich große Anzahl von Petitionen an den Reichstag gelangt des Inhalts, die obligatorische Civilehe zu ersetzen durch ein System, welches die kirchlichen Anforderungen zu ihrem Rechte kommen lasse. Aus katholischen Kreisen sei keine einzige derartige Petition gekommen. Das erkläre sich daher, daß alle gläubigen Katholiken in ganz Deutschland es als selbstverständlich annähmen, daß die katholischen Abgeordneten des Reichstags von selber Alles daran setzen würden, um die in religiöser Beziehung außerordentlich drückend empfundene obligatorische Civilehe bei dieser Gelegenheit, welche man als die dazu günstigste Gelegenheit ansehen müsse, zu beseitigen und durch ein dem religiösen Gewissen entsprechendes System zu ersetzen.

Aus dem sakramentalen bezw. für die Anhänger der evangelischen Konfession mindestens streng religiösen Charakter der Eheschließung unter Christen ergebe sich, daß man die Eheschließung prinzipiell an den kirchlichen Akt knüpfen müsse, und daß diese Form der Eheschließung unbedingt allen denjenigen Brautleuten zur Verfügung stehen müßte, welche Werth darauf legten, den Vorschriften und Lehren ihrer Kirche nachzuleben.

Am sichersten würden Eingriffe in das Gewissensgebiet vermieden, wenn der Entwurf unter Wiederanerkennung der kirchlichen Eheschließungsform sich beschränke auf die Regelung der Nothcivilehe. Damit werde derselbe auch den thatsächlichen Bedürfnissen genügen und den Anschauungen des deutschen Volkes ohne Unterschied der Konfession gerecht werden. Denn wenn für die evangelischen Eheschließungen feststehe, daß 93 Prozent der Neuvermählten sich kirchlich trauen lassen und wenn für die Eheschließungen der Angehörigen der katholischen Konfession kein geringerer Prozentsatz anzunehmen sein werde, so folge daraus, daß für diese 93 Prozent die obligatorische Civilehe eine schwere und unnöthige Belästigung ist. In den Händen der akademisch gebildeten Geistlichen sei die Beachtung der Formvorschriften und die Registerführung gesicherter wie in den Händen nur schematisch geschulter Standesbeamter. Das Reich könne daher ohne Gefährdung seiner Interessen die bürgerlichen Wirkungen der Ehe an die kirchliche Eheabschlußform knüpfen. Aus jenem Prozentsatz folge aber auch weiter, daß die Civilehe unserem Volke nicht in Fleisch und Blut übergegangen, sie demselben vielmehr gleichgültig geblieben sei. In der evangelischen Kirche sei bislang bei der Trauung ebenso wie noch jetzt in der katholischen Kirche die Braut mit ihrem Geburtsnamen angesprochen worden, ohne daß sich dagegen irgend welcher Widerspruch aus der Bevölkerung heraus erhoben habe: man betrachte sich als Brautleute. In der katholischen Kirche werde von den Kanzeln herab gelehrt, daß Brautpaare, welche keine kirchliche Ehe abgeschlossen haben, von der Kirche als Eheleute nicht angesehen und behandelt werden; die Brautpaare würden belehrt, sie könnten die Eheerklärung vor dem Standesbeamten vor der kirchlichen Eheschließung nicht in der Absicht der wirklichen Eheschließung, sondern nur in der Absicht abgeben, der baldigst vorzunehmenden kirchlichen Eheschließung Gültigkeit vor dem weltlichen Gesetze zu verschaffen. Die staatliche Eheschließungserklärung dürfe von den Katholiken nur als die Bedingung betrachtet werden, welche die weltlichen Beziehungen der sofort kirchlich einzugehenden Ehe zu regeln bestimmt sei. Diese religiöse Lehre werde kein Reichsgesetz beseitigen können. Würde der Entwurf zur kirchlichen Eheschließung zurückkehren, so würde er dadurch auf lange Zeit hinaus die Ueberzeugung von der höheren, religiösen Bedeutung der Ehe nachhaltig befestigen und erhalten. Die Verschiedenheit der Eheabschlußform bei den verschiedenen Konfessionen sei kein Grund gegen die kirchliche Eheschließung. Der Entwurf habe selbst wiederholt verschiedene Formen zu demselben Rechtszweck aufgestellt und Preußen habe gesonderte Gesetze erlassen für die Verwaltung des Vermögens der evangelischen und der katholischen Kirche.

Bei dem konfessionellen Eherechtssystem sei allerdings Rücksicht auf diejenigen zu nehmen, welche die kirchliche Schließung ihrer Ehe nicht erlangen können, weil ihr kirchliche Hindernisse entgegenstehen, die der Staat nicht anerkenne. Man sei damit einverstanden, daß auch ihnen eine Form der Eheschließung zur Verfügung gestellt werde, welche ihren Bedürfnissen entspreche. Für solche Fälle müsse die staatliche Form der Eheschließung vorgesehen werden.

Auf diesem Standpunkt stehe der Antrag, welcher oben als Nothcivilehe bezeichnet worden sei. Die Fassung schließe sich an die Fassung des §. 1588 des Bürgerlichen Gesetzbuchs für das Königreich Sachsen an, welche bis zum Erlaß des Reichscivilstandsgesetzes für das Königreich Sachsen in Kraft gewesen sei. Dieses System habe sich in Sachsen praktisch bewährt.

Wenn man im Jahre 1875 die obligatorische Civilehe als reichsgesetzliches System eingeführt habe, so erkläre sich das aus den Strömungen der damaligen Zeit. Die damalige Stimmung habe sich inzwischen glücklicher Weise beruhigt und einer gerechteren Anschauung der kirchlichen Dinge Platz gemacht. Man werde also gut thun, den im Jahre 1875 gemachten Fehler nunmehr rückgängig zu machen. Dann solle man sich aber auch unbedenklich auf den prinzipiellen Standpunkt stellen, daß die deutschen Bundesstaaten christliche Staaten seien, daß ihre Bevölkerung eine christliche Bevölkerung sei und daher auch an der durch alle christliche Kirchen streng festgehaltenen kirchlichen Eheschließung festhalten wolle.

Stelle man sich einmal auf diesen Standpunkt, so ergebe es sich lediglich als eine Konsequenz, daß dann für die kirchlich abzuschließende Ehe auch die Vorschriften der betreffenden Konfessionen zur Anwendung kommen müßten, welche diese über Ehehindernisse, Nichtigkeit und Anfechtung der Ehe, Wiederverheirathung im Falle der Todeserklärung und Scheidung der Ehe aufgestellt haben.

Werde dieses System adoptirt, so bleibe, wenn man Bedenken trage, es bei der Eintragung der kirchlich abgeschlossenen Ehe in die Kirchenbücher bewenden zu lassen — obwohl das in erster Linie gewünscht und auch in Ansehung der Sicherheit ganz unbedenklich sei, — nur noch nothwendig eine Regelung der Eintragung der kirchlich abgeschlossenen Ehen in die staatlichen Civilstandsregister. Es werde von keiner Seite bestritten, daß hierauf der Staat ein Recht habe; vielfach sei auch die Meinung verbreitet, daß die Führung staatlicher Heirathsregister für die modernen Verhältnisse ein Bedürfniß sei. Am wenigsten werde das bestritten von denjenigen, welche an dem kirchlichen Abschluß der Ehe unbedingt festhielten.

So sehr auch von dieser Seite betont werde, daß dem Staat prinzipiell nicht das Recht zuerkannt werden könnte, den Abschluß der Ehe in das Bereich seiner Gesetzgebung zu ziehen, weil die Ehe selbst einen sakramentalen bezw. religiösen Charakter habe, so sehr werde doch anerkannt, daß der Staat das Recht habe, die bürgerliche Seite der Ehe zu regeln. Zu dieser bürgerlichen Seite der Ehe gehöre allerdings, daß die kirchlich abgeschlossenen Ehen wegen ihrer bürgerlichen Wirkung durch staatliche Maßnahmen staatlich evident gehalten würden, wenn der Staat das für nöthig halte und verlange. Stelle man sich daher prinzipiell auf den Standpunkt dieses Antrages, so werde es, wenn es im Uebrigen als ein Bedürfniß anerkannt werde, nicht schwer werden, Bestimmungen zu vereinbaren, welche die Eintragung sämmtlicher kirchlich abgeschlossenen Ehen in die öffentlichen Civilstandsregister unbedingt gewährleisten. Man werde nach dieser Richtung seitens der Befürworter des Antrages das weiteste Entgegenkommen finden.

Von Seiten derselben Antragsteller, welche den Antrag, betreffend die Nothcivilehe, gestellt hatten, wurde sodann betont, daß man, im Falle dieses System von der Kommission nicht angenommen werde, sich mit demjenigen Antrage eventuell auch werde abfinden müssen, welcher die fakultative Civilehe einführen wolle. Dieselben seien daher in der Lage, auch ihre Stellung zu diesem Antrage darzulegen, wenn sie auch in einer Reihe von Einzelheiten nicht unerhebliche Abänderungen desselben wünschen müßten, weil dieselben für sie unannehmbar seien; namentlich erscheine auch §. 1299c für sie prinzipiell unannehmbar, weil er durch die staatliche Gesetzgebung die kirchliche Form der Eheschließung bestimmen wolle.

Die fakultative Civilehe entspreche in keiner Weise demjenigen, was vom kirchlichen Standpunkt aus als das richtige erscheine und verlangt werden müsse. Werde man gezwungen, sie zu acceptiren, so thue man das nur, weil sie gegenüber dem starren System der obligatorischen Civilehe wenigstens eine Erleichterung bringe, und obwohl man nicht verkennen könne, daß sie prinzipielle Bedenken und Schwierigkeiten gegen sich habe; man betrachte sie gegenüber der obligatorischen Civilehe lediglich als ein minus malum. In der gegenwärtigen Verhandlung habe man sich zunächst nur über das Prinzip dieses Antrages auszusprechen, indem man einstweilen von der Frage absehe, ob es möglich sei, dieselbe in eine Form zu bringen, welche auch in den Einzelheiten für die Katholiken annehmbar sei.

Die obligatorische Civilehe nehme grundsätzlich keine Rücksicht auf die kirchliche Gesinnung der eheschließenden Theile. Sie verlange unbedingt und als einzige Form der Eheschließung den Akt vor dem öffentlichen Civilstandsbeamten. Demgegenüber müsse man anerkennen, daß die fakultative Civilehe, wenn sie auch vom streng prinzipiellen Standpunkt der Katholiken aus nicht zu acceptiren sei, doch wenigstens für die kirchlich gesinnten Kreise des deutschen Volkes die Möglichkeit und die Freiheit wahre, ihre Ehe in kirchlicher Form abzuschließen. Die obligatorische Civilehe sei eine viel weiter gehende Zurückdrängung und eine völlige Ignorirung des religiösen Charakters und der religiösen

Seite der Ehe und damit eine Bedrängung des religiösen Gewissens des weitaus größten Theils des deutschen Volkes. Die fakultative Civilehe dagegen trete keinem in seinen religiösen Anschauungen zu nahe; sie gebe einfach jedem Brautpaar die Wahl, wie es sich trauen lassen wolle. Wer sich kirchlich trauen lassen wolle, dem stehe diese Form frei. Wer auf die kirchliche Trauung Verzicht leisten wolle, sei es, daß er überhaupt mit den Anschauungen seiner Kirche gebrochen habe, sei es, daß er irgend welche Schwierigkeiten seitens der Geistlichen seiner Konfession fürchte oder finde, dem stehe es ganz ebenso frei, die Form der staatlichen Eheschließung zu wählen. Gleichfalls sei bei diesem System vorgesorgt für diejenigen, welche einer staatlich anerkannten Religionsgesellschaft nicht angehörten. Auch diesen stehe die Form der staatlichen Eheschließung zur Verfügung, welche, da sie als ebenbürtig neben die kirchliche Form der Trauung gestellt werde, auch in keiner Weise als Zurücksetzung empfunden werden könne. Man müsse erwarten, daß doch auch von den Gegnern einer kirchlichen Form der Eheschließung und damit der Nothcivilehe anerkannt werden müsse, daß dieses System nicht nur mit den modernen Verhältnissen nach ihren Anschauungen vereinbar sei, sondern eigentlich, wenn man sich dabei auf den Standpunkt der Anhänger einer liberalen Weltanschauung stelle, nach dieser sich aus denselben geradezu als nothwendig ergebe. Das religiöse Gefühl habe sich mehr und mehr verschärft, und das sei als eine durchaus günstige Entwickelung zu betrachten. Das Verhältniß zwischen den verschiedenen Konfessionen werde um so leichter sein, je klarer die Prinzipien der verschiedenen Konfessionen auf der einen und auf der anderen Seite zum Bewußtsein gekommen seien. Der Streit ergebe sich vielfach nur aus einer Unklarheit über die Prinzipien. Wo die Prinzipien klar seien, sei es viel leichter, zu einem modus vivendi zu kommen. Dieser modernen Entwicklung entspreche es durchaus nicht, wenn man an der obligatorischen Civilehe festhalte. Der Kampf für Religion, Ordnung und Sitte werde nicht dadurch geführt, daß man ein Institut wie die Ehe staatlicherseits so behandle, als ob es keinerlei religiöse Seiten habe, während der weitaus größte Theil des deutschen Volkes gerade die religiöse Seite der Ehe als die wichtigste und als die prinzipiell überwiegende Seite der Ehe betrachte.

Von Seiten derselben Antragsteller war sodann noch für den Fall, daß sowohl die Nothcivilehe als die fakultative Civilehe keine Majorität finde, der oben erwähnte Antrag gestellt, welcher dem englischen System der Eheschließung nachgebildet ist.

Zu diesem System wurde bemerkt, daß dasselbe den Anschauungen derjenigen, welche auf die staatliche Verlautbarung der Ehe das Hauptgewicht legten, so weit entgegen komme, als es für den religiös gesinnten Theil des deutschen Volkes nur irgendwie erträglich sei. Dieses System sehe vor, daß der Abschluß der Ehe, soweit es für den Staat in Betracht komme, unbedingt und stets vor dem Standesbeamten stattfinden müsse. Um jedoch den religiösen Wünschen der Bevölkerung Rechnung zu tragen, sei hinzugefügt, daß auf Wunsch der Nupturienten der staatliche Beamte der kirchlichen Trauung beizuwohnen und die bei der kirchlichen Trauung abgegebene Eheerklärung als Eheabschluß in die staatlichen Register einzutragen habe. Dieses System bestehe in England und habe sich dort durchaus bewährt und eingelebt. Eine gewisse Umständlichkeit könne man demselben nicht absprechen, auch nicht eine gewisse größere Kostspieligkeit, insofern als die Gebühren für den Standesbeamten, wenn er jedesmal auf Anfordern der Parteien der kirchlichen Trauung beiwohnen müsse, höhere würden, vielleicht auch die Anzahl der Standesbeamten vermehrt werden müßte. Infolge dessen würden diese Kosten von den Brautleuten getragen werden müssen, und sie würden auch gern getragen werden. Wenn aber die Brautleute gesonnen seien, diese Kosten aufzuwenden, um so die Ehe abschließen zu können, wie es ihren Religionsanforderungen entspricht, so habe der Staat weder das Recht noch ein Interesse daran, das zu hindern.

Generell wurde zu allen diesen Anträgen erklärt, daß sie die Tendenz hätten, den Zwiespalt zu beseitigen, der gegenwärtig durch die starre Form der obligatorischen Civilehe sich bei allen religiös gesinnten Bevölkerungskreisen ausgebildet habe und der jetzt durch das bürgerliche Gesetzbuch perpetuirt werden solle.

Dieser Zwiespalt sei ein solcher, daß er mit dem christlichen Grundcharakter aller deutscher Bundesstaaten nicht verträglich sei. Er werde von dem religiös gesinnten Theile des deutschen Volkes gerade an derjenigen Stelle drückend empfunden, welche bei allen Menschen die zarteste und empfindlichste sei. Wenn es gelänge, eine Neuregelung der kirchlichen Eheschließung durchzusetzen, welche den religiösen Wünschen Rechnung trage, so würden dadurch weite Volkskreise auf einem überaus wichtigen Gebiete mit den gegenwärtigen staatlichen Zuständen versöhnt werden, die jetzt auf diesem Gebiete in offener Opposition zu den staatlichen Bestimmungen ständen und auch ohne allen Zweifel in dieser Opposition verbleiben würden, wenn nun die obligatorische Civilehe durch das bürgerliche Gesetzbuch zu einer dauernden Institution gemacht werde. Da, wie schon erwähnt, die religiösen Anschauungen mehr und mehr sich klärten und dadurch vertieften, so sei ohne Zweifel, daß der schon jetzt empfundene Zwiespalt zwischen der obligatorischen Form der staatlichen Eheschließung einerseits und den religiösen Gefühlen und kirchlichen Anforderungen andrerseits sich in Zukunft noch weit mehr fühlbar machen werde. Man könne den Ausdruck gebrauchen, daß die religiöse Behaglichkeit im deutschen Volke erheblich gewinnen werde, wenn es den christlichen Eheleuten ermöglicht werde, ihre Ehe so abzuschließen, wie es ihren innersten Gefühlen entspreche.

Diese Wohlthat dem christlichen deutschen Volke zu bieten, sei um so mehr eine Nothwendigkeit, als der Kampf gegen den Umsturz auf religiösem und staatlichem Gebiet es immer mehr nothwendig mache, alle religiösen Interessen nicht nur zu schützen, sondern auch zu hegen und zu pflegen, weil die Erfahrung ja gezeigt habe, daß nur auf religiösem Boden derjenige Geist erwachse, welcher in der Lage sei, den modernen Umsturzideen dauernd Widerstand zu leisten.

Vor Allem aber habe man zu fragen, was der Staat denn für ein Interesse daran habe, seine Bürger zu zwingen, ihre Ehe in einer andern Form abzuschließen, als sie selber für die richtige und nothwendige hielten. Der Staat habe ein Interesse daran, daß jede Ehe in seinen Registern verzeichnet werde. Dieses Interesse verkenne Niemand und wenn man die religiöse Form der Ehe zulasse, möge man nur den Registerzwang so streng gestalten wie man wolle. Darüber hinaus aber habe der Staat in Sachen der Ehe gar kein Interesse. Im Allgemeinen aber habe er das Interesse, die religiösen Gefühle seiner Angehörigen nicht nur zu schonen, sondern auch zu pflegen. Aus einer Verletzung der religiösen Anschauungen seiner Angehörigen könne aber niemals für einen Staat ein wirklicher Nutzen entstehen. Von diesem Standpunkt aus seien in den einzelnen Deutschen Bundesstaaten die christlichen Konfessionen als solche mit ihren Lehren und Einrichtungen verfassungsmäßig anerkannt. Diese Anerkennung müsse unbedingt dahin führen, auch im Punkte der Ehe die christlichen Konfessionen zu ihrem Recht kommen zu lassen.

Diejenigen Antragsteller, welche den Antrag, betreffend die fakultative Civilehe, gestellt hatten, traten diesen Ausführungen nicht in allweg bei. Das System der Nothcivilehe zu acceptiren erklärten sie sich außer Stande. Wenn sie das System der fakultativen Civilehe befürworteten, so geschehe es doch vielfach aus anderen Gründen und aus anderen Anschauungen, als wie sie soeben geäußert worden seien.

Von dieser Seite wurde darauf hingewiesen, daß ihr Antrag keineswegs die Macht der Kirche stärken solle und auch ohne Zweifel nicht diese Wirkung haben werde. Es werde anerkannt, daß das materielle Eherecht zum Gebiet des Staates gehöre. Diesem Erforderniß werde der Antrag auch insofern gerecht, als er nur für den Eheabschluß die kirchliche Form retten wolle. Dieser Antrag lasse die Regelung des materiellen Eherechts durch das Bürgerliche Gesetzbuch im Prinzip unberührt, wenn auch im Einzelnen zu derselben eine Reihe von Wünschen würde geäußert werden. Wenn ihrerseits die fakultative Civilehe verlangt werde, so geschehe es deshalb, weil die Thatsache anerkannt werden müsse, daß ein überaus großer Theil des Deutschen Volkes die Forderung erhebe, daß ihm die Möglichkeit eines kirchlichen Abschlusses der Ehe eröffnet werde. Das gelte allerdings für den evangelischen Bevölkerungstheil in erheblich anderer Weise als für den katholischen Bevölkerungstheil. Aber wenn auch von dem evangelischen Bevölkerungstheil diese Forderung nicht so allgemein erhoben werde wie von Seiten des katholischen Bevölkerungstheils, so sei doch zu konstatiren, daß die Bewegung in evangelischen Kreisen zu Gunsten einer kirchlichen Form des Eheabschlusses seit Erlaß des Reichscivilstandsgesetzes nicht zurückgegangen sei, sondern sich eher verstärkt habe, und daß im Anschluß an den Entwurf des Bürgerlichen Gesetzbuchs dieses Bestreben ganz besonders scharf hervorgetreten sei. Namentlich die Frauen der evangelischen Theile der Bevölkerung wünschten dringend, an der religiösen Form der Eheschließung festzuhalten. Es komme nur darauf an, zu konstatiren, daß diese Anschauungen beständen; und wenn man das nicht leugnen könne, so ergebe sich daraus für den Staat die Pflicht, auf diese Anschauungen Rücksicht zu nehmen und sie nicht zu unterdrücken zu Gunsten von entgegenstehenden Anschauungen. Wenn man auch an dieser Frage das ganze Gesetzbuch nicht wolle scheitern lassen, so müsse man doch im Interesse des evangelischen Theiles der Bevölkerung das größte Gewicht darauf legen, daß der Antrag angenommen und damit die in der evangelischen Kirche herrschende Auffassung der Ehe die Freiheit gewinne, zu ihrem Rechte zu kommen.

Seitens des Staatssekretärs des Reichsjustizamts wurden alle diese Anträge bekämpft. Für die verbündeten Regierungen sei sowohl die Nothcivilehe als auch die fakultative Civilehe unbedingt unannehmbar. Die preußische Regierung habe bereits Stellung genommen, nachdem sie erwogen, ob man den Wünschen auf diesem Gebiet entgegenkommen könne. Sie habe das unbedingt verneinen müssen. Er verkenne nicht die Möglichkeit, daß diese ablehnende Haltung den Erfolg haben könne, daß das Eherecht aus dem Bürgerlichen Gesetzbuch ausscheiden müsse, ja sogar, daß mangels einer anderen Verständigung das ganze Bürgerliche Gesetzbuch scheitern könne. Selbst auf diese Gefahr hin müsse jede Transaktion mit der Nothcivilehe oder fakultativen Civilehe ausgeschlossen bleiben. Er sei überzeugt, daß, wenn man das Bürgerliche Gesetzbuch nur haben könne sei es mit der Nothcivilehe, sei es mit der fakultativen Civilehe, im Bundesrath die Entscheidung dahin fallen würde, daß es dann besser sei, zur Zeit auf das ganze Werk zu verzichten.

Seine Begründungen dieses Standpunktes lauteten:

„Die verbündeten Regierungen betrachteten die geltenden reichsgesetzlichen Bestimmungen über das Eheschließungsrecht als den Abschluß einer langen, vielfach von schwierigen Kämpfen durchsetzten Entwickelung auf rechtlichem und kirchenpolitischem Gebiete. Der damit gewonnene Rechtszustand habe sich als wohlthätig erwiesen; er habe im Interesse des kirchlichen und politischen Friedens manchen Zwistigkeiten und Auseinandersetzungen, unter denen wir früher gelitten, nicht nur innerhalb einzelner Religionsgemeinschaften, sondern auch zwischen den verschiedenen kirchlichen Organisationen und ebenso zwischen Staat und Kirche wirksam vorgebeugt, zum Vortheil der kirchlichen wie der staatlichen Autorität. Einen solchen Rechtszustand gebe man ohne die dringendste Veranlassung nicht wieder auf. Wenn der Antrag Dr. Bachem und Genossen mittels Einführung der Noth-Civilehe auf eine Revision hinziele, welche unsere Rechtsentwickelung auf die Zeit vor dem Allgemeinen Landrecht und dem Code zurückführen müßte, wenn ferner der Antrag Himburg und Genossen durch die Einführung der fakultativen Civilehe einen Rechtszustand beseitigen wolle, welcher gerade mit Hülfe der konservativen Partei begründet wurde, so könne es nicht auffallen, daß die Regierungen sich nach der Richtung eines jeden dieser Anträge hin unbedingt ablehnend verhielten. Der eine wie der andere Antrag sei für sie unannehmbar. Die Königliche preußische Regierung habe sich darüber formell schlüssig gemacht, nicht ohne die Gefährdung zu erwägen, die sich daraus für das Familienrecht, vielleicht sogar für das ganze Gesetzbuch ergeben könne. Sie werde nöthigenfalls lieber auf die Herstellung eines gemeinsamen bürgerlichen Rechts in Deutschland zur Zeit verzichten, als die Nachtheile und Gefahren übernehmen, welche nach ihrer Ueberzeugung für das politische und für das kirchliche Leben mit der Durchführung der in den beiden Anträgen enthaltenen Prinzipien verbunden sein würden. Redner sei überzeugt, daß die Königlich bayerische Regierung zu einer gleichen ablehnenden Haltung entschlossen sei, und er zweifle nicht, daß auch die Stellung der übrigen Regierungen gegebenen Falls dahin führen würde, daß der Bundesrath den Standpunkt Preußens und Bayerns gutheißt.

Daß zwei große Parteien, auf deren bereitwillige Mitwirkung bei der Schaffung eines gemeinsamen bürgerlichen Rechts die verbündeten Regierungen gerechnet haben, zu so weittragenden Vorschlägen sich entschlossen hätten, bedaure man regierungsseitig lebhaft, um so mehr als die Regierung mit der Tendenz der Anträge, soweit sie auf die Erhaltung des religiösen und kirchlichen Charakters der Ehe gerichtet seien, sich durchaus einverstanden fühle. Der Regierung liege es völlig fern, irgendwie die Stellung anzutasten, welche die Ehe innerhalb der einzelnen Religionsgemeinschaften, vor Allem in den christlichen Kirchen einnehme. Diese Stellung zu wahren, entspreche auch dem staatlichen Interesse. Sollten die Bestimmungen des Gesetzbuchs, wenn auch nicht für den Juristen, so doch für andere Bevölkerungskreise, in dieser Beziehung zu Mißdeutungen Anlaß geben können, so würde man regierungsseitig gern entgegen kommen, um eine andere Fassung für die Vorschriften zu finden. So würde namentlich in dem Antrage Dr. v. Buchka und Genossen, nach welchem die Wahrung der kirchlichen Verpflichtungen bezüglich der Ehe nicht, wie die Vorlage beabsichtige, in dem Einführungsgesetz, sondern in dem Gesetzbuch selbst ihren Ausdruck finden solle, kein Hinderniß einer Verständigung zu erblicken sein. Auf diesem Boden dürfte es auch der Partei des Centrums und der der Konservativen möglich sein, sich mit der Vorlage abzufinden. Denn die Vorlage bringe doch wesentlich geltendes Recht, das selbst dann bestehen bleiben würde, wenn die Vorlage falle, das sogar in der Vorlage manche, auch jenen Parteien sicherlich willkommene Verbesserungen erfahre. Ein beachtenswerthes Moment liege doch schon in der Thatsache, daß fortan das Eheschließungsrecht nicht auf dem Gesetz vom 6. Februar 1875, dessen Entstehung für manche Kreise mit verstimmenden Erinnerungen an frühere politische Kämpfe verknüpft sei, sondern auf dem Bürgerlichen Gesetzbuch beruhen soll, das, jedem parteipolitischen und kirchenpolitischen Kampfe entrückt, der Civilehe gegenüber eine ebenso unbefangene Stellung einzunehmen gestatte, wie man sie der Civilehe des Code gegenüber im Westen unseres Vaterlandes früher eingenommen habe. Ferner komme für die Parteien auch das in Betracht, daß die obligatorische Civilehe im Westen Deutschlands nahezu 100 Jahre, in Elsaß-Lothringen über 100 Jahre, in den übrigen Theilen des Reiches über 20 Jahre bestehe und einen befriedigenden, zum Mindesten aber einen erträglichen modus vivendi geschaffen habe, während mit der Noth-Civilehe oder mit der fakultativen Civilehe ein Experiment gemacht werden würde, für das beruhigende Erfahrungen in unserer Geschichte nicht gegeben seien. Die fakultative Civilehe habe die preußische Regierung, lediglich gedrängt durch die Schwierigkeiten in den evangelisch-kirchlichen Verhältnissen, vor nahezu 40 Jahren einzuführen versucht, von diesem Versuche aber unter Zustimmung der Landesvertretung wieder Abstand genommen und ihn nicht wiederholt. Zu Gunsten der Noth-Civilehe habe man sich auf das Bürgerliche Gesetzbuch Sachsens berufen. Man könne aber die Erfahrungen in diesem kleineren, dabei nicht konfessionell gemischten, sondern fast ausschließlich evangelischen Lande um so weniger für Deutschland zu Grunde legen, als die Erfahrungen sich doch nur auf eine kurze Reihe von Jahren erstrecken. Jedenfalls würde man dann auch auf das badische Land hinweisen müssen. Hier sei, nachdem ein Rechtszustand, demgemäß die Geistlichen zugleich als Standesbeamte fungirten, sich als unhaltbar erwiesen, im Jahre 1860 die Noth-Civilehe eingeführt, — aber schon 9 Jahre später habe man, in Anbetracht der daraus entsprungenen Verwickelungen und Streitigkeiten, diese Form der Eheschließung wieder aufgegeben. Der in dem kleinen Lande gescheiterte Versuch bilde eine eindringliche Warnung vor ähnlichen Experimenten für das ganze Reich.

Die vorliegende Frage müsse, nach der Auffassung der verbündeten Regierungen, nicht nach Gesichtspunkten des politischen Tagesbedarfs, sondern an der Hand der politischen Erfahrungen und mit dem Maßstabe der geschichtlichen Entwickelung beurtheilt werden. Das verlange ihre kirchliche, gesellschaftliche und politische Bedeutung. Deshalb sei es wichtig, sich die Stellung der Civilehe in Deutschland seit Anfang des Jahrhunderts zu vergegenwärtigen.

Die preußische Regierung habe am Rhein nach den Freiheitskriegen die Eheschließung des Code vorgefunden, sie keineswegs mit freundlichen Augen angesehen, mehrmals sogar den Versuch gemacht, sie zu Gunsten der kirchlichen Trauung zu beseitigen — jedesmal ohne Erfolg. So habe man noch vor dem Ende der Freiheitskriege in den bergischen Landestheilen die kirchliche Trauung vor den abschließenden standesamtlichen Akt verlegt, um die Bedeutung der Civilehe zurückzudrängen. Der Erfolg sei durchaus unbefriedigend gewesen; in den 40er Jahren, — spät, nur nothgedrungen, aber unter der Zustimmung der Bevölkerung, sei die Regierung zu der französischen Form der Civilehe zurückgekehrt. Für den ganzen preußischen Rhein sei die Beseitigung der Civilehe geplant gewesen, als im Jahre 1837 den rheinischen Ständen ein Gesetzentwurf behufs Aufhebung der Civilehe vorgelegt wurde; die Stände lehnten jedoch ihre Zustimmung ab, indem sie als die erste Voraussetzung für die Beseitigung der Civilehe den Ausgleich der Verschiedenheiten zwischen den kirchlichen und staatlichen Ehehindernissen bezeichneten. In Hessen habe die Beseitigung der französischen Civilehe auf dem linken Rheinufer zu Gunsten der gemeinrechtlichen Trauung rechts des Rheins auf dem Programm gestanden, als dort der Entwurf eines einheitlichen bürgerlichen Rechts im Jahre 1846 zur ständischen Berathung gelangte. Da hätten sich 12 rheinhessische Abgeordnete, unter ihnen 10 Katholiken, zu einem entschiedenen Protest gegen dieses Programm erhoben, unter der Erklärung, daß in ihrer konfessionell stark gemischten Provinz die bürgerliche Eheschließung es gewesen sei, welche die Bevölkerung vor konfessionellen Wirren und religiösem Unfrieden geschützt habe. Als im Jahre 1848 die Frankfurter „Grundrechte" die Einführung der obligatorischen Civilehe verlangten, versammelte sich der deutsche und deutsch-österreichische Episkopat in Würzburg zur Berathung darüber, ob ein Protest der kirchlichen Autoritäten gegen jene Forderung angebracht sei. Kein Bischof einer rheinischen Diözese, in deren Gebiet die bürgerliche Eheschließungsform bestand, sei für einen solchen Protest eingetreten; ohne Widerspruch sei bezeugt worden, daß der kirchliche Sinn und die Anhänglichkeit des Volkes an die kirchlichen Gebote und Gebräuche nicht gelitten habe. Der Episkopat verzichtete auf jede Verwahrung. In den Reichslanden bestehe die bürgerliche Eheschließung seit der französischen Konstituante von 1791. Ihre Einführung habe dort so wenig, wie in Frankreich selbst, große Erregung hervorgerufen. Sie wirkte, was bald dankbar anerkannt wurde, auf die Beseitigung mißlicher Streitigkeiten hin. Sie sei deshalb auch in den organischen Artikeln aufrecht erhalten worden, welche im Jahre 1801 gleichzeitig mit dem Entwurfe eines Konkordates die französische Regierung der Kurie vorlegte. Manches in diesen Artikeln habe den Widerspruch der Kurie gefunden, nicht aber die Civilehe. Auch das Nationalkonzil französischer Bischöfe von

1802 habe ihr nicht widersprochen. Unter allen Wechselfällen des politischen Lebens in Frankreich, bis dahin, daß die Reichslande wieder deutsch wurden, sei die Civilehe frei von jeder Anfechtung der geistlichen oder weltlichen Gewalten geblieben.

Alle diese Zeugnisse für das Unbedenkliche der obligatorischen Civilehe aus dem Westen Deutschlands könnten unmöglich außer Betracht gelassen werden, wenn man die Frage objektiv diskutire. Was den Osten betreffe, so sei vor Allem die geschichtliche Entwickelung in Preußen von Gewicht. Hier sei schon bei Berathung der Verfassung die Civilehe, namentlich ihre obligatorische Form, als eine unvermeidliche Institution behandelt worden. Praktische Erfahrungen, nicht theoretische Grübelei, hätten darauf hingewirkt; denn mit dem Erstarken des kirchlichen Lebens während der ersten Hälfte unseres Jahrhunderts seien mehr und mehr Gegensätze in den kirchenpolitischen Fragen entstanden und hätten die Voraussetzung des Allgemeinen Landrechts, daß bei der gesetzlich vorgeschriebenen Trauung der Geistliche auch als ein den Vorschriften des Staates folgsames staatliches Organ fungire, allmälig in Frage gestellt. Die Anerkennung der Civilehe sei denn auch in die Verfassung übergegangen; die Regierung habe trotzdem mit ihrer Durchführung gezögert, bis aus Anlaß der unerträglichen Zwistigkeiten, welche in der evangelischen Kirche die Wiedertrauung der Geschiedenen und die Stellung der Dissidenten erzeugte, sogar eine so streng kirchlich angelegte Persönlichkeit wie König Friedrich Wilhelm IV. mit der Eröffnung an seine Minister herangetreten sei, daß die Einführung der Civilehe, auch für solche, die nicht aus der Landeskirche ausgeschieden, das einzige Mittel der Hülfe biete. Aus dieser Lage erwuchs die Vorlage von 1859, welche die fakultative Civilehe in Preußen einführen wollte. Für die Würdigung der jetzt vorliegenden Anträge sei die damalige Haltung der konservativen Partei und der katholischen Fraktion im Landtage nicht ohne Interesse. Im Herrenhause habe die fakultative Civilehe entschiedenen Widerspruch gefunden; ein konservativer und streng kirchlicher Mann, wie der Graf von Itzenplitz, sei dafür eingetreten, daß nur die obligatorische, nicht die fakultative Civilehe ein geeignetes Mittel der Hülfe sei; ein hervorragendes Mitglied der katholischen Partei, der Geheime Rath Brüggemann, habe erklärt, daß die fakultative Civilehe das christliche Moment in der Ehe gefährde und mit den Prinzipien der katholischen Kirche sich nicht vertrage. Im Abgeordnetenhause habe aus den Reihen der Konservativen der Abgeordnete von Krosigk sich dahin ausgesprochen, daß von den drei Formen der Civilehe die obligatorische am wenigsten bedenklich sei, weil sie mit der kirchlichen Trauung nicht unmittelbar in Konkurrenz trete. Aus dem Centrum hätten die Abgeordneten von Berg und Osterrath sich ähnlich ausgesprochen, August und Peter Reichensperger hätten darüber keinen Zweifel gelassen, daß sie die obligatorische Civilehe für ein geringeres Uebel hielten, als die fakultative. So sei die fakultative Civilehe gefallen, weil das Land gegen sie war, die Regierung aber habe auf die Civilehe nicht verzichten können und deshalb, als nun seit 1870 auch die katholisch-kirchlichen Schwierigkeiten hinzutraten, 1873 vom Landtag die obligatorische Civilehe verlangt. Sie habe sich dafür auf die Haltung des Landtags in früheren Jahren berufen können, habe ihre Forderung auch durchgesetzt und zwar gerade mit Hülfe der konservativen Partei. In deren Namen habe der Graf Limburg-Stirum die Zustimmung zu der Einführung der obligatorischen Civilehe erklärt. Das Centrum habe den grundsätzlichen Widerspruch aufrecht erhalten; aber der Abgeordnete Peter Reichensperger habe doch bestätigt, daß durch die Civilehe am Rhein weder in katholischen noch in evangelischen Kreisen der kirchliche Sinn geschädigt sei, und der Abgeordnete Windthorst habe die Meinung geäußert, daß, wolle man einmal die Civilehe, nur die Civilehe voll und ganz, also die obligatorische Form gewählt werden könne. Der Landtag habe dann der Einführung der obligatorischen Civilehe zugestimmt.

Auf diesen geschichtlichen Vorgängen im Westen und Osten Deutschlands beruhe der jetzige Rechtszustand, den das Bürgerliche Gesetzbuch aufrecht erhalten wolle. Mehr als 20 Jahre seien seitdem vergangen. Welche Wahrnehmungen könnten große Parteien des Reichstages bestimmen, in diesem Rechtszustand wiederum eine fundamentale Aenderung zu erstreben? Das Volk habe sich, was man auch sagen möge, an die neuen Verhältnisse gewöhnt. Irrige Auffassungen über die Bedeutung des Aktes vor dem Standesbeamten und der kirchlichen Trauung haben nicht Platz gegriffen. Der standesamtliche Akt wurde nur als eine Station auf dem Wege zur Kirche angesehen. Die sittlichen Zustände haben keinen Niedergang erfahren. Die der Kommission vorgelegte Statistik beweise und die kirchlichen Autoritäten bezeugen, daß die Zahl der Trauungen unter dem Einfluß der Civilehe nicht zurückgegangen sei. Die Kirchengemeinschaften haben eine unabhängigere Stellung dem Staate gegenüber gewonnen. Der Staat leide nicht mehr unter den früheren Streitigkeiten zwischen den weltlichen und kirchlichen Behörden, zwischen den verschiedenen Konfessionen und innerhalb einzelner Konfessionen selbst. Die einzelnen Bundesregierungen hätten Anträge auf Aenderung des geltenden Rechtszustandes bei der Feststellung des Gesetzbuchs nicht eingebracht. Seit der Veröffentlichung des von der zweiten Kommission ausgearbeiteten Entwurfs seien keine hervorragenden kritischen Kundgebungen gegen die Civilehe zu Tage getreten, keine namhafte Bewegung habe sich im Volke dagegen entwickelt, bis daß vor Kurzem in den östlichen Provinzen Preußens eine Agitation hervorgetreten sei, welche mit dem konservativen Antrag auf Einführung der fakultativen Civilehe sich identifizire. Von den Beschwerden, die in dieser Agitation gegen die obligatorische Civilehe geltend gemacht werden, könne nur die Klage darüber als einigermaßen berechtigt anerkannt werden, daß der jetzige Zustand den Brautleuten mehr Unbequemlichkeiten auferlege, als die einfache Verpflichtung zur Trauung dies thun würde. Auch in der Kommission sei davon gesprochen, daß der jetzige Rechtszustand dem Volke das Leben unbehaglich macht. Indessen nur auf dem Lande können sich bis zu einem gewissen Grade Unbequemlichkeiten ergeben. Aber mit ihnen erkaufe das Volk, der Staat und die Kirche die Sicherung vor anderen Belästigungen und vor Gefahren, mit denen jene Unbequemlichkeiten sich nicht vergleichen lassen; das beweisen die vergangenen Zeiten. Im Uebrigen würden auch nach Annahme des Antrages auf Einführung der fakultativen Civilehe die Unbequemlichkeiten bleiben. Denn die Brautleute müßten auch dann zum Standesbeamten und nachher zur Kirche. Hinzu trete dann aber noch die Last der in mancher Beziehung bedenklichen Korrespondenz zwischen dem Geistlichen und dem Standesbeamten über die Ehe, die jener geschlossen habe und dieser eintragen solle. Nicht der jetzige Rechtszustand trage Irrungen in das Volk, sondern seine Abänderung würde solche Irrungen erzeugen. Das Volk würde es nicht verstehen, wenn man auf diesem Gebiete, auf dem die zartesten Empfindungen des Volksgemüthes in Mitleidenschaft gezogen würden, schon wieder zu Umwälzungen schreiten wollte. Nichts könne mehr als das die Autorität der kirchlichen und staatlichen Institutionen auf dem Gebiete des Eherechts erschüttern. Deshalb wiederhole der Redner die Bitte, von allen für die verbündeten Regierungen unannehmbaren Forderungen abzusehen und die Verständigung auf dem Boden des bestehenden Rechts zu suchen."

Der bayerische Bundesrathsbevollmächtigte erklärte, was der Herr Staatssekretär des Reichs-Justizamts als seine Ueberzeugung von der Haltung der Königlich bayerischen Regierung ausgesprochen habe, treffe zu. Die Stellung, die die bayerische Regierung seit dem Jahre 1875 zu der Frage der Civilehe eingenommen habe, sei bekannt. Zu einer Aenderung dieser Stellung habe sie sich auch durch die vorliegenden Anträge nicht bestimmen lassen können, weil die Grundsätze, auf denen das Eheschließungsrecht des Personenstandsgesetzes vom 6. Februar 1875 beruht, keinen Gewissenszwang begründen, sondern die kirchlichen Pflichten den Eheschließenden unberührt lassen. Dagegen lege die Königlich bayerische Regierung den allergrößten Werth darauf, daß diejenigen eherechtlichen Bestimmungen des Entwurfs, von denen auch sie anerkenne, daß sie einen Gewissenszwang herbeizuführen geeignet sind, in einer den religiösen Ueberzeugungen Rechnung tragenden Weise abgeändert werden. Ihr Vertreter sei daher angewiesen, die in dieser Richtung sich bewegenden, die Anfechtung und die Scheidung der Ehe betreffenden Anträge mit Entschiedenheit zu unterstützen.

In ähnlicher Weise erklärte der württembergische Bundesrathsbevollmächtigte, daß auch seine Regierung gegen die Anträge sei. Sie erachte die obligatorische Civilehe für nothwendig im Interesse des kirchlichen Friedens. In dieser Auffassung befinde sie sich übrigens in Uebereinstimmung mit weiten Kreisen der evangelischen Kirche ihres Landes. Die evangelische Pfarrerkonferenz, die in Stuttgart am 22. April d. J. abgehalten worden sei, habe sich einstimmig gegen die fakultative Civilehe erkärt.

Der badische Bundesrathsbevollmächtigte erklärte, daß zwar eine neuerliche Stellungnahme seiner Regierung zu diesen Anträgen nicht stattgefunden habe. Trotzdem könne er sagen, daß seine Regierung gegen alle Anträge sein und am Entwurfe festhalten werde. Was die Erfahrungen mit der Nothcivilehe in Baden von 1860 bis 1868 angehe, so könne er sich den Ausführungen des Staatssekretärs des Reichsjustizamts durchaus anschließen.

An die Begründung der verschiedenen Anträge und die Stellungnahme der bezeichneten Regierungen der deutschen Bundesstaaten knüpfte sich eine längere und eingehende Debatte.

Den Erklärungen des Staatssekretärs des Reichsjustizamts gegenüber wurde aus der Kommission darauf hingewiesen, daß, wenn von Seiten katholischer Bischöfe oder kirchlich treuer katholischer Laien bei Gelegenheiten eine Stellung eingenommen sei, welche nicht in aller Schärfe den prinzipiellen kirchlichen Standpunkt geltend gemacht oder gewahrt habe, so sei dabei zu berücksichtigen, daß die katholische Kirche sehr häufig nach den Zeitumständen nicht die mindeste Hoffnung habe hegen können, ihre grundsätzliche Anschauung durchzusetzen, daß sie stets mit demjenigen habe rechnen müssen, was unter den jeweiligen Zeitverhältnissen sich habe erreichen lassen oder was, um größere Uebel zu vermeiden, habe hingenommen oder ertragen werden müssen. Ein grundsätzliches Aufgeben des kirchlichen Standpunktes von einer solchen Seite sei jedoch niemals hervorgetreten und ergebe sich am allerwenigsten aus den geschichtlichen Mittheilungen, welche der Staatssekretär des Reichsjustizamts vorgetragen habe. Die von ihm berührte Stellungnahme der kirchlichen Faktoren sei nur richtig zu beurtheilen auf dem Boden einer genauen Darstellung der jeweils vorhandenen Umstände. Man müsse sich durchaus dagegen verwahren, daß es als ein Aufgeben des kirchlichen Prinzips im Punkte der Eheschließung betrachtet werde, wenn in einem bestimmten Augenblick die Bischöfe oder andere kirchliche Autoritäten es für richtiger gehalten hätten, ihre Forderungen nicht kampfbereit in den Vordergrund zu stellen, obgleich sie hätten fürchten müssen, dadurch vielleicht ein noch größeres Uebel hervorzurufen. Wo immer die Zeitumstände der katholischen Kirche es erlaubt hätten, die kirchliche Anschauung über die Eheschließung zur Geltung zu bringen, habe sie das niemals versäumt.

Von anderer Seite wurde den verbündeten Regierungen Dank ausgesprochen, daß sie mit solcher Bestimmtheit dem Versuche, die obligatorische Civilehe anzutasten, entgegen getreten seien. Die obligatorische Civilehe habe sich praktisch bewährt. Der religiös gesinnte Theil des deutschen Volkes habe sich mit derselben vollständig abgefunden. Die thatsächlichen Zustände seien keineswegs derart, daß eine Aenderung erforderlich erscheine. Wenn auch zugegeben werde, daß die katholische Kirche und ebenso die evangelische Landeskirche an ihrem grundsätzlichen Standpunkt über die Eheschließung festgehalten haben, so werde man doch entgegenhalten dürfen, daß der Widerstand gegen die obligatorische Civilehe mehr den Charakter eines rein theoretischen Festhaltens an diesem Standpunkt habe und daß in der Praxis die verschiedenen Konfessionen es stets verstanden hätten, einen Zustand herbeizuführen, der auch unter der Herrschaft der obligatorischen Civilehe die religiösen Interessen voll zur Geltung kommen lasse.

Nachdem in diesem Punkt eine reinliche Scheidung zwischen dem staatlichen und dem kirchlichen Gebiet eingetreten sei und sich eingelebt habe, habe man keine Veranlassung, wiederum eine Vermischung oder Verdunkelung der Grenze eintreten zu lassen, umsoweniger, als man mit dieser Vermischung wiederum alle die großen Schwierigkeiten staatlich-kirchlicher Art bekommen werde, denen man durch die Einführung der obligatorischen Civilehe habe entgehen wollen und auch thatsächlich entgangen sei.

Eine Schädigung der religiösen Interessen durch die obligatorische Civilehe könne in keiner Weise anerkannt werden. Für den Bereich der katholischen Kirche werde auch von den Katholiken zugegeben, daß nur in verhältnißmäßig sehr wenigen Fällen die kirchliche Trauung verabsäumt werde, nachdem die staatliche Eheschließung stattgefunden habe. In den Kreisen der evangelischen Landeskirche sei allerdings früher die Zahl solcher Ehen häufiger gewesen; jedoch zeige die Erfahrung, daß sie sich jetzt immer mehr mindere, so daß man jetzt schon eher von einer Stärkung des kirchlichen Einflusses bei der evangelischen Landeskirche sprechen könne. Eine Stärkung der Macht der Kirche durch die staatliche Gesetzgebung anzubahnen, entspreche in keiner Weise mehr den modernen Verhältnissen.

Aus diesen Gründen sei die Stellungnahme des Bundesraths und der bezeichneten Deutschen Bundesregierungen eine durchaus richtige. Nach derselben ergebe sich, daß, wenn einer dieser Anträge angenommen würde, entweder das Eherecht aus dem Entwurfe auszuscheiden habe oder aber der Entwurf in dieser Session nicht zu Stande komme. Dann sei es aber sehr fraglich, ob in einer späteren Session über diesen Punkt eine Verständigung erzielt werden würde. Darüber müßten sich Alle, welche an dem Werke mitzuarbeiten gesonnen seien, nunmehr klar sein. Die Freunde der gestellten Anträge möchten sich daher wohl überlegen, ob es für sie räthlicher sei, eine Politik zu verfolgen, welche die Wirkung haben müsse, das ganze Eherecht aus dem Bürgerlichen Gesetzbuch auszuscheiden, oder ob es sich für sie nicht sehr viel mehr empfehle, von diesen Anträgen abzusehen und dafür die großen Verbesserungen im Eherecht, welche auch vom religiösen und kirchlichen Standpunkt anerkannt werden müßten und auch anerkannt würden, dafür in Empfang zu nehmen. Man habe gewiß das Interesse, das Bürgerliche Gesetzbuch so zu gestalten, daß es nicht in Kollision komme mit den religiösen Gefühlen der Bevölkerung. Man sei auch geneigt, allen Wünschen, solche Kollisionen zu vermeiden, so weit entgegen zu kommen, als es irgend möglich sei. All' dieses Entgegenkommen werde jedoch keinerlei Erfolg haben können, wenn einer der genannten Anträge angenommen werde.

Es wurde sodann zunächst nur über den prinzipiellen Punkt abgestimmt, welches System man im Bürgerlichen Gesetzbuch adoptiren wolle. Bei dieser Abstimmung erhielt der Antrag, betreffend die Nothcivilehe, 7 Stimmen, der Antrag, betreffend die fakultative Civilehe, 9 Stimmen, der Eventualantrag, welcher das englische System nachbilden wollte, ebenfalls nur 7 Stimmen. Damit war durch die Mehrheit der Kommission entschieden, daß die obligatorische Civilehe im Prinzip beizubehalten sei.

Seitens derjenigen Antragsteller, welche in erster Linie die Nothcivilehe beantragt hatten, wurde sodann erklärt, daß man nun zunächst den Versuch machen wolle, die nachfolgenden Einzelbestimmungen über die Ausgestaltung der obligatorischen Civilehe für die religiösen Interessen erträglicher zu gestalten. Man müsse sich jedoch die endgültige Stellungnahme sowohl zu diesem Theile des Entwurfs als auch zu dem gesammten Entwurf, wenn die obligatorische Civilehe im Prinzip bestehen bleibe, vorbehalten, und man verwahre sich ausdrücklich dagegen, daß in dem Versuch, an der Ausgestaltung der Einzelbestimmungen über die obligatorische Civilehe mitzuwirken, ein Aufgeben des kirchlichen Standpunktes und der Verzicht, weitere Versuche zur Herbeiführung eines anderen Resultats über das Prinzip zu machen, erkannt werde.

Zweite Lesung.

Auch in zweiter Lesung entwickelte sich wiederum eine Generaldiskussion über diesen Gegenstand. Aus derselben ist folgendes hervorzuheben:

Gegen die Erklärung über das Verhalten der katholischen Kirche gegenüber der obligatorischen Civilehe, welche der Staatssekretär des Reichsjustizamtes in erster Lesung abgegeben hatte, wurde folgende Gegenerklärung inhaltlich vorgetragen und dann zu Protokoll gegeben:

I. „In der Erklärung des Herrn Staatssekretärs Nieberding heißt es:

„Als im Jahre 1848 die Frankfurter „Grundrechte" die Einführung der obligatorischen Civilehe verlangten, versammelte sich der deutsche und deutsch-österreichische Episkopat in Würzburg zur Berathung darüber, ob ein Protest der kirchlichen Autoritäten gegen jene Forderung angebracht sei. Kein Bischof einer rheinischen Diöcese, in deren Gebiet die bürgerliche Eheschließungsform bestand, sei für einen solchen Protest eingetreten; ohne Widerspruch sei bezeugt worden, daß der kirchliche Sinn und die Anhänglichkeit des Volkes an die kirchlichen Gebote und Gebräuche nicht gelitten habe. Der Episkopat verzichtete auf jede Verwahrung."

Zu dieser Bemerkung ist zunächst zu entgegnen, daß ein Beweis für die Zulässigkeit der obligatorischen Civilehe vom katholisch-kirchlichen Standpunkt aus darin nicht gefunden werden kann, wenn während der Stürme des Jahres 1848 die deutschen Bischöfe einen formulirten Protest gegen die bereits beschlossenen Frankfurter Grundrechte nicht für opportun hielten, aus irgend welchen Gründen, die hier unerörtert bleiben können, vielmehr zunächst eine abwartende Stellung zur Entwicklung der Frankfurter Grundrechte, die Gesetzeskraft zwar erlangt, aber zu behalten keine Aussicht hatten, einzunehmen für richtig hielten. Ebensowenig folgt ein solcher Beweis aus der Thatsache, daß in jener Versammlung ohne Widerspruch bezeugt worden sei, der kirchliche Sinn des Volkes auf dem linken Rheinufer habe unter der Herrschaft der obligatorischen Civilehe nicht gelitten. Letzteres kann auch heute noch Gott sei Dank und dem katholischen Volkstheile zur Ehre ohne Widerspruch bezeugt werden, und zwar von allen Katholiken, Geistlichen wie Laien, welche in Uebereinstimmung mit ihrer Kirche die obligatorische Civilehe verwerfen und an der kirchlichen Trauung unbedingt festhalten. Das ist aber gewiß nicht eingetreten in Folge der Herrschaft der obligatorischen Civilehe, sondern trotz derselben. Daß aber auch damals die Bischöfe eine Gefährdung kirchlicher Rechte in der Civilehe sahen, ergiebt sich sattsam aus den Akten der Würzburger Versammlung (s. in den Acta et decreta Conciliorum. Collectio Lacensis, Bd. V., Sp. 1104 bis 1109, — 27. und 28. Sitzung).

Dazu kommt, daß das aus jener Anführung des Herrn Staatssekretärs vielleicht zu entnehmende Moment hinfällig wird durch den Hinweis auf die Haltung des preußischen Episkopats einschließlich der rheinischen Bischöfe aus dem Jahr 1849. In der „Denkschrift der katholischen Bischöfe in Preußen über die Verfassungsurkunde für den preußischen Staat vom 5. Dezember 1848", beschlossen in der Versammlung der Bischöfe in Cöln vom 6. bis 9. März 1849, datirt vom 19. Juli 1849 und unterzeichnet von den Bischöfen von Cöln, Trier, Paderborn, Münster, Olmütz, Ermeland und Breslau (s. Collectio Lacensis, Bd. V, Spalte 1143 bis 1160, Roskovany, Matrimonium, tom. I p. 534) wurde der bei der Würzburger Versammlung von dem Herrn Staatssekretär vermißte Protest gegen die Einführung der erst noch gesetzlich zu regelnden Civilehe in der entschiedensten Weise nachgeholt, nachdem durch die erwähnte Verfassungsurkunde die Frage der obligatorischen Civilehe eine ganz andere Gestalt angenommen hatte, wie durch die Frankfurter Grundrechte.

In jener Denkschrift heißt es: „Zuletzt können die katholischen Bischöfe nicht unerörtert lassen, wie in dem neuen Staatsgrundgesetze der eben zuvor noch (Art. 11) gewährleisteten Freiheit des religiösen Bekenntnisses und der öffentlichen Religionsübung einerseits, und der selbständigen kirchlichen Thätigkeit andererseits (Art. 12), sofort auch schon im nämlichen Staatsgrundgesetz selbst mit nicht zu rechtfertigender Inkonsequenz und unter willkürlichen Voraussetzungen eine tiefe Verletzung durch den Zwang beigebracht ist, die kirchliche Trauung erst nach dem Civilakte vornehmen zu dürfen (Artikel 16)..... Es enthält immer eine die religiöse Freiheit verletzende und die Gewissen beunruhigende Maßregel, die sich durch ihre inneren Beziehungen nicht als eine gerechte darstellt, und die dem Standpunkte einer in ihrer inneren Grundlage gerechten, milden und freisinnigen Gesetzgebung nicht entspricht..... Es ist nicht die Absicht, das Interesse der Staatsgewalt bei den Ehen überhaupt sowie hinsichtlich ihrer äußeren Rechtsgültigkeit innerhalb der Sphäre des weltlichen Rechtes insbesondere in Abrede zu stellen; allein dieses Interesse der Staatsgewalt rechtfertigt nur eine an sich angemessene und gerechte Maßregel auf ihrem Gebiet, nicht aber den Uebergriff auf fremdes Gebiet, nicht die Verletzung anderer unveräußerlicher Rechte und am allerwenigsten das Verbot gegen Dritte, die hierin außer ihrer Machtsphäre stehen u. s. w."

Es sei noch erwähnt, daß damals die Einführung der obligatorischen Civilehe unterblieb. Inwieweit dazu jener Protest von Einfluß gewesen ist, braucht hier nicht untersucht zu werden.

II. Im Allgemeinen ist zu sagen, daß die Haltung katholischer Bischöfe in Bezug auf die obligatorische Civilehe naturgemäß eine andere sein muß und sein darf, je nachdem die obligatorische Civilehe erst angestrebt ist, oder je nachdem sie bereits gesetzliche Kraft erlangt hat. Ist letzteres der Fall, so haben die Bischöfe kein Mittel, ihre Diözesanen gegen die Durchführung derselben zu schützen. Es bleibt ihnen nichts übrig, als sich selber zu fügen, so sehr sie auch vorher die Einführung bekämpft haben mögen, und ihren Diözesanen zu gestatten, sich ebenso zu fügen, weil ja nach den heutigen Zuständen der Staat regelmäßig nicht davor zurückschreckt, seine Gesetze der katholischen Kirche und den religiösen Anschauungen der Katholiken gegenüber mit Zwang durchzuführen. Aus einem passiven Verhalten katholischer Bischöfe gegenüber der bestehenden obligatorischen Civilehe oder aus deren Verlautbarungen an ihre Diözesanen, wonach dieselben sich den Anforderungen der obligatorischen Civilehe fügen dürfen, wird daher niemals auf eine Zustimmung zu derselben geschlossen werden dürfen.

III. In der Erklärung des Herrn Staatssekretärs heißt es ferner, die bürgerliche Eheschließung „sei .... auch in den organischen Artikeln aufrecht erhalten worden, welche im Jahre 1801 gleichzeitig mit dem Entwurfe eines Konkordates die französische Regierung der Kurie vorlegte. Manches in diesen Artikeln habe den Widerspruch der Kurie gefunden, nicht aber die Civilehe". Diese Behauptung ist unzutreffend.

Daß nur das Konkordat selbst, nicht aber die organischen Artikel, welche von Napoleon eigenmächtiger und unehrlicher Weise dem Konkordat angehängt worden waren, von der Kurie angenommen ist, und daß die Kurie sofort gegen den Erlaß der organischen Artikel insgesammt protestirt hat, ist ebenso unbestreitbar, wie daß die Kurie insbesondere gegen die Civilehe in den organischen Artikeln protestirt hat. Wenn irgend etwas, was in die organischen Artikel hineingesetzt wurde, in dem ersten, von Napoleon herrührenden Konkordatsentwurfe stand, welchen dieser durchaus durchpressen wollte, so ist das Alles unnachsichtig von Rom gestrichen worden, und zwar auf die Gefahr hin, den allgewaltigen Ersten Konsul Frankreichs sich zum Feinde zu machen und eine neue Invasion Roms gewärtigen zu müssen. Kardinal Consalvi, von dem großentheils der Entwurf des später von dem Papst allein angenommenen Konkordates herrührt, erzählt sehr eingehend in seinen „Memoiren“ (Deutsche Uebersetzung Paderborn, Junfermannsche Buchhandlung, 1870, S. 253 bis 356), die Geschichte des Konkordates, wie der heilige Stuhl und er selbst als Spezialbevollmächtigter des Papstes zum Abschlusse des Konkordates trotz aller Drohungen und Intriguen festblieben, und unnachsichtig diejenigen Artikel ausgemerzt wissen wollten, welche die unveräußerlichen Rechte der Kirche verletzten, und wie endlich am 15. Juli 1801 die Artikel des Konkordates, nicht aber mehr oder irgend etwas Anderes, unterzeichnet und kurz darauf von Papst Pius VII. ratifizirt wurden. Die Veröffentlichung seitens Napoleons, der bis dahin unablässig gedrängt hatte, dauerte dann noch fast ein Jahr. Erst Ostern 1802 veröffentlichte er das zwischen ihm und dem Papste abgeschlossene Konkordat; aber in wenig ehrenhafter Weise waren demselben die von Napoleon allein herrührenden organischen Artikel hinzugefügt. Consalvi erzählt (a. a. O. S. 347) wie folgt: „Es erschien ein Band mit der groß gedruckten Ueberschrift „Konkordat“. Die Artikel des Vertrags waren weder lang noch zahlreich. Aber im Anhange und unter demselben Datum hatte man eine unförmliche Zusammenstellung sogenannter organischer Artikel angefügt. Man nahm an, (d. h. der Leser wurde irre geführt zu glauben,) daß diese organischen Artikel ein Theil des Konkordates seien und in der vom heiligen Stuhle ertheilten Approbation eingeschlossen seien. Diese im wahren Sinne des Wortes „konstitutionellen“ Gesetze warfen das neue Gebäude, das wir kaum mit so großer Mühe errichtet hatten, wieder um. Was das Konkordat zu Gunsten der Freiheit der Kirche und des Kultus festgestellt hatte, war durch diese gallikanische Rechtswissenschaft in Frage gestellt, und die Kirche Frankreichs mußte fürchten, noch einmal geknechtet zu werden. Der heilige Vater beeilte sich, Einsprache dagegen zu erheben .... In der Allokution im Konsistorium, die gedruckt und überallhin verbreitet wurde .... sagte der heilige Vater: der Trost, den er durch die Wiederherstellung der Religion in Frankreich empfunden habe, sei ihm durch die organischen Artikel sehr verbittert worden, indem dieselben ohne sein Mitwissen und ohne seine Zustimmung verfaßt worden seien“ u. s. w

Am 18. August 1803 ist nach längeren Verhandlungen mit Napoleon sodann diesem allgemeinen Protest im Konsistorium ein ausführlicher Protest gefolgt gegen die organischen Artikel im Allgemeinen und gegen einzelne Bestimmungen derselben insbesondere. Unter den einzelnen Bestimmungen, die reprobirt wurden, befindet sich auch die Einführung der obligatorischen Civilehe. In dem Proteste, den der Kardinallegat Caprara am 18. August 1803 in Paris dem französischen Minister der auswärtigen Angelegenheiten überreichte,

(vgl. Teorica dell' Istituzione del Matrimonio etc. per Em. Avogadro, Conte della Motta, Deputato al Parlamento nazionale, Taurin. 1859, Bd. IV, S. 306ff. Nr. 86 der Documenti: Estratto della protesta diretta dal Cardinale legato Caprara al Ministro degli affari esteri in Francia [Parigi 18 agosto 1803] contro gli articoli organici, in quanto subordinano il matrimonio religioso al civile registro dello stato civile)

heißt es zu Anfang:

„La qualificazione che si volle dare a questi articoli potrebbe a prima vista indicare che essi fossero una semplice e naturale conseguenza, e anche spiegazione del Concordato religioso. Tuttavia è cosa di fatto che non vennero punto concertati colla S. Sede che essi hanno una estensione molto maggiore di quella che abbia il Concordato, e che statuiscono in Francia un codice ecclesiastico senza il concorso della S. Sede. Come Sua Santità potrebbe approvare questo codice, non essendo stata neppure invitata ad esaminarlo?“

Sodann heißt es im weiteren Verlauf insbesondere über die Civilehe:

„J parochi chiamati dagli sposi a benedire le loro nozze, cio far non possono, per articolo 54, se non dopo le formalità praticate innanzi all' ufficiale civile. Questa clausula restrittiva ed incomoda è stata sin qui sconosciuta nella Chiesa: ed ammessa ora ne derivano due inconvenienti.

L'uno riguarda i contraenti, l'altro offende l'autorità della Chiesa, e molesta i suoi pastori. Può succedere che i contraenti si accontentino delle formalità civili, e trascuranno di osservare le legge ecclesiastiche.

L'altro inconveniente offende l'autorità della Chiesa et molesta i suoi pastori in quanto che i contraenti, dopo aver sodisfatto alle formalità legali crederanno d'aver acquistato il diritto di forzare i curati di consecrare colla loro presenza i matrimoni fatti innanzi all' officio civile, anche quando loro si opponessero le leggi ecclesiastiche.

Una tale pretensione contraria appertamente l'autorità che Gesu Christo ha conceduta alla sua Chiesa, e fa alla coscienza de' fedeli una periculosa violenza. Sua Santità conformamente all' insegnamento et ai principi che uno de suoi Antecessori ha statuiti per la Olanda, non potrebbe vedere un tal ordine di cose senza dolore. Essa fermamente confida tuttavia, che le cose a questo riguardo si stabiliranno in Francia sul medesimo piede sul quale erano daprima, e come praticansi in tutti i paesi cattolici. J fedeli sono obligati in tutti i casi ad osservare le leggi della Chiesa, ed i pastori debbono essere in libertà di prenderle a regola della loro condotta, senza che si possa su di un così importante argomento violentare menomamente la loro coscienza. Jl culto publico della religione cattolica ch' è la religione de' Consoli e della immensa maggioranza della nazione, aspetta questo atto di giustizia dalla saviezza del Governo.

Sua Santità vede pure con dispiacere che i registri dello stato civile sieno tolti agli ecclesiastici, e non abbiano più, per così dire, altro oggetto, se non quello di rendere gli uomini estranei alla religione nei tre momenti più importanti della vita, la nascità cioè, il matrimonio, e la morte. Essa spera, che il Governo ritornerà ai registri tenuti dagli ecclesiastici la consistenza legale, di cui precedentemente godevano; il bene dello Stato richieda questa providenza quasi tanto imperiosamente quanto la religione."

IV. Die Erklärung des Herrn Staatssekretärs des Reichsjustizamts erwähnt sodann eine Reihe von Aeußerungen, welche Centrumsabgeordnete, die Abgeordneten von Berg, Osterrath, August und Peter Reichensperger, endlich Windthorst gethan haben, und aus denen hervorgehen soll, daß sie die fakultative Civilehe ablehnten.

Was die Genannten angeht, so ist der Abgeordnete von Berg niemals Centrumsabgeordneter gewesen, würde es wohl auch seiner ganzen politischen Haltung nach kaum geworden sein, wenn er die Gründung des Centrums 1870 noch als Abgeordneter erlebt hätte. Die anderen Namen werden gern als diejenigen von Führern des Centrums anerkannt.

Wegen Kürze der Zeit, und weil die Sitzungen nicht angegeben sind, in denen jene Aeußerungen gemacht wurden, ist es aber nicht möglich gewesen, diese Aeußerungen im Einzelnen nachzusehen und zu prüfen. Doch möchte man sich versichert halten dürfen, daß, wenn man diese Aeußerungen im Rahmen der sie umgebenden Umstände prüft, sich ergeben wird, daß sie nichts enthalten, was dem jetzigen Standpunkt der Mitglieder des Centrums in der Kommission widerspricht oder präjudizirt.

Ohne jene Aeußerungen im Einzelnen geprüft zu haben, kann man aber schon Folgendes bemerken:

Wenn der Geheime Rath Brüggemann erklärt hat, „daß die fakultative Civilehe das christliche Moment in der Ehe gefährde und mit den Prinzipien der katholischen Kirche sich nicht vertrage", so stehen die heutigen Mitglieder des Centrums genau auf demselben Boden. Sie betrachten die fakultative Civilehe keineswegs als das prinzipiell richtige und den Lehren ihrer Kirche grundsätzlich entsprechende, wie sich schon daraus ergiebt, daß sie einen Antrag auf Einführung der fakultativen Civilehe ihrerseits gar nicht gestellt haben. Sie haben vielmehr ihrerseits den Antrag auf Einführung der Nothcivilehe unter grundsätzlicher Anerkennung der kirchlichen Eheschließungsform gestellt, und nur erklärt, im Nothfall, wenn dieser Antrag abgelehnt werde, mit dem Antrag der konservativen Abgeordneten Himburg und v. Maltzan, betreffend Annahme der fakultativen Civilehe und auch mit diesem nur, soweit es das Prinzip betreffe, sich abfinden zu wollen, weil diese gegenüber der bestehenden obligatorischen Civilehe mit dem staatlichen Zwang, die Civilehe vor der kirchlichen Trauung vornehmen zu lassen, für die Katholiken eine Abminderung des Gewissenszwanges bedeute und das christliche Moment in der Ehe immer noch weniger gefährde wie die obligatorische Civilehe. Brüggemann hat seine Aeußerung gemacht im Jahre 1859, als man in Preußen die bestehende kirchliche Eheschließung als staatlich anerkannte Form durch die fakultative Civilehe ersetzen wollte. Daß letztere gegenüber der kirchlichen Eheschließung das christliche Moment in der Ehe gefährdet, ist allerdings klar. Ganz anders steht's aber im Verhältniß der fakultativen Civilehe zur obligatorischen.

Ganz Aehnliches ist zu sagen, wenn ausgeführt wird, daß „aus dem Centrum die Abgeordneten v. Berg und Osterrath sich ähnlich ausgesprochen, August und Peter Reichensperger darüber keinen Zweifel gelassen haben, daß sie die obligatorische Civilehe für ein geringeres Uebel hielten wie die fakultative". Alle diese Aeußerungen sind gefallen, um die Beibehaltung der kirchlichen Eheschließung zu vertheidigen. Die Frage, ob, wenn man die Beibehaltung der kirchlichen Eheschließung nicht haben kann, die fakultative Civilehe der obligatorischen vorzuziehen sei, hat zwei Seiten, eine materiell-praktische und eine prinzipiell-religiöse. Daß vom prinzipiell-religiösen Standpunkt aus die fakultative Civilehe weniger annehmbar erscheine als die obligatorische, haben jene Abgeordneten ganz gewiß nicht sagen wollen. Wenn sie dieselbe vom praktischen Standpunkt aus als ein geringeres Uebel betrachteten, so kommt die besondere Ausgestaltung der damals von der preußischen Regierung vorgeschlagenen fakultativen Civilehe in Betracht, die ganz erheblich abweicht von der Ausgestaltung des Antrages Himburg. Der Antrag Himburg will nicht getrennte staatliche und kirchliche Registerführung, sondern will alle kirchlichen Eheschließungen unbedingt zum staatlichen Register verlautbaren, wodurch die praktischen Bedenken gegen die fakultative Civilehe zu einem guten Theile ausgeräumt werden.

Endlich ist angeführt worden, der Abgeordnete Windthorst habe die Meinung geäußert, „daß, wolle man einmal die Civilehe, nur die Civilehe voll und ganz, also die obligatorische Form gewählt werden könne". Auch diese Aeußerung (im Jahre 1874) ist gemacht worden, um die Civilehe in jeder Form zu bekämpfen und die kirchliche Trauung als staatlich anerkannte Eheschließung zu vertheidigen. Dabei stellte sich der Abgeordnete Windthorst auf den Standpunkt jener, welche die Civilehe verlangten, und führte aus, die Konsequenz dieses Standpunktes führe dahin, daß man nur die Civilehe voll und ganz, also die obligatorische Form anerkennen werde. Diese Argumentation benutzte er dann, um darzuthun: Da er die obligatorische Civilehe aber unbedingt nicht wolle, so verwerfe er jede Civilehe und wolle die kirchliche Trauung in staatlicher Anerkennung erhalten wissen.

Aus allen diesen Aeußerungen ergiebt sich danach nur eine Bestätigung des Standpunktes der heutigen Mitglieder des Centrums, welche die Nothcivilehe als Prinzipalantrag verlangen und somit die kirchliche Trauung in ihrer früheren Stellung als auch staatlich anerkannte Eheschließungsform wieder eingesetzt wissen wollen. Alle jene Aeußerungen beweisen in erster Linie, daß das Centrum, was im übrigen auch bekannt ist, sowohl im Jahre 1859 die Einführung der fakultativen Civilehe, wie im Jahre 1874 und 1875 die Einführung der obligatorischen Civilehe nachdrücklich bekämpft hat, um die kirchliche Trauung als staatlich anerkannte Eheschließungsform zu erhalten.

Der Staatssekretär des Reichsjustizamts erwiderte hierauf, daß ihm nicht scheine, als würden die wesentlichen Punkte des von ihm in erster Lesung gegebenen geschichtlichen Rückblicks durch die angeführten Thatsachen berührt. Von der Denkschrift der preußischen Bischöfe aus dem Jahre 1849 sei ihm nichts bekannt gewesen, sie sei offenbar nur in wenig zugänglichen Publikationen veröffentlicht. Er würde sie gern in seinen Rückblick aufgenommen haben, da sie sich nur mit großer Zurückhaltung und gewissen Maßgaben gegen die Civilehe wende. Die Thatsache, daß ein Jahr vorher der ganze deutsche Episkopat auf die Autorität der rheinischen Bischöfe hin von einem Protest gegen die Civilehe ganz abgesehen habe, werde durch jenen Vorgang nicht berührt.

Daß über die organischen Artikel zu dem französischen Konkordat von 1801 mit dem Papste verhandelt worden sei, habe Redner nicht behauptet; wenn er von der Vorlegung der organischen Artikel bei den Verhandlungen über das Konkordat gesprochen habe, so habe er nur sagen wollen, daß ihr Inhalt den päpstlichen Unterhändlern bekannt geworden sei, wie das bei derartigen Verhandlungen sich fast von selbst ergebe. Wenn der Papst sich alsbald nach der Veröffentlichung gegen die Bestimmungen der organischen Artikel über die Civilehe gewendet habe, so habe dies doch nur ein Zwischenstadium gebildet, das Redner bei dieser Gelegenheit nicht berühren konnte, ohne weitläufig zu werden. Die entscheidende Thatsache sei, daß der Papst persönlich bei seiner Anwesenheit in Paris 1804 dem Kaiser ein mémoire übergab, welches die definitiven Einwendungen des römischen Stuhls enthielt. In dieser Denkschrift wurde, wie die veröffentlichten Berichte von Portalis an den französischen Kaiser ergeben, der Protest gegen die Ehescheidung aufrecht erhalten, eine Einwendung gegen die Civilehe aber nicht mehr erhoben.

Die von dem Redner in erster Lesung gemachten Bezugnahmen auf hervorragende Vertreter der katholischen Interessen im Reichstag und preußischen Landtag sei nur darin zu berichtigen, daß der Abgeordnete von Berg nicht Mitglied des Centrums war. Er sei aber, als er dem preußischen Abgeordnetenhause angehörte, katholischer, im kirchlichen Amte fungirender Geistlicher gewesen, also, wie Redner annehme, geneigt und befähigt, die katholischen Interessen zu würdigen. Daß alle genannten Parlamentarier in erster Reihe gegen jede Civilehe sich ausgesprochen, habe Redner selbst in seinem Rückblick hervorgehoben. Daß sie aber, vor die Wahl zwischen obligatorischer und fakultativer Civilehe gestellt, vom Standpunkte der kirchlichen Interessen der obligatorischen Form den Vorzug gegeben, scheine ihm unbestreitbar zu sein. Mehr sei von ihm nicht behauptet worden.

Es wurde wiederum entgegnet, daß der Abgeordnete von Berg allerdings katholischer Priester gewesen sei; trotzdem sei man nicht in der Lage, ihn als einen irgend wie maßgebenden Vertreter katholischer Anschauungen anzuerkennen. Wenn der Papst 1804 dem Kaiser Napoleon schließlich ein mémoire überreicht habe, welches zwischen demandes und observations unterschieden und unter den ersteren die Abschaffung der Civilehe nicht aufgezählt habe, so erkläre sich das wohl einfach daher — die Thatsache selbst zu untersuchen, sei man in der Eile nicht mehr in der Lage —, daß der Papst damals die Hoffnung aufgegeben habe, die Abschaffung der Civilehe durchzusetzen; eine Veränderung seiner prinzipiellen Stellung zur Civilehe könne daraus in keiner Weise gefolgert werden. Wenn behauptet worden sei, die Denkschrift der Bischöfe Preußens von 1849 sei nur in wenig zugänglichen Publikationen veröffentlicht, so sei das für heute richtig. Im Jahre 1849 aber sei sie sofort in Broschürenform gedruckt (Köln, bei J. P. Bachem) und in vielen Tausenden von Exemplaren verbreitet worden.

Von einem anderen Mitgliede der Kommission wurden zu der Erklärung des Staatssekretärs des Reichsjustizamtes noch folgende Bemerkungen gemacht:

„Die Darlegungen des Herrn Staatssekretärs des Reichsjustizamts über die Entwicklung der Civilehe in Deutschland erfordern auch noch in anderen Punkten eine Berichtigung und Ergänzung; namentlich in Bezug auf die Behauptung, die katholische Bevölkerung habe die obligatorische Civilehe ohne Widerspruch angenommen; die Quellen über diese Frage, insbesondere das Werk von Friedberg über „Das Recht der Eheschließung in seiner geschichtlichen Entwicklung" (Leipzig, 1865), liefern ein in vielen wichtigen Punkten anderes Bild, als es nach dieser Darlegung scheinen könnte, obschon gerade das genannte Quellenwerk in einer die Civilehe begünstigenden Tendenz verfaßt ist.

I. Vor Allem muß, wie schon bei der ersten Lesung hervorgehoben wurde, gegenüber der Ausführung, die katholische Bevölkerung habe ohne weiteres der obligatorischen Civilehe sich gefügt, wiederholt auf die allgemeine Lage, die Wirren zur Zeit der Einführung der Civilehe in deutschen Ländern hingewiesen werden, auf die politischen, religiösen und sozialen Verhältnisse, welche sich unter Einwirkung der französischen Revolution und der Revolutionskriege in den rheinischen Ländern gebildet hatten. Hebt doch sogar Friedberg (S. 593 und 594) hervor:

> „Die kirchliche Gesinnung des Volkes war gänzlich verloren gegangen. Französische Freigeisterei und Frivolität hatten allmählich die Religiosität unterhöhlt und die unmittelbare Nähe der schlaff verweltlichten geistlichen Hofstaate, der tägliche Verkehr mit einem zahllosen Klerus, hatte nicht dazu beigetragen, die Achtung vor der Kirche zu erhöhen. So war man denn den französischen Civilstandsgesetzen nicht gerade aus religiösen Gründen abgeneigt. Im Gegentheile, man nahm sie mit derselben Ruhe und Gelassenheit hin, mit der man sich überhaupt dem französischen Joche beugte, ja theilweise betrachtete man sie als werthvolle Errungenschaft der großen Revolution, welche auch in Deutschland mit eisernem Besen die Mißstände beseitigen müsse."

Daß übrigens die Religiosität doch nicht so tief gesunken war, wie Friedberg annimmt, beweist am besten die Thatsache, daß die französischen Eroberer, so eilig sie es auch hatten, die Civilehe in den eroberten Ländern einzuführen, doch nicht wagten, sofort die obligatorische Civilehe den eroberten Ländern aufzuzwingen, sondern zunächst offenbar behufs Schonung der religiösen Gefühle der Unterworfenen nur mit der fakultativen Civilehe anfingen (14. und 16. Januar 1794) und erst 4 Jahre später (1. Mai 1798) die obligatorische Civilehe verkündeten.

II. Auch die nachträgliche Entwicklung in den einzelnen rheinischen Ländern zeigt klar, daß die Bevölkerung mit der Civilehe nichts weniger als einverstanden war, wenn sie sich auch dem geltenden Gesetz unterwerfen mußte und im Ganzen auch unterwarf.

1. In dem, im Jahre 1806 errichteten Großherzogthum Berg, auf welches der Herr Staatssekretär besonders hinwies, trat die Civilehe mit Einführung des Code civil am 1. Januar 1810 in Kraft, wurde aber nach der Besetzung des Gebietes durch die alliirten deutschen Truppen schon am 6. September 1814 wieder abgeschafft durch eine Verordnung des Generalgouverneurs Justus Gruner, welche in ihren Eingangsworten erklärt (Lottner, Sammlung der Gesetze für die Rheinprovinz, Bd. I, S. 72):

> „Die Verwirrung der Meinungen und die mannigfachen ärgerlichen Vorgänge, welche durch die Bestimmungen des bürgerlichen Gesetzbuches über die bürgerlichen Heirathen zum Nachtheil des deutschen Sinnes für Religion und Sitten veranlaßt worden sind, machen es höchst nöthig, den daher entstehenden tiefgreifenden Uebeln auf

eine andere Art zu begegnen, welche die Absicht jener noch bestehenden gesetzlichen Vorschriften mit den kirchlichen Satzungen über die Heiligung des Ehebandes und ihren erhabenen Zwecken in Uebereinstimmung bringe."

Die in dieser Verordnung eingeführte Neuregelung bestand in einer widerspruchsvollen Vermengung von Civilehe und kirchlicher Trauung. Die Ehe wurde nämlich hiernach durch die kirchliche Einsegnung geschlossen, ihre bürgerlichen Wirkungen aber, „so lange das seitherige Gesetzbuch und die Gerichtsverfassung bestehen," nur durch die bürgerliche Ehelichungsverhandlung vor dem Personenstandsbeamten begründet; die kirchliche Einsegnung ging dem bürgerlichen Akt voraus, mußte aber durch das bürgerliche Aufgebot vorbereitet sein; die Nachholung der bürgerlichen Ehelichungsverhandlung sollte durch Geldstrafen erzwungen werden. Daß eine solche Regelung zahlreiche Zweifel und Unordnungen hervorrufen mußte, ist selbstverständlich. Friedberg erwähnt aus den Akten des Ministeriums der geistlichen Angelegenheiten, es sei vorgekommen, daß Paare sich kirchlich trauen ließen und dann der Bräutigam sich weigerte, die bürgerliche Ehelichungsverhandlung folgen zu lassen; er habe dann freilich die gesetzliche Geldstrafe bezahlen müssen, aber die Braut sei betrogen, ihre Kinder unehelich gewesen. Gleichwohl dauerte diese Regelung bis zum Jahre 1848, wo sie durch Kabinetsordre vom 15. April aufgehoben und an ihrer Stelle die Bestimmungen des Code civile wiederhergestellt wurden (Marquardt, Sammlung der Gesetze &c. für die Rheinprovinz Bd. IX, S. 296). Wenn in den Eingangsworten dieser Kabinetsordre gesagt ist, sie werde erlassen, „um den bei früheren Gelegenheiten geäußerten Wünschen der Rheinprovinz zu entsprechen" und zur Ausführung der Verordnung vom 6. April 1848, §. 5, wonach die Ausübung staatsbürgerlicher Rechte fortan von dem religiösen Glaubensbekenntnisse unabhängig sein sollte, so ist jedenfalls durch keinerlei Thatsachen erwiesen oder auch nur bescheinigt, daß diese „Wünsche" der Provinz, wie der Herr Staatssekretär anzunehmen scheint, gerade auf die Einführung der obligatorischen Civilehe gerichtet gewesen seien. Die durch ein widerspruchsvolles Recht nothwendig hervorgerufene Unordnung war Grund genug, eine Neuordnung zu wünschen, welche jene Unordnungen zu beseitigen geeignet war.

2. Auch in den übrigen rheinischen Ländern hat sich die Bevölkerung keineswegs so einfach der obligatorischen Civilehe gefügt; sie ist keineswegs so leicht in das Volksleben übergegangen. Dies wird am besten bewiesen durch die Thatsache, daß alsbald nach der Besitzergreifung der Rheinlande durch Preußen ein Königliches Edikt vom 27. Februar 1816 (Gesetz-Samml. Nr. 9) erging, welches die „durch priesterliche Einsegnung vollzogenen Ehen als gültig und die darin erzielten Kinder als rechtmäßige eheliche Kinder" auch dann erklärte, wenn „die in dem französischen Gesetzbuch bei Strafe der Nichtigkeit vorgeschriebenen Förmlichkeiten dabei nicht beobachtet" waren. Es müssen also häufig Ehen kirchlich, aber ohne Civilakt geschlossen worden sein. Nach den Darlegungen Friedbergs (S. 603 Anm. 3) fanden schon im Jahre 1828 Verhandlungen im Kultusministerium über die Aufhebung der Civilehe in den Rheinlanden statt, und im Jahre 1834 befahl König Friedrich Wilhelm III. die Ausarbeitung eines diesbezüglichen Gesetzentwurfs zu beschleunigen „da ich wünsche, daß die bisherige Einrichtung wegen ihres entschieden nachtheiligen Einflusses auf die Religiosität und Sittlichkeit so bald als möglich abgeändert werde". Noch bedeutsamer ist, daß die preußische Regierung in der am 19. Juni 1834 mit dem Erzbischof von Köln, Graf von Spiegel, abgeschlossenen geheimen Konvention die Abschaffung der Civilehe vereinbart hat. Der hierauf bezügliche Artikel 13 dieser Konvention lautet (Friedberg S. 602):

„Da die Civilehen nicht allein überhaupt zu mancherlei Unfug Veranlassung geben, und dem katholischen Volke sowohl, als der katholischen Geistlichkeit ein Gegenstand des Anstoßes sind, sondern da auch durch die jetzt eintretende Anerkennung der evangelischen Trauung seitens der katholischen Kirche in jenen Provinzen, und durch die Zulassung der katholischen Trauung in den meisten Fällen der Hauptgrund wegfällt, durch welchen man diese aller deutschen Sitte sowohl, als dem Landrechte ganz fremde Einrichtung vertheidigt hat, so scheint es dringend nothwendig, daß, wo möglich bald nach Begründung der neuen Praxis hinsichtlich der gemischten Ehen, die Gültigkeit der Ehe von der kirchlichen Trauung abhängig erklärt werde. Es würde zu diesem Zwecke vollkommen genügen, daß das Eintragen in die Civilstandsregister mit den gesetzlichen Folgen zwar beibehalten bliebe, aber erst nach der kirchlichen Trauung, binnen einer kurzen Frist, etwa von acht Tagen höchstens, vorgenommen würde, die bloßen Civilehen aber, welche zu sehr zur Entsittlichung des Volkes beitragen, ganz und gar aufhörten. Eine solche Maßregel würde alsdann bloß eine Ausdehnung der bereits auf dem rechten Rheinufer eingeführten Modifikation der französischen Gesetzgebung sein, und dort gewiß ebenso sehr einen guten Eindruck beim Volke hervorbringen, und eben solche ersprießliche Folgen für die religiöse Bildung des Volkes haben, als dies hier der Fall ist. Für den jetzigen Augenblick würde es genügen, daß die Absicht Seiner Majestät, diesen Zustand möglichst bald eintreten zu lassen, gegen die Bischöfe ausgesprochen werden könnte."

Im Jahre 1839 legte die preußische Regierung dem rheinischen Provinziallandtag einen Gesetzentwurf vor, welcher im Wesentlichen die erwähnten Bestimmungen des Bergischen Rechts enthielt. Nach §. 1 dieses Gesetzentwurfes sollte in der Rheinprovinz da, wo das französische bürgerliche Recht galt, unter allen christlichen Glaubensgenossen die Ehe nur durch kirchliche Trauung vollzogen werden und die bürgerliche Schließung der Ehe unzulässig sein, während nach den übrigen Bestimmungen des Gesetzentwurfes die Personenstandsregister unverändert aufrecht erhalten werden sollten. Der in §. 1 ausgesprochene Grundsatz hatte nach den Motiven der Vorlage die Zustimmung des Papstes erhalten und sollte nach dem Willen des Königs als feststehend zu betrachten und einer Berathung nicht weiter unterworfen sein; nur für die bei der Ausführung dieses Grundsatzes zu beobachtenden Modalitäten war das Gutachten der Stände eingefordert. Die Provinzialstände sprachen ihr Leidwesen darüber aus, daß der König den Grundsatz des Gesetzentwurfes ihrer Berathung zu entziehen für nöthig erachtet habe. Die Mehrzahl der Ständeversammlung ging von der Ansicht aus, daß es zu schwierig scheine, Mittel zu finden, durch welche bei der Durchführung des Grundsatzes, auf welchem der Gesetzentwurf beruhe, es möglich werde, die Personenstandsregister in zweckmäßiger Weise fortführen zu lassen. Schließlich wurde beschlossen, an den König die Bitte zu richten, Einleitungen zu treffen, daß die kirchlichen und die bürgerlichen Gesetze über die Ehehindernisse in Uebereinstimmung gebracht werden möchten. Vergleiche Der fünfte rheinische Landtag, Coblenz 1839, S. 11/12. Wie diese Provinziallandtagsmehrheit zusammengesetzt war, ist aus dem Bericht über dessen Verhandlungen nicht zu ersehen und die Begründung der ablehnenden Haltung des Provinziallandtages ist jedenfalls derart, daß sie zwar gegen die im damaligen Gesetzentwurf vorgeschlagene Aenderung der Rechtsordnung, nicht aber zu Gunsten der obligatorischen Civilehe verwerthet werden kann.

3. Im Großherzogthum Hessen ließ die Regierung im Jahre 1842 den Entwurf der ersten Abtheilung eines Bürgerlichen Gesetzbuches veröffentlichen, welcher sich gegen die Civilehe erklärte und die in Rheinhessen zu Recht bestehende Civilehe des Code beseitigen wollte. Auch eine zweite, im Jahre 1844 veröffentlichte Umarbeitung dieses Entwurfes, welche im November 1846 in der zweiten hessischen Kammer zur Berathung gelangte, nahm Stellung gegen die Civilehe, weil durch Einführung derselben in Alt=

hessen die religiöse Gesinnung des Volkes auf das Empfindlichste verletzt werden würde und etwaigen Konflikten zwischen Staats- und Kirchengewalt durch die Nothcivilehe, welche für den Fall der Verweigerung der kirchlichen Trauung von Seiten des zuständigen Geistlichen vorgesehen war, vorgebeugt werde. Diese Regierungsvorlage ist von der zweiten Kammer mit 29 gegen 18 (worunter die der 12 rheinhessischen Abgeordneten) Stimmen genehmigt worden; ein Antrag, für Rheinhessen das von den rheinhessischen Abgeordneten vertheidigte Eheschließungsrecht des Code zu belassen, wurde mit 30 gegen 17 Stimmen abgelehnt. Wenn der Herr Staatssekretär besonders betont, daß unter den rheinhessischen Abgeordneten 10 Katholiken für die Civilehe sich erklärt haben, so beweist das nichts für die allein in Betracht kommende Frage, ob kirchlich gesinnte Katholiken für die Civilehe eingetreten sind und aus welchen Gründen dies geschehen ist. Die von Friedberg (S. 608) angeführten Gründe, welche die rheinhessischen Abgeordneten zu Gunsten der Civilehe — Vermeidung der Konflikte bei gemischten Ehen, Wahrung der Gewissensfreiheit — anführten, zeigen deutlich genug, weß' Geistes jene Katholiken waren. Die Publizirung dieses die Civilehe in Rheinhessen aufhebenden Gesetzbuches wurde durch die revolutionäre Bewegung des Jahres 1848 verhindert.

III. Völlig irrig ist die von dem Herrn Staatssekretär versuchte Deutung des Ausspruches, welchen der Centrumsführer Windthorst im preußischen Landtag bei Berathung des preußischen Civilehe-Gesetzentwurfes am 19. Dezember 1873 gethan hat, und welcher nach der Mittheilung des Herrn Staatssekretärs gelautet haben soll:

> „wolle man einmal die Civilehe, so könne nur die Civilehe voll und ganz, also die obligatorische Form, gewählt werden."

Die betreffende Aeußerung Windthorsts, enthalten im Stenographischen Bericht S. 468, hatte weder den behaupteten Wortlaut, noch den behaupteten Sinn. Zum richtigen Verständniß der Windthorst'schen Aeußerung ist vor Allem zu bemerken, daß die §§. 2 bis 7 der Regierungsvorlage die Fragen, wie die Standesamtsbezirke sollten abgegrenzt und welche Personen zu Standesbeamten sollten ernannt werden können, der Entscheidung der Regierung vorbehielten, und daß in §. 6 ausdrücklich der Regierungspräsident für befugt erklärt werden sollte, auch Geistliche zu Standesbeamten zu bestellen. Am Tage vor jener Aeußerung Windthorsts — am 18. Dezember — war ein Antrag des Abgeordneten Dr. Petri, Geistliche und Religionsdiener von der Bestellung zu Standesbeamten auszuschließen, in namentlicher Abstimmung abgelehnt worden; der Abgeordnete Windthorst hatte mit den übrigen Mitgliedern der Centrumsfraktion für die beantragte Ausschließung der Geistlichen und Religionsdiener gestimmt. Zur Annahme war folgender Antrag der Abgeordneten Jung und Miquel gelangt:

> „Außer im Falle des besonderen Bedürfnisses ist das Amt eines Standesbeamten nur einem Gemeinde- oder Bezirksbeamten zu übertragen."

Zu diesem Antrag war aber, gegen die Stimmen der führenden nationalliberalen Partei, auf Antrag des Abgeordneten Richter der Zusatz beschlossen worden:

> „Geistlichen kann dasselbe nur für die Zeit bis zum 1. Januar 1877 übertragen werden."

Der Centrumsabgeordnete v. Mallinckrodt hatte die Regierungsvorlage in diesem Punkte ausdrücklich bekämpft und den Antrag Richter befürwortet; er hatte ausgeführt (Sten. Ber. S. 436):

> nach den Bestimmungen der Regierungsvorlage könne ein mit der Führung der Standesbücher beauftragter Geistlicher die bürgerliche Eheschließung in der Kirche, in der kirchlich vorgeschriebenen Form lediglich unter Beachtung der ja auch kirchlich ganz zulässigen, im Entwurf vorgeschriebenen Frageform, ob die Nupturienten sich zur Ehe nehmen wollen, abschließen; der §. 6, der bekanntlich auf eine hohe Stelle zurückzuführen sei, suche einen Ausweg, um das Gesetz über die obligatorische Civilehe so zu gestalten, daß in einer ganzen Reihe von

Landestheilen eigentlich faktisch es bei der alten Eheschließung bleibe, er wünsche, daß dem entgegengetreten werde, die eigentliche Bedeutung der bürgerlichen Eheschließung möglichst in den Augen des großen Publikums zu verwischen und wieder zusammenwachsen zu lassen mit der kirchlichen Trauung. „Hat man einmal die obligatorische und bürgerliche Ehe, dann soll man sie auch so, wie sie ist, realisiren und es soll keinem Menschen Sand in die Augen gestreut werden darüber, welche Art von Ehe er eingeht."

Am 19. Dezember stellten nun die Abgeordneten Dr. Lasker, Miquel und Genossen den Antrag, einen neuen Paragraphen in das Gesetz aufzunehmen des Inhalts:

„Bis zum 1. Januar 1879 soll definitiv eine gesetzliche Regelung getroffen werden, in welcher Weise die Amtsbezirke abzugrenzen und welche Beamte mit der Führung der Civilstandsregister zu beauftragen sind."

Gegen diesen Antrag wandte sich Windhorst in ausführlicher Erörterung und erklärte:

„Ich betrachte den Antrag als die Drehscheibe, mittels deren man von den gestrigen Beschlüssen zurückgekommen ist. — — — Wie das Gesetz jetzt gedacht ist, und wie es sich in der Ausführung stellen wird, so sehe ich vorher, daß überall, wo katholische Verhältnisse im Lande sind, die Schließung der Ehen und die Civilstandsregisterführung den Geistlichen abgenommen werden wird und daß dafür andere Hände bestellt werden. Es ist sogar die Möglichkeit hier gestattet, daß diese Eheschließung und die Registerführung in katholischen oder gemischten Gegenden in die Hände protestantischer oder anderer Geistlichen gelegt wird. Dagegen wird in den protestantischen Gegenden sich nichts ändern. Man wird dort die Geistlichen beauftragen. Man geht so vor, daß man die den Geistlichen bis jetzt kraft ihrer kirchlichen Eigenschaft zustehenden Befugnisse nimmt, ihnen dieselben aber als Staatsbeamten, wiedergiebt. — — — Es wird bei den Protestanten sogar in der äußeren Erscheinung durch dieses Gesetz mit Nothwendigkeit nichts geändert, denn nichts hindert, daß dasselbe so ausgeführt wird, daß der betreffende Pfarrer das, was der Staat verlangt, in der Kirche mit denselben Formeln erfüllt, denn diese staatlichen und kirchlichen Formeln für Eheschließung sind leicht in Einklang zu bringen. Das Volk wird glauben, daß es in der Kirche sei, während es in der That vor einer Staatsaktion sich befindet. Ich begreife völlig, daß man eine Civilehe einführen will. Die Gründe, die jetzt dafür angeführt werden, sind für mich freilich gar nicht vorhanden, — die hat man selbst geschaffen und könnte sie jeden Tag beseitigen, wenn man wollte; aber die allgemeine Entwicklung der Dinge in der ganzen Welt und ganz allgemeine Rücksichten können dazu führen, die Civilehe zu machen. Wenn man sie aber machen will, dann mache man sie voll und ganz, dann mache man sie so, daß Jeder weiß: hier handelt es sich um einen Staatsakt und das, was vom Staate geschehen, ist dem Staat gegenüber vollgenügend, und daß man es dem Gewissen jedes Einzelnen überläßt, das Fernere zu thun, was die Kirche verlangt. Eine solche Verwischung der Dinge, wie sie hier beabsichtigt wird, wirft, wie Herr v. Mallinckrodt mit Recht gesagt hat, nach allen Seiten Sand in die Augen. — — Die Herren, welche die Civilehe wollen, fordere ich deshalb wiederholt auf, sie **ganz** zu machen. Das hat der Antrag Petri gewollt, und darum habe ich ihm aus voller Ueberzeugung beistimmen können."

Die Aeußerung Windthorsts kann sonach nicht zu Gunsten der obligatorischen Civilehe, sondern lediglich gegen die Uebertragung des Standesamts auf Geistliche, gegen die sogenannte „Civilehe mit Pastoren", verwerthet werden."

Nach einigen weiteren Bemerkungen von verschiedenen Seiten wurde dieser Gegenstand verlassen.

In der zweiten Lesung wurde sodann der Antrag, betreffend Einführung der fakultativen Civilehe, in etwas veränderter Gestalt wieder eingebracht, und zwar mit folgendem Wortlaut:

Die Kommission wolle beschließen:

I. hinter §. 1299 folgende drei neue Paragraphen einzuschieben:

§. 1299a.

Die Ehe wird vor einem Geistlichen in Form der kirchlichen Trauung oder standesamtlich geschlossen, im letzteren Falle nach den in den §§. 1300 bis 1304 gegebenen Bestimmungen.

§. 1299b.

Die kirchliche Trauung darf nur durch einen Geistlichen einer der staatlich anerkannten Religionsgesellschaften vollzogen werden.

Sie darf nur erfolgen, nachdem ein nach §. 1303 zuständiger Standesbeamter die Bescheinigung ausgestellt hat, daß Ehehindernisse nicht vorliegen.

Diese Bescheinigung soll alle diejenigen Angaben über die Verlobten enthalten, welche für eine standesamtliche Eheschließung vorgeschrieben sind. Sie verliert ihre Gültigkeit, falls die Trauung nicht binnen sieben Tagen nach Ausstellung der Bescheinigung vollzogen wird.

§. 1299c.

Die Ehe in Form der kirchlichen Trauung wird dadurch geschlossen, daß die Verlobten vor dem Geistlichen und mindestens zwei Zeugen persönlich und bei gleichzeitiger Anwesenheit erklären, die Ehe mit einander eingehen zu wollen.

Auf die Zeugen findet §. 1301 Absatz 2 entsprechende Anwendung.

Die Erklärungen können nicht unter einer Bedingung oder einer Zeitbestimmung abgegeben werden. Nach der unter Erfüllung obiger Bedingungen vollzogenen Trauung hat der Geistliche sofort eine schriftliche Anzeige von der erfolgten Eheschließung demjenigen Standesbeamten zu erstatten, welcher die im §. 1299b Absatz 2 vorgeschriebene Bescheinigung ertheilt hatte.

Der Standesbeamte trägt darauf die erfolgte Eheschließung in das Heirathsregister ein.

II. in §. 1300 vor dem Worte „Ehe" einzufügen: „die standesamtliche".

III. den Absatz 1 des §. 1303 wie folgt zu fassen:

Die standesamtliche Eheschließung soll vor dem zuständigen Standesbeamten erfolgen.

IV. im §. 1305a (neu) hinter dem Worte „bleiben" die Worte: „auch nach einer standesamtlich vollzogenen Eheschließung" einzuschalten.

V. zu Artikel 39 des Einführungsgesetzes als III einzuschalten:

dem §. 67 des Gesetzes vom 6. Februar 1875 über die Beurkundung des Personenstandes ist folgender Absatz 1 voranzustellen:

Ein Geistlicher, welcher eine Eheschließung ohne die im §. 1299b des Bürgerlichen Gesetzbuchs erforderte Bescheinigung vornimmt, wird mit Geldstrafe bis zu 1000 Mark oder mit Gefängniß bis zu 6 Monaten bestraft.

Ferner demselben Paragraph als letzten Absatz hinzuzufügen:

Ein Geistlicher, welcher es unterläßt, dem zuständigen Standesbeamten innerhalb von drei Tagen die Nachricht über eine von ihm auf Grund der

§§. 1299b und c geschlossene Ehe zugehen zu lassen, wird mit Geldstrafe bis zu 300 Mark bestraft.

VI. im Einführungsgesetz bezw. dem Gesetz vom 6. Februar 1875, betreffend Beurkundung des Personenstandes, diejenigen redaktionellen Aenderungen vorzunehmen, welche sich aus vorstehenden Anträgen ergeben.

Der Antragsteller motivirte denselben im Allgemeinen, wie der entsprechende Antrag in erster Lesung begründet worden war. Die Civilehe sei ein Produkt der französischen Revolutionszeit und habe sich von dort über das übrige Europa verbreitet. Die Civilehe in dem Reichscivilstandsgesetz von 1875 sei gedacht gewesen als ein Kampfmittel gegen die katholische Kirche, und man habe um dieses Kampfes willen die evangelische Kirche mit unter derselben leiden lassen. Gegenüber der katholischen Kirche habe dieselbe sich als ein Schlag ins Wasser erwiesen, und auch die evangelische Kirche habe die Schädigungen der Civilehe allmählich überwunden. Es habe also keine Bedeutung mehr, dieselbe aus irgendwelcher Kampfestendenz beizubehalten. Der evangelische Oberkirchenrath habe schon vor Jahr und Tag ähnliche Anträge wie die jetzt gestellten bei dem Staatsministerium eingebracht. Bislang sei aber eine Antwort des Staatsministeriums darauf noch nicht erfolgt. Man könne nur sagen, daß die Bewegung in der evangelischen Kirche zu Gunsten der fakultativen Civilehe dauernd im Steigen sei. Die konservative Partei werde mit ganz geringen Ausnahmen für den Antrag eintreten.

Auch praktische Rücksichten sprächen gegen die obligatorische und für die fakultative Civilehe. Die obligatorische Civilehe bedeute die Nothwendigkeit eines zweimaligen Aktes, vor dem Civilstandsbeamten und vor dem Geistlichen, also einen zweimaligen Weg mit zweimaliger Zeitversäumniß, Unbequemlichkeit und Kostenaufwand, was namentlich auf dem Lande sehr häufig mit erheblichen Uebelständen verknüpft sei.

Werde der Antrag auch vielleicht nicht angenommen, so habe man doch mit demselben auch in der zweiten Lesung noch einmal Zeugniß ablegen wollen für die prinzipielle Stellung der evangelischen Kirche.

Ein anderes Mitglied der Kommission machte zu Gunsten des Antrages folgende Ausführungen: Die Ausführungen des Herrn Staatssekretärs des Reichsjustizamts in erster Lesung, daß die fakultative Civilehe sich bei früheren Versuchen nicht bewährt habe, könnten gegen die Vorschläge, betreffend Einführung der fakultativen Civilehe, nichts beweisen, denn in dieser Gestalt sei die fakultative Civilehe bisher noch niemals empfohlen, geschweige denn erprobt worden. Der Versuch könne jetzt aber zu einem Mißerfolge nicht führen, da dem Staate die Bearbeitung der Eheschließung und die Registerführung verblieben.

Eheschließungen gegen den Willen des Staates könnten also nicht vorkommen; andererseits werde aber die Kirche nicht gedrängt und noch weniger gezwungen werden, Trauungen vorzunehmen, die ihr nicht genehm seien. Für solche Brautpaare bleibe die standesamtliche Eheschließung stets ein Ausweg. Der Vorwurf, daß letztere Form der Eheschließung nur als „Eheschließung zweiter Klasse" gelten werde, erscheine nicht stichhaltig; denn auch jetzt schon sei die nur standesamtlich geschlossene Ehe im Volksbewußtsein minderwerthig. Niemals schreite eine Braut im Brautschmuck zum Standesbeamten. Für die Verlobten sei die Zwischenzeit zwischen standesamtlichem Akt und kirchlicher Trauung eine unbehagliche Zeit. Sie wüßten nicht, ob sie sich schon als Eheleute ansehen dürften. Die evangelische Trauungsagende behandle solche Paare, welche die eheliche Gemeinschaft nach dem standesamtlichen Akt noch nicht begonnen hätten, als Brautpaare und rede die Braut noch mit ihrem Mädchennamen an. Es werde also der staatlich geltende Rechtszustand völlig ignorirt. Das sei aber für den Staat nicht erwünscht. Jede evangelische und katholische Trauung stelle klar, daß es dem Staat in Sachen der Eheschließung nicht gelungen sei, dem Volksbewußtsein, geschweige denn dem religiösen Bewußtsein gegenüber den Erfolg zu erreichen, daß die staatliche Eheschließung der kirchlichen ebenbürtig sei; darum liege es gerade im Interesse des Staates, eine Regelung herbeizuführen, welche diesen Eindruck seiner erlittenen Niederlage in Vergessenheit bringen könne. Jetzt sei der Weg zur fakultativen Eheschließung gegenüber den Verhandlungen in erster Lesung des Plenums schon geebnet, nachdem die Kommission den Grundsatz zum Ausdruck gebracht habe, daß die Verlobten selbst die Ehe schließen, daß nicht erst der Ausspruch des Standesbeamten hinzuzukommen brauche, um den Eheschließungsakt zu vollenden. Die Einführung der fakultativen Civilehe würde ihm also gar kein Recht weiter entziehen. Schon jetzt müsse der Standesbeamte auf schriftliche Anzeige gewisser, als besonders vertrauenswürdig angesehener Personen (Vorsteher von Anstalten u. s. w.) Sterbe- und Geburtsfälle eintragen. Warum solle er nicht auch Eheschließungen buchen können auf Grund schriftlicher Anzeigen von Geistlichen, welche doch wohl ebensoviel Vertrauen verdienten wie Anstaltsvorsteher?! Durch praktische Formulare erleichtert, werde sich Alles sehr glatt vollziehen. Ausbleiben der Anzeige des Geistlichen könne nicht unbemerkt bleiben, da der Standesbeamte nur für kurze Frist seine Genehmigung ertheile und beim Ausbleiben der Anzeige von der erfolgten Trauung den Erlaubnißschein zurückverlangen könne. Bald werde allgemeine Befriedigung eintreten. Es sei kein Grund einzusehen, warum gerade die Eheschließungen im Bureau des Standesbeamten erfolgen müßten, da doch alle anderen Akte, die er zu verzeichnen habe, niemals in seinem Bureau erfolgten. Natürlich dürfe nicht romanhaft willkürlichen Formen der Eheschließung Thür und Thor geöffnet werden. Die gewählte Form entspreche dem christlichen Bewußtsein.

Von Seiten derjenigen Antragsteller, welche früher den Antrag, betreffend Einführung der Nothcivilehe, eingebracht hatten, wurde gegenüber dem obigen Antrag folgende Erklärung zu Protokoll gegeben:

„Die Mitglieder der Kommission, welche dem Centrum angehören, haben in der ersten Lesung für das Prinzip der fakultativen Civilehe gegenüber demjenigen der obligatorischen gestimmt. Sie haben dies unter der ausdrücklichen Erklärung gethan, daß ihnen die eine so wenig wie die andere an und für sich annehmbar sei, sie aber, vor die Wahl zwischen beiden gestellt, die fakultative Civilehe für das im Verhältnisse zur obligatorischen kleinere Uebel halten. Ueber die von den konservativen Mitgliedern, Herren Himburg und Freiherr von Maltzan, auf Nr. 41 der Drucksachen vorgeschlagene Formulirung (vgl. oben im Bericht über die erste Lesung den Antrag betreffend Einführung der fakultativen Civilehe) wurde damals nicht abgestimmt. Nichts destoweniger wurde zentrumsseitig nicht unterlassen, hinsichtlich dieser Formulirung die klare und bestimmte Erklärung abzugeben, daß die Fassung für sie und ihre politischen Freunde unannehmbar sei, weil sie an verschiedenen Stellen mit dem Rechte jeder selbstständigen Religionsgesellschaft nach der stets gleich gebliebenen Auffassung des Centrums, und insbesondere mit Recht und Glaubenslehre der katholischen Kirche, in unversöhnlichem Widerspruch stehe.

In gegenwärtiger zweiter Lesung handelt es sich nicht mehr um eine bloß grundsätzliche Stellungnahme, sondern um Annahme oder Ablehnung des Wortlauts, in welchem der Grundsatz Aufnahme in das bürgerliche Gesetzbuch finden soll. Unerachtet unserer Ablehnung der in erster Lesung dafür vorgeschlagenen Fassung, kehrt diese Fassung vorliegend im Antrage des Herrn Grafen von Roon, Nr. 122 der Drucksachen, mit dem für unsere Entscheidung wesentlichen Hauptanstand von damals wieder. Dem gegenüber können die dem Centrum angehörenden Mitglieder der Kommission nur wiederholen, daß nicht nur Glaubenslehre und Recht der katholischen Kirche, sondern auch das Recht jeder selbstständigen Religionsgesellschaft überhaupt, wie es das Centrum jederzeit verstanden hat und auch heute nicht anders verstehen kann, ihnen durchaus unmöglich machen, den vorgeschlagenen Bestimmungen beizutreten. Zu ihrem Bedauern in die Zwangslage versetzt, deshalb in dieser zweiten Lesung **gegen** die Vorschläge von konservativer Seite stimmen zu müssen, haben sie nach einem anderen gangbaren Wege gesucht, um die Gewissen des kirchlich treuen katholischen nicht nur, sondern weithin auch evangelischen Bevölkerungstheiles gegenüber dem Entwurfe in Sachen der Eheschließung zu salviren. Diesen Weg glauben sie in den drei Anträgen auf Nr. 151 der Drucksachen (vgl. unten den Antrag, die Ueberschrift des Ersten Abschnittes statt „Ehe" zu setzen „Bürgerliche Ehe" u. s. w.) gefunden zu haben, welche sie nunmehr unterbreiten und die einfach außer Zweifel stellen, daß die Ehe dieses Gesetzbuches die kirchliche Ehe weder ist noch ersetzen will."

Dieser Erklärung wurde von **derselben** Seite noch Folgendes hinzugesetzt: §. 1299 des Antrages wolle durch das staatliche Gesetz die Form der kirchlichen Trauung festsetzen, während jede selbstständige Religionsgesellschaft beanspruchen müsse, selbst die Form der kirchlichen Trauung nach ihren Grundsätzen festzusetzen. Doch sei entscheidend die praktisch-politische Lage. Es handle sich nunmehr nicht mehr um die prinzipielle Frage, ob die fakultative Civilehe besser sei als die obligatorische, sondern es handle sich um die praktische Frage, ob es möglich sei, dieselbe durchzusetzen und die obligatorische Civilehe zu beseitigen. Gegenüber den Erklärungen des Herrn Staatssekretärs des Reichsjustizamtes könne man sich der unbedingten Ueberzeugung nicht verschließen, daß die verbündeten Regierungen sowohl der Nothcivilehe als auch der fakultativen Civilehe einen unüberwindlichen Widerstand entgegenstellen würden. Man habe also zu wählen zwischen dem Zustandekommen des Bürgerlichen Gesetzbuchs unter Ausscheidung des gesammten Eherechts und dem Zustandekommen des Bürgerlichen Gesetzbuchs mit denjenigen ganz erheblichen Verbesserungen der Bestimmungen über die obligatorische Civilehe und das sonstige Eherecht, gegenüber dem jetzigen Rechtszustande in allen Theilen Deutschlands, welche der Entwurf schon gebracht und welche man über diese hinaus in der Kommission bisher erreicht habe. Wenn von dem Herrn Antragsteller ausgeführt worden sei, daß seine Partei auch früher sich zu Gunsten der fakultativen Civilehe und gegen die obligatorische Civilehe ausgesprochen habe, so sei zu berücksichtigen, daß das im Jahre 1859 geschehen sei. Im Jahre 1873 dagegen habe im preußischen Abgeordnetenhause ein großer Theil der konservativen Partei für die obligatorische Civilehe gestimmt und dadurch ihr zur Annahme verholfen und habe auch dieser Stellungnahme durch den Abgeordneten Grafen zu **Limburg-Stirum** (vergl. die Sitzung vom 17. Dezember 1873) eine scharfe und klare Begründung beigegeben. Hätte damals die konservative Partei gegenüber der obligatorischen Civilehe Stand gehalten, als dieselbe erst eingeführt werden sollte, so würde vermuthlich das deutsche Volk vor der obligatorischen Civilehe bewahrt geblieben sein. Jetzt aber, nachdem dieselbe in Deutschland seit 1875 Rechtens geworden sei, erscheine es nach den Erfahrungen und Stellungnahmen bei der ersten Lesung völlig aussichtslos, die Beseitigung derselben wieder zu erlangen, da mit voller Gewißheit feststeht, daß der Bundesrath der Aufhebung nicht zustimmen und eine Mehrheit für dieselbe im Reichstag nicht zu finden sein werde.

Unter diesen Umständen könne man, so sehr man es bedauern möge, doch die christlichen Interessen nicht anders wahren, als indem man nach besten Kräften die Bestimmungen über die obligatorische Civilehe, die man nicht mehr beseitigen könne, zu verbessern suche. Das sei denn auch das Bestreben des Redners und seiner politischen Freunde.

Dasjenige Kommissionsmitglied, welches den Antrag, betreffend die Einführung der fakultativen Civilehe, in der ersten Lesung begründet hatte, wies gegenüber der von den Centrumsmitgliedern zu Protokoll gegebenen Erklärung darauf hin, daß er bei seiner damaligen Begründung erklärt habe, die Formulierung des Antrages solle durchaus keine definitive sein; sie wäre sogar abänderungsbedürftig; es käme den Konservativen zunächst nur auf Annahme des Prinzips an; gegen Abänderungsvorschläge jeglicher Art würden die Konservativen das größte Entgegenkommen zeigen, wenn dabei das Prinzip gewahrt bliebe. Sofort nach Schluß dieser Begründung wäre an den konservativen Vertreter des Antrags von einem Centrumsmitgliede die Frage gerichtet, ob die Konservativen mit einer Abänderung dahin einverstanden sein würden, daß die Ehe geschlossen werde nicht durch den Ausspruch des Geistlichen, sondern durch die Erklärung der Nupturienten, die Ehe miteinander einzugehen. Er — das konservative Mitglied — habe erwidert, daß seine Partei hierzu bereit wäre. (Das betreffende Centrumsmitglied erkannte diese Darstellung als richtig an.) Bei dieser Sachlage habe sich die Annahme der Konservativen gerechtfertigt, das Centrum habe damals weitere erhebliche Abänderungen nicht gewünscht. Auch auf später privatim an einzelne Centrumsmitglieder gerichtete Anfragen seien keine Aenderungsvorschläge erfolgt.

Von anderer Seite wurde dem Antrage, betreffend Einführung der fakultativen Civilehe, aus anderen Gründen widersprochen. Es könne in keinem Falle zugegeben werden, daß, wie behauptet worden, die evangelische Kirche eines größeren Schutzes oder größerer Rücksichtnahme bedürfe als die katholische Kirche, und daß deshalb die Einführung der fakultativen Civilehe für die evangelische Kirche noch nothwendiger sei als für die katholische Kirche. Auch in der evangelischen Kirche sei eine starke Strömung, welche die bestehende Ordnung festhalten wolle. Eine ganze Reihe von Synoden und Pfarrvereinen hätte sich dafür erklärt.

Von einem anderen Kommissionsmitgliede wurde erklärt, daß die antisemitische Bewegung sich der Frage der fakultativen Civilehe angenommen habe. Zum Zwecke der Einführung derselben seien bereits 2400 Petitionen im deutschen Volke verbreitet. Für diese seien bisher 120 000 Unterschriften gesammelt worden. Er verlange eine Vertagung der Frage bis zum Herbst; man sei sicher, daß, nachdem nunmehr die Antisemiten mit allem Nachdruck für die Sache einträten, man dann während des Sommers bis zu 200 000 Unterschriften sammeln werde.

Die Ablehnung des Antrags betreffend die fakultative Civilehe sei ein Bestandtheil des Kompromisses, der zwischen verschiedenen Parteien zu Stande gekommen sei. Dieses Kompromiß bedeute eine vollständige Verletzung des christlichen Prinzips. Wenn man dem Antragsteller entgegenhalte, daß einer seiner Fraktionsgenossen in der ersten Lesung der Kommission gegen den Antrag gestimmt habe, so könne er mittheilen, daß derselbe heute auf dem Standpunkt des Redners stehe und mit ihm und der großen Majorität seiner Partei für die fakultative Civilehe eintrete. Wenn eine Majorität nöthig gewesen sei, um das Bürgerliche Gesetzbuch zu Stande zu bringen, so habe man sich nur an seine Partei zu wenden brauchen. Diese würde bereit gewesen sein, eine Majorität bilden zu helfen, welche die fakultative Civilehe durchgesetzt hätte.

Nachdem die gesammte konservative Partei sich geeinigt habe, für die fakultative Civilehe einzutreten, und nun auch seine, des Redners, Partei, die antisemitische Partei, für dieselbe eintrete, sei die Lage geändert worden. Wenn die Mitglieder des Centrums jetzt dem Antrage auf Einführung der fakultativen Civilehe nicht mehr zustimmten, so machten sie gegenüber den Erklärungen des Abgeordneten Dr. Rintelen bei der ersten Lesung des Gesetzbuches eine Schwenkung. Werde der Antrag auf fakultative Civilehe abgelehnt, so werde er gegen das ganze Gesetzbuch stimmen und mit ihm hoffentlich eine große Anzahl anderer evangelischer Männer. Ueber die Sache selbst werde man sich im Plenum wieder sprechen, vorausgesetzt, daß es bis dahin im Plenum nicht durch Auszählungen so weit gekommen sei, daß man zur Berathung des Eherechts gar nicht gelange.

Es wurde von derjenigen Seite, welche ursprünglich die Nothcivilehe beantragt hatte, entgegnet, daß eine solche Majoritätsbildung nach Lage der Umstände vollständig ausgeschlossen erschienen sei, da man auf eine Partei, wie diejenige des Vorredners, welche in erster Lesung im Plenum und in der Kommission ablehne, in zweiter zustimme, doch sich nicht fest verlassen könne. Wenn aber auch jetzt durch die Zustimmung aller katholischen Mitglieder der Kommission unter der Annahme, daß nun auch sämmtliche Mitglieder der konservativen Partei sowie der antisemitische Vertreter für den Antrag einträten, mit einer knappen Majorität von elf gegen zehn Stimmen in der Kommission ein Beschluß auf Einführung der fakultativen Civilehe zu Stande komme, so werde damit doch die Einführung der fakultativen Civilehe nicht erreicht, weil, wie bereits ausgeführt, feststehe, daß der Bundesrath dieselbe nicht annehme, auch mit Sicherheit zu erwarten sei, daß die eventuelle Majorität in der Kommission sich im Plenum in eine Minorität verwandle, weil in der ersten Lesung im Plenum der Führer einer großen Partei, die hier in Frage komme, nämlich der Abgeordnete Freiherr von Manteuffel, erklärt habe, daß seine Partei an dieser Frage das ganze Bürgerliche Gesetzbuch nicht scheitern lassen wolle. Was wolle diesen Thatsachen gegenüber die Aussicht, 200 000 Unterschriften unter den beregten Petitionen zu sammeln, bedeuten, wo seine, des Redners Partei, schon Petitionen mit $1^1/_2$ Millionen Unterschriften in katholischen religiösen Fragen zusammen gebracht habe. Die Lösung dieser Frage im Sinne der fakultativen Civilehe und die Besiegung des Wiederstandes des Bundesraths sei nur zu erhoffen gewesen, wenn sich von vornherein schon in erster Lesung im Plenum eine kompakte Majorität für dieselbe gefunden hätte. Nun habe aber bei der ersten Lesung des Bürgerlichen Gesetzbuchs im Plenum in der 32. Sitzung des Reichstags vom 5. Februar 1896 der Abgeordnete Förster (Neustettin) als Vertreter der deutsch-sozialen Reformpartei gegenüber den Wünschen des Abgeordneten Dr. Rintelen auf Aenderung des Eheschließungsrechts folgende Ausführungen gemacht:

„Herrn Rintelen und seine Partei weise ich darauf hin, daß es doch nur darauf ankommt, für etwas schon Vorhandenes einen Ersatz in dem Bürgerlichen Gesetzbuch zu finden. Für etwas in dem Civilstandsgesetz Vorhandenes soll hier ein entsprechender Wortlaut eingefügt werden. Ja, wenn es gälte, etwas neues festzusetzen, dann würde ja ein Kampf bis aufs Messer gar nicht zu verwundern sein, diesen würde ich begreifen; so aber verstehe ich wirklich nicht ganz, warum in einer so schroffen Gegenstellung gesagt worden ist: entweder verschwinden diese Abschnitte oder wir erklären uns überhaupt gegen den ganzen Entwurf. Im Namen meiner Partei, die die Sache für wichtig genug gehalten hat, um sie zu berathen, habe ich die Ehre, folgende Erklärung zu dieser Angelegenheit abzugeben:

In Bezug auf das Eherecht stehen wir auf dem Standpunkt des Entwurfs des Bürgerlichen Gesetzbuchs. Daß der Entwurf überhaupt das Eherecht berücksichtigt, halten wir für Recht; denn die Ehe hat nicht nur eine religiöse und sittliche, sondern auch eine rechtliche Seite, mit der sie in den Bereich des bürgerlichen Rechts tritt. Den grundsätzlichen Standpunkt, daß die Ehe aufhören muß, wenn die Zuneigung erstorben ist, ebenso wie den entgegengesetzten Standpunkt, daß die Ehe unlöslich bleiben muß, weil sie, richtig eingegangen, auf Lebenszeit aushalten muß, können wir für das bürgerliche Gesetzbuch, das mit den Thatsachen des Lebens rechnen muß, nicht annehmen. Wir stellen uns vielmehr mit dem Bürgerlichen Gesetzbuch auf den Standpunkt des neuen Testaments, daß die Ehe, wenn sie thatsächlich gebrochen ist, auch rechtlich gelöst werden nicht nur darf, sondern soll. Weil die Ehe auch eine rechtliche Seite hat, so halten wir es ferner für Recht, daß das Bürgerliche Gesetzbuch Bestimmungen über den Civilstand der Eheleute trifft."

In der ganzen Rede des Herrn Abgeordneten Förster sei nicht ein einziger Satz enthalten, der sich für die fakultative Civilehe ausgesprochen habe. Die formulirte Erklärung könne nur als eine klare Kundgebung zu Gunsten der Aufrechterhaltung der obligatorischen Civilehe gedeutet werden. Dementsprechend habe auch der Vertreter der Antisemiten in der Kommission bei der ersten Lesung gegen den Antrag auf Einführung der fakultativen Civilehe nicht nur ganz entschieden sich ausgesprochen, sondern auch gestimmt. Wenn jetzt der Vertreter der antisemitischen Partei sich für die Einführung der fakultativen Civilehe ausspreche, so werde er doch selbst nicht behaupten, daß seine Partei auf diesem Gebiete eine konsequente Politik verfolgt habe, und eine geeignete Unterlage für eine Majoritätsbildung zur Durchsetzung der fakultativen Civilehe bilde.

Wenn man die fakultative Civilehe habe durchsetzen sollen, so sei übrigens nicht nur die Partei des Vorredners in Betracht gekommen, sondern auch die konservative Partei. Aber auch diese habe früher eine Stellung eingenommen, welche eine Majoritätsbildung zu Gunsten der fakultativen Civilehe als völlig ausgeschlossen habe erscheinen lassen.

Die Stellungnahme der konservativen Partei sei keineswegs von vorne herein eine so entschiedene und klare zu Gunsten der fakultativen Civilehe gewesen wie heute. Bei der ersten Lesung des Gesetzentwurfs im Plenum (in der 30. Sitzung vom 3. Februar 1896) habe der erste Redner der konservativen Partei, der Abgeordnete Dr. von Buchka folgende Ausführung gemacht:

„Es ist dann von Seiten des Herrn Abgeordneten Dr. Rintelen das Eherecht berührt worden, und er hat im Namen seiner politischen Freunde eine Erklärung abgegeben, nach welcher der Entwurf für sie unannehmbar sein würde, wenn hier ihre Wünsche nicht erfüllt würden. Wir glauben, wir werden uns mit den Herren doch noch verständigen können. Ich möchte meinen Standpunkt kurz dahin präzisiren, daß ich es nicht für wohlgethan halte, an der Civilehe, welche der Entwurf aus dem Personenstandsgesetz von 1875 übernommen hat, zu rütteln. Es sind damals von Seiten meiner politischen Freunde schwere Bedenken geltend gemacht worden gegen diese Gesetzgebung. Diese Bedenken haben aber, nachdem das Gesetz 20 Jahre lang bestanden hat, eine ganz andere Bedeutung als damals, als es sich um Einführung dieser Gesetzgebung handelte. Sowohl die katholische Kirche wie die evangelische Kirche haben es sehr wohl verstanden, sich mit diesem Gesetz abzufinden; sie haben den §. 82 des Personenstandsgesetzes, welcher nachträglich in das Gesetz und, wie ich zugebe, mit vollem Rechte hereingebracht ist, sehr wohl zu benutzen verstanden; und man kann im Großen und Ganzen nicht sagen, daß das Civilstandsgesetz verderbliche Wirkungen gezeitigt habe. Nun soll in unserer jetzigen, wie ich wiederholt hervorhebe, von sozialen Problemen und von sozialen Gegensätzen jeder Art geschwängerten Zeit mit einem Mal dieser alte Streit wieder aufs Neue aufgerührt und hineingeworfen werden. Nein, das thun wir nicht, wir sind damit zufrieden, wenn die Verhältnisse so bleiben, wie sie jetzt sind, und wir werden jedem Versuch, an der Civilehe im Bürgerlichen Gesetzbuch zu rütteln, uns entschieden widersetzen."

In der 33. Sitzung vom 6. Februar 1896 habe sodann der Abgeordnete Freiherr von Manteuffel für seine Person sich zwar zu Gunsten der fakultativen Civilehe erklärt, daran aber folgende Bemerkungen geknüpft:

„Nun stehe ich ja mit Herrn von Buchka vollständig auf gleichem Standpunkt, wenn ich sage, daß, selbst wenn unseren Wünschen bei dieser Abstimmung nicht Folge gegeben wird, wenn wir in dieser Richtung unterliegen, wir deshalb das Zustandekommen des Bürgerlichen Gesetzbuchs doch nicht gefährden wollen. Wir werden dann, auch wenn wir unsere Wünsche nach dieser Richtung hin nicht durchgesetzt finden, dennoch für das Bürgerliche Gesetzbuch stimmen."

Die konservative Partei habe sodann alsbald nach dieser Erklärung durch das Verlangen des Kommissionsvorsitzes für Herrn Dr. von Buchka der Auffassung Raum gegeben, daß sie eine Mehrheit für die fakultative Civilehe auch in der Kommission nicht wolle.

Bei der ersten Lesung in der Kommission hätten sodann zwei Vertreter der konservativen Partei für die fakultative Civilehe und einer für die Aufrechterhaltung der obligatorischen Civilehe gestimmt. Für das sogenannte englische System habe kein Mitglied dieser Partei gestimmt. Noch bis heute sei von Seiten der konservativen Partei nichts geäußert worden, was der Erklärung des Herrn von Manteuffel, an dieser Frage das Gesetz nicht scheitern lassen zu wollen, widersprochen hätte. Ueber die heutige Thatsache, daß jetzt die ganze konservative Partei für die fakultative Civilehe eintrete, könne man sich vom christlichen Standpunkt aus selbstredend nur freuen. Für die praktische Politik aber könne sie leider, weil verspätet, nicht mehr in Betracht kommen. Bei den Kompromißverhandlungen habe nur die frühere Haltung der Konservativen in Betracht kommen können. Man möge es also dem Centrum nicht übel nehmen, wenn es angesichts dieser Haltung die Aufhebung der obligatorischen Civilehe nicht habe durchsetzen können und den Kampf für dieselbe aufgegeben habe, um nicht andere wesentliche Interessen religiös-sittlicher Art im Eherecht aufs Spiel zu setzen. Wenn darauf hingewiesen werde, daß das Centrum gegenüber seiner Stellung in der ersten Lesung im Plenum eine Schwenkung gemacht habe, so sei zunächst zu entgegnen, daß die jetzige Stellungnahme des Centrums durch eine unausweichliche Zwangslage diktirt sei. Diese Zwangslage sei wesentlich mit durch die unabänderliche Thatsache bedingt, daß in erster Lesung im Plenum und in der Kommission sich infolge der Haltung der konservativen und antisemitischen Partei absolut keine Aussicht eröffnet habe, eine Majoritätsbildung zu Gunsten der fakultativen Civilehe herbeizuführen. Uebrigens stehe diese Stellungnahme weit mehr im Einklang mit den Ausführungen des Abgeordneten Dr. Rintelen in der ersten Lesung im Plenum, als es nach den Ausführungen der Vorredner geschienen habe. Derselbe habe in der 30. Sitzung vom 3. Februar 1896 am Schlusse seiner Rede gesagt:

> „Gelingt es nicht, diese Vorschriften (d. h. über das persönliche Eherecht) aus dem Gesetzbuch zu entfernen, oder sie so umzugestalten, daß die Gewissensbedenken der Katholiken beseitigt sind, so sind wir genöthigt, nicht nur gegen diese Vorschriften, sondern gegen den Entwurf im Ganzen zu stimmen".

Nun könne man ja leider in keiner Weise sagen, daß die Gewissensbedenken der Katholiken beseitigt seien: vielmehr seien sowohl die Regelung des persönlichen Eherechts überhaupt wie viele Einzelbestimmungen für die Katholiken an und für sich nach wie vor unannehmbar. Doch sei anzuerkennen, daß erhebliche Verbesserungen im Sinne der Freunde des Redners durchgegangen seien. Auch sei zu berücksichtigen, daß man nicht die obligatorische Civilehe neu einführe, ebensowenig, wie man das ganze persönliche Eherecht neu einführe, sondern daß sie thatsächlich und unentfernbar bestehen, so daß eine ganze lange Reihe von Bestimmungen im Verhältniß zum bestehenden Recht nur als Verbesserungen des letzteren erschienen.

Im Laufe der Erörterungen wurden von derjenigen Seite, welche den Antrag auf Einführung der fakultativen Civilehe eingebracht hatte, auch noch einige andere Theile der Ausführungen des Abgeordneten Dr. Rintelen vorgetragen und daran die Bemerkung geknüpft, daß dieselben von Seiten des Antragstellers und seiner Freunde so aufgefaßt worden seien, als ob die Freunde des Abgeordneten Dr. Rintelen ihren Widerspruch gegen die obligatorische Civilehe festhalten würden, und daß man im Anschluß an diese Auffassung sich gefreut habe, in dieser Sache die positiven Parteien zusammen gehen zu sehen.

Gegenüber der oben erwähnten Aeußerung, welche auf Auszählungen im Plenum hinwies, wurde entgegnet, von keiner anderen Partei sei bisher mit fortdauernder Auszählung gedroht worden, um das Zustandekommen des Bürgerlichen Gesetzbuchs zu verhindern. Nicht einmal von sozialdemokratischer Seite sei das bisher geschehen.

Von sozialdemokratischer Seite wurde daraufhin erklärt, daß man nicht gesonnen sei, einer solchen Obstruktionspolitik sich anzuschließen, und keinen Grund habe, dem Zustandekommen des Bürgerlichen Gesetzbuchs im Allgemeinen entgegen zu sein; selbstverständlich werde man dabei aber auf gründlicher Durchberathung derjenigen Bestimmungen bestehen, welche irgendwie Interessen der von dieser Seite vertretenen Volkskreise betreffen.

Von Seiten des betreffenden Redners wurden sodann seine Aeußerungen dahin erklärt, daß er nicht die Absicht gehabt habe, mit einer Obstruktionspolitik durch fortgesetzte Anträge auf Auszählung zu drohen; er habe nur auf die Möglichkeit solcher Auszählungen hinweisen wollen, ohne damit zu sagen, daß dieselben von seiner Partei veranlaßt werden würden.

Der erwähnte Antrag auf Aufnahme der fakultativen Civilehe wurde sodann abgelehnt.

Ferner lagen bei der zweiten Lesung folgende Anträge vor:

zunächst:

1. als Ueberschrift des Ersten Abschnitts statt „Ehe“ zu setzen „Bürgerliche Ehe“,
2. in §. 1301 Absatz 1 statt: „daß sie kraft Gesetzes nunmehr rechtmäßig verbundene Eheleute seien“ zu setzen: „daß sie kraft dieses Gesetzes nunmehr rechtmäßig verbundene Eheleute seien“,
3. hinter §. 1566b einzuschalten:

Achter Titel.

Kirchliche Verpflichtungen.

§. 1566c.

„Die kirchlichen Verpflichtungen in Ansehung der Ehe werden durch die Vorschriften dieses Abschnittes nicht berührt.“

sodann:

I. den Absatz 3 der vorstehenden Anträge wie folgt zu ergänzen und als §. 1279a einzustellen:

„Die Bestimmungen des nachstehenden Abschnittes regeln nur die Erfordernisse und Wirkungen der bürgerlichen Gültigkeit der Ehe; die kirchlichen Verpflichtungen in Ansehung der Ehe werden durch dieselben nicht berührt.“

II. nach Annahme des Antrages ad I den neu eingeführten §. 1305a zu streichen.

Der erste Antrag war gestellt von derjenigen Seite, welche ursprünglich die Nothcivilehe verlangt hatte. Zu demselben wurde erklärt: Nachdem der Antrag auf Nothcivilehe in der Kommission keine Unterstützung gefunden habe, und nachdem man auch die Hoffnung habe aufgeben müssen, die obligatorische Civilehe durch Einführung der fakultativen Civilehe in einer auch für die Katholiken erträglichen Form durchzusetzen, habe man einen Weg gesucht, die bisher ohne Gegenleistung erreichten Verbesserungen des Entwurfs zu sichern und darüber hinaus wenigstens im Gesetzentwurf selbst für diejenigen Theile des deutschen Volkes sowohl katholischer wie evangelischer Konfession, welche an dem religiös-sittlichen Charakter der Ehe und damit der kirchlichen Ehegesetzgebung ihrer Konfession grundsätzlich festhalten, wenigstens klar zu stellen, daß in dem Bürgerlichen Gesetzbuch der Charakter des Abschnitts über die Ehe als lediglich bürgerliche Gesetzgebung klar und deutlich hervortrete, damit eine Verwirrung und Beängstigung des religiösen Gefühls vermieden werde.

Mit diesem Anspruch sei man in Kompromißverhandlungen mit anderen Parteien eingetreten, weil nur auf diesem Wege nicht nur eine Majorität in der Kommission, sondern auch die Zustimmung der verbündeten Regierungen zu erlangen gewesen sei.

Dieser Kompromiß sei zu Stande gekommen auf der Basis, daß einerseits das Vereinsrecht so gestaltet werde, daß andere Parteien und die verbündeten Regierungen es annehmen würden, andererseits der oben an erster Stelle erwähnte Antrag angenommen werde.

Man könne nicht leugnen, daß der zweite Antrag diesem Zweck noch besser entspreche; doch sei es mangels genügender Unterstützung bei den Kompromißverhandlungen nicht möglich gewesen, die Fassung dieses zweiten Antrags bei den Kompromißverhandlungen durchzusetzen, obwohl dieselbe, im wesentlichen ursprünglich ausgehend von den Freunden des Redners, bei den erwähnten Verhandlungen vorgelegen habe. Gegen diese Fassung spreche, daß sie der Redaktionsweise des Entwurfs zuwider sei. Jedenfalls könne man, nachdem der Kompromiß fest abgeschlossen sei auf der Basis der Fassung des ersten Antrages, nicht anders als gegen den zweiten Antrag stimmen und nur den an erster Stelle erwähnten Antrag annehmen.

Der zweite Antrag war von derselben Seite ausgegangen, welche die fakultative Civilehe verlangt hatte. Er wurde seinem Prinzip nach in ähnlicher Weise motivirt wie der an erster Stelle erwähnte Antrag. Der Antragsteller erwartete, daß trotz des abgeschlossenen Kompromisses die verbündeten Regierungen demselben, wenn er in der Kommission die Majorität fände, nicht mehr entgegentreten würden.

Von anderer Seite wurde erklärt, daß die Annahme des ersten Antrages ihrerseits nicht ohne Weiteres zu erwarten gewesen wäre. Man habe sich nur im Wege des Kompromisses auf denselben eingelassen, weil die Antragsteller auf denselben so außerordentliches Gewicht legten. Man lege aber Werth darauf, klarzustellen, daß mit der Ueberschrift „Bürgerliche Ehe“ nicht gesagt werden solle, daß es zwei Ehen gebe, eine bürgerliche und eine kirchliche, sondern daß auch bei Annahme dieser Ueberschrift es nur eine Ehe gebe, die neben der kirchlichen auch eine bürgerliche Seite habe. Diese Ueberschrift diene also im Wesentlichen demselben Zweck, welchen der erste Theil des §. 1279a nach dem oben erwähnten zweiten Antrag verfolge. Sie bringe zum Ausdruck, daß die Bestimmungen des nachfolgenden Abschnittes, welcher also die Ueberschrift tragen werde „Bürgerliche Ehe“, nur die Erfordernisse und Wirkungen der bürgerlichen Gültigkeit der Ehe regele. Nachdem man die Ueberschrift „Bürgerliche Ehe“ konzedirt habe, würde es lediglich eine Tautologie sein, letzteres im §. 1279a nochmals auszusprechen.

Von Angehörigen verschiedener anderer Parteien wurde sodann erklärt, daß man die Ueberschrift „Bürgerliche Ehe“ genau in demselben Sinne auffasse und sich daher nicht dazu verstehen könne, diesen Sinn nochmals im Text des Gesetzbuchs festzulegen, wie es der erste Theil der Formulirung zu §. 1279a wolle. Dem ersterwähnten Antrage könne man aber beistimmen, da er das Verhältniß der bürgerlichen und der kirchlichen Seite der Ehe nach dem Bürgerlichen Gesetzbuch richtig charakterisire. Von einer Seite wurde noch weiter betont, daß man dem Antrag umsomehr beistimmen könne, als er auf dem Boden des Grundsatzes stehe: „Religion ist Privatsache“; demgemäß habe ganz richtig das Bürgerliche Gesetzbuch nur die bürgerliche Seite der Ehe zu regeln, die kirchliche und religiöse Seite derselben aber völlig unbeachtet zu lassen.

Bei der Abstimmung wurde der letztere Antrag abgelehnt, der erstere Antrag dagegen einstimmig angenommen. Als Folge dieses Beschlusses fällt §. 1305a wieder fort.

Von Seiten desjenigen Antragstellers, welcher den zweiten Antrag eingebracht hatte, wurde sodann erklärt, daß er sich und seiner Partei die weitere Stellungnahme im Plenum vorbehalte.

Spezialdiskussion.

Erste und zweite Lesung.

In der folgenden Spezialdiskussion wurde zunächst zurückgegriffen auf den oben bereits erwähnten Antrag, welcher bezweckte, dem

§. 1299

als Absatz 4 folgende Bestimmung hinzuzufügen:

„Bei Verlobten, welche einer staatlich anerkannten Religionsgesellschaft angehören, kann das Aufgebot nicht erfolgen oder die Befreiung nicht bewilligt werden, wenn nicht eine Bescheinigung ihrer kirchlichen Behörden dem Standesbeamten dahin vorgelegt ist, daß ein kirchlich trennendes Ehehinderniß nicht vorliegt."

Zur Begründung wurde angeführt, daß der Antrag den Zweck habe, eine Sicherheit dafür zu schaffen, daß, wenn die staatliche Eheschließung stattgefunden habe, auf Wunsch der Nupturienten die kirchliche Eheschließung auch sofort folgen könne. Praktisch liege der Schwerpunkt dieses Antrages in den Verhältnissen der kirchlichen Dispense. Wenn unter Umständen, wo eine kirchliche Eheschließung ohne kirchliche Dispens nicht erfolgen könne, die staatliche Eheschließung stattgehabt habe, ohne daß die kirchliche Dispens rechtzeitig nachgesucht sei, so bestehe die Ehe im staatlichen Sinne zu Recht. Die kirchliche Ehe könne aber erst geschlossen werden, nachdem die kirchliche Dispensation nachgesucht und erhalten sei. Da zur Einholung einer kirchlichen Dispens unter Umständen ein längerer Zeitraum nothwendig sei, den erheblich abzukürzen oft gar nicht möglich erscheine, so ergäben sich aus einem solchen Verhältnisse sittliche Gefahren und sonstige Folgen recht unangenehmer Art. Diese Gefahren könne man vermeiden, wenn man bestimme, daß die staatliche Eheschließung nicht eher stattfinden solle, als bis zwischen den Nupturienten und den Kirchenbehörden die Umstände des Falles soweit geklärt seien, daß ein kirchlich trennendes Ehehinderniß nicht oder nicht mehr (sofern Dispens eingeholt worden ist) vorliege.

Diesem Antrage wurde entgegengesetzt, daß die Annahme desselben das konfessionelle Kirchenrecht direkt zum Bestandtheil des staatlichen Eherechts mache, während eine scharfe Trennung des staatlichen und kirchlichen Eherechts unbedingt zu verlangen sei. Der Antrag stelle sich auch dar als ein direkter Zwang, die kirchlichen Pflichten in Bezug auf die Dispenseinholung zu erfüllen. Das könne aber nicht als die Aufgabe des Gesetzes betrachtet werden.

Der Antrag wurde abgelehnt.

§. 1300

enthält die materiellen Vorschriften über die Form des Eheabschlusses.

Von katholischer Seite wurde zu demselben bemerkt, daß nach der dogmatischen Auffassung der katholischen Kirche die Ehe nicht geschlossen werde durch den Ausspruch eines Dritten, sei es nun eines amtirenden Geistlichen oder eines amtirenden staatlichen Standesbeamten. Die Ehe werde vielmehr nach katholischer Lehre geschlossen durch die wechselseitige Erklärung der Nupturienten, die Ehe mit einander eingehen zu wollen. An die Abgabe dieser wechselseitigen Erklärung sei nach katholischer Auffassung der Abschluß und der sakramentale Charakter der Ehe geknüpft. Dieser katholischen Lehre widerspreche es, daß §. 1300 bestimme, die Ehe werde dadurch geschlossen, daß der Standesbeamte sie für geschlossen erklärt, nachdem die Nupturienten vor ihm die wechselseitigen Erklärungen abgegeben haben. Wenn es sich jetzt auch um eine staatliche Form der Eheschließung handele, so sei es doch für das religiöse Gefühl der Katholiken besonders empfindlich, daß bei ihr das entscheidende Moment auch in der Erklärung des Standesbeamten liegen solle. Eine solche Bestimmung sei vom Standpunkte der obligatorischen Civilehe durchaus entbehrlich, und es geschehe weder den staatlichen Interessen noch dem Prinzip der obligatorischen Civilehe ein Schaden, wenn man eine Form suche, welche die dogmatische Auffassung der katholischen Kirche über den Eheabschluß unberührt lasse. Am besten geschehe dies, indem man die Worte:

„und daß hierauf der Standesbeamte die Ehe für geschlossen erklärt" einfach streiche. Alsdann sei klar, daß das eheschließende Moment nicht in der Erklärung des Standesbeamten liege.

Damit komme man auch den Anschauungen entgegen, welche in der evangelischen Kirche maßgebend seien; nach diesen Anschauungen liege das eheschließende Moment in dem Ausspruch des amtirenden Geistlichen, nicht aber im Ausspruch des Standesbeamten. Streiche man die Worte, so werde auch diese Anschauung in Ehren erhalten.

Streiche man jene Worte, so erledige sich damit auch eine weitere Schwierigkeit, die sich sonst aus dem Entwurfe ergebe. Nach der Fassung des Entwurfs sei es eine materielle Vorbedingung des Abschlusses der Ehe, daß der Standesbeamte die Ehe für geschlossen erklärt. Vergesse der Standesbeamte diese Erklärung, so sei die Ehe nichtig, selbst wenn sie in das Heirathsregister eingetragen worden sei. Ein Beweis darüber, ob diese Erklärung seitens des Standesbeamten abgegeben worden sei, werde aber unter den meisten Umständen sowohl positiv wie negativ sehr schwierig sein. Jene Worte könnten daher zu sehr unangenehmen und schwierigen Prozessen Anlaß geben.

Von Seiten des Herrn Staatssekretärs des Reichs-Justizamts, wie auch von verschiedenen Seiten aus der Kommission erklärte man sich bereit, diesem Wunsche entgegen zu kommen, wenn sich eine geeignete Form finden lasse. Doch wurde darauf hingewiesen, daß, wenn man die bezeichneten Worte streiche, es möglich wäre, eine Ehe auch abzuschließen vor einem Standesbeamten, der bei der betreffenden Ehe nicht mitwirken wolle. Auf diese Weise werde es möglich, vor einem widerstrebenden Standesbeamten eine Ehe abzuschließen, obwohl die staatlichen Vorbedingungen für die Ehe, z. B. die Bedingungen des §. 1298, nicht erfüllt seien. Man müsse daran festhalten, daß der Standesbeamte bei dem Zustandekommen der Ehe positiv mitwirke, sei es behufs Feststellung, daß die Erklärungen abgegeben seien, oder in anderer erkennbarer Weise. Mindestens müsse sicher gestellt werden, daß vor dem Standesbeamten in der durch §. 1300 bezeichneten Form keine Ehe abgeschlossen werden könne, wenn der Standesbeamte mit der Eheschließung nicht einverstanden sei und die Entgegennahme der Eheerklärung ablehne, sei es, daß er sich nicht für kompetent halte, oder daß die staatlichen Bedingungen der Ehe nicht erfüllt seien, oder daß Ehehindernisse vorlägen.

In der Kommission ergab sich eine übereinstimmende Meinung dahin, daß nichts dagegen einzuwenden sei, den Eheabschluß lediglich zu knüpfen an die Erklärungen der Eheleute, daß aber eine aktive Mitbetheiligung des Standesbeamten bei dem Eheabschluß nicht zu entbehren sei, daß also die bezeichneten Worte gestrichen werden könnten, daß aber klar gestellt werden müsse, daß keine Ehe gegen den Willen des Standesbeamten zu Stande kommen könne.

Die Redaktions-Kommission einigte sich sodann dahin, dem Paragraphen folgende Fassung zu geben:

> „Die Ehe wird dadurch geschlossen, daß die Verlobten vor einem Standesbeamten persönlich und bei gleichzeitiger Anwesenheit erklären, die Ehe mit einander eingehen zu wollen. Der Standesbeamte muß zur Entgegennahme der Erklärungen bereit sein.
>
> Die Erklärungen können nicht unter einer Bedingung oder einer Zeitbestimmung abgegeben werden."

§. 1301.

Dieser Paragraph enthält die instruktionellen Vorschriften über das Verfahren bei der Eheschließung. Entsprechend der zu §. 1300 vorgenommenen Aenderung wurden die Schlußworte des ersten Absatzes dieses Paragraphen,

„daß er kraft Gesetzes sie für rechtmäßig verbundene Eheleute erkläre"

abgeändert wie folgt:

„daß sie kraft Gesetzes nunmehr rechtmäßig verbundene Eheleute seien."

Ueber eine weitere Anregung, statt

„kraft Gesetzes“

zu sagen

„kraft bürgerlichen Gesetzes“

vgl. die Debatte bei §. 1305a.

Ferner wurde zu diesem Paragraphen angeregt, ob es sich nicht empfehle, in demselben des Heirathsregisters Erwähnung zu thun. Dasselbe werde mehrfach erwähnt in den folgenden Paragraphen über die Nichtigkeit und Anfechtbarkeit der Ehe, vgl. §§. 1307, 1312, 1327 1328. Es müsse daher als eine Lücke betrachtet werden, daß bei den Bestimmungen über die Eheschließung selbst daß Heirathsregister nicht erwähnt werde.

Dieser Anregung entsprechend wurde zu diesem Paragraphen als Absatz 3 hinzugefügt:

„Der Standesbeamte soll die Eheschließung in das Heirathsregister eintragen.“

In der zweiten Lesung wurden in Absatz 1 die Worte:

„daß sie kraft Gesetzes nunmehr rechtmäßig verbundene Eheleute seien“

ersetzt durch die Worte:

„daß sie kraft dieses Gesetzes nunmehr rechtmäßig verbundene Eheleute seien.“

Die Diskussion über den betreffenden Antrag siehe oben in der Generaldiskussion zu Beginn des Eheschließungsrechtes.

§§. 1302 bis 1305.

Ohne Diskussion angenommen.

Als

§. 1305a.

wurde beantragt, einzufügen:

„Die kirchlichen Verpflichtungen in Beziehung auf die Trauung werden durch die Bestimmungen dieses Titels nicht berührt,“

dagegen aber die Bestimmung des Artikels 45 V des Einführungsgesetzes zu streichen.

Der Antrag schließt sich an die Fassung des §. 82 des Civilstandsgesetzes vom 6. Februar 1875 an. Es wurde angeführt, daß die entsprechende Bestimmung in das Civilstandsgesetz aufgenommen worden sei, um klar zu stellen, daß das Reichsgesetz nur die bürgerliche Seite der Eheschließung und der Ehe regle, dagegen die religiöse Seite vollständig unberührt lasse und die religiösen Verpflichtungen, welche in Bezug auf die Eheschließung bestehen und aus der Ehe sich ergeben, unberührt bleiben sollten. Nachdem man die wesentlichen Bestimmungen des Civilstandsgesetzes in das Bürgerliche Gesetzbuch übernommen habe, sei es angezeigt, auch diesen Paragraphen zu übernehmen, nicht aber, wie das Einführungsgesetz wolle, diesen Paragraphen in dem nunmehr stark durchlöcherten Civilstandsgesetz stehen zu lassen und nur entsprechend zu verändern.

Der Antrag wurde sodann in folgender Fassung angenommen:

„Die kirchlichen Verpflichtungen in Ansehung der Eingehung der Ehe bleiben unberührt.“

Die Bestimmung des Artikels 45 V des Einführungsgesetzes fällt dagegen fort.

Nunmehr wurde angeregt, entsprechend diesem Beschlusse in die Paragraphen 1300 und 1301 einzuschieben, daß dieselben sich nur auf die Eheschließung

„kraft bürgerlichen Rechts“

beziehen. Doch wurde darauf hingewiesen, daß schon im §. 1301 der Ausdruck „kraft Gesetzes“ vorkomme, und daß dieser Ausdruck identisch sei mit dem Begriff „kraft bürgerlichen Rechts“, da „Gesetz“ im Sinne des Bürgerlichen Gesetzbuchs immer nur und ausschließlich das bürgerliche Recht sei. Der Ausdruck „kraft des Gesetzes" habe auch schon in dem §. 52 des Civilstandsgesetzes vom 6. Februar 1875 gestanden und dort dieselbe Bedeutung gehabt.

Der Anregung wurde danach keine Folge gegeben; ein Antrag war nicht gestellt worden, da aus der Debatte sich ergab, daß eine Mehrheit für dieselbe in keiner Weise zu erreichen war.

In Folge des Beschlusses zu §. 1566c fiel sodann der ganze Paragraph wieder fort. Vgl. den Bericht zu §. 1566c und die Generaldiskussion zu Beginn des Eheschließungsrechtes.

Dritter Titel.

Nichtigkeit und Anfechtbarkeit der Ehe.

§. 1306.

Ohne Debatte angenommen.

Zu

§. 1307

wurde der Antrag gestellt:

in Absatz 2 hinter „gelebt" einzuschalten:

„oder wird die Ehe nach mindestens dreijähriger Dauer, ohne daß ein auf Nichtigkeitserklärung der Ehe gerichtetes Verfahren schwebt, durch den Tod gelöst".

Aus der Diskussion ergab sich Einverständniß der Kommission mit dem Grundgedanken und dem Zwecke des Antrages.

Auf Grund dieses Beschlusses gab die Redaktions-Kommission dem §. 1307 Absatz 2 folgenden Inhalt:

„Ist die Ehe in das Heirathsregister eingetragen worden und haben die Ehegatten nach der Eheschließung zehn Jahre oder, falls einer von ihnen vorher gestorben ist, drei Jahre als Ehegatten mit einander gelebt, so ist die Ehe als von Anfang an gültig anzusehen. Diese Vorschrift findet keine Anwendung, wenn bei dem Ablaufe der zehn Jahre oder zur Zeit des Todes des einen Ehegatten die Nichtigkeitsklage erhoben ist."

In der zweiten Lesung wurden in Absatz 2 hinter

„falls einer von ihnen vorher gestorben ist"

noch die Worte eingeschoben:

„bis zu dessen Tode, jedoch mindestens".

Die Aenderung ist rein redaktionell und dient lediglich zur Verdeutlichung der Bestimmung.

Zu

§. 1308

wurde angeregt, den dort festgesetzten Nichtigkeitsgrund in einen Anfechtungsgrund zu verwandeln. Wenn Eheleute, von denen der eine die Eheschließung im Zustande der Geschäftsunfähigkeit, der Bewußtlosigkeit oder der vorübergehenden Störung der Geistesthätigkeit abgeschlossen habe, nachher mit dem Bestand der Ehe einverstanden seien, so solle der Staatsanwalt sich nicht einmischen dürfen und die Beseitigung der Ehe lediglich von dem Belieben der Eheleute abhängen.

Es wurde entgegnet, daß bei Geschäftsunfähigkeit, Bewußtlosigkeit und vorübergehender Störung der Geistesthätigkeit die Nichtigkeit des Aktes des Eheabschlusses schon aus den allgemeinen Grundsätzen (§. 101) des Entwurfs folge. Verwandle man die Nichtigkeit in eine Anfechtbarkeit, so ergäben sich unter Umständen sehr unerwünschte und unzweckmäßige Folgen, namentlich wenn bald nach dem Eheabschluß der eine der Ehegatten gestorben sei (vgl. §. 1321, auch §. 1322 Absatz 1).

Die Anregung war damit erledigt.

§§. 1309 bis 1313

wurden ohne Debatte angenommen.

Zu

§. 1314

wurde die Streichung beantragt, weil es prinzipiell als unrichtig bezeichnet werden müsse, daß nach §. 1319 Absatz 2 Satz 2 im Falle des §. 1314 dem gesetzlichen Vertreter, insbesondere dem Vormunde, ein Anfechtungsrecht gegeben werde, das auch gegen den Willen des in der Geschäftsfähigkeit beschränkten Ehegatten ausgeübt werden könne. Es führe dieses Anfechtungsrecht des Vormunds auch zu höchst unerwünschten Resultaten, wie sich namentlich zeige, wenn eine Schwangerschaft eingetreten sei, während die Frau in gutem Glauben sich für eine Ehefrau gehalten habe. Die Zahl derjenigen Fälle, in denen die Ehe eines in der Geschäftsfähigkeit Beschränkten geschlossen werde ohne die Einwilligung seines gesetzlichen Vertreters, werde ganz außerordentlich klein sein, so daß man ohne diesen Paragraphen ganz wohl auskommen werde; den religiösen Anschauungen der Katholiken und dem sakramentalen Charakter der Ehe widerspreche dieser Paragraph durchaus. Wenn der nach dem staatlichen Recht sonach anfechtbaren Ehe eine kirchliche Trauung gefolgt sei, so ergebe sich das Resultat, daß die staatliche Ehe aufgelöst werde, während die kirchliche Ehe nicht auflösbar sei und daher bestehen bleibe.

Es wurde entgegnet, daß der Entwurf bei allen zweiseitigen Rechtsgeschäften von Personen, welche in der Geschäftsfähigkeit beschränkt seien, die Wirksamkeit des Geschäftes von dem Willen des Vertreters abhängig mache (§. 104 des Entwurfs). Es sei kein ausreichender Grund vorhanden, in diesem wichtigsten Falle den Grundsatz aufzugeben. Die Bestimmung sei vorgesehen zum Schutze der in der Geschäftsfähigkeit Beschränkten. Auch die im Auslande geschlossene Ehe müßte berücksichtigt werden. Wie könne man ohne diese Bestimmung auskommen, wenn z. B. Entführung vorliege? Die Bestimmung finde sich im preußischen Landrecht und habe sich dort praktisch bewährt. Im katholischen Frankreich sei sie schon seit 1576 Rechtens; dort sei sie allerdings gegen den Willen der katholischen Kirche eingeführt worden; aber die katholische Kirche habe sich dort dieser Bestimmung gefügt und Mißstände hätten sich nicht daraus ergeben. Ebenso bestehe eine entsprechende Bestimmung in Oesterreich und in der Schweiz. Die Bestimmung sei auch gegeben zum Schutze der Familie, die doch stark in Mitleidenschaft gezogen werde, wenn ein in der Geschäftsfähigkeit Beschränkter eine unpassende Ehe eingehe.

Der Antrag wurde abgelehnt und §. 1314 unverändert beibehalten.

§. 1315

wurde ohne Debatte angenommen.

Die Debatte über die beiden

§§. 1316 und 1317

wurde verbunden.

Zu §. 1316 wurde zunächst beantragt, die Worte

„oder solche persönliche Verhältnisse"

zu streichen. Ein weitergehender Antrag wollte den §. 1316 ersetzen durch folgende Fassung:

„Eine Ehe kann von dem Ehegatten angefochten werden, der sich bei der Eheschließung in der Person des andern Ehegatten geirrt hat" —

so daß also die Worte

„oder über solche persönliche Eigenschaften oder solche persönliche Verhältnisse des andern Ehegatten, die ihn bei Kenntniß der Sachlage und bei verständiger

Würdigung des Wesens der Ehe von der Eingehung der Ehe abgehalten haben würden"

wegfielen, und ebenso den §. 1317 Satz 1 durch die Fassung zu ersetzen:

„Eine Ehe kann von dem Ehegatten angefochten werden, der zur Eingehung der Ehe durch arglistige Täuschung über solche persönliche Eigenschaften bestimmt worden ist, die ihn bei Kenntniß der Sachlage und bei verständiger Würdigung des Wesens der Ehe von der Eingehung der Ehe abgehalten haben würden."

Zur Begründung der Anträge zu §. 1316 wurde, was den weitergehenden Antrag anbelangt, ausgeführt, daß er dem katholischen Kirchenrechte entspreche, daß diese Stellung des katholischen Kirchenrechts sich auch aus dem natürlichen Recht ergebe und vernünftiger Weise im Bürgerlichen Gesetzbuch lediglich zu wiederholen sei. Es sei garnicht abzusehen, wie aus einem Irrthum über „persönliche Eigenschaften" des einen Ehegatten, an dem dieser Ehegatte keine Schuld habe, eine Anfechtbarkeit der Ehe hergeleitet werden könne. Bleibe der Paragraph bestehen, so sei jeder Bräutigam und jede Braut gezwungen, dem andern Theile die weitest gehenden Mittheilungen über seine persönlichen Eigenschaften zu machen, wenn er sicher sein wolle, daß nicht auf Grund eines Irrthums über solche persönlichen Eigenschaften die Anfechtbarkeit nach diesem Paragraphen geltend gemacht werde. Nur ein Irrthum über die Person selbst solle die Ehe nichtig machen.

Von anderer Seite wurde der Standpunkt vertreten, daß es bei den modernen Verhältnissen unmöglich sei, die Anfechtung der Ehe zu entbehren, wenn der eine Ehegatte sich über wesentliche „persönliche Eigenschaften" des andern geirrt habe. Bei Beiwohnungsunfähigkeit, Schwangerschaft, geheimen ekelhaften Krankheiten, welche dem einen Ehegatten unbekannt gewesen seien, verlange das moderne Bewußtsein durchaus, daß die Ehe anfechtbar sein müsse. Dagegen könne man zugeben, daß ein Irrthum über „persönliche Verhältnisse" als Anfechtungsgrund entschieden zu weit gehe. Bliebe die Bestimmung bestehen, so sei anzunehmen, daß sehr bald die Jurisprudenz unter „persönlichen Verhältnissen" auch die Vermögensverhältnisse verstehen werde.

Es wurde entgegnet, daß unter „persönlichen Verhältnissen" die Vermögensverhältnisse niemals würden verstanden werden können, denn „persönliche" Verhältnisse seien doch keineswegs identisch mit allen „auf die Person sich beziehenden" Verhältnissen. Der Begriff „persönliche Verhältnisse" müsse stehen bleiben, weil es allerdings persönliche Verhältnisse gebe, welche dieselbe Berücksichtigung verlangten wie persönliche Eigenschaften. Man denke nur daran, daß der eine Gatte, der der katholischen Kirche angehört, sich darüber getäuscht habe, daß der andere ein bereits geschiedener Ehegatte sei, so daß die kirchliche Trauung mit ihm nichtig sei. Es sei nothwendig, daß in diesem Falle auch die staatliche Ehe angefochten werden könne. Der Begriff „persönliche Verhältnisse" sei nur eine Ergänzung des Begriffs „persönliche Eigenschaften". Bei der Ehe komme die Person in ihrer Totalität in Betracht, und zwar in ihrer ganzen sittlichen Totalität. Dazu gehörten auch die persönlichen Eigenschaften und die persönlichen Verhältnisse. Wenn sittlich schwere Defekte vor der Ehe vorhanden seien, welche sich als persönliche Eigenschaften qualifizirten, so sei das Bestehen einer guten Ehe ausgeschlossen. Wenn solche schwere sittliche Defekte sich nach dem Abschlusse der Ehe ergäben, so folge in vielen Fällen daraus ein Recht auf Scheidung. Es sei daher nur konsequent, daß man ein Anfechtungsrecht gebe, wenn solche schwere sittliche Defekte vor dem Abschluß der Ehe vorlägen.

Noch mehr wurde die Bestimmung in §. 1317 bemängelt, wonach eine arglistige Täuschung „über solche Umstände, die bei Kenntniß der Sachlage und bei verständiger Ueberlegung von der Eingehung der Ehe abgehalten haben würden", einen Anfechtungsgrund darstellen solle. Es könne gar keinem Zweifel unterliegen, daß die gesammte Jurisprudenz sehr bald die arglistige Täuschung über Vermögensverhältnisse wenigstens unter diesen Paragraphen subsumiren werde. Das sei einfach unerträglich. Die Ehe sei ein sittliches Institut und müsse behandelt werden ganz abgelöst von den Vermögensverhältnissen. Wenn einmal eine arglistige Täuschung über Vermögensverhältnisse einen Anfechtungsgrund darstelle, so sei gar keine Grenze mehr gegeben. Auch eine Täuschung über einen ganz unbedeutenden Theil oder eine ganz unbedeutende Seite der Vermögensverhältnisse führe dann zur Anfechtung der Ehe. Uebrigens würden nicht nur Vermögensverhältnisse darunter von der Jurisprudenz subsumirt werden, sondern auch andere Umstände, welche noch weniger erheblich seien, so z. B. ein Betrug über das Vorhandensein eines Doktordiploms, über die Zugehörigkeit zu einem besonders angesehenen Stande. Wenn man sich alle diese Folgen vergegenwärtige, so sei es vielleicht noch besser, den ganzen Paragraphen zu streichen.

Es wurde entgegnet, wenn im §. 1317 nur die arglistige Täuschung über „persönliche Eigenschaften" als Anfechtungsgrund bestehen bleibe, so blieben viele berücksichtigenswerthe Fälle ungedeckt. Auch bei einer arglistigen Täuschung über die Vermögensverhältnisse könne unter besonderen Umständen die Sache so liegen, daß die anderweiten Voraussetzungen des §. 1317 vorliegen, und sei es, wenn dies zutrifft, nicht mehr als gerecht, dem getäuschten Ehegatten das Anfechtungsrecht zu gewähren. Wenn z. B. der Verlobte, um seine Stelle, deren Einkünfte er zur Erhaltung seiner Familie unbedingt bedürfe, behalten zu können, eine Kaution stellen müsse und diese Kaution nur bei Vorhandensein eines bestimmten Minimalvermögens der Frau von ihm gestellt werden könne, so sei eine arglistige Täuschung über dieses Vermögen seitens der mit dieser Sachlage bekannten Braut Täuschung über einen Umstand, der auch bei richtiger Würdigung des Zwecks der Eheschließung auf den Entschluß zur Eheschließung von Einfluß sein könne und dürfe: denn es entfalle mit dem Vermögen unter diesen und ähnlich gearteten Umständen die wesentliche materielle Grundlage, auf der allein nach der Sachlage eine ordentliche Ehe zu führen sei. Daß nicht jede Täuschung in Vermögensverhältnissen oder bezüglich der sozialen Stellung des anderen Ehegatten unter §. 1317 falle, sei nach dem Inhalte dieses §. 1317 zweifellos, die befürchtete schrankenlose Ausdehnung also in Wirklichkeit nicht zu befürchten.

Darauf wurde entgegnet, daß eine solche Sachlage nur dazu führen dürfte, daß der Bräutigam sich vor Abschluß der Ehe sorgfältig über die Vermögensverhältnisse erkundige. Wenn man aber aus der Täuschung über die Vermögensverhältnisse, wenn auch nur unter besonderen Umständen, einen Anfechtungsgrund herleiten wolle, so degradire man damit die Eheschließung zu einer Art Handelsgeschäft.

Seitens der Vertreter der bayerischen Regierung und der mecklenburgischen Regierung wurde ausgeführt, daß die gestellten Anträge sich vielfach deckten mit Anschauungen, welche von der bayerischen Regierung bezw. der mecklenburgischen Regierung gehegt würden. Die jetzige Fassung der §§. 1316 und 1317 sei daher im Bundesrath auch keineswegs einstimmig angenommen worden. Diese Bestimmungen setzten sich in einen schroffen Gegensatz zu den religiösen Anschauungen. Es sei richtiger, daß der Staat auf diesem zarten Gebiete auf die religiösen Anschauungen Rücksicht nehme und nur dort von diesen abweiche, wo es absolut nothwendig sei. Diese Bestimmungen entfernten sich allzusehr von dem prinzipiellen Boden des Wesens der Ehe und trügen aus Opportunitätsrücksichten der modernen Auffassung allzuviel Rechnung. Es sei richtiger, sich an die feste Entwicklung des evangelischen und katholischen Kirchenrechts anzuschließen.

Auf Grund der Debatte ergab sich eine Majorität dafür, daß ein Irrthum über „persönliche Verhältnisse" in §. 1316 als Anfechtungsgrund nicht bestehen bleiben könne, und daß eine arglistische Täuschung über Vermögensverhältnisse in §. 1317 ebenfalls als Anfechtungsgrund nicht zu billigen sei, daß auch die arglistige Täuschung über „solche Umstände, die bei Kenntniß der Sachlage und bei verständiger Ueberlegung von der

Eingehung der Ehe abgehalten haben würden", als Anfechtungsgrund zu weit gehe, daß man mindestens verlangen müsse, daß die „verständige Ueberlegung" ersetzt werde durch den Begriff „verständige Würdigung des Wesens der Ehe".

Auf Grund dieser Auffassung der Majorität wurden sodann in §. 1316 die Worte

„oder solche persönliche Verhältnisse"

gestrichen, ferner in §. 1317 die Worte „verständiger Ueberlegung" ersetzt durch die Worte

„verständiger Würdigung des Wesens der Ehe"

und endlich dem §. 1317 ein Absatz 2 hinzugesetzt des Inhalts:

„Auf Grund einer Täuschung über Vermögensverhältnisse findet die Anfechtung nicht statt."

In

§. 1318

wurden die Worte

„durch Drohung widerrechtlich"

ersetzt durch die Worte

„widerrechtlich durch Drohung",

entsprechend dem zu §. 119 gefaßten Beschlusse.

§§. 1319 bis 1327.

Ohne Debatte angenommen.

§. 1328.

Bei der zweiten Lesung wurde am Schlusse des ersten Absatzes anstatt der Worte

„für schuldig erklärt worden wäre"

gesetzt:

„für alleinschuldig erklärt worden wäre",

um die Fassung in Uebereinstimmung mit der Fassung der maßgebenden Paragraphen im Titel von der Scheidung (§. 1558 Absatz 3, §§. 1559, 1560, §. 1565 Absatz 1) zu bringen.

§§. 1329, 1330.

Ohne Debatte angenommen.

Vierter Titel.

Wiederverheirathung im Falle der Todeserklärung.

Zu den

§§. 1331 bis 1335

wurde die Streichung beantragt.

§. 1331 stelle eine Ausnahme von der allgemeinen Regel des §. 1309 dar, daß eine neue Ehe nicht geschlossen werden könne, ehe die frühere Ehe aufgelöst sei, bezw. daß eine neue Ehe, welche geschlossen werde, ehe die frühere Ehe aufgelöst worden, nichtig sei. Diese Ausnahme sei nicht gerechtfertigt, widerspreche dem katholischen, wie dem protestantischen Eherecht. Sie stelle eine große Härte dar gegen den Ehegatten der ersten Ehe, wenn derselbe, wie es häufig vorkomme, ohne Schuld an den Umständen sei, welche zu seiner Todeserklärung geführt hätten. Wenn eine zweite Ehe auf Grund eines falschen Sterbescheines zu Stande komme, so sei diese zweite Ehe auch nach den Grundsätzen des Entwurfs nichtig. Es sei kein Grund abzusehen, weshalb es anders gehalten werden solle, wenn eine zweite Ehe auf Grund einer innerlich unhaltbaren Todeserklärung abgeschlossen worden. Nicht nur vom katholischen, sondern auch vom evangelischen Standpunkte aus sei diese Bestimmung daher in der Kritik angegriffen worden.

Zur Vertheidigung dieses Titels wurde ausgeführt, die Todeserklärung sei einem gerichtlichen Urteil vergleichbar; die zweite Ehe sei also geschlossen auf Grund einer staatlichen Ermächtigung. Es sei daher korrekt, daß man davon ausgehe, daß die zweite Ehe in Geltung bleiben solle.

Man könne zugeben, daß es sich um eine zweifelhafte Frage handle, die bisher eine Lösung in sehr verschiedener Weise gefunden habe. Man müsse aber anerkennen, daß ein Bedürfniß vorliege, hier eine Regelung zu treffen, welche von den allgemeinen Grundsätzen abweiche. Das Bedürfniß trete besonders hervor in solchen Gegenden, wo die Seeverschollenheit häufig sei. In solchen Gegenden werde eine Regelung, wie der Entwurf sie treffe, allgemein als wohlthätig empfunden und sogar als unentbehrlich erklärt werden. Allerdings müsse man zugeben, daß aus der Regelung des Entwurfs sittliche und religiöse Konflikte sich ergeben könnten. Nach Kirchenrecht, sowohl nach katholischem wie evangelischem, sei die erste Ehe gültig, nach staatlichem Recht sei die zweite Ehe gültig. Diesem Konflikt gegenüber habe der Entwurf eine Vermittelung versucht, indem er in §. 1333 demjenigen Ehegatten, der aus religiösen oder sittlichen Bedenken nicht in der zweiten Ehe aushalten wolle, das Recht der Anfechtung gebe. Damit sei die Gewissensfreiheit gewahrt.

Uebrigens würde der Fall einer solchen Anfechtung nur äußerst selten vorkommen. Voraussetzung derselben sei erstens, daß die Todeserklärung falsch sei, zweitens, daß die langjährige Abwesenheit des Mannes sich nicht decke mit dem Begriff der böslichen Verlassung, weil in solchen Fällen der verlassene Ehegatte vernünftigerweise auf Scheidung klagen werde, anstatt die gerichtliche Todeserklärung in Gang zu bringen.

Der Antrag auf Streichung dieses Titels wurde daraufhin abgelehnt.

Im Anschluß an die Vorschriften über die Eheschließung und das materielle Eherecht beschloß die Komission, sofort den

Siebenten Titel.

Scheidung der Ehe.

zu berathen.

Zu diesem Titel waren folgende Anträge gestellt:

Zunächst ein Antrag, der von dem bestehenden Rechte des preußischen Allgemeinen Landrechts ausgeht. Er war formulirt wie folgt:

Die Kommission wolle beschließen:

1. in §. 1548 statt §§. 171, 175 zu setzen:

„§§. 171, 174, 175, 176“.

2. in §. 1549 hinzuzufügen:

„oder sich ihm gegenüber einer das Leben gefährdenden Behandlung oder einer groben Mißhandlung schuldig macht“.

3. in §. 1550 Nr. 1 zu setzen:

1. wenn ein Ehegatte, nachdem ihm der gerichtliche Befehl zur Herstellung der häuslichen Gemeinschaft zugestellt ist, in der gerichtlich festgesetzten Frist dem Befehl böslich nicht Folge geleistet hat;“

4. als §. 1550a neu einzuschalten:

„Ein Ehegatte kann auf Scheidung klagen, wenn der andere Ehegatte rechtskräftig zu Zuchthausstrafe verurtheilt ist.“

5. als §. 1550b den §. 1552 einzuschalten;
6. als §. 1550c den §. 1551 einzuschalten, jedoch den letzten Satz in §. 1551 dahin abzuändern:

„Als schwere Verletzung der Pflichten gelten auch Mißhandlungen, Bedrohungen und Beschimpfungen.“

7. als §. 1550d neu einzuschalten:

„Kinderlose Ehen können auf Grund der Einwilligung beider Ehegatten auf Antrag derselben geschieden werden, wenn die eheliche Gemeinschaft mindestens seit Jahresfrist nicht mehr besteht."

Von Seiten anderer Mitglieder, welche von den Anschauungen des katholischen Kirchenrechts ausgingen, wurde beantragt, die §§. 1550 bis 1552 zu streichen, oder wenigstens als §. 1552a die Vorschrift einzuschalten:

„Die in den §§. 1550 bis 1552 angeführten Ehescheidungsgründe können nicht geltend gemacht werden von Personen, welche die Ehe auch in den Formen der Religionsgesellschaft, welcher sie angehören, geschlossen haben."

Im Anschluß an diese Anträge entwickelte sich zunächst eine Generaldebatte über die allgemeine Anlage des Ehescheidungsrechts.

Zur Vertheidigung des Entwurfs wurde ausgeführt, daß es allerdings die Intention desselben sei, ein strengeres Ehescheidungsrecht wie dasjenige des preußischen Landrechts einzuführen. Die Friedericianische Gesetzgebung sei davon ausgegangen, daß die Ehe das Institut zur Erzeugung von Kindern sei, daß die Beförderung der Erzeugung von Kindern im staatlichen Interesse gelegen sei, und daß diesem Interesse die Gestaltung der Ehescheidung sich unterzuordnen habe. Aus diesem Grunde habe sie die Ehescheidung möglichst erleichtert und habe sogar die Ehescheidung auf Grund „gegenseitiger Einwilligung" bei kinderloser Ehe und aus „unüberwindlicher Abneigung" (vgl. Theil I, Titel 1, §§. 716—718b) aufgenommen. Diese Auffassung sei jedoch begründet gewesen in einer sehr gelockerten Anschauung über die sittliche Bedeutung der Ehe, welche in der damaligen Zeit Platz gegriffen habe. Allgemein werde zugegeben, daß diese Lockerung der Anschauungen sich gebessert habe, und daß heute durchweg eine strengere Auffassung von dem sittlichen Werth der Ehe Platz greife. Es sei angebracht, daß der Entwurf diese Besserung eher befördere als zurückdränge. Als ein öffentliches Interesse müsse anerkannt werden, daß die Werthschätzung der Ehe nicht herabgedrückt werde. Das geschehe aber, wenn man die Scheidung allzusehr erleichtere und namentlich, wenn man eine Scheidung auf Grund gegenseitigen Einverständnisses aufnehme. Je mehr die Scheidung erleichtert werde, um so weniger würden sich die Ehegatten anstrengen, in der Ehe eine entsprechende Haltung zu bewahren und die Zerrüttung der Ehe, die schließlich die Scheidung nothwendig mache, zu verhindern. Die Korrekturbedürftigkeit des preußischen Rechts auf diesem Gebiete, — die auch seit mehr als einem halben Jahrhundert allgemein anerkannt sei — trete namentlich auch in den verschiedenen Reformversuchen innerhalb Preußens und nicht minder im sächsischen Gesetzbuche hervor.

Auch müsse man berücksichtigen, daß das jetzt zu schaffende Ehescheidungsrecht auch für Katholiken gelten solle, während die Katholiken nach ihren religiösen Anschauungen die Ehescheidung absolut verpönen; das preußische Allgemeine Landrecht sei ursprünglich vom Boden eines rein protestantischen Staates aus konstruirt worden.

Der Entwurf habe sich auf den Standpunkt der älteren deutschen Eheordnungen, namentlich aber der gemeinrechtlichen Praxis gestellt. Sei von diesem Standpunkte aus Ehescheidung im Prinzipe nur zuzulassen, wenn eine schwere Pflichtverletzung des anderen Ehegatten vorliegt, so entspreche dieses dem Wesen der Ehe, die der Natur der Sache nach wie nach der im weitaus größten Theile des Volkes herrschenden Anschauung ein lebenslängliches Verhältniß sei; auf diese lebenslängliche Dauer habe jeder Ehegatte ein Recht; dieses Recht aber könne er zwar wohl durch sein Verschulden verwirken, es könne ihm aber nicht deswegen entzogen werden, weil aus der Ehe ein dem anderen Ehegatten nicht zusagendes, vielleicht unerträgliches Verhältniß geworden sei. Würde freilich das öffentliche Interesse entschiedenes Abgehen von diesem Prinzipe verlangen, so müßte über diese Grenzen hinausgegangen werden, dieses aber sei nur bei unheilbarer Geisteskrankheit der Fall; abgesehen hiervon sei die Beständigkeit und die Dauer der Ehe entschieden ein öffentliches Interesse.

Lediglich objektive Merkmale für die Zulassung der Ehescheidung aufzustellen, sei mißlich. Man müsse im Allgemeinen auch die subjektiven Momente berücksichtigen. Der Gedanke sei ohne Zweifel richtig, daß die konkrete Ehe untersucht werden solle, ob sie noch erträglich sei. Dieser Gedanke sei ein Fortschritt des Entwurfs; er finde seinen prägnantesten Ausdruck in dem §. 1551. Wenn man diesen Paragraphen, welcher die relativen Scheidungsgründe umfasse, beibehalte, so liege kein Bedürfniß vor, die absoluten Scheidungsgründe, welche in den §§. 1548 bis 1550 aufgezählt seien, zu vermehren.

Von anderen Mitgliedern der Kommission wurde ausgeführt, man könne im Allgemeinen das Prinzip des Entwurfs vom Standpunkt der evangelischen Anschauung aus billigen. Man könne diese Stellungnahme auch rechtfertigen vom Standpunkte des Rechts der heiligen Schrift aus, weil dieses Recht einer analogen Ausdehnung fähig sei, entsprechend der Fortentwicklung der menschlichen Verhältnisse. Nur der Ehescheidungsgrund der Geisteskrankheit, wie ihn §. 1552 aufstellt, sei unbedingt verwerflich. Dazu komme, daß der Entwurf sich an die bestehende gemeinrechtliche Praxis anschließe. Eine freiwillige Scheidung bei kinderlosen Ehen dagegen sei absolut unannehmbar. Die Ehe des preußischen Allgemeinen Landrechts sei rationalistisch, nüchtern, geschäftsmäßig gedacht; daraus habe sich auch die freiwillige Scheidung erklärt. Dieser Standpunkt sei jetzt nicht mehr acceptabel.

Dementgegen wurde von anderen Mitgliedern der Kommission ausgeführt, daß, wie bekannt, der ganze Abschnitt über die Ehescheidung mit den katholischen Anforderungen in Widerspruch stehe, weil nach der Lehre der katholischen Kirche die abgeschlossene und vollzogene Ehe absolut unlösbar sei. Aus diesem Grunde sei auch früher zu §. 1300 beantragt worden, daß „über die Ehehindernisse, Nichtigkeit und Anfechtbarkeit der Ehe, Wiederverheirathung im Fall der Todeserklärung und Scheidung der Ehe für die Angehörigen der staatlich anerkannten Religionsgesellschaften deren Vorschriften gelten" sollten. Wäre dieser Antrag angenommen worden, so wäre für Katholiken die Scheidung ausgeschlossen gewesen. Soweit eine Ehe thatsächlich unhaltbar geworden sei, helfe das katholische Kirchenrecht damit, daß es den Eheleuten gestatte, sich dauernd von Tisch und Bett zu trennen, wobei aber das Band der Ehe unverletzt bleibe, so daß keiner der beiden geschiedenen Eheleute eine neue Ehe eingehen dürfe. Nachdem jener Antrag eine so geringe Minderheit nur für sich gehabt habe, sehe man von der Erneuerung so weit gehender Anträge bei diesem Abschnitt zunächst ab. Doch müsse man darauf bestehen, daß die Bestimmungen des Bürgerlichen Gesetzbuches über die Scheidung mit Rücksicht auf die religiöse Ueberzeugung der Katholiken anders gestaltet werden.

Von diesem prinzipiellen Standpunkte aus müsse verlangt werden, daß wenigstens den Mitgliedern der katholischen Kirche in dem Bürgerlichen Gesetzbuch ermöglicht werde, aus einer thatsächlich unhaltbar gewordenen Ehe herauszukommen, ohne von dem im Bürgerlichen Gesetzbuch bisher allein vorgesehenen Mittel der Scheidung der Ehe Gebrauch zu machen, weil sie von diesem Mittel keinen Gebrauch machen könnten, ohne mit ihren religiösen Verpflichtungen in Widerspruch zu treten, da die staatliche Scheidung nur angerufen werden könne unter dem Präjudiz, daß jeder der beiden geschiedenen Eheleute eine neue Ehe eingehen könne.

Es sei daher zu verlangen, daß im Entwurfe neben der Scheidung mit dem Präjudiz der Zulässigkeit einer neuen Ehe auch eine Trennung von Tisch und Bett mit der Wirkung der Unzulässigkeit einer neuen Ehe aufgenommen werde. Dahin gehende Anträge würden am geeigneten Orte gestellt werden.

Aber auch, wenn sich ein Weg finden lasse, um hier dem religiösen Bedürfnisse der Mitglieder der katholischen Kirche entgegen zu kommen, und wenn man sich dann zunächst auf den Boden des staatlichen Ehescheidungsrechts als einer bestehenden und so, wie die Verhältnisse liegen, nicht ohne Weiteres aus der Welt zu schaffenden Thatsache stelle, so sei es doch auch vom katholischen Standpunkte aus in hohem Maße erwünscht, das staatliche Ehescheidungsrecht so zu gestalten, daß es sich in den Ehescheidungsgründen möglichst wenig von den Gründen entferne, welche nach katholischem Kirchenrecht zu einer Trennung von Tisch und Bett führen können.

Von diesem Gesichtspunkte aus werde man versuchen, an der Gestaltung des staatlichen Ehescheidungsrechts im Einzelnen mitzuwirken, ohne jedoch damit den prinzipiellen Boden der katholischen Kirche verlassen zu wollen.

Gehe man davon aus, daß die Anschauung der katholischen Kirche über die Ehescheidung bezw. über die Trennung von Tisch und Bett die feste religiöse Anschauung eines sehr großen Theils des deutschen Volkes sei, so müsse zunächst die Ehescheidung wegen Geisteskrankheit als absolut unzulässig bezeichnet werden. Dieselbe falle auch aus dem Rahmen heraus, den im Uebrigen der Entwurf festgehalten habe. Der Entwurf stehe auf dem Standpunkt, daß generell die Ehe nur zu lösen sei wegen Verschuldung des einen oder beider Theile. Bei Geisteskrankheit aber könne von Verschuldung keine Rede sein.

Ebenso sei die Bestimmung des §. 1551 unbedingt zu mißbilligen. Dieselbe stelle eine Generalklausel dar für alle möglichen, vom Gesetz nicht näher bezeichneten Ehescheidungsgründe, welche dem subjektiven Ermessen des Richters als genügend erschienen, um die Ehescheidung auszusprechen. Das Ehescheidungsrecht müsse aber auf den Boden streng objektiver Normen gestellt werden, das subjektive Ermessen müsse ausgeschlossen bleiben. Auch werde der §. 1551 zu einer zu weit gehenden Erleichterung der Ehescheidung führen, so daß der sittliche Charakter der Ehe unter seiner Anwendung schwer leiden müsse.

Bei der Ehescheidung wegen böslichen Verlassens müsse man anerkennen, daß sie von einem Verschulden des einen Theils ausgehe und insofern den allgemeinen Boden des Entwurfes nicht verlasse. Jedoch sei das bösliche Verlassen absolut kein Grund für den andern Ehegatten, eine Scheidung zu wünschen, wenn derselbe nicht die Absicht habe, eine neue Ehe einzugehen. Man könne in diesem Falle nicht sagen, daß die Ehe für den verlassenen Ehegatten unerträglich sei. Vielmehr sei der psychologische Grund, um diese Ehescheidungsklage anzustellen, der Wunsch des verlassenen Theils, eine neue Ehe eingehen zu können. Damit trete man aber dem sittlichen Charakter der Ehe zu nahe, und dieser Scheidungsgrund sei deshalb auszumerzen.

Von verschiedenen Seiten wurde noch darauf hingewiesen, daß, wenn §. 1551 angenommen werde, man die objektiven Scheidungsgründe in den §§. 1548 bis 1550 wohl ganz entbehren könne. Die Aufnahme dieser objektiven Scheidungsgründe erkläre sich ja wohl aus der historischen Rechtsentwicklung. Indessen, nachdem man dazu gekommen sei, das Prinzip des §. 1551 zu formuliren, habe die Rechtsentwicklung einen ganz anderen Boden gewonnen, und dann sei es auch korrekt, die objektiven Scheidungsgründe ganz fallen zu lassen. Sodann sei es nicht abzusehen, warum die Ehescheidungsgründe der §§. 1548 bis 1550 auch dann gelten sollten, wenn sie den Kriterien des §. 1551 nicht entsprechen.

Auf diese Ausführungen wurde erwidert, daß allerdings die Aufnahme der §§. 1548 bis 1550 zurückzuführen sei auf die Thatsache, daß diese Ehescheidungsgründe in den bisherigen staatlichen Ehescheidungsgesetzgebungen enthalten seien. Wenn auch vielleicht anzuerkennen sei, daß man mit dem Prinzip des §. 1551 möglicherweise allgemein auskomme, so empfehle sich die Aufnahme der objektiven Scheidungsgründe doch deshalb, damit der Bruch mit der historischen Vergangenheit des Ehescheidungsrechts nicht allzu unvermittelt geschehe. Man müsse darauf Rücksicht nehmen, daß das Gesetzbuch auch von den breiten Volksmassen werde benutzt werden, welche bisher gewohnt seien, den Ehebruch und die ähnlichen schweren Verfehlungen als Gründe für die Ehescheidung im Gesetz ausdrücklich aufgeführt zu sehen. Diese Volksmassen würden sich beunruhigt fühlen, wenn sie diese schweren Verfehlungen als Ehescheidungsgründe im Bürgerlichen Gesetzbuch nicht wiederfinden würden; ihr sittliches Gefühl könne dadurch nur verwirrt werden. Der Gedanke z. B., daß der Ehebruch nur dann einen Ehescheidungsgrund darstellen solle, wenn er den Kriterien des §. 1551 entspreche, werde für die nicht juristisch gebildeten Volksklassen ein überaus peinlicher sein, wenn auch der juristisch Gebildete vielleicht hoffe und auch hoffen dürfe, daß die Jurisprudenz des §. 1551 dazu führen werde, den Ehebruch immer als eine so schwere Verfehlung zu betrachten, daß dem anderen Ehegatten die Fortsetzung der Ehe nicht zugemuthet werden könne.

Allen diesen Anschauungen gegenüber wurde von Mitgliedern anderer Parteien die Nothwendigkeit vertreten, die Ehescheidung gegenüber dem Entwurf zu erleichtern. Es sei richtig, daß das preußische allgemeine Landrecht von einer sittlich nicht sehr hohen Würdigung der Ehe ausgegangen sei. Indessen habe dieses Recht sich eingelebt und in der Praxis durchaus bewährt. Man könne auch sagen, daß das preußische Allgemeine Landrecht mit seinen die Ehescheidung erleichternden Bestimmungen der modernen Entwickelung vorgegriffen habe. Nunmehr aber sei die Entwickelung so fortgeschritten, daß ein Zurückschrauben derselben außerordentlich mißliche Folgen haben werde. Die Entwickelung der modernen Verhältnisse führe vielmehr dahin, die Ehescheidung noch mehr zu erleichtern. Die Ehe habe gewiß vornehmlich einen sittlichen Charakter. Es könne aber nicht Aufgabe des Staates sein, diesen sittlichen Charakter mit staatlichen Zwangsmitteln aufrecht zu erhalten. Der sittliche Charakter der Ehe sei sofort verschwunden, wenn die beiden Eheleute innerlich miteinander gebrochen hätten und nicht mehr freiwillig bei einander bleiben wollten. Die sittlichen Gefahren einer Ehescheidung seien in solchen Fällen sehr viel geringer als die sittlichen Gefahren, wenn man in solchen Fällen die Scheidung verhindere. Eheleute, welche nicht mehr zusammenbleiben wollten, fänden doch immer den Weg, eine staatliche Scheidung zu erreichen. Verengere man den Kreis der staatlichen Scheidungsgründe, so dränge man damit solche Eheleute auf Wege, auf denen sie die Gründe, welche die Gesetzgebung für eine Ehescheidung zur Verfügung stellt, künstlich herbeizuführen versuchen würden. Die Sorge für die Aufrechterhaltung der Sittlichkeit in der Ehe sei den Religionsgesellschaften zu überlassen; der Staat habe seine Gesetzgebung zu regeln nach den thatsächlich vorhandenen Verhältnissen.

Die Spezialdiskussion nahm folgenden Verlauf:

§. 1547.

In zweiter Lesung wurden in Satz 1 die Worte

„aus den in den §§. 1548 bis 1552 bestimmten Gründen"

ersetzt durch die Worte:

„aus den in den §§. 1548 bis 1551 bestimmten Gründen".

Die Aenderung rechtfertigt sich nach der Streichung des §. 1552 von selbst.

Zu

§. 1548

war beantragt, außer dem Ehebruch und „den nach den §§. 171, 175 des Strafgesetzbuchs strafbaren Handlungen" (Doppelehe und widernatürliche Unzucht) auch die nach den §§. 174 und 176 des Strafgesetzbuchs strafbaren Handlungen (unzüchtige Handlungen) als Ehescheidungsgründe anzuerkennen. Die Beschränkung der Ehescheidungsgründe auf die §§. 171 und 175 sei prinziplos. Wenn man neben dem Ehebruch überhaupt geschlechtliche Verirrungen hier hereinziehen wolle, so bleibe nichts übrig, als den Kreis derselben auch zu erschöpfen, soweit die Schwere derselben als Ehescheidungsgrund anerkannt werden könne.

Es wurde entgegnet, daß die nach §§. 174 und 176 strafbaren Handlungen nicht aufgenommen seien, weil der Umfang der in diesen Paragraphen enthaltenen Verbote ein sehr weiter sei und die umfaßten Verfehlungen von sehr verschiedener Schwere seien. Wenn der Grad der Verfehlung in diesen Fällen ein schwerer sei, so gebe ohne allen Zweifel das Prinzip des §. 1551 eine Aushilfe. Könne die Verfehlung an sich oder nach den begleitenden Umständen aber auch so beschaffen sein, daß aus der Handlung die im §. 1551 vorausgesetzte Zerrüttung sich nicht ergebe, so sei es unangänglich, eine solche Verfehlung zu einem absoluten Scheidungsgrunde zu machen.

Der Antrag wurde abgelehnt.

Von anderer Seite wurde angeregt, die Citate der „§§. 171, 175" zu ersetzen durch die Worte „Doppelehe und widernatürliche Unzucht". Doch wurde entgegnet, daß die Begriffe „Doppelehe" und „widernatürliche Unzucht" in dieser Bestimmung sich decken müßten mit denselben Begriffen im Strafgesetzbuch, und daß dieses Ergebniß nur erreicht werden könne, wenn man die entsprechenden Paragraphen des Strafgesetzbuchs einfüge.

Die Anregung wurde an die Redaktions-Kommission verwiesen. Diese entschied sich dafür, den Entwurf unverändert zu lassen, wobei ästhetische Gesichtspunkte mit in Betracht kamen.

Zu

§. 1549

wurde beantragt, hinzuzufügen:

„oder sich ihm gegenüber einer das Leben gefährdenden Behandlung oder einer groben Mißhandlung schuldig macht".

Der Antrag wurde motivirt mit einem Wunsche, der aus den Kreisen der Frauenrechtsbewegung hervorgetreten sei. In Fällen grober Mißhandlung seien regelmäßig die Frauen der leidende Theil. Jeder grobe Mißhandlungsfall müsse als Scheidungsgrund genügen, weil von dem ersten derartigen Fall an über der Frau immer das Damoklesschwert einer Wiederholung schwebe. Mit dem Begriff „nach dem Leben trachtet" wie ihn der Entwurf allein aufgenommen habe, komme man nicht aus, da dieser Begriff sich immer nur auf einen innerlichen, nicht beweisbaren Vorgang beziehe und, wenn dies nicht der Fall sein sollte, eigentlich nur den Mordversuch decke.

Es wurde entgegnet, daß zur Ausfüllung des Begriffs „nach dem Leben trachtet" allerdings immer ein äußerlicher Vorgang erforderlich sei. Jedoch sei es nicht richtig, daß nur ein Mordversuch diesem Begriff entspreche. Bei diesem Begriffe komme es, wie sich aus dem Worte „trachtet" ergiebt, auf die Absicht an. Diese Absicht sei sogar beachtlich, wenn sie sich auch nur in einem Versuch mit untauglichen Mitteln objektivire; selbst Vorbereitungshandlungen könnten den Begriff ausfüllen, wenn sie so weit gediehen seien, daß sich aus ihnen ein „Trachten" nach dem Leben mit Sicherheit schließen lasse. Wenn der Antrag „eine das Leben gefährdende Behandlung" dem „Trachten nach dem Leben" in der Wirkung als Ehescheidungsgrund gleichstellen wolle, so müsse man entgegnen, daß das „Trachten nach dem Leben" immer nur geschehen könne mit der Absicht, das Leben zu nehmen, während „eine das Leben gefährdende Behandlung" auch ohne solche Absicht möglich sei, selbst auf Fahrlässigkeit beruhen könne.

Jede „grobe Mißhandlung" als Ehescheidungsgrund zuzulassen, gehe entschieden zu weit. Das französische Recht habe allerdings diese Bestimmung; dort habe sie aber auch große Uebelstände gezeitigt. Es sei richtig, daß in den Fällen der groben Mißhandlung die Frauen regelmäßig der leidende Theil seien und daß sie deshalb ein Interesse haben könnten, diesen Ehescheidungsgrund als absoluten eingeführt zu sehen. Dem stehe aber gegenüber, daß im allgemeinen die Frauen das ganz entgegengesetzte Interesse hätten, nämlich das Interesse, den Kreis der Ehescheidungsgründe möglichst beschränkt zu sehen. Es sei richtiger, die grobe Mißhandlung nicht als absoluten Scheidungsgrund aufzunehmen, sondern als relativen Scheidungsgrund, insoweit sie nämlich den Anforderungen des §. 1551 entspreche. Dort sei sie deshalb auch erwähnt; denn der Grad der groben

Mißhandlung und die Umstände, unter denen sie vorkomme, könnten sehr verschiedene sein. Es gebe eine Masse von groben Mißhandlungen, die entfernt nicht dem Trachten nach dem Leben gleich zu stellen seien; auch kämen grobe Mißhandlungen unter Umständen vor, unter denen sie nicht einmal den Anforderungen des §. 1551 entsprächen.

Der Antrag wurde daraufhin abgelehnt.

Als

§. 1549a

wurde folgende Bestimmung beantragt:

„Ein Ehegatte kann auf Scheidung klagen, wenn der andere Ehegatte die zugesagte kirchliche Trauung verweigert.

Das Gleiche gilt, wenn die Ehegatten derselben Religionsgesellschaft angehören, und auf Verlangen des einen Theiles der andere Theil die kirchliche Trauung verweigert."

Im Laufe der Debatte erhielt dieser Antrag durch die Antragsteller die folgende veränderte Fassung:

„Ein Ehegatte kann auf Scheidung klagen, wenn der andere Ehegatte die vor der staatlichen Eheschließung vereinbarte kirchliche Trauung verweigert.

Das Gleiche gilt, wenn die Ehegatten derselben Religionsgemeinschaft angehören und auf Verlangen des einen Theils der andere Theil die vor der staatlichen Eheschließung schon vorbereitete kirchliche Trauung verweigert."

Ferner wurde ein Eventualantrag hinzugefügt, an geeigneter Stelle die folgende Bestimmung aufzunehmen:

„Eine Ehe kann von dem Ehegatten angefochten werden, dem vom andern Ehegatten die vor der Eheschließung vereinbarte Einholung der kirchlichen Trauung verweigert wird."

Zur Begründung des Antrags wurde Folgendes ausgeführt: Es seien zwei Fälle zu unterscheiden; zuerst der Fall, in dem die Einholung der kirchlichen Trauung nach der staatlichen Eheschließung im Voraus ausdrücklich vereinbart worden sei. In solchen Fällen sei es für denjenigen Theil, der auf die kirchliche Trauung Werth lege, nach seinen religiösen Anschauungen unmöglich, die eheliche Gemeinschaft zu beginnen, ehe die kirchliche Trauung nachgeholt sei. Werde er durch die staatliche Gesetzgebung gezwungen, trotzdem die eheliche Gemeinschaft zu beginnen, so bringe man ihn in eine unerträgliche Lage und einen tief verletzenden Gewissenszwang. Dagegen müsse derselbe unbedingt geschützt werden. Dieser Fall komme vor entweder wenn beide Theile derselben Konfession angehören, der eine Theil aber Werth darauf legt, nach den Vorschriften seiner Konfession zu leben, während von dem andern bekannt ist, daß er darauf keinen Werth legt; oder wenn beide Theile verschiedenen Konfessionen angehören und dann im Voraus vereinbart ist, daß eine bestimmte kirchliche Trauung, sei es nun die der einen oder der andern Konfession, nachgeholt werden solle. Der Antrag halte sich von jeder konfessionellen Bestrebung und Polemik vollkommen frei, da er sich sowohl auf diejenigen Fälle beziehe, in denen im Voraus die Nachholung der kirchlichen Ehe in katholischer Form vereinbart sei, als auch auf die Fälle, in denen die Nachholung der Trauung in evangelischer Form versprochen worden sei.

Der zweite Fall sei der, daß beide Theile derselben Konfession angehörten, daß es nach den Verhältnissen der Familien beider Brautleute als vollständig selbstverständlich vorausgesetzt werde, daß die kirchliche Trauung nachfolge, daß man es aber unterlassen habe, ein förmliches Versprechen über diese Nachholung sich geben zu lassen, weil kein Mensch daran denken könne, daß die Nachholung verweigert werde. Diese Fälle ergäben sich nach den Mittheilungen katholischer geistlicher Behörden immer häufiger. Es komme nicht selten vor, daß junge Männer aus ländlichen Verhältnissen, die in durchaus religiöser Gesinnung aufgewachsen seien, in den großen Städten Arbeit suchten, dort ihre kirchliche Gesinnung verlören und unter den Einfluß von irreligiös gesinnten Genossen geriethen. Wenn solche jungen Männer sich dann die Braut unter den Töchtern ihres Heimathsdorfes aussuchten, so wisse in dem Heimathsdorfe Niemand, daß die religiöse Gesinnung des Bräutigams Schaden gelitten habe. Von allen Seiten werde es als selbstverständlich vorausgesetzt, daß die kirchliche Trauung nicht nur nachgeholt, sondern als die Hauptsache betrachtet werde, und Niemand könne daran denken, sich ein besonderes Versprechen über diese Nachholung geben zu lassen. Wenn dann aber die öffentliche Eheschließung stattgefunden habe, mache sich der Einfluß der irreligiösen Genossen des Bräutigams in der Großstadt dahin geltend, daß die kirchliche Trauung verweigert werde. In solchem Falle komme die Braut ohne jede eigene Schuld in dieselbe unerträgliche Lage wie in dem ersteren Falle. Es sei billig, sie gegen diese Unbill zu schützen.

Es sei zu erwägen gewesen, ob von dem Boden dieser Verhältnisse aus ein Scheidungsgrund oder ein Anfechtungsgrund für die Ehe zu geben sei. Da jedoch nun einmal der Entwurf die staatliche Eheschließung regle unter vollständiger Ignorirung der kirchlichen Trauung, und da die staatliche Eheschließung perfekt sei mit der Erklärung vor dem Standesbeamten, so sei diese Frage nicht anders zu lösen, als indem man dem hintergangenen Ehetheile das Recht gebe, auf Scheidung der Ehe anzutragen.

Trage man jedoch Bedenken, diesen Grund als Scheidungsgrund zu konstruiren, so bleibe nichts Anderes übrig, als daß derselbe als Anfechtungsgrund konstruirt werde. Man könne sogar zugeben, daß bei letzterer Konstruktion die Rechte des hintergangenen Theiles noch besser gewahrt würden.

Dem Antrage wurde entgegengehalten, daß in der Ablehnung der Trauung der Ehescheidungsgrund des §. 1551. liegen könne, wenn sich nach den Umständen des Falles die Ablehnung als ein „ehrloses oder unsittliches Verhalten" darstelle. Man könne aber nicht anerkennen, daß die Ablehnung der kirchlichen Trauung immer und an sich unsittlich sei. Wenn dieselbe aus achtenswerthen Gründen geschehe, was immerhin in einzelnen Fällen und unter besonderen Verhältnissen denkbar sei, so könne der Staat nicht die Hand bieten, diese Gründe bei Seite zu setzen.

In der Gesetzgebungs-Kommission sei ein ähnlicher Antrag gestellt gewesen, und im Bundesrathe von der Königlich bayerischen Regierung befürwortet worden; er sei aber in der Kommission wie vom Bundesrath abgelehnt worden, weil das allgemeine Prinzip des §. 1551 helfe, wo es notwendig sei, ohne diejenigen Fälle zu treffen, in denen eine Scheidung sich nicht rechtfertige.

Der bayerische Bundesrathsbevollmächtigte erklärte unter Hinweisung auf die von seiner Regierung in dieser Frage bei der Berathung des Entwurfs im Bundesrathe eingenommene Haltung, die Königlich bayerische Regierung wünsche dringend, daß zum Schutze des Ehegatten, dem vor der Eheschließung die kirchliche Trauung zugesichert wurde, eine ausdrückliche Bestimmung in den Entwurf aufgenommen werde. Ob dies richtiger durch die Konstruktion eines Scheidungsgrundes oder durch die eines Anfechtungsgrundes geschehe, stelle er anheim.

Aus den Kreisen der Kommission wurde darauf hingewiesen, daß der Antrag nach den im Rheinlande gemachten Erfahrungen zu einem mächtigen Mittel der katholischen Propaganda werden würde, wenn auch vielleicht über die Absicht der Antragsteller hinaus, da man gern anerkennen wolle, daß die Antragsteller eine solche Propaganda nicht beabsichtigten.

Von anderer Seite wurde ausgeführt, daß man dem Antrage zustimmen könne, wenn durch denselben eine Pression dahin ausgeübt werde, daß der staatlichen Eheschließung überhaupt eine kirchliche Trauung irgendwelcher Art folge. Sofern derselbe aber verlange, daß der staatlichen Eheschließung eine kirchliche Trauung bestimmter konfessioneller Art folge, könne man sich nicht auf denselben einlassen. Nehme man den Antrag an, so schaffe man die Möglichkeit einer Art Ehe auf Probe, indem mit Vorbedacht zunächst das Versprechen der nachfolgenden kirchlichen Trauung gegeben werde, dann aber die Ausführung dieses Versprechens zuerst verzögert und dann je nach Ausfall der Probe endgültig verweigert werde. Jedenfalls könne der Scheidungsgrund nicht auf unbeschränkte Zeit und nicht für Fälle von Gewissensbedenken gegeben werden, die erst nach Eintritt in die Ehegemeinschaft geltend gemacht würden, da man sonst frivolen Scheidungsklagen Thür und Thor öffne.

Wieder von anderer Seite wurde darauf hingewiesen, daß es eher angängig sei, diesen Scheidungsgrund als relativen Scheidungsgrund in §. 1551 ausdrücklich aufzuführen, daß er aber als absoluter Scheidungsgrund nicht anzunehmen sei, weil die Fassung nicht scharf genug sei und es wohl schwer fallen werde, eine so scharfe Fassung zu finden, daß die Aufnahme als absoluter Scheidungsgrund sich rechtfertige. Es müsse anerkannt werden, daß §. 1551 nicht in allen derartigen Fällen helfe. Er helfe aber immer, wenn in unehrlicher, perfider Weise die zugesagte oder als selbstverständlich vorausgesetzte kirchliche Trauung verweigert werde. Wenn Jemand vorher die Nachholung der kirchlichen Trauung oder einer bestimmt gearteten kirchlichen Trauung ausdrücklich verspreche und nachher verweigere, so sei das unter allen Umständen ehrlos und falle unter §. 1551. Auch wenn der Antrag abgelehnt werde, so könne doch noch in solchen Fällen nach §. 1551 die Scheidung verlangt werden.

Diesen Ausführungen wurde entgegnet, daß es doch keinen rechten Sinn mehr habe, wenn bewiesen sei, daß vorher ein bestimmtes Versprechen ausdrücklich gegeben worden und die Ausführung desselben dann verweigert werde, dann noch nach §. 1551 untersuchen zu wollen, ob darin ein „ehrloses oder unsittliches Verhalten“ liege. Fälle, in denen die Ehrlosigkeit oder Unsittlichkeit als nicht vorhanden angenommen werden könnten, seien doch kaum denkbar. Wie mit einem solchen Antrag eine katholische Propaganda getrieben werden könne, sei schwer einzusehen. Wenn diese Annahme aber richtig sei, so könne mit demselben doch ebenso gut auch protestantische Propaganda getrieben werden.

Der Hauptantrag und ebenso auch der Eventualantrag wurden daraufhin abgelehnt; beide Anträge erhielten nur 7 Stimmen.

§. 1550.

Es wurde zunächst beantragt, den ganzen Paragraphen zu streichen. Ein Bedürfniß, die bösliche Verlassung als Ehescheidungsgrund beizubehalten, liege nicht vor. Die Scheidung wegen böslicher Verlassung sei allerdings im preußischen und im gemeinen Recht anerkannt, im Gebiet des französischen Rechts sei dieselbe aber unbekannt, und man komme dort sehr gut ohne dieselbe aus. Den katholischen Anschauungen widerspreche sie durchaus. In der Ausgestaltung des Entwurfs werde dieser Scheidungsgrund mit außerordentlich großer Leichtigkeit benutzt werden können, um zu einer in Wirklichkeit auf Willensübereinstimmung beruhenden Scheidung zu gelangen. Die Eheleute, die geschieden sein wollten, brauchten nur auf Grund gegenseitigen Einverständnisses die eheliche Gemeinschaft aufzugeben und dann gegen einander den Scheidungsprozeß zu führen, nachdem sie sich über die in diesem Prozesse einzunehmenden Parteirollen verständigt hätten. Zu diesem Zweck sei es nicht einmal nöthig, daß die scheidungslustigen Eheleute ihren Wohnsitz nach verschiedenen Orten verlegten. Wenn die Parteien über ihre in dem Prozeß einzunehmende Haltung einig seien, so werde es dem Richter ganz unmöglich sein, den wirklichen Scheidungsgrund zu ersehen und zu entscheiden, ob, abgesehen von der fiktiven Verlassung, eine Scheidung gerechtfertigt sei. Es sei kein Grund abzusehen, warum die bösliche Verlassung als Ehescheidungsgrund gelten solle, wenn die Kriterien des §. 1551 nicht zuträfen. Lasse man diese Bestimmung bestehen, so werde das Prinzip des §. 1551 geradezu illusorisch.

Es wurde entgegnet:

Der Scheidungsgrund der böslichen Verlassung gelte im weitaus größeren Theil Deutschlands, in dem überhaupt Scheidungsrecht gelte (so namentlich in den Ländern des gemeinen Rechts, in Preußen, Sachsen, Württemberg) und habe sich hier seit so langer Zeit eingebürgert, daß man ihn diesem Anwendungsgebiete ohne die gewichtigsten Gründe nicht mehr entziehen könne. Er sei eine Art eiserner Bestandtheil des Ehescheidungsrechtes in diesen Gebieten, den man nicht ohne Schaden beseitigen könne. Auch seien die Scheidungen wegen böslicher Verlassung so häufig, daß ein Bedürfniß für diesen Scheidungsgrund nicht zu leugnen sei. Richtig sei allerdings, daß der Scheidungsgrund des §. 1551, wenn die Voraussetzungen der böslichen Verlassung vorhanden seien, meistens auch zutreffen werde, sodaß nach Streichung des §. 1550 die bösliche Verlassung werde nach §. 1551 geltend gemacht werden können, wie denn auch im Rechtsgebiet des französischen Rechtes in solchen Fällen wegen „injure grave" geschieden werde; aber die Heraushebung und besondere Regelung der böslichen Verlassung in §. 1550 biete nach zwei Seiten entschiedenen Vortheil: einmal darin, daß die genauere Regelung der Voraussetzungen, namentlich die Fixirung der Fristen, einer die Scheidung zu sehr erleichternden Praxis im Wege stehe, und dann darin, daß, wenn die fixirten Voraussetzungen des §. 1550 zutreffen, eine weitere Prüfung nicht mehr erforderlich sei. Daß der Scheidungsgrund der böslichen Verlassung im bisherigen Rechte gelegentlich mißbraucht worden, um vereinbarte Scheidungen herbeizuführen, wolle nicht bestritten werden: aber die Regel sei dies nicht und nach den Bestimmungen des Entwurfs sei ein solcher Mißbrauch, wenn es der Richter, wie anzunehmen sei, mit den Voraussetzungen ernst nehme, wesentlich erschwert. Im Uebrigen sei es nicht möglich, das Ehescheidungsrecht so zu gestalten, daß nicht mit Umgehung der gesetzlichen Vorschriften eine von den Eheleuten vereinbarte Scheidung herbeigeführt werden könnte; solle diese Umgehung unter Benutzung der Vorschriften des §. 1550 geschehen, so ergäben sich immerhin recht bedeutende, die Umgehung nicht selten unmöglich machende Hemmungen und Erschwerungen.

Von anderer Seite wurde für die Beibehaltung des Scheidungsgrundes der böslichen Verlassung noch hervorgehoben: Wenn angeführt werde, daß dieser Ehescheidungsgrund, weil möglicher Weise auf Vereinbarung der Ehegatten beruhend und häufig in der Absicht vorbereitet, eine neue Eheschließung zu ermöglichen, sich nicht mit einer religiösen und nicht einmal mit einer sittlichen Auffassung der Ehe vertrage, so müsse doch auch berücksichtigt werden, daß es gar nicht möglich sei, das staatliche Ehescheidungsrecht ausschließlich aus dem sittlichen Wesen der Ehe heraus zu deduziren, daß das staatliche Gesetz vielmehr auch auf die thatsächlichen Verhältnisse Rücksicht zu nehmen habe, und daß auch von diesem Gesichtspunkte aus die bösliche Verlassung als Scheidungsgrund beibehalten werden müsse. Wenn darauf verwiesen werde, daß dasselbe Resultat in zweckentsprechender Weise auf Grund des §. 1551 erreicht werden könne, so sei zu beachten, daß die §§. 1550 und 1551 nebeneinander stehen und auf dieselbe Ehe sowohl der §. 1550 als der §. 1551 angewendet werden könne.

Letzterem wurde widersprochen, wenigstens wenn damit gemeint sein sollte, daß es bei den Betheiligten stehe, denselben Thatbestand nach ihrem Belieben unter §. 1550 oder unter §. 1551 zu subsumiren. Das Gesetzbuch regle in §. 1550 den Thatbestand der böslichen Verlassung bis ins Detail und sehe in diesem Thatbestand einen absoluten Scheidungsgrund; damit sei es nicht verträglich, daß nach dem Belieben der Betheiligten §. 1551 zur Anwendung gebracht, der Scheidungsgrund der böslichen Verlassung also als relativer Scheidungsgrund solle behandelt werden dürfen, wenn die Voraussetzungen des §. 1550 nicht zutreffen. Anders, wenn mit einer Thatsache, die möglicher Weise im weiteren Verlauf zur böslichen Verlassung führen könne, anderweite Thatsachen verbunden seien und aus dem ganzen Sachverhalt sich der Thatbestand des §. 1551 als vorhanden ergebe: unter diesen Voraussetzungen sei selbstverständlich Scheidung aus §. 1551 nicht ausgeschlossen.

Schließlich wurde noch bemerkt: Wenn darauf verwiesen werde, daß das französische Recht diesen Ehescheidungsgrund nicht kenne, so dürfe man doch auch nicht übersehen, daß dagegen das französische Recht die freiwillige Scheidung kenne, welche der Entwurf nicht aufgenommen habe.

Der Antrag wurde abgelehnt.

Von anderer Seite wurde beantragt, unter 1. zu setzen wie folgt:

„1. wenn ein Ehegatte, nachdem ihm der gerichtliche Befehl zur Herstellung der häuslichen Gemeinschaft zugestellt ist, in der gerichtlich festgesetzten Frist dem Befehl böslich nicht Folge geleistet hat."

Denn es sei eine ungerechtfertigte Erschwerung der Ehescheidung wegen böslicher Verlassung, wenn der Entwurf verlange, daß zuvor der verlassende Ehegatte zur Wiederherstellung der häuslichen Gemeinschaft rechtskräftig verurtheilt worden sei. Diese Vorschrift führe zu einer Vermehrung der Prozesse und zu einer übertrieben langen Dauer des gesammten Verfahrens, ehe die Ehescheidung erreicht sei. Der Entwurf verlange zunächst einen Prozeß, in welchem ein Urtheil ergehe, welches den verlassenden Ehegatten rechtskräftig zur Herstellung der häuslichen Gemeinschaft verurtheilt. Danach müsse ein volles Jahr vergehen, ohne daß dem Urtheil Folge geleistet werde. Dann müsse ein zweiter Prozeß angestrengt werden, in dem auf Grund dieser Thatsache die Ehescheidung verlangt werde. Das ganze Verfahren könne unter Umständen länger als 3 bis 4 Jahre dauern, das sei unerträglich. Der Antrag schließe sich an das in Preußen bestehende Recht an. Wenn man einmal wegen böslichen Verlassens die Ehe scheiden wolle, so habe es keinen Sinn, diese Ehescheidung übermäßig zu erschweren. Der Antrag wolle zunächst an Stelle des rechtskräftigen Urtheils auf Herstellung der ehelichen Gemeinschaft einen einfachen gerichtlichen Befehl zur Herstellung der ehelichen Gemeinschaft setzen, der in erheblich kürzerer Frist zu erlangen sei wie das von dem Entwurf verlangte rechtskräftige Urtheil. Er wolle ferner, daß die Frist, binnen welcher der verlassende Ehegatte die häusliche Gemeinschaft wiederhergestellt haben müsse, unter dem Präjudiz der Ehescheidungsklage vom Richter festgestellt werde. Der Richter könne dann auf die Umstände des einzelnen Falles Rücksicht nehmen. Anstatt der starren Frist von einem Jahr, welche der Entwurf vorsehe, könne er namentlich die Frist, wenn die Umstände besonders gravirend seien, wie es meist der Fall sei, erheblich kürzer bemessen als ein Jahr. Dieser Antrag habe zunächst den Erfolg, daß nur ein einziges rechtskräftiges Urtheil nöthig sei, und auf der andern Seite, daß dieses Urtheil in erheblich kürzerer Zeit erreicht werden könne.

Dem Antrage wurde entgegen gehalten, daß der gerichtliche Befehl auf Herstellung der häuslichen Gemeinschaft das vom Entwurfe vorgesehene Urtheil nicht ersetzen könne, weil ein solcher gerichtlicher Befehl auf einseitiges Anrufen des einen Theils ohne kontradiktorische Verhandlung mit dem anderen Theile erhältlich sei und nicht rechtskräftig feststelle, daß der Grund, aus welchem sich der andere Ehegatte der Herstellung der häuslichen Gemeinschaft weigere, diese Weigerung nicht rechtfertige. Die einjährige Frist ferner sei namentlich auch bestimmt, die Zwangsmaßregeln zu ersetzen, die bis jetzt bezw. bis vor kurzer Zeit in der Regel einen Bestandtheil des der Scheidung wegen böslicher Verlassung vorangehenden Verfahrens bildeten und nunmehr wegfallen sollen; Urtheil und Frist zusammen aber dienen insbesondere dazu, den Mißbrauch der Scheidung wegen böslicher Verlassung zu verhindern. Wenn man auf der einen Seite jenen Landestheilen, die bisher diesen Ehescheidungsgrund nicht gekannt hätten, zumuthe, ihn nunmehr aufzunehmen, so müsse auf der andern Seite verlangt werden, daß der Ehescheidungsgrund nicht in einer allzuschroffen Form auftrete; diejenigen Landestheile, welche bisher die Ehescheidung wegen böslicher Verlassung unter leichterer Voraussetzung gekannt hätten, müßten sich deshalb eine Erschwerung der Voraussetzungen gefallen lassen.

Zu diesem Paragraphen war endlich noch folgender Antrag gestellt:

dem Absatz 2 Nr. 1 hinzuzufügen:

„Die Scheidung ist in diesem Falle unzulässig, wenn der beklagte Ehegatte bis zum Schluß der mündlichen Verhandlung, auf die das Urtheil ergeht, die häusliche Gemeinschaft wiederherstellt."

Zur Begründung desselben wurde angeführt, daß der in diesem Paragraphen behandelte erste Fall der böslichen Verlassung der quasidesertio des gemeinen Rechts gleichkomme, jedoch des Rückgrats entbehre, den die quasidesertio des gemeinen Rechts im polizeilichen Zwang zur Rückkehr gehabt habe. Man könne zugeben, daß nach der heutigen Auffassung Zwangsmaßregeln zur Rückkehr eines Ehegatten revoltant und unerträglich seien. Um so mehr müsse man hier darauf bedacht sein, andere Druckmittel zu suchen, damit die quasidesertio nicht allzu oft zur Scheidung führe. In dem Antrage liege ein kleiner Anreiz zur Rückkehr und zum Gehorsam gegen das Urtheil auf Herstellung der häuslichen Gemeinschaft. Wenn man eine ähnliche Bestimmung zu dem in diesem Paragraphen behandelten zweiten Fall der eigentlichen desertio für nothwendig gehalten habe (cfr. Absatz 3 dieses Paragraphen), so rechtfertige es sich, auch die analoge Bestimmung, welche der Antrag wolle, der quasidesertio beizufügen.

Es wurde entgegnet:

Es stehe dem Antrage, für den die Konsequenz zu sprechen scheine, doch entscheidend entgegen, daß die Befugniß, durch Rückkehr den Scheidungsgrund nach Ablauf der Frist zu beseitigen, zur Chikane mißbraucht werden könne: der Beklagte stelle, ohne die ernstliche Absicht, in der häuslichen Gemeinschaft zu bleiben, solche wieder her; wenn er sie nach kürzester Zeit wieder aufgebe, müsse der verlassene Gatte, wolle er Scheidung erreichen, von Neuem auf Herstellung der ehelichen Gemeinschaft klagen und nach dem Urtheile wieder ein Jahr abwarten, bis er auf Scheidung klagen könne. Diese Folge der Rückkehr sei unerträglich. Deshalb entziehe auch schon das bisherige preußische Recht der Rückkehr nach Ablauf der Frist die Wirkung der Beseitigung der böslichen Verlassung.

Beide Anträge wurden daraufhin abgelehnt.

Danach wurde der ganze §. 1550 von der Kommission unverändert angenommen.

Als

§. 1550a

wurde beantragt, einzuschalten:

„Ein Ehegatte kann auf Scheidung klagen, wenn der andere Ehegatte rechtskräftig zu Zuchthausstrafe verurtheilt ist."

Zur Begründung wurde angeführt, daß eine Zuchthausstrafe den verurtheilten Theil stets in seiner Ehre so sehr schädige, daß es dem anderen Theile nicht zugemuthet werden könne, die Ehe mit ihm fortzusetzen. Die preußische Praxis hätte sich zu diesem Gedanken bisher sehr prinziplos und schwankend verhalten. Es sei nothwendig, einen festen Grundsatz aufzustellen. Wenn man sich darauf berufen wolle, daß das allgemeine Prinzip des §. 1551 aushelfen werde, so sei zu entgegnen, daß auf Grund dieses Prinzips bei erlittener Zuchthausstrafe eine sehr verschiedene Praxis je nach dem Stande, dem die Prozeßparteien angehörten, entstehen werde. In vornehmen Ständen werde die Praxis stets die Zuchthausstrafe als einen genügenden Grund erachten, um nach §. 1551 die Scheidung auszusprechen; in mittleren Ständen werde sie schwanken; in den unteren Ständen werde sie wohl nur sehr selten die Auflösung der Ehe wegen Zuchthausstrafe gestatten.

Es wurde entgegnet, daß eine solche Bestimmung vollständig aus dem Rahmen des Entwurfs herausfalle, die nicht einmal schwere Pflichtverletzung und ehrloses oder unsittliches Verhalten als absoluten Scheidungsgrund anerkenne. Es könnte sich also jedenfalls nur darum handeln, in §. 1551 das „unsittliche oder ehrlose Verhalten" durch „Verurtheilung zur Zuchthausstrafe" zu ersetzen, oder letztere neben ersterem zu erwähnen. Indessen würde darin keine Verbesserung des Entwurfes liegen. Die Zuchthausstrafe könne erlitten werden wegen eines Verbrechens, das sich weder als eine schwere Verletzung der durch die Ehe begründeten Pflichten noch als ehrloses oder unsittliches Verhalten darstellt und das auch das eheliche Verhältniß nicht zerrüttet. Wenn man die Strafart zum Kriterium eines Scheidungsgrundes machen wolle, so dringe man doch nur sehr wenig in die Natur der Sache ein. Es könne Vergehen geben, die nur mit Gefängniß bestraft würden und dennoch aus einer viel ehrloseren Gesinnung hervorgegangen seien, wie Verbrechen, welche mit Zuchthausstrafe bedroht seien.

Von anderer Seite wurde gefragt, wie es denn gehalten werden solle, wenn der Kläger auch bereits im Zuchthause gesessen habe? wie es gehalten werden solle, wenn Begnadigung eingetreten sei? wie es gehalten werden solle, wenn auf Zuchthausstrafe wegen politischer Verbrechen erkannt sei, ohne daß irgend welche sittliche Verworfenheit vorliege? Sei doch bei politischen Verbrechen nicht selten Zuchthausstrafe angedroht, nur wegen des für die Allgemeinheit im höchsten Maße bedenklichen Erfolges.

Wieder von anderer Seite wurde darauf hingewiesen, daß es dem Charakter der Ehe als eines sittlichen Instituts in keiner Weise entsprechen könne, eine Zuchthausstrafe, die der eine Theil erleide, an und für sich zum Scheidungsgrund zu machen. Die Ehe sei doch nicht ein Verhältniß auf gegenseitiges Wohlergehen, sondern ein Verhältniß auf gemeinschaftliches Tragen von Freud und Leid. Gerade wenn der eine Theil auf sittliche Abwege gerathe und sich in Folge dessen eine Zuchthausstrafe zuziehe, so trete auf Seiten des anderen Theils die Christenpflicht in den Vordergrund, in sittlicher Beziehung dem andern Theile hülfreich zur Seite zu stehen, um ihn von der Verfolgung einer verbrecherischen Bahn abzuhalten oder zurückzubringen. Auch müsse es als überaus lieblos betrachtet werden, wenn der eine Ehetheil, während der andere im Zuchthause sitze, die Gelegenheit wahrnehme, um eine Scheidung herbeizuführen. Gerade alsdann bedürfe der eine Ehetheil des Trostes und der Anhänglichkeit, um nicht moralisch und materiell ganz zu versinken. Das bürgerliche Recht habe nicht den entferntesten Anlaß, einer solchen Lieblosigkeit Vorschub zu leisten. Das kanonische Recht kenne selbstverständlich einen solchen Scheidungsgrund in keiner Weise.

Wieder von anderer Seite wurde entgegnet, es sei allerdings ein humaner und sittlicher Gedanke, daß bei erlittener Zuchthausstrafe der eine Ehegatte den Verurtheilten nicht verlassen dürfe, aber es sei doch nicht angebracht, diese Art Humanität durch das bürgerliche Gesetzbuch zu erzwingen. Es müsse dem Ermessen des Einzelnen durchaus überlassen bleiben, ob er auf Grund einer Zuchthausstrafe das eheliche Verhältniß für so gelockert betrachte oder seine eigene Ehre so sehr berührt fühle, daß es für ihn wünschenswerth sei, von dem verurtheilten Ehegatten loszukommen. Werde diese Frage bejaht, so sei der sittliche Boden der Ehe verschwunden, dann aber sei es ganz in der Ordnung, daß es der Staat dem andern Ehetheile ermögliche, eine Ehe auf einem gesunderen sittlichen Boden wieder abzuschließen.

Der Antrag wurde jedoch abgelehnt..

§. 1551.

Dieser Paragraph enthält den für das deutsche Eherecht im Allgemeinen neuen Grundsatz, daß ein Ehegatte auf Scheidung klagen kann, auch wenn kein im Gesetze bestimmt formulirter objektiver Thatbestand vorliegt, vielmehr immer dann, wenn der andere Ehegatte „durch schwere Verletzung der durch die Ehe begründeten Pflichten oder durch ehrloses oder unsittliches Verhalten eine so tiefe Zerrüttung des ehelichen Verhältnisses verschuldet hat, daß dem Ehegatten die Fortsetzung der Ehe nicht zugemuthet werden kann." Die Frage, ob ein Scheidungsgrund vorliegt, ist hiermit in das Ermessen des erkennenden Richters verstellt — allerdings in der Weise, daß der Grundgedanke, der für dieses Ermessen leitend sein muß, im Gesetze fixirt ist.

Von der einen Seite wurde diese Bestimmung scharf angegriffen als eine clausula generalis für alle Ehescheidungsgründe, die der Gesetzgeber objektiv nicht formuliren könne. Sie bilde einen Rahmen, zu dessen Ausfüllung der Gesetzgeber sich selbst unfähig erkläre, dessen Ausfüllung er aber von der Rechtsprechung verlange und erwarte. Die Ausfüllung dieses Rahmens werde indessen zu einer sehr durcheinander gehenden und sich widersprechenden Rechtsprechung führen.

Zur Vertheidigung wurde ausgeführt: der Gedanke, relative Scheidungsgründe in der Art, wie dieses in §. 1551 geschehe, zuzulassen, sei allerdings den bisherigen Gesetzgebungen in der Hauptsache fremd, keineswegs aber der gemeinrechtlichen Praxis, wie sie namentlich in einer Anzahl von Reichsgerichtsentscheidungen hervortrete. Nicht darum handle es sich dabei, dem Richter eine beliebige Erweiterung des Katalogs der Ehescheidungsgründe zu gestatten. Vielmehr sei das den bestehenden Gesetzgebungen sowie der Praxis zu Grunde liegende Prinzip herausgearbeitet, im Gesetze fixirt und dem Richter nur die Entscheidung überlassen, ob die Verhältnisse der konkreten Ehe bei Erwägung aller einschlagenden Umstände so gestaltet seien, daß solche zu den Ehen gehöre, deren Aufrechterhaltung gegen den Willen eines der Ehegatten nach dem fixirten Prinzipe sich nicht mehr rechtfertigen lasse. Es sei ein nothwendiger Fortschritt, von dem starren, die Gestaltung der einzelnen Fälle gar nicht berücksichtigenden Katalog der objektiven Scheidungsgründe zu der Beurtheilung der konkreten Ehe überzugehen, und dieser Fortschritt sei jedenfalls dann ein erfreulicher, wenn es gleichzeitig gelungen sei, das für diese Beurtheilung maßgebende Prinzip richtig zu fixiren. Dies aber sei allerdings der Fall. Richtiges Verständniß dieses Prinzips und gewissenhafte Beurtheilung des einzelnen Falles in der Praxis vorausgesetzt, werde sich eine viel befriedigendere Gestaltung der Scheidungspraxis ergeben, als sie das bisherige Recht ermöglicht habe, soweit nach solchem nur absolute Scheidungsgründe zugelassen seien.

Satz 1 des §. 1551 und damit das Prinzip selbst wurde unverändert angenommen.

Als zweiten Satz hat der Entwurf die Worte zugefügt:

„Als schwere Verletzung der Pflichten gilt auch grobe Mißhandlung."

Es wurde angeregt, diese Worte zu streichen, weil es keinen Sinn habe, an das Prinzip des ersten Satzes im zweiten Satz eine Kasuistik anzuknüpfen, welche absolut unvollständig sei und daher die Gefahr mit sich bringe, daß die Rechtsprechung in der kasuistischen Ausbildung des Prinzips auf Irrwege geführt werde.

Es wurde entgegnet: man könne zugeben, daß vielleicht dieser letzte Satz überflüssig sei. Jedoch sei er hinzugefügt worden, weil man sich gesagt habe, daß es zweifelhaft sein könne, ob die Pflicht, den anderen Ehegatten nicht zu mißhandeln, eine durch die Ehe begründete Pflicht sei, da doch eine solche Pflicht schon aus den allgemeinen Strafgesetzen sich ergebe und nicht nur gegenüber dem anderen Ehetheile, sondern gegenüber jedem andern Menschen bestehe. Ebenso könne es fraglich erscheinen, ob in einer groben Mißhandlung ein ehrloses oder unsittliches Verhalten gefunden werden darf. Um die nach beiden Richtungen hin möglichen Zweifel auszuschließen und weil nach bisherigen Erfahrungen Mißhandlungen sehr häufig zu Klagen auf Scheidung Veranlassung geben, sei es für dienlich erachtet worden, den zweiten Satz hinzuzufügen. Er solle natürlich nicht besagen, daß jede grobe Mißhandlung die Scheidung rechtfertige: es müssen, wenn die Scheidung gerechtfertigt sein solle, in Bezug auf solche die allgemeinen Voraussetzungen des Satz 1 zutreffen, was bei groben Mißhandlungen, die aus Jähzorn, in Uebereilung rc. begangen seien, durchaus nicht immer der Fall sei.

Von anderer Seite wurde beantragt, den letzten Satz wie folgt abzuändern:

„Als schwere Verletzung der Pflichten gelten auch Mißhandlungen, rechtswidrige Bedrohungen, Beschimpfungen und Verleumdungen.

Dem wurde entgegen gehalten, daß die Hervorhebung dieser Verfehlungen des einen Ehetheils gegenüber dem anderen ganz willkürlich sei. Wenn man auch aus den angeführten Gründen eine grobe Mißhandlung hier hervorheben müsse, so sei doch zu beachten, daß rechtswidrige Bedrohungen, Beschimpfungen und Verleumdungen recht häufig von so geringer Art und so unbedeutender Tragweite sein können, daß es unrichtig wäre, sie generell als schwere Pflichtverletzungen zu charakterisiren, und im Allgemeinen ganz unangebracht, wegen solcher Verfehlungen eventuell den Ehescheidungsprozeß zu eröffnen. Unzweifelhaft sei übrigens, daß auch durch Mißhandlungen, die objektiv nicht als grobe erscheinen, sowie durch rechtswidrige Bedrohungen, Beschimpfungen und Verleumdungen unter den Umständen des konkreten Falles möglicher Weise der Thatbestand des Abs. 1 hergestellt werden kann. Eine kasuistische Hervorhebung derartiger Verfehlungen, die unter Berücksichtigung der besonderen Umstände des einzelnen Falles zur Ehescheidung möglicher Weise berechtigen könnten, sei aber nicht zweckmäßig.

Eventualiter war beantragt, das Wort „grobe" vor „Mißhandlung" zu streichen, weil jede Mißhandlung, wenn im Uebrigen die Kriterien des ersten Satzes zuträfen, als Ehescheidungsgrund genügen müsse.

Daraufhin wurde entgegnet, daß die Streichung dieses Wortes die Ehescheidungsprozesse, und zwar namentlich frivoler Natur, vervielfältigen müsse, ohne daß eine Nothwendigkeit vorliege. Jedenfalls müßte bei solcher Erweiterung auch das Wort „schwere" ausfallen.

Bei der Abstimmung wurden alle Anträge in dieser Hinsicht abgelehnt und Satz 2 unverändert angenommen.

Es wurde sodann weiter beantragt, den Paragraphen hinzuzufügen:

„Als schwere Verletzung der Pflichten gilt es ebenfalls, wenn ein Ehegatte die vor der staatlichen Eheschließung vereinbarte oder nach den Umständen als selbstverständlich angenommene kirchliche Trauung verweigert.

Zur Motivirung dieses Antrages darf zunächst auf die früher stattgefundene Diskussion zu §. 1549a verwiesen werden.

Von allen Seiten wurde anerkannt, daß das Verweigern einer ausdrücklich vereinbarten kirchlichen Trauung als ein „ehrloses und unsittliches Verhalten" zu betrachten sei, das unter das Prinzip des §. 1551 falle. Auch könne man zugeben, daß, wenn bei gemischten Ehen eine bestimmte konfessionelle Art der kirchlichen Trauung im Voraus versprochen sei, dieses Versprechen gehalten werden müsse, und daß die Weigerung, dieses Versprechen zu erfüllen, nachdem die staatliche Eheschließung stattgefunden habe, gleichfalls unter §. 1551 falle. Ebenfalls könne man zugeben, daß, wenn die Eheleute der gleichen Konfession angehörten und nach Lage der Umstände die Nachholung der kirchlichen Trauung als selbstverständlich habe angenommen werden müssen und angenommen worden sei, so daß der eine Brauttheil gar nicht habe daran denken können, dem anderen das besondere Versprechen der Nachholung der kirchlichen Trauung anzusinnen, der eine Ehetheil also den andern in einem verzeihlichen und sogar natürlichen Irrthum belassen habe, obschon dieser Irrthum ihm bekannt gewesen sei oder habe bekannt sein müssen, das Prinzip des §. 1551 anwendbar sei.

Jedoch sei es nicht angängig, den Fall der Verweigerung der kirchlichen Trauung besonders im Gesetz namhaft zu machen, weil man sonst dazu übergehen müsse, auch noch eine ganze Reihe anderer Thatsachen als eventuell zu beachtende dem zweiten Satz des §. 1551 hinzuzufügen.

Auch gehe es zu weit, im Gesetz zu erklären, daß eine Weigerung, die kirchliche Trauung nachzuholen, unter allen Umständen eine schwere Verletzung der dem einen Ehegatten gegenüber dem anderen obliegenden Pflichten involvire oder unter allen Umständen ein unsittliches und ehrloses Verhalten darstelle. Es ließen sich immerhin Fälle denken, in denen eine solche Weigerung auf Beweggründen beruhe, welche vielleicht gar nicht ehrlos oder unsittlich seien. Man müsse dem Richter die Möglichkeit offen lassen, die Umstände des einzelnen Falles zu untersuchen und nur dann auf Ehescheidung zu erkennen, wenn die Weigerung der Nachholung der kirchlichen Trauung in allen Punkten den Kriterien des ersten Satzes des §. 1551 entspreche.

Von verschiedenen Seiten wurde erklärt, daß man wohl bereit sein könne, diese Auffassung der Weigerung, die kirchliche Eheschließung nachzuholen, ausdrücklich zu Protokoll zu geben, daß man sich aber zu einer ausdrücklichen Formulirung dieses Gedankens in dem Gesetzbuch nicht verstehen könne.

Schließlich herrschte in der Kommission Einstimmigkeit darüber, daß die Weigerung der Einholung der kirchlichen Trauung oder einer bestimmten kirchlichen Trauung, sei es, daß dieselbe vor der staatlichen Eheschließung ausdrücklich versprochen worden sei, sei es, daß dieselbe als selbstverständlich habe angenommen werden können und angenommen worden sei, zu denjenigen Thatbeständen gehöre, deren Beurtheilung nach Satz 1 des §. 1551 den Richter zur Scheidung der Ehe führen könne und müsse.

Der erwähnte Antrag selbst wurde abgelehnt.

Damit bleibt §. 1551 unverändert bestehen.

In zweiter Lesung wurde nochmals von verschiedenen Seiten beantragt, den ganzen Paragraphen zu streichen und die clausula generalis desselben zu ersetzen durch eine Erweiterung des Katalogs der absoluten Scheidungsgründe.

Begründung des Antrags und Entgegnung auf denselben waren ähnlich wie in erster Lesung. Der Antrag wurde in der zweiten Lesung abgelehnt.

Ferner wurde in zweiter Lesung beantragt,

a) hinter „unsittliches" einzuschalten: „oder rohes" Verhalten;
b) den letzten Satz zu fassen:
„Als schwere Verletzung der Pflichten gilt auch Mißhandlung, Beschimpfung, Verleumdung und rechtswidrige Bedrohung."

Der Antrag wurde begründet mit Hinweis darauf, daß, wenn ein „unsittliches und ehrloses" Verhalten zu einer Scheidung der Ehe führen solle, man einem „rohen" Verhalten mindestens dieselben Wirkungen geben müsse, weil ein rohes Verhalten unter Umständen und sogar meist wenn es anhalte, für den anderen Ehegatten noch unerträglicher sei als ein unsittliches und ehrloses Verhalten. Eine solche Erweiterung des Paragraphen sei um so nothwendiger, als eine Erweiterung des Katalogs der objektiven Scheidungsgründe abgelehnt worden sei.

Genau dasselbe sei zu sagen zu dem zweiten Theil des Antrages, welcher neben der „Mißhandlung" auch „Beschimpfung, Verleumdung und rechtswidrige Bedrohung" namentlich aufführen wolle.

Die allgemeine Stellungnahme zu diesen Anträgen von den verschiedenen Seiten war eine ähnliche wie die in erster Lesung. Es wurde ergänzend hervorgehoben, daß es zu weit gehe, ein rohes Betragen neben einem ehrlosen und unsittlichen Betragen als Scheidungsgrund aufzuführen; es würde dann auch ein rohes Betragen, das nicht unsittlich und ehrlos sei, als Grundlage für die Scheidung aus §. 1551 anerkannt sein, was bei den verschiedenen Graden von Rohheit und den verschiedenen Ausgangspunkten für ein rohes Betragen doch sehr mißlich sei und die Scheidung recht wesentlich erleichtern würde. Es genüge, die Rohheit dann zu berücksichtigen, wenn dieselbe zu einem ehrlosen und unsittlichen Verhalten werde.

Zu dem zweiten Theile des Antrages wurde noch ausgeführt: Wenn man dagegen stimme, daß neben der Mißhandlung auch Beschimpfung, Verleumdung und rechtswidrige Bedrohung in dem zweiten Satze des Paragraphen aufgeführt werden, so müsse man doch Werth darauf legen, festzustellen, daß dadurch kein Präjudiz dafür geschaffen werden solle und geschaffen werde, daß nur Mißhandlung nach den Kriterien des ersten Satzes dieses Paragraphen beachtlich sei. Es sei im Gegentheil selbstverständlich, daß Beschimpfung, Verleumdung und rechtswidrige Bedrohung zu demselben Resultate der Ehescheidung führen könnten, wenn im Uebrigen die Kriterien des ersten Satzes dieses Paragraphen zuträfen. Nur weil man das für selbstverständlich halte und Ueberflüssiges in den Gesetzentwurf nicht aufnehmen wolle, stimme man gegen den Antrag.

Der Antrag wurde daraufhin in seinen beiden Theilen abgelehnt.

Für den Fall dieser Ablehnung war noch der Antrag gestellt worden, als §. 1551a folgende Bestimmung einzufügen:

> „Kinderlose Ehen können auf Grund der Einwilligung beider Ehegatten auf Antrag derselben geschieden werden, wenn festgestellt ist, daß weder Leichtsinn, noch Uebereilung, noch heimlicher Zwang von einer oder der anderen Seite vorliegt und die eheliche Gemeinschaft nicht mehr besteht."

Die Fassung schließt sich an an das Preußische Allgemeine Landrecht §. 716 II, 1.

Auch dieser Antrag wurde nach längerer Diskussion im Wesentlichen aus denselben Gründen wie ein ähnlicher Antrag zu §. 1552a in erster Lesung mit großer Mehrheit abgelehnt.

§. 1552

statuirt als neuen Ehescheidungsgrund die Geisteskrankheit.

Schon in der Generaldiskussion über die Ehescheidungsgründe war dieser Ehescheidungsgrund stark angefochten worden. (Siehe oben zu Beginn des Berichtes über den Titel „Scheidung der Ehe".) Bei der Spezialdiskussion wurde formell der Antrag gestellt, den Paragraphen zu streichen. Es wurde ausgeführt, daß hier eine Ehe geschieden werden solle, ohne daß den andern Ehegatten auch nur das allergeringste Verschulden treffe. Weder liege ein Verschulden gegen den andern Ehegatten vor, noch liege ein sonstiges Verschulden vor, welches die Familienehre oder das sittliche Verhältniß der Ehe im mindesten berühre. Es handle sich ausschließlich um ein Unglück, das den andern Theil getroffen habe.

Es wurde entgegnet, daß die Geisteskrankheit in großen Rechtsgebieten, namentlich in Preußen und Sachsen, als Scheidungsgrund gelte und daß verschiedene Regierungen, namentlich die preußische und die sächsische, in ihren Aeußerungen über den Entwurf I die Beibehaltung gewünscht haben; daß auch die Kritik des Entwurfes I vielfach die Weglassung getadelt habe und daß im Gegensatze hierzu die Aufnahme dieses Scheidungsgrundes in den Entwurf II von der Kritik überwiegend günstig beurtheilt worden sei. Nicht wegen jeder Geisteskrankheit könne die Ehe geschieden werden, sondern nur dann, wenn erstens die Krankheit während der Ehe „mindestens drei Jahre gedauert" habe, wenn zweitens die Geisteskrankheit „einen solchen Grad erreicht habe, daß die geistige Gemeinschaft zwischen den Ehegatten aufgehoben" sei, und wenn drittens, „jede Aussicht auf Wiederherstellung dieser Gemeinschaft ausgeschlossen" sei. Zufolge dieser scharfen Voraussetzungen würden die Fälle der Ehescheidung wegen Geisteskrankheit außerordentlich selten sein. In solchen seltenen Fällen aber, in denen man füglich von einem geistigen Tode sprechen könne, sei die Ehescheidung unbedenklich: der erkrankte Gatte werde sich der Scheidung nicht bewußt, entbehre also die persönliche Fürsorge des gewesenen Gatten nicht; Wiederherstellung sei als ausgeschlossen zu betrachten; für die materiellen Existenzbedingungen lasse sich auch im Falle der Scheidung sorgen und sei im Entwurf völlig ausreichend gesorgt. Ließe man diesen Ehescheidungsgrund nicht zu, so ergäben sich im gegebenen Falle erhebliche Nachtheile für die sittliche und ökonomische Situation der Familie. Namentlich in Arbeiterkreisen werde es, wenn die Mutter wegen Geisteskrankheit im Hause fehle, als überaus drückend empfunden, daß die Ehe nicht geschieden werden könne, um die geisteskranke Mutter durch eine neue Hausfrau zu ersetzen, welche sich in legitimer Weise der Kinder annehmen könne.

Es wurde entgegnet, das dritte Erforderniß, daß jede Aussicht auf die Wiederherstellung dieser Gemeinschaft ausgeschlossen sein müsse, trage ein Moment außerordentlicher Unsicherheit in die Handhabung dieser Bestimmung hinein. Nur in sehr seltenen Fällen sei die Psychiatrie in der Lage, mit Sicherheit ein Urtheil über die Unheilbarkeit einer Geisteskrankheit abzugeben. Wenn ein solches Urtheil zur Unterlage eines Ehescheidungsprozesses dienen solle, so werde ein gewissenhafter Irrenarzt nur unter den größten Bedenken sich dazu entschließen können, ein solches Urtheil abzugeben. Wenn aber solche Prozesse auf dem Boden des Gutachtens minder gewissenhafter Irrenärzte, vielleicht solcher Irrenärzte geführt werden sollten, welche im Allgemeinen für eine Erleichterung der Ehescheidung eingenommen seien, so werde die Wirkung der Zulassung eine viel weiter gehende sein, als der Gesetzgeber beabsichtigt habe. Fälle, in denen ein von Irrenärzten abgegebenes Urtheil auf Unheilbarkeit eines Geisteskranken sich nachträglich durch die thatsächliche Entwicklung als irrig gezeigt hätte, seien gar nicht so selten.

Von anderer Seite wurde noch darauf hingewiesen, daß keiner der aufgestellten Ehescheidungsgründe dem sittlichen Charakter der Ehe und einer religiösen Auffassung der aus ihr sich ergebenden Pflichten so sehr widerspreche, als gerade dieser. Nehme man denselben auf, so werde das sittliche Gefühl des Volkes über die aus der Eheschließung sich ergebenden Pflichten geradezu verwirrt und irregeführt. Gerade bei einer schweren Prüfung, wie es die Geisteskrankheit des einen Ehetheiles sei, müsse man erwarten, daß sich die Liebe der Ehegatten zeige, wenn nicht die eheliche Liebe, so doch immer noch die christliche Liebe. Die Geisteskrankheit des einen Theils erwerbe dem kranken Ehegatten ebenso einen Anspruch auf besondere Fürsorge seitens des anderen Ehegatten, wie jede andere Krankheit. Daß das kanonische Recht einen solchen Grund nicht einmal für die Trennung von Tisch und Bett anerkenne, brauche kaum erwähnt zu werden. Welchen Eindruck müsse es auf die Kinder machen, wenn ein Ehegatte den anderen in solch schwerer Krankheit nicht nur im Stiche lasse, sondern sogar die Krankheit benutze, um eine zweite Ehe einzugehen? Was solle geschehen, wenn nun trotzdem der kranke Ehegatte später wieder gesund werde und wieder zu dem anderen Ehegatten zurückkehren wolle? Es sei nicht einmal vorgesehen, daß es in einem solchen Falle gehalten werden solle, wie wenn ein irrthümlich für todt erklärter Ehegatte zurückkehrt. Was solle der kranke Ehegatte denken, wenn er in lichten Augenblicken erfahre, daß er geschieden sei? Mache man aus der Geisteskrankheit einen Ehescheidungsgrund, so werde die Entwicklung sehr bald dahin führen, daß auch andere schwere Krankheiten zu Ehescheidungsgründen gemacht würden, weil andere schwere Krankheiten unter Umständen noch viel mehr die geistige Gemeinschaft der Ehe verhindern könnten und für den anderen Ehetheil noch viel lästiger sein könnten als die Geisteskrankheit. Zunächst werde man dazu kommen, daß jede Krankheit, welche die dauernde Unterbringung eines kranken Ehegatten in einer Anstalt nothwendig mache, einen Ehescheidungsgrund abgeben müsse. Diese Bestimmung trete unwillkürlich schon auf den Boden derjenigen, welche die Ehe unbedingt scheiden wollten, wenn dieselbe für den einen oder anderen Theil drückend, beschwerlich oder unangenehm geworden sei. Hier heiße es, einen festen Damm aufrichten.

Dem wurde von anderer Seite entgegengehalten, daß es bei der Ausgestaltung des Ehescheidungsrechts zunächst darauf ankomme, sich resolut auf den Boden der thatsächlichen Verhältnisse zu stellen. Die Geisteskrankheit als Ehescheidungsgrund streichen zu wollen, sei eine falsche Sentimentalität, welche die wirkliche Gestaltung der Familienverhältnisse ignorire. Für den kranken Ehegatten sei die Scheidung kein Uebel, weil er sie nicht empfinde, und der betonte Konflikt bei Wiedergenesung könnte nicht eintreten, wenn die Voraussetzungen, unter denen allein die Scheidung erfolgen dürfe, vorhanden seien.

Außerdem wurde noch hervorgehoben:

In Sachsen lege man in vielen Kreisen Werth auf die Beibehaltung dieser Bestimmung. Sachsen habe die Scheidung wegen unheilbarer Geisteskrankheit gegenwärtig schon auf Grund seines Bürgerlichen Gesetzbuches, und zwar sei sie auf Antrag der Kammern aufgenommen. Allerdings seien nach einem ärztlichen Berichte zwei Fälle vorgekommen, in denen eine Ehe wegen Geisteskrankheit geschieden und nachher der wahnsinnige Ehegatte wieder gesund geworden sei. Solche Ausnahmefälle könnten aber nicht entscheidend sein; außerdem sei in beiden Fällen nach dem Berichte der früher geisteskranke Ehegatte mit der Scheidung einverstanden gewesen.

Von Seiten des Bundesrathsvertreters der badischen Regierung wurde erklärt, daß die badische Regierung für Beibehaltung dieser Bestimmung sei. Baden habe diesen Ehescheidungsgrund schon vor Einführung des code civil gehabt und habe ihn während der Geltung des badischen Landrechts konservirt.

Seitens der Bundesrathsvertreter für Bayern und für Mecklenburg wurde dagegen für die Streichung des Paragraphen eingetreten. Die Bestimmung widerspreche so sehr den religiösen Gefühlen sowohl des katholischen wie des evangelischen Volkstheils, daß es eine dringende Nothwendigkeit sei, die Bestimmung zu streichen.

Der ganze Paragraph wurde darauf mit 13 gegen 8 Stimmen abgelehnt.

In zweiter Lesung wurde von verschiedenen Seiten Wiederherstellung des in erster Lesung gestrichenen Paragraphen beantragt. Die Begründung verhielt sich im Allgemeinen ähnlich wie in erster Lesung, ebenso die Entgegnung.

Aus der Diskussion ist jedoch noch Folgendes hervorzuheben: Zur Begründung des Antrages wurde geltend gemacht, daß die Scheidung nur Anwendung finde, wenn in der That der geistige Tod des einen Ehetheils durch den Wahnsinn eingetreten sei. Lehne man für solche Fälle die Scheidung ab, so treibe man den anderen Ehetheil in unsittliche Bahnen, vielleicht in das Konkubinat hinein und entziehe ihm die Möglichkeit, seinen vielleicht kleinen Kindern eine andere Fürsorgerin zu schaffen.

Es wurde entgegnet: der Antrag auf Wiederherstellung bleibe unannehmbar, weil die Ehe ein sittlich-religiöses Institut sei, das nicht nur auf gegenseitiges Wohlergehen geschlossen werde. Die Diagnose auf Unheilbarkeit sei durchaus nicht so sicher, daß man auf derselben eine solche Bestimmung aufbauen könne. Der Eindruck auf die Kinder, wenn der eine Ehetheil den Wahnsinn des andern Ehetheils benutze, um sich wieder zu verheirathen, sei ein ebenso peinlicher und die sittliche Auffassung der Ehe schädigender, wie der Eindruck aller Anderen, welche von einer solchen Wiederverheirathung Kenntnis erlangten. Bei den im Entwurfe enthaltenen Erschwerungen der Scheidung werde dieselbe übrigens in nur so wenigen Fällen möglich sein, daß die Frage für die Scheidungsfreunde diejenige Bedeutung nicht erlange, welche ihr in der öffentlichen Meinung beigelegt werde. So hochgradige Geisteskrankheit führe überdies regelmäßig zu baldigem Tode, den abzuwarten keine zu große Anforderung an den gesunden Ehegatten sei.

Seitens der Regierungsvertreter wurde wiederum erklärt: es werde nicht verkannt, daß triftige Gründe für und gegen die Anerkennung der unheilbaren Geisteskrankheit als eines Scheidungsgrundes angeführt werden können. Mit Rücksicht darauf jedoch, daß in Preußen, Sachsen und Baden dieser Ehescheidungsgrund seit lange Rechtens sei und in diesen Territorien die allgemeine Anschauung unter den näher bezeichneten Voraussetzungen den Scheidungsgrund für gerechtfertigt halte, werde die Wiederherstellung des Entwurfs empfohlen.

Seitens der Vertreter der bayerischen Regierung und der mecklenburgischen Regierungen wurde wiederum erklärt, daß diese Regierungen nach wie vor den Standpunkt festhielten, daß der Wahnsinn als Ehescheidungsgrund nicht annehmbar sei.

Eine längere Debatte wurde über die Frage geführt, wie es mit einer Geisteskrankheit zu halten sei, bei welcher noch lichte Augenblicke vorkämen. Für den kranken Ehegatten sei es der denkbar trostloseste Eindruck, wenn er während eines lichten Augenblicks erfahre, daß der andere Ehegatte seine Krankheit benutzt habe, um sich wieder zu verheirathen.

Es wurde entgegnet, daß, solange noch lucida intervalla vorkämen, die geistige Gemeinschaft zwischen den Ehegatten nicht in der Weise beseitigt sei, wie der §. 1552 im Auge habe, daß also in einem solchen Falle der Paragraph nicht angewendet werden dürfe.

Diese Klarstellung wurde von anderer Seite, welche den Wahnsinn als Scheidungsgrund überhaupt ausmerzen wollte, als solche nicht bemängelt. Jedoch wurde im Anschluß an dieselbe darauf hingewiesen, daß bei dieser Annahme über das Schicksal der Ehe der Zufall entscheide, ob lucida intervalla vorkämen oder nicht. Ueber die Frage, ob lucida intervalla vorkämen, werde aber wiederum nur das Gutachten des Arztes entscheiden. Ebensowenig, wie heute mit Sicherheit die Diagnose auf völlige Unheilbarkeit eines Menschen gestellt werden könne, ebenso wenig und noch viel weniger sei mit Sicherheit die Diagnose zu stellen, ob lucida intervalla noch zu erwarten seien oder nicht. Mit der Frage der Unheilbarkeit und der lucida intervalla trage man eine solche Unsicherheit in die Anwendung des §. 1552 hinein, daß dabei eine große Willkürlichkeit sich ganz von selbst ergeben werde. Eine solche Willkür sei umsoweniger zu ertragen, als es sich hier um eine Ehescheidung handle gegen einen Ehegatten, dem ein persönliches Verschulden in keiner Weise zum Vorwurf gemacht werden könne, der vielmehr durch seine Krankheit eher einen Anspruch auf besondere Liebe und Fürsorge des anderen Ehegatten habe.

Der Antrag wurde **abgelehnt**, so daß der §. 1552 gestrichen bleibt. Die Streichung erfolgte auch diesmal mit 13 gegen 8 Stimmen.

Als

§. 1552a

wurde beantragt einzufügen:

> „Die in den §§. 1550 bis 1552 angeführten Ehescheidungsgründe können **nicht** geltend gemacht werden von Personen, welche die Ehe **auch** in den **Formen der Religionsgesellschaft**, welcher sie **angehören**, geschlossen haben.

Der Antrag wurde damit begründet, daß durch denselben eine Uebereinstimmung zwischen dem staatlichen und dem kirchlichen Recht herbeigeführt werden solle für alle diejenigen, welche die kirchliche Trauung für eine religiöse Pflicht erachteten und sich der staatlichen Eheschließung nur unterzögen, weil diese Ehe durch die staatlichen Gesetze erzwungen werde.

Es wurde entgegnet, daß dieser Antrag ebenfalls auf einem Umwege das kirchliche bezw. konfessionelle Ehescheidungsrecht zu einem Bestandtheil des staatlichen Rechts machen wolle. Ein solche Vermischung sei vom Uebel. Aus denselben Gründen, aus denen man einen früheren Antrag ähnlicher Art (zu §. 1299) abgelehnt habe, müsse man auch diesen ablehnen.

Von andrer Seite wurde erklärt: wenn der Antrag nur die Bedeutung haben solle, der kirchlichen Trauung ein Prestige zu geben, so könnte man mit demselben einverstanden sein. Aber das sei nicht nöthig, weil erfahrungsmäßig in den weitaus meisten Fällen die kirchliche Trauung der staatlichen Eheschließung folge. Werde der Antrag angenommen, so liege in ihm aber gradezu ein Anreiz, die kirchliche Ehe nicht nachzuholen, um für den Fall einer Ehescheidung nicht an die engeren Vorschriften des kirchlichen Rechts gebunden zu sein, und sich der weiteren Vorschriften des staatlichen Rechts bedienen zu können. Der Antrag gehe daher in seiner Tendenz von einem christlichen Gedanken aus, in der Praxis werde er aber den christlichen Charakter der Ehe gradezu schädigen.

Der Antrag wurde abgelehnt.

Ein weiterer Antrag wollte als

§. 1552 a

die Bestimmung einschalten:

„Kinderlose Ehen können auf Grund der Einwilligung beider Ehegatten auf Antrag derselben geschieden werden, wenn die eheliche Gemeinschaft mindestens seit Jahresfrist nicht mehr besteht."

Zur Begründung wurde darauf hingewiesen, daß ein ähnlicher Scheidungsgrund im preußischen Recht bestehe, sich dort bewährt habe und häufig benutzt werde. Wer habe ein Interesse daran, eine kinderlose Ehe zusammen zu halten, wenn die Eheleute nicht zusammen bleiben wollten? Prinzipiell sei es richtig, die freie Scheidung bei gegenseitiger Einwilligung einzuführen. Wenn man sich aber dazu nicht entschließen könne, so sei mindestens zu verlangen, daß eine Ehe freiwillig geschieden werden könne, wenn nicht einmal das Band, das in dem Vorhandensein gemeinschaftlicher Kinder liege, sie zusammenhalte. Ließe man einen solchen Grund nicht zu, so würden solche Ehegatten andere Wege suchen, um Ehescheidung nachsuchen zu können, das führe dann zu schlimmen sittlichen Folgen und viel häßlicheren Scheidungsprozessen, als die Scheidungsprozesse aus gegenseitiger Einwilligung seien.

Es wurde entgegnet, daß die Ehescheidung auf Grund freiwilligen Einverständnisses das Produkt einer Periode gewesen sei, in welcher der sittliche Charakter der Ehe überhaupt stark untergraben und das Band der Ehe in bedenklicher Weise gelockert gewesen sei. Nachdem diese Periode überwunden sei und eine ernstere Auffassung der Ehe sich wieder Raum verschafft habe, sei es durchaus erwünscht, daß auch die Gesetzgebung sich wieder auf einen solchen Boden besinne. Diese Gelegenheit solle man jetzt nicht versäumen. Die freiwillige Scheidung im Gebiete des preußischen Rechts errege fortdauernd großes Aergerniß. Auch im Gebiete des französischen Rechtes gebe es eine freiwillige Scheidung, jedoch sei dieselbe so verklausulirt, daß sie kaum durchgeführt werden könne. Thatsächlich seien solche Prozesse im Gebiete des französischen Rechts außerordentlich selten, und dort würde man es nur begrüßen, wenn das ganze Institut in Wegfall komme.

Der Antrag wurde mit großer Majorität abgelehnt.

In zweiter Lesung wurde derselbe Gedanke in veränderter Fassung nochmals zur Sprache gebracht, jedoch im Anschluß an die Diskussion zu §. 1551. Vgl. den Bericht zu §. 1551 am Schluß.

In

§. 1553

wurden die Worte

„in den Fällen der §§. 1548 bis 1551"

gestrichen, weil dieselben sich nach Streichung des §. 1552 erübrigen.

In

§. 1554

wurden aus demselben Grunde jene Worte ebenfalls gestrichen.

Zu diesem Paragraphen wurde beantragt, statt „sechs Monate" zu setzen: „ein Jahr" und statt „drei Monate" „sechs Monate", da die sechsmonatliche Frist zu knapp bemessen sei.

Es wurde erwidert, daß die Frist allerdings in den bestehenden Rechten nicht selten länger bemessen sei (preußisches, hessisches Recht u. a. m.). Es liege indessen im

14*

Interesse der Eheleute, wie im öffentlichen Interesse, daß, wenn ein Scheidungsgrund vorhanden und Scheidung in Aussicht genommen sei, die endgültige Entscheidung nicht lange im Ausstande bleibe. Ueberdies ermögliche die Vorschrift des Absatzes 2, in den Fällen, in denen das Bedürfniß eine längere Frist verlange, solche durch Aufhebung der häuslichen Gemeinschaft zu erlangen. Auch spreche die Gleichheit der Frist mit der Anfechtungsfrist für den Entwurf.

Der Antrag wurde abgelehnt.

Von anderer Seite wurde beantragt, den Absatz 2 zu fassen wie folgt:]

„Die Fristen laufen nicht, so lange die häusliche Gemeinschaft der Ehegatten aufgehoben ist. Wird der zur Klage berechtigte Ehegatte von dem anderen Ehegatten aufgefordert, entweder die häusliche Gemeinschaft herzustellen oder die Klage zu erheben, so laufen die Fristen von dem Empfange der Aufforderung an."

Der Antrag hat den Zweck, die Bestimmungen des zweiten Absatzes, welche nur für die sechsmonatliche Frist des ersten Absatzes gelten, auszudehnen auf die Frist von 10 Jahren, welche der erste Absatz ebenfalls erwähnt. Er wurde damit begründet, daß diejenigen Momente, welche für Absatz 2 in Bezug auf die sechsmonatliche Frist geltend gemacht werden könnten, ganz in derselben Weise geltend gemacht werden müßten für die zehnjährige Frist. Es handle sich eigentlich in Absatz 1 nicht um zwei verschiedene Fristen, von denen die eine 6 Monate, die andere 10 Jahre laufe, sondern um ein und dieselbe Frist, welche nur zwei verschiedene Zeitbestimmungen habe, sowohl für den Beginn wie für das Ende der Frist.

Es wurde entgegnet, daß ein Bedürfniß für die Hemmung der weit längeren zehnjährigen Frist im Falle der Aufhebung der häuslichen Gemeinschaft nicht vorliege und dem Zwecke der Fristbestimmung widerspreche.

Der bayerische Bundesrathsbevollmächtigte befürwortete den Antrag. Durch seine Annahme werde für den Ehegatten, der auf Scheidung zu klagen berechtigt ist, der Eintritt des Zeitpunktes weiter hinausgerückt, in dem er sich, um nicht seines Klagerechts verlustig zu werden, darüber entscheiden muß, ob er die Klage erheben will oder nicht. Hiermit werde zugleich die Möglichkeit der Versöhnung der Ehegatten für längere Zeit offengehalten, somit auf die Erhaltung des Bestandes der Ehe und auf die Verminderung der Zahl der Scheidungen hingewirkt.

Der Antrag wurde im Prinzip angenommen.

Die Redaktions-Kommission trug dem Beschlusse in der Weise Rechnung, daß sie im Absatz 2 den Beginn: „die sechsmonatliche Frist läuft nicht" veränderte in „die Frist läuft nicht".

§§. 1555, 1556

wurden ohne Debatte angenommen.

In

§. 1557

wurden die Worte:

„aus einem der in den §§. 1548 bis 1551 bestimmten Gründen"

gestrichen. Begründung siehe bei §. 1553.

Hinter §. 1557 wurde die Diskussion eröffnet über drei Anträge, welche bezweckten, neben der Scheidung die dauernde Trennung von Tisch und Bett einzuführen. Die Anträge lauteten:

§. 1557a.

„Der Ehegatte, der in den Fällen der §§. 1548 bis 1551 auf Scheidung zu klagen berechtigt ist, kann statt auf Scheidung auf Aufhebung der ehelichen Gemeinschaft klagen. Verlangt der andere Ehegatte, daß die Ehe, wenn die Klage begründet ist, geschieden werde, so ist auf Scheidung zu erkennen.

Die Klage auf Aufhebung der ehelichen Gemeinschaft unterliegt den Vorschriften der §§. 1553 bis 1557."

§. 1557b.

„Ist nach §. 1557a auf Aufhebung der ehelichen Gemeinschaft erkannt, so kann jeder der Ehegatten auf Grund des Urtheils auf Scheidung klagen, es sei denn, daß nach dem Urtheile das eheliche Leben wieder aufgenommen worden ist.

Die Vorschriften der §§. 1553 bis 1557 finden keine Anwendung; wird die Ehe geschieden, so ist der Ehegatte, der im Trennungsurtheile für schuldig erklärt ist, auch im Scheidungsurtheile für schuldig zu erklären."

„§. 1566a.

Wird nach §. 1557a die eheliche Gemeinschaft aufgehoben, so treten die gleichen Wirkungen ein, wie wenn die Ehe geschieden worden wäre; doch kann, so lange nicht auf Scheidung erkannt worden ist, keiner der Ehegatten eine neue Ehe eingehen.

Wird nach der Aufhebung der ehelichen Gemeinschaft das eheliche Leben wieder aufgenommen, so fallen die in Absatz 1 bezeichneten Wirkungen weg; doch gilt unter den Ehegatten Gütertrennung nach den Vorschriften der §§. 1410 bis 1414."

Ueber diese Anträge wurde zunächst wieder eine Generaldiskussion eröffnet. Die Paragraphen wurden begründet von dem Standpunkte des katholischen Volkstheils aus. Nach der Lehre der katholischen Kirche sei eine Scheidung vom Bande der Ehe niemals zulässig. Die katholische Kirche kenne nur eine separatio a toro et mensa, welche es den Eheleuten gestattet, getrennt von einander zu leben, ihnen aber nicht gestattet, eine neue Ehe einzugehen. Wenn unter Katholiken eine Ehe thatsächlich unhaltbar geworden sei, so müsse der Katholik, der an der Forderung seiner Kirche festhalten wolle, nicht nur eine Remedur mit den Mitteln der staatlichen Gesetzgebung suchen, insofern er seine Ehe staatlich abgeschlossen habe, sondern auch eine Remedur durch die kirchliche Ehegerichtsbarkeit, insoweit der staatlichen Eheschließung die kirchliche Trauung gefolgt sei, welche ja nach den Anschauungen der katholischen Kirche als das allein Entscheidende von ihm betrachtet werde. Dabei gerathe er in den Konflikt, daß er, um das kirchliche Urtheil auf separatio a mensa et toro ausüben zu können, sich dem Staate gegenüber decken müsse, indem er die Scheidungsklage anstelle, obschon er diese nur unter einem Präjudiz anstellen könne, welches seine Kirche streng verpönt, nämlich unter dem Präjudiz, daß jeder der beiden Ehegatten eine neue Ehe eingehen könne. Durch diese Umstände komme jeder Katholik, dessen Ehe thatsächlich unhaltbar geworden sei, in den sehr empfindlichen religiösen Konflikt, entweder auf jegliche Remedur zu verzichten oder, um die kirchliche Remedur genießen zu können, eine staatliche Klage anzustellen, welche er prinzipiell nicht anstellen wolle. Es müsse als die Aufgabe der staatlichen Gesetzgebung bezeichnet werden, auf diese Verhältnisse Rücksicht zu nehmen, da ein sehr großer Theil des deutschen Volkes der katholischen Religion zugethan sei und an den Lehren und Grundsätzen derselben unbedingt festhalte. Nehme der Staat auf solche Umstände keine Rücksicht, so kränke er das religiöse Gefühl der Katholiken ohne jeden Grund und bringe im gegebenen Falle katholische Eheleute unter einen Gewissenszwang, ohne daß dadurch den staatlichen Interessen im allermindesten genutzt werde. Es könne nicht als die Aufgabe des Staates betrachtet werden, grundsätzlich religiösen Anschauungen entgegenzutreten oder dieselben zu ignoriren, weil dadurch das Zusammenleben der Konfessionen und das Walten der einzelnen Konfessionen innerhalb des Staatsgebiets ohne jede Noth gehindert und geschädigt werde. In Frankreich bestehe die Trennung von Tisch und Bett neben der Scheidung vom Bande der Ehe, ohne daß die staatlichen Interessen darunter litten. Derselbe Zustand habe in Deutschland auf dem linken Rheinufer im ganzen Gebiet des französischen Rechtes gegolten bis zur Einführung des Reichsgesetzes vom 6. Februar 1875, ohne zu Schwierigkeiten zu führen. Es müsse als ein Mindestmaß von Entgegenkommen gegenüber dem katholischen Volkstheile betrachtet werden, daß man in seinem Interesse die Trennung von Tisch und Bett zulasse, wenn man im Interesse derjenigen, welche auf die religiösen Grundsätze keinen Werth legten, die Scheidung beibehalten und befestigen wollte.

Der bayerische Bundesrathsbevollmächtigte theilte mit, daß bei der Berathung des Entwurfs im Bundesrathe die Königlich bayerische Regierung die Zulassung der Klage auf dauernde Aufhebung der ehelichen Gemeinschaft neben der Klage auf Scheidung in der nämlichen Form beantragt habe. Sie erkenne an, daß sich für den den Vorschriften seiner Kirche treuen Katholiken ein schwerer Gewissenskonflikt daraus ergeben könne, daß ihn der Staat im Falle einer unhaltbar gewordenen Ehe ausschließlich auf den Weg der Erhebung der Scheidungsklage verweist, während die Vorschriften seiner Kirche ihm die Erhebung dieser Klage verbieten. Sie betrachte es als eine Aufgabe der Gesetzgebung, dem Eintritte solcher Gewissenskonflikte vorzubeugen, und glaube, daß dies auf dem durch die Anträge bezeichneten Wege um so unbedenklicher geschehen könne, als nach der Ausgestaltung der Bestimmungen im Einzelnen irgend eine Beschwerde für Andersdenkende aus ihnen nicht erwächst. Die bayerische Regierung empfinde daher hohe Befriedigung darüber, daß diese Anträge auch in dem gegenwärtigen Stadium der Berathung des Entwurfs eingebracht wurden und wünsche auf das Dringendste ihre Annahme.

Der Herr Staatssekretär des Reichsjustizamts erklärte, im Bundesrath hätte die Mehrzahl der verbündeten Regierungen sich gegen einen derartigen Antrag, der, wie bereits der Herr Bevollmächtigte für Bayern hervorgehoben habe, seitens Bayerns gestellt gewesen sei, erklärt. Schon daraus, daß die Wünsche eines so einflußreichen Gliedes des Reichs bei der Mehrheit der Regierungen die Zustimmung nicht gefunden, ergebe sich, daß doch auch ernste sachliche Momente gegen diese Wünsche sich geltend machen lassen. Der bayerische Antrag sei abgelehnt worden, weil schon seit 1875 mit dem Erlaß des Reichscivilstandsgesetzes in ganz Deutschland ein einheitlicher Rechtszustand dahin geschaffen worden sei, daß für die staatliche Gesetzgebung nur die Scheidung gelte. Diese Einheit sei damals unter schwierigen Verhältnissen durchgesetzt worden, und die Mehrheit der verbündeten Regierungen habe nicht anerkennen können, daß für sie gegenwärtig ein Anlaß vorliege, die Initiative zwecks einer Aenderung des geltenden Rechts zu ergreifen. Die Erfahrungen mit den Grundsätzen des Reichscivilstandsgesetzes hätten keine Nöthigung ergeben, die Trennung von Tisch und Bett wieder einzuführen. Die Kritik des Entwurfs habe allerdings ebenfalls solche Wünsche geäußert, jedoch seien neue Gründe für dieselben nicht beigebracht worden. Schon vor 1875 habe der durch das Reichscivilstandsgesetz geschaffene Rechtszustand auf Grund des preußischen Landrechts, also in einem großen Theile des Reichs und mehrere Generationen hindurch bestanden. Derselbe habe sich allerdings nicht der Zustimmung der katholischen Bevölkerung zu erfreuen gehabt, aber er sei doch von derselben ohne weitere Beschwerde ertragen worden. Es handle sich in Wahrheit um konfessionelle Bestimmungen, welche nur in die Form von allgemeinen Bestimmungen gekleidet worden seien, um die Aufnahme in das Bürgerliche Gesetzbuch zu erleichtern. Die Trennung von Tisch und Bett könne, wenn sie unter Verhältnissen erwirkt werde, wo ein starkes religiöses Empfinden nicht vorliege, zu sehr üblen sittlichen und wirthschaftlichen Folgen führen. Wenn diese Gründe zu einer Ablehnung des Antrages im Bundesrath geführt hätten, so bestehe indessen doch auch bei dem Bundesrath der Wunsch, das Bürgerliche Gesetzbuch so zu gestalten, daß es die ungetheilte Zustimmung auch der katholischen Bevölkerung finden könne. Er vermöge daher die gestellten Anträge nicht zu befürworten, halte sich aber auch nicht für ermächtigt, dieselben auf alle Fälle für unannehmbar zu erklären. Er erkenne an, daß die Form derselben mit Rücksicht auf die andern Konfessionen maßvoll gewählt sei. Er und die übrigen Vertreter der Regierungen würden daher an der Einzeldurcharbeitung dieser Bestimmungen zunächst mitwirken, er bitte aber, nicht daraus zu entnehmen, daß sie sich damit auf eine Zustimmung zu den definitiv gestalteten Anträgen festlegten.

Aus den Kreisen der Kommission fand eine verschiedenartige Stellungnahme zu diesen Anträgen statt. Von einer Seite wurde erklärt, daß man den Anträgen unter keinen Umständen zustimmen könne. Wenn das bürgerliche Gesetzbuch nur eine Art der Eheschließung anerkenne, so könne es auch nur eine Art der Rückgängigmachung der Eheschließung zulassen, und diese Form müsse die Scheidung sein.

Von anderer Seite wurde geltend gemacht, es handle sich hier um einen Schritt rückwärts, der die alte Rechtsentwickelung in Preußen durchbreche. Man knüpfe wieder an konfessionelle Verschiedenheiten an. Das sei nicht erfreulich. Wenn es aber durch Entgegenkommen auf diesem Gebiete gelingen könne, den Entwurf für den katholischen Volkstheil annehmbar zu machen, so sei man zum Entgegenkommen bereit. Ein Kompromiß oder ein Handelsgeschäft auf einem solchen Gebiete müsse selbstredend ausgeschlossen sein; aber man sei bereit, so weit wie möglich entgegen zu kommen, um den Boden einer versöhnlicheren Stimmung zu gewinnen und um die religiösen Bedenken zu schonen.

Von anderer Seite wurde darauf hingewiesen, daß allerdings in katholischen und evangelischen Kreisen in religiöser Hinsicht auf diesem Gebiete ein verschiedenes Recht herrsche. Bringe man diese Verschiedenheiten jetzt im Bürgerlichen Gesetzbuch zum Ausdruck, so sei es zweifelhaft, ob das für das Zusammenleben der Konfessionen förderlich sein werde. Man müsse aber anerkennen, daß der Staat alle Veranlassung habe, Rücksicht zu nehmen auf die Gewissensbedenken der Katholiken. Man erwarte aber dagegen, daß seitens der Vertreter der katholischen Anschauung auch Rücksicht genommen werde auf die Gewissensbedenken anderer Konfessionen. Man wolle daher einstweilen entgegen kommen, behalte sich aber die definitive Stellungnahme vor.

Von noch anderer Seite kam man dem Antrage noch weiter entgegen. Man wies darauf hin, daß es für den evangelischen Volkstheil im Rheinland keinerlei Beschwerden gebracht habe, so lange auf Grund des code civil, also bis 1875, die Trennung von Tisch und Bett neben der Scheidung bestanden habe. Der Antrag durchbreche allerdings das bisher einheitliche staatliche Ehescheidungsrecht, aber damit werde der Erfolg erreicht, daß man von den Katholiken den Zwang wegnähme, gegen ihre eigene Ueberzeugung mit einer Scheidungsklage in Aktion zu treten, während ihre kirchliche Lehre eine Scheidung vom Bande der Ehe unter allen Umständen verbiete. Man könne zugeben, daß für anders Denkende Beschwerden sich daraus nicht ergeben würden, nachdem die Erfahrungen im Rheinlande vor 1875 ebenfalls keine solchen Beschwerden ergeben hätten.

In der Spezialdiskussion zu

§. 1557a.

wurde seitens der Antragsteller ausgeführt, daß es, wenn beide Ehegatten katholisch seien, für die Katholiken nur zulässig erscheine, die Trennung von Tisch und Bett mit Ausschluß der Scheidung zu gewähren. Da man jedoch wisse, daß die übergroße Mehrzahl der Kommission von dem Standpunkt ausgehen werde, daß das staatliche Recht auch bei Katholiken solche Verhältnisse berücksichtigen müsse, wo der eine Theil nicht mehr gesonnen sei, sich an die Vorschriften seiner Kirche zu binden, so habe man sich gezwungen gesehen, von vornherein diesen Paragraphen so zu gestalten, daß er auch von den Anhängern der erwähnten Anschauung angenommen werden könne, weil damit allein die Möglichkeit gegeben werde, für den Antrag eine Mehrheit zu finden. Bei gemischten Ehen müsse jener Gesichtspunkt in verstärktem Maße zur Anwendung kommen. Man habe es als sicher betrachten müssen, daß die Mitglieder evangelischer Konfession bei gemischten Ehen für den evangelischen Ehetheil unbedingt das Recht beanspruchen würden, die Scheidung zu verlangen, wenn der katholische Theil mit einer Klage auf Trennung von Tisch und Bett vorgehe. Die Fassung des Paragraphen sei also so gewählt, daß die Kommission sie acceptiren könne, ohne irgendwie die Interessen des evangelischen Volkstheils oder die Interessen solcher Katholiken, welche mit den Anschauungen ihrer Kirche gebrochen hätten, zu beeinträchtigen.

Der Paragraph wurde daraufhin mit 16 gegen 5 Stimmen angenommen.

Bei der zweiten Lesung wurde Absatz 2 gefaßt wie folgt:

„Für die Klage auf Aufhebung der ehelichen Gemeinschaft gelten die Vorschriften der §§. 1556, 1557."

Nur redaktionell. Das Citat der §§. 1553 bis 1555 ist überflüssig, da die Klage auf Aufhebung der ehelichen Gemeinschaft nur dem Ehegatten zusteht, der auf Scheidung zu klagen berechtigt ist und unter den Voraussetzungen der angeführten Paragraphen der Ehegatte nach dem Inhalte dieser Paragraphen auf Scheidung zu klagen nicht berechtigt ist.

Zu

§. 1557b

wurde der Wunsch geäußert, daß, wenn das Urtheil auf Aufhebung der ehelichen Gemeinschaft in eine Scheidung verwandelt werden solle, es keines neuen Verfahrens bedürfen möge, daß vielmehr ein kürzeres Verfahren genügen müsse wegen der Kosten und wegen der Dauer des Verfahrens. Ein Sühneversuch müsse in einem solchen Falle auf alle Fälle als überflüssig erscheinen.

Es wurde entgegnet, daß es sich hier nur darum handeln könne, die materielle Frage zu entscheiden. Die Frage des Verfahrens möge der Revision der Civilprozeßordnung überlassen bleiben. Ob man mit einem einfacheren Verfahren, insbesondere ob man ohne ein ausdrückliches Scheidungsurtheil auskomme, sei sehr zweifelhaft. Jedenfalls müßte man daneben bestimmen, daß in die Heirathsregister außer Scheidungsurtheilen auch Beschlüsse eingetragen werden könnten und müßten, welche auf Grund eines vorhergegangenen Urtheils auf Aufhebung der ehelichen Gemeinschaft die Verwandlung in eine Scheidung ausgesprochen hätten.

Zur Interpretation des Paragraphen wurde gefragt, ob, nachdem ein Urtheil auf Aufhebung der ehelichen Gemeinschaft ergangen sei, in dem nachfolgenden Scheidungsprozesse lediglich das Urtheil auf Aufhebung der ehelichen Gemeinschaft das Klagefundament zu bilden habe oder ob von dem Kläger außerdem nachgewiesen werden müsse, daß eine Wiedervereinigung nicht stattgefunden habe.

Es wurde als einstimmige Auffassung der Antragsteller und der Kommission bestätigt, daß die Wiederaufnahme des ehelichen Lebens in dem Sinne dieses Paragraphen eine Einrede darstelle, welche der Beklagte geltend zu machen habe, wenn der Kläger auf Grund des Urtheils auf Aufhebung der ehelichen Gemeinschaft die Scheidung verlange.

§. 1557b wurde angenommen.

Zu

§. 1566a

wurde klargestellt, daß, wenn nach Aufhebung der ehelichen Gemeinschaft das eheliche Leben wieder aufgenommen sei und alsdann neue Scheidungsgründe sich ergäben, jeder der beiden Ehegatten das Recht habe, sowohl eine neue Klage auf Aufhebung der ehelichen Gemeinschaft als eine Klage auf Scheidung anzustellen. Uebrigens wirke die Wiederaufnahme des ehelichen Lebens ebenso wie die Verzeihung auf alle Ehescheidungsgründe, welche vor derselben lägen.

Es wurde noch beantragt, den Absatz 2 zu fassen, wie folgt:

„Wird nach Aufhebung der ehelichen Gemeinschaft das eheliche Leben wieder aufgenommen und die Wiederaufnahme den Standesbeamten angezeigt, so treten die Wirkungen der Ehe wieder ein."

Es wurde entgegnet, daß es sich einmal nicht empfehle, neben der thatsächlichen Wiederaufnahme des ehelichen Lebens eine Anzeige bei den Standesbeamten in dem Sinn zu verlangen, daß die materiellen Wirkungen der Wiederaufnahme von dieser Anzeige abhängen würden: die Anzeige werde häufig genug unterbleiben; daß dann die Ehe, trotz der Wiederaufnahme, in fast allen Richtungen als eine geschiedene gelte, sei unthunlich. Und weiterhin könne die Bezugnahme auf die Gütertrennung zweckmäßig nicht weggelassen werden: die Folge wäre, daß unter den Ehegatten Verwaltungsgemeinschaft eintreten würde; dies werde, wenn vor der Aufhebung der Gemeinschaft ein anderes Güterrecht gegolten habe, in der Regel der Anschauung und dem Willen der Ehegatten nicht entsprechen und sei auch deswegen nicht den Verhältnissen entsprechend, weil jedes Gemeinschafts-Verhältniß leicht wieder zu Reibungen und Differenzen unter den Ehegatten führe; die Gütertrennung dagegen setze im Allgemeinen das Verhältniß fest, wie es sich durch die Aufhebung der ehelichen Gemeinschaft gestaltet habe — allerdings unter den durch die Wiederaufnahme der Ehe nothwendig gewordenen, aus den §§. 1410 bis 1414 sich ergebenden Modifikationen.

Der Antrag wurde daraufhin zurückgezogen.

Ferner wurde beantragt, als Absatz 3 diesem Paragraphen hinzuzufügen:

„Die Wiederaufnahme des ehelichen Lebens muß der Standesbeamte auf Verlangen der Eheleute im Heiratsregister vermerken.

Der Antrag wurde angenommen, jedoch wurde die Stellung desselben vorbehalten. Die Redaktions-Kommission sollte erwägen, ob dieser Gedanke im Bürgerlichen Gesetzbuch oder im Personenstandsgesetz zum Ausdruck zu kommen habe. Die Redaktions-Kommission entschied sich dahin, daß die richtigere Stelle für diese Bestimmung das Personenstandsgesetz sei. Sie trug dem Gedanken daher Rechnung im Einführungsgesetz. Vgl. den Beschluß zu Artikel 45, II, §. 55 Absatz 2 dieses Gesetzes.

Auch anderweite Anregungen bezüglich der Einzelheiten des §. 1566a, namentlich über die Tragweite des im Absatz 1 bestimmten Grundsatzes, wurden der Redaktions-Kommission zur Erwägung überwiesen. Dieselbe beschloß in dieser Richtung, dem Absatz 1 als zweiten Satz die Vorschrift beizufügen:

„Die Vorschriften über die Nichtigkeit und Anfechtbarkeit der Ehe finden Anwendung, wie wenn das Urtheil nicht ergangen wäre."

Aus den Kreisen der Kommission wurde an dieser Stelle, als dem Schlusse des Ehescheidungsrechts, angeregt, ob das landesherrliche Ehescheidungsrecht abzuschaffen sei. Ein solches bestehe in manchem Theile Deutschlands, in Preußen insbesondere für die ehemals selbstständigen Gebiete Kurhessen, Schleswig-Holstein, Hannover, während für andere Theile Preußens die Existenz eines solchen Rechts zweifelhaft sei; in Mecklenburg sei dasselbe anerkannt (vgl. Näheres in Motive IV 577 und 578).

Seitens des Herrn Staatssekretärs des Reichsjustizamts wurde mitgetheilt, daß die Frage auch im Bundesrath angeregt worden sei. Es wären Anträge gestellt worden, dasselbe zu erhalten; sie seien aber abgelehnt worden. Danach habe im Bundesrath Einstimmigkeit darüber bestanden, daß der Entwurf das landesherrliche Ehescheidungsrecht beseitige. Darüber lasse der Entwurf keinen Zweifel, indem er in §. 1547 bestimme: „die Scheidung erfolgt durch Urtheil".

Nunmehr kam ein Antrag zur Verhandlung, welcher die §§. 1286 bis 1305 und 1547 bis 1556, also das Eheschließungs- und Ehescheidungsrecht, aus dem Entwurf streichen wollte, das Eheschließungsrecht, weil es in dieser Beziehung besser bei den Bestimmungen des Reichscivilstandgesetzes seine Bewandtniß habe, das Ehescheidungsrecht, weil dasselbe für das Gebiet des preußischen Rechts die Ehescheidung allzusehr erschwere.

Von einem Mitgliede der Kommission, welches der katholischen Konfession angehörte, wurde erklärt, daß man sich diesem Antrage zunächst nicht anschließen wolle. Für die katholischen Mitglieder des Reichstags würde es eine sehr schwere Entscheidung sein, ob man das gesammte Eherecht um gewisser nicht unbeträchtlicher Vortheile willen, die es für die katholischen Anschauungen bringe, acceptiren könne, obwohl dasselbe in den mannigfachsten Beziehungen in Widerspruch stehe mit den Lehren und Grundsätzen der katholischen Kirche. Doch halte man es in diesem Stadium noch für zu früh, eine Entscheidung hierüber zu treffen. Man müsse sich jedoch vorbehalten, in späteren Stadien der Kommissionsberathung oder im Plenum einen Antrag zu stellen, welcher nicht nur das Eheschließungs- und Ehescheidungsrecht, sondern auch neben diesen das materielle Eherecht aus dem Entwurfe beseitige.

Der Antrag wurde daraufhin abgelehnt.

In der zweiten Lesung wurde hinter §. 1566b eingeschaltet:

Achter Titel.

Kirchliche Verpflichtungen.

§. 1566c.

„Die kirchlichen Verpflichtungen in Ansehung der Ehe werden durch die Vorschriften dieses Abschnittes nicht berührt."

Die Diskussion über den betreffenden Antrag siehe oben in der Generaldiskussion zu Beginn des Eheschließungsrechtes.

Nunmehr kehrte die Berathung zurück zu dem

Fünften Titel.

Wirkungen der Ehe im Allgemeinen.

Zu

§. 1336

wurde zunächst beantragt, denselben zu streichen. Derselbe widerspreche der sittlichen Natur der Ehe. Eine Rechtspflicht zur Herstellung der ehelichen Lebensgemeinschaft könne nicht konstruirt werden, ohne das natürliche Recht der Ehegatten zu verletzen, die eheliche Gemeinschaft nur soweit zu leisten, als Zuneigung und Liebe sie dazu bestimmten. Von Seiten der Frauenvereine sei die Streichung verlangt worden. Durch die Streichung entstehe keine Lücke im Gesetz. Sie sei um so mehr zu empfehlen, als ja der Entwurf gar nicht wage, die Konsequenz zu ziehen, daß im gegebenen Falle die Herstellung der ehelichen Lebensgemeinschaft durch polizeiliche Maßregeln erzwungen werden könne.

Es wurde entgegnet, die Ehe sei allerdings ein sittliches Verhältniß, aber das rechtliche Resultat dieser sittlichen Gemeinschaft müsse doch gezogen werden und zwar zunächst aus praktisch juristischen Gründen, weil die Klage auf Wiederherstellung des ehelichen Lebens eine Voraussetznng der böslichen Verlassung im Sinne des §. 1550 sei. Streiche man die Bestimmung, so werde es fraglich, ob im Sinne des Gesetzes die sittliche Pflicht der Ehegemeinschaft auch eine rechtliche Pflicht sei. Auch sei es nicht sicher, ob die aus Absatz 2 sich ergebende sittliche Schranke des jedem Ehegatten zustehenden Rechts ohne ausdrückliche Hervorhebung erkannt und als rechtliche Schranke betrachtet werde.

Der Antrag auf Streichung des Paragraphen wurde daraufhin abgelehnt.

Ferner wurde der Antrag gestellt, Absatz 2 zu fassen wie folgt:

„Ein Ehegatte ist nicht verpflichtet, dem Verlangen des anderen Ehegatten zur Herstellung der ehelichen Gemeinschaft Folge zu leisten, wenn ein wichtiger Grund vorliegt."

Es wurde angeführt, der Begriff „Mißbrauch seines Rechtes" im Entwurf sei zu eng. Auch andere Gründe müßten genügen, um die Frau zu berechtigen, die eheliche Lebensgemeinschaft aufzugeben, z. B. wenn der Mann nicht in der Lage sei, für den

Lebensunterhalt der Frau und ihrer Kinder zu sorgen, wenn in Folge von nervöser Ueberreiztheit Streitigkeiten zwischen den Ehegatten ausgebrochen seien, von denen man hoffen könne, daß sie in Folge einer gewissen Zeit der Trennung sich beruhigten, ohne daß es nothwendig sei, zur Ehescheidungsklage zu schreiten.

Darauf wurde erwidert, daß der Ausdruck „ein wichtiger Grund" doch der subjektiven Willkür allzuviel Freiheit lasse. Der Begriff „Mißbrauch seines Rechtes" sei ungleich klarer und schärfer gegriffen, wie der Begriff „wichtiger Grund."

Der Antrag wurde daraufhin abgelehnt.

Ferner wurde der Antrag gestellt, als Absatz 3 hinzuzufügen:

„Ist der eine Ehegatte wegen eines Verschuldens des anderen Ehegatten berechtigt, auf Scheidung oder auf Aufhebung der ehelichen Gemeinschaft zu klagen, so kann er die Herstellung der häuslichen Gemeinschaft verweigern."

Dazu wurde ausgeführt, es sei möglich, daß die Rechtsprechung diese Konsequenz aus dem Absatz 2 dieses Paragraphen ziehe. Indessen sei das nicht für alle Fälle sicher, da unter Umständen das Verlangen nach Herstellung der Gemeinschaft keineswegs als Mißbrauch des Rechts des einen Ehegatten betrachtet werden könne, wenn Ehescheidungsgründe vorlägen. Und es sei die Frage, ob in dem Verlangen der Herstellung der ehelichen Gemeinschaft ein Mißbrauch des dem anderen Ehegatten zustehenden Rechts zu sehen sei, nach der Gestaltung zur Zeit des Verlangens zu beurtheilen; liege der Scheidungsgrund zeitlich weit zurück und sei die Ehescheidungsklage nicht anhängig gemacht, so werde es nicht selten im maßgebenden Zeitpunkte an den Voraussetzungen für die Annahme des Mißbrauchs fehlen. Werde daher die beantragte Bestimmung nicht angenommen, so stehe der verletzte Theil immer vor der Wahl, entweder sofort die Ehescheidungsklage anzustellen, oder aber sich dem Verlangen des anderen Theils nach Herstellung der Gemeinschaft unbedingt zu fügen. Das werde zu einer sehr unerwünschten Vermehrung der Ehescheidungsprozesse führen. Eine besondere Bedeutung werde diese Bestimmung haben für diejenigen Volkskreise, welche auf die kirchliche Trauung Werth legten. Wenn die kirchliche Trauung im Voraus ausdrücklich versprochen oder nach den Umständen als selbstverständlich angenommen worden sei, hernach aber in Folge des Widerstrebens des einen Theils nicht eingeholt werde, so komme der andere Theil in die üble Lage, sich dem Verlangen auf Herstellung der Gemeinschaft sofort fügen zu müssen, weil das Bürgerliche Gesetzbuch alle Verpflichtungen aus der Ehe an die staatliche Eheschließung knüpfe und man daher vielleicht nicht einmal sagen könne, daß nach Abschluß der staatlichen Eheschließung dieses Verlangen des einen Theils ein „Mißbrauch seines Rechts" sei. Nachdem von der Kommission als zweifellos angenommen worden sei, daß unter Umständen die Verweigerung der kirchlichen Trauung nach §. 1551 ein Scheidungsgrund sei, ergebe sich die Möglichkeit, hier die erwähnte Gewissensbedrängniß zu beseitigen. Man müsse demjenigen Theil, der auf die kirchliche Eheschließung Werth lege, das Recht geben, die eheliche Gemeinschaft zu verweigern, so lange die versprochene oder als selbstverständlich angenommene kirchliche Trauung nicht nachgeholt worden sei, und das könne man, indem man die beantragte Bestimmung aufnehme.

Es wurde gegen die allgemeinen Gründe entgegnet: Es sei nicht unbedenklich, aus dem Vorliegen eines Scheidungsgrundes einen selbstständigen Grund für die Verweigerung der ehelichen Gemeinschaft zu machen, also auch für den Fall die Weigerung zu gestatten, wenn im Zeitpunkte, in dem die Herstellung der ehelichen Gemeinschaft verlangt wird, in diesem Verlangen ein Mißbrauch nicht gefunden werden könne; die Zahl der Fälle, in denen die Ehegatten thatsächlich auseinandergehen, werde zweifellos nicht unerheblich vermehrt, ohne daß ein eigentliches Bedürfniß vorliege; auch werde die Frage, ob ein Scheidungsgrund vorliege, ohne Noth in Prozessen die nicht mit den Garantien des Scheidungsprozesses versehen sein, zum Austrag gebracht. Gegen die Berufung auf den

Spezialfall der Verweigerung der kirchlichen Trauung: soweit die Weigerung der kirchlichen Trauung auf sittlich verwerflichen Motiven beruhe, liege, wie sich aus den Ausführungen zu §. 1551 ergebe, sicherlich in dem Verlangen der Herstellung der ehelichen Gemeinschaft ein Mißbrauch des dem betreffenden Ehegatten zustehenden Rechtes, und liege für das Rekurriren auf den in solchem Falle ebenfalls vorliegenden Scheidungsgrund ein Bedürfnis nicht vor. Der Aufnahme einer besonderen Bestimmung darüber bedürfe es nicht.

Von anderer Seite, welche im Allgemeinen diesen Ausführungen beistimmte, wurde doch anerkannt, daß es wünschenswerth sei, diese Ansicht im Gesetz ausdrücklich auszusprechen.

Der Antrag wurde daraufhin unter Vorbehalt der Redaktion angenommen. Die Redaktions-Kommission trug demselben Rechnung, indem sie dem Absatz 2 den Satz hinzufügte:

„Das Gleiche gilt, wenn der andere Ehegatte berechtigt ist, auf Ehescheidung zu klagen."

Die Worte „wegen eines Verschuldens" wurden für überflüssig erachtet, nachdem §. 1552 (Ehescheidung wegen Geisteskrankheit) gestrichen worden war. Die Worte „oder auf Aufhebung der ehelichen Gemeinschaft" erübrigten sich dadurch, daß die Aufhebung der ehelichen Gemeinschaft dieselben Voraussetzungen hat wie die Ehescheidung.

§. 1337.

Von zwei Seiten wurde beantragt, diesen Paragraphen zu streichen.

Die eine Seite bemängelte diese Bestimmungen als eine **lex imperfecta**. Das Verhältniß von Mann und Frau unter eine feste Formel zu bringen, sei überhaupt unmöglich. Es sei daher besser, gar keine Bestimmungen über dieses Verhältniß zu geben. Von der anderen Seite wurde mit dem Streichungsantrage der eventuelle Antrag verbunden:

§. 1337 zu fassen, wie folgt:

„In allen das gemeinschaftliche eheliche Leben betreffenden Angelegenheiten sind beide Ehegatten gleichberechtigt. Bei Meinungsverschiedenheit über den ehelichen Aufwand entscheidet derjenige Theil, aus dessen Vermögen die Ehelasten zum größten Theil bestritten werden. Jedoch darf die Entscheidung den anderen Gatten in seiner Erwerbsthätigkeit nicht schädigen. Für die Wahl des Wohnorts giebt die Entscheidung desjenigen Ehegatten den Ausschlag, dessen Beruf für die Lebensführnng der Familie maßgebend ist.

Ein Gatte ist nicht verpflichtet, der Entscheidung des anderen Theils Folge zu leisten, wenn diese Entscheidung sich als Mißbrauch des die Entscheidung treffenden Theils darstellt."

Zur Begründung des prinzipalen wie des eventuellen Antrags wurde ausgeführt: Mit dieser Bestimmung stelle der Entwurf sich auf den Standpunkt, daß die Ehe für die Frau ein Hörigkeitsverhältniß bedeute. Man müsse aber in der Ehe volle Gleichberechtigung beider Theile verlangen. Die Bestimmung enthalte eine grobe Ungerechtigkeit gegenüber der Frau und entspreche in keiner Weise mehr der heutigen Entwicklung. Die dieser entsprechende Gleichstellung werde sich im Falle der Streichung von selbst geltend machen; eventuell würde eine entsprechende Vorschrift vorgeschlagen.

Es wurde entgegnet: der Gedanke, daß der Mann das Haupt der Familie sei, sei ein natürlicher und ergebe sich aus dem Wesen der Ehe. Eine gesunde Familie könne nur bestehen, wenn der Mann das Haupt derselben sei. Wolle die Frau dem Manne sich nicht unterordnen, so bedeute das eine bedenkliche Lockerung der Familienbande und einen ganz anomalen Zustand der Familie. Man habe in keiner Weise Veranlassung, derjenigen Tendenz, welche die Familie und die Ehe in ein freies Verhältniß von lediglich auf Gegenseitigkeit zu einander stehenden Personen auflösen wolle, irgend welchen Vorschub zu leisten, wie direkt durch die Annahme des Eventual-Antrages, im Sinne der Antragsteller aber auch durch die einfache Streichung geschehen würde. Der Eventual-Antrag wäre übrigens auch, wenn man sich auf den Standpunkt der Antragsteller stellten wollte, nicht annehmbar: er sei in hohem Grade unklar und unpraktisch, auch weitaus nicht nach allen Richtungen hin ausreichend.

Von anderer Seite wurde betont, daß man ebenfalls den Wunsch habe, die Frau in der Ehe besser zu stellen Die Besserstellung der Frau sei aber nur da zu suchen, wo die eheliche Gemeinschaft durch dieselbe nicht berührt werde. Es sei notwendig, daß Einer entscheide. Lasse man dem Manne nicht die Entscheidung, so wisse Niemand, wer zu entscheiden habe, wenn Meinungsverschiedenheiten unter den Ehegatten sich ergäben.

Der Antrag wurde daraufhin abgelehnt und §. 1337 unverändert angenommen.

Als

§. 1337a

wurde beantragt, aufzunehmen:

„Der Mann ist unter Maßgabe seiner Lebensstellung, seines Vermögens und seiner Erwerbsfähigkeit verpflichtet, einen eigenen Haushalt zu errichten, in welchem die Frau, die ihr gebührende Stellung als Hausfrau einnimmt.

Insbesondere ist die Frau verpflichtet, dem Manne in dessen Wohnort und Wohnung zu folgen, es sei denn, daß eine ernstliche Gefahr für ihr Wohl, insbesondere für ihr Leben oder ihre Gesundheit oder eine begründete Besorgniß wegen des künftigen Unterhalts eine Weigerung rechtfertigt."

Von anderer Seite wurde beantragt, diesen Antrag abzulehnen, dafür aber dem §. 1337 als Absatz 3 hinzufügen:

„Als Mißbrauch ist insbesondere anzusehen, wenn eine ernstliche Gefahr für ihr Wohl, insbesondere für ihr Leben oder ihre Gesundheit, oder eine begründete Besorgniß wegen des künftigen Unterhalts eine Weigerung rechtfertigt."

Der erstere Antrag wurde damit begründet, daß es erwünscht sei, die Pflichten des Mannes und der Frau näher zu präzisiren, als es im Entwurf geschehen sei. Absatz 2 des Antrages schließe sich an die Bestimmungen des sächsischen Gesetzbuches an.

Es wurde entgegnet, daß es sich in diesem Antrage um Spezialanwendungen des Prinzips handle, die sich als solche unbedenklich aus dem Prinzip selber ergäben. Wenn man diese einzelnen Spezialanwendungen aufnehme, so verdunkle man dadurch die Tragweite des Prinzips und mache die Anwendung desselben unsicher. Im Einzelnen gehe aber auch Absatz 1 des Antrags viel zu weit. Es seien bei der Vielgestaltigkeit der ökonomischen Verhältnisse mancherlei Umstände denkbar, in denen derselbe zu sehr mißlichen Folgen führen könne, wie denn namentlich die Herstellung eines eigenen Hausstandes in vielen Fällen nicht möglich sei, auch der Sitte nicht entspreche.

Von anderer Seite wurde anerkannt, daß Absatz 1 zu weit gehe; doch wurde zugegeben, daß es im Interesse des populären Verständnisses des Gesetzbuches erwünscht sei, den Gedanken des Absatzes 2 in bestimmter Formulirung zum Ausdruck zu bringen; allerdings geschehe das besser im Anschluß an §. 1337. Von dieser Seite wurde der obenerwähnte zweite Antrag gestellt.

Doch wurde auch gegenüber diesem Antrag das Bedenken geltend gemacht, daß die Einführung einzelner Spezialanwendungen des Prinzips immer bedenklich sein müsse, wenn man nicht in der Lage sei, die Spezialanwendungen vollständig aufzuzählen.

Beide Anträge wurden abgelehnt.

Zu

§. 1338

wurde zunächst beantragt, hinzuzufügen:

„und nimmt Theil an dem Stande des Mannes."

Es wurde ausgeführt, daß im ganzen deutschen Volk in der gesellschaftlichen Würdigung die Frau an dem Stande des Mannes theilnehme. Es sei erwünscht, dies auch im Bürgerlichen Gesetzbuch zum Ausdruck zu bringen. Das sei auch nöthig, weil die Frau unter Umständen theilhabe und theilhaben müsse an Familienstiftungen und Stipendien, deren Genuß sich nach dem Stande des Mannes richte.

Es wurde entgegnet, daß die Annahme des Antrages sich nicht empfehle, weil der Begriff „Stand" ein sehr unklarer sei. Es sei nicht ersichtlich, ob „Stand" hier im sozialen Sinne, beziehungsweise im ökonomischen Sinne oder im politisch-rechtlichen Sinne gebraucht werde. Der Entwurf habe überhaupt keine Bestimmungen, die den Stand im politisch-rechtlichen Sinn (Adelsstand u. s. f.) betreffen: sie seien, als dem öffentlichen Recht angehörend, dem Landesrechte vorbehalten; aber auch keine Bestimmungen, die an den Stand im sozialen Sinne anknüpfen; in §. 1343 sei an Stelle des Begriffes „Stand" der Ausdruck „Lebensstellung" gewählt.

In sozialer Beziehung nehme allerdings die Frau theil an dem Stande des Mannes. Daß die soziale Lebensstellung des Mannes die Frau mit ergreife, ergebe sich aus der Ehe als einer sittlichen Lebensgemeinschaft. Aber diese soziale Seite der Ehe habe keine rechtliche Bedeutung und brauche daher nicht aufgenommen zu werden. Nehme man hier „Stand" im Sinne von „Berufsstand" oder „sozialer Stand", so könnte die Bestimmung doch auch irreführen. Es sei ja richtig, daß man im Leben sage „Frau Hauptmann", aber damit werde doch die Frau eines Hauptmanns nicht dem Ehrengericht als Standesgericht der Hauptleute unterworfen, und ebenso eine „Frau Assessor" als die Frau eines Assessors nicht der Disziplinarbefugniß der juristischen Behörde, welche dieser zustehe über alle diejenigen, welche dem Stande der juristischen Beamten angehören.

Der Antrag wurde abgelehnt.

Aus der Diskussion ist noch Folgendes zu erwähnen: Von einer Seite war der Antrag begrüßt worden, weil derselbe das Institut der morganatischen Ehe abzuschaffen geeignet sei. Wenn unbedingt ausgesprochen werde, daß die Frau theilnehme an dem „Stande" ihres Mannes, so gelte dieser Satz auch für die Ehen des hohen Adels zur linken Hand. Diese Ehen, aus einem sehr wenig sittlichen Grunde entsprungen, seien vollständig überlebt und ein Aergerniß für das deutsche Volk. Es sei der richtige Zeitpunkt, durch den Erlaß des Bürgerlichen Gesetzbuchs diese Ehen zu beseitigen.

Es wurde entgegnet, daß im Sinne des Antragstellers der Antrag diese Wirkung weder haben solle noch auch thatsächlich habe, denn das Institut der morganatischen Ehe gehöre dem autonomen Rechte des hohen Adels an und das Recht der Autonomie sei im Einführungsgesetze nach Maßgabe des Artikels 56 vorbehalten.

Von anderer Seite wurde beantragt, dem §. 1338 die Worte hinzuzufügen:

„Sie ist jedoch berechtigt, ihren Familiennamen hinzuzufügen."

und zu diesem Antrage eventuell der Zusatz beantragt:

„Dieses Recht steht auch dem Manne zu."

Der Hauptantrag wurde begründet mit dem Hinweis auf die Uebung in manchen Gegenden Deutschlands, auch auf die Uebung in den Kreisen von Künstlerinnen und Schriftstellerinnen, die ein Interesse daran hätten, das unter ihrem Geburtsnamen erworbene Ansehen auf den Namen zu übertragen, den sie durch ihre Heirath annehmen. Für den Zusatz aber wurde geltend gemacht, daß es in einzelnen Gegenden Deutschlands Sitte sei, daß der Mann seinem Namen den Namen seiner Frau hinzufüge.

Es wurde entgegnet, daß §. 1338 nur ein Recht und eine Pflicht statuire, den Familiennamen des Mannes zu führen, daß der Paragraph aber die Frau in keiner Weise hindere, neben diesem ihrem Namen im Rechtssinne für gewisse Fälle einen Künstlerinnen- oder Schriftstellerinnennamen beizubehalten. Es sei aber bedenklich, der Frau ein Recht darauf zu geben, weil, wenn der Mann die Führung eines solchen Namens aus gutem Grunde verbiete, dieses Verbot Bestand haben müsse. Wenn der Mann die Führung eines solchen Namens ohne rechtmäßigen Grund verbiete, so sei das ohne Zweifel „Mißbrauch seines Rechts", der die Frau davon dispensire, dem Verlangen des Mannes Folge zu geben. Nehme man den Antrag an, so ergebe sich das Resultat, daß der Name des Mannes und der Name der Frau ein verschiedener sei. Im Interesse der Rechtssicherheit sei es viel besser, die Frau darauf zu verweisen, daß sie, wo sie ihren Namen im Rechtssinne brauche, ihren Mädchennamen dem Namen des Mannes nicht einfach beifüge, sondern in der üblichen Weise als „geborene Müller" oder „geborene Schulze".

Gegen den Zusatzantrag wurde darauf hingewiesen, daß die Sitte, auf die sich berufen werde, recht wenig verbreitet sei. Nachdem der Zusatz als solcher eventuell beschlossen wurde, wurde der Hauptantrag und mit ihm der eventuell beschlossene Zusatz abgelehnt.

§. 1339.

Ohne Debatte angenommen.

§. 1340

behandelt die Schlüsselgewalt der Frau.

Zum Absatz 2 wurde ausgeführt, daß es der Stellung der Frau in der Familie nicht entspreche, wenn der Mann ohne weiteres das Recht der Frau beschränken oder ausschließen könne und wenn dann die Frau erst das Vormundschaftsgericht anrufen müsse, um wieder zu ihrem Rechte zu kommen. Es müsse verlangt werden, daß der Mann, ehe er das Recht der Frau beschränke oder ausschließe, das Vormundschaftsgericht anrufe und von diesem die Ermächtigung dazu einhole. Von diesem Standpunkte aus wurde beantragt, den Absatz 2 zu ersetzen durch folgenden Wortlaut:

> „Erweist sich die Frau zur Vertretung ihres Mannes innerhalb des angegebenen Wirkungskreises als gänzlich unfähig oder mißbraucht sie ihre Vertretungsbefugniß in grober Weise, so kann ihr dieselbe auf Antrag des Mannes durch das Vormundschaftsgericht beschränkt oder entzogen werden. Dritten gegenüber ist die Beschränkung oder die Ausschließung nur nach Maßgabe des §. 1418 wirksam."

Es wurde entgegnet, die Bestimmung des Paragraphen stelle schon einen erheblichen Fortschritt gegenüber dem bestehenden Recht dar, indem die Schlüsselgewalt der Frau als Recht anerkannt und gegen den Mißbrauch des Entziehungsrechts des Ehemanns geschützt werde. Daraus, daß man die Schlüsselgewalt als Recht der Frau anerkenne, folge aber durchaus nicht, daß der Mann sie ihr nur entziehen dürfe nach vorher eingeholter Entscheidung des Vormundschafsgerichtes. Nehme man den Antrag an, so müsse das Vormundschaftsgericht wegen jeder, auch einer nur unbedeutenden Einschränkung der Schlüsselgewalt, also sicherlich sehr viel öfter angerufen werden, als wenn man den Entwurf annehme; denn mindestens bei unbedeutenden Einschränkungen werde sich in den weitaus meisten Fällen die Frau fügen. Auch sei es eine Ungerechtigkeit gegen den Mann, die Entziehung der Schlüsselgewalt von der Zustimmung des Vormundschaftsgerichts abhängig zu machen, die Schlüsselgewalt also bis zur Entscheidung durch das Vormundschaftsgericht beziehungsweise bei abweisendem Beschlusse fortdauern zu lassen, obgleich nach dem nicht angefochtenen Absatz 1 des §. 1340 die Handlungen der Frau zu Lasten des Mannes gehen. Mit Rücksicht darauf seien namentlich auch die Einzelbestimmungen des Antrags zu beanstanden: daß die Frau sich als „gänzlich" unfähig erwiesen haben müsse oder ihre Vertretungsbefugniß „in grober Weise" mißbrauchen müsse, ehe das Vormundschaftsgericht die Schlüsselgewalt solle entziehen oder beschränken können.

Der Antragsteller erklärte daraufhin, daß er die Worte „gänzlich" und „in grober Weise" fallen lasse. Es komme ihm nur darauf an, die Parteirollen gegenüber dem Entwurf zu verschieben.

Doch auch in dieser gemilderten Form wurde der Antrag abgelehnt und die Fassung des Entwurfs beibehalten.

Zu

§. 1341

wurde beantragt, denselben durch folgenden Wortlaut zu ersetzen:

„Die Ehefrau ist berechtigt, ohne Einwilligung ihres Mannes einen selbstständigen Beruf oder Gewerbe zu betreiben und sich Dritten gegenüber zu einer von ihr in Person zu bewirkenden Leistung zu verpflichten. Erweist sich solche Thätigkeit der Ehefrau als eine Schädigung der ehelichen oder Familieninteressen, so kann ihr die Fortsetzung derselben auf Antrag des Mannes vom Vormundschaftsgericht untersagt werden. Auf Grund einer diesbezüglichen Verfügung des Vormundschaftsgerichtes ist der Mann berechtigt, das Rechtsverhältniß, durch welches seine Frau sich zu einer in Person zu bewirkenden Leistung verpflichtet hat, unter Einhaltung einer vom Vormundschaftsgericht zu bestimmenden Frist zu kündigen."

Der Antragsteller erklärte, daß er zu diesem Antrage gekommen sei durch vielfache Beobachtungen, die er in den Kreisen industrieller Arbeiter zu machen Gelegenheit gehabt habe. Er stehe durchaus auf dem Standpunkt, daß das patriarchalische Verhältniß in der Ehe überall aufrecht zu erhalten sei, wo es irgend möglich sei: Vielfach hätten aber die Verhältnisse in Arbeiterfamilien sich so entwickelt, daß eine schroffe Form dieses patriarchalischen Verhältnisses mit den Interessen der Arbeiter gar nicht mehr zu vereinbaren sei. Eine größere Selbstständigkeit der Frau gegenüber dem Manne sei durchaus nothwendig, weil in außerordentlich vielen Fällen die Schuld an der Zerrüttung der Familienverhältnisse auf Seiten des Mannes liege. In solchen Fällen sei die Frau das konservative Element in der Ehe. Der Frau falle die Sorge für die Erziehung der Kinder zu. Um sie zu befähigen, diese Sorge zu übernehmen, müsse man ihre Stellung gegenüber dem Manne freier gestalten. Wo, wie es vielfach der Fall sei, gar das patriarchalische Verhältniß in der Familie vollständig geschwunden sei, könne es nur von Uebel sein, wenn man sich nicht auf den Boden der thatsächlichen Verhältnisse stelle, sondern eine ideale Ordnung aufrecht zu erhalten bestrebt sei, wo doch die Entwicklung der Zeit über dieselbe hinweggegangen sei.

Man habe ihm gesagt, daß diese und die ähnlichen Anträge 20 Jahre zu früh kämen. Man gebe damit zu, daß die Entwickelung der Zeitverhältnisse ja auf eine Regelung des Verhältnisses von Mann und Frau hindränge, wie er sie in seinem Antrage und entsprechenden weiteren Anträgen beabsichtigt habe. Man möge aber berücksichtigen, daß ein Gesetzbuch gemacht werden solle, daß hoffentlich doch mindestens 100 Jahre halte. Wäre die Ansicht derjenigen richtig, welche behaupten, seine Anträge kämen lediglich 20 Jahre zu früh, so folge daraus, daß in 20 Jahren das Gesetzbuch überlebt sein würde, sofern man dem Entwurf zustimme. Der Antrag habe wesentlich die Bedeutung, daß der Mann die Initiative bei Gericht ergreifen müsse, wenn er der Frau die Ausübung eines selbstständigen Berufes oder Gewerbes untersagen wolle. Wenn der Mann einen derartigen Antrag gegen seine Frau beim Vormundschaftsgericht vorbringen müsse, so bedeute das wohl niemals eine Untergrabung des Familienfriedens. Wenn die Frau sich aber gezwungen sehe, einen selbstständigen Beruf oder ein selbstständiges Gewerbe auszuüben, der Mann ihr das aus irgend welchen vielleicht ganz nichtigen Gründen untersage und die Frau sich dann mit dem Antrage an das Vormundschaftsgericht wenden müßte, wie es der Entwurf wolle, so sei damit ohne allen Zweifel der Familienfrieden dauernd zerrüttet. Das Recht der Frau sei nur ein halbes Recht, wenn man dem Manne die Befugniß gebe, dasselbe ohne Weiteres aufzuheben. Wolle man überhaupt der Frau ein Recht geben, dann solle man ihr ein ganzes Recht geben; dann müsse dieses Recht so lange bestehen, bis auf Anrufen des Mannes das Vormundschaftsgericht aus sorgfältig geprüften Gründen dasselbe beseitige. England habe ähnliche Bestimmungen getroffen, und diese hätten sich dort sehr gut bewährt.

Von Mitgliedern der Kommission wurde der Antrag vertheidigt, indem ausgeführt wurde, sie ständen generell auf dem Standpunkt, daß der Mann in der Ehe nicht mehr Rechte haben könne als die Frau. Die volle Gleichberechtigung beider Theile müsse dazu führen, daß der Mann ebensowenig der Frau die Ausübung eines Berufs untersagen könne wie die Frau dem Manne. Mindestens aber müsse von diesem Standpunkte aus verlangt werden, daß der oben mitgetheilte Abänderungsantrag angenommen werde. Wenn die Frau eine Stelle als Kassirerin, als Fabrikarbeiterin u. s. w. angenommen habe und der Mann hebe die daraus sich ergebende Verpflichtung seiner Frau auf, so sei die Stelle für die Frau definitiv verloren, auch wenn nachher das Vormundschaftsgericht erkenne, daß der Mann damit sein Recht mißbraucht habe.

Gegen den Antrag wurde von Seiten des Regierungsvertreters bemerkt: Der erste Satz desselben sei insofern überflüssig, als er ausspreche, daß die Ehefrau selbständig einen Beruf oder ein Gewerbe ausüben und sich Dritten gegenüber zu einer Leistung verpflichten könne; dies sei auch nach dem Entwurfe nicht zweifelhaft. Insofern in diesem ersten Satze zugleich das innere Verhältniß zwischen den Ehegatten durch die Worte „ohne Einwilligung ihres Mannes" geregelt werden solle, erhalte der Satz 1 seine nähere Bestimmung durch den Satz 2; auch in dieser Beziehung nehme der Antrag denselben prinzipiellen Standpunkt ein, wie der Entwurf, d. h. er gebe dem Manne die Befugniß, die Thätigkeit der Frau im Interesse der Familie zu hemmen; doch sei die Art und Weise der Ausübung dieser Befugniß verschieden gedacht — nach dem Entwurfe komme einfach der §. 1337 zur Anwendung, d. h. der Mann untersage als Haupt der Familie von sich aus die Thätigkeit der Frau und es sei dieser überlassen, sich der Verfügung nicht zu fügen, wenn sie glaube, daß in derselben ein Mißbrauch des dem Mann zustehenden Rechtes liege; geschehe dies, so bleibe dem Mann nichts übrig, als die Klage auf Herstellung des ehelichen Lebens bei dem ordentlichen Gericht anzustellen; indem der Entwurf den Mann nöthige, das ordentliche Gericht anzurufen, gewähre er der Frau größere Sicherheit als der Antrag, der die Frau an die Entscheidung des Vormundschaftsgerichts verweise; ein thatsächlicher Zwang gegen die Frau aber werde weder auf Grund der Entscheidung des ordentlichen Gerichts noch auf Grund vormundschaftlichen Beschlusses stattfinden; es werde vielmehr das Verhalten der Frau nur bei der Beurtheilung einer etwaigen Scheidungsklage in Betracht kommen. Gerade für das etwaige Scheidungs-Verfahren aber sei es viel wichtiger, wenn die Vorfrage durch das ordentliche Gericht als wenn sie durch das Vormundschaftsgericht entschieden sei. — Auf die Vorschrift, welche der §. 1341 unmittelbar enthalte, beziehe sich nur der Satz 3 des Antrages, in Verbindung mit Satz 2; die Hauptänderung bestehe darin, daß der Mann nur nach vorausgehender Entscheidung des Vormundschaftsgerichts das von der Frau mit dem Dritten eingegangene Vertragsverhältniß kündigen könne. Dafür lasse sich allerdings anführen, daß die Kündigung, auch wenn sie mit Unrecht erfolgt sei, das Vertragsverhältniß rechtlich und faktisch beseitige und thatsächlich der Frau erheblichen Nachtheil zufügen könne. Allein der Weg, den der Antrag vorschlage, hebe den Vortheil auf, der darin bestehe, daß nach Absatz 2 des Entwurfes dem Vormundschaftsgericht die Befugniß gegeben ist, die fehlende Einwilligung des Mannes zu ersetzen, beseitige also die Möglichkeit, daß die Frau für ihre Vertragsabschlüsse sich im Voraus eine sichere Grundlage schaffe. Außerdem seien die Voraussetzungen, unter denen nach dem Entwurfe das Vormundschaftsgericht die Kündigung billigen könne, so knapp bemessen, daß Recht und Interessen des Mannes recht erheblich beeinträchtigt würden. Werde die Sache so geregelt, wie der Entwurf wolle, so würde ohne Zweifel weit weniger häufig das Vormundschaftsgericht angegangen werden, als wenn die Regelung im Sinne des Abänderungsantrages getroffen werde.

Von anderer Seite wurde entgegnet, die Annahme dieses Abänderungsantrags würde zu sehr sonderbaren Resultaten führen. Alsdann könne die Frau z. B. ohne Weiteres auf die Bühne gehen, ohne daß der Mann das hindern könne. Dann müsse der Mann sich erst an das Vormundschaftsgericht wenden und abwarten, ob das Vormundschaftsgericht es für gerathen finde, der Frau diese Bühnenthätigkeit zu untersagen. Inzwischen müsse der Mann es ruhig ansehen, daß seine Frau auf der Bühne thätig sei, was doch unsern sozialen Verhältnissen gar nicht entspreche und den Interessen der Familie vielfach außerordentlich zuwiderlaufen werde.

Dieser Einwurf wurde mit der Anführung bekämpft: wenn die Frau auf die Bühne gehe gegen den Willen des Mannes, so sei das doch nicht anders zu beurtheilen, als wenn der Mann auf die Bühne gehe ohne Einwilligung der Frau, während gegen Letzteres doch niemand etwas einzuwenden habe. Der Entwurf stehe generell auf dem Standpunkt, daß die Frau viel mehr verpflichtet sei, Rücksicht auf die Gefühle des Mannes zu nehmen, als umgekehrt, und das sei grundfalsch.

Diesem wurde aus der Mitte der Kommission entgegnet, daß allerdings der Mann Herr in der Ehe bleiben müsse. Das habe die bisherige Frauenbewegung auch noch nicht geändert. Die Frauenbewegung sei berechtigt, insofern sie dem weiblichen Geschlecht eine weitere Ausdehnung seines Wirkungskreises verschaffen wolle. Soweit sie aber den Schwerpunkt der Ehe verrücken wolle, sei sie im Unrecht. Es sei ganz berechtigt und gar nicht zu entbehren, daß der Mann mehr Recht in der Ehe habe als die Frau, wenn man die Familie gesund erhalten wolle. Der Antrag anticipire nicht nur eine Entwicklung, sondern er fördere sie auch. Eine solche Entwicklung, wenn sie komme, sei aber ohne Zweifel eine durchaus unerwünschte; sie zu fördern habe man gar keinen Anlaß; und ob sie so wie so komme, sei doch noch mindestens zweifelhaft. Der Gesetzentwurf müsse ausgehen von der normalen Ehe und müsse suchen, diese zu festigen. Konzessionen an die Frauenbewegung auf diesem Gebiete könnten nur vom Uebel sein. Uebrigens umfasse die Frauenbewegung einen ganz verschwindenden Theil der deutschen Frauen; denn daraus, daß der weitaus größte Theil der deutschen Frauen der Frauenbewegung gegenüber sich passiv verhalte, könne man nicht schließen, daß er ihr zustimme.

Der Antrag wurde abgelehnt.

Bei der zweiten Lesung wurde sodann der Antrag gestellt:

zum letzten Absatz, welcher lautet:

„Das Kündigungsrecht des Mannes ist ausgeschlossen, solange die häusliche Gemeinschaft aufgehoben ist."

hinzuzufügen:

„oder der Mann außer Stande ist, die Frau zu unterhalten".

Der Antrag wurde begründet wie folgt: Die Bedenken, welche bei der ersten Lesung gegen das Kündigungsrecht des Mannes geltend gemacht worden waren, seien berechtigt, wenn der Mann die Frau selbst nicht unterhalten könne, z. B. wenn der Mann ein Trunkenbold und Müßiggänger sei und nun sein Kündigungsrecht als Waffe gebrauche, um die Mittel, seinem Laster zu fröhnen, von der auf redlichen Erwerb ausgehenden Frau zu erpressen. Die Anrufung des Richters eigne sich nicht für diese einfachen, leider vielfach vorkommenden Verhältnisse.

Ferner wurde der Antrag gestellt, Absatz 1 zu fassen, wie folgt:

„Hat sich die Frau einem Dritten gegenüber zu einer von ihr in Person zu bewirkenden Leistung verpflichtet, so kann der Mann das Rechtsverhältniß ohne Einhaltung einer Kündigungsfrist kündigen, wenn auf Antrag des Mannes das Vormundschaftsgericht den Mann zu der Kündigung ermächtigt hat. Das Vormundschaftsgericht hat die Ermächtigung zu ertheilen, wenn die Fortsetzung der Thätigkeit der Frau sich als eine Schädigung der ehelichen und Familieninteressen erweist. Das Kündigungsrecht des Mannes ist ausgeschlossen, wenn der Mann der Verpflichtung der Frau zugestimmt hat, oder seine Zustimmung auf Antrag der Frau durch das Vormundschaftsgericht ersetzt worden ist."

Der letztere Antrag wurde seiner allgemeinen Richtung nach begründet wie der weitergehende Antrag, der in der ersten Lesung gestellt und abgelehnt worden war. Nachdem dieser nunmehr erheblich abgeschwächt sei, wolle der Antragsteller gern hoffen, daß der Antrag jetzt wenigstens die Majorität finde. Nach der Fassung des Entwurfs, welcher in erster Lesung beibehalten worden sei, werde thatsächlich, wenn auch nicht der Absicht nach, die reiche Frau, welche nicht nothwendig habe, sich Dritten gegenüber zu einer von ihr in Person zu bewirkenden Leistung zu verpflichten, besser gestellt als die arme, erwerbende Frau, welche häufig zu solchen Leistungen sich verpflichten müsse und dann durch das uneingeschränkte Kündigungsrecht des Mannes, wie es der Entwurf geben wolle, in ihrem Erwerbe vielfach gehindert werde. Sehr häufig sei nur deshalb die Frau gezwungen, auf Erwerb auszugehen und zu solchen Leistungen sich zu verpflichten, weil der Mann seine Pflichten nicht erfülle. In einem solchen Falle sei es ganz unerträglich, daß der Mann aus Bosheit, Rachsucht u. s. w. die Frau durch Mißbrauch seines Kündigungsrechtes solle drangsaliren können.

Gegenüber dem zuerst erwähnten Antrag wurde ausgeführt, daß er bedenklich erscheine, insofern das Kriterium

„oder der Mann außer Stande ist, die Frau zu unterhalten"

ein schwer zu beweisendes und zu beurtheilendes Kriterium sei. Es gäbe Männer, welche regelmäßig in der Lage seien, ihre Frauen zu unterhalten, zeitweilig aber dem Müßiggange oder der Trunksucht verfielen. In solchen Fällen würde eine derartige Formulirung Schwierigkeiten bringen. Am bedenklichsten aber sei es, daß die Kognition, ob das Kriterium vorhanden sei, nicht dem Gericht übertragen werden solle, sondern dem Dritten zustehe, mit dem die Frau ein Verpflichtungsverhältniß eingegangen habe. Der Dritte, der sich eine Leistung von der Frau habe versprechen lassen, werde damit in eine dauernde Ungewißheit versetzt, ob diese Leistung auch von der Frau werde ausgeführt werden können. Im Uebrigen werde das Vormundschaftsgericht, wenn die Voraussetzung zutreffe, sicher keinen Anstand nehmen, die mangelnde Zustimmung des Mannes zu ersetzen.

Der Antrag wurde daraufhin zurückgezogen.

Gegenüber dem zweiten Antrage mußte zugegeben werden, daß aus dem Kündigungsrecht des Mannes, wie es der Entwurf vorschlage, unter Umständen eine bleibende Schädigung der Frau entstehen könne, und zwar auch in Fällen, in denen die Kündigung seitens des Mannes sich nachträglich als Mißbrauch des dem Manne zustehenden Rechtes herausstelle. In seiner jetzigen modifizirten Gestaltung sei der Antrag jedoch erheblich acceptabler geworden. Der frühere Antrag habe der Frau nicht die Möglichkeit gegeben, sich zunächst an das Vormundschaftsgericht zu wenden, um dann auf Grund einer Ermächtigung desselben mit Sicherheit Verträge abschließen zu können. Diese Möglichkeit werde jetzt der Frau gewährt. Dennoch bleibe richtig, daß der ganze Antrag mit dem Prinzip, das im Uebrigen in diesem Abschnitte herrschend sei, nicht recht im Einklange sich befinde.

Von anderer Seite wurde Letzterem widersprochen und der Antrag daraufhin mit erheblicher Majorität angenommen.

Der so gestaltete Paragraph erhielt sodann durch die Redaktions-Kommission folgende Fassung:

„Hat sich die Frau einem Dritten gegenüber zu einer von ihr in Person zu bewirkenden Leistung verpflichtet, so kann der Mann das Rechtsverhältniß ohne Einhaltung einer Kündigungsfrist kündigen, wenn er auf seinen Antrag von dem Vormundschaftsgericht dazu ermächtigt worden ist. Das Vormundschaftsgericht hat die

Ermächtigung zu ertheilen, wenn sich ergiebt, daß die Thätigkeit der Frau die ehelichen Interessen beeinträchtigt.

Das Kündigungsrecht ist ausgeschlossen, wenn der Mann der Verpflichtung zugestimmt hat oder seine Zustimmung auf Antrag der Frau durch das Vormundschaftsgericht ersetzt worden ist. Das Vormundschaftsgericht kann die Zustimmung ersetzen, wenn der Mann durch Krankheit oder durch Abwesenheit an der Abgabe einer Erklärung verhindert und mit dem Aufschube Gefahr verbunden ist oder wenn sich die Verweigerung der Zustimmung als Mißbrauch seines Rechtes darstellt. Solange die häusliche Gemeinschaft aufgehoben ist, steht das Kündigungsrecht dem Manne nicht zu.

Die Zustimmung sowie die Kündigung kann nicht durch einen Vertreter des Mannes erfolgen; ist der Mann in der Geschäftsfähigkeit beschränkt, so bedarf er nicht der Zustimmung seines gesetzlichen Vertreters."

Als

§. 1341a

wurde beantragt, einzufügen:

„Die Frau darf, so lange sie in häuslicher Gemeinschaft mit dem Manne lebt, nicht ohne Einwilligung des Mannes ein Erwerbsgeschäft selbstständig betreiben.

Der Einwilligung des Mannes in den Geschäftsbetrieb steht es gleich, wenn die Frau mit Wissen und ohne Einspruch des Mannes das Erwerbsgeschäft betreibt.

Ertheilt der Mann der Frau die Einwilligung zum selbständigen Betriebe eines Erwerbsgeschäfts, so ist seine Zustimmung zu solchen Rechtsgeschäften und Rechtsstreitigkeiten nicht erforderlich, die der Geschäftsbetrieb mit sich bringt. Einseitige Rechtsgeschäfte, die sich auf das Erwerbsgeschäft beziehen, sind der Frau gegenüber vorzunehmen.

Das Vormundschaftsgericht kann auf Antrag der Frau die Einwilligung ersetzen, wenn der Mann durch Krankheit oder durch Abwesenheit an der Abgabe einer Erklärung verhindert und mit dem Aufschub Gefahr verbunden ist oder wenn die Verweigerung der Einwilligung sich als Mißbrauch seines Rechtes darstellt.

Dritten gegenüber ist ein Einspruch und der Widerruf der Einwilligung nur nach Maßgabe des §. 1418 wirksam."

Dieser Antrag will den Entwurf in der entgegengesetzten Richtung fortbilden wie der vorhergehende Antrag.

Es wurde ihm entgegengehalten, Absatz 1 sei insofern eine Abweichung von dem Entwurf, als er eine vorgängige Einwilligung des Mannes verlange, wenn die Frau ein Erwerbsgeschäft betreiben wolle. Eine solche Bestimmung sei praktisch nicht nothwendig. Auch widerspreche sie dem Grundgedanken des Entwurfs, der von der Geschäftsfähigkeit der Frau ausgehe. Ein selbständiger Geschäftsbetrieb der Frau sei in außerordentlich vielen Fällen als unentbehrlich anzuerkennen, man solle denselben daher nicht unnöthig erschweren.

Absatz 4 sei sehr bedenklich, da die Haftung des Mannes durch Absatz 3 sehr stark ausgedehnt werde. Man könne nicht so weit gehen, dem Vormundschaftsgericht die Vollmacht zu geben, durch seinen Beschluß das Vermögen des Mannes haftbar zu machen.

Der zweite und dritte Absatz gehörten zudem in das eheliche Güterrecht, nicht in einen Titel über die Wirkungen der Ehe im Allgemeinen. Dasselbe sei zu sagen von dem fünften Absatz.

Nach dem Handelsgesetzbuch Art. 7 könne die Ehefrau allerdings ohne die Einwilligung des Mannes nicht Handelsfrau sein; aber es sei in Aussicht genommen, diese

Vorschrift zu ändern; geschehe dies, so stehe das Bürgerliche Recht auch in dieser Beziehung ganz im Einklange mit dem Handelsrechte.

Die Absätze 2, 3 und 5 des Antrages wurden daraufhin zurückgezogen, die Absätze 1 und 4 abgelehnt.

Als

§. 1341b

wurde beantragt anzunehmen:

„Betreiben die Ehegatten ein Erwerbsgeschäft, so ist anzunehmen, daß das Geschäft im Namen des Mannes betrieben wird.

Eine Vereinbarung der Ehegatten, wonach der Mann in ein Erwerbsgeschäft der Frau als bloßer Gehilfe eintritt, ist Dritten gegenüber nur wirksam, wenn die Vereinbarung zur Zeit der Vornahme des mit dem Dritten abgeschlossenen Rechtsgeschäfts im Güterrechtsregister des zuständigen Amtsgerichts eingetragen oder dem Dritten bekannt war."

Dazu wurde ausgeführt: der Antrag beziehe sich auf den Fall, daß die Ehegatten ein Erwerbsgeschäft in thatsächlicher Gemeinschaft betreiben, wie das häufig beim Kleingewerbe vorkomme. Es komme ebenso oft vor, daß der Mann nur der Gehilfe seiner Frau sei, ohne daß das nach außen erkennbar sei. Um aus einem solchen Verhältniß Schädigungen der Gläubiger zu vermeiden, sei eine Bestimmung, wie sie Absatz 2 vorschlage, unentbehrlich.

Es wurde entgegnet: wenn der Antrag sich auf eine thatsächliche Gemeinschaftlichkeit des Geschäfts beziehe, so sei zu berücksichtigen, daß hinter dieser thatsächlichen Gemeinschaftlichkeit doch auch eine rechtliche Gemeinschaftlichkeit stecken könne. Alsdann ergebe der Antrag ein sehr übles Resultat. Es mache sich allerdings in einzelnen Fällen ein Bedürfniß geltend, Zweifel über den wirklichen Inhaber eines Geschäfts zu beseitigen, doch sei dieses Bedürfniß nicht so groß, um einer Beseitigung desselben zu Liebe ein Resultat zu acceptiren, das mit den rechtlichen Verhältnissen materiell in Widerspruch stehe. Das Güterrechtsregister sei im Entwurf nur bestimmt für die Klarlegung der ehelichen Verhältnisse; hier solle dasselbe auch benutzt werden, um anderweite Verhältnisse evident zu machen. Die Beseitigung der Mißstände, welche sich aus einer Unklarheit über den wirklichen Inhaber eines Erwerbsgeschäfts ergeben, sei besser zu verfolgen durch Strafvorschriften, die bei Revision des Handelsgesetzbuchs im Registerrecht vorzusehen oder auch bei einer Revision der Gewerbeordnung ins Auge zu fassen seien.

Von anderer Seite wurde die Tendenz des Antrags gebilligt, aber auch zugegeben, daß die thatsächlichen Uebelstände durch denselben nicht beseitigt werden könnten. Der Antrag werde dazu nöthigen, vorzuschreiben, daß auch die kleinen Geschäfte in das Handelsregister eingetragen werden müßten. Das erschwere doch allzusehr die Erwerbsthätigkeit der Frau, die außerordentlich häufig als Minderkaufmann thätig sei, sehr selten aber als Vollkaufmann.

Der Antrag wurde abgelehnt.

§§. 1342 und 1343.

Ohne Debatte angenommen.

Als

§. 1343a

wurde folgende Bestimmung beantragt:

„Der Mann hat der Frau in einem gegen sie gerichteten Strafverfahren die Kosten der Vertheidigung, wenn solche den Umständen nach geboten ist oder mit Zustimmung des Mannes erfolgt, zu gewähren, vorbehaltlich der Ersatzpflicht der Frau im Falle ihrer Verurtheilung."

Der Antrag wurde begründet aus der Schutzpflicht des Mannes gegenüber der Frau. Werde die Frau in ein Strafverfahren verwickelt, so handle es sich um die Ehre der Frau, und diese müsse auch die Ehre des Mannes sein. In einem solchen Falle müsse der Mann unter allen Umständen eintreten, ganz abgesehen davon, wie im Uebrigen die Güterverhältnisse unter den Eheleuten geregelt seien.

Von anderer Seite wurde darauf hingewiesen, daß der Antrag noch nicht weit genug gehe. Die Worte:

„wenn solche den Umständen nach geboten ist oder mit Zustimmung des Mannes erfolgt"

seien zu streichen. Auch wenn die Frau als Nebenklägerin auftreten wolle, so müsse sie dafür die Kosten von dem Manne verlangen können. Am Schlusse des Paragraphen sei daher hinzuzufügen:

„sowie die Kosten einer Vertretung im Privatklageverfahren".

Hierauf wurde erwidert, daß die Kosten eines Strafverfahrens doch grundsätzlich aus dem Vermögen des Angeklagten zu entnehmen seien. Bei getrennten Güterverhältnissen sei für eine Bestimmung, wie sie vorgeschlagen, absolut kein Rechtsboden vorhanden. Man könne doch nicht sagen, daß die Kosten einer Vertheidigung im Strafverfahren zum ehelichen Aufwand gehörten. Wenn man das aber auch annehmen wolle, sei es unumgänglich, eine Ersatzpflicht der Frau dem Manne gegenüber zu statuiren, wie denn auch §. 1370 eine solche Ersatzpflicht feststelle. Der Antrag verlange, daß der Mann auch dann die Kosten trage, wenn die Frau eigenes Vermögen habe, sogar dann, wenn das Vermögen der Frau erheblich größer sei als das Vermögen des Mannes. Das sei unbillig.

Ein anderer Antragsteller versuchte, den Gedanken in folgender Form zu formuliren:

„Der Mann hat der Frau in einem gegen sie gerichteten Strafverfahren die Kosten der Vertheidigung und in einem Privatklageverfahren die Kosten der Vertretung, sowie die Kosten der Vertretung als Nebenklägerin zu gewähren, vorbehaltlich der Ersatzpflicht der Frau im Falle ihrer Verurtheilung."

Bei der Abstimmung wurden alle Anträge abgelehnt.

Zu

§. 1344

wurde beantragt, den Schluß des ersten Absatzes:

„es sei denn, daß die Sachen für ihn unentbehrlich sind oder daß sich solche Sachen in dem der Verfügung der Frau unterliegenden Vermögen befinden"

zu streichen, da dieser Zusatz eine Ungerechtigkeit gegenüber der Frau bedeute.

Es wurde entgegnet, daß die Streichung dieses Zusatzes eine noch weniger gerechtfertigte Ungerechtigkeit gegenüber dem Manne bedeute.

Der Antrag wurde abgelehnt und der §. 1344 unverändert angenommen.

Als

§. 1344a

wurde beantragt, einzuschalten:

„Ist ein Ehegatte in Folge von Krankheit oder Abwesenheit verhindert, seine Vermögensangelegenheiten selbst wahrzunehmen, so ist der andere Ehegatte zu dessen Vertretung berechtigt und verpflichtet."

Gegen den Antrag wurde ausgeführt: die allgemeine Fassung des Gedankens gebe dem berechtigten Kern desselben eine größere Tragweite, als angängig erscheine. Es sei mehr zu empfehlen, die Verhältnisse, welche aus einer Krankheit oder Abwesenheit des Mannes für die Frau sich ergeben, durch Einzelbestimmungen zu regeln, wie es in anderen Theilen des Entwurfs geschehen sei. Der ganz allgemeine Satz des Antrags sei seiner Unbestimmtheit wegen besonders bedenklich im Verhältniß zu Dritten. Ein Bedürfniß für einen solchen allgemeinen Satz könne nicht anerkannt werden, da die Grundsätze des Entwurfs über die negotiorum gestio, die Pflegschaft, die Schlüsselgewalt der Frau und andere Spezialbestimmungen genügten. Auch liege die Ausstellung einer besonderen Vollmacht des Mannes für die Frau in den wichtigeren Fällen nahe. Das preußische Allgemeine Landrecht habe zwar einen ähnlichen Gedanken zum Ausdruck gebracht, jedoch in beschränkter Form, nämlich: wenn Gefahr im Verzuge und der Aufenthaltsort des Mannes nicht bekannt ist. Nehme man den Antrag an, so ergebe sich bei einer Abwesenheit des Mannes eine Kollision zwischen den Rechten der Frau und den eventuellen Rechten eines Pflegers, der etwa auf Grund der Bestimmungen über die Abwesenheitspflegschaft bestellt worden sei.

Der Antrag wurde abgelehnt.

Zu

§. 1345

wurde zunächst beantragt, den ganzen Paragraphen zu streichen. Dieser Paragraph gebe einen Schutz für den stärkeren Theil der Ehe, anstatt umgekehrt einen Schutz für den schwächeren Theil ins Auge zu fassen. Die Bestimmung behandle ebensowohl das Verhältniß zu Dritten wie das Verhältniß unter den Eheleuten selbst. Im Verhältniß der Ehegatten zu einander sei die Bestimmung absolut unnöthig und bringe die Frau in einen peinlichen Gegensatz zum Manne, weil sie, wenn die „Vermuthung" dieser Bestimmung ausgeschlossen werden solle, von vornherein schon immer für den Beweis zu sorgen habe. Auch im Verhältniß zu den Gläubigern des Mannes enthalte die Bestimmung eine direkte Ungerechtigkeit zu Ungunsten der Frau.

Es wurde entgegnet, daß eine solche „Vermuthung" im Interesse der Rechtssicherheit und des Verkehrs nicht zu entbehren sei. Die in diesem Paragraphen formulirte Bestimmung habe sich seit langer Zeit und in konstanter Praxis auf dem Gebiete des gemeinen Rechts entwickelt, — hier im Anschlusse an die römisch-rechtliche praesumtio Mutiana — ähnlich im preußischen Rechte und im sächsischen Rechte. Daß ein Bedürfniß für dieselbe vorhanden sei, müsse demnach anerkannt werden. Die Frau könne sich schützen, wenn sie für den Beweis sorge, wozu die Errichtung eines Vermögens-Verzeichnisses bei der Eheschließung ein naheliegendes und für die Regel ausreichendes Mittel biete; daß die Frau solches benutze, sei nicht zu viel verlangt. Regelmäßig sei anzunehmen, daß der Mann der hauptsächliche Erwerber der in diesem Paragraphen erwähnten Sachen sei. In diesem Falle entspreche die Vermuthung der materiellen Sachlage. Es sei richtig, daß alle Vermuthungen gewisse Mißstände mit sich brächten, sie seien aber berechtigt, wenn die Mißstände gegenüber den Vortheilen zurücktreten, wie in diesem Falle. Jedenfalls sei zu Gunsten der Gläubiger des Mannes, die sich gegen absichtliche oder unabsichtliche Vermischung des beiderseitigen Vermögens nicht zu schützen vermöchten, diese oder eine ähnliche Vorschrift nicht zu entbehren. Mit ihrer Streichung aber würde auch der besondere Schutz hinfällig, welchen den Gläubigern für den Fall des Konkurses der §. 37 der Konkursordnung gewähre.

Demgegenüber wurde zugegeben, daß eine Berechtigung, eine solche Vermuthung aufzustellen, zu Gunsten der Gläubiger des Mannes anerkannt werden könne. Dagegen ganz unhaltbar sei dieselbe im Verhältniß der Ehegatten unter einander. Welcher materielle Grund solle denn dafür vorhanden sein, bei Inhaberpapieren oder bei Ordrepapieren mit Blankoindossament anzunehmen, daß sie Eigenthum des Mannes seien? Genau mit demselben Grunde könne man auch annehmen, daß sie Eigenthum der Frau seien.

Noch wurde hervorgehoben: Der Schwerpunkt des §. 1345 liege darin, daß die Präsumtion auch dann gelten solle, wenn die betreffenden beweglichen Sachen im Besitz der Frau sich befinden. Das führe direkt zu Ungerechtigkeiten. Es sei unbillig, zu verlangen, daß in solchen Fällen die Frau den Gegenbeweis liefere; nicht der Mann, sondern sie selbst sei Eigenthümerin der Sachen.

Weiterhin wurde bemerkt: In Absatz 2 schließe der Entwurf die zu Gunsten des Mannes sprechende Vermuthung für Kleider und Schmucksachen der Frau aus. Dies sei richtig, genüge aber nicht, es sei nothwendig, eine „Vermuthung" zu Gunsten der Frau einzuführen. Auch sei diese „Vermuthung" außer für Kleider und Schmucksachen auszudehnen auf die Arbeitsgeräthe der Frau. Wenn z. B. eine Frau eine Nähmaschine oder Stickereigeräthschaften besitzt, so spreche die „Vermuthung" ebenso gut für ihr Eigenthum, als wenn die Frau Kleider und Schmucksachen habe.

Auf Grund dieser Diskussion wurde beschlossen, den Absatz 1 des §. 1345 zu beginnen:

„Zu Gunsten der Gläubiger des Mannes wird vermuthet, daß" u. s. w.,

weitergehende Aenderungen dieses Absatzes 1 aber abzulehnen.

Außerdem ergab sich in der Kommission eine Mehrheit für den Gedanken, sowohl im Verhältnisse der Ehegatten zu einander wie zu den Gläubigern eine „Vermuthung" zu konstruiren, daß der Frau ihre Kleider, Schmucksachen und Arbeitsgeräthe, gehörten. Die Redaktions-Kommission gab diesem Gedanken Folge, indem sie den Absatz 2 des Paragraphen in folgender Weise umänderte:

„Für die ausschließlich zum persönlichen Gebrauche der Frau bestimmten Sachen, insbesondere für Kleider, Schmucksachen und Arbeitsgeräthe, gilt im Verhältnisse der Ehegatten zu einander und zu den Gläubigern die Vermuthung, daß die Sachen der Frau gehören."

In zweiter Lesung wurde beantragt, den Absatz 2 in der Fassung des Entwurfs wieder herzustellen. Alsdann hätte sich von selbst verstanden, daß in §. 1510 die Worte „unbeschadet der Vorschrift des §. 1345 Absatz 2" wieder wegfallen (vergl. übrigens unten zu §. 1509).

Doch wurde dieser Antrag abgelehnt.

Als

§. 1345a

wurde beantragt, einzuschieben:

„Was die Frau während der Ehe erwirbt, gilt zu Gunsten der Gläubiger des Mannes als zum Vermögen des Mannes gehörig, es sei denn, daß der Erwerb nicht mit Mitteln des Mannes erfolgt ist.

Diese Vorschrift findet außerhalb des Konkursverfahrens zu Gunsten eines Gläubigers des Mannes nur dann Anwendung, wenn die Zwangsvollstreckung in das sonstige Vermögen des Mannes zu einer vollständigen Befriedigung des Gläubigers nicht geführt hat, oder anzunehmen ist, daß sie zu einer solchen nicht führen würde."

Vom Antragsteller wurde zugegeben, daß eine derartige Bestimmung besser bei Revision des Anfechtungsgesetzes zu berücksichtigen sei. Man sei aber nicht sicher, ob der Gedanke alsdann Aufnahme finde. Im Interesse des Verkehrs sei eine derartige Bestimmung nicht zu entbehren.

Der Antrag wurde jedoch bekämpft mit Hinweis darauf, daß schon in der Gesetzgebungs-Kommission ein derartiger Antrag gestellt worden, aber dort aus dem formellen Grunde abgelehnt worden sei, daß er zum Anfechtungsrecht gehöre. Die Revision des Anfechtungsgesetzes sei bereits vorbereitet. Die vorgeschlagene Formulirung passe in das Bürgerliche Gesetzbuch nicht hinein, der erste Absatz desselben setze den Konkurs des Mannes voraus, wenn diese Voraussetzung auch nicht ausgesprochen sei. Der zweite Absatz aber setze eine Zwangsvollstreckung außerhalb des Konkursverfahrens voraus.

Darauf wurde die Aufnahme dieser Bestimmung abgelehnt.

Sechster Titel.

Eheliches Güterrecht.

I. Gesetzliches Güterrecht.

Vor Eintritt in die Spezialdebatte wurde beschlossen, eine Generaldebatte vorausgehen zu lassen über die Frage, welches Güterrechtssystem als gesetzliches Güterrecht zu acceptiren sei. Der Entwurf kennt zwei Arten des gesetzlichen Güterrechts, zunächst als die Regel die Gütertrennung mit Verwaltungs- und Nutznießungsrecht des Mannes am eingebrachten Gute der Frau, sodann für Ausnahmefälle die Gütertrennung ohne ein solches Recht des Mannes. Statt dessen wollte ein ausführlicher Antrag als einziges gesetzliches Güterrecht die Gütertrennung einführen. Dieser Antrag, sowie diejenigen Abänderungen, welche sich durch denselben für das Gebiet des vertragsmäßigen Güterrechts ergeben, lauteten wie folgt:

Unter

I. Gesetzliches Güterrecht.

werden folgende Bestimmungen als §§. 1345 bis 1352 aufgenommen:

§. 1345.

In Ermangelung von Eheverträgen, die güterrechtlichen Verhältnisse der Ehegatten betreffend, tritt Gütertrennung ein.

§. 1346.

Jeder der Ehegatten ist berechtigt, sein in die Ehe gebrachtes oder während derselben erworbenes Gut unbeschadet der in §. 1347 normirten Verpflichtungen selbständig zu verwalten, zu gebrauchen und darüber zu verfügen.

§. 1347.

Den ehelichen Aufwand hat der Mann zu tragen. Die Frau hat dem Manne jedoch zur Bestreitung des ehelichen Aufwandes einen angemessenen Beitrag aus den Einkünften ihres Vermögens und dem Ertrag ihrer Arbeit oder eines von ihr selbständig betriebenen Erwerbsgeschäftes zu leisten.

§. 1348 erhält den Wortlaut des jetzigen §. 1411:

„Ist eine erhebliche Gefährdung des Unterhalts zu besorgen, den der Mann der Frau und den gemeinschaftlichen Abkömmlingen zu gewähren hat, so kann die Frau den Beitrag zu dem ehelichen Aufwand insoweit zur eigenen Verwendung zurückbehalten, als er zur Bestreitung des Unterhalts erforderlich ist.

Das Gleiche gilt, wenn der Mann entmündigt ist oder wenn er nach §. 1886 zur Besorgung seiner Vermögensangelegenheiten einen Pfleger erhalten hat, oder wenn für ihn ein Abwesenheitspfleger bestellt ist."

§. 1349 erhält den Wortlaut des jetzigen §. 1412:

„Macht die Frau zur Bestreitung des ehelichen Aufwandes aus ihrem Vermögen eine Aufwendung, oder überläßt sie dem Manne zu diesem Zwecke etwas aus ihrem Vermögen, so ist im Zweifel anzunehmen, daß die Absicht fehlt, Ersatz zu verlangen."

§. 1350.

„Durch Verträge, welche die Ehefrau innerhalb ihrer Vertretungsbefugniß eingeht, wird der Ehemann verpflichtet.

Für alle anderen Verträge, welche die Ehefrau schließt, ist sie mit ihrem Vermögen haftbar."

§. 1351.

„Es wird vermuthet, daß die im Besitz des Ehemannes befindlichen beweglichen Sachen dem Manne gehören. Dies gilt insbesondere auch für Inhaberpapiere und für Ordrepapiere, die mit Blankoindossament versehen sind."

§. 1352.

„Hat die Ehefrau ihrem Manne die Verwaltung ihres Vermögens übergeben, so kann sie dies im Güterrechtsregister vormerken lassen. In diesem Falle tritt die Vermuthung des §. 1351 nicht ein."

Unter

II. Vertragsmäßiges Güterrecht.

werden die §§. 1353 bis 1365 abgeändert, wie folgt:

§. 1353 erhält den Wortlaut des jetzigen §. 1415:

„Die Ehegatten können ihre güterrechtlichen Verhältnisse durch Vertrag (Ehevertrag) regeln, insbesondere auch nach der Eingehung der Ehe den Güterstand aufheben oder ändern."

§. 1354 erhält den Wortlaut des jetzigen §. 1416:

„Der Güterstand kann nicht durch Verweisung auf ein nicht mehr geltendes oder auf ein ausländisches Gesetz bestimmt werden. Hat der Mann zur Zeit der Eingehung der Ehe oder, falls der Vertrag nach der Eingehung der Ehe geschlossen wird, zur Zeit des Vertragsschlusses seinen Wohnsitz im Auslande, so ist die Verweisung auf ein an diesem Wohnsitze geltendes Güterrecht zulässig."

§. 1355 erhält den Wortlaut des jetzigen §. 1417:

„Der Ehevertrag muß bei gleichzeitiger Anwesenheit beider Theile vor Gericht oder vor einem Notar geschlossen werden."

§. 1356.

„Wird durch Ehevertrag die persönliche Haftbarkeit der Frau oder ihre Geschäftsfähigkeit ausgeschlossen oder beschränkt, so können einem Dritten gegenüber aus der Ausschließung oder Beschränkung Einwendungen gegen ein zwischen ihm und einem der Ehegatten vorgenommenes Rechtsgeschäft oder gegen ein zwischen ihnen ergangenes rechtskräftiges Urtheil nur hergeleitet werden, wenn zur Zeit der Vornahme des Rechtsgeschäfts oder zur Zeit des Eintritts der Rechtshängigkeit die Ausschließung oder die Beschränkung in dem Güterrechtsregister des zuständigen Amtsgerichts eingetragen oder dem Dritten bekannt war.

Das Gleiche gilt, wenn eine in dem Güterrechtsregister eingetragene Regelung des güterrechtlichen Verhältnisses durch Ehevertrag aufgehoben oder geändert wird."

§. 1357.

„Wird durch Ehevertrag die Verwaltung und Nutznießung des Mannes oder die allgemeine Gütergemeinschaft oder die Errungenschafts- oder Fahrnißgemeinschaft aufgehoben, so tritt Gütertrennung ein, sofern sich nicht aus dem Vertrage ein Anderes ergiebt."

Unter

II. Vertragsmäßiges Güterrecht.

wird eingeschoben:

2. Verwaltungsgemeinschaft.

mit folgenden Paragraphen:

§. 1358.

„Ein Ehevertrag, durch den die Verwaltungsgemeinschaft vereinbart wird, kann nicht durch einen gesetzlichen Vertreter geschlossen werden."

Als §. 1359 wird der frühere §. 1346 abgeändert, wie folgt:

„Durch die Verwaltungsgemeinschaft wird das Vermögen der Frau der Verwaltung und Nutznießung des Mannes unterworfen (eingebrachtes Gut). Wenn im Ehevertrag nichts Anderes bestimmt ist, wird das ganze eingebrachte Gut der Frau der Verwaltungsgemeinschaft unterstellt. Zum eingebrachten Gute gehört auch das Vermögen, das die Frau während der Ehe erwirbt."

§. 1360 erhält die Fassung des früheren §. 1347;

„Die Verwaltung und Nutznießung des Mannes tritt nicht ein, wenn er die Ehe mit einer in der Geschäftsfähigkeit beschränkten Frau ohne Einwilligung ihres gesetzlichen Vertreters eingeht."

§. 1361. Der jetzige §. 1348:

„Die Verwaltung und Nutznießung des Mannes erstreckt sich nicht auf das Vorbehaltsgut der Frau."

wird abgeändert, wie folgt:

„Die Verwaltung und Nutznießung des Mannes kann mit Bezug auf das Vorbehaltsgut der Frau ausgeschlossen werden."

Als §. 1362 wird der jetzige §. 1349, welcher lautet:

„Vorbehaltsgut ist, was die Frau durch ihre Arbeit oder durch den selbständigen Betrieb eines Erwerbsgeschäftes erwirbt.",

ferner der jetzige §. 1350 des Inhalts:

„Vorbehaltsgut ist, was die Frau durch Erbfolge, durch Vermächtniß oder als Pflichttheil erwirbt (Erwerb von Todeswegen) oder was ihr unter Lebenden von einem Dritten unentgeltlich zugewendet wird, wenn der Erblasser durch letztwillige Verfügung, der Dritte bei der Zuwendung bestimmt hat, daß der Erwerb Vorbehaltsgut sein soll.",

sowie der jetzige §. 1352:

„Vorbehaltsgut ist, was die Frau auf Grund eines zu ihrem Vorbehaltsgute gehörenden Rechts oder als Ersatz für die Zerstörung, Beschädigung oder Entziehung eines zu dem Vorbehaltsgute gehörenden Gegenstandes oder durch ein Rechtsgeschäft erwirbt, das sich auf das Vorbehaltsgut bezieht."

zusammengezogen mit folgendem Wortlaut:

„Ist nichts Näheres im Ehevertrag bestimmt, so gilt als Vorbehaltsgut:

1. was die Frau durch ihre Arbeit oder durch den selbständigen Betrieb eines Erwerbsgeschäftes erwirbt,
2. was die Frau durch Erbfolge, durch Vermächtniß oder als Pflichttheil erwirbt (Erwerb von Todeswegen), oder was ihr unter Lebenden von einem Dritten unentgeltlich zugewendet wird, wenn der Erblasser durch letztwillige Verfügung, der Dritte bei der Zuwendung bestimmt hat, daß der Erwerb Vorbehaltsgut sein soll,
3. was die Frau auf Grund eines zu ihrem Vorbehaltsgute gehörenden Rechtes oder als Ersatz für die Zerstörung, Beschädigung oder Entziehung eines zu dem Vorbehaltsgute gehörenden Gegenstandes oder durch ein Rechtsgeschäft erwirbt, das sich auf das Vorbehaltsgut bezieht."

Der jetzige §. 1350 fällt weg.

Die §§. 1353—1408 werden mit 1363—1418 nummerirt.

Der Untertitel 5. Gütertrennung mit den §§. 1409--1414 fällt weg.

In Titel II, Vertragsmäßiges Güterrecht, fällt der Untertitel 1. Allgemeine Vorschriften mit den §§. 1415—1419 weg.

Der Untertitel 2. Allgemeine Gütergemeinschaft, wird mit Ziffer 3 versehen und die §§. 1420—1422 werden als §§. 1419—1421 aufgeführt.

Der erste Absatz des §. 1423, welcher lautet:

„Von dem Gesammtgut ausgeschlossen ist das Vorbehaltsgut."

wird als §. 1422 aufgeführt

und der zweite Absatz:

„Vorbehaltsgut ist, was durch Ehevertrag für Vorbehaltsgut eines der Ehegatten erklärt ist, oder von einem der Ehegatten nach §. 1351 oder §. 1352 erworben wird"

wird als besonderer Paragraph aufgeführt mit der Nummer §. 1423.

Ferner werden die im letzteren citirten §§. 1351 und 1352 abgeändert in: §. 1362 Absatz 2 und 3.

Der Antragsteller begründete den Antrag im Allgemeinen mit denselben Gründen, welche in der Rede des Herrn Abgeordneten Freiherrn v. Stumm bei der ersten Lesung des Bürgerlichen Gesetzbuchs im Plenum des Reichstags niedergelegt sind.

Das gesetzliche Güterrechtssystem der Gütertrennung sei das einzige, bei dem die Frau auf dem Boden der modernen Verhältnisse zu ihrem Rechte komme. Andere gesetzliche Güterrechtssysteme hätten wohl ihre Berechtigung gehabt, so lange die Frau in der Bildung dem Manne weit nachgestanden habe, so daß man nicht habe wagen dürfen, ihr die Verwaltung des eigenen Vermögens zu überlassen. Auch liege manchen gesetzlichen Güterrechten der Gedanke zu Grunde, daß mehr oder weniger durch die Ehe eine Verschmelzung der Vermögensbestände beider Ehegatten eintrete, deren Herrschaft dann dem Manne gebühre. Noch andere Systeme gingen von einer allgemeinen Unterordnung der Frau unter den Mann in allen Verhältnissen aus, die dann als natürliche Konsequenz eine möglichst weitgehende Herrschaft des Mannes auch über das Vermögen der Frau nach sich gezogen habe. Die kulturellen Verhältnisse, welche der Boden solcher Systeme gewesen, träfen heute nicht mehr zu; die Frauenbildung sei so weit vorgeschritten, daß man mit voller Ruhe der Frau in der Ehe die Verwaltung ihres eigenen Vermögens überlassen könne. Fühle sie sich dieser Aufgabe nicht gewachsen, so stehe es ihr ja immerhin frei, den Mann durch einen selbständigen, gewöhnlichen Vollmachtsvertrag mit der Verwaltung ihres eigenen Vermögens zu beauftragen.

Eine getrennte Haltung beider Vermögensmassen in der Ehe erweise sich mehr und mehr erwünscht, weil derjenige Theil, der die Tendenz habe, das Vermögen zu verschwenden, regelmäßig der Mann und nur in außerordentlich seltenen Fällen die Frau sei.

Auch sei zu berücksichtigen, daß bei allen anderen Güterrechtssystemen als bei der Gütertrennung unter Umständen das Vermögen des einen oder anderen Ehetheils in Kanäle geleitet werde, die der Absicht bei der Eheschließung nicht entsprochen hätten. Das Vermögen der Frau müsse, soweit nicht ein gesetzliches Erbrecht des Mannes vorgesehen sei, ihren Kindern und sonstigen Verwandten verbleiben. Es habe keinen Sinn, bei kinderlosen Ehen durch ein gesetzliches Güterrecht mit Nutznießung des Mannes am eingebrachten Gute der Frau Theile des Vermögens der Frau auf die Verwandten des Mannes überzuleiten.

Namentlich aber aus Erfahrungen, welche der Antragsteller in vielfältigen Berührungen mit industriellen Arbeitern habe machen können, habe sich ihm die Ueberzeugung aufgedrängt, daß kein System mehr dem Interesse der arbeitenden Klassen entspreche, als die Gütertrennung.

Seitens der Regierungskommissare wurde entgegnet, von den in Deutschland geltenden Güterrechten habe jedes gewisse Vorzüge, aber auch gewisse Nachtheile. Man habe deswegen bei der Bestimmung des gesetzlichen Güterrechts zunächst das Anwendungsgebiet der einzelnen Güterrechtssysteme innerhalb Deutschlands ins Auge gefaßt. Unter diesem Gesichtspunkt stehe das Recht der Verwaltung und Nutznießung in erster Linie, da dasselbe, im Wesentlichen in übereinstimmender Gestaltung, das gesetzliche Güterrecht des preußischen Landrechts und des Königlich sächsischen Gesetzbuchs sei. Am wenigsten Terrain habe sich gerade die Gütertrennung erworben, und zwar obwohl dieses Güterrecht im römischen Dotalrechte eine feste Grundlage habe. Darin, daß ungeachtet dieser Anknüpfung das Recht der Gütertrennung ein verhälnißmäßig unbedeutendes Anwendungsgebiet sich bewahrt beziehungsweise erworben habe, zeige sich, daß dasselbe der deutschen

Auffassung der Ehe nicht entspreche; habe doch selbst in den Gebieten, in denen das römische Recht geltendes Recht geworden und geblieben sei, das römische Güterrecht sich im Allgemeinen entweder überhaupt nicht, oder doch nur mit wesentlicher Umgestaltung in der Richtung der deutsch-rechtlichen Gütersysteme Eingang verschafft. Und von den neueren Gesetzgebungen Deutschlands habe keine das Recht der Gütertrennung aufgenommen; auch werde solches, soweit zu konstatiren, nicht einmal auf dem Wege der vertragsmäßigen Beredung irgendwo häufig zum geltenden Recht gemacht. Es sei richtig, daß außerhalb Deutschlands, neuerdings vornehmlich auch in England und Amerika, die Gütertrennung das gesetzliche System sei; indessen könne das nicht maßgebend sein, da für die Bestimmung des für Deutschland maßgebenden Güterrechts nur die Entwickelung des Rechts in Deutschland und die aus derselben resultirende deutsche Anschauung bestimmend sein könne.

Das System der Gütertrennung als gesetzliches System habe denn auch weder in der Kritik des Entwurfs noch von Seiten der Regierungen irgend welche erhebliche Unterstützung gefunden. Nur die sogenannte Frauenbewegung habe sich für dasselbe erwärmt. Aber den Wünschen der Frauenvereine sei, soweit sie der Sachlage entsprechen, im Entwurf bereits Rechnung getragen.

Der Entwurf erkenne die volle Geschäfts- und Erwerbsfähigkeit der Frau an; er bestimme, in Abweichung von dem bisher geltenden Rechte, daß der persönliche Erwerb der Frau Vorbehaltsgut werde; er gestalte die dem Manne beim gesetzlichen Güterrecht zustehende Verwaltung so, daß zu allen irgend wichtigeren Akten der Mann der Zustimmung der Frau bedürfe. Hiermit sei sowohl dem Fortschritte in der Geistesbildung der Frauen als der weiteren Ausdehnung der Erwerbsthätigkeit ausreichend Rechnung getragen und sei zugleich die Sicherung des vorhandenen Frauenvermögens in deren Hand gelegt, also in der Weise angestrebt, die der vollen Geschäftsfähigkeit der Frauen entspreche. Eine völlige Gleichberechtigung von Mann und Frau in der Ehe aber sei im Prinzip nicht anzuerkennen. Auch verlangten die Interessen der Frau keineswegs die Anerkennung eines solchen Prinzips, namentlich auch nicht in der hier allein fraglichen Konsequenz dieser Gleichberechtigung, d. h. in der Anerkennung der Gütertrennung als des gesetzlichen Güterrechtes.

Es lasse sich nicht leugnen, daß die Frau, die im Stande und geneigt sei, ihr Vermögen selbst in der Hand zu behalten, gegen Mißverwaltung des Mannes gesicherter sei, als bei dem gesetzlichen Güterrechte, trotz der mehrfachen auf die Sicherung der Frau abzielenden Vorschriften des Entwurfs. Aber die weitaus größere Zahl der Frauen werde, wie dies auch von den Vertretern der Gütertrennung nicht bezweifelt werde, die Verwaltung wenigstens zunächst dem Manne überlassen; sei dies der Fall, so finden die im Entwurf festgestellten Sicherungsvorschriften (zu vergleichen die §§. 1358, 1364, 1365, 1374 bis 1376 u. a. m.) keine Anwendung, wohl aber die aus Gründen praktischer Zweckmäßigkeit unentbehrlichen §§. 1412, 1413, die dem Manne erhebliche über die Befugnisse eines Vermögensverwalters weit hinaus gehende Befugnisse in Ansehung des der Verwaltung überlassenen Gutes einräumen. Weiterhin sei nicht in Abrede zu ziehen, daß es für die Frau dem ersten Anschein nach einen entschiedenen Vortheil biete, wenn sie ihr in den Händen des Mannes befindliches Vermögen ohne Erhebung und Durchführung der in §. 1401 zugelassenen Klage zurückziehen könne; aber auch diese Rücknahme sei nicht ohne Gefahr für die Ehe und somit auch für die Frau, namentlich wenn eine Verwendung des Frauenvermögens in des Mannes Vermögen stattgefunden habe und die Rückgängigmachung desselben in letzteres stark einschneide.

Sei die Gütertrennung nur unter besonders gestalteten Voraussetzungen im zweifellosen Interesse der Frau, so sei es auch unter diesem Gesichtspunkte geboten, sie nicht zum gesetzlichen Güterrecht zu erheben, sondern, abgesehen von den im Gesetze selbst bestimmten Ausnahmefällen, von dem Abschlusse eines Ehevertrages abhängig zu machen.

Zu ihm könnten namentlich die Frauen der Kreise, aus denen die Frauenbewegung hervorgegangen nnd durch die sie getragen sei, unschwer greifen.

Die Hauptsache sei aber die Frage, welches Güterrechtssystem der rechtsgeschichtlichen Entwickelung, der herrschenden Sitte und den wirthschaftlichen Verhältnissen entspreche, wie sie nicht bloß in einzelnen Volkskreisen, sondern im großen Ganzen gestaltet seien. Das sei sicherlich nicht die Gütertrennung. Sie würde namentlich die ländliche Bevölkerung befremden und von ihr zurückgewiesen werden.

In der Debatte wurde zunächst von einer Seite betont, daß das Regionalsystem, wonach etwa für den Norden, für den Süden oder für den Westen Deutschlands je ein verschiedenes Güterrechtssystem zum gesetzlichen Güterrecht gemacht würde, unannehmbar sei; ein einheitliches gesetzliches Güterrecht für Deutschland sei eine unbedingte Nothwendigkeit. Es sei auch richtig, daß man von dem verbreitetsten Rechte ausgehe. Aber man müsse auch im Auge behalten, welches Güterrechtssystem aus dem Wesen der Ehe sich als das normale Recht ergebe. Die Gütertrennung als gesetzliches System sei vielleicht ein Zukunftsrecht. Wenn aber die Zukunft eine solche Entwicklung bringe, daß es unvermeidlich sei, so könne man doch nicht sagen, daß eine solche Entwicklung erwünscht sei.

Leider habe allerdings die Entwicklung unserer sozialen Verhältnisse die Familie, welche früher religiös, sittlich, sozial und wirthschaftlich geschlossen gewesen sei, mehr und mehr aufgelöst. Wenn man allein ausgehe von dem verbreitetsten Recht, so möge es angehen, die Verwaltungsgemeinschaft als gesetzliches Güterrecht zu acceptiren. Gehe man aber aus von der gesundesten Entwicklung der Familie und von dem normalen Recht, wie es sich aus dem Wesen der Ehe ergebe, so komme man zu einem ganz anderen Ergebniß. Alsdann komme man zu dem System der Gütergemeinschaft als gesetzliches Güterrecht.

Die gesetzliche Gütergemeinschaft sei allerdings in Deutschland nicht so einheitlich entwickelt, wie die Verwaltungsgemeinschaft. Sie komme in den verschiedensten Variationen vor. Nehme man aber alle gesetzlichen Güterrechtssysteme, welche auf dem Boden der Gütergemeinschaft erwachsen seien, zusammen, so ergebe sich, daß dieselbe einen weit größeren Theil von Deutschland umfasse, als das System der Verwaltungsgemeinschaft, wie es der Entwurf habe. Die allgemeine Gütergemeinschaft umfasse etwa 11 Millionen Einwohner Deutschlands, die Fahrnißgemeinschaft etwa 7 157 750 Einwohner, die Errungenschaftgemeinschaft und die zwischen dieser und der Fahrnißgemeinschaft in der Mitte liegenden Systeme etwa 6 931 000 Einwohner, diese Gemeinschaftssysteme zusammen also 25 088 750 Einwohner. Dagegen umfasse die Verwaltungsgemeinschaft etwa 13 986 942 Einwohner, die Gütertrennung (römisches Dotalsystem) 3 070 901 Einwohner, diese Systeme der Gütertrennung zusammen also nur 17 057 843 Einwohner. Es erscheine demnach richtiger, die Gütergemeinschaft als gesetzliches Güterrecht einzuführen. Nur dadurch könne man der fortschreitenden Auflösung der Familie entgegen arbeiten und die Familie neu festigen.

Von der Stellung besonderer Anträge nach dieser Richtung werde abgesehen, weil nach Lage der Verhältnisse in der Kommission eine Aussicht nicht gegeben sei, die Anträge zur Annahme zu bringen.

Auch von anderer Seite wurde die allgemeine Gütergemeinschaft als das natürlichste und dem Wesen der Ehe am meisten entsprechende System des gesetzlichen Güterstandes anerkannt. Jedoch wurde die praktische Durchführbarkeit derselben bezweifelt, weil unsre sozialen Verhältnisse leider eine andere Entwicklung genommen hätten.

Von andrer Seite wurde ausgeführt, daß der gesetzliche Güterstand des Entwurfs gegenüber dem bisherigen gesetzlichen Güterstand namentlich für das Gebiet des französischen Rechts schon eine ganz erhebliche Besserung der Lage der Frau gegenüber dem Manne mit sich bringe. Auch wurde darauf hingewiesen, daß es nicht angehe, innerlich und in ihren Konsequenzen so verschiedene Güterrechte, wie allgemeine Gütergemeinschaft, Errungenschaftsgemeinschaft und Fahrnißgemeinschaft gleich einem einheitlich gestalteten Güterrecht den anderen Güterrechten gegenüber zu stellen.

Wieder von anderer Seite fand der Antrag, die Gütertrennung als gesetzlichen Güterstand einzuführen, weitgehende Unterstützung. Aus der sittlichen Natur der Ehe folge, daß sie keine Verschiebung der Vermögensverhältnisse mit sich bringen dürfe. Sobald eine solche eintrete, werde die Mitgiftjägerei und der Abschluß der Ehe aus den egoistischen Motiven des Vermögenserwerbs anstatt des Abschlusses der Ehe lediglich auf Grund einer sittlichen Zuneigung befördert. Auch im Falle der Ehescheidung, den man immer im Auge behalten müsse, da die Erleichterung der Ehescheidung ebenfalls dem sittlichen Wesen der Ehe entspreche, sei es am bequemsten, wenn von vornherein die Gütertrennung der gesetzliche Güterstand sei. Petitionen seien nur eingelaufen zu Gunsten der Gütertrennung, keine dagegen zu Gunsten der Einführung der gesetzlichen Gütergemeinschaft oder der Verwaltungseinheit des Entwurfes.

Es wurde entgegnet, daß allerdings Petitionen nur von Seiten der Frauenvereine zu Gunsten der Gütertrennung eingelaufen seien. Indeß sei es doch ein ganz falscher Schluß, aus dem passiven Verhalten des ganz überwiegenden Theils der deutschen Frauen zu schließen, daß er sich dadurch den Bestrebungen der Frauenvereine angeschlossen habe.

Auf Grund dieser Diskussion wurde zunächst abgestimmt darüber, welches Güterrechtssystem als gesetzlicher Güterstand in den Entwurf aufzunehmen sei. Die Abstimmung ergab, daß nur 6 Stimmen sich erhoben zu Gunsten der Gütertrennung, daß die anderen Stimmen aber gewillt waren, das System des Entwurfs im Allgemeinen beizubehalten.

Auf Grund dieser Abstimmung wurden sodann die oben erwähnten Anträge zurückgezogen.

In zweiter Lesung wurde nochmals der Antrag gestellt, den §. 1346 in folgender Fassung anzunehmen:

„In Ermangelung von Eheverträgen, die güterrechtliche Stellung der Ehegatten betreffend, tritt Gütertrennung ein.“

Der Antragsteller bezog sich im Allgemeinen auf seine Ausführungen bei der ersten Lesung. Doch legte er noch Werth darauf, mitzutheilen, daß nach inzwischen vorgenommenen sehr genauen Erkundigungen die Entwicklung der Ehe in England unter der Herrschaft der Gütertrennung als gesetzlichen Güterstandes keineswegs einen unerwünschten Verlauf genommen habe. Alle Mittheilungen, die ihm geworden seien, ließen in ihrer Gesammtheit bei ihm keinen Zweifel, daß trotz oder auch vielleicht in Folge der gesetzlichen Gütertrennung die Frau in England eine ebenso tüchtige, sittliche und religiöse Hausfrau sei wie auch im Allgemeinen in Deutschland.

Nach kurzer Entgegnung wurde der Antrag abgelehnt.

In der Spezialdiskussion wurde zunächst angeregt, der Ueberschrift:

„I. Gesetzliches Güterrecht“

eine kurze Charakterisirung dieses Güterrechts beizufügen, um damit einen für die juristische Technik erwünschten kurzen Gegensatz zu den verschiedenen Güterrechtssystemen, welche vertragsmäßig zugelassen sind (Allgemeine Gütergemeinschaft, Errungenschaftsgemeinschaft und Fahrnißgemeinschaft) herbeizuführen.

Es wurde vorgeschlagen, das gesetzliche Güterrecht kurzweg „Verwaltungsgemeinschaft“ oder „Verwaltungseinheit“ zu nennen. Da eine Uebereinstimmung der Ansichten in der Kommission sich nicht ergab, wurde die Frage zur Erledigung der Redaktionskommission übergeben. Diese erkannte an, daß es allerdings erwünscht sei, einen terminus technicus für den gesetzlichen Güterstand zu haben, der im Gesetze selbst als Güterstand der Verwaltung und Nutznießung umschrieben werde. Doch fand auch diese Kommission keinen Ausdruck, der geeignet war, als kurze, prägnante Charakterisirung des gemeinen, gesetzlichen Gütersystems des Entwurfs der Ueberschrift eingefügt zu werden. Zunächst war zu beachten, daß der Entwurf zwei gesetzliche Güterstände habe, die Gütertrennung mit und die ohne Verwaltung und Nutznießung. Dann mußte anerkannt werden, daß der Ausdruck „Verwaltungseinheit" irreführend sei; bisher habe man unter dem Ausdruck „Verwaltungseinheit" ein anderes Gütersystem in Deutschland verstanden; es sei nicht angezeigt, diesem Wort jetzt einen neuen Begriff unterzulegen. Der Ausdruck „Verwaltungsgemeinschaft" sei ebenso ungeeignet, weil es sich nicht um eine gemeinschaftliche Verwaltung des Vermögens beider Ehegatten handle, sondern um ein System, das im Kern einen Gegensatz zu jeglicher Gemeinschaft darstelle, und die Verwaltung dem Manne allein übertrage. Die Redaktionskommission sah daher davon ab, der Ueberschrift „Gesetzliches Güterrecht" einen Zusatz zu geben. Im Uebrigen bezeichne der Entwurf wo eine technische Bezeichnung nicht umgangen werden könne, mit den Worten „Verwaltung und Nutznießung" den ganzen in Frage stehenden Güterstand (z. B. §§. 1368, 1369, 1401 bis 1404, 1409, 1418, 1419). Dabei könne es auch sein Bewenden haben. Im gewöhnlichen Leben werde der Ausdruck „gesetzlicher Güterstand" oder „gesetzliches Güterrecht" überall da ausreichen, wo nur der Gegensatz zu den vertragsmäßigen Güterrechten, nicht auch der Gegensatz zwischen dem prinzipalen und dem subsidiären gesetzlichen Güterrecht in Frage stehe.

Zu

§. 1346

wurde ausgeführt, daß aus dieser Bestimmung in Verbindung mit §. 1356 der Anschein erweckt werde, als sei die Frau zur Verwaltung und zum Besitz ihres Gutes nicht mitberechtigt. Es wurde vorgeschlagen, in §. 1346 statt „unterworfen" zu sagen „mitunterworfen", und in §. 1356 statt „berechtigt" zu sagen „mitberechtigt".

Es wurde entgegnet, daß eine derartige Aenderung nicht eine nur redaktionelle Aenderung sei, sondern eine materielle Aenderung involviren würde.

Nach dem Entwurfe stehe die Verwaltung nicht dem Manne und der Frau gemeinsam zu, sondern nur dem Manne. Allerdings sei der Mann in bestimmten Fällen bei seiner Verwaltung an die Zustimmung der Frau gebunden. Aber das sei etwas Anderes als eine gemeinschaftliche Verwaltung. Auf eine solche gemeinschaftliche Verwaltung in dem dem Entwurfe fremden Sinne aber würden die Aenderungen in den §§. 1346 und 1356 hinweisen. Daß der Inhalt und die Schranken der Verwaltungsbefugniß des Mannes in §. 1346 nicht aufgeführt seien, und insofern §. 1346, für sich allein betrachtet, nicht exakt oder gar vollständig sei, sei gleichgültig, da die späteren Paragraphen über Inhalt und Schranken der Verwaltungsbefugniß des Mannes keinen Zweifel lassen. Es werde daher richtig sein, es bei den Vorschriften des Entwurfs zu belassen.

Die Frage wurde zur nochmaligen Erwägung der Redaktions-Kommission überwiesen, diese kam jedoch nach längerer Erwägung zu dem Beschluß, daß der §. 1346 unverändert bleiben soll.

§§. 1347, 1348

wurden ohne Debatte angenommen.

Als

§. 1348a

schob die Redaktions-Kommission folgende Bestimmung ein:

„Vorbehaltungsgut sind die ausschließlich zum persönlichen Gebrauche der Frau bestimmten Sachen, namentlich Kleider, Schmucksachen und Arbeitsgeräthe."

und zwar auf Grund der Diskussion zu §. 1354 (siehe unten).

Zu

§. 1349

wurde vorgeschlagen, das Wort „selbständigen" zu streichen. Auch wenn die Frau an einer offenen Handelsgesellschaft theilnehme oder als stiller Sozius oder als Kommanditär an einem fremden Geschäft sich betheilige, müsse der Gewinn zu ihrem Vorbehaltsgut gehören.

Es wurde entgegnet, daß, wenn eine Frau sich an einer offenen Handelsgesellschaft betheilige, das ohne Zweifel unter den Begriff eines „selbständigen Betriebes eines Erwerbsgeschäftes" falle. Wenn dagegen das Vermögen einer Frau angelegt sei als stilles Gesellschaftskapital oder als Kommanditkapital, so könne man darin nicht den „selbständigen Betrieb eines Erwerbsgeschäfts" erblicken. Alsdann handle es sich lediglich um eine besondere Form der Anlage des Vermögens der Frau, wobei eine persönliche Arbeit der Frau nicht hinzutrete. Es sei nicht abzusehen, warum der Ertrag aus solchen Kapitalien anders beurtheilt werden solle gegenüber der Nutznießung des Mannes, wie der Ertrag von Kapitalien, welche auf Hypotheken oder in Werthpapieren angelegt seien. Sei also das als Kommanditkapital u. s. w. angelegte Vermögen der Frau vertragsmäßiges Vorbehaltsgut, so müßten die Nutznießungen der Frau zufallen, sei es nicht Vorbehaltsgut, so sei es nur konsequent, daß es der Nutznießung des Mannes unterliege. Das Prinzip des Paragraphen sei: was die Frau durch ihre Arbeit erwerbe, soll ihr Vorbehaltsgut werden, sei es, daß sie dieses Gut erwirbt durch ihre Arbeit allein, sei es durch Verbindung ihrer Arbeit mit ihrem eigenen Kapital im selbstständigen Betriebe eines Erwerbsgeschäfts. „Selbständig" bedeute hier, ebenso wie in der Gewerbeordnung, daß die Frau die Unternehmerin des Erwerbsgeschäftes sei; der selbständige Betrieb der Frau bilde den Gegensatz zu ihrer Thätigkeit als Gehülfin des Mannes in dem von diesem betriebenen Geschäfte.

Auf Grund dieser Diskussion machte die Kommission sich dahin schlüssig, die Sache zur nochmaligen Erwägung an die Redaktions-Kommission abzugeben. Diese erwog namentlich, ob es sich empfehle, den Begriff „*selbständigen* Betrieb eines Erwerbsgeschäfts" zu ersetzen durch den Begriff „*eigenen* Betrieb eines Erwerbsgeschäfts". Da jedoch die Gewerbeordnung bereits den Begriff „selbständigen Betrieb eines Erwerbsgeschäfts" in demselben Sinne kennt, wie ihn §. 1349 anwenden will, so wurde beschlossen, diesen Paragraphen unverändert beizubehalten.

§. 1350.

Ohne Debatte angenommen.

Zu

§. 1351

wurde beantragt, den letzten Satztheil:

„wenn der Erblasser durch letztwillige Verfügung bei der Zuwendung bestimmt hat, daß der Erwerb Vorbehaltsgut sein soll"

zu *streichen*.

Im Laufe der Diskussion wurde von demselben Antragsteller beantragt, diese Worte zu ersetzen durch die Worte:

„soweit nicht der Erblasser etwas Anderes bestimmt hat".

Wenn eine Ehe auf Grund des gesetzlichen Güterrechts geschlossen worden sei, weil kein Bedürfniß vorhanden gewesen sei, Gütertrennung einzuführen mangels vorhandenen erheblichen Vermögens, dann aber eine Frau im Wege des Erbgangs oder durch Vermächtniß erhebliches Vermögen erwerbe, so entspreche es durchaus der Billigkeit, daß dieses Vermögen Vorbehaltsgut werde.

Es wurde entgegnet, wenn dieser Antrag angenommen werde, so werde in weitem Umfange das System der gesetzlichen Gütertrennung an die Stelle des gesetzlichen Güterrechts gestellt werden. Wenn gesagt werde, der Antrag sei nothwendig im Interesse reicher Erbinnen, die verschuldete Kavaliere heiratheten, so sei zu entgegnen, daß für solche Fälle nicht durch die Konstruktion des gesetzlichen Güterstandes vorgesorgt werden könne, sondern nur dadurch, daß man geeignete vertragsmäßige Güterrechtssysteme zur Verfügung stelle. Werde der Antrag angenommen, so liege darin von vornherein ein solches Mißtrauensvotum für das System des Entwurfs, daß man dann auch direkt die Gütertrennung als den gesetzlichen Güterstand einführen könne, denn es sei gerade der häufigere Fall, daß das Vermögen der Frau durch Erbfolge, durch Vermächtniß oder als Pflichttheil erworben werde. Falle dieses Vermögen unter den Begriff des Vorbehaltsguts, so bleibe für die Verwaltung und Nutznießung des Mannes doch in den meisten Fällen nur verschwindend wenig übrig.

Auch wenn man sage: „Soweit nicht der Erblasser etwas Anderes bestimmt hat“, werde ein großes Loch in das Prinzip des Entwurfs gerissen und in der Sache wenig geändert, da es sehr selten vorkommen werde, daß der Erblasser, wenn von Gesetzeswegen der Erbtheil als Vorbehaltsgut der Frau anheimfalle, bestimmen werde, daß der Erbtheil der Verwaltung und Nutznießung des Mannes unterliegen solle.

Beide Anträge wurden daraufhin gegen 8 Stimmen abgelehnt.

Von anderer Seite wurde beantragt, im Eingang des Paragraphen die Worte

„oder als Pflichttheil“

zu streichen und einen zweiten Satz hinzuzufügen des Inhalts:

„Eine solche Bestimmung ist unwirksam, soweit die Verfügung sich auf einen der Ehefrau gebührenden Pflichttheil bezieht.“

Man müsse es als eine Konsequenz aus dem Prinzip der Ehe betrachten, daß der der Frau anheimfallende Pflichttheil unbedingt der Verwaltung und Nutznießung des Mannes unterliege. Nur wenn der Mann durch die Verwaltung und Nutznießung des Pflichttheils der Frau eine gefestigte Stellung und einen materiellen Boden in der Familie erhalte, könne er seinen Pflichten als Herr der Familie gerecht werden.

Es wurde entgegnet, daß das Pflichttheilsrecht in diesem Falle ein Recht der Frau sei und nicht ein Recht des Mannes. Das Recht der Frau aber werde durch eine solche Bestimmung nicht beeinträchtigt; im Gegentheil sei der Ausschluß solcher Bestimmungen eine materielle Zurücksetzung der Frau, zu deren Sicherung in der Regel dieselben getroffen würden. Das Recht des Mannes auf Verwaltung des eingebrachten Vermögens der Frau könne das Recht des Dritten, bei der Zuwendung Bestimmungen zu treffen, nicht beseitigen. Auch werde sich bei Annahme des Antrags von vornherein ein zwiespaltiges Recht ergeben: der Pflichttheil werde der Verwaltung und Nutznießung des Mannes unterliegen, der den Pflichttheil überschreitende Erwerb dagegen werde Vorbehaltsgut der Frau bleiben.

Der Antrag wurde abgelehnt.

In zweiter Lesung wurde sodann beantragt, folgenden Satz hinzuzufügen:

„Erbschaften oder Zuwendungen aus Vermögen, an welchen die Frau keine Pflichttheilsberechtigung hat, sind Vorbehaltsgut, auch wenn der Erblasser oder Schenkgeber eine diesbezügliche Bestimmung nicht getroffen hat.“

Zur Begründung wurde darauf hingewiesen: wenn ein Ehevertrag abgeschlossen worden sei unter Umständen, wo man nicht habe erwarten können, daß der Frau erhebliches Gut als Erbtheil zufallen werde, oder wenn unter solchen Verhältnissen ohne Ehevertrag der gesetzliche Güterstand in Kraft getreten sei, nachher aber ein unerwarteter Erbfall eintrete, so falle die Erbschaft unter das Verwaltungs- und Nutznießungsrecht des Mannes, ohne daß dies offenbar bei Abschluß der Ehe beabsichtigt gewesen wäre. Wenn z. B., um ein banales Beispiel zu wählen, ein Onkel in Amerika sterbe, von dem die Eheleute gar nicht gewußt hätten, daß er reich geworden sei und ihnen ein Vermögen hinterlassen werde, so trete dieser Fall ein. In einem solchen Falle dürfe man sich nicht darauf verlassen, daß dieser Onkel in Amerika ein entsprechendes Testament machen werde, wenn es angebracht sei, diese Erbschaft nicht zum Vorbehaltsgut werden zu lassen, denn derselbe kenne weder das bei uns geltende Recht noch die bei seinen Verwandten herrschenden Verhältnisse.

Es wurde entgegnet, auch dieser Antrag stehe auf dem Grundgedanken, daß der beste Güterstand, der prinzipiell berechtigt sei und im Zweifel stets einzutreten habe, die Gütertrennung sei, und bringe auf einem Umwege in erheblichem Maße die Gütertrennung in den gesetzlichen Güterstand des Entwurfs hinein.

Darauf wurde erwidert, der Grundgedanke des Antrags sei keineswegs die prinzipielle Bevorzugung der Gütertrennung. Vielmehr ergebe derselbe sich aus dem Grundprinzip des Entwurfs, daß die Eheleute vollkommen freie Wahl hätten, welches Güterrecht auf ihre Ehe Anwendung finden solle. Sie hätten die Wahl, ob sie irgend einen beliebigen Ehevertrag abschließen oder ob sie ohne Abschluß eines Ehevertrages den gesetzlichen Güterstand zur Anwendung kommen lassen wollten. Wenn ein Onkel in Amerika sterbe, so müsse man davon ausgehen, daß die Eheleute ihren Ehevertrag anders abgefaßt haben würden, wenn sie einen solchen Erbanfall hätten berücksichtigen können. Ließe man in diesem Falle die Erbschaft nicht Vorbehaltsgut der Frau werden, so falle sie ohne Weiteres in die Verwaltung und Nutznießung des Mannes. Die Frau sei also absolut nicht mehr frei, ihr Güterrecht in Bezug auf die unerwartet angefallene Erbschaft nach ihrem Gutdünken oder ihren berechtigten Interessen zu gestalten. Ließe man aber diese Erbschaft unter die Bestimmungen der Gütertrennung fallen, so bleibe der Frau die volle Freiheit, einen Vertrag mit ihrem Manne zu schließen, wonach diese Erbschaft ganz oder theilweise in die Verwaltung oder Nutznießung des Mannes falle. Der Antrag entspreche also dem ganz gesunden Gedanken, die Wirkung des Ehevertrages nicht weiter gehen zu lassen, als bei Abschluß derselben, übersehen werden konnte, und im Uebrigen der Frau die Freiheit zu wahren, für unerwartete Fälle wiederum unabhängig sich zu entschließen.

Dem wurde entgegen gehalten: Die Annahme, daß jede Erbschaft eines entfernteren Verwandten, eines Onkels u. s. w., die nicht mit einem Pflichttheilsrecht behaftet sei, eine unerwartete Erbschaft vorstelle, sei sowohl thatsächlich falsch als rechtlich nicht von Bedeutung; denn wenn die Verwaltung und Nutznießung gesetzlicher Güterstand sei, also ohne Vertragsschluß zu gelten habe, so beziehe sich der Güterstand von selbst auf jeden späteren Erwerb, der nicht durch besondere Gründe ausgeschlossen werde. Die Annahme aber, daß ein Ehevertrag im Sinne der Partei keine weitergehenden Wirkungen habe, als beim Abschlusse übersehen werden könne, habe, auch wenn sie an sich richtig wäre, keine Bedeutung für Fälle, in denen den güterrechtlichen Wirkungen überhaupt ein Ehevertrag nicht zu Grunde liege.

Der Antrag wurde daraufhin mit Stimmengleichheit abgelehnt.

§§. 1352, 1353.

Ohne Debatte angenommen.

Zu

§. 1354

wurde beantragt, dieser Bestimmung folgende Fassung zu geben:

„An den ausschließlich zum persönlichen Gebrauche der Frau bestimmten Sachen, insbesondere Kleidern und Schmucksachen, es mögen solche von der Frau eingebracht oder vom Manne aus seinem Vermögen angeschafft worden sein, steht der Frau das Eigenthum und das Recht des unbeschränkten Gebrauchs während der Ehe zu. Der Mann ist nur befugt, zu hindern, daß die Frau von diesen Sachen einen anderen, als den bezweckten Gebrauch macht."

Der richtige Sinn des §. 1354 in der Fassung des Entwurfs könne nur dahin gehen, daß der Frau ihre Kleider und ihre Schmucksachen allein zugehören; dann sei es aber ein sehr schwächlicher und fehlerhafter Ausdruck dieses Gedankens, wenn man nur sage: dieselben „unterliegen nicht der Nutznießung des Mannes".

Es wurde entgegnet, daß es sich hier keineswegs nur um eine andere Fassung handle, weil der Antrag das Eigenthum der Frau an den Kleidern und Schmucksachen statuiren wolle. Während die Fassung des Entwurfs die Frage des Eigenthums voraus- setze, führe die vorgeschlagene neue Fassung eine praesumtio juris et de jure für das Eigenthum der Frau an den erwähnten Gegenständen ein. Der Entwurf stehe auf dem Standpunkt, daß das Eigenthum an diesen Gegenständen sich lediglich nach allgemeinen Grundsätzen zu richten habe. Auch sei es unbillig, an allen den genannten Sachen, namentlich an allen Schmucksachen, ein Eigenthum der Frau zu statuiren. Man denke nur an alten Familienschmuck aus der Familie des Mannes, den dieser der Frau zum Gebrauch überlasse.

Von anderer Seite wurde jedoch der Antrag warm befürwortet, soweit er die Richtung habe, die Kleider und Schmucksachen zum Vorbehaltsgut der Frau zu machen und zwar auch dann, wenn diese Dinge vom Manne aus seinem Vermögen an- geschafft seien.

Hiergegen wurde erwidert, daß mit der Statuirung von Vorbehaltsgut der Inhalt des zweiten Satzes des Antrages nicht übereinstimme und daß die Beseitigung dieses Satzes, der sachlich mit dem Entwurfe übereinstimme, sehr unzweckmäßig wäre: man denke an die Verpflichtung des Mannes, ehelichen Aufwand, also auch Kleider 2c. zu beschaffen.

Weiterhin wurde beantragt, die Bestimmung auszudehnen auf die

„Arbeitsgeräthe"

der Frau. Dieselben Gründe, welche dafür sprächen, Kleider und Schmucksachen der Frau ausschließlich zu überlassen, sprächen auch dafür, z. B. eine Nähmaschine, Stickerei- geräthschaften u. s. w., mit denen die Frau einen selbstständigen Erwerb suchen könne, zum selbstständigen Eigenthum der Frau zu machen.

Es sei also hinter „Schmucksachen" einzuschieben:

„sowie die zur Ausübung ihres Berufs oder Erwerbs dienenden Gegenstände."

Bei der Abstimmung ergab sich eine Majorität dafür, daß auch die Arbeitsgeräthe in diesen Paragraphen einzubeziehen seien, daß Kleider, Schmucksachen und Arbeitsgeräthe nicht nur der Nutznießung des Mannes entzogen, sondern direkt Vorbehaltsgut der Frau sein sollten, und daß solches auch dann eintreten solle, wenn die Kleider, Schmucksachen und Arbeitsgeräthe der Frau aus dem Vermögen des Mannes angeschafft seien.

Die Redaktions-Kommission trug diesem Beschlusse Rechnung, indem sie den ganzen §. 1354 strich, dagegen als

§. 1348 a

die auf S. 240 mitgetheilte Bestimmung einschob:

„Vorbehaltsgut sind die ausschließlich zum persönlichen Gebrauche der Frau bestimmten Sachen, insbesondere Kleider, Schmucksachen und Arbeitsgeräthe."

Die Redaktions-Kommission ging im Uebrigen davon aus, daß neben dem neuen Absatz 2 des §. 1345 die Beziehung auf die vom Manne aus seinem Vermögen an- geschafften Sachen weder nothwendig noch thunlich und daß die Gestaltung des §. 1345 Abs. 2 auch geeignet sei, die Bedenken zu beseitigen, welche gegen die Ausdehnung der Vorschrift des Antrags auf solche Sachen vorgebracht worden seien.

§. 1355.

Ohne Debatte angenommen.

Zu

§. 1356

wurde eine bereits zu §. 1346 vorgebrachte Anregung wieder aufgenommen. Es wurde ausgeführt, daß es heißen müsse, der Mann sei nur zum

„Mitbesitz“

der zum eingebrachten Gute gehörenden Sachen berechtigt, da der Besitz des eingebrachten Gutes, auch wenn die Verwaltung und Nutznießung dem Manne zufalle, doch bei der Frau bleibe und nur soweit auf den Mann übergehe, als dieser des Besitzes bedürfe, um die Verwaltung zu führen und die Nutzungen zu ziehen.

Der Anregung wurde jedoch auch hier nicht stattgegeben aus ähnlichen Gründen wie bei §. 1346.

Von anderer Seite wurde darauf hingewiesen, daß der ganze Paragraph mißverständlich, auch entbehrlich sei. Wenn der Mann das Recht der Verwaltung und Nutznießung habe, so sei es ganz selbstverständlich, daß er insoweit auch das eingebrachte Gut in Besitz nehmen könne. Man könne also wohl sagen, daß der Mann berechtigt sein müsse, die zum eingebrachten Gute gehörenden Sachen in Besitz zu nehmen oder sich auch gegen den Widerspruch der Frau in den Besitz derselben zu setzen. Lasse man den Paragraphen aber in der Fassung des Entwurfs stehen, so könne es scheinen, als sei der Mann in allen Fällen, also namentlich auch wenn er die Sachen nicht in seine Verwaltung genommen bezw. das thatsächliche Verhältniß, das sich als Besitz darstelle, nicht hergestellt habe, Besitzer, was nicht richtig wäre.

Die Redaktions-Kommission einigte sich später dahin, der größeren Klarheit wegen dem Paragraphen die folgende Fassung zu geben:

„Der Mann ist berechtigt, die zum eingebrachten Gute gehörenden Sachen in Besitz zu nehmen.“

§§. 1357, 1358.

Ohne Debatte angenommen.

Zu

§. 1359

wurde beantragt, diese Bestimmungen zu streichen und im Verfolg dessen ebenso in

§. 1360

die Absätze 1 und 2 zu beseitigen. Der Antragsteller fürchtete von der Beibehaltung dieser Bestimmungen, daß dieselben vom Volke mißverstanden werden würden, und zwar dahin, daß der Mann das Recht habe, über Geld ꝛc. der Frau zu seinem eigenen Nutzen zu verfügen; die Vorschriften des §. 1360 Abs. 1, 2 beseitigten das Bedenken nicht, weil sie nur instruktionelle Verfügungen seien.

Es wurde entgegnet, die Streichung des §. 1359 würde die Folge haben, daß auch die in §. 1359 bezeichneten Verfügungen nur mit Zustimmung der Frau vorgenommen werden könnten (1358); damit werde die Erleichterung, die im Gegensatze zum Entwurf I wohl allgemein von der Kritik und namentlich auch von einzelnen Bundesregierungen, vor Allem von der Königlich preußischen Staatsregierung, verlangt worden sei, wieder aufgegeben, während doch im Interesse der Frau die Erschwerung der Verwaltung des Mannes bei den im §. 1359 genannten Sachen nicht nothwendig sei. Das Mißverständniß, das der Antragsteller fürchte, sei durch §. 1360 ausgeschlossen.

Bei der Abstimmung wurde §. 1359 beibehalten. Der Antrag zu §. 1360 wurde damit für erledigt erklärt.

In zweiter Lesung wurde wiederum beantragt, den ganzen Paragraphen zu streichen und für den Fall der Annahme dieses Antrages auch §. 1360 Absatz 1 und 2 zu streichen.

Es sei kein Grund vorhanden, ausdrücklich die Fälle gesetzlich festzulegen, in denen der Mann an die Zustimmung der Frau nicht gebunden sei. Nach §. 1358 habe der Mann das Verwaltungsrecht. Soweit dieses Verwaltungsrecht Handlungen nothwendig mache, sei er von selbst nicht an die Zustimmung seiner Frau gebunden. §. 1359 gehe aber darüber hinaus, insbesondere in Position 2, wonach der Mann ohne Zustimmung der Frau Forderungen die nicht auf Zinsen stehen, einziehen kann. Es sei gar kein Grund vorhanden, weshalb Forderungen der Frau, die nicht auf Zinsen ausstehen, anders behandelt werden sollten, als Forderungen der Frau, die auf Zinsen ausstehen.

Es wurde entgegnet, daß der Mann der Zustimmung der Frau dann nicht bedürfe, wenn die betreffende Handlung durch die Verwaltung nothwendig werde, sei nicht nöthig auszusprechen; §. 1358 stelle eine unbeschränkte Regel auf, die zur Anwendung kommen müsse, soweit nicht in den folgenden Paragraphen positive Ausnahmen gemacht seien. Die Folge der beantragten Streichung des §. 1359 wäre deshalb, daß der Mann auch zu den §. 1359 aufgeführten Verfügungsakten der Zustimmung der Frau bedürfe, dieses aber sei unzweckmäßig, da hierdurch die Verwaltung erschwert werde, während doch zur Sicherung der Frau gerade für diese Verfügungsakte die Zustimmung der Frau entweder nicht dienlich oder wenigstens nicht nothwendig sei. Letzteres gelte namentlich auch von den in Nr. 2 genannten Verfügungsakten; die Forderungen, die nicht auf Zinsen ausstehen, seien für die Regel von wenig erheblicher Bedeutung. Eine verschiedene Behandlung der zinsbaren und der nichtzinsbaren Forderungen rechtfertige sich aber auch daraus, daß die zinsbaren Forderungen regelmäßig zum Kapitalbestand des Vermögens der Frau gehörten, während man die nichtzinsbaren Forderungen als zum Betriebsfonds der ehelichen Haushaltung gehörig betrachten könne.

Bei der Abstimmung wurden die Positionen 1, 3 und 4 dieses Paragraphen angenommen; dagegen wurde die Position 2 mit Stimmengleichheit abgelehnt.

Der Eventualantrag zu §. 1360 gilt durch die Beschränkung der Annahme des Antrages zu §. 1359 auf die Nr. 2 als erledigt.

§§. 1361 bis 1373.

Ohne Debatte angenommen.

Zu

§. 1374

wurde beantragt, das Wort „erheblich" in dem Begriffe „erheblich gefährdenden Weise" zu streichen. Diese Streichung sei eine praktisch nothwendige Konsequenz aus der Verwaltungsgemeinschaft. Sobald das eingebrachte Gut der Frau durch das Recht der Verwaltung und Nutznießung des Mannes auch nur im Geringsten gefährdet werde, müsse die Frau in der Lage sein, für die Sicherung ihres Vermögens zu sorgen.

Es wurde entgegnet, daß im Entwurfe regelmäßig wenn in ähnlichem Zusammenhange von „Gefährdung" die Rede sei, dieser Begriff nur in Verbindung mit dem Epitheton „erheblich" vorkomme. Wenn man hier das Wort „erheblich" streiche, so ergebe sich durch ein argumentum e contrario, daß auch eine leichte Gefährdung dem §. 1374 entspreche. Dieses Ergebniß werde aber zu Chikanen seitens der Frau führen, denn selten werde ein Mann so verwalten können, daß in allen Punkten die Frau die Fürsorglichkeit der Verwaltung unbedingt zugebe.

Die Abstimmung ergab, daß das Wort „erheblich" beizubehalten sei.

§§. 1375 bis 1383.

Ohne Debatte angenommen.

Zu

§. 1384

wurde beantragt, denselben dahin abzuändern:

„Ist in den Fällen der §§. 1378 bis 1381, des §. 1382 Absatz 2 und des

§. 1383 der Mann durch Krankheit oder durch Abwesenheit an der Abgabe einer Erklärung verhindert und mit dem Aufschube Gefahr verbunden, so kann dessen Zustimmung auf Antrag der Frau durch das Vormundschaftsgericht ersetzt werden."

Es gehe zu weit, daß nach §. 1362 der Mann, wenn die Zustimmung der Frau nicht zu erhalten sei, das Vormundschaftsgericht anrufen müsse, damit durch Beschluß des Vormundschaftsgerichts er die nöthige Ermächtigung erhalte, während hier die Frau, wenn der Mann durch Krankheit oder Abwesenheit an der Abgabe einer Erklärung verhindert sei, sofort ohne Zustimmung des Mannes und ohne Bevollmächtigung des Vormundschaftsgerichts solle handeln dürfen.

Es wurde entgegnet, daß §. 1384 sich nur auf Fälle beziehe, wo mit dem Aufschub „Gefahr verbunden" sei. In solchen Fällen sei es nicht angezeigt, die Entscheidung des Vormundschaftsgerichts nothwendig zu machen, weil dieselbe immerhin eine gewisse Zeit erfordere. Auch sei zu beachten, daß die Frau in diesen Fällen immer über ihr eigenes Vermögen verfüge. Wenn dagegen nach §. 1362 der Mann der ergänzenden Zustimmung des Vormundschaftsgerichts bedürfe, so treffe das den Fall, wo der Mann über das Vermögen der Frau verfügen wolle. Weiterhin sei §. 1362 auch für Fälle bestimmt, in denen die Frau ihre Zustimmung verweigerte, während von einer solchen Weigerung im Falle des §. 1384 keine Rede sei.

Daraufhin wurde der Antrag abgelehnt und die Fassung des Entwurfs beibehalten.

§§. 1385 bis 1388.

Ohne Debatte angenommen.

Zu

§. 1389

wurde beantragt, die Ziffer 1 in folgender Fassung anzunehmen:

„1. zur Annahme einer Erbschaft oder eines Vermächtnisses, sowie zur Errichtung des Inventars über eine angefallene Erbschaft"

mithin die Worte „oder Ausschlagung" (einer Erbschaft oder eines Vermächtnisses) sowie „zum Verzicht auf den Pflichttheil" zu streichen.

Der Antrag hat den Zweck, die Ausschlagung einer Erbschaft beziehungsweise eines Vermächtnisses sowie den Verzicht auf den Pflichttheil seitens der Frau von der Zustimmung des Mannes abhängig zu machen. Es könne nicht zugelassen werden, daß bei Streitigkeiten innerhalb der Ehe die Frau in der Lage sei, solchen Erwerb abzulehnen, lediglich, um den Mann zu schädigen. Auch habe der Mann, was den Pflichttheil betreffe, ein Recht darauf, daß die Frau den Pflichttheil erwerbe; denn die Nutznießung an dem Pflichttheil sei für den Mann nöthig, damit dieser seinen Pflichten gegenüber der Familie genügen könne.

Von anderer Seite wurde diesem Gedanken widersprochen durch Hinweis darauf, daß der Pflichttheilsanspruch mit Erbschaft oder Vermächtnis parallel gehe, eine verschiedene Behandlung also nicht gerechtfertigt sei; auch werde auf den Pflichttheil viel seltener verzichtet werden, um den Mann zu schädigen, als in berechtigter Fürsorge für andere erbberechtigte Familienglieder.

Die Abstimmung ergab, daß §. 1389 unverändert beibehalten wurde.

§§. 1390 bis 1403.

Ohne Debatte angenommen.

Zu

§. 1404

wurde beantragt, folgende Bestimmung als Absatz 2 hinzuzufügen:

„Endigt die Verwaltung und Nutznießung des Mannes in Folge des Todes der Frau, so hat der Mann bei eingebrachten landwirthschaftlichen Grundstücken sowie bei einem Landgut die Wahl, ob er das Eingebrachte herausgeben oder dessen Werth ersetzen will."

Zur Begründung desselben wurde ausgeführt, wenn die Frau früh sterbe, so liege es im Interesse der Landeskultur, daß das Grundstück an den Mann zu Eigenthum übergehen könne, damit nicht unter einer vormundschaftlichen Verwaltung oder unter einer Verwaltung des Mannes, ohne daß dieser das richtige Interesse daran habe, die Bearbeitung des Grundstücks vernachlässigt werde. Auch aus dem Charakter der Pflichten des Mannes gegenüber der Familie und seiner Stellung in der Familie folge, daß er nach dem Tode der Frau das Recht habe, wenigstens die Grundstücke gegen Ersatz des Werthes an sich zu ziehen.

Es wurde entgegnet, eine solche Bestimmung bedeute eine starke Abweichung von den allgemeinen Grundsätzen des Entwurfs ohne überwiegende Zweckmäßigkeitsgründe. Das Interesse der Landeskultur müsse den Interessen der Kinder bezw. der Erben der Frau nachstehen. Wenn der Antrag angenommen werde, so kämen auf einem Umwege Grundstücke, die vielleicht lange Zeit in der Familie der Frau gewesen wären, ohne irgend welchen inneren Grund in die Familie des Mannes. Soweit eine Bestimmung, wie sie der Antrag vorschlage, angebracht erscheine, müsse sie der Anordnung durch Ehevertrag oder Testament überlassen bleiben.

Der Antrag wurde abgelehnt.

§§. 1405 bis 1411.

Ohne Debatte angenommen.

Zu

§. 1412

wurde beantragt, die Worte

„im Zweifel"

zu streichen. Es sei richtiger, aus der Auslegungsregel des §. 1412 eine Dispositivregel zu machen, damit Streitigkeiten über die Ersatzleistung vermieden blieben.

Es wurde entgegnet, daß die Aufwendung recht wohl unter Umständen erfolgen könne, unter denen die Absicht, Ersatz zu erlangen, klar erhelle, ohne daß doch eine dahingehende Erklärung abgegeben sei; wenn dieses der Fall, würde die Dispositivvorschrift zu unrichtigen Resultaten führen; dieser Gefahr die Ehefrau auszusetzen, sei durch die Tendenz, Streitigkeiten zu verhüten, nicht gerechtfertigt. Eventuell müsse auch erwogen werden, ob bei Aenderung des §. 1412 nicht auch §. 672 zu ändern wäre. Denn wenn die Frau zur Bestreitung des ehelichen Aufwandes aus ihrem Vermögen eine Aufwendung mache, so handle sie als Geschäftsführerin des Mannes.

Die Abstimmung ergab, daß die Worte „im Zweifel" beizubehalten seien. §. 1412 wurde demgemäß unverändert angenommen.

§§. 1413, 1414.

Ohne Debatte angenommen.

II. Vertragsmäßiges Güterrecht.

1. Allgemeine Vorschriften.

§§. 1415 bis 1419.

Ohne Debatte angenommen; die Mehrzahl im §. 1418 Absatz 2 ist wegen §. 1415 gewählt.

2. Allgemeine Gütergemeinschaft.

§. 1420

wurde, soweit er im Entwurf steht, ohne Debatte angenommen.

Die Redaktions-Kommission schob später im Abs. 1 hinter dem Worte

„vereinbart"

im ersten Absatz die Worte ein

„oder aufgehoben",

um dem Beschlusse der Kommission zu §. 1453a Rechnung zu tragen. Vergl den Bericht zu §. 1453a.

§§. 1421 bis 1425.

Ohne Debatte angenommen.

In

§. 1426

erhielt im Anschluß an die Neuregelung des §. 1356 der 2. Satz des Abs. 1 durch die Redaktions-Kommission folgende Fassung:

„Der Mann ist insbesondere berechtigt, die zu dem Gesammtgute gehörenden Sachen in Besitz zu nehmen, über das Gesammtgut zu verfügen, sowie Rechtsstreitigkeiten, die sich auf das Gesammtgut beziehen, im eigenen Namen zu führen."

§§. 1427, 1428.

Ohne Debatte angenommen.

Zu

§. 1429

wurde angeregt, die Nothwendigkeit der Einwilligung der Frau zu Rechtsgeschäften des Mannes auszudehnen auf den Fall, wenn der Mann eine Bürgschaft übernehmen wolle. Eine Bürgschaft stehe in der Gefahr für die Frau der Schenkung ganz nahe.

Es wurde entgegnet, daß eine solche Bestimmung viel tiefer in die Verkehrsverhältnisse eingreifen würde, als die entsprechende Bestimmung bei der Schenkung. Eine Schenkung sei ein im wirthschaftlichen Leben nur selten vorkommendes Geschäft. Eine Bürgschaftsleistung dagegen komme unter gewissen Verhältnissen oft vor und sei gar nicht zu entbehren. Die Frau werde sich, wenn sie ihre Zustimmung zu einer Schenkung, also zu einer sofortigen Entäußerung geben solle, in der Regel sehr bedenken, ehe sie ihre Einwilligung gebe. Solle sie aber ihre Einwilligung zu einer Bürgschaft geben, die nur die Möglichkeit einer Entäußerung von eigenem Vermögen enthalte und jedenfalls diese Entäußerung in eine gewisse vielleicht ferne Zukunft verschiebe, so werde die Frau viel leichter sich dazu verstehen, ihre Einwilligung zu geben, so daß der beabsichtigte Schutz der Frau durch eine solche Bestimmung doch nicht erreicht werde. Eine ähnliche Bestimmung habe in einem allerdings sehr kleinen Theile Deutschlands bestanden, nämlich im ehemaligen Fürstbisthum Fulda. Dort aber habe dieselbe sich so wenig bewährt, daß sie auf den allgemein geäußerten Wunsch nach Abschaffung durch das preußische Gesetz vom 13. Juni 1895 aufgehoben worden sei.

Aus der Kommission wurde bestätigt, daß in Petitionen an das preußische Abgeordnetenhaus namentlich mit Rücksicht auf die Verhältnisse der Kreditvereine die Aufhebung der gerichtlichen Erklärung der Einwilligung der Ehefrau zu einer Bürgschaft dringend verlangt worden sei. Bei den Verhandlungen über die Gesetzesvorlage seien von Kennern der dortigen Verhältnisse die Zustände, welche sich aus dieser Bestimmung ergeben hätten, als ganz außerordentlich mißlich dargestellt worden. Man könne sich daher nicht entschließen, eine solche Bestimmung jetzt auf Deutschland auszudehnen.

Der Antrag wurde daraufhin abgelehnt und §. 1429 unverändert angenommen.

§§. 1430 bis 1438.

Ohne Debatte angenommen.

Zu

§. 1439

wurde angeregt, die Pflicht zur Ersatzleistung durch den Mann wegen Verminderung des Gesammtguts auszudehnen auf den Fall, wenn der Mann durch grobe Nachlässigkeit die Verminderung des Gesammtguts herbeiführt. Eine solche Bestimmung bestehe in Württemberg und man würde es dort nicht verstehen, wenn die Haftung des Mannes für grobe Nachlässigkeit herabgemindert werden solle.

Es wurde entgegnet, daß eine solche Bestimmung nur in Württemberg (und bei allerdings erheblich abweichender Gütergemeinschaft in Oldenburg) bestehe, während in allen anderen Gegenden, welche die allgemeine Gütergemeinschaft kennen, die Haftung nicht weiter ausgedehnt sei, als im Entwurf. Die Beschränkung der Haftung sei aber auch allein mit dem Wesen der allgemeinen Gütergemeinschaft verträglich: die Abweichung im württembergischen Rechte erkläre sich daraus, daß die weitergehende Haftung sich hier für die Errungenschaftsgemeinschaft gebildet habe und erst von da aus durch die Praxis auf die allgemeine Gütergemeinschaft übertragen worden sei. Wenn die Verwaltung des Mannes zu einer Verminderung des Gesammtguts führe, so könne man dafür den Mann nicht verantwortlich machen, es sei denn, daß er direkt eine böse Absicht gehabt oder die bestehenden gesetzlichen Vorschriften nicht beobachtet habe.

Der Antrag wurde abgelehnt und §. 1439 unverändert angenommen.

§§. 1440 bis 1453.

Ohne Debatte angenommen.

Als

§. 1453a

wurde in zweiter Lesung beantragt, einzuschalten:

„Auf einen Ehevertrag, durch welchen die Gütergemeinschaft aufgehoben wird, finden die Vorschriften des §. 1420 Anwendung."

Zur Begründung desselben wurde Folgendes ausgeführt: Für den Ehevertrag, durch welchen die allgemeine Gütergemeinschaft vereinbart werde, gälten nach §. 1420 dieselben Vorschriften, die in §. 2247 und in §. 2248 Absatz 2, 3 für die Schließung eines Erbvertrages gegeben seien. Die Gleichstellung beruhe, von anderen Gründen abgesehen, auf der Erwägung, daß die allgemeine Gütergemeinschaft vermöge der Vorschrift des §. 1466 Absatz 1 in der Wirkung einem Erbvertrag gleichkomme. Für die Aufhebung eines Erbvertrags enthalte §. 2263 Absatz 2, 3 die gleichen Vorschriften wie §. 2247 und §. 2248 Absatz 2, 3 für die Schließung des Erbvertrags. Dagegen sei für den Vertrag, durch welchen die allgemeine Gütergemeinschaft aufgehoben werde, eine solche Vorschrift wenigstens ausdrücklich nicht gegeben. Hierin dürfte eine Lücke zu finden sein, deren Ausfüllung im Wege der Analogie mindestens nicht sicher sei.

Der Antrag wurde angenommen, übrigens von der Redaktions-Kommission beschlossen, demselben dadurch Rechnung zu tragen, daß in §. 1420 anstatt

„Ein Ehevertrag, durch den die allgemeine Gütergemeinschaft vereinbart wird"

gesetzt würde

„Ein Ehevertrag, durch den die allgemeine Gütergemeinschaft vereinbart oder aufgehoben wird"

u. s. w.

§§. 1454 bis 1459.

Ohne Debatte angenommen.

In

§. 1460

Absatz 2 wurden die Worte „insbesondere Kleider und Schmucksachen" durch die

Redaktions-Kommission verändert in „insbesondere Kleider, Schmucksachen und Arbeitsgeräthe" und zwar im Anschluß an die Beschlüsse zu §. 1345 und §. 1354.

In

§. 1461

wurde durch die Redaktions-Kommission der dritte Absatz gestrichen, weil dieser Absatz sich erübrigt, nachdem §. 1552, welcher die Ehescheidung wegen Geisteskrankheit einführen wollte, von der Kommission beseitigt worden war.

§§. 1462 bis 1464.

Ohne Debatte angenommen.

Zu

§. 1465

wurde der Antrag gestellt, den zweiten Satz zu ersetzen durch folgende Bestimmung:

„Der überlebende Ehegatte behält an dem Antheil des verstorbenen Ehegatten am Gesammtgut die Nutznießung, soweit derselbe ihm nicht nach den allgemeinen Vorschriften über Beerbung zufällt."

Der Antrag wurde motivirt mit dem Hinweis darauf, daß diese Bestimmung gegenwärtig in vielen Territorien bestehe, wo die allgemeine Gütergemeinschaft die Regel, beziehungsweise der gesetzliche Güterstand sei. Eine solche Bestimmung ergebe sich auch aus der Natur der Familie und aus dem Begriffe der Gütergemeinschaft.

Diesen Ausführungen gegenüber wurde zugegeben, daß die in dem Antrage zum Ausdruck gekommene Tendenz allerdings in manchen Gegenden Deutschlands sich geltend gemacht habe; doch könne man nicht zugeben, daß überall die für die allgemeine Gütergemeinschaft geltenden, bezw. die durch sie hervorgerufenen Rechtssätze Konsequenzen aus dem Wesen der allgemeinen Gütergemeinschaft seien. Die vorgeschlagene Bestimmung gehe vielmehr hierüber erheblich hinaus. Der Entwurf habe nur diejenigen Folgen aus der Gütergemeinschaft aufgenommen, welche sich als strikte Folge darstellten, indem er der Ansicht sei, daß, wenn die Ehegatten wünschten, die Einwirkung weiter auszudehnen, sie das im Wege des Ehevertrags thun könnten und müßten. Von diesem Gesichtspunkte aus sei sowohl die Konsolidation des gemeinschaftlichen Vermögens im Falle des Absterbens des einen Ehegatten als auch der Nießbrauch des überlebenden Ehegatten an dem Antheil des verstorbenen Ehegatten nicht aufgenommen worden. Das rechtfertige sich auch daraus, daß eine solche Wirkung der Gütergemeinschaft sehr häufig den Absichten der Eheschließenden nicht entspreche; die rechtsgeschichtliche Entwickelung aber weise weit eher auf eine Beschränkung hin, wie sie §. 1465 des Entwurfs vorschlage, als auf eine Beibehaltung derjenigen Bestimmungen, welche der Antrag vorschlage.

Aus den Kreisen der Kommission fand dagegen der Antrag von verschiedenen Seiten eine wenigstens theilweise Billigung. Es wurde ausgeführt, daß der Antrag wohl zu weit gehe, wenn er sich auf den Fall beziehe, daß gemeinschaftliche Abkömmlinge vorhanden seien: für diesen Fall reichten die Vorschriften der §§. 1465 ff. aus; ebenso wenn er sich auf Abkömmlinge beziehe, die nicht gemeinschaftliche Abkömmlinge der Ehegatten seien: ihnen gegenüber wäre eine fortdauernde Einwirkung der allgemeinen Gütergemeinschaft ganz unzweckmäßig (vergl. auch §. 1466 Absatz 2). Dagegen könne man demselben zustimmen für den Fall, daß Abkömmlinge überhaupt nicht vorhanden seien. In dieser Beschränkung sei derselbe gesund. Alsdann werde auch der Unterschied der Stellung des überlebenden Ehegatten nach §§. 1465 und 1466, der sonst ein zu großer sei, abgemindert.

Von diesen Gesichtspunkten aus wurde beantragt, für den Fall der Annahme des oben erwähnten Antrages in Satz 1 des §. 1465 das Wort

„gemeinschaftlicher"

zu streichen.

Von anderer Seite wurde ausgeführt, daß der Antrag doch nur eine Berechtigung habe, so lange der überlebende Ehegatte nicht eine neue Ehe eingehe. Gehe er eine neue Ehe ein und behalte er die Nutznießung an dem Antheile des verstorbenen Ehegatten, so gehe auf diesem Wege ein Theil des Vermögens des verstorbenen Ehegatten an den anderen Ehegatten beziehungsweise dessen Familie über, was ohne irgend welchen sittlichen Grund sei.

Es wurde daher beantragt, den Eingang des Antrages zu fassen wie folgt:

„Der überlebende Ehegatte behält bis zum Falle einer etwaigen Wiederverheirathung ꝛc."

Bei der Eventualabstimmung wurde letzterer Antrag angenommen, ebenso wie der Antrag, das Wort „gemeinschaftlicher" zu streichen. Bei der definitiven Abstimmung wurde jedoch der ganze Antrag mit diesen Modifikationen abgelehnt. §. 1465 blieb demnach unverändert.

§§. 1466 bis 1474.

Ohne Debatte angenommen.

Zu

§. 1475

wurde bei der zweiten Lesung beantragt, als Absatz 3 hinzuzufügen:

„Steht der überlebende Ehegatte unter elterlicher Gewalt oder unter Vormundschaft, so ist zu der Aufhebung die Genehmigung des Vormundschaftsgerichts erforderlich."

Zur Begründung wurde Folgendes ausgeführt: Nach §. 1467 Absatz 2 Satz 2 sei zur Ablehnung der fortgesetzten Gütergemeinschaft, wenn der überlebende Ehegatte unter elterlicher Gewalt oder unter Vormundschaft stehe, Genehmigung des Vormundschaftsgerichts erforderlich. Dagegen bedürfe es zu der Aufhebung der fortgesetzten Gütergemeinschaft (§. 1475) der Genehmigung nicht; der Vater oder der Vormund könne also die fortgesetzte Gütergemeinschaft sofort nach ihrem Eintritt aufheben. Hierin liege ein Widerspruch. Es sei deshalb erforderlich, dem §. 1475 den beantragten Absatz 3 hinzuzufügen.

Der Antrag wurde angenommen.

§§. 1476 bis 1490.

Ohne Debatte angenommen.

§. 1491.

In zweiter Lesung wurde beantragt, als Absatz 2 einzuschalten:

„Auf einen Ehevertrag, durch welchen die Fortsetzung der Gütergemeinschaft ausgeschlossen oder die Ausschließung aufgehoben wird, finden die Vorschriften des §. 1420 Anwendung."

Für die Einfügung dieses Paragraphen sprechen dieselben Gründe, welche zu §. 1453a angeführt worden sind. Derselbe wurde angenommen.

§§. 1492 bis 1501.

Ohne Debatte angenommen.

3. Errungenschaftsgemeinschaft.

§§. 1502 bis 1507.

Ohne Debatte angenommen.

In

§. 1508.

Absatz 2 wurde durch die Redaktions-Kommission das Citat „1354" gestrichen, nachdem der §. 1354 in Folge der zu den §§. 1345 und 1348 gefaßten Beschlüsse gestrichen worden war.

Eine weitere Konsequenz dieser Beschlüsse ist, daß in

§. 1509

Absatz 1 eingeschoben wurde:

„Vorbehaltsgut der Frau sind die ausschließlich zum persönlichen Gebrauche der Frau bestimmten Sachen, insbesondere Kleider, Schmucksachen und Arbeitsgeräthe. Dies gilt auch dann, wenn die Frau solche Sachen während der Errungenschaftsgemeinschaft erwirbt."

Ebenso hielt es die Redaktions-Kommission für geboten, den mittleren Absatz des §. 1509

„Vorbehaltsgut des Mannes ist ausgeschlossen"

an das Ende des Paragraphen zu setzen, damit die Bestimmungen über das Vorbehaltsgut der Frau im ersten Theile des Paragraphen gesammelt würden.

In der zweiten Lesung wurde beantragt, den ersten Absatz, der von der Redaktions-Kommission eingefügt worden sei, wieder zu streichen.

Die Redaktions-Kommission hatte die Einfügung als selbstverständliche Folge aus dem §. 1348a vorgenommen. Es wurde indessen erwogen, daß die Vorschrift mit dem Grundgedanken der Errungenschaftsgemeinschaft nicht vereinbar sei, namentlich weil sie zu einer Ungleichheit zwischen Mann und Frau führe, die in keiner Weise gerechtfertigt sei.

Der Antrag wurde angenommen.

§§. 1510 bis 1516.

Ohne Debatte angenommen.

In

§. 1517

strich die Redaktions-Kommission die Worte:

„ihren Verwandten gegenüber."

Dieselben rechtlichen Gesichtspunkte, welche dafür sprechen, das Gesammtgut für die Verbindlichkeiten der Frau auf Grund der gesetzlichen Unterhaltungspflicht ihren Verwandten gegenüber haften zu lassen, treffen auch zu bei der gesetzlichen Unterhaltspflicht der Frau, gegenüber dem geschiedenen Ehemanne (vgl. auch §. 1562 mit §. 1582). Unter diesen Umständen sei es richtiger, die Bezugnahme auf die Verwandten wegzulassen — wodurch zugleich redaktionelle Uebereinstimmung mit §. 1369 Absatz 1 erzielt werde. Auf Verpflichtungen, welche auf die Frau als Erbin eines Unterhaltsverpflichteten, insbesondere auf Grund des §. 1688, übergegangen seien, sei die Vorschrift allerdings nicht zu beziehen; für sie gelten die Grundsätze über die Haftung für Nachlaßverbindlichkeiten.

§§. 1517 bis 1531.

Ohne Debatte angenommen.

4. Fahrnißgemeinschaft.

§§. 1532 bis 1540.

Ohne Debatte angenommen.

III. Güterrechtsregister.

§§. 1541 bis 1543.

Ohne Debatte angenommen.

In

§. 1544

Absatz 3 Nr. 1 änderte die Redaktions-Kommission das Wort „vermögensrechtlichen" in „güterrechtlichen". Die Aenderung bedarf keiner Motivirung.

§§. 1545, 1546.

Ohne Debatte angenommen.

Siebenter Titel.

Scheidung der Ehe.

§§. 1547 bis 1566b.

Die Diskussion und die Abänderungsbeschlüsse zu diesem Titel siehe oben unmittelbar hinter dem Bericht über die Titel: „Verlöbniß", „Eingehung der Ehe", „Nichtigkeit und Anfechtbarkeit der Ehe" und „Wiederverheirathung im Falle der Todeserklärung".

Zweiter Abschnitt.

Verwandtschaft.

Erster Titel.

Allgemeine Vorschriften.

§. 1567.

Es wurde beantragt, den letzten Absatz dieses Paragraphen:

„Zwischen einem unehelichen Kinde und dessen Vater besteht keine Verwandtschaft"

zu streichen.

Der Antrag hatte die Tendenz, die unehelichen Kinder gegenüber ihrem Vater ebenso zu stellen wie die ehelichen Kinder. Er wurde damit motivirt, daß eine derartige Gleichstellung dem heutigen Rechtsbewußtsein weiter Volkskreise und dem natürlichen Rechte entspreche.

Es wurde entgegnet, daß man zunächst der Tendenz dieses Antrages nicht beitreten könne. Es könne durchaus nicht zugegeben werden, daß das Rechtsbewußtsein weiter Volkskreise eine solche Gleichstellung verlange. Vielmehr werde das Rechtsbewußtsein des ganz überwiegenden Theiles des deutschen Volkes sich gegen eine solche Gleichstellung erklären. Das natürliche Recht aber verlange nichts weniger als eine solche Gleichstellung.

Aber selbst, wenn man die Tendenz billige, so sei doch zu sagen, daß dieselbe mit der einfachen Streichung des Absatz 2 nicht erreicht werde. Diese Streichung schaffe lediglich eine Lücke, die eventuell ausgefüllt werden müßte durch neue Grundsätze über die väterliche Gewalt des Vaters gegenüber dem unehelichen Kinde und über den Unterhaltsanspruch und das Erbrecht des unehelichen Kindes gegenüber dem Vater.

Der Antrag wurde daraufhin abgelehnt.

Von anderer Seite wurde aber doch darauf hingewiesen, daß dieser Absatz 2 zwar einem rechtlichsozialen und sittlich richtigen Gedanken Ausdruck gebe, diesen Gedanken aber in eine so schroffe Form kleide, daß das natürliche Gefühl durch diese Form verletzt werde. Der Absatz wolle nur sagen, daß zwischen dem unehelichen Kinde und dessen Vater keine Verwandtschaft im Rechtssinne besteht, während es für juristisch nicht geschulte Leser des Gesetzbuchs den Anschein gewinne, als ob überhaupt jede natürliche Verwandtschaft zwischen dem Vater und seinem unehelichen Kinde geleugnet werden solle.

Mit Rücksicht darauf beschloß die Redaktions-Kommission dem Absatz 2 folgende Fassung zu geben:

„Ein uneheliches Kind und dessen Vater gelten nicht als verwandt.

§. 1568.

Ohne Debatte angenommen.

Zweiter Titel.

Eheliche Abstammung.

§§. 1569, 1570.

Ohne Debatte angenommen.

Zu

§. 1571 ff.

wurde beantragt, auch dem Kinde die Anfechtung seiner Ehelichkeit mittels einer gegen den Ehemann seiner Mutter zu richtenden Klage einzuräumen.

Es wurde ausgeführt: Wenn ein Mann ein Kind gezeugt habe mit der Ehefrau eines anderen Mannes, so dürfe nicht nur der betrogene Ehemann der Mutter das Recht haben, die Unehelichkeit des Kindes zu Ungunsten des Kindes geltend zu machen, sondern das uneheliche Kind selbst müsse auch zu seinen Gunsten die Möglichkeit haben, den unehelichen Vater als den natürlichen Vater in Anspruch zu nehmen, um auf diese Weise die Rechte zu erlangen, welche ein uneheliches Kind gegenüber seinem unehelichen Vater habe. Es sei kein Grund vorhanden, den unehelichen Vater von seiner Pflicht gegenüber seinem unehelichen Kinde zu entbinden, wenn er dieses uneheliche Kind mit der Ehefrau eines andern, also im Ehebruche, erzeugt habe.

Es wurde entgegnet, die Möglichkeit sei allerdings zuzugeben, daß, wenn eine solche Klage gegeben werde, materiell das Kind durch die Klage gegen den unehelichen Vater mehr erhalte, als es ohne Klage von dem als ehelicher Vater geltenden Ehemann der Mutter erhalten werde. Diese Fälle eines Nutzens für das uneheliche Kind seien aber außerordentlich selten. Auch stehe diesem materiellen Nutzen gegenüber der große Nachtheil, daß diese Klage nur angestellt werden könne, indem das Kind seinen ehelichen Charakter preisgebe. Im Durchschnitt sei es ein viel größerer Vortheil für das Kind, vor dem Gesetz und vor der Welt einen ehelichen Vater zu haben, als eine Geldsumme von dem unehelichen Vater unter Preisgabe des ehelichen Charakters zu erhalten.

Aus der Kommission wurde diesen Anschauungen beigepflichtet. Eine Klage, die sich aufbaue auf der Behauptung, der Kläger sei ein uneheliches, und zwar im Ehebruch gezeugtes Kind, obschon er vor dem Gesetz und vor der Welt als eheliches Kind gelte und der als ehelicher Vater geltende Ehemann der unehelichen Mutter die ehebrecherische Erzeugung des Kindes nicht geltend mache, würde ein außerordentliches Aergerniß sein und das Rechts- und Sittlichkeitsgefühl des weitaus größten Theils des deutschen Volkes auf das Tiefste verletzen. Aus dem Charakter der Ehe müsse gefolgert werden, daß ein gesetzlich eheliches Kind seine thatsächliche Unehelichkeit bezw. seine Erzeugung im Ehebruch nicht geltend machen könne um materieller Vortheile willen. Nehme man den Antrag an, so sei das Kind in der Lage, eine solche Klage anzustellen nicht nur gegen den Willen des als ehelicher Vater geltenden Ehemanns seiner Mutter, sondern auch gegen den Willen seiner Mutter selbst, es könne also dadurch die Mutter als Ehebrecherin vor der Welt bloßstellen.

Der Antrag wurde daraufhin abgelehnt und §. 1571 unverändert angenommen.

§§. 1572 bis 1575.

Ohne Debatte angenommen.

Zu

§. 1576

wurde der (redaktionelle) Antrag gestellt, statt:

„Für die Anerkennung gelten auch die Vorschriften des §. 1573 Absatz 1" zu setzen:

„Die Anerkennung der Ehelichkeit kann nicht durch einen Vertreter erfolgen. Ist der Mann in der Geschäftsfähigkeit beschränkt, so bedarf er nicht der Zustimmung seines gesetzlichen Vertreters."

Der Antrag wurde der Redaktions-Kommission überwiesen. Dieselbe entschied sich jedoch für Beibehaltung des Zitats des §. 1573 Absatz 1, weil dieser Paragraph unmittelbar vorhergeht.

§§. 1577, 1578.

Ohne Debatte angenommen.

Dritter Titel.

Unterhaltspflicht.

Zu

§. 1579

wurde beantragt, folgende Vorschrift als Absatz 2 hinzuzufügen:

„Ebenso sind Stiefeltern und Stiefkinder, Schwiegereltern und Schwiegerkinder während der Dauer der die Schwägerschaft begründenden Ehe verpflichtet, einander Unterhalt zu gewähren."

Zur Begründung wurde darauf hingewiesen, daß der Schwerpunkt des Antrags in der Verpflichtung der Stiefeltern liege, für ihre Stiefkinder zu sorgen. Wenn ein Mann eine Frau heirathe, welche Kinder aus einer Vorehe mit in die Ehe bringe, so übernehme damit der Mann die Pflicht, für seine Stiefkinder zu sorgen. Es sei angebracht, dieser Pflicht, die im Volke auch durchaus anerkannt werde, einen rechtlichen Charakter zu geben.

Es wurde entgegnet, daß der Antrag eine erhebliche Ausdehnung der Unterhaltspflicht bringe über dasjenige Maß hinaus, das sie bisher in Deutschland habe. Eine sittliche Verpflichtung des Stiefvaters, für seine Stiefkinder zu sorgen, müsse als bestehend anerkannt werden. Dieselbe aber zu einer rechtlichen Verpflichtung zu machen, gehe zu weit, da doch Umstände denkbar seien, unter denen der Stiefvater andere sittliche Pflichten habe, z. B. die sittliche Pflicht der Unterhaltung der eigenen Eltern. Dagegen ließe sich eine Pflicht der Stiefkinder, den Stiefvater zu alimentiren, in keiner Weise konstruiren, weder als eine sittliche noch als eine rechtliche Pflicht. Uebrigens sei für die Dauer der Ehe sowohl zu Gunsten der Stiefkinder als zu Gunsten der Schwiegereltern bei dem gesetzlichen Güterstand durch den §. 1582 Absatz 1 in Verbindung mit §. 1369 Absatz 1, §. 1371, bei Gütergemeinschaft durch den §. 1582 Absatz 2 Vorsorge getroffen.

Der Antrag wurde daraufhin zurückgezogen.

Ferner wurde beantragt, hinter §. 1579 folgende neue Vorschriften als

§. 1579a

aufzunehmen:

„Personen, welche in gegenseitigem Unterhaltsverband stehen, können die Erfüllung von Verbindlichkeiten gegenseitig nur insoweit verlangen, als die Erfüllung nicht dem Verpflichteten den standesmäßigen Unterhalt entzieht. Diese Rechtswohlthat ist ausgeschlossen, wenn die Verbindlichkeit aus einer unerlaubten Handlung entstanden ist.

Die Rechtswohlthat kann auch gegenüber dem Rechtsnachfolger des Gläubigers geltend gemacht werden. Sie kommt nur dem Schuldner selbst zu statten, nicht seinen Bürgen und Rechtsnachfolgern.

Der Schuldner kann die Rechtswohlthat nur im Wege der Einrede geltend machen; er ist hierzu noch im Lauf der Zwangsvollstreckung befugt. Hat der

Schuldner trotz Vorhandenseins der Voraussetzungen der Rechtswohlthat seine Verbindlichkeit erfüllt, so steht ihm eine Rückforderung nicht zu."

Der Antrag giebt der Unterhaltungspflicht die Bedeutung eines beneficium competentiae gegenüber den Ansprüchen auf die Erfüllung von Verbindlichkeiten. Wenn man schon ein Recht auf Unterhalt gebe, so sei es gerechtfertigt, dasselbe auch aufrecht zu erhalten gegenüber einer Exekution auf Erfüllung von Verbindlichkeiten, weil es sonst durch Zwangsvollstreckung gänzlich illusorisch gemacht werden könne.

Es wurde entgegnet, der Antrag werde das Ergebniß haben, daß der Schuldner dem Gläubiger vorgehe. Ein rechtlicher Gesichtspunkt zur Begründung eines solchen Verhältnisses sei nicht zu finden, eine Verbindung zwischen dem beneficium competentiae und der Erfüllung von Verbindlichkeiten sei, soweit nicht Aufrechnung statthaft sei, überhaupt nicht zu konstruiren.

Der Antrag wurde daraufhin abgelehnt.

§. 1580.

Ohne Debatte angenommen.

Zu

§. 1581

wurde beantragt, als dritten Absatz hinzuzufügen:

„Die Bestimmungen des zweiten Absatzes finden auf die Unterhaltspflicht von Kindern gegen ihre Eltern entsprechende Anwendung."

Der Antrag wurde nach kurzer Diskussion abgelehnt, weil ein Bedürfniß für denselben nicht anerkannt wurde.

§§. 1582 bis 1593.

Ohne Debatte angenommen.

Vierter Titel.

Rechtliche Stellung der ehelichen Kinder.

I. Rechtsverhältniß zwischen den Eltern und dem Kinde im Allgemeinen.

Zu

§. 1594

wurde beantragt, denselben dahin abzuändern:

„Das Kind erhält den Familiennamen und Stand des Vaters, sowie einen von den Eltern zu bestimmenden Vornamen."

Der Antrag wurde, was seinen ersten Theil angeht, wonach das Kind den „Stand" des Vaters erhalten soll, ähnlich motivirt wie der entsprechende Antrag zu §. 1338. Was den zweiten Theil angeht, so wurde auf die feststehende Sitte hingewiesen, den Kindern einen Vornamen zu geben, woraus sich ein Bedürfniß ergebe, diese Sitte zu einer Rechtspflicht zu erheben.

Es wurde entgegnet, wenn man sagen wolle, das Kind erhalte den „Stand" des Vaters, so sei das ebenso mißverständlich und bedenklich, wie wenn man bestimmen wolle, die Ehefrau erhalte den Stand des Mannes. Da Letzteres abgelehnt worden sei, so müsse Ersteres auch abgelehnt werden.

Die Frage, ob der Vater verpflichtet sei, dem Kinde einen „Vornamen" beizulegen, und ob er das Recht habe, alle beliebigen Vornamen zu wählen, oder welche er wählen dürfe, sei eine Sache des öffentlichen Rechts. Von privatrechtlichem Standpunkte aus reiche die in §. 1605 festgestellte Pflicht des Vaters, für die Person des Kindes zu sorgen, aus, denn diese Pflicht umfasse auch die Versorgung des Kindes mit einem Vornamen, wenn das Kind nach den Bestimmungen des öffentlichen Rechts oder nach der Sitte und den Bedürfnissen des Lebens einen Vornamen haben müsse.

Der Antrag wurde daraufhin in seinen beiden Theilen abgelehnt.

Im Anschluß an diesen Paragraphen wurde noch die Frage angeregt, ob derselbe es verhindere, daß die polnischen Namen in der üblichen Weise deklinirt werden dürften, daß also die Frau und die Töchter eines polnischen Vaters, der Tarnowski heiße, fernerhin Tarnowska sich nennen, während die Söhne den Namen Tarnowski annehmen; ob demnach der Standesbeamte es ablehnen dürfe, für die Töchter von Vätern mit solchen polnischen Namen den väterlichen Namen mit der Endung a einzutragen.

Es wurde als die einstimmige Ansicht der Kommission sowie der Regierungskommissare festgestellt, daß §. 1594 weder die Frau und Töchter eines polnischen Vaters hindere, den Namen ihres Vaters mit der Endung a zu führen, noch auch den Standesbeamten hindere, den Namen in dieser Form in das Geburtsregister einzutragen, noch weniger aber dem Standesbeamten ein Recht gebe, die Eintragung des Namens auf a abzulehnen.

Zu

§. 1595

wurde beantragt, denselben in folgender Fassung anzunehmen:

„Das Kind ist, so lange es dem elterlichen Hausstand angehört und von den Eltern erzogen wird, den Eltern Gehorsam schuldig. Die Eltern können, wenn sie das Kind durch angemessene Mittel häuslicher Zucht nicht zum Gehorsam zu bringen vermögen, obrigkeitliches Einschreiten veranlassen.

Das Kind ist, so lange es dem elterlichen Hausstand angehört, verpflichtet, die Eltern in deren Hauswesen und Geschäft zu unterstützen."

Es wurde ausgeführt, daß es als eine empfindliche Lücke angesehen werden müsse, wenn der Entwurf des kindlichen Gehorsams überhaupt keine Erwähnung thue. Auch sei es keineswegs genug, daß das Kind verpflichtet werde, den Eltern in ihrem Hauswesen und Geschäfte einzelne „Dienste" zu leisten. Das Kind müsse vielmehr als verpflichtet betrachtet werden, in allen Dingen und in jeder Weise seine Eltern zu unterstützen. Das Verhältniß der Kinder zu den Eltern sei nicht vergleichbar mit dem Verhältniß eines Dienstboten, der gemessene „Dienste" zu leisten habe, sondern gehe weiter und verlange eine unbedingte Unterstützung der Eltern, soweit die Verhältnisse es erlaubten.

Es wurde entgegnet, der Gehorsam der Kinder gegenüber den Eltern sei eine sittliche Pflicht. Diese sittliche Pflicht zu einer Rechtspflicht zu stempeln, sei unmöglich, weil es unmöglich sei, die Erfüllung einer sittlichen Pflicht zu erzwingen, ohne daß die Erfüllung aufhöre, Erfüllung einer sittlichen Pflicht zu sein. Soweit Erziehungsrecht und Erziehungspflicht gegen das minderjährige Kind ein Einschreiten nöthig mache, sei die erforderliche Bestimmung in §. 1609 gegeben. Nach dem Antrage aber wäre auch Einschreiten gegen volljährige Kinder möglich und geboten, was mit der heutigen Anschauung unverträglich sei. Im französischen Recht bestehe ein ähnliches Institut, dasselbe sei aber wohl in neuerer Zeit niemals und wahrscheinlich überhaupt nur außerordentlich selten angewendet worden. Absatz 2 des Antrages gehe insofern noch weiter, als er sich auch auf Kinder beziehe, welche zwar dem elterlichen Haushalt angehören, aber längst erzogen sind, also auch auf solche volljährige Kinder, welche einen eigenen Erwerb und aus diesem Erwerb ein eigenes Einkommen und eine eigene soziale Stellung haben. Lege man solchen Kindern eine Pflicht zu materiellen Diensten im Hauswesen auf, so treibe man sie dadurch nur aus dem Hause. Der Ausdruck „Dienste zu leisten" in der Fassung des Entwurfs wolle nichts anderes besagen, als was §. 1339 Absatz 2 für die Frau mit den Worten bestimme, daß sie „zu Arbeiten" im Hauswesen und im Geschäfte des Mannes verpflichtet sei. Der Ausdruck „unterstützen" statt „Dienste zu leisten" lege zudem die Annahme nahe, als ob das Kind verpflichtet sei, für das Hauswesen oder für das Geschäft der Eltern Geldbeiträge zu leisten, was nicht die Absicht des Entwurfes sei und auch nicht sein könne.

Von anderer Seite dagegen fand der Vorschlag Beifall, den Ausdruck „unterstützen" an Stelle des Ausdrucks „Dienste zu leisten" zu setzen, weil der Ausdruck „unterstützen" mehr dem richtig verstandenen Verhältniß zwischen Kindern und Eltern angepaßt sei, als der Ausdruck „Dienste zu leisten".

Das Ergebniß war, daß der Antrag abgelehnt, die Redaktions-Kommission aber beauftragt wurde, zu erwägen, ob der Ausdruck „Dienste zu leisten" zu ersetzen sei durch „zu unterstützen".

Die Redaktions-Kommission konnte sich jedoch nicht davon überzeugen, daß der Ausdruck „zu unterstützen" besser und deshalb eine Aenderung vorzunehmen sei.

§. 1596.

Ohne Debatte angenommen.

Zu

§. 1597

wurde beantragt, die Worte

„ein dem elterlichen Hausstand angehörendes volljähriges Kind"

zu ersetzen durch die Worte:

„ein nicht mehr unter der elterlichen Gewalt stehendes Kind".

Die Annahme des Antrages hätte zur Folge, daß der §. 1597 auf jedes Kind Anwendung finden würde, das dem Vater oder der Mutter Vermögen zur Verwaltung übergiebt — auch wenn dieses Kind nicht dem elterlichen Hausstand angehört. Hiermit würde die thatsächliche Voraussetzung aufgegeben, die allein die Vorschrift innerlich rechtfertigt und eine Bestimmung aufgestellt, für die es an allem Bedürfniß fehlt.

Der Antrag wurde daraufhin abgelehnt.

Zu

§. 1598

wurde beantragt, denselben zu fassen, wie folgt:

„Die Eltern sind verpflichtet, einer Tochter im Falle ihrer Verheirathung zur Einrichtung des Haushalts eine angemessene Aussteuer zu gewähren, soweit sie bei Berücksichtigung ihrer sonstigen Verpflichtungen ohne Gefährdung ihres standesmäßigen Unterhalts dazu im Stande sind."

Der Antrag will die Aussteuerpflicht, welche der Entwurf in erster Linie dem Vater und nur subsidiarisch der Mutter auferlegt, beiden Eltern gemeinschaftlich und solidarisch auferlegen.

Der Antrag fand auch von anderer Seite in der Kommission Unterstützung.

Es wurde entgegnet, wenn man die Aussteuerpflicht beiden Eltern gemeinschaftlich und solidarisch auferlege, so müsse man auch die Unterhaltspflicht gegenüber den Kindern aus demselben Grunde beiden Eltern gemeinschaftlich und solidarisch auferlegen, während die Kommission bereits angenommen habe, daß diese Unterhaltspflicht primär dem Vater obliege. Der Entwurf gebe dem Vater auch auf vermögensrechtlichem Gebiet eine Stellung in der Familie, welche es ihm ermöglichen solle, als Haupt der Familie zu fungiren und die Pflichten eines solchen zu erfüllen. Wenn man ihm aber eine solche Stellung gebe, dann sei es auch konsequent, daß man die Pflichten einer solchen Stellung in erster Linie dem Manne auferlege.

Der Antrag wurde daraufhin abgelehnt und §. 1598 unverändert angenommen.

§§. 1599 bis 1603.

Ohne Debatte angenommen.

II. Elterliche Gewalt.

Zu

§. 1604

wurde beantragt, diesem Paragraphen folgende Fassung zu geben:

„Das Kind steht unter elterlicher Gewalt, bis es das Alter der Großjährigkeit erreicht und einen selbstständigen Haushalt gegründet hat."

im Falle der Ablehnung dieses Antrages aber nach §. 1597 folgende Vorschrift als

§. 1597a

einzuschalten:

„So lange ein volljähriges Kind dem elterlichen Hausstand angehört und von den Eltern unterhalten wird, ist Mangels anderweiter Vereinbarung die Ueberlassung des ganzen Vermögens an die Eltern im Sinne des §. 1597 als geschehen anzunehmen."

Der Hauptantrag bezweckt die Fortdauer der elterlichen Gewalt auch über das Alter der Großjährigkeit hinaus, und zwar so lange, bis das Kind einen selbstständigen Haushalt begründet hat.

Der Antrag wurde damit begründet, daß das Reichsgesetz vom 17. Februar 1875, an das sich der Entwurf anschließe, durch Feststellung des Alters der Volljährigkeit auf das zurückgelegte 21. Lebensjahr für viele Theile Deutschlands das Alter der Volljährigkeit erheblich herabgesetzt habe. Wenn diese Herabsetzung der Volljährigkeit für den Verkehr mit Dritten vielleicht nicht zu entbehren sei, so sei es doch ganz unerwünscht, daß dieser Termin, an dem der Entwurf die elterliche Gewalt mit dem Eintritte der Volljährigkeit aufhören lasse, auch für die Beendigung der elterlichen Gewalt und im Verhältnisse zwischen Eltern und Kindern maßgebend werde, was im bisherigen Rechte für große Gebiete keineswegs der Fall sei.

Es wurde entgegnet, die Annahme des Antrages würde den Endpunkt der elterlichen Gewalt unsicher und nach außen schwer erkennbar machen. Die Rechtsentwickelung und die Bedürfnisse des Verkehrs drängten dahin, daß die Endigung der beschränkten Geschäftsfähigkeit und der elterlichen Gewalt in demselben Zeitpunkt eintrete. Eine zeitliche Differenz zwischen dem Aufhören der Minderjährigkeit und dem Aufhören der elterlichen Gewalt würde große Uebelstände für das wirthschaftliche Leben zur Folge haben. Es handele sich sowohl im §. 1604 als auch in dem erwähnten Antrage nicht nur um die elterliche Gewalt des Vaters, sondern auch um jene der Mutter. Die elterliche Gewalt sei zunächst im Interesse der Kinder gegeben, um die Kinder gut erziehen zu können, nicht im Interesse der Eltern; sie müsse also aufhören, sobald das Kind der elterlichen Gewalt nicht mehr bedürfe. Lasse man die elterliche Gewalt erst aufhören, wenn das Kind einen selbstständigen Haushalt gegründet habe, so werde dieser prinzipielle Gesichtspunkt außer Acht gelassen und würden so die Kinder aus dem Hause getrieben. — Es sei richtig, daß der Entwurf mit dieser Bestimmung für einen großen Theil Deutschlands eine Neuerung bringe. Trotzdem sei die Regelung kein Sprung ins Dunkle. Sie sei schon seit hundert Jahren Rechtens im Gebiete des französischen Rechts und habe sich dort durchaus bewährt.

Von anderer Seite wurde ausgeführt: wenn man die Unbestimmtheit des Zeitpunkts für das Endigen der elterlichen Gewalt fürchte, die sich aus dem Antrage ergebe, so möge man den Endpunkt der elterlichen Gewalt auf das vollendete 24. Jahr legen und dann auch die Volljährigkeit auf diesen Zeitpunkt bestimmen.

Dem wurde entgegnet, daß das Alter der Volljährigkeit bereits bei §. 2 bestimmt worden sei, und zwar in der Weise, daß sie mit der Vollendung des 21. Lebensjahres eintrete.

Der Antrag wurde daraufhin abgelehnt und ebenso der Eventualantrag, letzterer, weil für die Vermuthung, welche sich aus dem Eventualantrage für die Ueberlassung des Vermögens an die Eltern ergebe, ein Rechtsgrund weder aus den Interessen des Kindes noch aus einem Rechte der Eltern hergeleitet werden könne.

Zu den

§§. 1605 und 1607 bis 1611

wurde beantragt, überall anstatt

„der Vater"

zu sagen

„die Eltern".

Es sei kein Grund abzusehen, weshalb die Mutter im Punkte der elterlichen Gewalt anders zu behandeln sei wie der Vater.

Der Antrag wurde abgelehnt, indem die Kommission davon ausging, daß, nachdem im ganzen Entwurf der Vater als das Haupt der Familie aufgeführt und in Bezug auf Rechte wie Pflichten der Frau vorangestellt worden sei, kein Grund vorliege, diesen Standpunkt bei der Feststellung der elterlichen Gewalt zu verlassen.

§. 1606.

Ohne Debatte angenommen.

Als

§. 1609a

wurde beantragt, einzufügen:

„Die Sorge für die Person des Kindes umfaßt das Recht des Vaters, als gesetzlicher Vertreter Dienst- oder Arbeitsverträge des Kindes abzuschließen oder das Kind zur Eingehung von Dienst- oder Arbeitsverträgen zu ermächtigen.

Bei einer Person, welche sich nicht im Genusse der bürgerlichen Ehrenrechte befindet oder unter Polizeiaufsicht steht oder wegen gewerbsmäßiger Unzucht einer polizeilichen Aufsicht unterstellt ist, darf das minderjährige Kind nicht in Dienst oder Arbeit stehen. Die sofortige Auflösung eines diesem Verbot zuwider eingegangenen Dienst- oder Arbeitsverhältnisses kann jederzeit erfolgen oder durch Anordnung des Vormundschaftsgerichts angeordnet werden."

Dem Antrage wurde entgegen gehalten, daß Absatz 1 selbstverständlich sei, indem das dort erwähnte Recht des Vaters sich von selbst aus dem in §. 1608 anerkannten Vertretungsrechte ergebe.

Satz 1 des Absatzes 2 sei nicht privatrechtlicher Natur, sondern gehöre in die Gewerbeordnung, in der übrigens eine ähnliche Bestimmung sich schon finde. Auf der andern Seite sei die Bestimmung aber auch insofern selbstverständlich, als der Vater pflichtwidrig handle, wenn er sein minderjähriges Kind bei Personen in Dienst oder Arbeit gebe, welche keine Bürgschaft für die sittliche Haltung des Kindes bieten.

Der Schwerpunkt des Absatzes 2 liege übrigens in dem zweiten Satze desselben. Die Befugniß, ein ungeeignetes Dienst- oder Arbeitsverhältniß sofort aufzulösen, ergebe sich aber, soweit erforderlich, schon aus §. 617.

Der Antrag wurde daraufhin abgelehnt.

Als

§. 1609b

wurde beantragt, folgenden neuen Paragraphen einzuschalten:

„Wenn minderjährige, dem elterlichen Hausstand angehörende Kinder in Dienst oder Arbeit stehen, so hat der Vater Anspruch auf Ausfolgung des verdienten Lohnes. Der Dienstherr und Arbeitgeber ist verpflichtet, auf Verlangen des Vaters den verdienten Lohn an diesen oder nur auf Grund einer schriftlichen Zustimmung des Vaters oder nach dessen Bescheinigung über den Empfang des letzten Lohnes unmittelbar an den Minderjährigen selbst auszubezahlen."

Der Antrag wurde begründet mit der Nothwendigkeit, die Autorität der Eltern gegenüber ihren Kindern, welche schon selbstständig Geld verdienten, zu stärken, da diese Autorität nach der Erfahrung in den Arbeiterkreisen außerordentlich rasch verloren gehe, sobald das Kind nicht mehr wirthschaftlich von den Eltern abhängig sei.

Es wurde entgegnet, der Antrag stelle sich als eine Abänderung des bereits angenommenen §. 109 dar. Man könne anerkennen, daß Gründe sozialer Art für eine derartige Bestimmung sprechen; doch könnten die Erfahrungen, welche man mit einer ähnlichen Bestimmung in der Gewerbeordnung (vgl. §. 119a) gemacht habe, nicht ermuthigen, der Bestimmung zuzustimmen, da diese Erfahrungen gezeigt haben, daß eine solche Maßnahme nicht recht durchführbar sei. Die Gewerbeordnung habe es den Gemeinden freigestellt, durch statuarische Anordnungen eine derartige Bestimmung einzuführen. Von dieser Ermächtigung hätten aber die Gemeinden nur in außerordentlich geringem Umfange Gebrauch gemacht, und dort, wo man von derselben Gebrauch gemacht habe, sei der Erfolg ganz verschwindend gewesen.

Aus der Kommission heraus wurde dringend davor gewarnt, hier eine Bestimmung einzuschalten, welche eine Abänderung der Gewerbeordnung bedeute. Die Bestimmungen der Gewerbeordnungsnovellen — §. 119a ist durch die Novelle vom 1. Juni 1891 eingeführt — seien stets nur unter großen Schwierigkeiten und stets nur unter Herbeiführung von Kompromissen zu Stande gekommen. Auch die hier eingreifende Bestimmung beruhe auf einem mit vieler Mühe zu Stande gebrachten Kompromiß. Dieses Kompromiß hier auf dem Gebiete des Bürgerlichen Gesetzbuchs über den Haufen zu werfen, sei in keiner Weise zu billigen. Nach dem Entwurf könne der Lohn, wenn der Vater als Vertreter des Sohnes selbst den Dienstvertrag abschließe, nur an den Vater gezahlt werden; bei der Ermächtigung des Sohnes zur Eingehung des Dienstverhältnisses aber könne der Vater sich nach §. 109 Absatz 2 das Recht vorbehalten, daß die Lohnzahlung an ihn erfolge. Von diesem Recht werde aber nur außerordentlich selten oder fast gar nicht Gebrauch gemacht. Das sei ein Fingerzeig dafür, daß auch die Annahme des obigen Antrags ein Schlag ins Wasser sein würde.

Der Antrag wurde daraufhin abgelehnt.

§§. 1610, 1611.

Ohne Debatte angenommen.

Zu

§. 1612

lag ein Antrag vor, diese Bestimmung abzuändern wie folgt:

> „Neben dem Vater hat während der Dauer der Ehe die Mutter das Recht und die Pflicht, für die Person des Kindes zu sorgen; bei vorübergehender oder dauernder Verhinderung des Vaters ist die Mutter zur Vertretung des Kindes berechtigt. Bei einer Meinungsverschiedenheit zwischen den Eltern geht die Meinung des Vaters vor."

Die Debatte hierüber wurde verbunden mit der über einen weiteren Antrag, welcher den

§. 1612

ändern wollte, wie folgt:

> „Ist der Vater verhindert, die mit der elterlichen Gewalt verbundenen Pflichten zu erfüllen, so tritt die Mutter an seine Stelle. Das Vormundschaftsgericht kann jedoch der Mutter einen Beistand bestellen und andere im Interesse des Kindes erforderliche Maßregeln treffen."

Beide Anträge wurden damit begründet, daß sowohl §. 1612 wie §. 1642 die Stellung der Frau und die Würde derselben als Mutter des Kindes nicht genügend wahre. Wenn die Frau das Recht und die Pflicht habe, neben dem Vater während der Dauer der Ehe für die Person des Kindes zu sorgen, so sei nicht abzusehen, warum die Frau nicht auch berechtigt sein solle, neben dem Vater während der Dauer der Ehe die Kinder zu vertreten. Mindestens müsse eine solche Befugniß der Frau für den Fall verlangt werden, daß der Vater vorübergehend oder dauernd verhindert sei.

Dasselbe gelte aber auch nach den anderen Richtungen der elterlichen Gewalt hin, also überhaupt wenn der Vater vorübergehend oder dauernd verhindert sei, die elterliche Gewalt auszuüben; solle die Mutter nicht eine ihrer unwürdige Stellung einnehmen, müsse sie in solchen Fällen ohne Weiteres an die Stelle des Vaters treten und dürfe nicht das Vormundschaftsgericht zum unmittelbaren Eingreifen bezw. zur Aufstellung eines Pflegers verpflichtet und berechtigt sein, wie §. 1642 vorschreibe.

Es wurde entgegnet: Es liege nahe, in Fällen vorübergehender oder dauernder Verhinderung des Vaters die Mutter statt desselben eintreten zu lassen, da ja bei definitivem Wegfall des Vaters bezw. wenn seine Gewalt ruhe, die Mutter auch an seine Stelle trete (§§. 1660, 1661). Wenn der Entwurf dies dennoch nicht bestimme, so liege der Grund hauptsächlich darin, daß es an der Erkennbarkeit und Sicherheit der Voraussetzungen des Eintretens der Mutter fehle, was namentlich bei der Ausübung der Vertretungsbefugniß und mit Rücksicht auf die Dritten, denen gegenüber die Vertretungsbefugniß ausgeübt werde, ein nicht unerheblicher praktischer Mißstand sei. Auch könnten sich dann, wenn Vater und Mutter nebeneinander die Vertretungsbefugniß haben, Kollisionen dadurch ergeben, daß jeder Theil für sich in Rücksicht auf das gleiche Bedürfniß des Kindes thätig werde. Bleibe es bei dem Entwurf, so komme es nicht zu diesen Mißständen, und ergebe sich zugleich der weitere Vortheil, daß die Mutter nicht an die Stelle des Vaters rücke, wenn das Vormundschaftsgericht sie nicht für geeignet erachte, an Stelle des Vaters für das Kind zu sorgen; darin aber, daß das Vormundschaftsgericht die Mutter, wenn sie geeignet ist, zum Pfleger bestellen kann, trete klar hervor, daß es sich nicht um eine Zurückstellung der Mutter, sondern um Wahrung der Interessen der Kinder handle.

Aus der Mitte der Kommission wurde es ebenfalls als ein Mangel empfunden, daß der Entwurf die Stellung der Frau nicht genügend zur Geltung bringe. Uebelstände seien in einem gewissen Maße zu erwarten, möge man den Entwurf oder möge man die erwähnten Anträge annehmen. Man könne nicht sagen, auf welcher Seite das größere Maß von Uebelständen liegen werde. Dann sei es aber doch besser, die Anträge anzunehmen, weil dieselben ohne Zweifel auf einem prinzipiell richtigeren Boden stünden. Die Schwierigkeit der eventuell doppelten Vertretung sei nicht hoch anzuschlagen. Diese Schwierigkeit ergebe sich z. B. auch in jedem kaufmännischen Geschäft, das einen oder mehrere Prokuristen habe.

Es wurde zunächst abgestimmt über das Prinzip, ob bei einfacher Verhinderung des Vaters die Mutter neben der Sorge für die Person des Kindes auch die Vertretung für die Person und die Sorge für das Vermögen des Kindes einschließlich der Vertretung haben solle.

Die Mehrheit der Kommission bejahte diese Frage.

Die Fassung und nähere Gestaltung wurde der Redaktions-Kommission überlassen. Dieselbe sollte namentlich auch zum Ausdruck bringen, wie sich die hier in Frage stehende Verhinderung zum Ruhen der Gewalt des Vaters verhalte und welchen Einfluß die Auflösung der Ehe auf die Befugniß der Mutter, an Stelle des Vaters zu treten, ausübe. Die Redaktions-Kommission entsprach dieser Aufgabe gelegentlich der späteren Gestaltung des §. 1661. Auf Grund derselben gab sie dem §. 1612 folgende Fassung:

„Neben dem Vater hat während der Dauer der Ehe die Mutter das Recht und die Pflicht, für die Person des Kindes zu sorgen; zur Vertretung des Kindes ist sie nicht berechtigt, unbeschadet der Vorschrift des §. 1661 Abs. 1. Bei einer Meinungsverschiedenheit zwischen den Eltern geht die Meinung des Vaters vor."

In ähnlicher Weise gestaltete sie den §. 1642 folgendermaßen:

„Ist der Vater verhindert, die elterliche Gewalt auszuüben, so hat das Vormundschaftsgericht, sofern nicht die elterliche Gewalt nach §. 1661 von der Mutter ausgeübt wird, die im Interesse des Kindes erforderlichen Maßregeln zu treffen."

Im Zusammenhange hiermit wurden überdies in den §§. 1653, 1654, 1661 Aenderungen beschlossen, die zu diesen Paragraphen begründet werden sollen.

Zu

§. 1613

wurde beantragt, im Absatz 1 statt

„für die Person des Kindes"

zu setzen:

„für die Person und die Vertretung des Kindes" und den Absatz 2 zu streichen.

Es wurde ausgeführt, daß die Annahme des Entwurfs zu höchst mißlichen Wirkungen führen werde, da alsdann unter Umständen die Sorge für die Person des Kindes einem anderen Ehegatten zustünde als das Recht der Vertretung desselben.

Demgegenüber wurde zugegeben, daß unter Umständen die Vorschrift des §. 1613 zu Schwierigkeiten führen könne; für das Interesse des Kindes sei aber durch dieselbe noch am besten gesorgt, wie sich namentlich aus dem zweiten Satze des Absatzes 1 ergebe; auch würde die Annahme des Antrags zu einem prinzipiellen Widerspruche mit dem §. 1612 führen, zu dessen Zulassung keineswegs überwiegende Gründe praktischer Zweckmäßigkeit führten.

Der Antrag wurde daraufhin abgelehnt.

Im Eingang dieses Paragraphen konnten die Worte:

„aus einem der in den §§. 1548 bis 1551 bestimmten Gründe"

gestrichen werden, nachdem §. 1552 bereits früher gestrichen war.

§§. 1614, 1615.

Ohne Debatte angenommen.

Als

§. 1615a.

wurde beantragt, folgende Vorschrift einzuschalten:

„Der Vater hat das seiner Verwaltung unterliegende Vermögen des Kindes, welches bei dem Tode der Mutter vorhanden ist oder diesem später zufällt, zu verzeichnen und das Verzeichniß, nachdem er es mit der Versicherung der Richtigkeit und Vollständigkeit versehen hat, dem Vormundschaftsgericht einzureichen.

Ist das eingereichte Verzeichniß ungenügend, so kann das Vormundschaftsgericht anordnen, daß das Verzeichniß durch eine zuständige Behörde oder durch einen zuständigen Beamten oder Notar aufgenommen wird."

Der Antrag wurde motivirt mit der großen Unklarheit, welche in den meisten Fällen über die Rechtslage der Vermögensverhältnisse nach dem Tode der Mutter herrsche. Es sei dringend nöthig, daß der Vater sich in diesem Zeitpunkt genau klar mache, welche Rechte er gegenüber dem vorhandenen Vermögen habe, und ebenso sei nothwendig, in diesem Augenblick zu Gunsten der Kinder für einen Beweis Dessen zu sorgen, was ihnen zustehe. Lege man dem Vater die Pflicht auf, ein Verzeichniß anzufertigen, so verhindere man ihn dadurch, auf Grund einer nicht beseitigten Unklarheit in einer Weise mit dem Vermögen zu wirthschaften, welche den Rechten der Kinder zu nahe trete. Insofern liege in der Errichtung eines Vermögensverzeichnisses eine weitgehende und werthvolle Sicherung der Kinder.

Es wurde entgegnet, eine solche Bestimmung erübrige sich, weil die Stellung des Vaters freier sein könne und müsse, als die Stellung eines Vormundes; wenn keine fortdauernde Aufsicht über die Vermögensverwaltung stattfinde und kein Gegenvormund vorhanden, keine periodische Rechnungsablage vorgeschrieben sei, sei, von besonderen Umständen abgesehen (§§. 1644, 1668), auch kein Raum für die Errichtung eines Vermögensverzeichnisses. Für den größeren Theil Deutschlands schaffe der Antrag neues Recht. Wo diese oder eine ähnliche Bestimmung bisher nicht gegolten habe, sei man recht gut ausgekommen und werde in der vorgeschlagenen Einrichtung eine ebenso überflüssige als empfindliche Belästigung der Vormundschaftsgerichte, namentlich aber und hauptsächlich der Väter sehen; nicht minder werde hier das Eindringen der Vormundschaftsbehörde in die internen Vermögensverhältnisse der Familie schwer empfunden werden. Die Sicherung der Kinder, welche durch die Errichtung des Vermögensverzeichnisses erzielt werde, sei nicht sehr erheblich, da für die Regel weder notarielle Aufnahme noch gerichtliche Nachprüfung erfolge.

Hiergegen wurde angeführt: Die Annahme des Antrages werde gerade den redlichen Eltern angenehm sein, weil sie dadurch von vornherein in die Lage versetzt werden, sich einen Beweis ihrer redlichen Verwaltung zu verschaffen. Sie diene aber auch namentlich zur Sicherung des Vermögens der Kinder Dritten gegenüber. Das Vermögensverzeichniß werde von dem Gericht unter Amtsverschwiegenheit aufbewahrt werden, so daß das Bekanntwerden der Vermögensverhältnisse nicht zu befürchten sei.

Der Antrag wurde angenommen.

In zweiter Lesung wurde beantragt, den Paragraphen wieder zu streichen, und dieser Antrag von Seiten der Regierungsvertreter befürwortet. Aus den Kreisen der Kommission wurde der Paragraph jedoch lebhaft vertheidigt. Es wurde ausgeführt, im rheinischen Recht sei früher die Inventarisirung gemäß dem Code civil Rechtens gewesen. Erst durch die preußische Vormundschaftsordnung sei diese Bestimmung abgeschafft worden. Diese Abschaffung sei allgemein als ein großer Nachtheil empfunden worden und habe große Uebelstände gezeitigt.

Auch Seitens des Vertreters der badischen Regierung wurde lebhaft für die Beibehaltung eingetreten.

Es wurde entgegnet, die betreffende Bestimmung habe früher im Rheinland ihren Werth darin gehabt, daß eine notarielle Inventarisirung vorgeschrieben gewesen sei. Dadurch seien allerdings die Kosten erhöht worden, aber man habe auch durch das Eingreifen des Notars die Gewähr gehabt, daß die Inventarisirung juristisch korrekt, mit geschäftlicher Klarheit und mit möglichster Vollständigkeit vorgenommen sei. Die Inventarisirung nach dem §. 1615a geschehe jedoch ohne den Notar; auch sei die Vorschrift der Zuziehung eines Notars wegen der Kosten unthunlich. Man habe also weder eine Gewähr für die Vollständigkeit des Inventars, noch auch habe dasselbe irgend welche Beweiskraft.

Es wurde entgegnet, daß die Vorschrift der notariellen Inventarisirung gemäß Code civil im Rheinlande bereits vor Einführung der preußischen Vormundschaftsordnung dahin abgeschwächt worden sei, daß unter Umständen eine formlose Inventarisirung genüge. Trotzdem sei die Abschaffung dieser Bestimmung sehr übel empfunden worden.

Von einer Seite wurde angeregt, wenn man den Paragraphen beibehalten wolle, so solle man den Eingang desselben wenigstens fassen:

„Auf Anordnung des Vormundschaftsgerichts hat der Vater“ u. s. w.

Von anderer Seite wurde jedoch ein solcher Eingang für unannehmbar erklärt, weil sonst das Vormundschaftsgericht jeden Erbfall selbstständig untersuchen müsse. Zu §. 1615a selbst wurde von dieser Seite erklärt, daß man für die Bestimmung eintreten könne, wenn die Inventarpflicht durch Testament ausgeschlossen werden könne. Es sei nicht ersichtlich, wie es damit stehe.

Es wurde entgegnet, daß nach dem Wortlaut der Bestimmung es sich um eine Vorschrift aus öffentlich-rechtlichem Interesse handle. Die Möglichkeit einer Befreiung von der Inventarpflicht durch Testament lasse sich deshalb aus allgemeinen Grundsätzen nicht ableiten. Da sie auch nicht in besonderen Vorschriften des Entwurfs einen Anhaltspunkt finde, müsse sie für unzulässig erklärt werden.

Daraufhin wurde der Antrag gestellt, hinzuzufügen:

„Von der Verpflichtung zur Einreichung des Verzeichnisses kann durch letztwillige Verfügung der Ehefrau entbunden werden."

Von anderer Seite wurde darauf aufmerksam gemacht, daß §. 1615a außerordentlich lästig werde, wenn kein Vermögen vorhanden sei, und demgemäß beantragt, hinzuzufügen:

„Ist ein Vermögen nicht vorhanden, so genügt es, daß der Vater dieses glaubhaft versichert."

Es wurde geantwortet, daß eine solche Hinzufügung sich erübrige, weil sie als völlig selbstverständlich betrachtet werden müsse. Es sei ganz selbstverständlich, daß in einem solchen Falle durch eine einfache Vakatanzeige der Erbpflicht genügt werde.

Von derselben Seite wurde darauf aufmerksam gemacht, daß die Bestimmung eine große Belästigung bringe, wenn nur der gewöhnliche Hausrath vorhanden sei oder wenigstens den Hauptbestandtheil des Vermögens bilde. Es wurde beantragt, hinzuzufügen:

„Bei gewöhnlichem Hausrath ist eine Abschätzung insgesammt zulässig."

Wieder ein anderer Antragsteller wollte diesen Gedanken ausdehnen auf

„das gewöhnliche Hausgeräth und die zum persönlichen Gebrauch dienenden Gegenstände".

Doch wurde dieser letztere Antrag später zurückgezogen.

Bei der Abstimmung wurde der Antrag, hinzuzufügen:

„Von der Verpflichtung zur Einreichung des Verzeichnisses kann durch letztwillige Verfügung der Ehefrau entbunden werden" —

angenommen, jedoch dazu beschlossen, daß diese Befugniß sich nur auf die Pflicht gemäß Absatz 2 beziehen solle. Demgemäß soll stets die Einreichung des Verzeichnisses nach Absatz 1 nothwendig sein, jedoch kann durch testamentarische Anordnung der Ehefrau die Anwendung des Absatzes 2 verboten werden.

Der Antrag:

„Ist Vermögen nicht vorhanden, so genügt, daß der Vater dieses versichert"

wurde abgelehnt mit Rücksicht darauf, daß von allen Seiten die Ueberflüssigkeit und Selbstverständlichkeit desselben anerkannt wurde.

Der Antrag, hinzuzufügen:

„Bei gewöhnlichem Hausrath ist eine allgemeine Abschätzung zulässig."

wurde angenommen.

Der so gestaltete Paragraph wurde darauf auch im Ganzen angenommen.

Die Redaktions-Kommission gab demselben dann folgende Fassung:

„Der Vater hat das seiner Verwaltung unterliegende Vermögen des Kindes, welches bei dem Tode der Mutter vorhanden ist oder dem Kinde später zufällt, zu verzeichnen und das Verzeichniß, nachdem er es mit der Versicherung der Richtigkeit und Vollständigkeit versehen hat, dem Vormundschaftsgericht einzureichen. Bei Haushaltsgegenständen genügt die Angabe des Gesammtwerthes.

Ist das eingereichte Verzeichniß ungenügend, so kann das Vormundschaftsgericht anordnen, daß das Verzeichniß durch eine zuständige Behörde oder durch einen zuständigen Beamten oder Notar aufgenommen wird. Die Anordnung ist für das in Folge des Todes der Mutter dem Kinde zufallende Vermögen unzulässig, wenn die Mutter sie durch letzwillige Verfügung ausgeschlossen hat."

und gab ihm seine Stelle hinter §. 1617 als §. 1617a.

§§. 1616, 1617.

Ohne Debatte angenommen.

§. 1617a.

Siehe die Debatte bei §. 1615a.

§§. 1618 bis 1621.

Ohne Debatte angenommen.

Zu

§. 1622

wurde beantragt, das Wort

„soll"

durch

„kann"

zu ersetzen. Eine instruktionelle Vorschrift, wie der Entwurf sie vorsehe, genüge nicht. Es müsse dem Vater unmöglich gemacht werden, ohne Genehmigung des Vormundschaftsgerichts im Namen des Kindes ein neues Erwerbsgeschäft zu beginnen.

Diese Ausführung rief das Bedenken hervor: wenn man die Soll-Vorschrift des Entwurfs zu einer „Kann"-Vorschrift mache, sei jedes einzelne Geschäft ungültig, das der Vater im Rahmen eines ohne Genehmigung des Vormundschaftsgerichts begonnenen Erwerbsgeschäfts abschließe. Daraus ergebe sich eine Gefährdung des Publikums, die bei den heutigen Verkehrsverhältnissen unerträglich sei; aber möglicherweise auch eine Gefährdung des Kindes, da auch der Mitkontrahent die Nichtigkeit des einzelnen Geschäftes geltend machen könne. Lasse man die Vorschrift als „Soll"-Vorschrift bestehen, so habe das Vormundschaftsgericht jeder Zeit die Befugniß, einzuschreiten, und das werde zur Sicherung der Rechte des Kindes genügen.

Der Antrag wurde daraufhin abgelehnt.

§§. 1623 bis 1625.

Ohne Debatte angenommen.

Zu

§. 1626

wurde beantragt, denselben abzuändern, wie folgt:

„Dem Vater steht kraft der elterlichen Gewalt die Nutznießung am Vermögen des Kindes bis zu dessen vollendetem 18. Lebensjahre zu. Das Verwaltungsrecht und die Verwaltungspflicht des Vaters mit Bezug auf das Vermögen des Kindes bleiben von dieser Bestimmung unberührt."

Zur Begründung wurde ausgeführt, daß ein sittlicher Grund nicht zu erkennen sei, weshalb die Nutznießung des Vaters am Kindesvermögen bis zur Großjährigkeit des Kindes dauern solle. Man könne die Nutznießung des Vaters am Vermögen des Kindes nicht ganz entbehren, namentlich nicht für das jüngere Lebensalter des Kindes. Doch sei es erwünscht, dieselbe so früh als möglich aufhören zu lassen. Im französischen Recht habe die Nutznießung bisher nur bis zum 18. Lebensjahr bestanden. Diese Anordnung habe sich bewährt und entspreche durchaus einer vernünftigen Mittellinie. Der Entwurf erweise sich sogar als geradezu bedenklich in Verbindung mit §. 1638, wonach die Nutznießung endigen solle, wenn das Kind sich verheirathet. Bei Mädchen sei es sehr oft angezeigt, daß sie sich früher verheirathen als mit 21 Jahren. Bei diesen sei das 18. Lebensjahr durchschnittlich dasjenige Alter, in welchem eine Verheirathung anfange in Betracht zu kommen. Wenn dann der Vater durch die Verheirathung des Kindes der Nutznießung am Vermögen desselben verlustig gehe, so sei das ein Anreiz für ihn, aus egoistischen Motiven die Verheirathung des Kindes zu hintertreiben, bis dasselbe 21 Jahre alt geworden sei und er somit von selbst die Nutznießung verliere. Das könne zu einer großen Beeinträchtigung des Kindes und auch zu sittlichen Nachtheilen führen. Lasse man die Nutznießung mit dem vollendeten 18. Lebensjahr des Kindes aufhören, so falle dieses Bedenken nahezu vollständig fort.

Es wurde entgegnet, der Antrag erkläre sich aus einer Bestimmung des französischen Rechtes, welche der Antragsteller liebgewonnen habe. In anderen Gegenden Deutschlands sei dieselbe unbekannt und man habe sie niemals entbehrt. Indem der Entwurf das Nutznießungsrecht des Vaters mit dem vollendeten 21. Lebensjahr schließen lasse, bringe er schon eine erhebliche Abschwächung desselben für den weitaus größeren Theil Deutschlands, namentlich für die Rechtsgebiete des gemeinen, des preußischen und des sächsischen Rechtes, mit sich. Dem Vater stehe allerdings die Nutznießung an dem Vermögen des Kindes nicht zum Zwecke der Bereicherung zu, sondern um die Erziehung des Kindes und die Erhaltung desselben im elterlichen Haushalt in angemessener Weise möglich zu machen. Dieser Grund habe aber für die Regel mit dem zurückgelegten 18. Lebensjahre seine thatsächliche Unterlage noch nicht verloren. Ebensowenig sei ein Grund vorhanden, die Abschwächung der väterlichen Autorität, wie sie mit dem Verlust der Nutznießung und dem hierdurch gebotenen Abrechnungs-Verhältnisse nothwendig eintrete, schon vor der Volljährigkeit beginnen zu lassen. Es liege kein Grund vor, die Väter mit einem besonderen Mißtrauen zu behandeln und die Regel des Gesetzes zu bestimmen nach vereinzelten Ausnahmen des Egoismus, die allerdings vorkommen könnten (vgl. auch §. 1597).

Von anderer Seite wurde dem Antrage jedoch beigepflichtet. Die elterliche Nutznießung an und für sich sei nur eine Aushülfe, weil man eine Vermittelung suchen müsse zwischen der Pflicht des Vaters, das Kind zu erziehen, und der Nothwendigkeit, ihm diese Erziehung finanziell zu ermöglichen. Prinzipiell könne ein Nutznießungsrecht des Vaters am Vermögen des Kindes gar nicht gerechtfertigt werden. Das Kind sei doch nicht als ein Ausbeutungsobjekt für die Interessen des Vaters zu betrachten. Von diesem Standpunkte aus müsse es erwünscht erscheinen, das Nutznießungsrecht des Vaters so früh wie möglich endigen zu lassen.

Der Antrag wurde abgelehnt.

Zu

§. 1627

wurde beantragt, denselben zu fassen wie folgt:

> „Freies Vermögen sind die zum persönlichen Gebrauche des Kindes bestimmten Sachen, insbesondere Kleider und Schmucksachen, sowie die zur Ausübung eines Erwerbs oder Berufs erforderlichen Gegenstände.“

Der Antrag wurde auf dieselben Erwägungen gegründet, aus denen zu §. 1354 (§. 1348 a) Kleider, Schmucksachen und Arbeitsgeräthe dem Vorbehaltsgut der Ehefrau zugewiesen worden sind.

Er wurde im Prinzip angenommen. Die Redaktions-Kommission trug dem Beschlusse sodann Rechnung, indem sie am Schlusse des Paragraphen anstatt

„und Schmucksachen“

sagte

„Schmucksachen und Arbeitsgeräthe“.

§§. 1628 bis 1637.

Ohne Debatte angenommen.

Zu

§. 1638

wurde beantragt, den 2. Satz zu streichen. Diese Bestimmung sei lediglich ein Anreiz für den Vater, die erforderliche elterliche Einwilligung zur Eingehung einer Ehe des Kindes zu verweigern, indem er sich dadurch die Nutznießung am Vermögen des Kindes sichern wolle.

Es wurde entgegnet, daß die Bestimmung im Interesse der Autorität des Vaters beizubehalten sei. Dieselbe beziehe sich, da die Nutznießung nur am Vermögen minderjähriger Kinder bestehe, nur auf Heirathen minderjähriger Kinder und sei in dieser Beschränkung auch der modernen Auffassung nicht zuwider. Eher könnte die Vorschrift mit Rücksicht darauf als überflüssig bezeichnet werden, daß der Standesbeamte, so lange es an der Einwilligung des Vaters, als des gesetzlichen Vertreters, fehlt, die Eheschließung nicht vornehmen darf. Aber die Möglichkeit einer Eheschließung im Auslande lasse die Vorschrift doch als zweckmäßig erscheinen.

Wenn man dem minderjährigen Kinde, das sich ohne Einwilligung des Vaters verheirathet, sofort durch die Eingehung der Ehe die Nutznießung zufallen lasse, sei die Autorität des Vaters in Rücksicht der Eheschließung des Kindes untergraben.

Der Antrag wurde abgelehnt.

§. 1638a.

Die Diskussion dieses Paragraphen vergleiche bei §. 1646.

In zweiter Lesung wurde übrigens dieser Paragraph wieder gestrichen.

§§. 1639 bis 1642.

Ohne Debatte angenommen.

Zu

§. 1643

wurde zunächst beantragt, im Absatz 1 den 2. Satz zu streichen und sodann als Satz 2 hinzuzufügen:

> „Jedoch ist das Vormundschaftsgericht nicht berechtigt, das Verhalten des Vaters in religiöser oder politischer Hinsicht, oder die Einwirkung des Vaters auf das Kind nach diesen Richtungen hin als einen Mißbrauch, eine Vernachlässigung oder als ein ehrloses oder unsittliches Verhalten zu erachten."

Der erste Theil des Antrages wurde damit motivirt, daß eine Zwangserziehung des Kindes außerhalb seiner natürlichen Familie, namentlich auch in einer Erziehungs- oder in einer Besserungsanstalt, fast niemals eine Gewähr dafür biete, daß das Kind besser erzogen werde, als wenn es bei seinen Eltern verbleibe. Man könne dem Vormundschaftsgericht wohl das Recht zuerkennen, die zum Schutze des Kindes nothwendigen Maßregeln zu treffen, aber dieses Recht dürfe niemals so weit gehen, daß das Vormundschaftsgericht das Recht der Eltern auf ihre Kinder vollständig eliminire. Lasse man den 2. Satz des 1. Absatzes bestehen, so könne derselbe in weitem Maße mißbraucht werden, um Kinder, welche nach der geistigen Richtung ihrer Eltern in einer der jeweilig herrschenden Staatsgewalt nicht genehmen Richtung, etwa der sozialdemokratischen Weltanschauung, erzogen würden, ihren Eltern zu entziehen und in einer Besserungsanstalt unterzubringen, weil eine sozialdemokratische Erziehung als ein unsittliches Verhalten des Vaters erklärt werde. Um einen solchen Mißbrauch auszuschließen, sei es nothwendig, ausdrücklich auszusprechen, daß das Verhalten des Vaters in religiöser oder politischer Hinsicht oder die Einwirkung des Vaters auf das Kind nach diesen Richtungen hin von den Bestimmungen dieses Paragraphen nicht getroffen werden dürfe. Der Fall sei sogar praktisch schon vorgekommen, daß ein Amtsrichter ein Kind seinen Eltern wegen sozialdemokratischer Erziehung weggenommen und in einer Besserungsanstalt zur Zwangserziehung untergebracht habe. Dieser Beschluß des Amtsgerichts sei durch das Landgericht Hanau bestätigt worden. Die Zustände in den Erziehungs- und Besserungsanstalten seien sehr wenig vertrauenerweckend. In England habe man ein ausgedehntes System solcher Zwangserziehungsanstalten; jedoch seien die Zustände in denselben geradezu schauerlicher Art, sodaß die Kinder es in diesen Anstalten ohne Zweifel weit schlechter hätten als bei ihren Eltern.

Es wurde entgegnet, daß fast überall in Deutschland Bestimmungen bestehen, welche dem Absatz 1 des §. 1643 mehr oder weniger entsprächen. Nehme man den Antrag an, so würden dadurch diese landesgesetzlichen Bestimmungen keineswegs aus der Welt geschafft. Es könne sich nur darum handeln, ob für ganz Deutschland die Zwangserziehung der Kinder wegen Verschuldens der Eltern unter einen einheitlichen Gesichtspunkt gebracht werde. Wenn ein Kind zur Zwangserziehung gebracht sei, lediglich weil sein Vater ein Sozialdemokrat sei, so würde das allerdings ein Mißbrauch sein. Aber jener Satz könne im einzelnen Falle mißbräuchlich angewandt werden; es gehe zu weit, aus der Möglichkeit eines Mißbrauchs zu schließen, daß die ganze Bestimmung verwerflich sei.

Der Antrag wurde daraufhin abgelehnt.

Von anderer Seite wurde beantragt, den Absatz 2 dieses Paragraphen zu streichen, welcher die Zwangserziehung des Kindes gestatten will, ohne daß den Vater eine persönliche Schuld oder eine persönliche Vernachlässigung bei der Erziehung des Kindes trifft, lediglich ausgehend von der Thatsache, daß das Kind „sittlich verwahrlost" sei, und von der Annahme, daß, „nach der Persönlichkeit und den Lebensverhältnissen des Vaters die elterliche Erziehungsgewalt zur Besserung des Kindes nicht ausreiche".

Es wurde ausgeführt, daß die Zwangserziehung eines Kindes durch den Staat eine vollständige Außerkraftsetzung des Elternrechts am Kinde bedeute, während grundsätzlich doch ohne allen Zweifel das Elternrecht höher stehe als das Recht des Staates auf die Verhinderung einer Verwahrlosung des Kindes. Wenn man auch, ausgehend von thatsächlich in weitem Maße vorhandenen Uebelständen, damit sich einverstanden erklären könne, daß dem Vater die Erziehung des Kindes entzogen werde, wenn ihn eine persönliche Schuld treffe, sei es, daß er die Sorge für die Person des Kindes mißbrauche, oder daß er das Kind vernachlässige, oder daß er durch ein ehrloses oder unsittliches Verhalten auf das Kind schlecht einwirke, so müsse man es doch unbedingt von der Hand weisen, daß den Eltern die Kinder durch den Staat behufs Zwangserziehung entzogen werden dürften, wenn die Eltern persönlich alles thäten, was in ihrer Macht stehe, um das Kind gut zu erziehen, so daß sie persönlich keinerlei Schuld für die Verwahrlosung des Kindes treffe. Welche Gewähr sei denn dafür gegeben, daß die staatliche Zwangserziehung ein besseres Resultat ergeben werde als eine Erziehung durch die Eltern, wobei die Eltern nach besten Kräften ihre Pflicht zu thun bestrebt seien? In solchen Fällen sagten die Behörden einfach: es ist anzunehmen, daß der Vater nicht geeignet sei zur Erziehung. Habe man denn eine Gewähr dafür, daß das schlechte Ergebniß der Erziehung in einer mangelhaften Veranlagung der Eltern liege, oder sei nicht viel häufiger, wenn die Eltern ihre Pflicht thäten, der Grund einer mangelhaften Erziehung in der Veranlagung des Kindes zu suchen? Gerade bei schwierigem Charakter des Kindes sei von der liebevollen Sorgfalt der Eltern immer noch ein ungleich besseres Resultat für die Erziehung zu erwarten, als von der mechanischen, büraukratischen Erziehung in Besserungsanstalten. In allen Fällen sei aber der Staat nicht als ein Vater in subsidio anzuerkennen, der, wenn es ihm gut erscheine, sein Recht der Erziehung über das Erziehungsrecht der natürlichen

Eltern stellen dürfe. Diese Bestimmung bedeute daher einen ganz unerträglichen Eingriff in das natürliche Recht der Eltern auf ihre Kinder. Wenn die Eltern ihre Pflicht nicht versäumten und die Kinder trotzdem sich übel entwickelten, so müßten die Behörden darauf angewiesen bleiben, nach vorheriger Vereinbarung mit den Eltern den Weg einer Zwangserziehung zu versuchen. Gegen den Willen der Eltern sei aber in einem solchen Falle die Zwangserziehung absolut verwerflich.

Es wurde entgegnet: die moderne Entwickelung lasse eine derartige Bestimmung als nothwendig erscheinen. Eine solche bestehe auch schon in einigen Bundesstaaten, namentlich Sachsen, Württemberg, Baden, Hessen, und in anderen würden die betreffenden Einrichtungen vorbereitet. In den betreffenden Staaten werde die Zwangserziehung sittlich verwahrloster Kinder als nützlich, ja unentbehrlich angesehen und der Ausschließung beziehungsweise Aufhebung entschieden widersprochen. Lehne man jetzt den Absatz 2 ab, so bleibe es dabei, daß auf diesem Gebiete in Deutschland in den einzelnen Bundesstaaten ein verschiedenes Recht herrsche. Man sage, dem Staate stehe kein Recht zur Zwangserziehung in diesem Falle zu, aber man habe auch gesagt, dem Staat stehe kein Recht zu, die Kinder in seine staatlichen Schulen hineinzuzwingen! Wenn durch den Mangel an ausreichender Erziehung die Schaar der Verbrecher sich vermehre, so habe die Allgemeinheit, der Staat den Schaden zu tragen. Daraus und aus der Pflicht des Staats, für die öffentliche Sittlichkeit zu sorgen, ergebe sich für den Staat ein Recht und ein Interesse, einzugreifen, auch ohne daß ein Verschulden des Vaters an der Verwahrlosung dargethan sei. Und daß es zu solchem Eingreifen hohe Zeit sei, ergebe sich aus der stetigen Zunahme der Zahl der jugendlichen Verbrecher. Daß aber die Zwangserziehung in dieser Richtung günstig einwirke, zeigten die Erfahrungen in England, wo in den betreffenden Anstalten auch keineswegs so horrende Zustände herrschten, wie behauptet worden sei. Im Uebrigen lege Absatz 2 die Einweisung in eine Zwangsanstalt keineswegs in die Willkür der Behörden; es werde außer dem Vorhandensein einer sittlichen Verwahrlosung des Kindes, also eines objektiven dauernden Zustandes, vorausgesetzt, daß aus der Persönlichkeit und den Lebensverhältnissen des Vaters, also wiederum aus objektiven dauernden Zuständen, die Unzureichenheit der elterlichen Erziehungsgewalt sich ergebe, — da werde es sich dann auch für die Regel nicht um Eltern handeln, die nach besten Kräften ihre Pflicht zu thun bestrebt und mit liebevoller Sorgfalt um die Kinder bemüht seien, sondern um Eltern, denen zwar eine Verschuldung an der Verwahrlosung der Kinder nicht nachgewiesen werden kann, ohne deren Verhalten aber die Verwahrlosung nicht oder nicht in dem hohen Maße, wie der Fall, eingetreten wäre.

Hiergegen wurde geltend gemacht, daß das Reichsstrafgesetzbuch in §. 55 eine Zwangserziehung von Kindern, deren Eltern eine Schuld nicht nachweisbar sei, bisher nur zugelassen habe bei Delikten jugendlicher Personen unter 12 Jahren; bei solchen jugendlichen Verbrechern könne man ohne Weiteres auf eine Verschuldung der Eltern bei der Erziehung schließen. Aber diese Bestimmung des Strafgesetzbuchs sei doch niemals damit motivirt worden, daß die Zulässigkeit der Zwangserziehung sich ergebe aus einer erfolglosen Erziehung der Eltern als solcher. Hier solle zum ersten Male von Reichswegen bestimmt werden, daß der Staat ein mit den Rechten der Eltern konkurrirendes und eventuell den Rechten der Eltern vorgehendes Erziehungsrecht habe. Das sei prinzipiell unannehmbar. Ein guter Erfolg der Erziehung in Anstalten sei zudem außerordentlich selten. Die Rückfälle seien nach der Statistik sehr häufig. Erfahrungen mit einer weitergehenden Bestimmung, wie sie Absatz 2 wolle, habe man bisher überhaupt nur in wenigen Territorien Deutschlands auf Grund Partikularrechts seit einer kurzen Reihe von Jahren gemacht. Die längeren Erfahrungen, welche man mit der Zwangserziehung auf dem Boden des Reichsstrafgesetzbuchs bisher gemacht habe, wären keineswegs verlockend. Der Staat habe noch keineswegs gezeigt, daß er besser geeignet sei, zu erziehen, als die Eltern.

Die Abstimmung ergab, daß der Absatz 2 gestrichen wurde.

Die Streichung des Absatzes 2 in Verbindung mit Art. 134 des Einführungsgesetzes nach dem Wortlaut des Entwurfes hat die Wirkung, daß auch der Landesgesetzgebung nicht gestattet sein würde, verwahrloste Kinder in Zwangserziehung zu nehmen, außer soweit §. 1643 in der jetzigen Gestalt es gestattet. Um daher der Landesgesetzgebung die Möglichkeit zu erhalten, verwahrloste Kinder zur Zwangserziehung zu bringen auch wenn den Vater kein Verschulden trifft, wurde beantragt, im Art. 134 des Einführungsgesetzes den zweiten Satz oder doch in demselben die Worte:

„auf Grund des §. 1643 oder des §. 1814 des Bürgerlichen Gesetzbuches"

zu streichen. Der Antrag wurde von den Vertretern derjenigen Bundesstaaten, welche heute schon entsprechende Gesetze haben, befürwortet. Die Kommission war jedoch der Ansicht, daß, wenn man eine solche Ausdehnung der Zwangserziehung im Reichsgesetz für unzulässig erachte, man sie auch der Landesgesetzgebung nicht gestatten könne, und lehnte den Antrag auf Streichung jener Worte mit knapper Mehrheit ab.

In zweiter Lesung wurde beantragt, den in erster Lesung gestrichenen zweiten Absatz wieder herzustellen. Zu Gunsten des Absatz 2 wurden im Allgemeinen dieselben Gründe ausgeführt, wie in erster Lesung, übrigens hinzugefügt, daß in den Bestimmungen des Reichsstrafgesetzbuchs doch jetzt schon der Gedanke zweifellos zum Ausdruck komme, es stehe dem Staate im öffentlichen Interesse ein mit dem Elternrecht konkurrirendes bezw. dasselbe zurückdrängendes Erziehungsrecht zu. Die unerlaubte Handlung des Kindes könne um des jugendlichen Alters willen eine selbstständige Grundlage nicht bilden. Außerdem wurde aus einem dem Reichsjustizamte von der Großherzoglich hessischen Regierung vorgelegten Schriftstücke vom 17. Mai 1896 mitgetheilt, daß das hessische Gesetz vom 11. Januar 1887, das die Zwangserziehung zulasse, auch ohne Verschulden der Eltern und ohne daß eine strafbare Handlung des Kindes vorliege, sich durchaus bewährt und als segensreich erwiesen habe, und daß eine Einschränkung auf tiefste bedauert werden würde; es seien bis Mai 1894, bis wohin allein über die Gründe der Zwangserziehung Notizen vorliegen, unter 713 Kindern (bis Ende März 1896 Gesammtzahl: 855) 192 Kinder untergebracht worden ohne Verschulden der Eltern (27 Prozent der Gesammtzahl), und unter diesen wieder 57, die keine strafbare Handlung begangen haben; der Grund der Verwahrlosung der Kinder ohne Verschulden der Eltern liege fast ausnahmslos in der wirthschaftlichen Lage der armen Eltern; diese leiden zuerst und am meisten unter der Verwahrlosung ihrer Kinder und der Widerspruch gegen die auf Zwangserziehung lautenden Beschlüsse komme fast nie aus dem Kreise dieser an der Verwahrlosung nicht mitschuldigen Eltern; ja dieselben seien in den meisten Fällen dankbar für das Eingreifen der Obrigkeit.

Seitens des Bevollmächtigten des Bundesraths für das Großherzogthum Baden wurde aus demselben Grunde, weil auch Baden ein solches Gesetz bereits habe, das sich durchaus bewährt, lebhaft für die Wiederherstellung der gestrichenen Bestimmung eingetreten.

Ferner wurde noch darauf hingewiesen, daß das Resultat, welches Absatz 2 herbeiführe, auf einem Umwege wenigstens zum Theil auch nach Absatz 1 erreicht werden könne. Nur habe man nach Absatz 2 nicht nöthig, die Frage zu untersuchen, ob die Eltern sich einer Vernachlässigung schuldig gemacht hätten, während das nach Absatz 1 nothwendig sei. Die Streichung des Absatzes 2 liege daher durchaus nicht im Interesse der Eltern und mache den ganzen Paragraphen gehässig gegenüber den Eltern auch in solchen Fällen, wo man diese Wirkung vermeiden könne.

Es wurde entgegnet, daß die Streichung dieser Bestimmung in weiten Kreisen Befriedigung hervorgerufen habe. Es sei einfach unerträglich, daß der Staat für sich das Recht in Anspruch nehmen könne, gegen den Willen der Eltern die Kinder zur Zwangserziehung wegzunehmen, obwohl die Eltern einer Verfehlung oder Vernachlässigung in keiner Weise sich schuldig gemacht hätten, lediglich auf den Grund hin, daß das Erziehungs-resultat nicht ein erwünschtes sei. Das bedeute die prinzipielle Negirung des Rechts der Eltern auf ihre Kinder. Wenn man dieses Prinzip zulasse, so sei Gefahr vorhanden, daß es sehr bald sich weiter ausbilde. Mit diesem Prinzip trete man auf den Boden, daß der Staat das Recht habe, alle Kinder in Zwangserziehung zu nehmen und sie zu erziehen gegen den Willen der Eltern und in anderer Weise, als die Eltern es verlangten. In einem christlichen Staate sei ein solcher Zustand in keiner Weise zu billigen. Man möge sich doch nur vergegenwärtigen, wohin ein solches Prinzip führen könne, wenn der gegenwärtige Staat, der ein christlicher sein wolle, demnächst vielleicht einmal ersetzt worden sei durch einen Staat, der prinzipiell ungläubig und religionsfeindlich sei. Alsdann könne ein solcher Staat das Prinzip in seinem Geiste dahin anwenden, daß man die Kinder christlicher Eltern in unchristlichem Geiste zwangsweise erziehe.

Von Seiten eines anderen Mitgliedes der Kommission wurde darauf hingewiesen, daß in Hessen das Gesetz vom 11. Juni 1887 die Handhabe gewähre, Kinder katholischer Konfession zwangsweise in Simultananstalten unterzubringen. Der Bischof von Mainz habe einen förmlichen Erlaß ergehen lassen, in dem er auf die Gefahren dieses hessischen Gesetzes hingewiesen habe. Vergl. den Erlaß vom 30. Dezember 1895 in dem Kirchlichen Amtsblatt für die Diözese Mainz vom 30. Dezember 1895. In diesem Erlasse komme folgende Stelle vor: „Es handelt sich darum, ob im Großherzogthum Hessen, nachdem die öffentlichen Schulen größtentheils ihres konfessionellen Charakters entkleidet sind, nunmehr auch ein häusliches Zwangserziehungssystem eingeführt werden darf, welches die religiöse Bildung der Kinder nach den Grundsätzen ihrer Konfession unmöglich macht und ebendamit auch eine wahrhaft sittliche Erziehung nicht zu gewähren vermag. Wenn unsere Staatsbehörden die Nothwendigkeit der konfessionellen Erziehung nicht erkennen, so werden wir die Forderung nicht fallen lassen, daß alle Erziehung der Jugend in der Schule, namentlich aber im Haus, eine konfessionelle sein muß. Wir stellen diese Forderung im Namen der Gewissensfreiheit wie im Interesse der Sittlichkeit. Wir müssen alles aufbieten zu verhindern, daß die allgemeine Simultan-Erziehung, deren Zwang unsere Kinder in der Volksschule und auch in höheren Schulen unterstellt sind, nicht durch eine simultane häusliche Zwangserziehung gekrönt werde."

In der weiteren Debatte wurde noch hervorgehoben: wenn man das Resultat des Absatzes 2 auf einem Umwege durch Absatz 1 erreichen wolle, so werde man bald zu einer sehr viel weiter gehenden Auslegung des Absatzes 2 kommen, als es dem Wortlaute und der Absicht des Gesetzes entspreche. Wenn man auf einem Umwege die Tendenz des Absatzes 2 in den Absatz 1 hineinbringe, so würde das lediglich Mißbrauch sein. Nicht die Anschauungen der Behörden, ob das sächsische, hessische, badische Gesetz sich bewährt hätte, seien entscheidend; die Behörden würden nicht leicht zugeben, daß ein Institut, das sie zu verwalten hätten, nicht gut funktionirte; entscheidend seien die Ansichten der Eltern über diese Zwangserziehung, und da sei es doch bezeichnend, daß mitgetheilt worden sei, daß vielfach solche Eltern, welche zunächst freiwillig ihre Kinder den staatlichen Anstalten zur Erziehung übergeben hätten, hernach ihre Zustimmung wieder zurückzögen, so daß dann das gerichtliche Verfahren auf Zwangserziehung durchgeführt werden müßte.

Von anderer Seite wurde entgegnet, daß Absatz 2 sich außerordentlich bewähren würde als Druckmittel gegen solche Eltern, welche ihre Kinder nicht genügend beaufsichtigten, um sie zu einer besseren Erziehung zu zwingen. Entscheidend für eine solche Bestimmung könne nicht das elterliche Recht an den Kindern sein, sondern lediglich das Interesse des Kindes; dieses aber erfordere die Zwangserziehung, auch wenn die Eltern nicht wollten. Auch komme das Interesse aller der Kinder in Betracht, mit denen sonst zugleich das verwahrloste Kind die staatliche Volksschule besuchen müsse. Lasse man ein solches Kind unter den wohlerzogenen Kindern, so werde es dieselben sehr bald verderben. Im

Interesse dieser Kinder also sei es auch schon geboten, daß alle verwahrlosten Kinder zur Zwangserziehung gebracht würden. Der Hauptwerth des Absatz 2 liege in seiner Anwendung auf junge Mädchen, welche in Gefahr seien, auf sittliche Abwege zu kommen.

Die Abstimmung ergab jedoch, daß die Streichung des Absatzes 2 mit 12 gegen 9 Stimmen beibehalten wurde.

Dagegen wurde entgegen den Beschlüssen der ersten Lesung Art. 134 des Einführungsgesetzes durch die von der Mehrheit beschlossene Streichung der Worte

„auf Grund des §. 1643 oder des §. 1814 des Bürgerlichen Gesetzbuches"

dahin erweitert, daß durch Landesrecht die Zwangserziehung zugelassen werden kann, auch wenn den Vater kein Verschulden bei der Verwahrlosung des Kindes trifft und das Kind ein Delikt noch nicht begangen hat. Die bestehenden Landesgesetze sind in diesem Umfange aufrecht erhalten.

In

§. 1644

Absatz 2 strich die Redaktions-Kommission den zweiten Satz:

„Ist das eingereichte Verzeichniß ungenügend, so kann das Vormundschaftsgericht anordnen, daß das Verzeichniß durch eine zuständige Behörde oder durch einen zuständigen Beamten oder Notar aufgenommen wird —

und ersetzte denselben durch die Worte:

„Der Vater hat das Verzeichniß mit der Versicherung der Richtigkeit und Vollständigkeit zu versehen. Ist das eingerichtete Verzeichniß ungenügend, so findet die Vorschrift des §. 1617a Absatz 2 Satz 1 Anwendung."

Die Aenderung ist eine Folge des Beschlusses zu §. 1617a.

§. 1645.

Ohne Debatte angenommen.

Zu

§. 1646

wurde der Antrag gestellt, als zweiten Absatz hinzuzufügen:

„Mit dem Tage der Wiederverheirathung verliert der Vater die Nutznießung am Vermögen seiner Kinder."

Zur Begründung des Antrages wurde ausgeführt, daß der Vater, wenn er die Nutznießung an dem Vermögen seiner Kinder auch noch behalte, nachdem er sich wieder verheirathet habe, das Einkommen aus dem Vermögen der Vorkinder verwenden werde zu Zwecken der zweiten Ehe, wozu ein gerechter Grund in keiner Weise erkennbar sei. Auf diesem Wege werde die Nutznießung des Vermögens der Vorkinder in ganz falsche Kanäle geleitet, unter Umständen an die Verwandten der zweiten Frau, die irgend ein moralisches Recht darauf in keiner Weise hätten. Die Erziehung der Vorkinder werde geschädigt und beeinträchtigt, wenn das Einkommen aus dem Vermögen dieser Kinder nicht für sie reservirt werde. Die Revenüen aus einem Vermögen könnten unter Umständen die Substanz desselben ganz aufzehren; man denke nur an Bergwerke und Wälder. Unter solchen Umständen sei es noch viel empfindlicher, wenn auf dem Wege der Nutznießung die Substanz des Vermögens der Vorkinder in die Gemeinschaft der zweiten Ehe und damit zum Theil an die zweite Frau und deren Verwandte komme. Nachdem es abgelehnt worden sei, die elterliche Nutznießung an dem Vermögen ihrer Kinder mit dem 18. Lebensjahre endigen zu lassen, und nachdem beschlossen worden sei, die Dauer dieser Nutznießung bis zum vollendeten 21. Lebensjahre beizubehalten, sei es um so nothwendiger, in diesem Punkte wenigstens die Nutznießung des Vaters zu beschränken. Der Entwurf habe in §. 1673 vorgesehen, daß die Mutter die elterliche Gewalt und damit die Nutznießung an dem Vermögen ihrer Kinder verliere, wenn sie sich wiederverheirathe.

Ebenso aber, wie es nothwendig sei, in diesem Falle das Vermögen der Kinder sicher zu stellen, sei das auch nothwendig, wenn der Vater sich wieder verheirathe.

Es wurde entgegnet, daß allerdings der Entwurf Mutter und Vater bei der Wiederverheirathung im Punkte der Nutznießung am Vermögen der Kinder verschieden behandle. §. 1673 nehme der Mutter die elterliche Gewalt und mit ihr die Nutznießung mit der Wiederverheirathung, §. 1646 dagegen lasse dem Vater nicht bloß die elterliche Gewalt, sondern auch die Nutznießung, wenn er sich wieder verheirathe. Diese unterschiedliche Behandlung sei aber in Bezug auf die Nutznießung berechtigt, weil, wenn die Frau sich wieder verheirathet, deren neuer Mann bei allen Güterrechten außer dem Rechte der Gütertrennung die Befugniß erhalte, die Nutznießung für sich beziehungsweise für die neue Ehe auszuüben, während ein solcher Wechsel in der Ausübungsbefugniß nicht eintrete, wenn der Vater sich wieder verheirathet. Auch sonst ändere sich das Verhältniß des Vaters zu den ersteheligen Kindern durch die Wiederverheirathung nicht und dauerten namentlich die Gründe durchaus fort, welche die Zuweisung der Nutznießung an den Vater und deren Dauer bis zum Ende der elterlichen Gewalt rechtfertigen. Die Aufzehrung des Vermögens der Kinder durch die Revenüen sei gehindert durch die Bestimmungen des Entwurfs über die Nutznießung. Häufig sei es ein Segen für die Kinder, wenn der Vater ihnen eine zweite Mutter in das Haus bringe. Werde der Antrag angenommen, so werde der Vater davon abgehalten, sich wieder zu verheirathen. Das sei einerseits nicht selten gegen das Interesse der Kinder, andererseits werde, wenn der Vater im Uebrigen Lust habe, sich wieder zu verheirathen, durch die Entziehung der Nutznießung das Verhältniß zu seinen Kindern ein schiefes.

Aus dem Kreise der Kommission wurde jedoch mehrfach dem Antrage zugestimmt. Es wurde bestritten, daß in dem größten Theile der Fälle es in dem Interesse der Kinder liege, daß eine zweite Mutter ins Haus komme. In vielen Fällen vielmehr bringe die Wiederverheirathung sowohl für die Erziehung der Kinder wie für die Vermögensverhältnisse sehr unerwünschte Schwierigkeiten. Nach den Ausnahmefällen, in denen es wirklich zu Gunsten der Kinder ausschlage, daß der Vater wiederum heirathe, könne man das Gesetz nicht konstruiren.

Der Antrag wurde angenommen.

Die Redaktions-Kommission stellte die Vorschrift als §. 1638a ein.

In zweiter Lesung wurde die Streichung dieser Bestimmung beantragt. Im Allgemeinen brachte die Debatte dieselben Gesichtspunkte, wie bei der ersten Lesung.

Gegen den Antrag wurde mit besonderer Betonung darauf hingewiesen, daß derselbe eine Ungleichheit der Vermögensverhältnisse zwischen den Kindern erster und zweiter Ehe herbeiführen könne, welche für die Kinder zweiter Ehe so empfindlich sei, daß die Familieneintracht stark gestört werden müsse.

Zur Vertheidigung des Antrags wurde namentlich darauf hingewiesen, daß kein Grund vorhanden sei, in Sachen der Nutznießung am Vermögen der Kinder im Fall der Wiederverheirathung einen Unterschied zu machen zwischen dem Manne und der Frau. Streiche man den Paragraphen, so werde das Vermögen der Kinder erster Ehe durch den Kanal der Nutznießung des Vaters auf die Kinder zweiter Ehe hinübergeleitet, was durchaus unberechtigt sei. Ja, es trete sogar die Möglichkeit ein, daß der Vater mit dem Einkommen aus der Nutznießung des Vermögens der Kinder erster Ehe für die Erziehung der Kinder zweiter Ehe besser sorge als für die der Kinder erster Ehe. Wolle man eine ungleiche Haltung der Kinder erster und zweiter Ehe verhindern, so dürfe man auch nicht die elterliche Nutznießung endigen lassen, sobald die Kinder erster Ehe 21 Jahr alt geworden seien.

Es wurde entgegnet, daß eine solche Möglichkeit der ungerechten Bevorzugung der Kinder zweiter Ehe nur zu konstruiren sei, wenn der Vater ein unnatürlicher und unehrenhafter Vater sei. Ein Unterschied in der Behandlung des Mannes und der Frau rechtfertige sich außer dadurch, daß die Nutznießung der Frau durch deren Wiederverheirathung in der Regel auf den zweiten Mann übergeht, auch dadurch, daß der Vater, wenn er wieder heirathe, darum doch die Verwaltung des Vermögens der Kinder behalte, während die Mutter, wenn sie wieder heirathe, in Sachen der Verwaltung des Vermögens der Kinder erster Ehe durch einen Vormund ersetzt werde. Werde die angenommene Bestimmung beibehalten, so ergäbe sich die Wirkung, daß der wieder verheirathete Vater zwar die Pflicht habe, das Vermögen der Kinder erster Ehe zu verwalten, nicht aber das Recht der Nutznießung an demselben.

Die Abstimmung ergab, daß nunmehr der Paragraph wieder gestrichen wurde.

In

§. 1647

wurde durch die Redaktions-Kommission der „§. 1617a" in das Zitat der dem Vater obliegenden Verpflichtungen eingefügt, was sich nach Annahme des §. 1617a von selber verstand.

Bei der zweiten Lesung wurde konstatirt, daß der zweite Satz

„Zur Erzwingung der Sicherheitsleistung sind andere Maßregeln nicht zulässig."

nach der Absicht des Beschlusses der ersten Lesung zu bleiben hat, was nach der Fassung der Redaktions-Kommission betreffs der Beschlüsse der ersten Lesung zweifelhaft geworden war.

§§. 1648, 1649.

Ohne Debatte angenommen.

§. 1649a.

Siehe die Diskussion bei §. 1651a.

§. 1650.

Ohne Debatte angenommen.

Als

§. 1651a

wurde beantragt einzufügen:

„Das Vormundschaftsgericht soll vor einer Entscheidung, welche die elterliche Gewalt aufhebt oder einschränkt, die Eltern, Verwandte oder Verschwägerte des Kindes hören, wenn es ohne erhebliche Verzögerung und ohne unverhältnißmäßige Kosten geschehen kann."

Ein Eingriff des Gerichts in die elterliche Gewalt sei immer ein schwerwiegender Akt und könne schlimme Folgen haben. Einen solchen Akt müsse man mit allen nur möglichen Garantien umgeben, um Mißgriffe zu verhüten.

Es wurde entgegnet, da die Vorschrift nur als instruktionelle Vorschrift gefaßt sei, so eigne sie sich mehr zur Aufnahme in ein Verfahrensgesetz. In dem Entwurf über die Angelegenheiten bei der freiwilligen Gerichtsbarkeit sei eine ähnliche Vorschrift bereits in Aussicht genommen für den Fall, daß ein Kind zur Zwangserziehung gebracht werden soll. Für den Fall, daß es nöthig erscheine, diese Vorschrift auszudehnen, werde es richtiger sein, die Sache an jener Stelle zu regeln. Wenn der Antrag von der Aufhebung der elterlichen Gewalt spreche, so sei zu bemerken, daß der Entwurf dem Vormundschaftsgericht nicht die Befugniß zur Aufhebung der elterlichen Gewalt als solcher, sondern nur zur Entziehung der einzelnen Bestandtheile, nämlich der Sorge für die Person des Kindes und für die Verwaltung des Vermögens des Kindes sowie der Nutznießung einräume (§. 1643, §. 1647 u. a. m.). Eventuell werde es sich empfehlen, den Ausdruck „Aufhebung der elterlichen Gewalt" durch Aufzählung dieser einzelnen Bestandtheile zu ersetzen.

Aus den Kreisen der Kommission wurde einerseits diesen Anschauungen beigepflichtet und vorgeschlagen, den berechtigten Kern dieses Wunsches in einer Resolution zum Ausdruck zu bringen für den Fall des Erlasses eines Gesetzes über das Verfahren in Angelegenheiten der freiwilligen Gerichtsbarkeit.

Von anderer Seite wurde der Anregung dagegen unbedingt zugestimmt. Es wurde sogar angeregt, in dem Antrage das Wort

„soll"

durch das Wort

„muß"

zu ersetzen. Wenn die Vorschrift, welche dadurch zu einer materiellen werde, nicht sofort erfüllt werden könne, sei das Gericht stets in der Lage, sich dadurch zu helfen, daß es einen Pfleger für das Kind ernenne.

Es wurde entgegnet, daß das Wort „muß" im Entwurf nur gebraucht werde, wenn die Nichtbeachtung den Akt nichtig machen solle. Eine solche Vorschrift sei aber hier ganz unmöglich, schon aus dem Grunde, weil der Kreis der zu hörenden Verwandten und Verschwägerten nicht bestimmt sei, auch nicht bestimmt werden könne. Wenn einer solchen Vorschrift nicht Genüge geleistet worden sei, so sei Beschwerdeerhebung bei einer vorgesetzten Instanz zu gestatten, was auch für solche Fälle in dem Entwurf über die freiwillige Gerichtsbarkeit vorgesehen sei. Wenn man die Vorschrift zu einer materiell rechtlichen mache, so entstehe ein Formalismus, unter dem nothwendig auch das Kind leiden werde.

Bei der Abstimmung über die Frage, ob eine Vorschrift, wie der Antrag sie im Auge habe, im Bürgerlichen Gesetzbuch Aufnahme finden solle, oder ob man dem betreffenden Wunsche Ausdruck geben solle in einer Resolution zum Gesetz über die freiwillige Gerichtsbarkeit, entschied sich die Kommission zunächst für Ersteres.

Sodann entschied sich die Kommission dafür, es bei der „Soll="Vorschrift des Antrags zu belassen und dieselbe nicht in eine „Muß="Vorschrift umzuwandeln.

Endlich beschloß die Kommission, den Ausdruck „elterliche Gewalt" zu ersetzen durch die Aufzählung der einzelnen Bestandtheile der elterlichen Gewalt.

Durch die Redaktions=Kommission erhielt sodann der Paragraph folgenden Wortlaut, indem demselben als §. 1649a ein anderer Platz angewiesen wurde:

> „Das Vormundschaftsgericht soll vor einer Entscheidung, durch welche die Sorge für die Person oder die Vermögensverwaltung oder die Nutznießung dem Vater entzogen oder beschränkt wird, die Eltern, Verwandten oder Verschwägerten des Kindes hören, wenn es ohne erhebliche Verzögerung und ohne unverhältnißmäßige Kosten geschehen kann. Für den Ersatz der Kosten gilt die Vorschrift des §. 1823 Abs. 2."

In der zweiten Lesung wurde beantragt, die Bestimmung zu ersetzen durch folgende Fassung:

> „Das Vormundschaftsgericht soll vor einer Entscheidung, durch welche die Sorge für die Person oder das Vermögen des Kindes oder die Nutznießung dem Vater entzogen oder beschränkt wird, den Vater hören, es sei denn, daß die Anhörung unthunlich ist.
>
> Vor der Entscheidung sollen auch Verwandte, insbesondere die Mutter, oder Verschwägerte des Kindes gehört werden, wenn es ohne erhebliche Verzögerung und ohne unverhältnißmäßige Kosten geschehen kann. Für den Ersatz der Auslagen gilt die Vorschrift des §. 1823 Abs. 2."

Zur Begründung wurde Folgendes ausgeführt: Der §. 1649a mache zwischen der Anhörung des Vaters und der der Mutter, anderer Verwandten oder Verschwägerten nicht den in der Sache liegenden Unterschied. Der Vater solle gehört werden, weil das

Verfahren gegen ihn gerichtet sei; er sei Partei. Insoweit entspreche die Fassung dem §. 1812 Absatz 2 und dem §. 2201 Absatz 2. Die anderen Personen sollten als Auskunftspersonen gehört werden, damit das Gericht die Sachlage ausreichend kennen lerne. Insoweit entspreche die Vorschrift dem §. 1823. Der Satz 2, bei dem es sich übrigens nur um die Auslagen (§. 1823 Absatz 2), nicht um anderweitige Kosten handle, beziehe sich nur auf die Anhörung der anderen Personen.

Der Antrag wurde daraufhin angenommen.

§§. 1648, 1649.

Ohne Debatte angenommen.

§. 1650.

Bei der zweiten Lesung wurde der letzte Satztheil dieses Paragraphen verändert wie folgt:

„so ist er dem Kinde nach §. 823 Abs. 1, 3 verantwortlich."

Die Aenderung ist die selbstverständliche Folge der zu den §§. 823 und 824 beschlossenen Aenderungen, also rein redaktionell.

§§. 1651, 1652.

Ohne Debatte angenommen.

Zu

§. 1653

wurde bemängelt, daß die elterliche Gewalt des Vaters nicht immer ruhen und die Gewalt der Mutter nicht immer eintreten soll, wenn der Vater für längere Zeit an der Ausübung der elterlichen Gewalt verhindert ist, sondern nur, wenn durch die Anordnung einer Pflegschaft nicht genügend gesorgt werden kann. Dies vertrage sich nicht mit der natürlichen Stellung der Mutter in der Familie und der Anerkennung der elterlichen Gewalt der Mutter, insbesondere aber nicht mit dem zu §. 1642 gefaßten Beschlusse.

Die Worte

„und für die Personen und das Vermögen des Kindes durch die Anordnung einer Pflegschaft nicht genügend gesorgt werden kann,"

wurde daraufhin gestrichen.

§. 1654

erhielt auf eine Anregung in der Kommission hin, um die Bedeutung des Ruhens im Gegensatze zu der bloß thatsächlichen Verhinderung klarer zu stellen, durch die Redaktions-Kommission folgende Gestalt:

„Solange die elterliche Gewalt des Vaters ruht, ist der Vater nicht berechtigt sie auszuüben; es verbleibt ihm jedoch die Nutznießung an dem Vermögen des Kindes, unbeschadet der Vorschrift des §. 1661 Absatz 2."

In zweiter Lesung wurde beantragt, die Fassung des ursprünglichen Entwurfs wieder herzustellen, weil die Veränderung der Redaktions-Kommission nicht redaktioneller, sondern materieller Art sei.

Es wurde entgegnet, daß die rein redaktionelle Art der Aenderung nicht bezweifelt werden könne. Das Ruhen der elterlichen Gewalt trete ein nach dem Entwurf, wenn der Vater geschäftsunfähig oder in der Geschäftsfähigkeit beschränkt sei (§. 1652) und auf Grund des §. 1653 (d. h. der Feststellung einer länger dauernden Verhinderung). Es dauere so lange, bis das Vormundschaftsgericht das Aufhören des Ruhens formell festgestellt habe. Daß während dieses Ruhens der Vater seine elterliche Gewalt nicht ausüben könne, ergebe sich für die Fälle des §. 1652 aus der Natur der Sache, für die Fälle des §. 1653 aus der Nothwendigkeit der Feststellung der dauernden Verhinderung und des Wegfalls dieser Verhinderung und sei nach Inhalt der Motive zum

Entwurf nicht zu bezweifeln. Dies jetzt ausdrücklich hervorzuheben, sei räthlich, weil jetzt neben dem Ruhen die rein thatsächliche Verhinderung erwähnt werde, bei der die Vertretungsbefugniß der Mutter von selber wegfalle und die elterliche Gewalt des Vaters ganz von selber wieder in ihr Recht eintrete, sobald die thatsächliche Verhinderung aufhöre und so lange sie aufhöre.

Der Antrag wurde daraufhin abgelehnt und §. 1654 in der Fassung der ersten Lesung beibehalten.

§. 1655.

Ohne Debatte angenommen.

Zu

§. 1656

wurde der Antrag gestellt, demselben zuzufügen:

„Mit der Verwirkung der elterlichen Gewalt erlischt das Recht der Nutznießung am Vermögen des Kindes."

Es wurde entgegnet, daß nach §. 1626 die Nutznießung an dem Vermögen des Kindes ein Ausfluß der elterlichen Gewalt sei. Es sei daher selbstverständlich, daß mit Verwirkung der elterlichen Gewalt das Recht der Nutznießung an dem Vermögen des Kindes erlöschen müsse.

Daraufhin wurde der Antrag zurückgezogen.

§§. 1657, 1658.

Ohne Debatte angenommen.

Zu

§. 1659

wurde folgende Resolution vorgeschlagen:

Der Reichstag wolle beschließen:

„die Voraussetzung auszusprechen, daß in der Civilprozeßordnung Vorschriften dahin getroffen werden, daß die Eltern eines Kindes gegen die vormundschaftsgerichtliche Entziehung der Sorge für die Person des Kindes und der Verwaltung und Nutznießung seines Vermögens neben der Beschwerde die Klage bei dem zuständigen Landgericht erhalten."

Der Antrag ging von der Anschauung aus, daß es nothwendig sei, sich jetzt schon schlüssig zu machen, ob man für die betreffenden Maßnahmen die Entscheidung des Vormundschaftsgerichtes oder des Beschwerdegerichts endgültig sein lassen wolle, oder ob man dieselbe durch ein civilprozessualisches Rechtsmittel einem kontradiktorischen Verfahren vor dem Landgericht unterwerfen wolle. Es handle sich bei der Entziehung der Bestandtheile der elterlichen Gewalt um eine Art Entmündigung. Die Garantien gegen Mißbrauch und irrthümliche Entscheidung müßten daher in ähnlicher Weise gestaltet werden wie bei der Entmündigung.

Es wurde entgegnet, daß es nicht angezeigt erscheine, bei Berathung des Bürgerlichen Gesetzbuchs über solche Einzelfragen des Verfahrens Beschluß zu fassen, während im Allgemeinen die Regelung des Verfahrens für ein besonderes Gesetz vorbehalten sei. Diese Regelung könne ja auch so erfolgen, daß ein kontradiktorisches Verfahren vor dem Landgericht als überflüssig erscheine.

Daraufhin wurde die Resolution abgelehnt.

Zu

§. 1660

wurde folgender Zusatz beantragt:

„3. in Verhinderung des Vaters in dem in §. 1642 vorgesehenen Falle."

Der Antrag wurde jedoch zurückgezogen, nachdem von allen Seiten konstatirt worden war, daß dem Zwecke desselben durch die Beschlüsse zu §. 1642 bereits Rechnung getragen worden sei.

Zu

§. 1661

wurde zunächst beantragt in Absatz 1 die Worte:

„Dies gilt jedoch nicht, wenn der Vater wegen Verschwendung oder Trunksucht entmündigt ist."

zu streichen. Die Beibehaltung dieses Satzes würde den Erfolg haben, daß, wenn der Vater wegen Verschwendung oder Trunksucht entmündigt ist, ein Vormund für die Kinder ernannt werden müßte, der an Stelle des Vaters die elterliche Gewalt über den Kopf der Mutter hinweg ausüben würde.

Zur Vertheidigung dieser Vorschrift wurde darauf hingewiesen: wenn der Vater ein Verschwender oder Trunksüchtiger sei, aber in der Familie bleibe und nicht in einer Anstalt untergebracht werde, was bei Verschwendern doch das Regelmäßige sei, und auch bei Trunksüchtigen häufig, wenn nicht meist, vorkommen werde, dann könne die Mutter die elterliche Gewalt nicht so ausüben, daß die Ausübung zum Vortheile der Kinder gereiche, weil sie dieselbe nur ausüben könne unter dem Einfluß ihres Mannes und dieser den Einfluß in der Regel in einer sehr unerwünschten Richtung ausüben werde. In solchen Fällen sei es im Interesse sowohl der Kinder als der Frau besser, wenn ein außerhalb der Familie stehender Dritter zum Vormund der Kinder ernannt werde. Doch sei es nicht ausgeschlossen, daß auch die Mutter, wenn sie nach ihrer persönlichen Veranlagung sich dazu eigne, zur Vormünderin ernannt werde, und wenn der Vater in einer Anstalt untergebracht werde, werde dies der regelmäßige Fall sein.

In der Kommission fand jedoch der Antrag mehrfachen Beifall.

Es wurde für höchst unerquicklich gehalten, daß das Gericht die Mutter bei der Ernennung eines Vormunds übergehen und einen Dritten gegen ihren Willen dazu ernennen könne. Werde der angefochtene Satz beibehalten, so werde in jedem einzelnen Falle der Amtsrichter sich ein Urtheil darüber bilden müssen, ob die Mutter nach Lage der Umstände und nach ihrer Befähigung zur Vormünderin ernannt werden könne. Hierüber ein objektives Urtheil sich zu bilden, werde für das Vormundschaftsgericht in den meisten Fällen ganz unmöglich sein. Daher sei es immer noch besser, auch in solchen Fällen unbedingt der Mutter die Ausübung der elterlichen Gewalt zu übertragen.

Dem Antrage wurde daraufhin stattgegeben und der angefochtene Satz gestrichen.

Zu Absatz 2 wurde beantragt, am Schluß die Worte hinzuzufügen:

„unter den in §. 1626 vorgesehenen Beschränkungen."

Der Antrag ist dadurch erledigt, daß dem §. 1626 eine Beschränkung nicht beigefügt worden ist.

Die Redaktions-Kommission änderte später den Absatz 1 dahin:

„Ist der Vater an der Ausübung der elterlichen Gewalt thatsächlich verhindert oder ruht seine elterliche Gewalt, so . . . .

und den Satz 1 des Absatzes 2 in folgender Weise:

„Ist die Ehe aufgelöst, so hat das Vormundschaftsgericht der Mutter auf ihren Antrag die Ausübung zu übertragen, wenn die elterliche Gewalt des Vaters ruht und keine Aussicht besteht, daß der Grund des Ruhens wegfallen werde."

den Satz 1 des Absatzes 1, um den zu §. 1642 gefaßten Beschluß zur Ausführung zu bringen, den Satz 1 des Absatzes 2, um schärfer hervortreten zu lassen, daß die Vorschrift Ruhen der Gewalt des Vaters zur nothwendigen Voraussetzung hat.

In der zweiten Lesung wurde beantragt, in dem so gestalteten Absatz 1 den Schluß zu fassen, wie folgt:

„so übt während der Dauer der Ehe die Mutter die elterliche Gewalt mit Ausnahme der Nutznießung aus."

Zur Begründung wurde ausgeführt, der Zusatz stelle den seinem Wortlaut nach zu weitgehenden Ausdruck „übt die elterliche Gewalt aus" richtig. Die Einschränkung ergebe sich für den Fall des Ruhens der elterlichen Gewalt des Vaters allerdings schon aus dem §. 1654. Für den Fall der thatsächlichen Verhinderung des Vaters an der Ausübung der väterlichen Gewalt fehle es an einer die Beschränkung, die unzweifelhaft gelten soll, aussprechenden Vorschrift.

Der Antrag wurde angenommen.

§§. 1662 bis 1667.

Unverändert angenommen.

§. 1668

erhielt auf eine Anregung aus dem Schoße der Kommission heraus durch die Redaktions-Kommission im Anschluß an den Beschluß zu §. 1617a folgende Fassung:

„Hat die Mutter ein Vermögensverzeichniß einzureichen, so ist bei der Aufnahme des Verzeichnisses der Beistand zuzuziehen; das Verzeichniß ist auch von dem Beistande mit der Versicherung der Richtigkeit und Vollständigkeit zu versehen. Ist das Verzeichniß ungenügend, so finden, sofern nicht die Voraussetzungen des §. 1644 vorliegen, die Vorschriften des §. 1617a Abs. 2 entsprechende Anwendung."

§§. 1669 bis 1672.

Ohne Debatte angenommen.

Zu

§. 1673

wurde die Streichung beantragt mit der Ausführung, daß die Ehefrau nicht aufhöre, fähig zu sein zur Ausübung der elterlichen Gewalt, wenn sie sich wieder verheirathe.

Unter Verweisung auf die Bemerkungen zu §. 1646 (§. 1638a) wurde entgegnet, daß die Bestimmung dieses Paragraphen im Interesse der Kinder erster Ehe nicht entbehrlich sei.

Der Antrag wurde daraufhin abgelehnt.

Bei der zweiten Lesung wurden die Worte:

„wenn sie sich wieder verheirathet"

ersetzt durch die Worte:

„wenn sie eine neue Ehe eingeht".

Die Aenderung hat lediglich die Bedeutung, die Uebereinstimmung mit der sonstigen Terminologie des Entwurfs herbeizuführen.

§. 1674.

Bei der zweiten Lesung wurde der Eingang dieses Paragraphen ersetzt durch folgende Worte:

„Wird für das Kind ein Vormund bestellt, weil die elterliche Gewalt des Vaters ruht oder verwirkt ist oder weil die Vertretung des Kindes dem Vater entzogen ist rc."

Die Aenderung ist rein redaktioneller Natur und schließt sich an die Fassung des §. 1749 Absatz 1 an.

Fünfter Titel.

Rechtliche Stellung der Kinder aus nichtigen Ehen.

§§. 1675 bis 1678.

Ohne Debatte angenommen.

§. 1679.

Es wurde beantragt, die Worte:

„von dem Vater“

zu ersetzen durch die Worte:

„von den Eltern.“

Gegen den Antrag wurde geltend gemacht, daß nach §. 1681 das im §. 1679 bezeichnete Kind auch ohne besondere Bestimmung von der Mutter denselben Unterhalt verlangen könne, wie ein eheliches Kind.

Der Antrag wurde abgelehnt.

§. 1680.

Ohne Debatte angenommen.

Sechster Titel.

Rechtliche Stellung der unehelichen Kinder.

§. 1681.

Ohne Debatte angenommen.

Zu

§. 1682

wurde beantragt, den zweiten Satz:

„Führt die Mutter in Folge ihrer Verheirathung einen anderen Namen, so erhält das Kind den Familiennamen, den die Mutter vor der Verheirathung geführt hat“

zu streichen und statt dessen zu setzen:

„Verheirathet sich die Mutter, so erhält das uneheliche Kind den neuen Familiennamen der Mutter auf deren Antrag.“

Der Antrag wurde mit dem Interesse des Kindes motivirt.

Es wurde entgegnet, daß eine solche Vorschrift allerdings für das Kind Nutzen bringen könne und würde. Aber es scheine doch unmöglich, dem unehelichen Kinde den Namen des Ehemannes der Mutter zu geben, ohne daß dieser einwillige, möglicher Weise auch ohne daß er bei der Eheschließung von der Existenz des unehelichen Kindes wisse. Willige der Ehemann ein, so könne die Namensänderung, wie in anderen Fällen, auf dem Verwaltungswege erwirkt werden.

Der Antrag wurde abgelehnt.

In zweiter Lesung wurde wiederum beantragt, den zweiten Satz:

„Führt die Mutter in Folge ihrer Verheirathung einen anderen Namen, so erhält das Kind den Familiennamen, den die Mutter vor der Verheirathung geführt hat.“

durch folgenden Passus zu ersetzen:

„Verheirathet sich die Mutter, so erhält das uneheliche Kind den neuen Familiennamen der Mutter auf deren Antrag.“

Dem Antrage wurde wiederum entscheidend entgegengehalten, daß es nicht angehe, dem unehelichen Vorkinde den Namen des späteren Ehemannes der Mutter zu geben, ohne daß dieser zustimme. Stimmten die Eltern in dem Wunsche überein, dem Kinde den Namen des Mannes zu geben, so werde wohl stets von der Verwaltungsbehörde diesem Wunsche gewillfahrt werden. Die Mutter habe es in der Hand, sich vor der Heirath die Erfüllung eines dahingehenden Wunsches dadurch zu sichern, daß sie dem Manne ein Versprechen abnehme. Wenn aber der Mann nicht einverstanden sei, so gehe es sowohl seinetwegen wie seiner Familie wegen nicht an, dem Kinde den Namen des Mannes zu geben.

Der Antrag wurde abgelehnt.

Zu

§. 1683

wurde beantragt, sowohl im ersten wie im zweiten Satz das Wort

„nicht"

zu streichen.

Es sei gar kein Grund vorhanden, der Mutter eines unehelichen Kindes die volle elterliche Gewalt vorzuenthalten. In weiten Volkskreisen werde das Verhältniß eines unehelichen Kindes zu seiner Mutter ganz anders aufgefaßt, wie im Entwurfe; die große Anzahl unehelicher Kinder sei lediglich eine Folge unserer wirthschaftlichen Verhältnisse. Es sei daher unberechtigt, auf die uneheliche Mutter dadurch einen Makel zu werfen, daß man ihr die elterliche Gewalt nicht geben wolle.

Es wurde entgegnet, vielfach, wohl in der weit überwiegenden Anzahl der Fälle, liege es nicht im Interesse des Kindes, daß die Mutter die elterliche Gewalt habe, z. B. wenn die Mutter eine Prostituirte sei, aber auch für die Regel schon, wenn die Mutter nicht in der Lage sei, das Kind bei sich zu unterhalten und zu erziehen. Speziell spreche gegen den Antrag, daß die Mutter, wenn sie die elterliche Gewalt habe, auch über die Ansprüche des Kindes gegen seinen unehelichen Vater verfügen könne, was nicht unbedenklich sei. Im Uebrigen könne das Vormundschaftsgericht die Mutter zum Vormunde bestellen, nach §. 1754 Absatz 3 selbst vor dem Großvater. Alsdann habe sie dieselben Befugnisse, wie wenn ihr die elterliche Gewalt zukommen würde, mit der alleinigen Ausnahme der Nutznießung am Vermögen des Kindes.

Aus der Kommission wurde einerseits der Antrag befürwortet mit Hinweis auf Hamburg, wo eine ähnliche Regelung bestehe.

Auf der anderen Seite wurde der Antrag jedoch scharf bekämpft. Wenn man der Mutter die elterliche Gewalt gebe, so habe die uneheliche Mutter die Nutznießung am Vermögen des Kindes, wofür ein sittlicher Grund nicht vorhanden sei. Die uneheliche Mutter sei außerordentlich oft nicht in der Lage, ihr Kind selbst zu erziehen. Meist sei ein uneheliches Kind am besten aufgehoben bei den Eltern seiner Mutter. Dann sei es aber richtig, daß diese Eltern die Vormundschaft über das Kind hätten, nicht dagegen die Mutter. Ganz unerwünscht sei es, wenn in einem solchen Falle, in dem das Kind bei den Großeltern erzogen werde, die Mutter die Nutznießung an seinem Vermögen habe. Man müsse daran festhalten, daß auf der unehelichen Mutter immer ein sittlicher Defekt laste. Dieser Defekt werde meist schon die Ausübung einer elterlichen Gewalt, wenn man sie der Mutter geben wolle, beeinträchtigen. Sei der sittliche Defekt gering und die Mutter thatsächlich in der Lage, für das Kind zu sorgen, so werde wohl in allen Fällen das Vormundschaftsgericht sehr gern bereit sein, sie zur Vormünderin des Kindes zu ernennen.

Der Antrag wurde daraufhin abgelehnt und der Paragraph unverändert angenommen.

In zweiter Lesung wurde wiederum beantragt, in dem ersten und zweiten Satz dieses Paragraphen das Wort

„nicht"

zu streichen.

Der Antrag wurde aus ähnlichen Gründen wie in der ersten Lesung abgelehnt.

Zu

§. 1684

wurde beantragt,

1. statt „der Mutter" zu setzen „des Vaters",
2. hinter „16. Lebensjahres" hinzuzufügen:

„und wenn das Kind sich selbst nicht unterhalten kann, auch über das vollendete 16. Lebensjahr hinaus".

Es sei gar kein Grund vorhanden, den Vater des unehelichen Kindes in der Weise zu schonen, daß man ihn nur verpflichte, dem Kinde „den der Lebensstellung der Mutter entsprechenden Unterhalt zu gewähren“, wenn die Mutter einem niedrigen Stande angehöre, der Vater aber reich sei.

Noch weniger sei es berechtigt, die Unterhaltspflicht des Vaters mit dem 16. Lebensjahr des Kindes aufhören zu lassen. Wenn das Kind sich nicht selbst ernähren könne, so müsse der Anspruch des Kindes auf Versorgung durch seinen Vater über das 16. Lebensjahr hinaus erhalten bleiben, im Nothfall sogar bis zum Tode des Kindes. Das folge aus der Natur des Verhältnisses zwischen dem unehelichen Kinde und seinem Vater. Wenn letzterer auch der uneheliche Vater sei, so sei er doch immer noch der Vater, und es sei nicht abzusehen, warum die ehelichen Kinder des Vaters gegenüber den unehelichen durch solche Bestimmungen bevorzugt werden sollten.

Es wurde entgegnet, die Rechtsstellung der unehelichen Kinder im Entwurf sei gegenüber dem bestehenden Rechtszustande in Deutschland ganz erheblich verbessert. Gegenüber der Mutter erkenne §. 1681 an, daß das Verhältniß des unehelichen Kindes der rechtlichen Stellung eines ehelichen Kindes gleichkomme, was für die Rechtsgebiete des Code, theilweise auch des preußischen Landrechts eine Besserung von erheblicher Bedeutung darstelle. Im §. 1684 sei allgemein die Unterhaltspflicht des unehelichen Vaters statuirt, während das Recht des Code eine solche Pflicht nur im Fall freiwilliger Anerkennung kenne. Diese Unterhaltspflicht selbst sei nach verschiedenen Richtungen hin für das Kind günstiger gestaltet, als in den meisten der Landesrechte, welche schon jetzt die Unterhaltspflicht des Vaters anerkennen: so namentlich durch Berücksichtigung des standesmäßigen, statt des nothdürftigen Unterhalts, durch Gewährung des Unterhalts bis zum zurückgelegten sechszehnten, statt, wie gewöhnlich im bisherigen Recht, bis zum zurückgelegten 14. Lebensjahre, durch Anerkennung der passiven Vererblichkeit (§§. 1684, 1688). Noch weiter zu gehen, habe erhebliche Bedenken gegen sich. Der Entwurf halte daran fest, daß das uneheliche Kind zur Familie seiner Mutter, das eheliche Kind zur Familie seines Vaters gehöre. Das uneheliche Kind der Familie des Vaters zuzuweisen, würde im Widerspruch stehen mit dem bisherigen Rechte und der früheren wie der jetzigen Rechtsanschauung in Deutschland, würde zur Herabdrückung des Institutes der Ehe führen und würde zugleich die verschiedensten praktischen Unzuträglichkeiten im Gefolge haben. Solle aber das uneheliche Kind auch in Zukunft der Familie der Mutter angehören, so sei es nicht berechtigt, ja nicht einmal regelmäßig im Interesse der Kindes, die Lebensstellung desselben über den Stand der Mutter hinaus zu verbessern.

Speziell aus der Annahme des ersten Antrages würde sich eine entschieden stärkere Belastung des unehelichen als des ehelichen Vaters ergeben, wie aus dem Ausschlusse der Unterhaltung und der Erziehung des unehelichen Kindes in Haus und Familie des Vaters (§. 1686 Absatz 1), dann aber daraus von selbst erhelle, daß die uneheliche Mutter zum Unterhalte des Kindes nicht beitrage, während dies seitens der ehelichen Mutter durch Vermittelung der Rechte geschehe, welche dem Manne am Vermögen der Frau zustehen (§§. 1366, 1410 u. a. m.); diese stärkere Belastung aber würde in der Regel zum Schaden der ehelichen Familie gereichen. Der Antrag habe übrigens überhaupt nur dann Bedeutung, wenn der uneheliche Vater und die uneheliche Mutter erheblich verschiedene Lebensstellungen einnehmen. Dies sei aber verhältnißmäßig nicht so häufig der Fall, daß darauf vom Gesetze besondere Rücksicht zu nehmen wäre; denn in den meisten Fällen seien die Eltern ungefähr gleicher Lebensstellung.

Was den zweiten Antrag anlange, so könne man zugeben, daß er weniger bedenklich sei, und daß ihm ein humaner Gedanke zu Grunde liege, auch daß er im geltenden Rechte mehrfach zur Anerkennung gekommen sei. Aber in der Fortdauer der Unterhaltspflicht über die feste Reihe von Jahren hinaus liege die Anerkennung des Bestehens eines Lebensverhältnisses zwischen dem unehelichen Vater und seinem Kinde. Dies sei aber prinzipiell unrichtig, da man daran festhalten müsse, daß das uneheliche Kind nur zu der Familie seiner Mutter gehöre, und führe praktisch nicht selten zu mißlichen Folgen, namentlich zur häufigen Störung des Friedens in der später begründeten Ehe und legitimen Familie.

Aus dem Schoße der Kommission wurde der erste Antrag entschieden bekämpft; dagegen fand der zweite Antrag mehrfach Fürsprache. Es wurde die Anschauung geäußert: da nach dem Entwurf der Grund des Anspruchs des unehelichen Kindes die Vaterschaft sei und nicht ein Delikt, die Vaterschaft aber ihrer Natur nach ein Lebensverhältniß bedeute, so sei es ganz unbedenklich, die Unterhaltspflicht des Vaters gegenüber seinem Kinde auf die ganze Lebenszeit des Kindes auszudehnen, wenigstens wenn das Kind beim Ablauf des 16. Lebensjahres nicht in der Lage sei, sich selbst zu ernähren. Gerade bei unehelichen Kindern komme es außerordentlich oft vor, daß dieselben blödsinnig oder schwachsinnig oder verkrüppelt seien. Lasse man die Unterhaltspflicht mit dem 16. Lebensjahre des Kindes unbedingt endigen, so verweise man alle diese Kinder auf die Armenpflege, obwohl die Kinder vielleicht einen wohlhabenden unehelichen Vater hätten, der mehr für sie thun könne, als die Armenpflege regelmäßig thue. Auch sei kein Grund vorhanden, die natürliche Verpflichtung des Vaters abzuwälzen auf die Gemeinde, die die Kosten der Armenpflege zu tragen habe.

Zu dem zweiten Antrage wurde der Unterantrag gestellt, hinzufügen:

„in diesem Falle jedoch nur nach Maßgabe des §. 1581 Absatz 1."

Bei der Eventualabstimmung wurde letzterer Antrag angenommen, bei der definitiven Abstimmung jedoch wurden beide Anträge abgelehnt und der Paragraph unverändert beibehalten.

In zweiter Lesung wurde wiederum beantragt:

a) statt „der Mutter" zu setzen: „des Vaters",

b) hinter „16. Lebensjahr" hinzuzufügen:

„und wenn das Kind sich selbst nicht unterhalten kann, auch über das vollendete 16. Lebensjahr hinaus".

Der Antrag unter a wurde abgelehnt, dagegen wurde der Antrag unter b diesmal angenommen.

Aus der Debatte ist hervorzuheben, daß Einstimmigkeit darüber herrschte, es solle die Unterhaltungspflicht über das 16. Lebensjahr nur dann eintreten, wenn bei Erreichung des 16. Lebensjahres ein fortdauerndes Bedürfniß in Folge von Gebrechen des Kindes vorliege. Liege bei Erreichung des 16. Lebensjahres ein solches Bedürfniß nicht vor, trete es aber später wieder ein, so finde die Bestimmung keine Anwendung.

Die Redaktions-Kommission wurde beauftragt, eine Fassung zu suchen, welche diese Absicht klarstellt. Ebenso wurde die Redaktions-Kommission beauftragt, zu untersuchen, ob der angenommenen Bestimmung hinzuzufügen sei:

„in diesem Falle jedoch nur nach Maßgabe des §. 1581 Absatz 1."

oder ob eine solche Hinzufügung sich wegen Selbstverständlichkeit erübrige.

Die Redaktions-Kommission fügte dem Paragraphen sodann folgenden dritten Absatz bei:

„Ist das Kind zur Zeit der Vollendung des sechszehnten Lebensjahres in Folge körperlicher oder geistiger Gebrechen außer Stande, sich selbst zu unterhalten, so hat ihm der Vater auch über diese Zeit hinaus Unterhalt zu gewähren; die Vorschrift des §. 1581 Absatz 1 findet Anwendung."

§§. 1685 bis 1687.

Ohne Debatte angenommen.

Zu

§ 1688

wurde beantragt, den zweiten Absatz zu streichen.

Die Möglichkeit der Abfindung des unehelichen Kindes mit dem Pflichttheil durch die Erben des Vaters sei eine ganz unberechtigte Ausnahme von dem Prinzip des ersten Absatzes und eine Beeinträchtigung der wohlerworbenen Rechte des unehelichen Kindes.

Es wurde entgegnet, eine Unterhaltspflicht sei an und für sich passiv nicht vererblich (vergl. §. 1593). Absatz 1 mache von dieser natürlichen Ausgestaltung der Unterhaltspflicht eine positive Ausnahme, der gegenüber die in Absatz 2 zugelassene Befugniß der Erben, also namentlich auch der ehelichen Kinder, zur Abfindung nicht mehr als billig sei. Dem unehelichen Kinde gegenüber aber sei diese Abfindungsmöglichkeit sicherlich nicht ungerecht, da solches ja nur mit dem Betrage abgefunden werden könne, der ihm beim Tode des Vaters zufallen müßte, wenn es eheliches Kind wäre.

Der Antrag wurde abgelehnt.

Zu

§. 1689

wurde beantragt, im Absatz 2 die letzten Worte

„soweit ihre Bezahlung nicht von dem Erben des Kindes zu erlangen ist“

zu streichen. Es sei durchaus zu verlangen, daß der Vater des unehelichen Kindes die Kosten der Beerdigung desselben unbedingt trage.

Es wurde entgegnet, daß die Unterhaltspflicht in Bezug auf die Beerdigungskosten hier gerade so gestaltet sei, wie in §. 1593 gegenüber den unterhaltspflichtigen Verwandten, also namentlich auch gegenüber dem ehelichen Vater.

Warum bei einem unehelichen Kinde eine Erweiterung eintreten soll, lasse sich nicht absehen. Ebensowenig sei ein Grund vorhanden, von dem in §. 1944 aufgestellten Grundsatze:

„Der Erbe trägt die Kosten der standesgemäßen Beerdigung des Erblassers“

zu Gunsten der Erben eines unehelichen Kindes eine Ausnahme zu machen. Meist werde ja allerdings ein uneheliches Kind sterben, ohne Vermögen zu hinterlassen, und alsdann habe der Vater die Kosten der Beerdigung zu tragen. Wenn aber das Kind Vermögen hinterlasse, vielleicht Vermögen, das von dem unehelichen Vater herrühre, so lasse sich nicht absehen, warum die Kosten der Beerdigung nicht zunächst aus diesem Vermögen zu nehmen, sondern dem Vater aufzubürden seien.

Der Antrag wurde abgelehnt.

§. 1690.

Ohne Debatte angenommen.

Zu

§. 1691

wurde beantragt,

1. nach „sechs Wochen nach der Entbindung“ hinzuzufügen:

   „sowie die durch die Schwangerschaft oder das Wochenbett herbeigeführten sonstigen Nachtheile“;

2. „innerhalb der Grenzen der Nothdurft“ zu streichen.

Zur Begründung des ersten Antrages wurde darauf hingewiesen, daß derselbe Grund, welcher für den Ersatz der Kosten der Entbindung und des Unterhalts auf die ersten sechs Wochen nach der Entbindung spreche, auch dafür spreche, daß der Vater die Kosten einer sich anschließenden Krankheit und des Unterhalts während der Krankheit trage.

Zu Gunsten des zweiten Antrages wurde ausgeführt: wenn man den Anspruch auf die Grenzen der „Nothdurft“ beschränke, so werde die Mutter stets den Beweis für diese Nothdurft zu führen haben, einen Beweis, der neben dem Beweis für die thatsächliche Verausgabung der verlangten Beträge außerordentlich schwierig sein werde.

Es wurde entgegnet: der Anspruch der Mutter auf die Entbindungskosten und die Kosten des Unterhalts während der ersten sechs Wochen nach der Entbindung rechtfertige sich von dem Standpunkte des Entwurfs aus durch die Rücksicht auf das Kind: damit das Kind in dem Augenblick der Geburt und in den ersten Wochen nach der Geburt nicht unter dem Mangel einer Fürsorge für die Mutter bezw. unter den Entbehrungen der Mutter leide, sichere der Entwurf der Mutter die Kosten der Entbindung und des Unterhalts während der ersten sechs Wochen. Von diesem Zusammenhange abzusehen und über die Fürsorge für das Kind hinauszugehen, würde sich nur dann etwa rechtfertigen, wenn der uneheliche Vater der Mutter aus einer unerlaubten Handlung haften würde, also im Prinzip für allen Schaden einstehen müßte. Diesen Standpunkt nehme aber der Entwurf mit Recht nicht ein.

Aus demselben Gesichtspunkte erkläre sich die Beschränkung der Verpflichtung des Vaters auf die Nothdurft. Ein Mehr von Prozessen werde sich aus dieser Beschränkung nicht ergeben, da sich über den Begriff der Nothdurft sehr bald eine feste Praxis bilden werde, wie dies auch bisher der Fall gewesen sei. Im Uebrigen habe die bisherige Praxis, auch da wo eine ausdrückliche Hinweisung auf die Grenze der Nothdurft nicht vorliegt, die betreffenden Kosten innerhalb dieser Grenze ausgemessen; dies beweise am besten, daß die Schranke der Sachlage entspreche.

Auch aus dem Kreise der Kommission wurde der erste Antrag bekämpft, unter Anderem auch mit dem Hinweis darauf, daß der Begriff „Nachtheile" ein viel zu weiter und viel zu unbestimmter Begriff sei.

Dagegen fand der zweite Antrag mehrfachen Beifall. Die Sterblichkeit der unehelichen Kinder gerade in der ersten Lebenszeit sei außerordentlich groß. Beschränke man die Unterhaltspflicht des Vaters auf die Grenzen der Nothdurft, so werde dadurch dieser Sterblichkeit ganz gewiß nicht entgegengewirkt. Lasse man der unehelichen Mutter mehr Freiheit in den Ausgaben für ihren Unterhalt während jener Zeit, so werde das den unehelichen Kindern zu Gute kommen.

Bei der Abstimmung wurde der erste Antrag abgelehnt, dagegen der zweite Antrag, die Worte „innerhalb der Grenzen der Nothdurft" zu streichen, angenommen.

§. 1692.

Ohne Debatte angenommen.

Zu

§. 1693

wurde beantragt, den Absatz 1 (unter Fortlassung der weiteren Worte) zu fassen wie folgt:

> „Als Vater des unehelichen Kindes im Sinne der §§. 1684 bis 1692 gilt, wer der Mutter innerhalb der Empfängnißzeit beigewohnt oder seine Vaterschaft nach der Geburt des Kindes in einer öffentlichen Urkunde anerkannt hat."

Der Antrag hat den Zweck, die Einrede der mehreren Zuhälter, welche der Entwurf aufgenommen hat, zu beseitigen.

Der Antrag wurde begründet mit Hinweis darauf, daß dort, wo diese Einrede bisher nicht bestanden habe, sich Mißstände nicht herausgestellt hätten. Wo mehrere Männer als mögliche Väter in Betracht kämen, da sei es ganz ungerecht, die Gemeinden für den Unterhalt des Kindes im Wege der Armenpflege in Anspruch zu nehmen, anstatt aus diesen möglichen Vätern einen herauszunehmen, der leistungsfähig sei. Behalte man den Entwurf bei, so werde unnöthiger Weise viel Schmutz vor die Gerichte gebracht werden.

Es wurde entgegnet, die Frage der Einrede der mehreren Zuhälter sei in den bisherigen Gesetzgebungen bezw. in der Praxis verschieden beantwortet worden, sei auch der Sache nach zweifelhaft. Unter diesen Umständen sei wesentlich in Betracht zu ziehen, einmal daß, nachdem das Allgemeine Preußische Landrecht die Einrede ausgeschlossen hatte, sie für Preußen durch ein besonderes neueres Gesetz (vom 24. April 1854) zugelassen worden sei; dann daß der erste Entwurf, der die Einrede zugelassen, von der weitaus größeren Anzahl der Regierungen, auch von solchen, in deren Territorien Gesetzgebung oder Praxis die Einrede ausgeschlossen habe, nicht beanstandet worden sei; endlich daß es mißlich sei, für die Gebiete, in denen ein Unterhaltsanspruch bisher überhaupt nicht bestanden habe, denselben nunmehr in der schärferen Gestaltung, d. h. unter Ausschluß der Einrede einzuführen.

Abgesehen hiervon, sei zu beachten: der Ausschluß der Einrede habe einen privatrechtlichen Grund nur, wenn die Verpflichtung des unehelichen Vaters gegenüber seinem Kinde auf dem Deliktsstandpunkt aufgebaut werde. Gehe man dagegen, wie dies der Entwurf thue, von dem Standpunkte der Vaterschaft aus, so ergebe sich die Zulassung von selbst: die Vaterschaft sei zu beweisen; sie sei bewiesen, wenn die Beiwohnung des in Anspruch genommenen Mannes und die Nichtbeiwohnung eines anderen Mannes während der Empfängnißzeit dargethan sei; werde die Beweislast, wie dies vielfach im Entwurf geschehe, unter dem Gesichtspunkt der besseren Beweisbarkeit geregelt, so ergebe sich von selbst die im §. 1693 enthaltene Vorschrift. Diese privatrechtliche Konsequenz nicht zu ziehen, werde durch die Tendenz der Zurückdrängung der öffentlichen Armenlast um so weniger gerechtfertigt, als aus den Territorien, in denen die Einrede zugelassen sei, in dieser Richtung keine Beschwerden erhoben worden seien. Und die größere Sicherung des Unterhaltsanspruches des Kindes, die durch den Ausschluß allerdings erzielt werde, werde durch andere sachliche Bedenken weit überwogen, namentlich durch die Förderung der Unsittlichkeit, die sich aus dem Ausschlusse ergebe, und durch die Schwierigkeit der richtigen Behandlung der mehreren Zuhälter.

Aus dem Schoße der Kommission wurde sowohl dem Antrage wie dem Entwurfe mehrfach beigetreten. Zu Gunsten des letzteren wurde namentlich ausgeführt, die öffentliche Moral dulde es nicht, daß man der unehelichen Mutter erlaube, von mehreren Männern denjenigen als den möglichen Vater in Anspruch zu nehmen, der der reichste sei, oder gar mehrere Männer gleichzeitig oder nacheinander als mögliche Väter in Anspruch zu nehmen.

Von anderer Seite wurde noch der Antrag gestellt, dem §. 1693 für den Fall des Ausschlusses der Einrede folgende Bestimmung als Absatz 3 beizufügen:

> „Haben Mehrere der Mutter innerhalb der Empfängnißzeit beigewohnt, so ist jeder sammtverbindlich mit den Uebrigen zur Leistung der in §§. 1684 und 1689 Absatz 2 bezeichneten Reichnisse verpflichtet."

Der Antrag wurde begründet sowohl aus den Interessen des Kindes wie aus den Interessen der Armenpflege.

Dem Antrage wurde speziell entgegengehalten, daß diese Behandlung der mehreren Zuhälter nur vom Deliktsstandpunkte aus zu rechtfertigen sei und zu entschiedenen Mißständen führe. Es liege in der Gesammthaftung der mehreren Zuhälter, gegen deren jeden ganz oder zum Theil die Unterhaltsleistung eingeklagt werden könne, bis zur Erwirkung der ganzen Leistung nebeneinander verpflichtet zu bleiben (§. 415), zweifellos ein entschiedener Anreiz für die Mutter, während der Empfängnißzeit mit mehreren Männern Umgang zu suchen. Mit der Befriedigung seitens eines der Zuhälter würde allerdings der Anspruch auch gegen die anderen erlöschen; nach §. 420 könne indessen der zahlende Zuhälter die anderen auf Ausgleichung belangen: solche Prozesse aber seien ebenso wie die gegen die mehreren Zuhälter nacheinander oder nebeneinander erhobenen Klagen ein Aergerniß, mit dem man ohne Noth das Volksleben nicht belasten solle.

Wenn bemerkt worden sei, es könne dem Antrage eine Bestimmung hinzugefügt werden, wonach die Leistung nur einmal verlangt werden dürfe, so sei zu entgegnen, daß eine solche Hinzufügung doch nur die Klageerhebung ausschließen würde; sie hindere dagegen nicht, daß die unehelichen Mütter außergerichtlich jeden Zuhälter in Anspruch nehmen können und mehrfache Leistungen des Unterhaltsbetrages bezw. mehrfache Abfindungssummen zu erlangen wissen. In dieser Möglichkeit aber, die sich auch durch den angeregten Zusatz nicht ausschließen lasse, liege einmal die Verleitung zur Beiwohnung mit einer Mehrzahl von Männern und weiterhin die Veranlassung zum öffentlichen Aergernisse.

Bei der Abstimmung wurde der erste Antrag abgelehnt, der zweite Antrag war damit erledigt. §. 1693 war somit unverändert angenommen.

In zweiter Lesung wurde wiederum beantragt, Absatz 1 zu fassen wie folgt:

„Als Vater des unehelichen Kindes im Sinne der §§. 1684 bis 1692 gilt, wer der Mutter innerhalb der Empfängnißzeit beigewohnt oder seine Vaterschaft nach der Geburt des Kindes in einer öffentlichen Urkunde anerkannt hat."

Die Berathung brachte im Wesentlichen dieselben Momente wieder hervor wie bei der ersten Lesung. Der angreifende Theil sei regelmäßig der Mann und nicht das Mädchen. Sei ein Mädchen in schwacher Stunde gefallen, so komme es sehr häufig vor, daß der Mann, um sich seiner Unterhaltspflicht zu entziehen, einen Verkehr des Mädchens mit weiteren Männern durch allerhand List absichtlich herbeiführe und so das Mädchen direkt zur Dirne mache, und zwar komme dieser Fall nach der Erfahrung sogar recht häufig vor. Für diesen Fall sei die Annahme des Antrags höchst erwünscht. Lehne man ihn ab, so könne allerdings der andere Fall vorkommen, daß das Mädchen, um seinen Unterhaltsanspruch zu vergrößern oder zu vervielfältigen, seinerseits den Verkehr mit anderen Männern suche, doch komme dieser Fall viel seltener vor als der erstere. Entscheidend müsse das Interesse des Kindes sein, dem man unter allen Umständen einen Unterhaltsanspruch sichern müsse.

Was der Antrag vorschlägt, gelte schon im größeren Theile Deutschlands.

Letzterer Behauptung wurde widersprochen. Er gelte nicht im preußischen Rechte und nicht im Gebiete des französischen Rechts; die gemeinrechtliche Praxis aber schwanke; sie habe sich durchaus nicht überwiegend dem Gedanken des Antrages günstig gezeigt.

Von anderer Seite wurde ausgeführt, daß die gerichtliche Untersuchung des Einwandes, wie sie bei den Amtsgerichten vor sich gehe, geeignet sei, die öffentliche Sittlichkeit zu gefährden. Die Parteiausführungen sowie Zeugenvernehmungen erfolgten ohne Ausschluß der Oeffentlichkeit. Diesen Uebelständen müßte dann durch entsprechende Abänderung der Vorschriften des Gerichtsverfassungsgesetzes abgeholfen werden, indem man für diese Frage das Landgericht für zuständig erklärt.

Von anderer Seite wurde dem Antrage zugestimmt, jedoch die Beifügung verlangt, daß der Anspruch nicht mehrere Male, sondern nur einmal geltend gemacht werden könnte.

Ferner wurde für den Fall der Ablehnung des Antrages wiederum der Antrag gestellt, als Absatz 3 hinzuzufügen:

„Haben Mehrere der Mutter innerhalb der Empfängnißzeit beigewohnt, so ist jeder sammtverbindlich mit den Uebrigen zur Leistung der in §§. 1684 und 1689 Absatz 2 bezeichneten Reichnisse verpflichtet."

Bei der Abstimmung wurden wiederum alle Anträge abgelehnt. Der Paragraph wurde also unverändert angenommen.

§. 1694.

Ohne Debatte angenommen.

Siebenter Titel.

Legitimation unehelicher Kinder.

§§. 1695 bis 1716.

Ohne Debatte angenommen.

Achter Titel.

Annahme an Kindesstatt.

§§. 1717 bis 1720.

Ohne Debatte angenommen.

In

§. 1721

Absatz 2 wurde entsprechend dem sonst festgehaltenen Sprachgebrauche zweimal das Wort „Vater“ von der Redaktions-Kommission ersetzt durch das Wort „Annehmende.“

§§. 1722 bis 1735.

Ohne Debatte angenommen.

In

§. 1736

ersetzte die Redaktions-Kommission den letzten Satz des ersten Absatzes:

„Ist das Verzeichniß ungenügend, so findet die Vorschrift des §. 1644 Absatz 2 Satz 2 Anwendung.“

durch die Worte:

„Auf das Verzeichniß finden die Vorschriften des §. 1617a Anwendung.“

Die Aenderung rechtfertigt sich durch die Fassung der §§. 1617a und 1644.

§§. 1737 bis 1748.

Ohne Debatte angenommen.

Dritter Abschnitt.

Vormundschaft.

Erster Titel.

Vormundschaft über Minderjährige.

§§. 1749 bis 1758.

Ohne Debatte angenommen.

Zu

§. 1759

wurde beantragt, den Absatz 1 zu streichen.

Es sei bei unsern sozialen Verhältnissen kein Grund mehr vorhanden, die Frau grundsätzlich von dem Amte der Vormundschaft auszuschließen und nur ausnahmsweise zuzulassen. Ein überaus großer Theil unserer heutigen Frauen sei durch ihre Bildung und ihre geschäftliche Gewandtheit, welche guten Theils schon das nothwendige Erwerbsleben mit sich bringe, durchaus geeignet, das Amt eines Vormundes zu versehen. Die Sorge für die Person des Kindes sei sogar regelmäßig in den Händen einer Frau weit besser aufgehoben, als in den Händen eines Mannes.

Es wurde entgegnet, ob sich die Befähigung zur Führung von Vormundschaften regelmäßig bei Frauen finde, sei wenigstens insofern recht zweifelhaft, als zur Führung von Vormundschaften auch mannigfache Verhandlungen mit den öffentlichen Behörden, insbesondere mit dem Vormundschaftsgericht gehörten. Abgesehen hiervon sei die Vormundschaft ein öffentliches Amt und eine öffentliche Pflicht; im Allgemeinen aber würden öffentliche Aemter bisher nur an Männer übertragen. Wenn man ferner die Frau prinzipiell zum Amte eines Vormundes zulasse, sei es mißlich, daß man ihr die Pflicht zur Uebernahme der Vormundschaft nicht auferlegen könne, wie es denn ja auch der Antrag bei dem generellen Ablehnungsrecht der Frauen (§. 1762 Nr. 1) belasse. Da es nun auch fraglich sei, ob die Zulassung zur Vormundschaftsführung im Allgemeinen den Wünschen der Frauen entspreche, belasse man es wohl besser bei dem bisherigen Rechte, das die Frauen nur in Ausnahmefällen zur Vormundschaft berufe.

In dem Schooße der Kommission fand dagegen der Antrag vielfachen Beifall. Von der Annahme desselben wurde selbst eine Neubelebung der Vormundschaft erwartet. Ein Mann als Vormund sei regelmäßig angezeigt, wenn eine irgendwie erhebliche Vermögensverwaltung in Frage komme. Eine Frau als Vormünderin sei aber regelmäßig vorzuziehen, wenn die Pflicht der Vormundschaft lediglich oder vorwiegend in der persönlichen Sorge für das Kind bestehe, was in der weitaus größten Zahl der Fälle zutreffe. Man könne nicht anerkennen, daß, wenn man die Frau fähig mache, Vormünderin zu werden, ihr nun auch an sich die Pflicht aufzuerlegen wäre, die Vormundschaft zu übernehmen. Wenn die Frau sich dazu nicht für geeignet halte, so müsse sie das Recht haben, die Vormundschaft abzulehnen. Die einzige Frage sei, ob das Vormundschaftsgericht diejenigen Fälle, in denen eine Frau als Vormünderin angezeigt erscheine, richtig herausfinde und unter den Frauen eine geeignete Wahl treffe. Warum aber solle man daran zweifeln?

Nehme man den Antrag an, so eröffne sich der Frauenbewegung, die leider in manchen Punkten auf einer sehr ungesunden Bahn sei, ein durchaus berechtigtes und angemessenes neues Ziel, und man lenke dadurch die Frauenbewegung vielleicht in eine richtigere Bahn.

Von anderer Seite wurde darauf hingewiesen, daß die öffentlichen Ehrenämter in Staat und Gemeinde so außerordentlich stark zugenommen hätten und noch immer mehr zunähmen, daß alle irgendwie geeigneten Persönlichkeiten mit solchen Ehrenämtern überlastet seien. Da erscheine es durchaus erwünscht, die Männer zu entlasten, indem man die Möglichkeit eröffne, auch Frauen zu Vormündern zu machen.

Absatz 1 wurde daraufhin mit großer Majorität gestrichen.

In zweiter Lesung wurde beantragt, den in der ersten Lesung gestrichenen Absatz 1 wieder herzustellen; doch beschloß die Kommission auch in zweiter Lesung, die Streichung desselben zu belassen.

§§. 1760 bis 1776.

Ohne Debatte angenommen.

Zu

§. 1777

wurde beantragt, das Wort

„kann“

zu ersetzen durch das Wort

„muß“.

Es sei unbedingt zu verlangen, daß der Vormund des Mündels demselben Bekenntniß angehöre, wie der Mündel selbst.

Es wurde entgegnet, daß man es doch verständiger Weise nicht ausschließen könne, daß z. B. ein Großvater oder Onkel die Vormundschaft über ein Kind übernehme, weil dieses einer anderen Konfession angehöre. Aus der Thatsache, daß der Vormund einer andern Konfession angehöre, folge doch keineswegs ohne Weiteres, daß der Vormund in konfessioneller Beziehung sein Mündel zu beeinflussen suchen oder für die religiöse Erziehung nicht pflichtgemäß besorgt sein werde. Sei aber das Eine oder das Andere der Fall, so gebe der Paragraph schon mit seinem bisherigen Inhalte dem Vormundschaftsgericht ein Mittel an die Hand, Remedur zu schaffen. Weiter zu gehen, sei kein Bedürfniß vorhanden und werde nicht selten gegen das Interesse des Mündels sein.

§. 1777 wurde daraufhin unverändert angenommen.

§§. 1778 bis 1782.

Ohne Debatte angenommen.

Zu

§. 1783

wurde beantragt, als letzten Absatz hinzuzufügen:

„Sicheren Hypotheken stehen im Sinne dieser Vorschriften die mit staatlicher Genehmigung ausgegebenen Pfandbriefe solcher Grundbesitzervereine gleich, welche durch staatliche Verleihung Rechtsfähigkeit erlangt haben und nach ihren Satzungen die Beleihung von Grundstücken auf die nach Maßgabe des vorhergehenden Absatzes landesgesetzlich als sicher anerkannten Theile des Werthes derselben zu beschränken haben."

Zur Begründung wurde darauf hingewiesen, daß die Pfandbriefe der preußischen Landschaften eben dieselbe Sicherheit böten wie die Obligationen inländischer kommunaler Körperschaften, ja daß die Pfandbriefe solcher Landschaften theilweise kreditwürdiger wären und im Kurse besser ständen als die Obligationen kleinerer Gemeinden. Diese Pfandbriefe hätten bisher in Preußen als den Staatspapieren gleichwerthig gegolten und seien auch nach der bisher geltenden preußischen Vormundschaftsordnung mündelsicher. Wenn sie jetzt in dem §. 1783 nicht genannt werden, so werde das auf den Kurs derselben eine ungünstige Wirkung ausüben, auch eine reichsrechtliche Zurücksetzung solcher Papiere bedeuten, die innerlich durch nichts berechtigt sei.

Seitens des Staatssekretärs des Reichsjustizamts wurde erklärt, eine Absicht, die Pfandbriefe der preußischen Landschaften durch das Bürgerliche Gesetzbuch in ihrer Verbreitung zurückzudrängen oder in ihrem Ansehen zu schmälern, habe selbstredend bei der Abfassung des Entwurfs in keiner Weise vorgelegen. Wenn Artikel 211 des Einführungsgesetzes sage, daß die landesgesetzlichen Vorschriften, nach welchen gewisse Werthpapiere zu Anlegung von Mündelgeld für geeignet erklärt sind, in Kraft bleiben, so seien damit natürlich in erster Linie für Preußen die Pfandbriefe der Landschaften gemeint. Damit erkenne der Entwurf indirekt die Pfandbriefe als mündelsicher an für Preußen. Der Antrag gehe darüber hinaus, indem er diese Papiere für das ganze Deutsche Reich als mündelsicher erklären wolle. Wenn man ein solches Vorgehen zulassen wolle, so dürfe man nicht bloß preußische Institute berücksichtigen, sondern müsse, das würden die außerpreußischen Regierungen unbedingt verlangen, auch die Werthpapiere, die in anderen Bundesstaaten in gleicher Weise als mündelsicher behandelt würden, in die Vorschrift einbeziehen. Der Antrag, wie er gestellt sei, treffe in der Hauptsache nur die preußischen Landschaften, wenn er auch in eine allgemeine Form gebracht sei. Da die in anderen Bundesstaaten als mündelsicher anerkannten Werthpapiere und zwar auch solcher Institute, welche nach der Auffassung der betreffenden Landesregierungen durch ihre Organisation und Verwaltung dieselbe Sicherheit böten wie die Landschaften, durch den Antrag nicht mitgedeckt würden, so würden die Regierungen jedenfalls eine Formel verlangen, welche alle Kreditinstitute der einzelnen Staaten, soweit sie nach der Ansicht der einzelnen Regierungen gleichwerthig seien, treffe und nicht eine Zurücksetzung der in anderen Bundesstaaten als mündelsicher anerkannten Werthpapiere gegenüber den in Preußen anerkannten bedinge. Eine solche Formel zu finden, sei aber nicht möglich. Die speziellen Bedürfnisse der Partikularstaaten seien nur im Einführungsgesetz genannt und berücksichtigt. Der Text des Bürgerlichen Gesetzbuchs beschränke sich darauf, reichsgesetzliche Institute zu nennen und reichsgesetzliche Normen zu geben. Nach demselben System sei auch hier vorgegangen worden. Eine praktische Nothwendigkeit, die Pfandbriefe der preußischen Landschaften durch das Gesetzbuch für das ganze Reich mündelsicher zu erklären, liege nicht vor. Einer Erweiterung des Marktes bedürften diese Papiere nicht, wie sich daraus ergebe, daß sie im Kurs hoch ständen. Die Papiere preußischer Anstalten würden doch in Bayern u. s. w. zur Anlegung von Mündelvermögen nicht gekauft werden. Wenn man eine allgemeine Formel suchen wolle, um die Papiere von Pfandbriefinstituten für mündelsicher zu erklären, so werde man dazu kommen, reichsrechtlich auch solche Papiere für mündelsicher zu erklären, welche in den Staaten, in denen sie ausgegeben werden, zur Zeit nicht mündelsicher seien. Der Antrag habe ferner den Mangel, daß er das Landesrecht über das Reichsrecht setze. Nach demselben bleibe es nach wie vor dem Landesgesetz überlassen, denjenigen Theil des Werthes der Grundstücke zu bestimmen, welcher beliehen werden dürfe, und diese landesgesetzliche Bestimmung habe dann ohne Weiteres Geltung für das Reichsrecht, insofern an sie die reichsrechtliche Zulassung zur Mündelsicherheit geknüpft werden solle. Dann aber könnten diejenigen Regierungen, in deren Gebiet ähnliche Institute nicht bestehen, beanspruchen, daß andere Institute, deren Papiere sie als mündelsicher anerkennen, in derselben Weise reichsrechtlich günstig gestellt würden, wobei aber den Einzelstaaten selbst die Kontrole über die Mündelsicherheit vorbehalten bliebe. Ob, wenn man in dieser Weise den Vormundschaftsmarkt in Norddeutschland mit neuen mündelsicheren und damit den landschaftlichen Pfandbriefen gleichgestellten Papieren belaste, dem Interesse der Landschaften gedient werde, sei doch eine ernster Erwägung werthe Frage. Das Einführungsgesetz konservire den Besitzstand der Landschaften, eine Verfolgung des in dem Antrage angedeuteten Weges würde sehr leicht diesen Besitzstand in bedenklicher Weise verschieben.

Aus dem Kreise der Kommission wurde auch namentlich der Mißstand hervorgehoben, daß, da der Antrag nur auf die preußischen Verhältnisse zugeschnitten sei und eine allgemeine Formel, welche die Interessen aller Einzelstaaten decke, nicht gefunden werden könne, im Falle der Annahme ein weiterer Antrag angenommen werden müsse, welcher die Pfandbriefe der bayerischen Hypothekenbanken decke.

In diesem Sinne sprach sich auch der bayerische Bundesrathsbevollmächtigte aus.

Für den Fall der Annahme des Antrages wurde daher beantragt, in §. 1783 Absatz 1 als Ziffer 7 einzuschalten:

„7. in Schuldverschreibungen der in den einzelnen Bundesstaaten staatlicherseits zur Ausgabe von Pfandbriefen ermächtigten Kreditinstitute."

Ein ähnlicher Antrag wurde eingebracht mit Rücksicht auf die badischen Verhältnisse. Es wurde beantragt, einen Absatz hinzuzufügen:

„Sicheren Hypotheken stehen im Sinne dieser Vorschriften die mit staatlicher Genehmigung ausgegebenen Pfandbriefe solcher rechtsfähigen Vereine oder Anstalten gleich, welche nach ihren Satzungen die Beleihung von Grundstücken auf die nach Maßgabe des vorhergehenden Absatzes landesgesetzlich als sicher anerkannten Theile des Werthes derselben zu beschränken haben und deren Geschäftsführung unter staatlicher Aufsicht steht."

Ein ähnliches Verlangen wurde ebenso gestellt im Interesse der mecklenburgischen Institute, wobei der Vertreter des Bundesraths für Mecklenburg ausdrücklich anerkannte, daß, wenn man ein entsprechendes Bedürfniß für die preußischen Landschaften anerkenne, ein gleiches Bedürfniß auch für den mecklenburgischen ritterschaftlichen Kreditverein anzuerkennen sei.

Von Seiten des Vertreters Württembergs wurde ausgeführt, daß er sich einer gleichen Anregung nur um deswillen enthalte, weil man das Vertrauen habe, daß der Bundesrath, wenn er in Anwendung der Nummer 5 die Pfandbriefe der preußischen Landschaften ausdrücklich für mündelsicher erkläre, dieselbe Gerechtigkeit gegenüber den entsprechenden württembergischen Instituten üben werde. Eine ungleiche Behandlung der Bundesstaaten sei unmöglich. Ebensowenig, wie der Bundesrath nach Nummer 5 die Papiere der verschiedenen Bundesstaaten verschieden behandeln könne, ebensowenig könne man aber auch in den Text des Gesetzes eine Bestimmung aufnehmen, welche nur auf preußische Verhältnisse zugeschnitten sei und dadurch alle anderen Bundesstaaten zurücksetze.

Aus dem Schooße der Kommission wurde diesen Ausführungen beigepflichtet. Von einer Erweiterung des Marktes der preußischen Pfandbriefe durch Annahme eines solchen Antrages könne keine Rede sein, da der Markt für solche Pfandbriefe ein lokaler sei und immer ein lokaler bleiben werde. Es handle sich bei dem Antrage gewissermaßen nur um einen Nimbus, um eine Steigerung des öffentlichen Ansehens für die Pfandbriefe der preußischen Landschaften, die sich höchstens mit einer Kleinigkeit im Kurse wirksam zeigen werde.

Daraufhin wurde von dem Hauptantragsteller anerkannt, daß es gewissermaßen für die preußischen Landschaften eine Ehrensache sei, im Bürgerlichen Gesetzbuch genannt zu werden. Für den Fall der Ablehnung seines Prinzipalantrages beantrage er daher, in Ziffer 5 hinter den Worten „in Werthpapieren" einzuschalten:

„insbesondere Pfandbriefen".

Bei der Abstimmung wurde dieser letztere Antrag angenommen, alle anderen abgelehnt.

In zweiter Lesung wurde sodann beantragt, in Ziffer 4 des Entwurfs hinter den Anfangsworten „in verbrieften Forderungen" einzuschalten:

„gegen eine inländische landschaftliche oder ritterschaftliche Kreditanstalt,"

und in Ziffer 5 desselben Paragraphen die Worte „insbesondere Pfandbriefen" zu streichen.

Der Antrag wurde mit ähnlichen Gründen bekämpft wie der ähnliche Antrag in erster Lesung.

Der Staatssekretär des Reichs-Justizamts wies darauf hin, daß die Anerkennung der Pfandbriefe bestehender landschaftlicher oder ritterschaftlicher Kreditinstitute als mündelsichere Papiere, soweit sie landesrechtlich ausgesprochen sei, bestehen bleibe und durch Artikel 211 des Einführungsgesetzes gewahrt sei. Der Antrag beziele, die besagten Pfandbriefe auch in denjenigen Bundesstaaten als mündelsichere Papiere anerkannt zu sehen, in welchen zur Zeit andere Werthpapiere insbesondere die Pfandbriefe sonstiger Kreditinstitute, nicht aber die landschaftlichen Pfandbriefe, zu den mündelsicheren Papieren gehören. Jeder Bundesstaat werde aber verlangen und könne dies auch mit einem gewissen Rechte thun, daß die von ihm als mündelsicher behandelten Papiere auch in anderen Staaten als mündelsicher anerkannt würden, wenn die in anderen Staaten als mündelsicher geltenden Papiere auch von ihm als mündelsicher anerkannt werden sollten. Die Bundesregierungen würden sich nicht dazu verstehen, unter Zurücksetzung ihrer eigenen mündelsicheren Papiere die landschaftlichen Pfandbriefe durch reichsgesetzliche Vorschrift als mündelsicher bezeichnen zu lassen; darin läge eine Kritik ihrer vormundschaftlichen Einrichtungen, die anzuerkennen man ihnen nicht zumuthen könne. Wollte man aber die in anderen Gebieten als mündelsicher behandelten Pfandbriefe auch in denjenigen Gebieten als mündelsicher anerkennen, in denen jetzt von den Pfandbriefen nur die landschaftlichen Pfandbriefe mündelsicher sind, dann würde man, worauf schon in erster Lesung hingewiesen sei, letzteren Pfandbriefen eher schaden als nützen. Es sei in keiner Weise zu besorgen, daß die Werthschätzung, die Benutzung und der Kurs der landschaftlichen Papiere unter den Vorschriften des Bürgerlichen Gesetzbuchs leiden würden. Das Gesetzbuch mit dem Einführungsgesetz erkennen ihren bevorzugten Besitzstand im vormundschaftlichen Vermögensverkehr an und Niemand habe einen Anlaß, anzunehmen, daß in Zukunft ihre Sicherheit oder die Möglichkeit ihrer Verwendung in vormundschaftlichen Anlagen geringer sein werde als bisher. Mißtrauen gegen die landschaftlichen Papiere liege den Dispositionen des Gesetzbuchs durchaus fern.

Der Antrag wurde abgelehnt.

Für den Fall der Ablehnung dieses Antrags war beantragt, dem Artikel 135 des Einführungsgesetzes folgende Ziffer 5 hinzuzufügen:

5. gewisse Werthpapiere zur Anlegung von Mündelgeld für geeignet erklärt sind.

und den Artikel 211 zu streichen.

Der Antrag wurde damit begründet, daß die Stellung des Artikels 211 des Einführungsgesetzes unter den „Uebergangs-Bestimmungen" zu der Befürchtung Anlaß gegeben habe, daß demnächst die landesgesetzlichen Vorschriften, nach denen gewisse Werthpapiere zur Anlegung von Mündelgeld für geeignet erklärt sind, durch Reichsgesetz außer Kraft gesetzt werden sollten, daß also die erwähnte Stellung des Artikels 211 die Bedeutung einer zeitlichen Beschränkung habe. Dieser Befürchtung glaube man vorbeugen zu können, indem man in Artikel 135 des Einführungsgesetzes die beantragte Einschaltung mache, da Artikel 135 unter den „Allgemeinen Vorschriften" stehe.

Der Staatssekretär des Reichs-Justizamts erklärte sich gegen den Abänderungsvorschlag aussprechen zu müssen. Was der Antrag bezwecke, sei durch Artikel 211 in Verbindung mit Artikel 217 des Einführungsgesetzes erreicht. Es werde dadurch sicher gestellt, daß die landschaftlichen (und ritterschaftlichen) Pfandbriefe, wo sie bisher mündelsicher waren, dies ferner auch bleiben. Ebenso werde (gemäß Artikel 217) den betreffenden Kreditinstituten die Möglichkeit bleiben, auf dem Wege der Landesgesetzgebung Aenderungen bezüglich der Einrichtung ihres Pfandbriefwesens vorzunehmen, ohne die Mündelsicherheit der betreffenden Papiere zu beeinträchtigen und ohne durch das Bürgerliche Gesetzbuch gehindert zu sein. Außer allem Zweifel sei, daß, wenn Artikel 211 unter den Uebergangsbestimmungen stehe, damit nicht gesagt werde, daß das im Einführungsrecht konservirte Privilegium der landschaftlichen Institute nur von transitorischer Bedeutung sein sollte. Daran habe Niemand gedacht, zu dieser Annahme nöthige auch die Stellung des Artikels nicht. Auch andere Vorschriften, die eine dauernde Bedeutung haben sollen, befinden sich gleichwohl unter den Uebergangsbestimmungen des Entwurfs.

Dem Artikel 135 die beantragte neue Nr. 5 beizufügen, sei unmöglich. Die Stellung dieses Artikels im dritten Abschnitt des Einführungsgesetzes und die Fassung seiner Eingangsworte bringe es mit sich, daß in Betreff der darin vorbehaltenen Materien nicht nur die bestehenden Landesvorschriften aufrecht erhalten werden, sondern auch beliebige neue Landesvorschriften zugelassen seien. Es würden demgemäß, sollte der Antrag angenommen werden, von den einzelnen Bundesstaaten für ihr Gebiet auch in Zukunft beliebige neue Werthpapiere zur Verwendung als Mündelanlagen zugelassen werden können. Das heiße einfach den bisherigen bunten Rechtszustand aufrecht erhalten und dem §. 1783 Nr. 5, wonach der Bundesrath über die Anerkennung neuer mündelsicherer Papiere entscheiden soll, jede praktische Bedeutung nehmen.

Mit Rücksicht auf die Erklärung des Herrn Staatssekretärs, daß die Verweisung dieser Bestimmung in die „Uebergangsvorschriften" keineswegs die Bedeutung habe, diesem Artikel eine transitorische Bedeutung zu geben, wurde sodann der Antrag zurückgezogen.

§§. 1784 bis 1809.

Ohne Debatte angenommen.

Zu

§. 1810

wurde beantragt, den ersten Satz des ersten Absatzes und den zweiten Absatz zu streichen, so daß nur der zweite Satz des ersten Absatzes übrig bliebe, welcher alsdann dem §. 655 entsprechen werde.

Zur Begründung wurde ausgeführt:

Die Streichung des Satzes 1 des Absatzes 1 und des Absatzes 2 habe die Folge, daß auf die Verzögerung der Anlegung von Mündelgeld die allgemeine Vorschrift des §. 1809 Absatz 1 Anwendung finde. Der Vormund habe den dem Mündel entgangenen Gewinn zu ersetzen, also die Zinsen zu vergüten, die der Mündel bezogen haben würde, wenn die Anlegung ohne Verzögerung erfolgt wäre. Diese Zinsen seien unter den heutigen Verhältnissen geringer als die gesetzlichen. Hätte der Vormund seiner Pflicht genügt, wenn er das Geld zu 3 % in Reichsanleihe oder zu $3^1/_2$ % in kommunalen Schuldverschreibungen angelegt hätte, so habe er nur 3 bezw. $3^1/_2$ % zu ersetzen. Die Sondervorschrift des Absatz 1 Satz 1 verpflichte ihn aber, 4 % zu zahlen, er müsse also dem Mündel mehr als den Schaden ersetzen. Eine solche Vorschrift bestehe für keines der ähnlichen Rechtsverhältnisse. Wer als Beauftragter oder Bediensteter fremdes Vermögen zu verwalten habe, wer als geschäftsführender Gesellschafter das Geld der Gesellschaft, als Mitglied des Vorstandes einer juristischen Person das Geld der juristischen Person, als Testamentsvollstrecker das zum Nachlasse gehörige Geld anzulegen habe, hafte bei Verzögerung der Anlegung nur für den entgangenen

Gewinn, ebenso der Vater, wenn ihm die Verwaltung, nicht auch die Nutznießung des Vermögens des Kindes zustehe. Die unbedingte Verpflichtung, 4 Prozent zu zahlen, erscheine als eine Privatstrafe, und zwar als die einzige Privatstrafe, die der Entwurf kenne. Sie sei dem Vormunde gegenüber besonders hart, weil der Vormund sein Amt kraft Bürgerpflicht und in der Regel unentgeltlich führe; sie sei auch entbehrlich, weil der Vormund unter der Aufsicht des Gegenvormunds und des Vormundschaftsgerichtes stehe, die ihn erforderlichen Falles zur Anlegung des Geldes anhalten würden. Die Sondervorschrift sei auch nicht etwa zu dem Zwecke erforderlich, um weitausschauende Streitigkeiten über die Höhe der zu ersetzenden Zinsen abzuschneiden. Die Höhe dieser Zinsen sei gerade bei dem Vormunde ohne Schwierigkeit zu bestimmen. Die Arten der Anlegung, die der Vormund wählen darf, seien in den §§. 1783, 1784 bestimmt; welcher Zinssatz sich bei einer der gestatteten Anlegungsarten erzielen läßt, sei bekannt, es handle sich also nur um die Frage, welche Anlegungsart der Vormund im einzelnen Falle hätte wählen dürfen, und diese Frage sei auch dann zu entscheiden, wenn er die Anlegung bewirkt hat. Er dürfe jede wählen, deren Wahl nicht besondere Gründe entgegenstehen. Wenn der Vormund nicht zahlen wolle, so werde er bestreiten, daß sein Zuwarten ihm als Verschulden anzurechnen sei, und diese Frage werde meistens schwieriger zu entscheiden sein als die nach der Höhe der entgangenen Zinsen.

Der Antrag wurde daraufhin angenommen.

Der übrig gebliebene zweite Satz des ersten Absatzes erhielt sodann, behufs Ausgleichung mit anderen Stellen, namentlich mit den §§. 655, 685, durch die Redaktions-Kommission folgende Fassung:

„Verwendet der Vormund Geld des Mündels für sich, so hat er es von der Zeit der Verwendung an zu verzinsen.“

§. 1811.

Ohne Debatte angenommen.

Zu

§. 1812

wurde beantragt, als Absatz 3 hinzuzufügen:

„Hinsichtlich des Maßes der Vergütung kann die Landesjustizverwaltung allgemeine Anordnungen treffen —“

eventuell statt „Landesjustizverwaltung“ zu setzen „Bundesrath“.

Der Antrag wurde begründet mit dem Hinweis darauf, daß es besser sei, die Vergütung des Vormundes durch eine im Voraus sorgfältig überlegte und nach den thatsächlichen Verhältnissen eingerichtete Skala festzulegen, als die Bestimmung der Vergütung des Vormundes in jedem einzelnen Falle dem Vormundschaftsgericht zu überlassen.

Es wurde entgegnet, daß, wenn man den Antrag annehmen wolle, die Vorschrift jedenfalls in das Ausführungsgesetz gehöre. Doch empfehle sich die Annahme nicht, weil nicht bloß das Vermögen des Mündels, sondern auch der Umfang der Verwaltung zu berücksichtigen sei, eine Berücksichtigung des letzteren Moments aber der Klassifizirung durch eine Skala sich entziehe und nur im einzelnen Falle erfolgen könne.

Der Antrag, sowie der Eventualantrag wurden daraufhin abgelehnt.

§§. 1813 bis 1823.

Ohne Debatte angenommen.

§. 1824.

In der zweiten Lesung wurden die Worte:

„so ist er dem Mündel nach §. 823 Abs. 1 und nach §. 824 verantwortlich“

ersetzt durch die Worte:

„so ist er dem Mündel nach §. 823 Abs. 1, 3 verantwortlich.“

Der Grund ist zu §. 1650 angegeben.

§§. 1825 bis 1841.

Ohne Debatte angenommen.

Zu

§. 1842

wurde beantragt, die Worte

„1. eine Frau"

zu streichen.

Der Antrag wurde angenommen, indem anerkannt wurde, daß die Annahme lediglich eine Konsequenz des Beschlusses zu §. 1759 sei.

§§. 1843 bis 1862.

Ohne Debatte angenommen.

In

§. 1863

Absatz 2 änderte die Redaktions-Kommission zweimal das Wort „Ehemann" in „Mann", um die Terminologie dieses Paragraphen in Uebereinstimmung zu bringen mit der sonstigen Terminologie des Entwurfs.

§§. 1864 bis 1871.

Ohne Debatte angenommen.

Zweiter Titel.

Vormundschaft über Volljährige.

§§. 1872 bis 1884.

Ohne Debatte angenommen.

Dritter Titel.

Pflegschaft.

§§. 1885 bis 1889.

Ohne Debatte angenommen.

§. 1890.

In der zweiten Lesung wurde beantragt, diese Bestimmung zu streichen, für den Fall der Ablehnung dieses Antrages aber den §. 1890 zu fassen wie folgt:

„Ist durch öffentliche Sammlung Vermögen für einen vorübergehenden Zweck zusammengebracht worden, so kann zum Zwecke der Verwaltung und Verwendung des Vermögens ein Pfleger bestellt werden, wenn die zur Verwaltung und Verwendung berufenen Personen weggefallen sind."

Es wurde bestritten, daß ein Bedürfniß für eine solche Bestimmung vorhanden sei. Bisher sei man ganz gut ohne eine solche ausgekommen. Dagegen eröffne die Fassung des Paragraphen der Willkür Thür und Thor. Was könne nicht alles als „wichtiger Grund" erklärt werden, um die Entziehung der Verwaltung eines durch öffentliche Sammlung zusammengebrachten Vermögens zu rechtfertigen? Auch Mißbilligung des Zweckes könne als ein solcher Grund angesehen und damit schließlich dieses Vermögen dem Zweck, für welchen es gesammelt worden sei, entzogen werden. Aus diesem Grunde sei mindestens der zweite Theil des Paragraphen von den Worten „oder wenn diese Personen an . . ." wegzulassen, wenn man nicht vorziehe, den ganzen Paragraphen zu streichen.

Es wurde entgegengehalten, daß der Zweck der Bestimmung nur der sei, für die nicht seltenen Fälle, in denen bei öffentlichen Sammlungen nachträglich in Folge Todes des Sammlers oder in Folge anderweiter Vorkommnisse in der Person des Sammlers privatrechtliche Schwierigkeiten entständen oder Verluste drohten, eine zweckmäßige Fürsorge zu ermöglichen. Die Fassung schließt sich an den §. 699 Absatz 1 an. Den Ausdruck „aus einem wichtigen Grunde" auf Umstände zu beziehen, die sich aus Zweck und Bestimmung des gesammelten Vermögens ergeben, sei gegen die Absicht der Vorschrift und mit den aufgeführten Beispielen der groben Pflichtverletzung und der Unfähigkeit zur ordnungsmäßigen Verwaltung nicht verträglich. Sollten übrigens Zweifel in dieser Beziehung bestehen, so möge man die genannten Spezialgründe allein aufnehmen und beifügen, daß auch „andere ähnliche Gründe" in Betracht kommen könnten; ohne einen solchen Zusatz würden sich mißliche Lücken ergeben, könnte z. B. würde der Vermögensverfall des Sammlers nicht berücksichtigt werden.

Doch auch diese Formulirung wurde von anderer Seite entschieden bekämpft. Auch sie werde nicht gegen den Mißbrauch dieser Bestimmung schützen. Der Begriff „ähnliche Gründe" sei nicht weniger dehnbar als der Begriff „ein wichtiger Grund". Die ganze Bestimmung habe augenscheinlich einen politischen Zweck. Sie richte ihre Spitze gegen Vermögen, welche für sozialdemokratische Zwecke gesammelt worden seien, was sich daraus ergebe, daß dieser Paragraph durch den Bundesrath in den Entwurf hineingekommen sei.

Es wurde entgegnet, daß es durchaus nicht die Absicht dieses Paragraphen sei, mit der Einrichtung einer solchen Pflegschaft politische Zwecke zu verfolgen, auch sei der Paragraph nicht durch den Bundesrath in den Entwurf hineingebracht worden, sondern von der zweiten Gesetzgebungskommission bei der zweiten Berathung des Entwurfs beschlossen worden.

Wieder von anderer Seite wurden „grobe Pflichtverletzung" und „Vermögensverfall" als maßgebende Gründe anerkannt. Dagegen werde die „Unfähigkeit zur ordnungsmäßigen Geschäftsführung" als Entziehungsgrund zum Mißbrauch geradezu anreizen.

Bei der Abstimmung wurde der erste Theil des Paragraphen so, wie er in den eben erwähnten Eventualantrag aufgenommen ist, angenommen.

Der zweite Theil aber

> „oder wenn diesen Personen gegenüber ein wichtiger Grund für die Entziehung der Verwaltung und Verwendung vorliegt; ein solcher Grund ist insbesondere grobe Pflichtverletzung oder Unfähigkeit zur ordnungsmäßigen Geschäftsführung" —

gestrichen.

§§. 1891 bis 1897.

Ohne Debatte angenommen.

Einführungsgesetz.

Artikel 16.

Absatz 4 dieses Artikels erhielt durch die Redaktions-Kommission folgende Fassung:

> „Auf Scheidung sowie auf Aufhebung der ehelichen Gemeinschaft kann auf Grund eines ausländischen Gesetzes im Inlande nur erkannt werden, wenn sowohl nach dem ausländischen Gesetze als nach den deutschen Gesetzen die Scheidung zulässig sein würde."

Der Antrag stellt sich, soweit er nicht rein redaktioneller Natur ist, lediglich dar als eine Konsequenz aus den Beschlüssen zu §. 1557a ff.

Der Entwurf des Einführungsgesetzes schlägt im

Artikel 33

unter II vor, im Strafgesetzbuch den Absatz 2 des §. 55 wegfallen zu lassen. Der Wegfall ist nach Streichung des Absatzes 2 des §. 1643 nicht mehr angezeigt und deshalb die Nummer II des Artikels 33 zu beseitigen; die Redaktions-Kommission führte dies dadurch aus, daß sie den §. 55 Absatz 2 des Strafgesetzbuchs in etwas veränderter Fassung in den Artikel 33, II des Einführungsgesetzes einschob. Die Fassung geht dahin:

„II. Der §. 55 erhält folgende Fassung:

Wer bei Begehung der Handlung das zwölfte Lebensjahr nicht vollendet hat, kann wegen derselben nicht strafrechtlich verfolgt werden. Gegen denselben können jedoch nach Maßgabe der landesgesetzlichen Vorschriften die zur Besserung und Beaufsichtigung geeigneten Maßregeln getroffen werden. Die Unterbringung in eine Familie, Erziehungsanstalt oder Besserungsanstalt kann nur erfolgen, nachdem durch Beschluß des Vormundschaftsgerichtes die Begehung der Handlung festgestellt und die Unterbringung für zulässig erklärt ist.

In dieser Fassung gestattet der §. 35 die Unterbringung auch in einer Familie.

Artikel 35.

In III zu §. 108 der Gewerbeordnung wurden die Worte: — vergl. dazu den Bericht z. Einf.-Ges. auf S. 331. —

„Steht die gesetzliche Vertretung kraft elterlicher Gewalt dem Vater oder der Mutter zu und ist die Erklärung des Vertreters nicht zu beschaffen ꝛc."

ersetzt durch die Worte:

„Ist die Erklärung des gesetzlichen Vertreters nicht zu beschaffen."

Die Aenderung ist lediglich eine Folge des Beschlusses der Kommission zu §. 1661 des Bürgerlichen Gesetzbuches.

Im

Artikel 39,

welcher die nothwendigen Aenderungen des Gesetzes, betreffend die Eheschließung und die Beurkundung des Personenstandes von Bundesangehörigen im Auslande, vom 4. Mai 1870, vorsieht, wurde unter II. der §. 7 jenes Gesetzes in der Weise geändert, daß an Stelle der Worte

„und daß hierauf der Beamte die Ehe für geschlossen erklärt,"

die Worte treten:

„Der Beamte muß zur Entgegennahme der Erklärungen bereit sein."

Ebenso wurden in §. 7a die Worte:

„daß er kraft Gesetzes sie für rechmäßig verbundene Eheleute erkläre,"

durch die Redaktions-Kommission verändert in:

„daß sie kraft Gesetzes nunmehr rechtmäßig verbundene Eheleute seien."

In zweiter Lesung wurden sodann die Worte:

„kraft Gesetzes"

ersetzt durch die Worte:

„kraft dieses Gesetzes".

In §. 8a wurde Absatz 2 verändert wie folgt:

„Ist die Ehe in das Heirathsregister eingetragen worden und haben die Ehegatten nach der Eheschließung zehn Jahre oder, falls einer von ihnen vorher gestorben ist, drei Jahre als Ehegatten mit einander gelebt, so ist die Ehe als von Anfang an gültig anzusehen. Diese Vorschrift findet keine Anwendung, wenn bei dem Ablaufe der zehn Jahre oder zur Zeit des Todes des einen Ehegatten die Nichtigkeitsklage erhoben ist."

In

Artikel 45,

welcher die nothwendigen Aenderungen des Gesetzes über die Beurkundung des Personenstandes und die Eheschließung vom 6. Februar 1875 vorsieht, wurde in §. 44 das Wort:

„kann"

am Schlusse ersetzt durch das Wort:

„darf".

Diese Aenderungen sind sämmtlich Konsequenzen der Beschlüsse der Kommission zu §§. 1300, 1301 und 1307, beziehungsweise, was den Beschluß zu §. 44 anlangt, eine Folge aus §. 1303 in der Fassung der Vorlage.

Ferner wurden zu §. 55 dieses Gesetzes die Worte eingeschoben:

„oder ist nach §. 1557a des Bürgerlichen Gesetzbuchs die eheliche Gemeinschaft aufgehoben".

Auch diese Aenderung der Redaktions-Kommission ist lediglich eine Folge aus den Beschlüssen der Kommission zu §. 1557a des Bürgerlichen Gesetzbuchs.

Am Schlusse dieses §. 55 wurde sodann auf Beschluß der Kommission hinzugefügt:

„Wird die eheliche Gemeinschaft nach der Aufhebung wiederhergestellt, so ist dies auf Antrag am Rande zu vermerken."

Dieser Antrag schließt sich an den Beschluß der Kommission zu §. 1566a des Bürgerlichen Gesetzbuchs an.

Zu Artikel 134 vergleiche den Bericht zu §. 1643.

Die Redaktions-Kommission ergänzte in Absatz 1 die Verweisung auf §. 56 des Strafgesetzbuchs durch die Verweisung auf §. 55 und fügte in Absatz 2 hinter dem Worte:

„der Minderjährige"

noch die Worte ein:

„dessen Zwangserziehung angeordnet ist."

Beide Aenderungen dienen lediglich der größeren Deutlichkeit.

Artikel 200.

Die Redaktions-Kommission fügte in Absatz 1 die Worte hinzu:

„und die Aufhebung der ehelichen Gemeinschaft erfolgen"

und ebenso in Absatz 2 die Worte:

„oder auf Aufhebung der ehelichen Gemeinschaft".

Diese Zusätze sind lediglich eine Folge des Beschlusses zu §. 1557a des Bürgerlichen Gesetzbuches.

Artikel 203.

Die Worte:

„Abs. 3"

am Schlusse des Artikels wurden ersetzt durch die Worte:

„Abs. 2"

als Folge der Streichung des Absatzes 2 in §. 1643 des Bürgerlichen Gesetzbuchs, wodurch der frühere Absatz 3 zum Absatz 2 wurde.

Hiernach beantragt die Kommission:

Der Reichstag wolle beschließen:

1. dem vierten Buch des Entwurfs eines Bürgerlichen Gesetzbuchs „Familienrecht" in der aus der Zusammenstellung der Beschlüsse der XII. Kommission — ad Nr. 440 bis 440d der Drucksachen — ersichtlichen Fassung die verfassungsmäßige Genehmigung zu ertheilen;

2. die bei dem Reichstag eingegangenen bezüglichen Petitionen durch die Beschlußfassung zu dem Gesetzentwurf für erledigt zu erklären.

Auszug aus dem statistischen Handbuch für den Preußischen Staat. Bd. II S. 746.

Anlage I.

Mischehen und Ehen zwischen Blutsverwandten, 1876 bis 1890.

Staat	Unter je 1000 Eheschließungen befanden sich solche zwischen														
	evangelischen Männern und katholischen Frauen			katholischen Männern und evangelischen Frauen			christlichen Männern und jüdischen Frauen			jüdischen Männern und christlichen Frauen			Geschwisterkindern	Onkel und Nichte	Neffe und Tante
	1876 bis 1880	1881 bis 1885	1886 bis 1890	1876 bis 1880	1881 bis 1885	1886 bis 1890	1876 bis 1880	1881 bis 1885	1886 bis 1890	1876 bis 1880	1881 bis 1885	1886 bis 1890	1886 bis 1890		
1.	2.	3.	4.	5	6.	7.	8.	9.	10.	11.	12.	13.	14.	15.	16.
Preußen .	30,70	33,81	35,61	37,35	38,78	41,02	0,57	0,56	0,62	0,51	0,57	0,69	5,78	0,48	0,09

Daselbst S. 437.

Die Eheschließungen zwischen evangelischen und katholischen Personen, 1886 bis 1890.

Staat	Eheschließungen evangelischer Männer mit katholischen Frauen						Eheschließungen katholischer Männer mit evangelischen Frauen					
	1886	1887	1888	1889	1890	1891	1886	1887	1888	1889	1890	1891
1.	2.	3.	4.	5.	6.	7.	8.	9.	10.	11.	12.	13.
Preußen . .	7 932	7 976	8 414	8 838	8 883	9 350	9 058	9 256	9 733	10 030	10 354	10 804

Auszug aus der preußischen Statistik. S. XIV.

Die während der Jahre 1882 bis 1893 innerhalb der preußischen Landeskirche vorgekommenen evangelischen Trauungen.

Auf je 100 Eheschließungen entfielen Trauungen:

im Jahre	bei rein evangelischen Paaren	bei evangelischen Mischpaaren
1882	92,78	85,15
1883	92,22	86,41
1884	92,76	87,95

---

*) Zu Anlage I und II vgl. den Bericht zu dem zweiten Titel, Eingehung der Ehe im Eingang.

im Jahre	bei rein evangelischen Paaren	bei evangelischen Mischpaaren
1885	92,09	90,83
1886	92,42	91,09
1887	93,21	91,25
1888	93,04	91,06
1889	92,74	90,94
1890	92,65	91,34
1891	92,90	89,45
1892	93,25	91,02
1893	94,11	92,19

Während der Zeit von 1875 bis 1881 war die Trauungsziffer niedriger als in den letzten zwölf Beobachtungsjahren. Dieselbe betrug in den einzelnen Jahren von 1875 bis 1881 bei rein evangelischen Paaren 83,87 bezw. 85,71, 87,28, 88,26, 89,26, 89,98 und 91,46, bei evangelischen Mischpaaren dagegen 71,08 bezw. 76,38, 70,46, 78,36 80,79, 83,30 und 84,76 vom Hundert der bürgerlichen Eheschließungen. Hier 2c. 2c. ist also eine entschiedene Zunahme der kirchlichen Akte nachgewiesen.

Auszug aus dem Justiz-Ministerialblatt für die preußische Gesetzgebung und Rechtspflege.

Ehescheidungen in Preußen und Waldeck in den Jahren 1881 bis 1894.

Es wurde erkannt im Jahre	auf Ehescheidung
1881	2 329
1882	2 306
1883	3 577
1884	3 856
1885	3 902
1886	3 808
1887	3 999
1888	4 251
1889	3 994
1890	3 907
1891	4 273
1892	4 125
1893	4 247
1894	4 780
Zusammen . . .	53 354

Anlage II.

Auszug aus dem statistischen Jahrbuch der Stadt Berlin.

Statistik des Jahres 1892.

Die bis jetzt, also seit 1885, ausgezählten Scheidungsgründe lassen, soweit sie überhaupt zahlreich vertreten sind, eine gewisse Regelmäßigkeit der Zahlen erkennen.

Faßt man die sieben Jahre 1886/92 zusammen, so vertheilen sich die 5623 Scheidungsfälle folgendermaßen auf die Scheidungsgründe: a) Gegenseitige Einwilligung 1400 (248,9 Promille). — b) Ehebruch, beiderseitiger 148 (26,3), des Mannes allein 1039 (184,8), der Frau 745 (132,5); rechnet man diesen die Fälle hinzu, in welchen zwar Ehebruch als Scheidungsgrund von einer Partei geltend gemacht, die Ehe aber nicht deshalb geschieden ist, so erhöhen sich die Zahlen für beiderseitigen Ehebruch auf 309 (55,0), des Mannes allein 1063 (188,9), der Frau 767 (136,4). — c) Bösliche Verlassung von Seiten des Mannes 829 (147,4), der Frau 506 (90,0); diese Fälle erhöhen sich bei entsprechender Zurechnung auf 867 (154,0) und 615 (109,3). — d) Nachstellung, Mißhandlung, Gefährdung des Lebens und der Gesundheit zc., Beleidigung von Seiten des Mannes 306 (54,2), der Frau 59 (10,5); diese Fälle erhöhen sich bei entsprechender Zurechnung auf 378 (67,2) bez. 97 (17,3). — e) Verurtheilung des Mannes 165, bei Zurechnung der weiteren Fälle 173 (29,4 bez. 30,7), Verurtheilung der Frau 30 (50,3). — f) Versagung des Unterhalts oder Verarmung des Mannes 130 (23,1), bei Zurechnung zc. 137 (24,4). — g) Wahnsinn des Mannes 29 (5,2), der Frau 74 (13,2). — h) Unüberwindliche Abneigung des Mannes 61 (10,8), der Frau 31 (5,5) oder bei Zurechnung der sonstigen Fälle 65 bez. 39 (11,4 bez. 6,9). — i) Trunksucht oder unordentliche Wirthschaft des Mannes 46, der Frau 11, bei Zurechnung zc. 47 bez. 14 Fälle. — k) Versagung der ehelichen Pflicht von Seiten des Mannes 5, der Frau 9, bei Zurechnung zc. 12 bez. 13 Fälle. — l) Ekelhafte Krankheit oder Unvermögen des Mannes 5, der Frau 5, bei Zurechnung derjenigen, in welchen dieser Scheidungsgrund geltend gemacht, aber die Ehe nicht deshalb geschieden ist, 9 bez. 11 Fälle.

Auszug aus dem statistischen Jahrbuch
der Stadt Berlin.

Statistik des Jahres 1893.

In welchem Maße die Antheile der Ehescheidungsgründe erhöht werden, wenn man diejenigen Gründe hinzurechnet, welche zwar geltend gemacht, im Erkenntniß aber nicht enthalten sind, zeigt sich bei Vergleichung mit der Hauptsumme der letzten 9 Jahre — sie würden bei Doppelrechnung der kombinirten Fälle mit verschiedenen Ehescheidungsgründen noch eine weitere Erhöhung erfahren. Faßt man die 9 Jahre 1885/93 zusammen, so vertheilen sich die 7362 Scheidungsfälle folgendermaßen auf die Scheidungsgründe: a) Gegenseitige Einwilligung 1821 (247,3 Promille). — b) Ehebruch des Mannes 1585 (214,4), der Frau 1191 (132,5), einschließlich 220 Fälle beiderseitigen Ehebruchs (29,9); rechnet man diesen die Fälle hinzu, in welchen zwar Ehebruch als Scheidungsgrund von einer Partei geltend gemacht, die Ehe aber nicht deshalb geschieden ist, so erhöhen sich die Zahlen für Ehebruch des Mannes auf 1767 (240,0), der Frau auf 1414 (196,0), einschließlich 405 Fälle beiderseitigen Ehebruchs. — c) Bösliche Verlassung von Seiten des Mannes 1074 (148,6), der Frau 638 (86,7); diese Fälle erhöhen sich bei entsprechender Zurechnung auf 1124 (152,7) und 830 (112,7). — d) Nachstellung, Mißhandlung, Gefährdung des Lebens und der Gesundheit zc., Beleidigung von Seiten des Mannes 409 (55,5), der Frau 80 (9,5); diese Fälle erhöhen sich bei entsprechender Hinzurechnung auf 527 (71,6) bez. 142 (19,3). — e) Verurtheilung des Mannes 234, bei Zurechnung der weiteren Fälle 242 (31,8 bez. 32,9), Verurtheilung der Frau 39 bez. 40 (5,4). — f) Versagung des Unterhalts oder Verarmung des Mannes 167 (22,7), bei Zurechnung zc. 175 (23,8). — g) Wahnsinn des Mannes 39 (5,2), der Frau 92 (12,4). — h) Unüberwindliche Abneigung des Mannes 69 (9,4), der Frau 39 (5,3) oder bei Zurechnung der sonstigen Fälle 81 bez. 49 (11,0 bez. 6,6). — i) Trunksucht oder unordentliche Wirthschaft des Mannes 51, der Frau 14, bei Zurechnung zc. 53 bez. 15 Fälle. —

k) Versagung der ehelichen Pflicht von Seiten des Mannes 5, der Frau 12, bei Zurechnung rc. 9 bez. 18 Fälle. — l) Ekelhafte Krankheit oder Unvermögen des Mannes 6, der Frau 6, bei Zurechnung derjenigen, in welchen dieser Scheidungsgrund geltend gemacht, aber die Ehe nicht deshalb geschieden ist, 13 bez. 9 Fälle.

Fünftes Buch.

Erbrecht.

Die Ordnung des Erbrechts im Entwurf fand in der Kommission in allem Wesentlichen Billigung. Es sind nur einige wenige Bestimmungen grundsätzlicher Natur, welche Anstand gefunden haben.

Im

Ersten Abschnitt.

Erbfolge.

Zu

§. 1900

wurde beantragt:

In Absatz 1 vor die Worte: „Abkömmlinge" einzuschalten „die ehelichen oder unehelichen".

Der Antrag bezweckte die rechtliche Gleichstellung der ehelichen und unehelichen Kinder.

In Uebereinstimmung mit den zu dieser Frage bei Feststellung des Familienrechts, insbesondere zu Titel 4 des Zweiten Abschnittes von der Kommission gefaßten Beschlüssen (vergl. den Spezialbericht zum vierten Buch) wurde der Antrag gegen die Stimmen der beiden Antragsteller abgelehnt.

Auf Bedenken stieß der Vorschlag des

§. 1905,

welcher die gesetzliche Erbfolge mit der fünften Ordnung (den Ururgroßeltern) abschließen und über diese hinaus den Nachlaß dem Staat anheim fallen lassen will. Es wurde

1. sowohl in erster wie in zweiter Lesung der Antrag gestellt, den §. 1905 zu streichen, die gesetzliche Erbfolge also schon mit den Urgroßeltern und deren Abkömmlingen abzuschließen.

Es wurde geltend gemacht, daß der vom Entwurf bestimmte Erbfall, welcher die Erbschaft zwischen Ururgroßeltern und Ururenkeln beim Wegfall aller Zwischenglieder (die ihrerseits in den vorangegangenen Ordnungen zur Erbfolge berufen sein würden) voraussetze, kaum jemals praktisch werden würde.

Im Gegensatz dazu wurde andererseits die unbeschränkte Zulassung des Verwandtenerbrechts für nothwendig gehalten und

2. der Antrag gestellt:

„Gesetzliche Erben der fünften Ordnung und der folgenden Ordnungen sind die entfernteren Voreltern des Erblassers und deren Abkömmlinge. Der dem Grade nach nähere Vorfahre und dessen Abkömmlinge schließen den entfernteren und dessen Abkömmlinge aus; mehrere gleich nahe Vorfahren und deren Abkömmlinge erben zu gleichen Theilen."

Zur Begründung wurde geltend gemacht, daß, wenn eine solche weitere Ausdehnung des gesetzlichen Erbrechts auch thatsächlich nur selten zur Geltung kommen werde, es doch von um so größerer prinzipieller Bedeutung sei, die Verwandtschaft unbegrenzt zur Erbfolge zu berufen, wie dies auch der erste Entwurf des Gesetzbuchs vorgeschlagen habe, und wie dies im größten Theile Deutschlands zur Zeit noch Rechtens sei. Das preußische Landrecht, das sächsische Gesetzbuch und das bayerische Landrecht kennten eine Begrenzung des gesetzlichen Erbrechts nicht und ständen damit auf dem Boden voller Anerkennung der Blutsgemeinschaft. Diese selbst aber und nicht das Bewußtsein derselben müsse die Grundlage des gesetzlichen Erbrechts bilden, dessen wirthschaftliche Begründung auch darin gelegen sei, daß in jedem Vermögen, das sich in einer Familie ansammele, auch ein Stück Arbeit der Voreltern enthalten sei. Deshalb habe die ganze Familie ein Recht auf das Vermögen derselben. Die Aufstellung einer Grenze sei überhaupt nur aus Zweckmäßigkeitsgründen zu rechtfertigen und widerstreite zweifellos jedesmal dem vermutheten Willen des Erblassers; denn wenn es im Willen dieses gelegen haben würde, dem Staat sein Vermögen zu hinterlassen, so würde er in dieser Beziehung eine letztwillige Verfügung und wohl in der Regel in Verbindung mit einer Zweckbestimmung getroffen haben. Daher enthalte die Begrenzung des gesetzlichen Erbrechts eine Verletzung des Prinzips desselben, und auf dieser schiefen Ebene möchte kaum ein Halten sein. Es entstehe die Gefahr, daß die Vorstellung erwachse, es sei an das gesetzliche Erbrecht überhaupt die Axt zu legen, und damit würde sogar der Rechtsbegriff, wonach über das Vermögen letztwillig verfügt werden dürfe, ins Wanken gebracht werden können. Deshalb gelte hier das principiis obsta.

Seitens des Vertreters der verbündeten Regierungen wurde betont, daß gerade der Widerstreit der in den beiden vorliegenden Anträgen zum Ausdruck gelangten Anschauungen ein Beweis sei, daß der Entwurf die rechte Mitte gehalten habe. Der erste Entwurf des Bürgerlichen Gesetzbuchs habe die Beschränkung allerdings nicht gekannt; gerade dagegen aber hätte sich die Kritik in ganz überwiegendem Maße ausgesprochen; nur ein einziger Kritiker hätte sich auf den Standpunkt des ersten Entwurfs gestellt. Alle andern Kritiker, 16 an der Zahl, hätten die Beschränkung des gesetzlichen Erbrechts gefordert. Aehnlich hätte die Mehrheit der verbündeten Regierungen votirt. Wo zwischen dem Erblasser und dem gesetzlichen Erben 15 Elternpaare mit ihrer ganzen Descendenz weggefallen sein müßten, könne von Blutsgemeinschaft zwischen denselben kaum mehr die Rede sein. Deshalb müsse behauptet werden, daß gerade in der Aufstellung einer Grenze, innerhalb welcher das Bewußtsein solcher Gemeinschaft allein noch lebendig zu erhalten sei, eine Gewähr für die Erhaltung der Familie und zugleich ein Damm gegen die dem gesetzlichen Erbrecht etwa feindlichen sozialistischen Bestrebungen zu finden sei. Wo das Gesetzbuch, wie bei gewissen Akten der Vormundschaft, bei der Großjährigkeitserklärung, Entmündigung u. s. w. vor Erlaß von gerichtlichen Anordnungen die Anhörung der Verwandten ohne Begrenzung vorschreibe, sei doch der Natur der Sache nach dabei auch nur an solche Verwandte gedacht, welche noch im bewußten Zusammenhang unter einander ständen.

Auch aus der Kommission heraus wurde von verschiedenen Seiten dem Standpunkt des Entwurfs beigetreten und insbesondere geltend gemacht, daß mit der Ausschließung solcher Verwandten von der Erbfolge, bei welchen das Bewußtsein eines Familienzusammenhangs nicht mehr vorausgesetzt werden dürfe, unnütze Erbschaftsprozesse, die meist zum Ruine derjenigen, welche nicht nachweisbare Ansprüche verfolgten, dienten, vermieden werden würden.

Diesen Gründen gegenüber wurde aber mit Nachdruck geltend gemacht, daß den auflösenden Tendenzen gegenüber, welche sich in heutiger Zeit gegen den Familienverband richteten, garnicht genug von der Gesetzgebung zur Befestigung und Erhaltung desselben geschehen könne. Die Richtung der in dieser Beziehung erfreulicherweise schon eingeleiteten Schutzgesetzgebung, wie solche mit der Einführung des Höferechts und des Anerbenrechts in die Wege geleitet sei, und deren Tendenz auch aus der Initiative der Bevölkerung in der Einrichtung von Familienstiftungen und Familientagen Förderung erfahre, müsse auch durch die Beseitigung jeder Grenze für das gesetzliche Erbrecht befestigt werden.

Die Heranziehung dieser letzteren Argumente wurde in der Kommission als unzutreffend bezeichnet, da es bei den genannten Einrichtungen nur auf eine Befestigung der männlichen Erbfolge im Grundbesitz und auf eine Erhaltung des Namens und Ansehens der Familie abgesehen sei.

Von einer Seite wurde hervorgehoben: erkenne man ein gesetzliches Erbrecht an, so sei der richtige Standpunkt der, die zum Unterhalt Verpflichteten für erbberechtigt zu erachten. Das Prinzip der Blutsverwandtschaft sei ein falsches. Stelle man sich auf dasselbe, so müsse man auch ein unbedingtes Erbrecht der unehelichen Kinder anerkennen. Eine richtigere Grundlage erhielte der Entwurf, wenn wenigstens die alimentationsverpflichteten Verbände (Gemeinden, Armen-Verbände) als erbberechtigt anerkannt würden.

Die Kommission erklärte sich mit 11 gegen 8 Stimmen für den Wegfall der Begrenzung des gesetzlichen Erbrechts und gab dem Gedanken redaktionell in dem Beschluß Ausdruck, welcher den

§. 1905

dahin zu fassen vorschlägt:

„Gesetzliche Erben der fünften Ordnung und der ferneren Ordnungen sind die entfernteren Voreltern des Erblassers und deren Abkömmlinge.

Die Vorschriften des §. 1904 Absatz 2, 3 finden entsprechende Anwendung."

Der zweite Absatz bringt zum Ausdruck, daß in der fünften und in jeder ferneren Ordnung das Gleiche zu gelten hat wie in der vierten Ordnung, während der Antrag, daß die nähere Ordnung der entfernteren vorgehe, sich aus §. 1906 ergiebt. Dieser Beschluß wurde auch in der zweiten Lesung aufrecht erhalten.

Anfechtung fand sodann die Vorschrift des

§. 1907

des Entwurfs, welche über das gesetzliche Erbrecht des überlebenden Ehegatten bestimmt. In der Beziehung lag ein auf eine Beschränkung dieses Erbrechts abzielender Antrag vor, welcher in erster Lesung diese Form hatte:

„Der überlebende Ehegatte des Erblassers ist zu einem Viertheil der Erbschaft als gesetzlicher Erbe berufen, gleichviel, ob er neben Verwandten der ersten oder zweiten Ordnung zur Erbschaft gelangt. Neben Verwandten dritter und vierter Ordnung ist er zur Hälfte der Erbschaft berechtigt. Sind keine Verwandten der ersten bis vierten Ordnung vorhanden, so erhält der überlebende Ehegatte die ganze Erbschaft."

Der Antrag bezweckte den Vorschlag des Entwurfs, der schon neben Verwandten der zweiten Ordnung, also neben Eltern und deren Abkömmlingen den überlebenden Ehegatten zur Hälfte berufen will, abzuschwächen und auch neben diesen, insbesondere neben Geschwistern den Ehegatten nur einen Viertheil erben zu lassen.

Der Antragsteller begründete seine Vorschläge mit dem Interesse, das ebenso sehr der Gerechtigkeit wie dem wirthschaftlichen Interesse entspreche, das Vermögen möglichst in der Familie zu erhalten, in der es erworben worden, und den Uebergang desselben in die Familie des anderen Ehegatten zu erschweren oder zu verhüten, wo nicht wirklich überwiegende Gründe dies unabwendlich machten. Auf eine Verkürzung und wirthschaftliche Beeinträchtigung des überlebenden Ehegatten sei es dabei nicht abgesehen. Diese auszuschließen würde sich am meisten eine möglichst ausgedehnte Nutznießung des Vermögens des Erblassers seitens der überlebenden Ehegatten empfehlen, wenn dadurch nicht Schwierigkeiten für die spätere Auseinandersetzung erwüchsen. Deshalb sei allerdings die Ueberlassung einer Quote der Substanz der Erbschaft an den überlebenden Ehegatten unerläßlich. Es liege aber im Interesse der Ehegatten selbst, deren gesetzliche Erbquote nicht zu hoch zu bestimmen, da andernfalls die Folge sein würde, daß durch letztwillige Verfügungen die pflichtmäßige Sorge für die Erhaltung des Vermögens in der Familie zu noch größerem Schaden des überlebenden Ehegatten Erfüllung suchen und finden möchte.

Seitens des Vertreters der verbündeten Regierungen wurde geltend gemacht, daß es in dieser Frage gelte, das Interesse des überlebenden Ehegatten mit dem konkurrirenden Interesse der Familie am besten zu vereinigen. Die vorgeschlagene Verkürzung des Erbrechts des Ehegatten würde — abgesehen vom Geltungsgebiet des französischen Rechts — das in Deutschland bestehende Recht zu Ungunsten des überlebenden Ehegatten verändern. Dafür müßten denn doch schwer wiegende Gründe geltend gemacht werden; die hervorgehobenen seien von jeher nicht nur gegen das Erbrecht der Ehegatten, sondern auch gegen das Institut der Gütergemeinschaft betont, ohne doch die Rechtssitte des deutschen Volks in dieser Beziehung bestimmt zu haben. Wesentlich kämen dieselben auch nur da in Betracht, wo große Vermögensunterschiede zwischen den Ehegatten vorhanden seien; das aber sei nicht die Regel. In der weit überwiegenden Mehrzahl der Fälle sei die wirthschaftliche Lage der Ehegatten bei Eingehung der Ehe eine gleiche, und was als Nachlaß beim Tode eines derselben vorhanden sei, sei meist das Resultat gemeinschaftlichen Zusammenwirkens beider Ehegatten. Danach entspreche der Entwurf, welcher bei gleichzeitiger Erbschaft des Ehegatten und von Geschwistern des Vorverstorbenen halbpart mache, der Natur der Sache. Eine weitere Theilung des Nachlasses mit entfernteren Verwandten widerspreche der Volksanschauung, die entsprechend der neueren Rechtsentwickelung durchweg auf eine Verbesserung der erbrechtlichen Stellung des Ehegatten gerichtet sei.

Entgegen diesen Ausführungen wurde die Ueberlassung lebenslänglichen Nießbrauchs des hinterlassenen Vermögens seitens des überlebenden Ehegatten als das dem Wesen der Ehe am besten entsprechende Prinzip auch in der Kommission vertreten, ohne daß indeß ein darauf gerichteter Antrag gestellt wurde. Jedenfalls — so wurde geltend gemacht — entspreche dieses Prinzip am besten der Erhaltung des wirthschaftlichen status quo des Ehestandes; jede Theilung der Substanz bringe Schwierigkeiten mit sich, die besser vermieden würden.

Das Letztere wurde bestritten; auch der Nießbrauch bringe rechtliche Schwierigkeiten mit sich. Auf eine Verkümmerung des im größten Theile von Deutschland bestehenden thatsächlichen Rechtszustandes zum Nachtheil des überlebenden Ehegatten müsse in jedem Falle verzichtet werden, da das Rechtsbewußtsein sich einer solchen durch umfassenderen Gebrauch der Testirfreiheit widersetzen würde. Auch wurde darauf hingewiesen, daß lebenslänglicher Nießbrauch des überlebenden Ehegatten bei beerbter Ehe zu ganz außerordentlichen wirthschaftlichen Härten führen könne, da er die wirthschaftliche Selbstständigkeit der Kinder selbst bis in ein höheres Alter hinein zu verhindern geeignet sei. Er könnte in dieser Beziehung wirthschaftlich geradezu gemeinschädlich wirken. Mit Nachdruck wurde von einer Seite betont, daß der Entwurf dem überlebenden Ehegatten nur das Minimum dessen gewähre, was die Rechtsüberzeugung der großen Mehrheit des Volkes wolle; diese verlange, daß der überlebende Ehegatte vor Noth bewahrt bleibe.

Regierungsseitig wurde für den Entwurf auch noch geltend gemacht, daß die Frage nicht nur nach erbrechtlichen, sondern auch nach eherechtlichen Gesichtspunkten entschieden werden müsse, und hier glaube der Entwurf dem ethischen Charakter der Ehe mehr entsprochen zu haben, als der vorgelegte Abänderungsantrag dies thue.

Letzteres wurde vom Antragsteller bestritten. Der Entwurf stelle sich übrigens keineswegs auf den Standpunkt des Halbparts in der Konkurrenz des Ehegatten mit Geschwistern des Erblassers; denn er lasse dem hinterbliebenen Ehegatten das eigene Vermögen ganz und gebe ihm noch dazu die Hälfte des Vermögens des Erblassers. Gerade für kleine Vermögen empfehle sich der Abänderungsvorschlag, da die Besitzer von großen Vermögen sich durch Testament, Ehevertrag und dergleichen Verfügungen zu helfen wüßten. Fideikommissarische oder ähnliche Anordnungen aber reichten für den Zweck, das Vermögen in der Familie zu erhalten, aus der es stamme, schon darum nicht aus, weil solche Verfügungen jedesmal zugleich eine verschiedene Behandlung der Abkömmlinge des Verfügenden bedingen.

Die Kommission lehnte den Abänderungsantrag ab.

In der zweiten Lesung nahm der Antragsteller den Antrag in der Form auf, daß er vorschlug, den §. 1907 so zu fassen:

„Der überlebende Ehegatte des Erblassers ist neben Verwandten der ersten Ordnung zu einem Viertheile, neben Verwandten der zweiten und dritten Ordnung zur Hälfte der Erbschaft als gesetzlicher Erbe berufen.

Sind keine Verwandten der ersten bis dritten Ordnung vorhanden, so erhält der überlebende Ehegatte die ganze Erbschaft."

In dieser Form sollte mit Annahme des Antrages der Vorzug beseitigt werden, welchen der Entwurf dem überlebenden Ehegatten im Verhältniß zu den Abkömmlingen von Großeltern des Erblassers einräumt. Das Verhältniß von Großeltern und von Abkömmlingen derselben zu dem überlebenden Ehegatten sollte in Bezug auf das Erbrecht in den Nachlaß des Erblassers gleichgestellt werden.

Der Antragsteller erklärte, indem er im Uebrigen seinem sachlichen Standpunkt entsprechend die Ausführungen in erster Lesung festhielt, daß er mit dem neuen Vorschlage den Anschauungen der Kommissionsmehrheit soweit entgegenkomme, als dies mit seiner prinzipiellen Auffassung von dem Rechte der Familie an deren Vermögen vereinbar sei. Dem Erbrechte des Ehegatten eine weitere Ausdehnung im Gesetze zu geben, würde illusorisch sein, da testamentarische Verfügungen dasselbe doch in der großen Mehrzahl der Fälle ausschließen würden.

Der Antrag fand in der Kommission Billigung auch unter dem Gesichtspunkte, daß er sich in formeller Uebereinstimmung mit der prinzipiellen erbrechtlichen Ordnung des Entwurfs insofern befinde, als dieser in der dritten Ordnung die Abkömmlinge der Großeltern und die Großeltern zu Erben beruft.

Regierungsseitig und seitens der Mehrheit der Kommission wurde indessen geltend gemacht, daß über die Gesichtspunkte formeller Uebereinstimmung des Entwurfs doch diejenigen materieller Gerechtigkeit Berücksichtigung erheischten. Es sei aber nicht wohl zu bestreiten, daß, wo nicht durch letztwillige Verfügungen etwas Anderes zum Ausdruck gebracht sei, anzunehmen sei, daß dem Erblasser der Ehegatte näher gestanden habe als Onkel und Tante und deren Abkömmlinge, und daß es also auch dem zu vermuthenden Willen desselben entspreche, wenn der Entwurf jenem die Erbschaft vor diesen zuweisen wolle. Neben der ganzen Tendenz der Rechtsentwicklung, welche auf eine Verbesserung des Erbrechts der Ehegatten gerichtet sei, falle dafür auch ins Gewicht, daß der Antrag für einzelne Landestheile — Sachsen und Oldenburg — im Gegensatz dazu eine Verschlechterung des bestehenden Rechts für den Ehegatten herbeiführen würde.

Das Letztere wurde nicht für durchschlagend gehalten gegenüber der anderen Thatsache, daß der Entwurf für den größten Theil Deutschlands erhebliche Verbesserungen des Erbrechts der Ehegatten bezwecke.

Die Kommission lehnte indessen den Antrag auch in der beschränkten Form ab und empfiehlt die unveränderte Annahme des §. 1907.

§. 1909.

Die Kommission schlägt hier eine lediglich redaktionelle Abänderung vor, welche einerseits darauf beruht, daß in Folge der Beseitigung der Scheidung wegen Wahnsinns (§. 1552) eine Ehe überhaupt nur noch wegen Verschuldens geschieden werden kann, mithin die Worte „wegen Verschuldens des Ehegatten" überflüssig sind, andererseits darauf, daß im §. 1557a die Klage auf Aufhebung der ehelichen Gemeinschaft neben der Klage auf Scheidung zugelassen ist.

Eine weitere Erörterung knüpfte sich an den Vorschlag des fiskalischen Erbrechts im

§. 1912.

Es wurde der Abänderungsantrag gestellt:

„Ist zur Zeit des Erbfalls weder ein Verwandter noch ein Ehegatte des Erblassers vorhanden, so ist die Gemeinde, in welcher der Erblasser seinen letzten Wohnsitz gehabt hat, gesetzlicher Erbe. Hat der Erblasser in mehreren Gemeinden zuletzt einen Wohnsitz gehabt, so ist jede dieser Gemeinden zu gleichem Antheil zur Erbschaft berufen.

Hat der Erblasser in keiner Gemeinde einen Wohnsitz gehabt oder wird von der Gemeinde die Erbschaft ausgeschlagen, so ist der Fiskus des Bundesstaates, dem der Erblasser zur Zeit des Todes angehört hat, gesetzlicher Erbe. Hat der Erblasser mehreren Bundesstaaten angehört, so ist der Fiskus eines jeden dieser Staaten zu gleichem Antheil zur Erbschaft berufen.

War der Erblasser ein Deutscher, der keinem Bundesstaate angehörte, so ist der Reichsfiskus gesetzlicher Erbe.“

Der Antragsteller machte geltend, daß die Gemeinde, in welcher der Erblasser seinen Wohnsitz gehabt, demselben jedenfalls näher stehe als der Staat.

Seitens der verbündeten Regierungen wurde ausgeführt: insoweit eine solche Rechtsanschauung thatsächlich Platz greife, lasse der Artikel 137 des Einführungsgesetzes derselben Raum, da die landesgesetzlichen Vorschriften, nach welchen an Stelle des Fiskus eine Körperschaft, Stiftung oder Anstalt des öffentlichen Rechts gesetzlicher Erbe sei, aufrecht erhalten bleiben sollten. Das subsidiäre Erbrecht des Staates sei aber von jeher in Deutschland Rechtens gewesen und der Staat jedenfalls dasjenige Reservoir, in welchem erblose Vermögen der Allgemeinheit am meisten zu Gute kommen. Ein Erbrecht der Gemeinden würde dem subsidiären gesetzlichen Erbrecht zu enge Grenzen ziehen und würde zu einer Bevorzugung nicht nur der Städte vor den Gemeinden des platten Landes, sondern auch der in günstiger Lage befindlichen Städte, denen ohnehin aus dem Zuzug Fremder Vortheile erwachsen, vor anderen Städten führen. Uebrigens sei das sogenannte fiskalische Privilegium meist ein privilegium odiosum, da es meist kleinere Erbschaften seien, welche demselben anheimfielen und hier mit demselben die Verpflichtung der Liquidirung des Nachlasses ohne entsprechendes Entgelt zusammenfiele, ganz abgesehen von den Erbschaften, die Niemand haben wolle, weil sie überschuldet seien.

Aus der Kommission wurde bestritten, daß bei dem durch die heutigen wirthschaftlichen Verhältnisse bedingten vielfachen Wechsel des Wohnsitzes sich zwischen den Gemeinden und den Bürgern derselben, abgesehen von einzelnen Fällen, nähere Beziehungen bildeten als zwischen dem Staat und seinen Bürgern.

Von einer Seite wurde beantragt, das gesetzliche Erbrecht denjenigen Gemeinden zuzuwenden, in welchen der Erblasser seinen letzten gesetzlichen Unterstützungswohnsitz gehabt habe. Damit würden zugleich die in dem Abänderungsantrag hervorgehobenen Schwierigkeiten eines mehrfachen Wohnsitzes des Erblassers vermieden.

Die Kommission lehnte die gestellten Abänderungsanträge ab und empfiehlt die Annahme des §. 1912 mit der redaktionellen Abänderung, welche sich aus dem beschlossenen Wegfall der Begrenzung des gesetzlichen Familienerbrechts ergiebt.

Zum

Zweiten Abschnitt.

Rechtliche Stellung der Erben.

Erster Titel.

Annahme und Ausschlagung der Erbschaft. Fürsorge des Nachlaßgerichts.

wurde der Vorschlag des §. 1918 Abs. 1, wonach die Erbschaft von Gesetzeswegen auf den berufenen Erben übergehen soll, in Bezug auf die Gefahren einer Erörterung unterzogen, welche sich daraus sowohl für den Erben wie für die Erbschaftsgläubiger ergeben könnten. Indeß wurde ein Antrag in dieser Beziehung nicht gestellt und fanden die Vorschläge des Entwurfs Billigung.

Eine andere Erörterung knüpfte sich an die Frage amtlicher Fürsorge für den Nachlaß, und es wurde erwogen, ob sich nicht eine Sicherung desselben in weiterem Umfange, als der Entwurf eine solche (insbesondere im §. 1936) vorschreibt, empfehle. Auch verschiedene Petitionen haben auf diesen Punkt die Aufmerksamkeit des Reichstages gelenkt.

Der Entwurf nimmt den Standpunkt ein, daß eine amtliche Nachlaßfürsorge nur da angebracht sei, wo ein besonderes Bedürfniß dafür an den Tag trete, ein Gedanke, welcher auch an anderen Stellen des Entwurfs durchgeführt ist.

Seitens der verbündeten Regierungen wurde bemerklich gemacht, daß die amtliche Nachlaßbehandlung enge mit der Volksanschauung zusammenhänge. In Süddeutschland sei man allerdings an eine weitgehende amtliche Nachlaßfürsorge gewöhnt, in Mittel- und Norddeutschland würde man dagegen in einem amtlichen Einschreiten zum Zwecke derselben auch da, wo keinerlei Bedürfniß dafür zu erkennen wäre, einen nicht zu rechtfertigenden Eingriff in Privatverhältnisse und eine große Belästigung empfinden. Eine solche würde auch in der That eintreten, da in der großen Mehrzahl der Erbfälle ein amtliches Eingreifen überflüssig sei. Uebrigens gewähre auch in dieser Beziehung das Einführungsgesetz (Artikel 139) der Landesgesetzgebung Raum, weitergehende Rechtsgewohnheiten zu schützen.

Gegenüber dem aus der Kommission geltend gemachten Bedenken, daß ohne amtliche Inventur des Nachlasses dem Erben oder Nachlaßbesitzer die Möglichkeit gegeben sei, denselben zu schädigen, wurde geltend gemacht, daß auch die amtliche Inventur keinen absoluten Schutz gegen unredliches Verhalten des Erben oder Nachlaßbesitzers gewähre. Wenn aber von der amtlichen Inventur des Nachlasses im Allgemeinen abgesehen werde, dann bleibe nichts anderes übrig, als mit den nothwendigen Verwaltungshandlungen den Erben zu betrauen. Der Entwurf begrenze diese Verwaltung im §. 1935 durchaus der Sachlage entsprechend.

In der Kommission fand die Stellung des Entwurfs Billigung, und es wurde hervorgehoben, daß in Bayern die Gesetzgebung neuerdings schon gegen die Belästigung der ausgedehnten Nachlaßinventur Remedur habe eintreten lassen, indem sie wenigstens für Nachlässe von geringem Werthe zur Kostenersparniß Erleichterungen eingeführt habe. Die bestehende amtliche Nachlaßbehandlung in Württemberg hänge damit zusammen, daß man dort überhaupt noch in patriarchalisch-büreaukratischen Vorstellungen tief gewurzelt sei; übrigens würden auch aus Württemberg Klagen gegen den Umfang dieser Inventurverpflichtung laut.

Die Vorschriften des betreffenden Abschnittes des Entwurfs (§§. 1918—1942) fanden Billigung.

Zum

Zweiten Titel.

Haftung des Erben für die Nachlaßverbindlichkeiten.

I. Nachlaßverbindlichkeiten.

wurde von zwei Seiten die Pflicht einer erweiterten Fürsorge für solche Personen angeregt, welche in häuslicher Gemeinschaft mit dem Erblasser gelebt und dadurch bei dessen Tode plötzlich oft in eine für sie bedenkliche Veränderung ihrer wirthschaftlichen Verhältnisse, ja mitunter geradezu in Noth versetzt würden.

Es lagen aus dieser Erwägung zwei Anträge vor:

a) „Personen, welche mit dem Erblasser bis zu seinem Tode in häuslicher Gemeinschaft lebten und auf seine Kosten unterhalten wurden, sind befugt, bis zum dreißigsten Tage nach dem Tode des Erblassers in dem Gebrauch der Wohnung und des für sie nothwendigen Hausrathes zu bleiben, auch den erforderlichen Unterhalt für Rechnung der Erbschaft zu beziehen."

b) „Familienangehörige des Erblassers, die bis zu seinem Tode in häuslicher Gemeinschaft mit ihm gelebt haben und von ihm unterhalten worden sind, sind befugt bis zum dreißigsten Tage nach seinem Tode in dem Gebrauch der Wohnung und des für sie nothwendigen Hausrathes zu bleiben und den erforderlichen Unterhalt in bisheriger Weise aus dem Nachlaß zu beziehen."

Der Antragsteller des ersten allgemeineren Vorschlages stützte sich zur Begründung auf den Umstand, daß eine solche Bestimmung in dem sächsischen Gesetzbuche enthalten sei. Dieselbe werde durch das Bedürfniß begründet, den erwähnten Personen, welche im Haushalt des Erblassers bei dessen Tode sich befinden, vorläufig Unterhalt zu geben, bis dieselben die Möglichkeit gefunden, ihre Verhältnisse anderweit zu ordnen.

Der Antragsteller des zweiten Vorschlages, der unter Anerkennung des Bedürfnisses mit dem Urheber des ersten Antrags zusammenstimmte, erklärte, die Berechtigung desselben doch nur innerhalb des Familienkreises des Erblassers anerkennen zu können; wo Personen im Haushalt des Erblassers auf Grund von bestimmten Vertragsverhältnissen sich aufgehalten hätten, da müsse für die Lösung dieses Verhältnisses auch das Vertragsverhältniß die bestimmende Norm abgeben.

Seitens des Vertreters der verbündeten Regierungen wurde mitgetheilt, daß die betreffende Bestimmung des sächsischen Rechtes der Judikatur wenig Anlaß gegeben habe, sich damit zu beschäftigen. Wo dies der Fall gewesen sei, habe dieselbe die Einschränkung derselben in feste Grenzen im Interesse des Rechtes für erforderlich erachtet. Es sei ausgesprochen worden, daß die gesetzliche Vorschrift zu einer Beeinträchtigung der Rechtsansprüche der Gläubiger keinesfalls führen dürfe, und also die Personen, zu deren Gunsten das Gesetz bestimmt habe, in jedem Falle hinter die Ansprüche der Nachlaßgläubiger zurückzutreten hätten. Andererseits sei auch entschieden worden, daß der vom Gesetz eingeräumte Anspruch nur ein persönliches Schuldverhältniß gegen die Erben begründe, und es sei sogar zweifelhaft geworden, ob der Anspruch nicht auf solche Familienangehörige zu beschränken sei, welchen ein Rechtsanspruch an den Erblasser zugestanden habe. Die verbündeten Regierungen hätten es daher nicht für ersprießlich gehalten, einem so kontroversen lokalen Rechte die Ausdehnung auf das Reich zu geben. Selbst in der Beschränkung auf den Kreis der Familienangehörigen sei es bedenklich, eine Bestimmung zu treffen, welche geeignet sei, denjenigen Familienangehörigen, welche sich beim Tode des Erblassers im Haushalt desselben befunden haben, einen unbedingten Vorzug vor den anderen Familienangehörigen zu gewähren.

Nachdem der erste Antrag zu Gunsten des zweiten zurückgezogen worden war, fand dieser letztere in der Kommission Annahme, und dieselbe empfiehlt, ihn in das Gesetz in folgender in der zweiten Lesung gebilligten Fassung als §. 1944a dahin lautend einzufügen:

„§. 1944a.

Der Erbe ist verpflichtet, Familienangehörigen des Erblassers, die zur Zeit des Todes des Erblassers zu dessen Hausstande gehört und von ihm Unterhalt bezogen haben, in den ersten dreißig Tagen nach dem Eintritte des Erbfalls in demselben Umfange, wie der Erblasser es gethan hat, Unterhalt zu gewähren und die Benutzung der Wohnung und der Haushaltsgegenstände zu gestatten. Der Erblasser kann durch letztwillige Verfügung eine abweichende Anordnung treffen.

Die Vorschriften über Vermächtnisse finden entsprechende Anwendung."

II. Aufgebot der Nachlaßgläubiger.

§. 1948.

Dem §. 1948 Absatz 1 schlägt die Kommission vor, den Satz hinzuzufügen:

„Der Erbe hat jedoch den ausgeschlossenen Gläubiger vor den Verbindlichkeiten aus Pflichttheilsrechten, Vermächtnissen und Auflagen zu befriedigen, es sei denn, daß der Gläubiger seine Forderung erst nach der Berichtigung dieser Verbindlichkeiten geltend gemacht."

Diesem Beschlusse liegen folgende Erwägungen zu Grunde: Der Erbe kann nach §. 1948 Absatz 1 die Befriedigung eines im Aufgebotsverfahren ausgeschlossenen Nachlaßgläubigers insoweit verweigern, als der Nachlaß durch die Befriedigung nicht ausgeschlossener Gläubiger erschöpft wird. Nach §. 1947 werden Pflichttheilsberechtigte, Vermächtnißnehmer und Auflageberechtigte von dem Aufgebote nicht betroffen; sie haben also kraft Gesetzes die Stellung nicht ausgeschlossener Gläubiger. Die Pflichttheilsberechtigten, Vermächtnißnehmer und Auflageberechtigten würden in Folge dessen, wenn Gläubiger des Erblassers im Aufgebotsverfahren sich nicht gemeldet haben und demgemäß ausgeschlossen worden sind, vor diesen zu befriedigen sein. Das entspricht nicht der Stellung der Pflichttheilsberechtigten, Vermächtnißnehmer und Auflageberechtigten; ihnen steht ein Recht überhaupt nur dann und insoweit zu, wenn und inwieweit von dem Nachlasse nach der Befriedigung der Gläubiger des Erblassers und der Berichtigung der sonstigen Nachlaßverbindlichkeiten etwas übrig bleibt. Mit Rücksicht hierauf ist bereits die mit der Revision des Entwurfs betraute Kommission davon ausgegangen, daß in das Gesetz, betreffend die Anfechtung 2c., vom 21. Juli 1879 als §. 3a eine Vorschrift des Inhalts aufzunehmen sei:

„Hat der Erbe aus dem Nachlasse Pflichttheilsansprüche, Vermächtnisse und Auflagen erfüllt, so kann ein Nachlaßgläubiger, der im Konkursverfahren über den Nachlaß dem Empfänger der Leistung im Range vorgeht oder gleichstehen würde, die Leistung in gleicher Weise anfechten, wie eine unentgeltliche Verfügung des Erben.

Eine nach den §§. 1948, 1949, 1964 des Bürgerlichen Gesetzbuchs eingetretene Beschränkung des Rechts des Gläubigers bleibt außer Betracht, wenn der Gläubiger dem Empfänger der Leistung im Range vorgehen würde."

Es ist aber nicht bloß, wie im Absatz 2 dieser Vorschrift geschehen, der Fall ins Auge zu fassen, daß der ausgeschlossene Gläubiger des Erblassers sich erst zu einer Zeit meldet, zu welcher der Nachlaß bereits vollständig ausgeschüttet ist, sondern auch der Fall, daß der betreffende Gläubiger seine Forderung alsbald nach dem Ausschlußurtheile und noch vor der Erfüllung von Pflichttheilsansprüchen, Vermächtnissen oder Auflagen den Erben gegenüber geltend macht. In diesem Falle muß der Erbe verpflichtet sein, den Gläubiger trotz des Ausschlusses vor den Pflichttheilsberechtigten, Vermächtnißnehmern und Auflageberechtigten zu befriedigen. Es könnte diesen das Geleistete ohnehin ja sofort wieder abgefordert werden.

Die vorgeschlagene Regelung schließt übrigens in sich, daß die im Aufgebotsverfahren ausgeschlossenen Nachlaßgläubiger — abweichend von dem in der Anlage II der Denkschrift in Aussicht genommenen §. 205i der Konkursordnung — von der Liquidation im Konkurse nicht ausgeschlossen werden. Der Ausschluß beruht (Motive zum Bürgerlichen Gesetzbuch Bd. V S. 651, 652) auf Gründen, die für die gegenwärtige Gestaltung des Entwurfs nicht mehr zutreffen.

Zu

§. 1949

wurde erwogen, daß die im Absatz 1 des §. 1949 aufgestellte Voraussetzung für den Ausschluß von Nachlaßgläubigern, welche ihre Forderungen später als fünf Jahre nach dem Erbfall anmelden, daß nämlich ein Aufgebotsverfahren nicht stattfindet, zu eng sei. Die Vorschrift soll nach ihrer offensichtlichen Tendenz nicht bloß dann gelten, wenn es zu einem Aufgebotsverfahren überhaupt nicht gekommen ist, sondern in Ansehung der im §. 1947 bezeichneten Verbindlichkeiten aus Pflichttheilsberechtigungen, Vermächtnissen und Auflagen auch dann, wenn ein — dieses nicht berührendes — Aufgebotsverfahren stattgefunden hat. Diese Tendenz der Vorschrift schlägt die Kommission vor, dadurch klarer zum Ausdruck zu bringen, daß unter Streichung des Einganges am Schlusse des Absatz 1 Satz 1 die Worte eingefügt sind: „oder im Aufgebotsverfahren angemeldet worden ist". Es ist damit klargestellt, daß, abgesehen von den im Absatz 2 bezeichneten und den dem Erben bekannten Gläubigern, nur diejenigen Nachlaßgläubiger nicht getroffen werden, die in einem stattgefundenen Aufgebotsverfahren ihre Forderungen anmelden konnten und angemeldet haben.

Der Satz 2 des Absatz 1 trägt für den Fall Vorsorge, daß der Erblasser in Verschollenheit geräth und für todt erklärt wird. Nach §. 18 ist nicht ausgeschlossen, daß der Erblasser auf Grund der Todeserklärung als zu einem Zeitpunkte gestorben angesehen wird, der fünf Jahre oder noch längere Zeit zurückliegt. Da mit diesem Zeitpunkt auch der Erbfall als eingetreten gilt, so wäre denkbar, daß die fünf Jahre, innerhalb deren eine Forderung zur Vermeidung der Beschränkung des §. 1949 gegen den Erben geltend gemacht werden muß, zur Zeit des Ergehens der Todeserklärung bereits verstrichen sind, ohne daß die Forderung gegen den Erben, der zwar erst mit der Todeserklärung, aber dann zugleich ex tunc Erbe wird, überhaupt hätte geltend gemacht werden können. Der Fall wird zwar selten praktisch werden, da die Gläubiger des Verschollenen in der ganzen Zwischenzeit sich an den für den Verschollenen bestellten Abwesenheitspfleger (§. 1887) halten können und halten werden; immerhin dürfte eine Uebergehung des Falles im Gesetze nicht räthlich sein. Dagegen ist eine weitere Kasuistik, insbesondere die Hereinziehung der Möglichkeit nicht am Platze, daß es bei der Verschollenheit des Erblassers zur Todeserklärung nicht kommt, vielmehr im Laufe des Verfahrens der Zeitpunkt des wirklichen Todes ermittelt wird und dieser Zeitpunkt fünf Jahre oder längere Zeit zurückliege. Sollte der Fall wirklich einmal vorkommen, so wird die Jurisprudenz, zumal gegenüber dem Satz 2, das Richtige treffen.

Als weiteren Absatz (2) empfiehlt die Kommission hinzuzufügen:

> „Die dem Erben nach §. 1948 Absatz 1 Satz 2 obliegende Verpflichtung tritt im Verhältnisse von Verbindlichkeiten aus Pflichttheilsrechten, Vermächtnissen und Auflagen zu einander nur insoweit ein, als der Gläubiger im Fall des Nachlaßkonkurses im Range vorgehen würde."

Was zu Gunsten der im Aufgebotsverfahren ausgeschlossenen Nachlaßgläubiger bestimmt wird, soll nach Absatz 2 des §. 1909 auch für diejenigen Nachlaßgläubiger gelten, die den ausgeschlossenen Gläubigern gleichstehen. Dabei ist zu berücksichtigen, daß zu den Gläubigern der letzteren Art auch Pflichttheilsberechtigte, Vermächtnißnehmer und Auflageberechtigte gehören können, und daß diesen, wenn es der Fall ist, das Recht auf vorgehende Befriedigung nur eingeräumt werden kann, soweit sie im Fall des Nachlaßkonkurses eine solche Befriedigung vor den übrigen beanspruchen könnten. Nach den für den Nachlaßkonkurs in Aussicht genommenen Bestimmungen (Anlage II zur Denkschrift, §. 205k der Konkursordnung) gehen die Pflichttheilsberechtigten den Vermächtnißnehmern und Auflageberechtigten vor; ebenso gehen Vermächtnißnehmer und Auflageberechtigte anderen Vermächtnißnehmern und Auflageberechtigten vor, wenn der Erblasser dies angeordnet hat (§. 2163).

Mit dieser Maßgabe empfiehlt die Kommission die Annahme des zweiten Titels in den Abschnitten

I. Nachlaßverbindlichkeiten.

II. Aufgebot der Nachlaßgläubiger.

III. Beschränkung der Haftung des Erben.

§. 1966.

Der §. 1966 regelt den Fall näher, daß die Anordnung der Nachlaßverwaltung oder die Eröffnung des Nachlaßkonkurses wegen Mangels einer den Kosten entsprechenden Masse nicht thunlich ist oder aus diesem Grunde die Nachlaßverwaltung aufgehoben oder das Konkursverfahren eingestellt wird. Von einer Anwendung des §. 1955 auf die Verantwortlichkeit der Erben kann da nicht die Rede sein.

Auch zu Abschnitt

IV. Inventarerrichtung. Unbeschränkte Haftung des Erben.

sind sachliche Ausstellungen nicht zu machen gewesen. Nur wird besserer Redaktion halber empfohlen, in

§. 1988

an Stelle der Worte: „auch dann“ zu setzen: „jedoch“.

Abschnitt

V. Aufschiebende Einreden.

ist unbeanstandet geblieben.

Desgleichen

Dritter Titel.

Erbschaftsanspruch.

Im

Vierten Titel.

Mehrheit von Erben.

I. Rechtsverhältniß der Erben untereinander.

wurde zum

§. 2017,

welcher vom Rechte der Miterben handelt, die Auseinandersetzung über den Nachlaß zu verlangen, ein Antrag gestellt, die Bestimmung hinzuzufügen:

„Die Auseinandersetzung muß durch das Gericht erfolgen, wenn ein Erbe darauf anträgt oder bevormundete Erben dabei betheiligt sind.“

Eine solche Bestimmung befindet sich im sächsischen Gesetzbuch, und der Antragsteller bemerkte, daß sie sich zur Vermeidung von Erbstreitigkeiten sehr zweckmäßig erwiesen habe, besonders rathsam aber für die Fälle sei, wo unmündige Erben mit in Frage kämen. Sie erscheine nothwendig, da der Entwurf des Gesetzbuches die in Sachsen bisher nicht zu Recht bestehende Solidarhaft der mehreren Erben gegen die Gläubiger einführe. Uebrigens habe auch der erste Entwurf des Gesetzbuchs in seinem §. 2156 eine solche Bestimmung enthalten.

Der Vertreter der verbündeten Regierungen erklärte, daß der zweite Entwurf die angeführte Bestimmung des ersten darum nicht übernommen habe, weil dieselbe ihre Erledigung finden solle durch das in Vorbereitung befindliche Gesetz über die freiwillige Gerichtsbarkeit. Soweit aber die gerichtliche Auseinandersetzung wegen der Betheiligung unmündiger Erben wünschenswerth sei, könne man dem Vormund es überlassen, eine solche zu beantragen.

Mit Rücksicht auf diese Bemerkungen zog der Antragsteller seinen Antrag zurück.

Anstand fand der Vorschlag des

§. 2024,

der von der Bestimmung des Werthes handelt, zu welchem einer der Miterben unter den dort bestimmten Voraussetzungen ein zum Nachlaß gehöriges Landgut zu übernehmen berechtigt sein soll.

Es wurde beantragt,

dem §. 2024 folgende Fassung zu geben:

„Hat der Erblasser angeordnet, daß einer der Miterben das Recht haben soll, ein zum Nachlaß gehöriges Landgut zu übernehmen, so steht dem Uebernehmer die Wahl zu, ob er das Landgut zum Ertragswerth oder Schätzungswerth zu übernehmen hat.

Der Ertragswerth bestimmt sich nach dem Reinertrag, den das Landgut innerhalb der letzten fünf Jahre thatsächlich gewährt hat oder nach seiner bisherigen wirthschaftlichen Bestimmung bei ordnungsmäßiger Bewirthschaftung nachhaltig gewähren kann. Den Schätzungswerth bestimmt der zwanzigfache Betrag des ermittelten Reinertrags."

Der Antragsteller machte zur Begründung desselben geltend, daß die gerichtlichen Ertragstaxen meist zu hoch ausfielen, wie sich daraus ergebe, daß dieselben beim Verkauf der Landgüter kaum jemals erreicht würden. Auch der Ertragswerth, wie der Absatz 2 des §. 2024 denselben bestimmt habe, gehe über den thatsächlichen Ertrag des Gutes hinaus. Dieser aber müsse entscheiden, denn wenn auch vielleicht der thatsächliche Ertrag durch Schuld des Erblassers hinter demjenigen zurückgeblieben sein möchte, der bei angemessener Bewirthschaftung des nachgelassenen Guts möge zu erzielen gewesen sein, so würde dem Gutsübernehmer nach dem beantragten Maßstabe doch darum kein unberechtigter Vortheil zufließen, weil die Erzielung besserer Erträge jedenfalls erst durch vermehrte Aufwendungen von seiner Seite wieder würde erreicht werden können. Uebrigens würde der zweite Absatz des Gesetzesvorschlags jedenfalls einer Ergänzung darüber bedürfen, zu welchem Prozentsatz der ermittelte Reinertrag kapitalisirt werden solle.

Der Vertreter der verbündeten Regierungen machte darauf aufmerksam, daß der gestellte Abänderungsantrag der Vorschrift des Entwurfs einen ganz anderen Inhalt geben wolle; während der Entwurf nur bezwecke, dem erklärten Willen des Erblassers, wo derselbe unklar zum Ausdruck gelangt sei, einen bestimmten Auslegungsinhalt zu geben, ziele der Abänderungsantrag darauf ab, dem Erben eine alternativ-decisive Entscheidung zu geben. Der Vorschlag des Entwurfs entspreche der allgemein herrschenden wirthschaftlichen Sitte. Die Ermittelung des Ertragswerthes habe der Entwurf in Ermangelung eines allgemein zutreffenden Anhalts der sachverständigen Würdigung im einzelnen Falle überlassen, unbeschadet des im Artikel 136 des Einführungsgesetzes den Einzelstaaten vorbehaltenen Rechts, generelle Grundsätze in dieser Hinsicht aufzustellen.

Aus der Kommission wurde diesen Ausführungen hinzugefügt, daß der Abänderungsantrag durch die Heranziehung des thatsächlichen Reinertrags während der letzten fünf Jahre vor dem Tode des Erblassers zufälligen Umständen einen unzulässigen Spielraum eröffne und der ganze Vorschlag überhaupt einer mißbräuchlichen Begünstigung einzelner Erben Thür und Thor öffne.

Die Kommission lehnte den Vorschlag ab und empfiehlt die unveränderte Annahme des §. 2024.

Im

§. 2030

wurde zur besseren Klarstellung des Inhalts desselben der Zusatz zum ersten Absatz beschlossen:

„soweit dieser den Miterben zukommt, unter denen die Ausgleichung stattfindet."

Die Abkömmlinge sind nach §. 2025 nur unter einander zur Ausgleichung verpflichtet. Es kann daher auch der Werth der Zuwendungen, die sie einzuwerfen haben, nur demjenigen Theil des Nachlasses hinzugerechnet werden, der auf sie entfällt. Anderenfalls würden durch die Hinzurechnung auch die Erbtheile betheiligter Nichtdescendenten erhöht.

Mit diesen Maßgaben wird die Annahme des ganzen Abschnitts I „Rechtsverhältniß der Erben unter einander" empfohlen.

Im Abschnitte

II. Rechtsverhältniß zwischen den Erben und den Nachlaßgläubigern.

ergab sich die vorgeschlagene Aenderung des

§. 2035 Nr. 2

als eine Folge der beschlossenen Aenderung des §. 1949.

In Erörterung wurde schließlich bei diesem Titel, ohne übrigens einen Antrag zu stellen, noch das Verhältniß gezogen, in welches der Erbe durch die Verpflichtung, die Vermächtnisse zu bezahlen, dann kommt, wenn er nach Berichtigung derselben und der Schulden des Nachlasses für sich nichts mehr übrig behalten würde. Es wurde geltend gemacht, daß er dann eigentlich nur in die Lage eines beschwerten Geschäftsbesorgers fremder Angelegenheiten komme, und daß für solche Geschäftsbesorgung es angezeigt sein möchte, ihm eine angemessene Vergutung, wenn auch nicht als Erbtheil zuzuweisen, da andernfalls sich die Erbschaftsausschlagungen in nicht wünschenswerther Weise mehren würden.

Seitens der Regierungsvertreter wurde dagegen geltend gemacht: Das römische Recht habe bekanntlich dem Erben den Vermächtnißnehmern gegenüber ein Recht auf ein Viertheil der Erbschaft gegeben (Quarta Falcidia). Im preußischen Landrecht sei der Gedanke des römischen Rechts noch insofern festgehalten worden, als im Falle der Erschöpfung des Nachlasses durch Vermächtnisse dem Erben eine billige Vergütung zugebilligt wird. Die neuern Gesetzgebungen hätten jedoch davon abgesehen. Jede Vorschrift dieser Art sei rein positiv. Sie würde sich nur rechtfertigen lassen, wenn wirklich ein Bedürfniß vorliege. Die Sucht, Freunde und sonstige Personen auf Kosten der Erben mit großen Vermächtnissen zu bedenken und dadurch die Erbschaft zu erschöpfen, entspreche nicht deutscher Sitte und Art, und wenn ein solcher Fall vorkomme, so habe dies besonderen Grund und sei dann mit der Pietät des Erben zu rechnen. Eine Vermehrung der Erbschaftsausschlagungen habe sich in den Gebieten, denen solche Bestimmungen fremd seien, nicht ergeben. Außerdem fehle jeder zutreffende Maßstab für eine angemessene Vergütung des Erben.

Bei dem

Dritten Abschnitt.

Testament.

Erster Titel.

Allgemeine Vorschriften.

mußte aus denselben Gründen, die oben bei §. 1909 für die daselbst vorgeschlagene Aenderung angeführt sind, die gleiche Aenderung des

§. 2052

erfolgen.

Der

Zweite Titel.

Erbeinsetzung.

gab zu Ausstellungen keinen Anlaß.

Dagegen schlägt die Kommission zum

Dritten Titel.

Einsetzung eines Nacherben.

zunächst eine anderweite Redaktion des zweiten Satzes des

§. 2076

vor, welche schärfer zum Ausdrucke bringt, daß es sich dabei um einen Fall der sogenannten Konversion handelt. Es steht nichts entgegen, die Einsetzung eines zur Zeit des Erbfalls noch nicht Erzeugten zum Erben auch dann als Nacherbeinsetzung zu behandeln, wenn der Erblasser zunächst der Meinung war, der Eingesetzte solle Erbe, nicht Nacherbe werden.

Zu

§. 2083

wird eine Aenderung des zweiten Absatzes desselben vorgeschlagen, weil die Fassung des Entwurfs nicht den Fall trifft, daß ein erst nach dem Eintritte des Erbfalls erzeugter und geborener Nacherbe vor dem Eintritte des Falles der Nacherbfolge stirbt. Das Recht des Nacherben muß aber auch in diesem Falle vererblich sein, sofern nicht ein anderer Wille des Erblassers erkennbar ist.

Der Absatz 1 Satz 2 des

§. 2100

erledigt sich gegenüber der beschlossenen allgemeinen Vorschrift des §. 250a Satz 2 zum Recht der Schuldverhältnisse.

Eine neue Vorschrift beantragt die Kommission in diesen Titel einzuschalten als

§. 2114a

dahin lautend:

> Der Vorerbe ist auch nach dem Falle des Eintritts der Nacherbfolge zur Verfügung über Nachlaßgegenstände in dem gleichen Umfange wie vorher berechtigt, bis er von dem Eintritte Kenntniß erlangt oder ihn kennen muß. Ein Dritter kann sich auf diese Berechtigung nicht berufen, wenn er bei der Vornahme eines Rechtsgeschäfts den Eintritt der Nacherbfolge kennt oder kennen muß.

Diese Vorschrift erscheint im Interesse des Vorerben und im Interesse des Verkehrs geboten. Nach §. 2114 hört der Vorerbe auf, Erbe zu sein, sobald der Fall der Nacherbfolge eintritt. Der Vorerbe erfährt aber vielfach nicht sofort den Eintritt des Falles, namentlich nicht bei bedingten Nacherbeinsetzungen. Alle Verfügungen über die Erbschaft, die der Vorerbe nach dem Eintritte des Falles in Unkenntniß des Erlöschen seines Rechtes vorgenommen hat, würden in Folge des §. 2114 unwirksam sein. Dem vorzubeugen liegt um so mehr Anlaß vor, als in ähnlichen Fällen so verfahren wird — §. 1407 Absatz 1 (Beendigung der Verwaltung des Ehemanns; für die Gütergemeinschaft vergl. §. 1455 Absatz 1 Satz 2, §. 1480 Absatz 2, §. 1529 Absatz 1, 3, §. 1532), §. 1658 (Vater), §. 1869 Absatz 1 (Vormund).

Vierter Titel.

Vermächtniß.

Fünfter Titel.

Auflage.

Sechster Titel.

Testamentsvollstrecker.

gaben in der Kommission zu einer Diskussion und Ausstellung keinen Anlaß und werden daher zu unveränderter Annahme empfohlen.

Eine lebhafte Verhandlung knüpfte sich dagegen an den

Siebenten Titel.

Errichtung und Aufhebung eines Testaments.

Der Entwurf schlägt hier über die Form, in welcher Testamente zu errichten sein sollen, in

§. 2205

vor:

„Ein Testament kann in ordentlicher Form nur vor einem Richter oder einem Notar errichtet werden."

Dazu lagen zwei Abänderungsvorschläge vor:

a) den §. 2205 Abs. 1 dahin zu fassen:

„Ein Testament kann in ordentlicher Form sowohl vor einem Richter oder einem Notar als auch eigenhändig errichtet werden."

und im Anschluß daran durch einen neuen Paragraphen zu bestimmen:

„Zur Errichtung eines eigenhändigen Testaments ist erforderlich, daß der Erblasser die Verfügung ihrem ganzen Umfange nach eigenhändig schreibt, datirt und mit seinem Namen unterzeichnet."

b) den §. 2205 in folgender Weise zu fassen:

„Ein Testament kann in ordentlicher Form vor einem Richter oder einem Notar oder eigenhändig errichtet werden. Der Richter muß einen Gerichtsschreiber oder zwei Zeugen, der Notar muß zwei Zeugen zuziehen. Das eigenhändige Testament muß von der Hand des Erblassers durchaus geschrieben und unterzeichnet, auch mit Ort, Tag und Jahr versehen sein. Das eigenhändige Testament kann an einer zur Verwahrung von Testamenten zuständigen Stelle abgegeben werden."

Die Antragsteller führten zur Begründung aus: die von ihnen vorgeschlagene erleichterte Form für die Errichtung von Testamenten sei Rechtens in den romanischen Ländern, in Oesterreich, Baden und in der bayerischen Pfalz sowie im Gebiete des rheinischen Rechts; es handle sich also nur um die Beibehaltung einer bereits seit 90 Jahren auch in Theilen Deutschlands schon eingebürgerten Form, an welche sich die Bevölkerung dieser Landestheile gewöhnt habe und in Bezug auf welche in ihrem Geltungsbereich besondere Nachtheile nicht hervorgetreten seien. Es liege jedenfalls kein Grund vor, die Wohlthat dieser durch Bequemlichkeit und Billigkeit sich auszeichnenden Form denjenigen, welche sich bereits im rechtlichen Genuß derselben befänden, zu entziehen, da nur beabsichtigt sei, diese Form neben die strengeren des Entwurfs treten zu lassen und dieselbe Niemandem aufgedrängt werden solle, dem der Gebrauch derselben nicht anstehe. Die Form sei insbesondere bei den kleinen Leuten beliebt und ihre erleichterte Anwendung sichere, daß überhaupt letztwillige Verfügungen leichter getroffen würden und damit der Wille, über den Nachlaß letztwillig zu verfügen, vollkommener zum Ausdruck komme. Die schwereren Formen, welche der Entwurf vorschreibe, wirkten auf den Entschluß, letzwillig zu verfügen, hindernd ein und ließen ihn oft überhaupt nicht zur Reife kommen. Ebenso hinderten sie, in diesen Formen errichtete Testamente unter veränderten Verhältnissen dem gewandelten Willen des Testators entsprechend zu ändern, und führten damit die Nothwendigkeit herbei, daß vielfach der Erbgang nach veralteten testamentarischen

Dispositionen eintreten müsse, welche auf die Verhältnisse zur Zeit des Todes des Erblassers nicht mehr paßten, von diesem zu dieser Zeit deshalb gar nicht mehr gewollt wären und lediglich in rechtlicher Geltung geblieben wären, weil der Erblasser nicht dazu gekommen wäre, seinen Willen anderweit rechtsgiltig zu erklären.

Der Antragsteller zu b erklärte, daß er, um dem Bedenken derer entgegenzukommen, welche aus der vorgeschlagenen erleichterten Form für Testamente Gefahren befürchten, die Möglichkeit eröffnen wolle, auch die privatschriftlichen Testamente an einer für die Verwahrung zuständigen Stelle niederzulegen.

Seitens der Vertreter der verbündeten Regierungen wurde beantragt, es bei den strengeren Formen des Entwurfs für Testamente bewenden zu lassen. Dieselben entsprächen doch dem im größten Theile Deutschlands geltenden Rechte. Neben den in dieser Beziehung von dem Entwurfe vorgeschlagenen Formen bestände wohl auch noch in gewissem Umfange ein Privattestament zu Recht, aber der Geltungsbereich des beantragten reinen holographischen Testaments sei nur der beschränkte im Geltungsgebiet des französischen und badischen Rechtes. Die vom Entwurf vorgeschlagenen feierlichen Formen der Errichtung vor Gericht oder vor einem Notar gewährten unbestreitbar größere Garantien gegen die Gefahr der Beeinflussung letztwillig Verfügender durch Dritte, gegen Unterdrückung der Testamente, gegen Unterschiebung und Fälschung derselben, gegen Nachahmung der Handschriften der letztwillig Verfügenden; sie erleichterten auch den Beweis betreffs der Willenserklärungen des Testators und seien geeignet, dadurch Prozesse zu verhüten; vor allem verbürgten sie eine größere Reife des Entschlusses des Testators, dem sie zugleich die Gelegenheit eröffneten, sich in der Erklärung seines Willens vor Rechtsverständigen in der Besprechung mit denselben über den Inhalt seines Willens klarer zu werden. Dies führe insbesondere dazu, daß die letztwillig Verfügenden sich ernstlicher auch darüber schlüssig machten, ob und inwieweit es wirklich in ihrer Absicht liegt, mit ihren Verfügungen von der in der deutschen Rechtssitte wurzelnden gesetzlichen Erbfolgeordnung abzuweichen oder nicht. Wenn der Entwurf des Bürgerlichen Gesetzbuches für nöthig gehalten habe, für mannigfache Rechtsgeschäfte unter Lebenden wegen deren Bedeutung eine feierliche Form vorzuschreiben, so empfehle sich dies ganz besonders für so folgenschwere, oft weit in die Zukunft hinausreichende Verfügungen wie diejenigen von Todes wegen. Um dieser Vorzüge der feierlicheren Formen willen hätten sich selbst hervorragende Kritiker des Entwurfs aus denjenigen Landestheilen, in welchen die beantragte leichtere Form Rechtens und in Uebung sei, mit dem Vorschlag des Entwurfs einverstanden erklärt. Die unbestreitbaren Eigenschaften der gewollten leichten Form — Bequemlichkeit und Billigkeit — seien nicht immer Vorzüge, und es sollte die Entscheidung über die Einführung dieser Form daher um so ernstlicher erwogen werden, als die genannten Eigenschaften derselben verleiten könnten, derselben eine immer größere Verbreitung zu geben und sie schließlich vielleicht zur allgemeinen Form zu machen. Auch von dem Sicherheitsventil, welches der Antrag b in der Möglichkeit der Niederlegung privatschriftlicher Testamente biete, um die angedeuteten Gefahren zu mildern, möchte in der Praxis nur wenig Gebrauch gemacht werden.

Die Vertreter der Königlich bayerischen und der Großherzoglich badischen Regierung erklärten, abweichend von diesen Ausführungen, daß ihre Regierungen im Bundesrath einen anderen Standpunkt eingenommen hätten; dieselben besorgten von der Zulassung des privatschriftlichen Testaments keine Gefahr; diese Form letzwilliger Verfügungen sei, wie ihr gewachsenes Geltungsgebiet in der Kulturwelt beweise, doch dasjenige der Zukunft.

Seitens des Bevollmächtigten der Großherzoglich badischen Regierung wurde mitgetheilt, daß die Einführung dieser Form in Baden zu Anfang des Jahrhunderts, obwohl es damals mit dem Lesen und Schreiben bei der Bevölkerung des Landes noch ziemlich schlecht bestellt gewesen sei, doch keine Schwierigkeiten hervorgerufen habe, und daß, wenn die nun allgemein in die Rechtssitte eingebürgerte Form wiederum beseitigt werden sollte, die Gefahr erwachsen würde, daß in der Uebergangszeit, bis die Bevölkerung sich an die neuen strengeren Formen gewöhnt haben würde, zahlreiche letzwillige Verfügungen rechtsungültig getroffen werden möchten. Daraus aber könnten große Schädigungen erwachsen, ebenso aus der sich erhebenden Beweisfrage, ob ein Privattestament wirklich noch unter dem alten Rechte errichtet sei.

Indes fanden die Vorschläge des Entwurfs auch in der Kommission lebhafte Vertheidigung. Es wurde im Interesse der Rechtsordnung für nothwendig gehalten, daß für so bedeutsame, in die Zukunft hinausreichende, oft tief in das Recht und die Verhältnisse der Familie eingreifende Anordnungen seitens der letztwillig über ihr Vermögen Verfügenden der Wille des Testators mit allen Garantien der Wohlüberlegtheit, der Sicherheit und der Klarstellung umgeben werde. Es gelte, den Testator nicht nur gegen Dritte, sondern gewissermaßen auch gegen sich selbst, das heißt gegen auf ihn eindringende zeitweilige Eindrücke und Stimmungen sicher zu stellen. Dazu diene es aber, wenn er durch die gesetzlichen Formen, in welchen er seinen Willen festzulegen habe, an rechtsverständigen Rath gewiesen sei, und sich für seine Willenserklärung vorbereiten müsse. Mit der Forderung der dafür unerläßlichen Formen werde mit Nichten die Freiheit der Willensbestimmung derer verkümmert, welche an leichte Formen gewöhnt seien. Wer im Gegensatz zur gesetzlichen Ordnung des Rechtes, welche zweifellos in der allgemeinen deutschen Rechtssitte begründet sei, nach seinem Belieben über sein Vermögen über sein Leben hinaus verfügen wolle, dem sei dies gerade im allgemeinen Interesse nicht zu erleichtern.

Die Freunde und Vertreter der privatschriftlichen Form des Testaments erachteten diese Erwägungen als solche, welche doch wesentlich aus der Theorie geschöpft seien. Die mit der beanstandeten Form gemachten praktischen Erfahrungen widerlegten diese theoretischen Bedenken, wie denn im Bezirk des Oberlandesgerichtes zu Köln, wo das holographische Testament seit lange Rechtens und in Uebung sei, viel mehr Prozesse über den Rechtsbestand und die Auslegung notarieller Testamente anhängig geworden seien als solche, welche sich an privatschriftliche Testamente angeknüpft hätten. Gerade die ausgesprochene Voraussetzung, daß bei allgemeiner Einführung der privatschriftlichen Form dieselbe sich immer weiter ausdehnen und möglicherweise die allgemeine werden würde, beweise doch, daß für diese Form ein Bedürfniß spreche.

Dieser letzteren Ausführung wurde mit dem Bemerken begegnet, daß, was als Anreiz zu wirken vermöge, darum mit nichten schon ein Bedürfniß markire.

Schließlich wurde noch ein Argument für die gewünschte erleichterte Form der Testamente aus der Bestimmung des Entwurfs des Gesetzbuchs (§. 1351) abgeleitet, wonach durch letztwillige Verfügung einer Ehefrau zugewendetes Vermögen nur dann Vorbehaltsgut derselben sein soll, wenn der Erblasser in seiner letztwilligen Verfügung dies ausdrücklich bestimmt hat.

Mit 12 gegen 8 Stimmen beschloß die Kommission in erster Lesung die Einführung des privatschriftlichen Testaments zu empfehlen.

In zweiter Lesung wurde noch einmal die Festhaltung der Bestimmungen des Entwurfs, d. h. der von demselben in §. 2205 bestimmten strengeren Form für die Testamente beantragt.

Es wurden die dafür in erster Lesung geltend gemachten Gründe wiederholt und zur Verstärkung derselben noch hervorgehoben, daß nur die strengen Formen eine zuverlässige Feststellung ergäben, daß der Testator seine letztwilligen Verfügungen in voller Zurechnungsfähigkeit getroffen habe. Auch hätten gerade die Erfahrungen, welche im Geltungsgebiete der strengen Testamentsformen mit den hier innerhalb bestimmter Grenzen nebenher zugelassenen kodizillarischen Verfügungen gemacht worden seien, das Bedenkliche solcher privatschriftlichen Anordnungen erwiesen. Die zur Beschwichtigung der geltend gemachten Bedenken vorgeschlagene Zulassung einer Niederlegung der privatschriftlichen Testamente an einer öffentlichen Stelle habe keinen Werth, wenn sie nicht wenigstens obligatorisch gemacht werde.

Die Kommission hielt indessen ihren Beschluß erster Lesung aufrecht und empfiehlt danach, den §. 2205 dahin zu fassen, — welche Form sich die Antragsteller zu a und b aneigneten —:

§. 2205.

„Ein Testament kann in ordentlicher Form errichtet werden:

1. vor einem Richter oder vor einem Notar;
2. durch eine von dem Erblasser unter Angabe des Ortes und Tages eigenhändig geschriebene und unterschriebene Erklärung."

Als Konsequenz davon ergiebt sich die Nothwendigkeit der Einschaltung zweier neuer Paragraphen:

§. 2205a.

Für die Errichtung eines Testaments vor einem Richter oder vor einem Notar gelten die Vorschriften der §§. 2205b bis 2218.

§. 2205b.

Zur Errichtung des Testaments muß der Richter einen Gerichtsschreiber oder zwei Zeugen, der Notar einen zweiten Notar oder zwei Zeugen zuziehen.

sowie die in den

§§. 2207, 2208, 2209, 2210, 2215, 2218

vorgeschlagenen Aenderungen stilistischer Natur.

Zu §. 2218 war der Antrag gestellt:

im ersten Absatz die Worte

„in Gegenwart der übrigen mitwirkenden Personen und des Erblassers"

zu streichen.

Der Antragsteller fand in dem Erforderniß der Anwesenheit der genannten Personen auch bei der amtlichen Versiegelung der vor Gericht oder vor einem Notar erklärten letztwilligen Verfügung ein überflüssiges und zeitraubendes Erforderniß. Seitens der verbündeten Regierungen und aus der Kommission wurde aber die Beibehaltung der Vorschrift des Entwurfs im Interesse der Geheimhaltung der getroffenen letztwilligen Verfügungen für wünschenswerth gehalten.

Die Kommission lehnte den Antrag ab.

Einzufügen in das Gesetzbuch empfiehlt die Kommission die Vorschriften:

§. 2218a.

Wer minderjährig ist oder Geschriebenes nicht zu lesen vermag, kann ein Testament nicht nach §. 2205 Nr. 2 errichten.

§. 2218b.

Ein nach §. 2205 Nr. 2 errichtetes Testament ist auf Verlangen des Erblassers in amtliche Verwahrung zu nehmen. Die Vorschrift des §. 2218 Abs. 2 findet Anwendung.

Der erste Vorschlag will minderjährige oder solche Personen, welche Geschriebenes nicht lesen können, zu deren eigenem Schutze an die strengeren Testamentsformen binden und also von der holographischen Testamentsform ausschließen; der zweite entspricht dem oben zu dem Antrag b zu §. 2205 begründeten Wunsche, die gegen das privatschriftliche Testament bestehenden Bedenken dadurch einigermaßen zu mildern, daß die Möglichkeit eröffnet wird, dasselbe an einer amtlichen Stelle niederzulegen.

Auch für die

§§. 2219, 2220, 2221 und 2222

ergab sich die Nothwendigkeit redaktioneller Aenderungen, da die von dem Entwurf hier vorgesehenen außerordentlichen Testamentsformen für die darin bezeichneten Nothfälle sich insoweit erübrigen, als nach den Vorschlägen der Kommission das privatschriftliche Testament die Bedeutung einer ordentlichen Testamentsform erhält und die Möglichkeit gewährt, auch in jenen Nothfällen in der ordentlichen Form Rechtens von Todeswegen zu verfügen.

Aus diesem Grunde ergiebt sich auch die Streichung der

§§. 2223, 2224, 2225, 2227 Satz 2, 3

sowie des

Artikel 140 des Einführungsgesetzes

da den im Auslande angestellten Gesandten und Berufskonsuln nunmehr auch im Auslande die ordentliche Testamentsform für letztwillige Verfügungen zu Gebote steht und sich Bestimmungen über eine beschränkte rechtliche Wirksamkeit kodizillarischer handschriftlicher Anordnungen neben in feierlichen Formen errichteten Testamenten erübrigen.

Die zu

§. 2229

vorgeschlagenen Fassungsänderungen sind nothwendig, um für den Widerruf letztwilliger Verfügungen klare Bestimmungen gegenüber der beschlossenen Erweiterung der Testamentsformen zu treffen. Da die Hinterlegung privatschriftlicher Testamente in das Ermessen des Verfügenden gestellt ist, so kann auch die Rückforderung eines solchen Testaments aus der amtlichen Verwahrung auf deren Gültigkeit nicht wohl von Einfluß sein. Es muß dies gegenüber der Bedeutung solcher Rücknahme bei den in gerichtlicher oder notarieller Form errichteten Testamenten ausgesprochen werden.

An den

Achten Titel.

Gemeinschaftliches Testament.

und den

Vierten Abschnitt.

Erbvertrag.

knüpfte sich in der Kommission keine Diskussion.

Es mußte nur in §. 2240 durch eine redaktionelle Aenderung die Konsequenz der Einführung der privatschriftlichen Testamentsform auch für das gemeinschaftliche Testament der Ehegatten gezogen werden und in den

§§. 2257 und 2263

die Uebereinstimmung mit der sonstigen Sprechweise des Entwurfs herbeigeführt werden.

Dagegen bedürfen die Vorschläge des

Fünften Abschnitts.

Pflichttheil.

in den

§§. 2288, 2289

größerer Klarstellung.

Dem §. 2288 liegt der Gedanke zu Grunde, daß der Pflichttheilsberechtigte eine Zuwendung unter Lebenden auf den Pflichttheil sich nur dann anrechnen zu lassen hat, wenn der Erblasser solche Anrechnung bei der Zuwendung ausdrücklich angeordnet hat.

Daraus ist nicht angänglich, die Anrechnung einer unter Lebenden vollzogenen Schenkung auf den Todesfall dem Pflichttheilsberechtigten schlechthin zur Pflicht zu machen (Absatz 1 Satz 1). Die dem Entwurf zu Grunde liegende Annahme, daß der Erblasser die Anrechnung einer solchen Schenkung immer gewollt habe, unterliegt Bedenken. Es erscheint richtiger, die Umstände des Falles entscheiden zu lassen. Die Auslegungsregel des Satzes 2 des Absatzes 1 der Vorlage geht ebenfalls zu weit. Dieselbe entstammt dem ersten Entwurf, der insofern auf einem anderen Standpunkte stand, als nach ihm die Abkömmlinge sich die im Falle einer gesetzlichen Erbfolge bei der Theilung zur Ausgleichung zu bringenden Zuwendungen anrechnen lassen sollten.

Deshalb empfiehlt die Kommission eine veränderte Fassung des Absatzes 1 des §. 2288. Die im Absatz 3 desselben vorgeschriebene Anwendbarkeit der §§. 2027, 2028 ist, wie der Inhalt ergiebt, gegenstandslos und entfällt die Nothwendigkeit des Citats derselben.

Der §. 2289 behandelt nicht die Frage, was sich ein pflichttheilsberechtigter Abkömmling auf den Pflichttheil anrechnen zu lassen habe — das steht im §. 2288 —, sondern er erläutert den im §. 2276 Absatz 1 Satz 2 enthaltenen Satz, wonach der Pflichttheil in der Hälfte des Werthes des gesetzlichen Erbtheils besteht, näher dahin, daß unter Abkömmlingen der Berechnung des Pflichttheils der gesetzliche Erbtheil in der Gestaltung zu Grunde gelegt wird, die er im Falle der gesetzlichen Erbfolge unter Berücksichtigung der Einwerfungsposten nach den für die Ausgleichungspflicht geltenden Grundsätzen (§§. 2025f.) erhält. Die Vorschrift bezweckt, das, was der Erbe zur Deckung der Pflichttheilsansprüche herauszugeben hat, unter die pflichttheilsberechtigten Abkömmlinge gerecht zu vertheilen. Beispiele mögen dies näher darlegen:

I. Nachlaß = 20000.

Sohn 1 (S') 8000 Ausstattung, Sohn 2 (S") 2000 Ausst. — A Erbe. Nach §. 2289 gestaltet sich, unter der Voraussetzung, daß der Erbe A ein Fremder ist, die Berechnung des Pflichttheils für die auf den Pflichttheil beschränkten S' und S" so:

S' Erbtheil: $\frac{20000 + 8000 + 2000}{2} = 15000 - 8000 = 7000.$

Pflichttheil: $\frac{7000}{2} = 3500.$

S" Erbtheil: $\frac{20000 + 8000 + 2000}{2} = 15000 - 2000 = 13000.$

Pflichttheil: $\frac{13000}{2} = 6500.$

Der Erbe A zahlt also von den 10000, die er zur Deckung der stets die Hälfte des Nachlasses in Anspruch nehmenden Pflichttheilslast herauszugeben hat, 3500 an S', 6500 an S". Ohne den §. 2289 erhielten, da der Vorempfang alsdann außer Betracht bliebe, S' und S" als Pflichttheil je 5000 $\left(\frac{20000}{2} = \frac{10000}{2} = 5000\right)$. Der S' wäre darnach erheblich bevorzugt.

II. Nachlaß = 20000.

S' 8000, S" 2000, Sohn 3 (S‴) Erbe mit 12000 Vorempfang.

Nach §. 2289:

S' Erbtheil: $\frac{20000 + 8000 + 2000 + 12000}{3} = 14000 - 8000 = 6000.$

Pflichttheil: $\frac{6000}{2} = 3000.$

S'' Erbtheil: $\frac{20000 + 8000 + 2000 + 12000}{3} = 14000 - 2000 = 12000.$

Pflichttheil: $\frac{12000}{2} = 6000.$

S''' Erbtheil: $\frac{20000 + 8000 + 2000 + 12000}{3} = 14000 - 12000 = 2000.$

Pflichttheil: $\frac{2000}{2} = 1000.$

S''' zahlt also als Pflichttheil 3000 an A, 6000 an B, während für seinen Pflichttheil von der Pflichttheilsmasse 1000 bleiben. Ohne den §. 2289 erhielten S' und S'' als Pflichttheil je $3333^1/_3$ $\left(\frac{20000}{3} = \frac{6666^2/_3}{2} = 3333^1/_3\right)$ und S''' behielt ebenfalls trotz des hohen Vorempfangs $3333^1/_3$ als Pflichttheil für sich.

Der §. 2289 des Entwurfs enthält nun aber eine Lücke für den Fall, daß der Erblasser angeordnet hat, daß der pflichttheilsberechtigte Abkömmling sich den Vorempfang auf den Pflichttheil anrechnen lassen soll (§. 2288). Hätte in dem gewählten Beispiele der Erblasser dem S'' die Anrechnung der 2000 Vorempfang zur Pflicht gemacht, so würde S'' nach §. 2288 im Falle I statt 6500 nur 4500, im Falle II statt 6000 nur 4000 erhalten. Das wäre ungerecht gegen S'', denn der Vorempfang der 2000 ist zur einen Hälfte schon berücksichtigt bei der Berechnung des Pflichttheils des S''; er ist ganz in Rechnung gestellt bei der Bestimmung des gesetzlichen Erbtheils, und der Pflichttheil ist die Hälfte. Der Vorempfang kann daher nur mit der anderen Hälfte in Anrechnung kommen. Dies bringt der dem §. 2289 hinzugefügte Absatz 4 zum Ausdruck.

Im

§. 2300

war Absatz 2 zu ändern, um Uebereinstimmung herzustellen mit dem zu §. 2288 Absatz 3 gefaßten Beschlusse.

Im

§. 2308 Absatz 1

ist die Erwähnung der §§. 1548 bis 1551 nicht mehr erforderlich, nachdem die Zulässigkeit der Ehescheidung überhaupt auf die in diesen Paragraphen bezeichneten Fälle beschränkt worden ist.

Betreffs des

Sechsten Abschnittes.

Erbunwürdigkeit.

wurde beantragt,

in Absatz 1 als Nummer 1a in

§. 2312

als Unwürdigkeitsgrund einzuschalten:

„Wer als Verwandter des Erblassers denselben in Krankheit oder Noth trotz ausdrücklicher Aufforderung hilflos gelassen hat, ohne durch eigenes Unvermögen an der Hilfeleistung verhindert zu sein",

und im Anschluß an diese Bestimmung:

als Absatz 3 des genannten Paragraphen hinzuzufügen:

„Erbunwürdige Verwandte verlieren in diesem Falle ihr Erbrecht gegenüber dem Erblasser zu Gunsten derjenigen Person, welche sich des Hilflosen angenommen hat."

Der Antragsteller begründete diesen Vorschlag unter Hinweis auf die ähnliche Bestimmung des preußischen Allgemeinen Landrechts.

Regierungsseitig wurde gegen den Antrag geltend gemacht, daß alle späteren Gesetzgebungen es abgelehnt hätten, den vom Allgemeinen Landrecht zunächst nur zu Gunsten von Pflegeeltern betretenen Weg einzuschlagen. Es stehe dem auch entgegen, daß dadurch die Grundsätze über Erbunwürdigkeit mit denjenigen über die Entziehung des Pflichttheils vermischt würden. Gehöre der lieblose Verwandte nicht zu den Pflichttheilsberechtigten, so möge ihm der Erblasser, soweit er überhaupt etwas zu vererben habe, das Erbrecht entziehen. Es empfehle sich überdies nicht, in Bezug auf die Hülfspflicht der Verwandten durch die beantragte Aenderung gewissermaßen abweichende Bestimmungen von denen zu treffen, welche das Gesetzbuch betreffs des Kreises der untereinander unterhaltspflichtigen Verwandten aufgestellt habe.

Die Kommission lehnte den Antrag denn auch ab.

In der Nummer 3 dieses Paragraphen ergab sich zunächst eine redaktionelle Aenderung, um die Uebereinstimmung mit der an anderen Stellen des Entwurfs beschlossenen gleichen Redaktion herbeizuführen. Sachlich wurde bemerkt: Die in den Nummern 3, 4 des Absatzes 1 dieses Paragraphen angeordnete Erbunwürdigkeit beruhe nicht auf dem Gesichtspunkte einer Strafe für die dort bezeichnete Verfehlung, sondern darauf, daß durch die Verfehlung der wirkliche letzte Wille des Erblassers ins Ungewisse gestellt worden sei. Die Erbunwürdigkeit trete demgemäß nach dem Absatz 2 des §. 2312 dann nicht ein, wenn der Erblasser die Verfügung, zu deren Errichtung er bestimmt oder in Ansehung deren die strafbare Handlung begangen worden ist, aufgehoben hat, oder wenn die Verfügung, zu deren Aufhebung er bestimmt worden ist, durch eine später errichtete Verfügung unwirksam geworden sein würde. Der Absatz 2 erschöpfe nun aber die einschlagenden Fälle nicht. Es sei nicht erforderlich, daß die fragliche Verfügung ihre Wirksamkeit immer nur durch ein Vorgehen des Erblassers verloren habe bezw. verloren haben würde; auch sonstige Umstände, die zur Unwirksamkeit geführt bezw. geführt haben würden, seien zu berücksichtigen, so Zeitablauf nach §. 2222, Ableben des Bedachten vor dem Erblasser u. s. w. Die Kommission hat daher dem Absatz 2 des §. 2312 eine erweiterte Fassung gegeben.

Im

Siebenten Abschnitt.

Erbverzicht.

empfiehlt die Kommission eine Aenderung des

§. 2320.

Der Entwurf wird nicht dem wesentlichen Unterschiede gerecht, der bei dem Erbverzichte zwischen dem Verzichtenden und dem Erblasser besteht. Der Verzichtende giebt ein (eventuelles) Recht auf, das für seine künftige wirthschaftliche Stellung von entscheidender Bedeutung sein kann; der Erblasser willigt dagegen nur in eine Aenderung seiner Beerbung, die für seine persönlichen Gefühle und sein Familienbewußtsein wichtig sein mag, seine Vermögensrechte aber nicht berührt und ihm sogar größere Freiheit in der letztwilligen Verfügung gewährt. Bewilligt der Erblasser für den Erbverzicht eine Abfindung, so ist dies ein Geschäft, das daneben steht und besonderen Grundsätzen untersteht. Es wird demgemäß richtiger die Vorschrift des §. 2320 auf den Verzichtenden beschränkt, der Erblasser dagegen in der aus dem neu aufgenommenen Absatz 2 ersichtlichen Weise in Anschluß an §. 2263 Absatz 2, 3 freier gestellt. Durch die Aenderung wird zugleich ein Einklang in anderer Richtung herbeigeführt. Nach §. 2325 findet die Vorschrift des §. 2320 Anwendung, wenn ein Dritter, der in einem Erbvertrag eingesetzt ist, auf die Zuwendung durch Vertrag mit dem Erblasser verzichtet. Nach dem §. 2320 des Entwurfs würde ein in der Geschäftsfähigkeit beschränkter Erblasser den Verzichtsvertrag nicht selbstständig schließen können, während er nach §. 2263 Absatz 2 selbstständig durch Vertrag mit dem anderen Vertragsschließenden den Erbvertrag, in welchen der Dritte eingesetzt ist, aufheben könnte.

Die vorgeschlagene Aenderung des §. 2320 macht zugleich eine Aenderung des

§. 2324

dahin erforderlich, daß statt „§. 2320" gesetzt wird „§. 2320 Absatz 2".

Der

Achte Abschnitt.

Erbschein.

gab zu Bedenken keinen Anlaß. Dagegen begegnete im

Neunten Abschnitt.

Erbschaftskauf.

der Vorschlag des

§. 2345

Bedenken wegen seiner Auslegung. Es wurde der Antrag gestellt, denselben dahin zu fassen:

„Durch den Vertrag wird der Erbe verpflichtet, dem Käufer zu gewähren, was dieser haben würde, wenn er an Stelle des Verkäufers Erbe geworden wäre."

Es wurde bemängelt, daß die Vorschrift des Entwurfs, welche gefaßt sei, als solle damit eine erschöpfende Bestimmung über die gegenseitigen Verpflichtungen der einen Erbschaftskauf abschließenden Personen getroffen werden, dem nicht entspreche, insofern darin nicht einmal gesagt sei, daß der Käufer dem Verkäufer den Kaufpreis für die Erbschaft zu zahlen habe. Es sei daher fraglich, ob nicht überhaupt die ganze Bestimmung des §. 2345, die als der Ausdruck eines Prinzips auftrete, besser zu streichen sei, da in den folgenden Paragraphen des Entwurfs die rechtliche Ordnung der besonderen Verhältnisse getroffen sei, welche beim Erbschaftskauf in Betracht kämen.

Regierungsseitig wurde hervorgehoben, daß die Verpflichtung des Erbschaftskäufers in Bezug auf den Kaufpreis sich schon aus dem Obligationenrecht ergebe und deshalb darüber beim Erbschaftskauf nicht besondere Bestimmung zu treffen gewesen sei. Davon abgesehen sei es aber zweckmäßig, eine solche allgemeine Bestimmung, wie der Entwurf sie vorschlage, über den Erbschaftskauf zu treffen, um festzustellen, daß der Entwurf im Gegensatz zum preußischen Landrecht, welches darunter eine Uebertragung des Erbrechts, der universitas, verstehe, den Boden eingenommen habe, daß der Erbschaftskauf nur eine Obligation begründen solle. Das sei prinzipiell auszusprechen, da die übrigen Anordnungen des Entwurfs, welche sich die Regelung einzelner Seiten dieses besonderen obligatorischen Rechtsverhältnisses angelegen sein lassen, die Sache nicht erschöpften und der Natur der Sache nach nicht erschöpfen könnten. Die Zweifel, welche der gestellte Abänderungsantrag dem Entwurfe gegenüber beseitigen wolle, würden auch durch ihn nicht beseitigt.

Die Kommission beschloß indeß die Streichung des §. 2345.

Die Kommission beantragt daher:

Der Reichstag wolle beschließen:

1. dem fünften Buch des Entwurfs eines Bürgerlichen Gesetzbuchs „Erbrecht" in der aus der Zusammenstellung der Beschlüsse der XII. Kommission — ad Nr. 440 bis 440 d der Drucksachen —

ersichtlichen Fassung die verfassungsmäßige Genehmigung zu ertheilen;

2. die bei dem Reichstag eingegangenen bezüglichen Petitionen durch die Beschlußfassung für erledigt zu erklären.

Einführungsgesetz zum Bürgerlichen Gesetzbuch.

Erster Abschnitt.

Allgemeine Vorschriften.

Artikel 1.

Die Kommission hat — am Schlusse ihrer Berathungen — die im Entwurf offen gelassene Bestimmung für den Eintritt der Gesetzeskraft des Bürgerlichen Gesetzbuchs auf den 1. Januar 1900 vorzuschlagen beschlossen.

Es wurde dies damit begründet, daß das Inkrafttreten des Bürgerlichen Gesetzbuchs an diesem Tage eine würdige Eröffnung des neuen Jahrhunderts für das Deutsche Volk sein würde. Die Frist bis zu diesem Tage reiche vollkommen aus, um nicht nur die anderweit vorzubereitenden Reichsgesetze, sondern auch die nothwendigen Ausführungsgesetze in den einzelnen deutschen Staaten festzustellen, für die Bevölkerung aber sei wünschenswerth, daß sie auf einen mit der Publikation des Gesetzes feststehenden Einführungstermin rechnen könne.

Der Staatssekretär für das Reichsjustizamt stimmte dem Antrage zu und erklärte, daß dem in demselben ergehenden Appell, alle Vorbereitungen für die Einführung des Bürgerlichen Gesetzbuchs zum Jahre 1900 abzuschließen, von den verbündeten Regierungen bereitwillig entsprochen werden würde.

Zu

Artikel 12

wurde bemerkt, daß derselbe unklar lasse, inwiefern bei Ehen zwischen Deutschen und Ausländern das deutsche und das ausländische Recht in Betracht komme. Der Zweifel knüpfe sich an die Worte „Eingehung der Ehe“. Wolle der Artikel nur über die materiell-rechtlichen Voraussetzungen der Ehe bestimmen oder auch über die formellen Erfordernisse? Er lasse auch unentschieden, was im Inlande betreffs der Ehen solcher Ausländer Rechtens sein solle, welche ihre Ehe im Ausland geschlossen hätten und demnächst nach Deutschland gekommen seien, sich hier niedergelassen hätten und nun hier die rechtliche Entscheidung über ihre eherechtlichen Verhältnisse in Anspruch nähmen.

Regierungsseitig wurde hervorgehoben, daß der Entwurf im Artikel 12 diejenigen Fälle regle, in welchen beide Verlobte Deutsche sind oder doch einer derselben die Reichsangehörigkeit besitzt, mag die Ehe im Inland oder im Ausland geschlossen werden, sowie diejenigen Fälle, in welchen beide Verlobte Ausländer sind, die Ehe aber im Inlande geschlossen wird. In den bezeichneten Fällen bestimmen sich die materiell-rechtlichen Erfordernisse der Eheeingehung einschließlich der Wirkungen von Willensmängeln in Ansehung eines jeden der Verlobten nach den Gesetzen des Staates, dem der betreffende Verlobte angehört (Abs. 1). Anlangend die Form der Eheschließung, so seien bei einer im Inland zwischen Deutschen oder zwischen Deutschen und Ausländern oder zwischen

Ausländern eingegangenen Ehe lediglich die Vorschriften der deutschen Gesetze (Abs. 3), bei einer im Auslande zwischen Deutschen oder zwischen Deutschen und Ausländern geschlossenen Ehe nach Artikel 10 Absatz 1 Satz 2 die am Orte der Eheschließung geltenden Gesetze maßgebend. — Was die Eheschließung zwischen Ausländern im Auslande anbelange, so enthalte sich der Artikel 12, hierfür eine international-privatrechtliche Gesetzesvorschrift zu treffen; es ergebe sich aber für den deutschen Richter, der über die Formgültigkeit einer solchen Ehe zu entscheiden habe, aus Artikel 10, daß die Ehe als formgültig geschlossen zu erachten ist, wenn sie den Erfordernissen der Gesetze entspricht, welche für die Eheeingehung der Verlobten maßgebend sind, und daß die Beobachtung der am Eheschließungsorte geltenden Gesetze jedenfalls dann genügt, wenn die ersterwähnten Gesetze die Geltung der lex loci actus nicht ausschließen.

Die Kommission empfiehlt die Annahme des Artikels 12 mit der stilistischen Aenderung, daß in der vierten Zeile des ersten Absatzes statt der Worte „der Verlobte" das Wort „er" gesetzt wird.

Im Anschluß an diesen Artikel wurde noch der Antrag gestellt,

„den Herren Reichskanzler zu ersuchen:

bei der Königlich preußischen Regierung dahin zu wirken, daß die Standesbeamten ermächtigt werden, die Eheschließung von Reichsangehörigen mit russischen Unterthanen ohne ministerielle Genehmigung vorzunehmen, sobald die Nupturienten dem Standesamt glaubhaft nachweisen, daß sie sich kirchlich trauen lassen wollen."

Der Antragsteller führte aus, daß aus der ministeriellen Anordnung, wonach die preußischen Standesbeamten angewiesen sind, die standesamtliche Eheschließung von Nupturienten russischer Staatsangehörigkeit nur nach vorgängiger ministerieller Ermächtigung vorzunehmen, sehr beschwerliche Weiterungen erwüchsen. Die Anordnung beruhe allerdings auf dem russischen Gesetze, wonach Ehen von russischen Unterthanen nur dann als rechtsgiltig geschlossen erachtet würden, wenn die Nupturienten die kirchliche Trauung durch einen Geistlichen ihrer Konfession empfingen. Wenn sich daraus die Anordnung der preußischen Minister erkläre, so sei es doch nicht nöthig, daß in jedem einzelnen Falle eine besondere ministerielle Ermächtigung des Standesbeamten zur Vollziehung der Ehe in Preußen erfordert werde. Diese sei urkundlich oft nur unter großem Zeitverlust zu beschaffen.

Regierungsseitig wurde ausgeführt, daß die betreffende Anweisung der preußischen Minister auf dem in §. 38 des Reichsgesetzes vom 6. Februar 1875 aufrecht erhaltenen preußischen Gesetze vom 13. März 1854 (Gesetz-Sammlung S. 123) beruhe. Nach §. 1 dieses Gesetzes müssen Ausländer, welche in Preußen mit einer Inländerin oder einer Ausländerin eine Ehe schließen wollen, außer der Erfüllung der sonstigen gesetzlichen Erfordernisse durch ein gehörig beglaubigtes Attest der Ortsobrigkeit ihrer Heimath nachweisen, daß sie nach dortigen Gesetzen unbeschadet ihrer Staatsangehörigkeit zur Eingehung einer Ehe befugt sind, oder die nach diesen Gesetzen etwa erforderliche Erlaubniß zu der beabsichtigten Ehe erhalten haben. Der §. 2 dieses Gesetzes ermächtigt die Minister der Justiz, der geistlichen Angelegenheiten und des Innern, sowohl in einzelnen Fällen als auch mit Rücksicht auf die Gesetzgebung einzelner Staaten für die Angehörigen derselben überhaupt die Beibringung eines solchen Attestes zu erlassen.

Den russischen Unterthanen war zunächst im Jahre 1872 eine generelle Befreiung von der Beibringung des Attestes ertheilt worden. Im Jahre 1888 aber habe sich in Anlaß der Erörterung eines Spezialfalls ergeben, daß Rußland in Bezug auf Ehen, welche von russischen Unterthanen in Preußen in den Formen des preußischen Rechts vollzogen werden, den Grundsatz: **Locus regit actum** nicht anerkennt, eine solche Ehe vielmehr nur dann als rechtsgültig erachtet, wenn sie von einem der Konfession des Bräutigams angehörigen Geistlichen geschlossen worden ist. Deshalb sei, um die Rechtsgültigkeit der in Preußen vollzogenen Eheschließungen nicht zu gefährden, die im Jahre

1872 ertheilte allgemeine Befreiung von der Beibringung des nach §. 1 des Gesetzes vom 13. März 1854 erforderlichen Attestes aufgehoben worden, und es würden seitdem Befreiungen nur im einzelnen Falle ertheilt, und zwar, wenn man causa cognita als sichergestellt erachten könne, daß der standesamtlichen Eheschließung die Trauung durch einen Geistlichen der Konfession des Bräutigams folgen werde.

Da es sich sonach um die Ausführung eines preußischen Gesetzes handle, so dürfte es sich empfehlen, wegen der von dem Antragsteller angeregten Erleichterungen sich an die preußische Regierung zu wenden.

Der Antragsteller zog darauf seinen Antrag zurück, indem er aber den Wunsch ausdrückte, die preußische Regierung möge sich mit der russischen wegen Erleichterung der Eheschließung russischer Unterthanen in Preußen in Verbindung setzen, ein Wunsch, dem aus der Kommission kein Widerspruch entgegengesetzt wurde.

Artikel 16

erfuhr im Absatz 4 eine andere Redaktion zur größeren Klarstellung seines Gedankens und zugleich zur Berücksichtigung der neben der Scheidung der Ehe nach den Beschlüssen der Kommission zugelassenen Aufhebung der ehelichen Gemeinschaft. Vergleiche den Schluß des Spezialberichts zum Vierten Buche des Gesetzbuchs, betreffend den Artikel 16.

Zu

Artikel 20

wurde beantragt:

den letzten Satz dieses Artikels,

„es können jedoch nicht weitergehende Ansprüche geltend gemacht werden als nach den deutschen Gesetzen begründet sind",

zu streichen.

Der Antragsteller fand diese Bestimmung nicht im Einklang mit dem allgemeinen internationalen Recht, auf dessen Boden der Entwurf des Einführungsgesetzes das Bürgerliche Gesetzbuch im Allgemeinen stelle.

Regierungsseitig wurde anerkannt, daß mit der angefochtenen Bestimmung eine positive Anordnung zu Gunsten des deutschen Rechts getroffen werde. Es solle dadurch namentlich ein deutscher Unterthan in jedem Falle dagegen gesichert werden, aus einer unehelichen Schwängerung zu Gunsten der Mutter und des unehelichen Kindes auf Grund ausländischen Rechtes zu größeren Verpflichtungen herangezogen zu werden, als nach deutschem Rechte gegen ihn begründet sind. Das sei besonders solchen ausländischen Rechtsgebieten gegenüber von Wichtigkeit, welche die exceptio plurium concumbentium nicht kennen. Es könne allerdings in Betracht kommen, ob nicht schon die Vorschrift des Artikels 29 des Einführungsgesetzes einen Schutz dagegen gewähre; immerhin sei bei der rechtlichen Zweifelhaftigkeit der Sache es angezeigt, durch die angefochtene Bestimmung des Artikels 20 dies ausdrücklich auszusprechen.

Der Antragsteller hielt diese Ausführungen für unzutreffend, da es sich nur um solche uneheliche Kinder und deren Mütter handle, betreffs deren die Schwängerung im Ausland vollzogen sei, diesen Kindern und Müttern aber die durch die ausländischen Gesetze gewährten Ansprüche voll zustehen müßten.

Die Kommission beschloß mit der Ablehnung des Antrages die unveränderte Annahme des Artikels 20.

Artikel 29.

Es wurde beantragt, die Anwendung eines ausländischen Gesetzes in Deutschland auch dann auszuschließen, wenn diese Anwendung „gegen die öffentliche Ordnung" verstoßen würde.

Zur Begründung wurde ausgeführt, daß in den internationalen Beziehungen der Begriff der öffentlichen Ordnung nicht ebenso wie der der guten Sitten ein aus gemein=

gültiger Auffassung der Kulturvölker erwachsener sei, daß in dieser Beziehung vielmehr in jedem Staate besondere Rechtsauffassungen und Vorstellungen herrschten und diesen entsprechende Einrichtungen getroffen würden.

Regierungsseitig wurde hervorgehoben, daß den Bedenken dieses Antrags in dem Entwurf schon dadurch Rechnung getragen sei, daß die Anwendung ausländischer Gesetze auch dann ausgeschlossen sein solle, wenn dieselbe gegen den Zweck eines deutschen Gesetzes verstoßen würde. Unter diesen Umständen empfehle es sich nicht, durch Einschaltung des Begriffs der öffentlichen Ordnung im Einführungsgesetze dieses in Widerspruch zu setzen mit dem Beschlusse, welchen der Entwurf und die Kommission im allgemeinen Theile des Entwurfs dadurch getroffen haben, daß sie durch Ablehnung der Hervorhebung der öffentlichen Ordnung neben den guten Sitten zum Ausdruck gebracht haben, daß sie im Allgemeinen den Begriff jener als durch den Begriff dieser gedeckt erachten.

Die Kommission ließ es demgemäß bei dem Wortlaut des Artikels 29 bewenden.

Es wird in dieser Beziehung übrigens auf den Spezialbericht zum Allgemeinen Theil (Erstes Buch) des Bürgerlichen Gesetzbuchs (§§. 130, 134 desselben) verwiesen.

Auch die Bestimmung des

Artikel 30,

welche das internationale Retorsionsrecht betrifft, fand Anstand unter dem Gesichtspunkt, daß die Anwendung eines solchen meist dazu führe, daß solche Personen Unrecht erlitten, welche an den Uebelständen, gegen welche das Retorsionsrecht sich wende, keinerlei Schuld trügen.

Daß dies Letztere mitunter geschehe, kann allerdings nicht bestritten werden. Regierungsseitig wurde indeß hervorgehoben — und die Kommission trat dem bei —, daß darum doch nicht auf das Retorsionsrecht verzichtet werden könne. Dasselbe sei unentbehrlich für eine Gesetzgebung, welche — wie die deutsche — sich auf dem Boden bewege, dem Ausländer auf dem Gebiete des Privatrechts das gleiche Recht zu Theil werden zu lassen wie dem Inländer. Für die Durchführung dieses Grundsatzes sei die Retorsion ein absolut erforderliches Korrelat. Die bloße Existenz dieses Rechtes schon sei geeignet, korrigirend auf das Verhalten anderer Staaten einzuwirken. Ein Mißbrauch des Retorsionsrechtes sei aber dadurch ausgeschlossen, daß nicht die Gerichte im einzelnen Falle, sondern die höchste Staatsgewalt über die Anwendung derselben bestimme. Dieselbe komme auch nicht zu spät, da sie eben diejenigen Inländer zu schützen bestimmt sei, welche noch nicht durch den auswärtigen Staat geschädigt worden seien. Uebrigens sei das Retorsionsrecht schon beim Patentgesetz vom 7. April 1891 (§. 12) und in dem Gesetz vom 12. Mai 1894, betreffend den Schutz der Waarenbezeichnungen (§. 22), von der Reichsgesetzgebung acceptirt, und für die Konkursordnung (§. 4) werde dasselbe für ganz unentbehrlich gehalten. Auf demselben Boden bewegten sich die Partikulargesetzgebungen Deutschlands.

Der Antragsteller meinte zur Unterstützung seines Antrags auf Streichung des Artikels 30 zwar noch darauf hinweisen zu sollen, daß in der Ermächtigung, welche dem Reichskanzler gegeben werden solle, die Fälle des Retorsionsrechts zu bestimmen, ein Eingriff des Reichskanzlers in die Gesetzgebungssphäre des Reichstags liege. — Die Kommission lehnte den Antrag aber ab und empfiehlt die Annahme des Artikels 30.

Zu dem

Zweiten Abschnitt.

Verhältniß des Bürgerlichen Gesetzbuchs zu den Reichsgesetzen.

wurde zu

Artikel 33,

das Reichsstrafgesetzbuch betreffend, zu den daselbst beantragten Aenderungen die Ein=

schaltung einer Bestimmung beantragt, welche die Streichung der Worte „oder Gewahrsam" hinter „Besitz" im §. 246 des Strafgesetzbuchs bezweckte. Es wurde dies als Konsequenz der Stellung des Entwurfs im dritten Buche erachtet, welche die begriffsmäßige Unterscheidung zwischen Besitz und Gewahrsam für das Sachenrecht beseitigt hat.

Dem Antrag wurde indeß widersprochen.

Regierungsseitig wurde hervorgehoben, das Reichsstrafgesetzbuch gebrauche die beiden Ausdrücke nebeneinander, um den Thatbestand der Unterschlagung möglichst erschöpfend zu bestimmen. Die herrschende Ansicht gehe dahin, daß die Begriffe „Besitz" und „Gewahrsam" für das Strafrecht nicht aus dem Landescivilrecht zu substantiiren, sondern aus dem Strafgesetzbuch zu entwickeln seien, und dieses letztere fasse die thatsächliche Innehabung, das thatsächliche, äußere, exklusive, die Möglichkeit voller Verfügungsgewalt gewährende Verhältniß des Thäters zur Sache ins Auge. Ein Bedürfniß der beantragten Streichung liege nicht vor. Die Entfernung des Wortes „Gewahrsam" im §. 246 des Strafgesetzbuchs würde aber auch darum bedenklich sein, weil sich der Ausdruck „Gewahrsam" auch in anderen Reichsgesetzen, ja im Strafgesetzbuch selbst an anderen Orten finde und eine durchgängige Korrektur der Gesetze in dieser Richtung nicht angängig sei. In dieser Beziehung wurde auf die §§. 350 und 367 des Strafgesetzbuchs sowie auf die §§. 712, 713 der Civilprozeßordnung Bezug genommen. Die mit der Ausarbeitung des Entwurfs eines Gesetzes, betreffend die Aenderungen u. s. w. des Gerichtsverfassungsgesetzes, der Civilprozeßordnung betraute Kommission sei der Ansicht gewesen, daß die Beibehaltung des Wortes „Gewahrsam" in den bezeichneten Paragraphen der Civilprozeßordnung zu begründeten Zweifeln keinen Anlaß geben könne.

Der Antrag wurde abgelehnt.

Bezüglich des die Aenderung der Ziffer II des Artikels 33 betreffenden Beschlusses vergleiche den Schluß des Spezialberichts über das Familienrecht zu Artikel 33.

Zu

Artikel 34 II.

war beantragt worden:

der Vorschrift „dasselbe gilt vom gesetzlichen Vertreter eines Angeklagten" hinzuzufügen: „sowie von der Mutter eines minderjährigen Angeklagten".

Es sollte dadurch bezweckt werden, daß auch die Mutter eines minderjährigen Angeklagten als dessen Beistand zur Hauptverhandlung im Strafverfahren zugelassen sei.

Auf den Hinweis darauf, daß dies schon durch diejenigen Bestimmungen des Gesetzbuchs, wonach die Mutter bei jeder thatsächlichen Verhinderung des Vaters zur Vertretung eines minderjährigen Kindes berechtigt sei, bestimmt worden sei, zog der Antragsteller seinen Antrag zurück.

Zu

Artikel 35 III.

wurde der Antrag gestellt,

den zweiten Satz desselben dahin zu fassen:

„Ist die Erklärung des gesetzlichen Vertreters nicht zu beschaffen oder verweigert dieser die Zustimmung ohne genügenden Grund und zum Nachtheil des Arbeiters, so kann die Gemeindebehörde die Zustimmung ergänzen."

Der Antragsteller begründete den Antrag damit, daß es sich empfehle, diejenige ergänzende Willenserklärung, welche die Gewerbeordnung (§. 108) behufs Beschaffung des Arbeitsbuchs für gewerbliche minderjährige Arbeiter für den Fall vorschreibt, daß solche Erklärung von den die elterliche Gewalt über den Minderjährigen ausübenden Personen nicht zu erlangen ist oder verweigert wird, in allen Fällen der Gemeindebehörde zu übertragen. Es soll damit eine in der Praxis fühlbar gewordene Lücke ausgefüllt werden, da Vormundschaftsgerichte sich mangels ausdrücklicher gesetzlicher Vorschrift der Gewerbeordnung geweigert haben, die erforderliche Zustimmung des Vormunds zur Ausstellung des Arbeitsbuchs zu ergänzen.

Der Regierungskommissar verkannte nicht den hervorgehobenen Uebelstand; die Gewerbeordnung, bemerkte er, stehe auf dem Standpunkte, daß dieselbe geglaubt habe, die Bestimmung über die betreffende Ergänzung der geforderten Willenserklärung in dem bezeichneten Falle der Landesgesetzgebung überlassen zu können.

Die Kommission nahm den gestellten Antrag an und empfiehlt demgemäß die anderweite Redaktion von Ziffer III des Art. 35.

Zu

Artikel 39

wird wegen der dazu beschlossenen redaktionellen Aenderungen auf die Begründung der zu den §§. 1300, 1301 und 1307 des Gesetzbuchs beschlossenen Aenderungen verwiesen (vergl. den Spezialbericht zum Vierten Buch des Gesetzbuchs zu den §§. 1300, 1301, 1307 und den Schluß dieses Berichts zu Art. 39).

Als einen besonderen

Artikel 41a

wurde in der Kommission beantragt, die Bestimmung einzuschalten:

§. 95 des Unfallversicherungsgesetzes vom 6. Juli 1884 wird aufgehoben.

Die Kommission lehnte den Vorschlag ab, da sie in Übereinstimmung mit den Vertretern der Regierungen es nicht für angemessen hielt, mit einer nicht in nothwendigem Zusammenhange mit den Bestimmungen des Bürgerlichen Gesetzbuchs stehenden einzelnen Vorschrift in das System der reichsgesetzlichen Unfallversicherung einzugreifen.

Zum

Artikel 45,

welcher von den durch das Bürgerliche Gesetzbuch bedingten Aenderungen des Gesetzes über die Beurkundung des Personenstandes und die Eheschließung handelt, ergab sich zunächst die Nothwendigkeit einer Ergänzung des unter II. formulirten §. 55 Absatz 1 des genannten Gesetzes, um denselben in Uebereinstimmung zu setzen mit §. 1557a des Bürgerlichen Gesetzbuchs nach den Beschlüssen der Kommission. Hierüber sowie bezüglich des Beschlusses, dem §. 55 einen, den Vermerk der Wiederherstellung der ehelichen Gemeinschaft im Heirathsregister betreffenden zweiten Absatz beizufügen, vgl. den Spezialbericht zum Vierten Buch des Gesetzbuchs zu §. 1566a. Sodann lag der Antrag vor:

a) unter die aufzuhebenden Vorschriften dieses Gesetzes auch den §. 67 desselben aufzunehmen, welcher bestimmt,

„daß ein Geistlicher oder anderer Religionsdiener, welcher zu den religiösen Feierlichkeiten einer Eheschließung schreitet, bevor ihm nachgewiesen worden ist, daß die Ehe vor dem Staatsbeamten geschlossen sei, bestraft wird,"

b) falls solche Aufhebung nicht bewilligt werden sollte, dem genannten §. 67 einen Zusatz dahin lautend zu geben:

„Straflosigkeit tritt ein, wenn der Geistliche oder Religionsdiener im Falle einer lebensgefährlichen, einen Aufschub der Eheschließung nicht gestattenden Krankheit zu den religiösen Feierlichkeiten einer Eheschließung schreitet."

Der Antragsteller begründete das Verlangen nach Beseitigung der Strafvorschrift dadurch, daß dieselbe sachlich überflüssig geworden sei, nachdem der Staat das Recht der Eheschließung ausschließlich in die eigene Hand genommen und die Kirche von diesem Rechte in Bezug auf seine Sphäre ausgeschlossen habe; da fehle ihm also auch der Anlaß, sich in das Verhalten der Kirche bei der Eheschließung einzumischen und durch Strafbestimmungen einzugreifen. Die gesetzliche Vorschrift sei auch unklar, denn nach dem kirchlichen Rechte des Tridentinums komme die Ehe kirchlich auch ohne eine eigentliche kirchliche Feierlichkeit durch bloße Erklärung der Brautleute coram parocho zu Stande. Es sei überdies zweifelhaft gelassen, in welcher Weise der vom Gesetz erforderte Nachweis der standesamtlichen Eheschließung zu liefern sei, ob eine schriftliche Beurkundung darüber erfordert werde oder die gewissenhafte Ueberzeugung des Geistlichen genügend sei. Daß das Gesetz dem Geistlichen in dieser Beziehung auch nicht einmal für dringende Fälle eine billige Ausnahme gestatte, sei eine ungleiche Behandlung gegenüber derjenigen der Standesbeamten, die ermächtigt seien, in gewissen Fällen in der Anwendung der gesetzlichen Vorschriften Freiheit walten zu lassen. Die Geistlichen seien sich ihrer Verantwortung gegenüber dem bürgerlichen Gesetze voll bewußt, und es sei nicht zu besorgen, daß sie ohne Noth von den Vorschriften des bürgerlichen Rechtes abweichen würden.

Aus der Kommission wurde gegen den Antrag auf Streichung des §. 67 des Civilstandsgesetzes geltend gemacht, daß die betreffende Strafvorschrift keineswegs aus einer kirchenfeindlichen Tendenz hervorgegangen sei, sondern aus dem französischen Strafrecht übernommen sei und zwar zum Schutze der Eheleute selbst, die dagegen gesichert sein müßten, daß sie auf Grund kirchlicher Akte in einem Rechtsirrthum über das Bestehen ihrer Ehe versetzt werden könnten. Auch den Geistlichen diene die Vorschrift zum Schutze, indem dieselben dadurch vor Konflikten mit dem bürgerlichen Rechte bewahrt würden, in welche sie ohnehin leicht aus der Vorstellung geriethen, daß der bürgerlichen Rechtsordnung gegenüber der kirchlichen ein minderwerthiger Charakter beiwohne. Gegen den Antrag unter b wurde eingewendet, daß eine unter solchen Umständen erfolgende kirchliche Trauung ohne Bedeutung für das bürgerliche Recht und daß zu befürchten sei, die nachträgliche standesamtliche Eheschließung werde in manchen Fällen zum großen Schaden der Betheiligten unterbleiben.

Regierungsseitig wurden die Anträge aus den gleichen Gründen bekämpft, auf mißliche Erfahrungen, die man in Italien gemacht habe, hingewiesen und hervorgehoben, daß die Erwägungen, welche bei Erlaß des Gesetzes vom 6. Februar 1875 zur Aufnahme des §. 67 geführt haben, auch gegenwärtig noch vollkommen zuträfen. Es sei auch bedenklich, die Geistlichen zu Herren der Entscheidung darüber zu machen, ob die Krankheit eines die kirchliche Eheschließung Nachsuchenden eine lebensgefährliche, einen Aufschub der Eheschließung nicht gestattende sei oder nicht.

Von einer Seite meinte man den Anträgen eine Unterstützung aus der Betrachtung zu Theil werden lassen zu können, daß die betreffende Bestimmung des Civilstandsgesetzes doch ein Akt des sogenannten Kulturkampfes sei.

Die Kommission lehnte den Prinzipalantrag mit 9 gegen 9 Stimmen ab, empfiehlt dagegen die Annahme des Eventualantrags mit 10 gegen 8 Stimmen und mit den vorerwähnten Modifikationen sowie mit der die Streichung der Ziffer V betreffenden Aenderung, bezüglich deren auf den Spezialbericht zum vierten Buche des Gesetzbuchs zu §. 1305a verwiesen wird, die Annahme des Artikel 45 des Einführungsgesetzes.

Wegen Einfügung eines neuen

Artikels 45a

vergleiche den Bericht zum zweiten Buch (Schuldverhältnisse §§. 130, 134 Artikel 45a).

Im

Dritten Abschnitt.

Verhältniß des Bürgerlichen Gesetzbuchs zu den Landesgesetzen.

wurden Anträge auf Streichung der

Artikel 55, 56, 57

gestellt, von der Kommission aber abgelehnt.

Artikel 60

erfuhr eine lediglich redaktionelle Aenderung (vergleiche darüber die Begründung in dem Spezialbericht über das Sachenrecht Nr. 10).

In zweiter Lesung wurde noch ein Zusatz beantragt:

„Unberührt bleiben die Vorschriften des Gesetzes vom 26. April 1886, betreffend die Beförderung deutscher Ansiedelungen bis 1. Januar 1910."

Der Antragsteller führte dazu aus: er wolle vertrauen, daß die preußische Landesgesetzgebung in den Wegen des genannten Ausnahmegesetzes nicht etwa in Zukunft noch weiter fortschreite. Von dem durch jenes Gesetz der preußischen Staatsregierung in Höhe von 100 Millionen Mark eröffneten Kredit seien im Augenblick bereits 70 Millionen durch Ankauf von Grundbesitz absorbirt. Der Rest von 30 Millionen würde im äußersten Falle mit Ablauf des Jahres 1909 ebenfalls Verwendung gefunden haben. Alsdann solle nicht etwa ein neuer Kredit durch die preußische Landesgesetzgebung zum Nachtheil der Einwohner polnischer Nationalität in den unter das genannte Gesetz fallenden Landestheilen eröffnet werden; keinenfalls dürfe dies ohne gesetzliche Ermächtigung von Seiten des Reichstages geschehen.

Seitens der Regierungsvertreter wurde ausgeführt, das Gesetz vom 26. April 1886 habe eine neue noch im Flusse und in der Ausbildung begriffene Einrichtung geschaffen, deren Nothwendigkeit sich aus dem Bedürfniß einzelner Landestheile ergeben habe und daher auch durch die Landesgesetzgebung zu treffen gewesen sei. Dieselbe sei reichsgesetzlich überhaupt nicht sanktionirt, und es empfehle sich deshalb auch nicht, von Reichswegen in die betreffende landesgesetzliche Entwickelung einzugreifen.

Aus der Kommission wurde zur Unterstützung dieser Ausführungen noch geltend gemacht, daß bei Ansiedelungen von Kolonisten neben den wirthschaftlichen auch öffentlichrechtliche und politische Rücksichten zu beachten wären, da dabei auch die Bildung von politischen, kirchlichen und Schuleinrichtungen in Frage kämen, welche angemessen ohne Berücksichtigung konfessioneller und nationaler Verschiedenheiten nicht getroffen werden könnten. Von einem Eingriff in die Rechtsgleichheit bei der Ausführung des Ansiedelungsgesetzes durch die Behörden könne umsoweniger die Rede sein, als Niemand ein Recht habe, zu verlangen, daß der preußische Fiskus von dem zu Folge der Ermächtigung des genannten Gesetzes von ihm erworbenen Grundbesitz ihm etwas verkaufe. Es wurde mitgetheilt, daß die hannöverische Provinzialverwaltung bei den von ihr ins Werk gesetzten Ansiedelungen zu Zwecken der Kultur der dortigen Moorländereien im öffentlichen Interesse zu gleichen Unterscheidungen, wie sie betreffs der Ausführung des Ansiedelungsgesetzes von 1886 in den polnischen Landestheilen von den Behörden gemacht würden, im öffentlichen und konfessionellen Interesse gelangt sei.

Der Antrag wurde dann auch abgelehnt, und die Kommission empfiehlt die Annahme des Artikel 60 in der oben gedachten Redaktion.

Den Antrag auf Streichung des

Artikel 61

lehnt die Kommission ab.

An

Artikel 62

knüpfte sich eine Erörterung mit Bezug auf den dem preußischen Landtage vorliegenden Entwurf eines Gesetzes, betreffend das Anerbenrecht bei Renten- und Ansiedelungsgütern. Derselbe enthält im §. 16 Vorschriften darüber, was im Sinne dieses Gesetzes als Zubehör eines Anerbengutes anzusehen sei. Bei den Verhandlungen der zur Vorberathung des Gesetzes berufenen Kommission des Hauses der Abgeordneten ist die Frage aufgeworfen worden, ob es nach Maßgabe des Artikels 60 des Entwurfs zum Einführungsgesetze für das Bürgerliche Gesetzbuch zulässig sei, den Begriff „Zubehör" landesgesetzlich anders zu bestimmen, als es das Bürgerliche Gesetzbuch thut. Seitens der Regierungsvertreter war im preußischen Landtage in Aussicht gestellt, im Reichstage eine Erklärung über den maßgebenden Artikel 62 des Entwurfs des Einführungsgesetzes herbeizuführen.

Unter Bezugnahme auf diesen Vorgang führte ein Vertreter der verbündeten Regierungen aus:

Die in dem Entwurfe des Einführungsgesetzes zum Bürgerlichen Gesetzbuch enthaltenen Bestimmungen, nach welchen landesgesetzliche Vorschriften über gewisse Materien unberührt bleiben, seien dahin zu verstehen, daß durch den Vorbehalt alle Normen umfaßt würden, welche die Regelung der bezeichneten Materie zum Gegenstande haben, daß daher die Landesgesetzgebung in der Gestaltung dieser Normen völlig freie Hand haben und auch befugt sein solle, selbst solche Vorschriften zu erlassen, die von den allgemeinen Vorschriften des Bürgerlichen Gesetzbuches abweichen. Der Artikel 62 des Entwurfs des Einführungsgesetzes zum Bürgerlichen Gesetzbuch enthalte einen unbeschränkten Vorbehalt für die landesgesetzlichen Vorschriften über das Anerbenrecht in Ansehung landwirthschaftlicher und forstwirthschaftlicher Grundstücke nebst deren Zubehör. Die Landesgesetzgebung sei daher nicht verhindert, den Begriff des Zubehörs eines Anerbenguts abweichend von den §§. 93, 94 des Entwurfs des Bürgerlichen Gesetzbuchs zu bestimmen, und die in der Kommissionsberathung des preußischen Hauses der Abgeordneten angeregte Frage sei sonach zu bejahen.

Dieser Ausführung wurde von keiner Seite widersprochen. Ein Antrag auf Streichung des Artikels wurde abgelehnt

Zu

Artikel 63

wird auf den Spezialbericht über das Sachenrecht Nr. 27 verwiesen.

Zu

Artikel 65

wurde ein Zusatz dahin beantragt:

„Jedoch finden unter Abänderung des §. 154a der Gewerbeordnung auf das Verhältniß der Bergarbeiter lediglich die Bestimmungen des Bürgerlichen Gesetzbuchs und die in den §§. 105 bis 153 für das Arbeitsverhältniß gewerblicher Arbeiter gegebenen Vorschriften Anwendung."

Der Antragsteller führte aus, es liege kein Grund vor, das für die Bergarbeiter bestehende besondere Arbeiterrecht gegenüber den allgemeinen Bestimmungen des Bürgerlichen Gesetzbuchs betreffs des Dienstverhältnisses aufrecht zu erhalten.

Regierungsseitig wurde die Nothwendigkeit solcher Aufrechterhaltung aus den besonderen Verhältnissen des Bergbaues begründet und ein Eingriff der Reichsgesetzgebung in die betreffende bergrechtliche Ordnung widerrathen.

Die Kommission lehnte den Antrag ab.

In

Artikel 69

hat die Kommission die Nummer 7 gestrichen in Konsequenz des zu §. 819a des Gesetzbuchs gefaßten Beschlusses. (Vergl. den Spezialbericht zum Recht der Schuldverhältnisse.)

Zu

Artikel 72

wurde ebenfalls dessen Streichung beantragt mit der Begründung, daß die Zwangsrechte, Bann- und Real-Gewerbeberechtigungen, deren landesgesetzliche Aufrechterhaltung durch diesen Artikel für zulässig erklärt werden soll, überlebte Institute seien, deren Beseitigung im Interesse der Verkehrsfreiheit gelegen sei.

Seitens der verbündeten Regierungen wurde diesem Antrag widersprochen. Wenn auch zugegeben werden könne, daß es sich um absterbende Institute handle, so sei es doch angezeigt, eben diesen Auflösungsprozeß sich selbst zu überlassen und in denselben ohne zwingenden Anlaß nicht einzugreifen. Insoweit es sich dabei um Rechtsbeschränkungen handle, welche sich auf das Gewerberecht beziehen, habe schon die Gewerbeordnung eine scharfe Korrektur in den §§. 7—10 derselben eintreten lassen, indem sie theils die Aufhebung derselben angeordnet, theils die Ablösbarkeit derselben bestimmt und zugleich angeordnet habe, daß ausschließliche Gewerbeberechtigungen oder Zwangs- und Bannrechte, welche durch Gesetz aufgehoben oder für ablösbar erklärt sind, fortan nicht mehr erworben, Realgewerbeberechtigungen fortan nicht mehr begründet werden können, und daß das mit solchen Realgewerbeberechtigungen verbundene Verbindungsrecht, welches den wesentlichen civilrechtlichen Theil des Inhalts dieser Rechte bildete, aufgehoben sei. In Bezug auf diesen Theil der betreffenden Rechte sei der weitere Prozeß daher zweckmäßig der weiteren Ausbildung der Gewerbeordnung zu überlassen. Betreffs der anderen Berechtigungen nicht gewerblicher Natur hätten schon die Landesgesetzgebungen vielfach den gleichen Weg betreten, und könne man daher auch diesen vertrauen, daß sie denselben fortsetzen würden. Es handle sich dabei um Rechtsinstitute von keiner besonderen Erheblichkeit und solcher Mannigfaltigkeit, daß die Reichsgesetzgebung in der That nicht im Stande sei, die Tragweite derselben zu übersehen, zumal dieselben vielfach mit den politischen und wirthschaftlichen Verschiedenheiten der Einzelstaaten aufs Engste verbunden seien.

Der Antrag wurde abgelehnt und die Beibehaltung des Artikel 72 beschlossen.

Zu

Artikel 75

vergleiche den Spezialbericht zum Recht der Schuldverhältnisse zu §. 823 des Bürgerlichen Gesetzbuchs und den Schluß dieses Berichts.

Die

Artikel 76, 77

bedurften einer anderen Redaktion, um ihren Inhalt klarer zum Ausdruck zu bringen.

Zu

Artikel 80, 81, 82, 83, 84, 85, 86, 87

vergleiche den Spezialbericht zu dem Allgemeinen Theil des Gesetzbuchs (Juristische Personen) zu §. 85 des Gesetzbuchs.

Zu dem

Artikel 86

ist von dem Antragsteller vorbehalten, die Erhöhung der Summe von 3000 Mark auf einen dem jetzigen Geldwerth entsprechenden Betrag in dem Reichstage zu beantragen.

Zu

Artikel 94

wurde in beiden Lesungen in erster Linie der Antrag auf Streichung gestellt und abgelehnt. In zweiter Lesung wurde nach Ablehnung des Streichungsantrags der Eventualantrag gestellt:

im ersten Satze die Worte hinzuzufügen:

„jedoch darf ein höherer Zinsfuß als acht Prozent nicht zugelassen werden."

Der Antragsteller meinte, daß ein höherer Zinsfuß den gewerblichen Pfandleihern und Pfandleihanstalten nicht zu gestatten sei.

Regierungsseitig wurde ausgeführt, daß ein solcher Zinsfuß bei den geringen Beträgen, welche von den genannten Personen und Anstalten darlehnsweise entnommen würden, keine ausreichende Entschädigung gegenüber den denselben auferlegten Beschränkungen und Kontrolen gewähren würde, und daß es sich nicht empfehle, den Landesgesetzgebungen, denen die Ordnung dieser Verhältnisse überlassen bleiben müsse, in den genannten Beziehungen Schranken zu setzen. Der Eventualantrag wurde abgelehnt.

Zu

Artikel 95

vergleiche den Spezialbericht zum Recht der Schuldverhältnisse (Dienstvertrag) hinter §. 620 des Bürgerlichen Gesetzbuchs.

Die Kommission beantragt, hinter Artikel 97 einen neuen

Artikel 97a

einzuschalten, dahin gehend:

„Unberührt bleiben die landesgesetzlichen Vorschriften über die Rückzahlung oder Umwandlung verzinslicher Staatsschulden, für die Inhaberpapiere ausgegeben oder die im Staatsschuldbuch eingetragen sind."

Die Kommission wurde auf Antrag eines Kommissionsmitgliedes dazu bestimmt, mit Rücksicht auf die angeregte Konvertirung der auf Grund des preußischen Gesetzes vom 4. März 1885 ausgegebenen konsolidirten $4\frac{1}{2}$ prozentigen Staatsanleihen. Der Grund ist irrig. Es können sich für solche Konvertirungen aus der aufrechtzuerhaltenden Bestimmung des §. 2 des genannten Gesetzes, dahin lautend:

„Bevor die Kündigung erfolgt (§. 1), ist den Inhabern der Schuldverschreibungen der $4\frac{1}{2}$ prozentigen konsolidirten Staatsanleihe die Umwandlung dieser Schuldverschreibungen in solche der 4prozentigen konsolidirten Staatsanleihe durch öffentliche Bekanntmachung des Finanzministers mit der Wirkung anzubieten, daß das Angebot für angenommen gilt, wenn nicht binnen einer Frist unter Einreichung der Staatsschuldverschreibungen die Bezahlung des Kapitals beantragt wird",

Schwierigkeiten ergeben, denen die vorgeschlagene Bestimmung begegnen soll. Wenn nach dem klaren Wortlaut des genannten preußischen Gesetzes und dem Inhalt der Schuldverschreibungen den Gläubigern rechtlich wirksam gekündigt werden darf, so ist es doch zweifelhaft, ob nach den durch das neue Bürgerliche Gesetzbuch zu treffenden Bestimmungen über die Annahme von Angeboten ein gemäß §. 2 des Gesetzes denselben zu machendes Angebot nach Inkrafttreten des Bürgerlichen Gesetzbuchs noch rechtswirksam sein würden. Dem Zweifel will der neue Artikel begegnen.

Seitens der Regierungsvertreter wurde die Annahme der vorgeschlagenen Bestimmung aus den angegebenen Gründen gewünscht.

Artikel 107.

Vergleiche den Spezialbericht zum Recht der Schuldverhältnisse, betreffend die Einstellung eines §. 822a.

Als

Artikel 117a

den Artikel 167 einzustellen, war beantragt; der Antrag wurde aber aus den zu Artikel 167 angegebenen Gründen zurückgezogen.

Artikel 119.

Absatz 2 Ziffer 3 dieses Paragraphen bedurfte der Einbeziehung des hier gleichfalls zu berücksichtigenden §. 1111 des Bürgerlichen Gesetzbuchs.

Artikel 121.

Vergleiche den Spezialbericht zum Dritten Buch (Sachenrecht) Nr. 7.

In zweiter Lesung wurde zu diesem Artikel wiederum beantragt, den Absatz 1 zu streichen und dagegen hinter Artikel 182 einen Artikel 182a neu einzufügen, dahin lautend:

„Zu Gunsten eines Grundstückes, das zur Zeit des Inkrafttretens des Bürgerlichen Gesetzbuchs mit Wald bestanden ist, bleiben die landesgesetzlichen

Vorschriften, welche die Rechte des Eigenthümers eines Nachbargrundstücks in Ansehung der auf der Grenze oder auf dem Waldgrundstücke stehenden Bäume und Sträucher abweichend von den Vorschriften des §. 894 und des §. 907 Absatz 2, 3 des Bürgerlichen Gesetzbuchs bestimmen, bis zur nächsten Verjüngung des Waldes in Kraft."

Der Antragsteller führte aus: die Bestimmung des Absatzes 1 des Artikels 121 sei auf Anregung der württembergischen Regierung beschlossen worden, welche damals betreffs des Zustandekommens eines von ihr zum Schutze des Waldes betriebenen Landesgesetzes nicht sicher gewesen sei, ob sie im Wege der Landesgesetzgebung zu dem gewünschten Ziele gelangen werde. Inzwischen sei ein solches Landesgesetz in Württemberg zu Stande gekommen, und damit das Bedürfniß für eine weitere Vorsorge für den Wald durch die Landesgesetzgebung auch für Württemberg in Wegfall gekommen.

Regierungsseitig wurde bestritten, daß die württembergische Regierung den Vorschlag des Entwurfs angeregt habe. Derselbe verdanke seine Entstehung dem Gutachten forstwirthschaftlicher Sachverständiger. Da der Wald sehr langlebig sei, so würden ohne die betreffende Bestimmung die reichsgesetzlichen Vorschriften zum Schutze des Waldes erst nach sehr langer Frist und selbst dann nicht zur Geltung gelangen, wenn die Landesgesetzgebungen kein besonderes Bedürfniß für einen geringeren Waldschutz erkennten. Es würde den Landesgesetzgebungen auch unmöglich sein, den besonderen, in Deutschland sehr verschiedenen Verhältnissen des Waldes durch den nöthigen Waldschutz gerecht zu werden.

Der Antrag wurde angenommen, und empfiehlt die Kommission demgemäß die anderweite Redaktion des Artikels 121 und die Annahme eines neuen Artikels 182a.

Artikel 123

wurde redaktionell durch den Zusatz ergänzt, daß die darin enthaltene Vorschrift auch diejenigen landesgesetzlichen Vorschriften einbegreifen soll, nach welchen Anlagen sowie Bäume und Sträucher nur in einem bestimmten Abstande von der Grenze gehalten werden dürfen.

Wegen des

Artikel 134

vergleiche den Spezialbericht über das Vierte Buch (Familienrecht) zu §. 1643.

Wegen des zu

Artikel 135

gestellten Antrags vergleiche den Spezialbericht über das Vierte Buch (Familienrecht) zu §. 1783.

Artikel 138.

Nach diesem Artikel sollen die landesgesetzlichen Vorschriften in Kraft bleiben, nach welchen dem Fiskus oder einer anderen juristischen Person in Ansehung des Nachlasses einer verpflegten oder unterstützten Person ein Erbrecht, ein Pflichttheilsanspruch oder ein Recht auf bestimmte Sachen zusteht. Es wurde die Streichung des Artikels in Verbindung mit einem Antrage gefordert, welcher einerseits bezweckte, solchen Personen, welche den Erblasser verpflegt oder unterstützt haben, Ersatz ihrer aufgewendeten Kosten selbst dann zu Theil werden zu lassen, wenn die Verpflegung und Unterstützung unentgeltlich erfolgt ist, und welcher andererseits die öffentlichen Anstalten, welche den Erblasser zur Verpflegung aufgenommen haben, für ihre Ersatzforderung auf ein Pfandrecht an den eingebrachten Sachen des Erblassers beschränken wollte.

Der Antragsteller hielt die betreffenden landesgesetzlichen Vorschriften, deren Aufrechthaltung das Einführungsgesetz ins Auge gefaßt hat, für Ueberbleibsel der Zeit, in welcher für Hülfsbedürftige noch nicht genügend durch die Heimaths- und Armengesetzgebung gesorgt worden sei.

In dieser Zeit habe allerdings denjenigen, welche die Fürsorge für solche Personen übernommen hätten, ein Aequivalent gegeben werden müssen; heute bedürfe es solcher anomaler gesetzlicher Anordnungen aber nicht mehr und es genüge, wenn den betreffenden Anstalten ein Pfandrecht an den Sachen des Verpflegten eingeräumt werde; dagegen liege ein Bedürfniß vor, daß solchen Privatpersonen, welche den Erblasser verpflegt oder unterstützt haben, auch wenn dies unentgeltlich geschehen sei, in jedem Falle Ersatz der aufgewendeten Kosten verschafft werde.

Regierungsseitig wurde ein Bedürfniß für eine besondere Vorschrift in letzterer Beziehung nicht anerkannt, da das allgemeine Recht genügend Vorsorge treffe. Die landesgesetzlichen Bestimmungen, deren Aufrechthaltung der Artikel 138 ins Auge fasse, seien allerdings anomaler Natur, aber eben darum eigneten sie sich auch nicht für eine reichsgesetzliche Regelung, und es sei umsomehr davon abzusehen, als durch Beseitigung der betreffenden Rechte manche nützlich wirkenden Anstalten in ihrer Existenzfähigkeit in Frage gestellt werden würden.

Der Artikel 138 wurde von der Kommission unverändert angenommen.

Artikel 139

erfuhr eine Ergänzung, welche klar stellte, daß sich der Vorbehalt auch auf Landesgesetze erstreckt, welche bestimmen, daß das Nachlaßgericht die betreffenden Maßregeln anordnen *solle*.

Wegen der Streichung des

Artikel 140

vergleiche den Spezialbericht über das Fünfte Buch (Erbrecht) §§. 2225 bis 2227.

Ein Antrag auf Einschaltung eines

Artikel 141a

dahingehend:

> „Die Landesgesetze können bestimmen, daß in Ansehung der in dem Gebiet des Bundesstaates liegenden Grundstücke für die Beurkundung des in §. 307 des Bürgerlichen Gesetzbuchs bezeichneten Vertrages Satz 2 dieses Paragraphen keine Anwendung finde."

wurde mit Rücksicht auf den zu §. 307 des Bürgerlichen Gesetzbuchs gefaßten Beschluß (vergl. den Spezialbericht zum zweiten Buch, Recht der Schuldverhältnisse) abgelehnt.

Betreffs des

Artikel 143

vergleiche den Spezialbericht über das Sachenrecht, Nr. 11.

Zu

Artikel 145, 146

wurde beantragt:

an einer passenden Stelle einen neuen Absatz einzuschieben, dahin gehend,

> „Aufgehoben werden diejenigen Vorschriften, welche den Rechtsweg für die Ansprüche gegen die Hinterlegungsstelle ausschließen oder beschränken."

Es wurde darauf hingewiesen, daß die preußische Hinterlegungsordnung in Bezug auf die Rückforderung hinterlegter und nach ihren Vorschriften damit in das Eigenthum des preußischen Staates übergehender Gelder den Rechtsweg ausschließe, und daß dies, da es sich dabei um einen lediglich privatrechtlichen Anspruch handle, ungehörig und nicht zu rechtfertigen sei.

Seitens der Regierungsvertreter wurde nicht verkannt, daß diese bemängelte Beschränkung des Rechtswegs für einen unzweifelhaft civilrechtlichen Anspruch prinzipiell nicht begründet sei; indeß entspreche diese Bestimmung dem nur unter großen Schwierigkeiten bei Emanation des Gerichtsverfassungsgesetzes vom Jahre 1877 im §. 13 desselben zu Stande gekommenen staatsrechtlichen Kompromiß zwischen Reichsgesetzgebung und Landesgesetzgebung, und es empfehle sich nicht, in diesen Rechtsstand der Dinge einzugreifen. Es sei dies um so weniger angezeigt, als die in Aussicht stehende Revision des Gerichtsverfassungsgesetzes, der Civilprozeßordnung und der Konkursordnung auch dazu führen werde, den zu §. 13 des Gerichtsverfassungsgesetzes festgestellten Kompromiß einer anderweiten Prüfung zu unterziehen. Angesichts der Nothwendigkeit dieser generellen Prüfung empfehle es sich nicht, in Bezug auf ein einzelnes Stück dieser Gesetzgebung jetzt von Rechtswegen anderweite Bestimmungen zu treffen.

In der Kommission war man einig, daß die Bestimmung der preußischen Hinterlegungsordnung eine Anomalie sei, deren Beseitigung ernst im Auge behalten werden müsse. Ueberdies wurde der Zweifel angeregt, ob nicht in Folge der reichsrechtlichen Regelung der Hinterlegung mit dem Inkrafttreten des Bürgerlichen Gesetzbuchs jene preußische Vorschrift ohnehin hinfällig werde. Jedenfalls werde die Frage vor den preußischen Gerichten zur Entscheidung gebracht werden können.

Mit Rücksicht hierauf zog der Antragsteller seinen Antrag zurück.

Artikel 149

bedurfte einer anderen Redaktion, insoweit der Inhalt der betreffenden Bestimmung theilweise durch den §. 2205b Eingang in das Bürgerliche Gesetzbuch gefunden hat, und daher die Wiederholung desselben im Einführungsgesetze erübrigt.

Artikel 151

handelt über das Verhältniß der Bestimmungen, welche das Bürgerliche Gesetzbuch in den §§. 2206 bis 2217, 2249 und das Einführungsgesetz im Artikel 149 enthält, zu denjenigen allgemeinen Vorschriften, welche die Landesgesetze über Errichtung gerichtlicher oder notarieller Urkunden enthalten.

Es war dazu der Antrag gestellt worden,

statt der §§. 2206 bis 2217 im Eingang des Artikels nur die §§. 2206 bis 2215 anzuziehen und am Schlusse des ersten Absatzes des Artikels die Worte zu setzen:

„unbeschadet der Vorschriften der Artikel 2216 und 2217 des Bürgerlichen Gesetzbuchs".

Der Antragsteller hielt solche Abänderung für nöthig, um sicher zu stellen, daß die Vorschriften der §§. 2216 und 2217, welche er als eine wesentliche Verbesserung des bestehenden Rechtes erachtete, keinerlei Anzweifelung unterliegen könnten.

Regierungsseitig wurde indessen darauf aufmerksam gemacht, daß die vom Antragsteller befürchtete Möglichkeit der Anzweifelung auf einem Mißverständniß beruhe. Die bezeichneten Vorschriften würden mit dem Bürgerlichen Gesetzbuch Reichsrecht werden, welches als solches allen abweichenden landesgesetzlichen Bestimmungen mit normativer Geltung vorgehe. Die landesgesetzlichen Vorschriften über Errichtung gerichtlicher oder notarieller Urkunden, deren Aufrechterhaltung der Artikel 151 feststellen wolle, seien also nur solche allgemeine Vorschriften, welche unbeschadet der zu unbedingter Geltung gelangenden §§. 2216 und 2217 des Bürgerlichen Gesetzbuchs für die Errichtung gerichtlicher oder notarieller Urkunden in den betreffenden Ländern in deren öffentlichem Interesse angeordnet seien.

Auf diese Aufklärung hin zog der Antragsteller seinen Antrag zurück.

Im

Vierten Abschnitt.

Uebergangsvorschriften.

wurde die Umstellung des

Artikel 167

als Artikel 117a beantragt in Verbindung mit den Anträgen, welche zu §. 1783 des Bürgerlichen Gesetzbuchs, betreffend die Anlegung von Mündelgeldern in den Pfandbriefen landschaftlicher und ritterschaftlicher Kreditanstalten gestellt worden sind. Es wird darüber auf die Ausführungen in dem Spezialbericht zum vierten Buche, Familienrecht §. 1783, verwiesen.

Der Antragsteller besorgte, daß durch Aufrechthaltung des Artikel 167 und der in Artikel 211 des Einführungsgesetzes vorgesehenen Bestimmung die den genannten Pfandbriefen landesgesetzlich eingeräumten Rechte insofern verkürzt werden möchten, als denselben gegenüber dem Bürgerlichen Gesetzbuch ein nur transitorischer Charakter aufgeprägt werden würde.

Seitens des Staatssekretärs des Reichsjustizamts wurde dies bestritten und ausgeführt, daß die von dem Antragsteller gewünschte veränderte Fassung und Stellung des Artikel 167 zur Folge haben würde, daß sich auf unbegrenzte Zeit hin neue landschaftliche Kreditanstalten würden bilden können, ohne irgendwie die civilrechtlichen Bestimmungen des neuen Gesetzbuchs zu beachten. Dazu liege jedenfalls kein Bedürfniß vor, weil neue Kreditanstalten ohne jede Unbequemlichkeit und Schädigung die Vorschriften des Bürgerlichen Gesetzbuchs ihren Einrichtungen zu Grunde legen könnten. Wenn man überhaupt ein allgemeines Gesetzbuch mache, dann müsse doch soviel verlangt werden, daß neue Gesellschaften sich bei ihrer Organisation darnach richten. Was die bestehenden Kreditanstalten betreffe, so garantire diesen der Artikel 167 aber gerade die fernere ungestörte Existenz, der Artikel 211 des Einführungsgesetzes sogar die Möglichkeit, ihre Einrichtungen unbehindert durch das Bürgerliche Gesetzbuch weiter umzugestalten. Für sie sei also alles Nothwendige und Wünschenswerthe gethan und bringe der Antrag nichts Neues. Daß die Stellung der Art. 167 und 211 unter den Uebergangsbestimmungen nicht die Bedeutung habe, den Bestand der vorhandenen Kreditanstalten nur transitorisch zu gewährleisten, sei außer Zweifel; in dieser Beziehung treffe das zu Art. 134 Bemerkte gleichfalls völlig zu. Es würden darnach die fraglichen Anstalten durch nichts gehindert sein, sich in derselben Weise wie bisher zu entwickeln.

Mit Rücksicht auf diese Erklärung zog der Antragsteller seinen Antrag zurück.

Die Kommission empfiehlt die unveränderte Annahme des Art. 167.

Es wurde

Artikel 183

einer redaktionellen Aenderung unterzogen in Konsequenz des zu §. 1011a des Bürgerlichen Gesetzbuchs gefaßten Beschlusses.

In erster Lesung wurde die Einschaltung eines

Artikel 199a

beantragt des Inhalts:

„Wird innerhalb zwanzig Jahren nach dem Inkrafttreten des Bürgerlichen Gesetzbuches ein Ehevertrag vor Gericht abgeschlossen, so hat dessen Aufnahme gebührenfrei zu erfolgen.

Das Gleiche gilt, wenn innerhalb dieser Frist die bei dem Inkrafttreten des Bürgerlichen Gesetzbuchs bestehende Regelung des güterrechtlichen Verhältnisses durch Ehevertrag aufgehoben oder geändert wird."

Der Antrag ging von der Erwägung aus, daß sofort nach Inkrafttreten des Bürgerlichen Gesetzbuchs in jeder Ehe neu untersucht werden müsse, ob nun nicht die güterrechtliche Ordnung innerhalb der Ehe eine Aenderung zu erfahren habe, sei es, daß ein Ehevertrag geschlossen war und nunmehr ein neuer Ehevertrag geschlossen werden müsse, um die ursprüngliche Absicht der Eheschließenden aufrecht zu erhalten, sei es, daß ursprünglich ein Ehevertrag nicht geschlossen worden sei, weil man das damals geltende gesetzliche Güterrecht habe adoptiren wollen, nunmehr aber durch die Aenderung des gesetzlichen Güterrechts ebenso ein Ehevertrag nothwendig werde, um die ursprüngliche Absicht bei Abschluß der Ehe beibehalten zu können. Diese Neuabschließung von Eheverträgen in außerordentlich weitem Umfange sei eine direkte Folge des Inkrafttretens des Bürgerlichen Gesetzbuchs. Man habe daher die Pflicht, die Abschließung solcher Eheverträge soweit zu erleichtern, wie es irgend möglich sei. Es sei absolut unbillig, auf diesem Umwege durch die Einführung des Bürgerlichen Gesetzbuchs zur Vermehrung der Steuern beizutragen. Das könne nur verhindert werden, wenn man einen Antrag in der Richtung des vorhandenen annehme.

Etwas ganz Aehnliches, wie für die vor Inkrafttreten des Bürgerlichen Gesetzbuchs bestehenden Ehen, gelte für den weitaus größten Theil derjenigen Ehen, welche in den ersten Jahren nach Inkrafttreten des Bürgerlichen Gesetzbuchs neu abgeschlossen würden. In allen Landestheilen seien bisher weitaus die meisten Ehen ohne Ehevertrag geschlossen worden, indem man das bestehende gesetzliche Güterrecht habe annehmen wollen. Dieses gesetzliche Güterrecht sei allgemein bekannt gewesen, habe sich eingelebt und die Billigung des Volkes gefunden. In allen Theilen Deutschlands werde man in weitem Maße den Wunsch haben, dieses frühere gesetzliche Güterrecht auch bei den nach Inkrafttreten des Bürgerlichen Gesetzbuchs abgeschlossenen Ehen beizubehalten. Das sei aber dann nur noch möglich, indem man einen Ehevertrag abschließe. Auch zu diesen Eheverträgen, die sonst nicht abgeschlossen worden wären, würden die Eheschließenden direkt durch das Inkrafttreten des Bürgerlichen Gesetzbuchs gezwungen. Auch diese Eheverträge müßten daher nach Kräften kostenlos gemacht werden.

Von Seiten des Herrn Staatssekretärs des Reichsjustizamts wurde entgegnet, daß er die Motive des Antrags wohl verstehe und seine Tendenz billigen könne, aber die Erfüllung der Wünsche, welche der Antrag zum Ausdruck bringe, sollte nicht hier verfolgt werden und gehöre nicht in das Bürgerliche Gesetzbuch hinein, auch nicht in das Einführungsgesetz. Der Antrag greife über die Kompetenz der Reichsgesetzgebung hinaus in das Recht der einzelnen Staaten ein, sowohl in die Ordnung der freiwilligen Gerichtsbarkeit wie in das Recht der Gebührenfestsetzung bezw. das der Besteuerung. Es sei bei den Vorarbeiten für das Bürgerliche Gesetzbuch erwogen worden, ob eine Regelung der freiwilligen Gerichtsbarkeit überhaupt aus Anlaß der Neugestaltung des Bürgerlichen Rechts von Reichswegen stattzufinden habe. Nachdem dieser Gedanke aber abgelehnt worden sei, erscheine es nicht angängig, jetzt hier die Bestimmungen, welche die freiwillige Gerichtsbarkeit in den einzelnen Staaten regeln, stückweise zu beseitigen.

Wenn die Aufnahme der Eheverträge vor Gericht frei von Gebühren erfolge, wie der Antrag wolle, so werde zunächst eine große Vermehrung der Eheverträge stattfinden. Dabei würden diese Eheverträge dann alle den Gerichten zufallen und niemand mehr beim Notar einen Ehevertrag aufnehmen lassen. Der Erfolg sei eine Ueberlastung der Gerichte und eine unbillige Schädigung der Notare. Auch sehr viele reiche Leute würden ihre Eheverträge erneuern oder abändern; solche Verträge gebührenfrei zu lassen, sei gar kein Grund vorhanden. Außerdem falle es doch in das Gewicht, daß viele Eheverträge gemacht werden würden, die ihren Grund in dem neuen ehelichen Güterrecht gar nicht haben und die unter dem alten Rechtszustande ebensowohl würden geschlossen worden sein, wie unter der Herrschaft des Bürgerlichen Gesetzbuchs. Endlich sei in dem Antrag gar nicht berücksichtigt, daß in beträchtlichen Gebieten des Reichs nur die Notare zur Aufnahme von Eheverträgen zuständig seien. Eine solche Vorschrift würde also dort, wo sie

Wirkungen habe, in sehr verschiedener Weise wirken und daher ungerecht sein, in einem Theile des Reichs aber überhaupt wirkungslos bleiben müssen.

Es wurde entgegnet, daß es doch nicht ohne Beispiel sei, daß das Reichsgesetz für gewisse Dinge Gebührenfreiheit diktire, und die Einzelstaaten hätten sich einen solchen Eingriff ruhig gefallen lassen, wenn sie denselben für materiell berechtigt hätten anerkennen müssen. Das finanzielle Interesse der Einzelstaaten müsse unbedingt zurückstehen. Daß das Reich nicht das Recht habe, in die freiwillige Gerichtsbarkeit der Einzelstaaten einzugreifen, könne nicht zugegeben werden. Man hoffe doch, mit der Zeit ein allgemeines Reichsgesetz über die freiwillige Gerichtsbarkeit zu bekommen, und in Verbindung mit einem solchen Gesetz sei es ganz nothwendig, auch ein Reichsgebührengesetz für die einzelnen Vorgänge der freiwilligen Gerichtsbarkeit zu schaffen. Dazu sei das Reich ohne allen Zweifel kompetent. Dann aber könne man ihm auch nicht die Kompetenz absprechen, eine Einzelfrage der freiwilligen Gerichtsbarkeit zu regeln.

Von anderer Seite wurde darauf hingewiesen, daß das Motiv des Antrages alsdann sich als stärker erweise, wenn die bei dem Inkrafttreten des Bürgerlichen Gesetzbuchs bestehende Regelung des güterrechtlichen Verhältnisses nach Inkrafttreten des Bürgerlichen Gesetzbuchs lediglich aufrecht erhalten werden solle. In solchen Fällen sei es allerdings billig, Gebührenfreiheit eintreten zu lassen. Damit möge aber der Antragsteller sich auch begnügen.

Hierauf wurde entgegnet, daß nach Artikel 199 des Einführungsgesetzes das für die konkrete Ehe zur Zeit des Inkrafttretens des Bürgerlichen Gesetzbuchs geltende Güterrecht maßgebend bleibe und ein Ehevertrag zur Aufrechterhaltung desselben nicht erforderlich sei.

Bei der Abstimmung ergab sich, daß sowohl Absatz 1 wie Absatz 2 des Antrages angenommen wurden.

Eine als Eventualantrag eingebrachte Resolution:

> „Die verbündeten Regierungen zu ersuchen, behufs Erleichterung der Einführung des Bürgerlichen Gesetzbuchs in einer angemessenen Uebergangszeit die Gewährung der Gebühren- und Stempelfreiheit für die gerichtliche Abschließung von Eheverträgen durch die Landesgesetzgebungen veranlassen zu wollen" —

war damit erledigt.

In zweiter Lesung wurde einerseits die Streichung des beschlossenen Artikels beantragt, anderseits eine anderweite Fassung desselben dahin anheimgegeben:

> „Wird innerhalb 10 Jahren nach dem Inkrafttreten des Bürgerlichen Gesetzbuchs durch Verweisung auf dessen Vorschriften des Güterstands, der Gütertrennung, der Gütergemeinschaft, der Errungenschaftsgemeinschaft oder der Fahrnißgemeinschaft vertragsmäßig bestimmt, so erfolgt die Aufnahme des Vertrags stempelfrei, und wenn der Vertrag vor Gericht geschlossen wird, stempel- und kostenfrei, es sei denn, daß der Werth des Vermögens beider Ehegatten 30000 Mark nicht übersteigt."

Mit dieser Einschränkung meinte der Antragsteller des zweiten Antrags den gegen die von der Kommission beschlossene Bestimmung geltend gemachten staatsrechtlichen und anderweiten Bedenken zu begegnen.

Regierungsseitig wurde mit Nachdruck auf der Beseitigung des Artikels bestanden, der unzweifelhaft einen Eingriff in die Kompetenz der Landesgesetzgebung und der Finanzhoheit der Einzelstaaten enthalte, auch umsoweniger gerechtfertigt sei, als für den größten Theil Deutschlands die geforderte Bestimmung ohne allen praktischen Werth sein würde; denn in einem vollen Drittheil des Deutschen Reiches sei für Eheverträge zur Zeit die notarielle Form die bestehende, die auch in Zukunft nach dem Einführungsgesetze landesgesetzlich aufrecht erhalten werden dürfe, und zweifellos werde aufrecht erhalten werden; für denjenigen Theil Deutschlands, in welchem die Verwaltungsgemeinschaft des ehelichen Vermögens Rechtens sei, bestehe aber überhaupt kein Bedürfniß für Eheverträge.

Aus der Kommission wurde dabei verblieben, daß die hervorgehobenen staatsrechtlichen Bedenken, wie sie schon bei einzelnen Anordnungen der Gewerbeordnung (§. 128 Stempelfreiheit der Lehrlingsverträge) und der Versicherungsgesetze als überwindlich sich erwiesen hätten, sich auch gegenüber dem durch das Bürgerliche Gesetzbuch erwachsenden Bedürfniß zahlreicher neuer Eheverträge und gegenüber der Nothwendigkeit, die Befriedigung des entstehenden Bedürfnisses den Kontrahenten so wenig beschwerlich als möglich zu machen, bei gutem Willen der verbündeten Regierungen sehr wohl könnten beseitigt werden. Namentlich diejenigen müßten auf solcher Forderung bestehen, welche gewünscht haben, daß die Gütertrennung als gesetzliches Eherecht vom Bürgerlichen Gesetzbuch festgestellt würde, in welchem Falle nur in seltenen Fällen ein Bedürfniß für Eheverträge hervortreten würde.

Von einer Seite wurde es als nicht empfehlenswerth bezeichnet, daß in die beantragte Vorschrift eine Bestimmung über den Werth des Vermögens der kontrahirenden Ehegatten aufgenommen werde und die Streichung dieses Theils des Antrags anheim gestellt.

Diesem letzteren Bedenken schloß sich die Mehrheit der Kommission in einer Eventualabstimmung an, lehnte dann aber mit Mehrheit den ganzen Antrag ab, ist also von dem Beschlusse erster Lesung auf Einschaltung eines Artikels 199a zurückgetreten.

Die Aenderung des

Artikel 200

ergab sich als Konsequenz des beschlossenen §. 1557a des Bürgerlichen Gesetzbuchs.

Zum

Artikel 211

vergleiche diesen Bericht zu Artikel 134 und 167.

In Verbindung mit

Artikel 215

wurde der Antrag gestellt, unter Streichung desselben als Artikel 56a im Anschluß an die in Artikel 56 betreffs der Familienverhältnisse und der Güter der vormals reichsständischen Häuser und des vormaligen Reichsadels getroffene Bestimmung folgende Vorschrift einzufügen:

> „Unberührt bleiben die landesgesetzlichen Vorschriften, nach welchen Mitglieder gewisser ritterschaftlicher Familien bei der Ordnung der Erbfolge in ihren Nachlaß durch das Pflichttheilsrecht nicht beschränkt sind."

Der Antragsteller eignete sich damit ein Petitionsverlangen des Ritterraths der Genossenschaft des rheinischen ritterbürtigen Adels an, welches zu Gunsten der Privilegien, welche durch die preußische Kabinetsordre vom 16. Januar 1836 und die im Anschluß daran ergangene Verordnung vom 21. Januar 1837 für gewisse adelige Familien der Rheinprovinz wieder hergestellt sind, durch die beantragte Bestimmung die Möglichkeit einer Erweiterung des Kreises jener privilegirten Familien bezweckt. Die Petition macht darauf aufmerksam, daß die Ausübung der freien Dispositionsbefugniß nur an die Bedingung geknüpft sei, daß die damit Bedachten ein Rittergut in der Rheinprovinz besitzen und an einer zum Besten der nicht bedachten Kinder vorgeschriebenen Stiftung (Erziehungsanstalt und Präbendenstiftung für unverheirathete Töchter) theilnehmen.

Die Stiftung sei von dreißig der Genossenschaft des rheinischen ritterbürtigen Adels zusammengetretenen Familien ins Leben gerufen worden. Die Zahl dieser Familien umfasse aber nicht alle Familien, zu deren Gunsten das freie Dispositionsrecht zugestanden worden sei und auch von den beigetretenen Familien seien manche wieder ausgetreten, weil sie zeitweise kein Rittergut besaßen oder aus sonstigen Gründen. Es würde der

Intention der genannten Kabinetsordre sowie der Billigkeit nicht entsprechen und das Interesse der Genossenschaft beeinträchtigen, wenn den der letzteren zur Zeit nicht angehörenden Familien die Möglichkeit genommen werden sollte, künftighin der Genossenschaft beizutreten und damit ihre Rechte wirksam zu machen. Hierzu komme, daß die Genossenschaft nach dem Stiftungsstatut befugt sei, auch andere adlige Familien, welche nicht zu den ritterbürtigen Geschlechtern der Rheinprovinz gehören, aber zum Stande der adligen Rittergutsbesitzer zählen, unter gewissen Bedingungen aufzunehmen.

Die Kommission vermochte sich dem Antrage ebensowenig anzuschließen, wie seitens der verbündeten Regierungen eine Erweiterung der genannten ritterschaftlichen Privilegien für angezeigt erachtet wurde.

Der Vertreter der verbündeten Regierungen machte darauf aufmerksam, daß die angeführten preußischen landesgesetzlichen Bestimmungen überhaupt nicht eigentlich ein Autonomierecht für die bedachten Familien geschaffen, sondern nur eine Erweiterung der rechtsgeschäftlichen Testirbefugniß zugelassen haben. Wenn der Artikel 215 die darin bezeichneten landesgesetzlichen Vorschriften derjenigen Familien in Kraft erhalte, welchen das freie Verfügungsrecht zur Zeit des Inkrafttretens des Bürgerlichen Gesetzbuchs zustehe, so trage er dem Gedanken schonender Behandlung hergebrachter Rechtspositionen in weitgehendem, ausreichendem Maße Rechnung und halte sich im Einklang mit der in Artikel 56 vorgesehenen Abgrenzung. Ein Vorbehalt, welcher die Landesgesetzgebung ermächtigen würde, zu jeder Zeit Mitglieder gewisser nicht näher bezeichneter „ritterschaftlicher Familien“ von der Beachtung der reichsrechtlichen Vorschriften über den Pflichttheil zu entbinden, würde in hohem Maße bedenklich sein.

Auch aus der Kommission wurde hervorgehoben, daß die Kabinetsordre vom 31. Januar 1837 ausdrücklich den Willen bekunde, nur die Befugnisse derjenigen Familien des rheinischen Ritterstandes wiederherzustellen, welche dieselben vor der Einführung der französischen Gesetzgebung besessen und durch diese verloren haben. Der gestellte Antrag gehe also über den damaligen Willen des preußischen Gesetzgebers hinaus. Es widerspreche aber auch dem ganzen Zuge der Zeit und würde eine Verletzung des öffentlichen Rechtsbewußtseins sein, wenn jetzt das Bürgerliche Gesetzbuch die Möglichkeit der Ausdehnung eines solchen unzeitgemäßen Privilegiums eröffnen wollte. Wenn die verbündeten Regierungen sich auf den Standpunkt gestellt hätten, nur innerhalb der Grenzen des status quo die bezeichneten Privilegien aufrecht erhalten zu wollen, so sei der Kommission und dem Reichstag der Anachronismus einer Ausdehnung derselben nicht zuzumuthen.

Anderseits wurde von Kommissionsmitgliedern doch das Element der Billigkeit für eine Erweiterung des Kreises derer, welche an der Erhaltung der oben genannten adeligen Stiftungen interessirt seien, betont und geltend gemacht, daß von solcher Erweiterung eine Gefahr nicht zu besorgen sei, da das Stiftsstatut für die Zulassung eine Ahnenprobe vorschreibe und die rheinische Ritterschaft bei der Aufnahme neuer Mitglieder in ihren Bund sehr peinlich verfahre.

Die Kommission lehnte den Antrag ab und empfiehlt die unveränderte Annahme des Artikel 215 des Einführungsgesetzes.

Der Kommission lagen dann noch einige Initiativ-Anträge zu dem Einführungsgesetz vor.

Es war beantragt:

1. „entweder in den Artikeln 3 und 53 oder an einer anderen Stelle des Einführungsgesetzes alle diejenigen privatrechtlichen Bestimmungen der Landesgesetzgebung ausdrücklich aufzuführen, die nach Inkrafttreten des Bürgerlichen Gesetzbuchs noch in Geltung bleiben sollen.“

Der Antrag wurde von der Kommission für gänzlich unausführbar erkannt. Man brauche nur daran zu erinnern, daß das gemeine Recht zum großen Theil auf den Vorschriften der Justinianischen Gesetzgebung beruht, um dies zu erkennen. Der Antrag läßt auch zweifelhaft, ob bloß die Aufstellung eines Registers der neben dem Bürgerlichen Gesetzbuch in Kraft bleibenden landesgesetzlichen Bestimmungen verlangt wird oder aber gar eine Zusammenstellung des meritorischen Inhalts derselben. Das Letztere würde ebenso unmöglich wie unangemessen sein, da es vielmehr Sache der Judikatur sei, im einzelnen Falle das Verhältniß zwischen dem neu zu schaffenden bürgerlichen Reichsrecht und dem Landesrechte festzustellen.

Der Antrag wurde abgelehnt. Ebenso

2. ein Antrag, welcher an den Reichskanzler das Ersuchen stellen wollte, in Erwägung zu nehmen, ob und wie weit in dem Gesetz betreffs Aenderungen der Civilprozeßordnung eine Bestimmung Aufnahme finden könne, durch welche dem Richter die Befugniß ertheilt wird, dem Schuldner Ratenzahlungen zu gestatten.

Der Antrag wurde damit begründet, daß für den Gläubiger beschlossen sei, daß derselbe Theilzahlungen nicht anzunehmen brauche, die Schuldner aber oft nicht in der Lage seien, anders als in dieser Form ihre Verbindlichkeiten zu erfüllen, die Civilprozeßordnung auch keinerlei Bestimmung über die Gewährung von Moratorien und über die Gewährung von Fristen bei der Zwangsvollstreckung getroffen habe. Andererseits sei in dem Beschluß, daß Miethern für die Räumung der Wohnung billige Fristen vom Richter gelassen werden sollten, schon ein Analogon für die beantragte richterliche Ermächtigung geschaffen. Es entspreche dem allgemeinen Interesse, wenn der Richter in der Lage sei, die Handhabung des Rechts mit der Milde zu paaren. Es sei dies dringend, da die frühere behördliche Zwangsvollstreckung durch die private ersetzt sei.

Die Kommission hielt dafür, daß, abgesehen vom Mangel jeder Direktive für die Ausübung der beantragten richterlichen Ermächtigung, mit einer solchen einseitigen Berücksichtigung der Interessen des Schuldners alles Recht für die Gläubiger in Frage gestellt werden würde. Der Antrag komme darauf hinaus, das ganze bürgerliche Recht, das festgestellt werden solle, auf den Kopf zu stellen.

3. Ein fernerer Antrag ging dahin: „Die Erwartung auszusprechen, daß in der Novelle zur Civilprozeßordnung, der Kreis der unpfändbaren Gegenstände erweitert, mindestens auf alle zum Erwerb oder Beruf des Schuldners unentbehrlichen Gegenstände ausgedehnt und klarer bezeichnet werde.“

Der Antrag wurde mit den Bedürfnissen des Lebens und der Praxis begründet, als billig anerkannt und einstimmig angenommen.

4. Es wurde weiter beantragt:

„den Reichskanzler zu ersuchen,
bei der Novelle zur Civilprozeßordnung eine Vorschrift in Erwägung zu nehmen, nach welcher den Gerichten die Befugniß eingeräumt wird, die durch die Einlegung von Rechtsmitteln innerhalb der nächsten fünf Jahre nach dem Inkrafttreten des Bürgerlichen Gesetzbuchs entstandenen Gerichtskosten niederzuschlagen, wenn die Einlegung des Rechtsmittels durch einen Streit über die Auslegung oder Anwendung des Bürgerlichen Gesetzbuchs entstanden ist.“

Der Antragsteller ging von der Voraussetzung aus, daß die Anwendung des neuen, durch das Bürgerliche Gesetzbuch zu schaffenden Rechtes zu mannigfachen Zweifeln Anlaß geben werde, welche in Prozessen ihre praktische Folge finden würden. Bei der Ungewißheit des neuen Rechtes sei nicht anzunehmen, daß die Parteien geneigt sein würden, sich bei der Entscheidung des Richters der ersten Instanz zu beruhigen, sie würden vielmehr bestrebt sein, in weiteren Rechtsmitteln die Klarstellung des neuen Rechtes zu erzielen. Unter diesen Umständen entspreche es der Billigkeit, in solchen Fällen nicht die Parteien die Kosten der Rechtsmittel tragen zu lassen. Die beantragte Niederschlagung derselben empfehle sich auch in Analogie der Vorschrift des §. 6 des deutschen Gerichtskostengesetzes vom 18. Juni 1878, wo den Gerichten die Befugniß beigelegt sei,

„Gebühren, welche durch eine unrichtige Behandlung der Sache ohne Schuld der Betheiligten entstanden sind, niederzuschlagen."

Der Antrag wurde sowohl von den Verbündeten Regierungen als von den Kommissionsmitgliedern als gänzlich ungerechtfertigt bekämpft. Abgesehen von den fiskalischen Folgen desselben würden damit die Prozesse geradezu provozirt werden, den Parteien aber würde damit wenig genützt sein, da sie ja die Anwaltskosten doch tragen müßten. Von einer Analogie mit dem Gerichtskostengesetze könne nicht die Rede sein, da die Voraussetzung der angerufenen Bestimmung desselben ein Irrthum der Gerichte über die Auslegung der Gesetze sei, in den vom Antragsteller ins Auge gefaßten Prozessen aber meist nicht ein Irrthum der Gerichte über die Auffassung des neuen Rechtes, sondern ein solcher der Parteien in Frage kommen werde.

Der Antrag wurde abgelehnt.

Auf eine bei dieser Gelegenheit gestellte Frage, ob und inwieweit der vom Reichstag wiederholt gegebenen Anregung auf eine Ermäßigung der Gerichtskosten von den verbündeten Regierungen Folge gegeben werden möchte, gab der Staatssekretär für das Reichsjustizamt die Erklärung ab, daß mit der beabsichtigten Umgestaltung des Civil- und Konkursprozesses nothwendig auch eine Revision der Bestimmungen der Kostengesetze werde Hand in Hand zu gehen haben. Ob dieselbe aber über die durch die Veränderung des Civilprozeß- und Konkursrechtes hervorgerufenen Bedürfnisse hinausgehen und zu einer Ermäßigung der Kosten führen werde, sei noch nicht zu übersehen. In jedem Falle sei solche Ermäßigung der Gerichtskosten nach der bei früherer Gelegenheit im Reichstage vertretenen und von der Reichsverwaltung auch jetzt noch festgehaltenen Auffassung der Regierungen abhängig von einer Revision der Gebührensätze auch für die Thätigkeit der Rechtsanwälte.

Es wurde beantragt:

in das Einführungsgesetz einen Artikel des Inhalts einzuschieben:

§. 32 Satz 1 der Rechtsanwaltsordnung vom 1. Juli 1878 (der Rechtsanwalt ist nicht verpflichtet, vor Empfang seiner Auslagen und Gebühren die Handakten dem Auftraggeber herauszugeben)

erhält folgende Fassung:

„Der Rechtsanwalt ist nicht verpflichtet, vor Empfang seiner Auslagen und Gebühren die Handakten dem Auftraggeber herauszugeben, es sei denn, daß der Rechtsanwalt einer Partei, welcher das Armenrecht bewilligt ist, beigeordnet worden ist."

Zur Begründung wurde bemerkt, daß wo der Anwalt im Armenrecht klage, es der guten Sitte wiederspreche, wenn er von dem durch das bestehende gesetzliche Recht ihm beigelegten Retentionsrechte in Bezug auf seine Handakten Gebrauch mache. Es würden dadurch die Interessen der Partei oft geschädigt, indem ihr die Geltendmachung anderer Rechte erschwert werde.

Dem Antrag wurde entgegengehalten, daß ein solcher Eingriff in die Privatrechte des Anwalts unstatthaft und angesichts der Verpflichtung, welche auch der zum Armenrechte zugelassenen Partei zur Nachzahlung der Kostenbeträge, von deren Berichtigung sie einstweilen befreit sei, durch den §. 116 der Civilprozeßordnung auferlegt sei, ungerechtfertigt sein würde. Durch den im Armenrecht angestrengten Prozeß könne die Partei mittels der Thätigkeit des Anwalts in ihrem Interesse ja sogar zu Vermögen kommen.

Der Antrag wurde mit der vom Antragsteller demselben schließlich gegebenen Modifikation, daß das Retentionsrecht nur solange nicht solle ausgeübt werden dürfen, als der Partei das Armenrecht zustehe, von der Kommission abgelehnt.

Desgleichen ein Antrag auf Einfügung einer Bestimmung:

„Die landesgesetzlichen Vorschriften, welche das in Verbindungtreten von Vereinen, welche politische Zwecke verfolgen, verbieten, werden aufgehoben.

Vereinigungen von Arbeitgebern oder Arbeitnehmern, welche zum Behufe der Erlangung günstiger Lohn- und Arbeitsbedingungen sich gebildet haben, unterliegen keiner gesetzlichen Vorschrift.“

Der Antragsteller nahm Bezug auf die vom Reichstag über das Vereinsrecht und über das gesetzlich bestehende Verbot der Verbindung politischer Vereine unter einander geführten Verhandlungen und meinte, es würde nicht verstanden werden, wenn der Reichstag die Sanktion des Bürgerlichen Gesetzbuches ohne Beseitigung des von allen Parteien als verkehrt und unausführbar erkannten Verbotes beschließen sollte. Die Erwartung, daß ein Spezialgesetz zur Beseitigung dieses Verbotes in naher Zukunft erlassen werden möchte, sei jedenfalls trügerisch und empfehle es sich deshalb, unter allen Umständen auf ein solches vom Tage des Inkrafttretens des Bürgerlichen Gesetzbuchs schon jetzt hinzuwirken. Auch die Beschränkung der Landesgesetzgebung in Bezug auf die im zweiten Absatz seines Antrages bezeichneten Vereinigungen von Arbeitgebern und Arbeitnehmern empfehle sich.

Regierungsseitig wurde dem Antrag widersprochen, weil das Bürgerliche Gesetzbuch den Standpunkt eingenommen habe, das öffentliche Vereinsrecht unberührt zu lassen.

Diesem Standpunkt entsprechend lehnte die Kommission den Antrag mit großer Mehrheit ab. Es wurde betont, daß vom Bürgerlichen Gesetzbuch, das dauernde Rechte auf eine lange Zeitperiode schaffen solle, bloße Nothbestimmungen fernzuhalten seien, obgleich das Bedürfniß der Nothbestimmung und ihre Berechtigung anerkannt werde.

Zur Begründung der dem Reichstage von der Kommission unterbreiteten Resolutionen, die in der Anlage zur Redaktion der Kommissionsbeschlüsse zusammengestellt sind, wird schließlich verwiesen:

Zu I 1 und 3f auf den Spezialbericht zum Allgemeinen Theil §. 6.
Zu I 2 auf denselben Bericht, Abschnitt VII §. 51.
Zu II 1 auf den Spezialbericht zum Zweiten Buch (Schuldverhältnisse) §. 620b.
Zu II 2 auf denselben Bericht §. 572a.
Zu II 3 auf den vorstehenden Bericht.
Zu III 1 auf den Bericht zum Ersten Buch (Allgemeiner Theil) Abschnitt XI.
Zu III 3 auf den Bericht zum Zweiten Buch (Schuldverhältnisse) §. 823.

Die Resolution:

III 2, 4 bis 8 empfiehlt die Kommission zur Annahme, weil sie in ihrer großen Mehrheit der Meinung war, daß die darin bezeichneten Rechtsgebiete sich zu einer einheitlichen gesetzlichen Regelung für das ganze Gebiet des Reichs eignen. Wegen des Wasserrechts wird auf den Spezialbericht zum Sachenrecht (Drittes Buch) Nr. 27 verwiesen.

Die Kommission beantragt demgemäß:

Der Reichstag wolle beschließen:

a) dem Entwurf eines Einführungsgesetzes zum Bürgerlichen Gesetzbuch in der aus der Zusammenstellung der Beschlüsse der XII. Kommission — Nr. 440 bis 440d der Drucksachen — ersichtlichen Fassung die verfassungsmäßige Genehmigung zu ertheilen;

b) folgende Resolutionen anzunehmen:

I. Es werde die Erwartung ausgesprochen, daß in der gleichzeitig mit dem Bürgerlichen Gesetzbuch in Kraft tretenden Novelle zur Civilprozeßordnung folgende Vorschriften aufgenommen werden:

1. Die von dem zu Entmündigenden angebotenen Gegenbeweise sind zu erheben;

zu dem Antrag auf Entmündigung wegen Trunksucht ist die Staatsanwaltschaft nicht befugt;

2. als §. 49a.

Parteifähig ist, wer rechtsfähig ist.

Vereine, die nicht rechtsfähig sind, können verklagt werden, wie wenn sie rechtsfähig wären.

und als §. 668a.

Zur Zwangsvollstreckung in das Vermögen eines nicht rechtsfähigen Vereins genügt ein gegen den Verein ergangenes Urtheil.

II. den Herrn Reichskanzler zu ersuchen, bei dieser Novelle zur Civilprozeßordnung Vorschriften in Erwägung zu nehmen, nach welchen

1. eine schleunigere Beitreibung des verdienten Arbeitslohns ermöglicht wird;
2. in einem auf Räumung einer Wohnung lautenden Urtheil eine angemessene Frist zur Räumung gewährt werden muß;
3. der Kreis der unpfändbaren Sachen erweitert, mindestens auf alle für den Erwerb oder Beruf des Schuldners unentbehrlichen Gegenstände ausgedehnt wird.

III. es werde die Erwartung ausgesprochen, daß

1. die Rechtsverhältnisse der Berufsvereine,
2. die Verträge, durch welche Jemand sich verpflichtet, einen Theil seiner geistigen oder körperlichen Arbeitskraft für die häusliche Gemeinschaft, ein wirthschaftliches oder ein gewerbliches Unternehmen eines Anderen gegen einen vereinbarten Lohn zu verwenden,
3. die Haftung des Reiches für den durch Reichsbeamte in Ausübung der Amtsbefugnisse verursachten Schaden für den Fall, daß der Ersatz des Schadens von den Beamten nicht zu erlangen ist,
4. das Bergrecht,
5. das Jagd- und Fischereirecht,
6. das Versicherungsrecht,
7. das Verlagsrecht,
8. das gesammte Wasserrecht mit Einschluß der Vorschriften über Bewässerung und Entwässerung

für das Deutsche Reich baldthunlichst einheitlich geregelt werden;

c) die bei dem Reichstage zu Vorschriften des Einführungsgesetzes eingegangenen Petitionen durch die Beschlußfassung zu dem Gesetzentwurf für erledigt zu erklären.

Berlin, den 12. Juni 1896.

Die XII. Kommission.

Spahn, Vorsitzender. Dr. **Enneccerus**. Dr. **v. Buchka**. Dr. **Bachem**. **Schröder**, Berichterstatter. Dr. **v. Bennigsen**. Dr. **v. Cuny**. Dr. **v. Dziembowski-Pomian**. **Frohme**. **Gröber** (Württemberg). **Himburg**. **Iskraut**. **Kauffmann**. **Lenzmann**. **Lerno**. Dr. **Lieber** (Montabaur.) **Marbe**. **Pauli**. Graf **v. Roon**. **v. Salisch**. **Stadthagen**. Freiherr **v. Stumm-Halberg**.

Zusammenstellung

des

Entwurfs eines Bürgerlichen Gesetzbuchs

nach den Beschlüssen der XII. Kommission.

Vorlage.	Beschlüsse der Kommission.
	Erstes Buch. **Allgemeiner Theil.**
	Erster Abschnitt. Personen.
	Erster Titel. Natürliche Personen.
	§§. 1 bis 20. Unverändert.
	Zweiter Titel. Juristische Personen.
	I. **Vereine.**
	1. Allgemeine Vorschriften.
§. 21.	§. 21.
Vereine zu gemeinnützigen, wohlthätigen, geselligen, wissenschaftlichen, künstlerischen oder anderen nicht auf einen wirthschaftlichen Geschäftsbetrieb gerichteten Zwecken erlangen Rechtsfähigkeit durch Eintragung in das Vereinsregister des zuständigen Amtsgerichts oder durch staatliche Verleihung.	**Ein** Verein, **dessen** Zweck nicht auf einen wirthschaftlichen Geschäftsbetrieb gerichtet **ist**, erlangt Rechtsfähigkeit durch Eintragung in das Vereinsregister des zuständigen Amtsgerichts.

Vorlage.

Andere Vereine erlangen Rechtsfähigkeit in Ermangelung besonderer reichsgesetzlicher Vorschriften nur durch staatliche Verleihung.

Die Verleihung der Rechtsfähigkeit steht dem Bundesstaate zu, in dessen Gebiete der Verein seinen Sitz hat.

Hat der Verein seinen Sitz nicht in einem Bundesstaate, so erfolgt die Verleihung durch Beschluß des Bundesraths.

Als Sitz des Vereins gilt, wenn nicht ein Anderes bestimmt ist, der Ort, an welchem die Verwaltung geführt wird.

§. 30.

Zu einem Beschlusse, der eine Aenderung der Satzung enthält, ist eine Mehrheit von drei Viertheilen der erschienenen Mitglieder erforderlich. Zur Aenderung des Zweckes des Vereins ist die Zustimmung aller Mitglieder erforderlich; die Zustimmung der nicht erschienenen Mitglieder muß schriftlich erfolgen.

Beruht die Rechtsfähigkeit des Vereins auf staatlicher Verleihung, so ist zu jeder Aenderung der Satzung staatliche Genehmigung erforderlich.

§. 39.

Der Verein wird durch die Eröffnung des Konkurses aufgelöst.

Der Vorstand hat im Falle der Ueberschuldung die Eröffnung des Konkurses zu beantragen. Wird die Stellung des Antrags verzögert, so sind die Vorstandsmitglieder, denen ein Verschulden zur Last fällt, den Gläubigern für den daraus entstehenden Schaden verantwortlich; sie haften als Gesammtschuldner.

§. 40.

Der Verein kann aufgelöst werden, wenn er durch einen gesetzwidrigen Beschluß der Mit-

Beschlüsse der Kommission.

§. 21a.

Ein Verein, **dessen Zweck auf einen wirthschaftlichen Geschäftsbetrieb gerichtet ist,** erlangt in Ermangelung besonderer reichsgesetzlicher Vorschriften Rechtsfähigkeit durch staatliche Verleihung. Die Verleihung steht dem Bundesstaate zu, in dessen Gebiete der Verein seinen Sitz hat.

§. 21b.

Einem Vereine, der seinen Sitz nicht in einem Bundesstaate hat, **kann in Ermangelung besonderer reichsgesetzlicher Vorschriften Rechtsfähigkeit** durch Beschluß des Bundesraths verliehen werden.

§. 21c.

Als Sitz **eines** Vereins gilt, wenn nicht ein Anderes bestimmt ist, der Ort, an welchem die Verwaltung geführt wird.

§§. 22 bis 29. Unverändert.

§. 30. Absatz 1 unverändert.

Beruht die Rechtsfähigkeit des Vereins auf Verleihung, so ist zu jeder Aenderung der Satzung staatliche Genehmigung **oder, falls die Verleihung durch den Bundesrath erfolgt ist, die Genehmigung des Bundesraths** erforderlich.

§§. 31 bis 38. Unverändert.

§. 39.

Der Verein **verliert die Rechtsfähigkeit** durch die Eröffnung des Konkurses.

Der Vorstand hat im Falle der Ueberschuldung die Eröffnung des Konkurses zu beantragen. Wird die Stellung des Antrags verzögert, so sind die Vorstandsmitglieder, denen ein Verschulden zur Last fällt, den Gläubigern für den daraus entstehenden Schaden verantwortlich; sie haften als Gesammtschuldner.

§. 40.

Dem Vereine kann **die Rechtsfähigkeit entzogen** werden, wenn er durch einen gesetz-

Vorlage.

gliederversammlung oder durch gesetzwidriges Verhalten des Vorstandes das Gemeinwohl gefährdet.

Ein Verein, dessen Zweck nach der Satzung nicht auf einen wirthschaftlichen Geschäftsbetrieb gerichtet ist, kann aufgelöst werden, wenn er einen solchen Zweck verfolgt.

Ein Verein, der nach der Satzung einen dem Gebiete der Politik oder der Sozialpolitik, der Religion, der Erziehung oder des Unterrichts angehörenden Zweck nicht hat, kann aufgelöst werden, wenn er einen solchen Zweck verfolgt.

Ein Verein, dessen Rechtsfähigkeit auf staatlicher Verleihung beruht, kann aufgelöst werden, wenn er einen anderen als den in der Satzung bestimmten Zweck verfolgt.

§. 41.

Die Zuständigkeit und das Verfahren bestimmen sich in den Fällen des §. 40 nach den Gesetzen des Bundesstaats, in dessen Gebiete der Verein seinen Sitz hat.

Hat der Verein seinen Sitz nicht in einem Bundesstaate, so erfolgt die Auflösung durch Beschluß des Bundesraths.

§. 42.

Mit der Auflösung des Vereins fällt das Vermögen an die in der Satzung bestimmten Personen.

Durch die Satzung kann vorgeschrieben werden, daß die Anfallberechtigten durch Beschluß der Mitgliederversammlung oder eines anderen Vereinsorgans bestimmt werden. Gehört der Verein zu den im §. 21 Abs. 1 bezeichneten Vereinen, so kann die Mitgliederversammlung auch ohne eine solche Vorschrift das Vermögen einer öffentlichen Stiftung oder Anstalt zuweisen.

Fehlt es an einer Bestimmung der Anfallberechtigten, so fällt das Vermögen, wenn der Verein nach der Satzung ausschließlich den

Beschlüsse der Kommission.

widrigen Beschluß der Mitgliederversammlung oder durch gesetzwidriges Verhalten des Vorstandes das Gemeinwohl gefährdet.

Einem Vereine, dessen Zweck nach der Satzung nicht auf einen wirthschaftlichen Geschäftsbetrieb gerichtet ist, kann **die Rechtsfähigkeit entzogen** werden, wenn er einen solchen Zweck verfolgt.

Einem Vereine, der nach der Satzung einen **politischen, sozialpolitischen** oder **religiösen** Zweck nicht hat, kann **die Rechtsfähigkeit entzogen** werden, wenn er einen solchen Zweck verfolgt.

Einem Vereine, dessen Rechtsfähigkeit auf Verleihung beruht, kann **die Rechtsfähigkeit entzogen** werden, wenn er einen anderen als den in der Satzung bestimmten Zweck verfolgt.

§. 41.

Die Zuständigkeit und das Verfahren bestimmen sich in den Fällen des §. 40 nach den **für streitige Verwaltungssachen geltenden Vorschriften der Landesgesetze. Wo ein Verwaltungsstreitverfahren nicht besteht, finden die Vorschriften der §§. 20, 21 der Gewerbeordnung Anwendung; die Entscheidung erfolgt in erster Instanz durch die höhere Verwaltungsbehörde, in deren Bezirke** der Verein seinen Sitz hat.

Beruht die Rechtsfähigkeit auf Verleihung durch den Bundesrath, so erfolgt **die Entziehung** durch Beschluß des Bundesraths.

§. 42.

Mit der Auflösung des Vereins **oder der Entziehung der Rechtsfähigkeit** fällt das Vermögen an die in der Satzung bestimmten Personen.

Durch die Satzung kann vorgeschrieben werden, daß die Anfallberechtigten durch Beschluß der Mitgliederversammlung oder eines anderen Vereinsorgans bestimmt werden. **Ist der Zweck des Vereins nicht auf einen wirthschaftlichen Geschäftsbetrieb gerichtet,** so kann die Mitgliederversammlung auch ohne eine solche Vorschrift das Vermögen einer öffentlichen Stiftung oder Anstalt zuweisen.

Fehlt es an einer Bestimmung der Anfallberechtigten, so fällt das Vermögen, wenn der Verein nach der Satzung ausschließlich den

Vorlage.

Interessen seiner Mitglieder diente, an die zur Zeit der Auflösung vorhandenen Mitglieder zu gleichen Theilen, anderenfalls an den Fiskus des Bundesstaats, in dessen Gebiete der Verein seinen Sitz hatte.

§. 47.

Die Auflösung des Vereins ist durch die Liquidatoren öffentlich bekannt zu machen. In der Bekanntmachung sind die Gläubiger zur Anmeldung ihrer Ansprüche aufzufordern. Die Bekanntmachung erfolgt durch das in der Satzung für Veröffentlichungen bestimmte Blatt, in Ermangelung eines solchen durch dasjenige Blatt, welches für Bekanntmachungen des Amtsgerichts bestimmt ist, in dessen Bezirke der Verein seinen Sitz hatte. Die Bekanntmachung gilt mit dem Ablaufe des zweiten Tages nach der Einrückung oder der ersten Einrückung als bewirkt.

Bekannte Gläubiger sind durch besondere Mittheilung zur Anmeldung aufzufordern.

§. 48.

Das Vermögen darf den Anfallberechtigten nicht vor dem Ablauf eines Jahres nach der Bekanntmachung der Auflösung des Vereins ausgeantwortet werden.

2. Eingetragene Vereine.

§. 52.

Die Eintragung eines Vereins der im §. 21 Abs. 1 bezeichneten Art in das Vereinsregister hat bei dem Amtsgerichte zu geschehen, in dessen Bezirke der Verein seinen Sitz hat.

§. 56.

Der Vorstand hat den Verein zur Eintragung anzumelden.

Der Anmeldung sind beizufügen:

1. die Satzung in Urschrift und Abschrift;
2. ein Verzeichniß der Mitglieder;

Beschlüsse der Kommission.

Interessen seiner Mitglieder diente, an die zur Zeit der Auflösung **oder der Entziehung der Rechtsfähigkeit** vorhandenen Mitglieder zu gleichen Theilen, anderenfalls an den Fiskus des Bundesstaats, in dessen Gebiete der Verein seinen Sitz hatte.

§§. 43 bis 46. Unverändert.

§. 47.

Die Auflösung des Vereins **oder die Entziehung der Rechtsfähigkeit** ist durch die Liquidatoren öffentlich bekannt zu machen. In der Bekanntmachung sind die Gläubiger zur Anmeldung ihrer Ansprüche aufzufordern. Die Bekanntmachung erfolgt durch das in der Satzung für Veröffentlichungen bestimmte Blatt, in Ermangelung eines solchen durch dasjenige Blatt, welches für Bekanntmachungen des Amtsgerichts bestimmt ist, in dessen Bezirke der Verein seinen Sitz hatte. Die Bekanntmachung gilt mit dem Ablaufe des zweiten Tages nach der Einrückung oder der ersten Einrückung als bewirkt.

Bekannte Gläubiger sind durch besondere Mittheilung zur Anmeldung aufzufordern.

§. 48.

Das Vermögen darf den Anfallberechtigten nicht vor dem Ablauf eines Jahres nach der Bekanntmachung der Auflösung des Vereins **oder der Entziehung der Rechtsfähigkeit** ausgeantwortet werden.

§§. 49 bis 51. Unverändert.

2. Eingetragene Vereine.

§. 52.

Die Eintragung eines Vereins der im §. 21 bezeichneten Art in das Vereinsregister hat bei dem Amtsgerichte zu geschehen, in dessen Bezirke der Verein sein Sitz hat.

§§. 53 bis 55. Unverändert.

§. 56.

Der Vorstand hat den Verein zur Eintragung anzumelden.

Der Anmeldung sind beizufügen:

1. die Satzung in Urschrift und Abschrift;
2. eine Abschrift der Urkunden über die Bestellung des Vorstandes.

Vorlage.

3. eine Abschrift der Urkunden über die Bestellung des Vorstandes.

Die Satzung soll von mindestens sieben Mitgliedern unterzeichnet sein und die Angabe des Tages der Errichtung enthalten.

§. 58.

Wird die Anmeldung zugelassen, so hat das Amtsgericht sie der zuständigen Verwaltungsbehörde mitzutheilen.

Die Verwaltungsbehörde kann gegen die Eintragung Einspruch erheben, wenn der Verein nach dem öffentlichen Vereinsrecht unerlaubt ist oder verboten werden kann oder wenn er einen dem Gebiete der Politik oder der Sozialpolitik, der Religion, der Erziehung oder des Unterrichts angehörenden Zweck verfolgt.

§. 59.

Erhebt die Verwaltungsbehörde Einspruch, so hat das Amtsgericht den Einspruch dem Vorstande mitzutheilen.

Der Einspruch kann angefochten werden. Die Zuständigkeit und das Verfahren bestimmen sich nach den Landesgesetzen.

§. 70.

Sinkt die Zahl der Vereinsmitglieder unter drei herab, so hat das Amtsgericht auf Antrag des Vorstandes und, wenn der Antrag nicht binnen drei Monaten gestellt wird, von Amtswegen nach Anhörung des Vorstandes die Auflösung des Vereins auszusprechen. Der Beschluß ist dem Vereine zuzustellen. Gegen den Beschluß findet die sofortige Beschwerde nach den Vorschriften der Civilprozeßordnung statt.

Der Verein erlischt mit der Rechtskraft des Beschlusses.

§. 71.

Die Auflösung des Vereins ist in das Vereinsregister einzutragen, sofern sie nicht in Folge der Eröffnung des Konkurses eintritt.

Beschlüsse der Kommission.

Die Satzung soll von mindestens sieben Mitgliedern unterzeichnet sein und die Angabe des Tages der Errichtung enthalten.

§. 57. Unverändert.

§. 58.

Wird die Anmeldung zugelassen, so hat das Amtsgericht sie der zuständigen Verwaltungsbehörde mitzutheilen.

Die Verwaltungsbehörde kann gegen die Eintragung Einspruch erheben, wenn der Verein nach dem öffentlichen Vereinsrecht unerlaubt ist oder verboten werden kann oder wenn er einen **politischen, sozialpolitischen oder religiösen** Zweck verfolgt.

§. 59.

Erhebt die Verwaltungsbehörde Einspruch, so hat das Amtsgericht den Einspruch dem Vorstande mitzutheilen.

Der Einspruch kann **im Wege des Verwaltungsstreitverfahrens oder, wo ein solches nicht besteht, im Wege des Rekurses nach Maßgabe der §§. 20, 21 der Gewerbeordnung** angefochten werden.

§§. 60 bis 69. Unverändert.

§. 70.

Sinkt die Zahl der Vereinsmitglieder unter drei herab, so hat das Amtsgericht auf Antrag des Vorstandes und, wenn der Antrag nicht binnen drei Monaten gestellt wird, von Amtswegen nach Anhörung des Vorstandes **dem Vereine die Rechtsfähigkeit zu entziehen.** Der Beschluß ist dem Vereine zuzustellen. Gegen den Beschluß findet die sofortige Beschwerde nach den Vorschriften der Civilprozeßordnung statt.

Der Verein **verliert die Rechtsfähigkeit** mit der Rechtskraft des Beschlusses.

§. 71.

Die Auflösung des Vereins **sowie die Entziehung der Rechtsfähigkeit** ist in das Vereinsregister einzutragen. **Im Falle** der Eröffnung des Konkurses **unterbleibt die Eintragung.**

Vorlage.

Wird der Verein durch Beschluß der Mitgliederversammlung oder durch den Ablauf der für die Dauer des Vereins bestimmten Zeit aufgelöst, so hat der Vorstand die Auflösung zur Eintragung anzumelden. Der Anmeldung ist im ersteren Falle eine Abschrift des Auflösungsbeschlusses beizufügen.

Wird der Verein auf Grund des §. 40 oder auf Grund des öffentlichen Vereinsrechts aufgelöst, so erfolgt die Eintragung auf Anzeige der zuständigen Behörde.

§. 78.

Das Stiftungsgeschäft unter Lebenden bedarf der gerichtlichen oder notariellen Beurkundung.

Bis zur Ertheilung der staatlichen Genehmigung ist der Stifter zum Widerrufe berechtigt. Ist die Genehmigung bei der zuständigen Behörde nachgesucht, so kann der Widerruf nur dieser gegenüber erklärt werden. Der Erbe des Stifters ist zum Widerrufe nicht berechtigt, wenn der Stifter das Gesuch bei der zuständigen Behörde eingereicht oder bei oder nach der Beurkundung des Stiftungsgeschäfts das Gericht oder den Notar mit der Einreichung betraut hat.

§. 83.

Die Vorschriften des §. 23, des §. 24 Abs. 3, der §§. 25 bis 28 und des §. 39 Abs. 2 finden auf Stiftungen entsprechende Anwendung, die Vorschriften des §. 24 Abs. 3 und des §. 25 Abs. 1 jedoch nur insoweit, als sich nicht aus der Verfassung, insbesondere daraus, daß die Verwaltung der Stiftung von einer öffentlichen Behörde geführt wird, ein Anderes ergiebt. Die Vorschriften des §. 25 Abs. 2 und des §. 26 finden auf Stiftungen, deren Verwaltung von einer öffentlichen Behörde geführt wird, keine Anwendung.

Beschlüsse der Kommission.

Wird der Verein durch Beschluß der Mitgliederversammlung oder durch den Ablauf der für die Dauer des Vereins bestimmten Zeit aufgelöst, so hat der Vorstand die Auflösung zur Eintragung anzumelden. Der Anmeldung ist im ersteren Falle eine Abschrift des Auflösungsbeschlusses beizufügen.

Wird **dem Verein** auf Grund des §. 40 **die Rechtsfähigkeit entzogen** oder wird der Verein auf Grund des öffentlichen Vereinsrechts aufgelöst, so erfolgt die Eintragung auf Anzeige der zuständigen Behörde.

§§. 72 bis 76. Unverändert.

II. Stiftungen.

§. 77. Unverändert.

§. 78.

Das Stiftungsgeschäft unter Lebenden bedarf der **schriftlichen Form.**

Bis zur Ertheilung der staatlichen Genehmigung ist der Stifter zum Widerrufe berechtigt. Ist die Genehmigung bei der zuständigen Behörde nachgesucht, so kann der Widerruf nur dieser gegenüber erklärt werden. Der Erbe des Stifters ist zum Widerrufe nicht berechtigt, wenn der Stifter das Gesuch bei der zuständigen Behörde eingereicht oder **im Falle der gerichtlichen oder notariellen** Beurkundung des Stiftungsgeschäfts das Gericht oder den Notar **bei oder nach der Beurkundung** mit der Einreichung betraut hat.

§§. 79 bis 82. Unverändert.

§. 83.

Die Vorschriften des §. 23, des §. 24 Abs. 3 und der §§. 25 bis 28, 39 finden auf Stiftungen entsprechende Anwendung, die Vorschriften des §. 24 Abs. 3 und des §. 25 Abs. 1 jedoch nur insoweit, als sich nicht aus der Verfassung, insbesondere daraus, daß die Verwaltung der Stiftung von einer öffentlichen Behörde geführt wird, ein Anderes ergiebt. Die Vorschriften des §. 25 Abs. 2 und des §. 26 finden auf Stiftungen, deren Verwaltung von einer öffentlichen Behörde geführt wird, keine Anwendung.

Vorlage.

§. 109.

Ermächtigt der gesetzliche Vertreter den Minderjährigen, in Dienst oder in Arbeit zu treten, so ist der Minderjährige für solche Rechtsgeschäfte unbeschränkt geschäftsfähig, welche die Eingehung oder Aufhebung eines Dienst- oder Arbeitsverhältnisses der gestatteten Art oder die Erfüllung der sich aus einem solchen Verhältnisse ergebenden Verpflichtungen betreffen. Ausgenommen sind Verträge, zu denen der Vertreter der Genehmigung des Vormundschaftsgerichts bedarf.

Beschlüsse der Kommission.

§. 83 a. **(Neu.)**

Ist die Erfüllung des Stiftungszwecks unmöglich geworden oder gefährdet sie das Gemeinwohl, so kann die zuständige Behörde der Stiftung eine andere Zweckbestimmung geben oder sie aufheben.

Bei der Umwandlung des Zweckes ist die Absicht des Stifters thunlichst zu berücksichtigen, insbesondere dafür Sorge zu tragen, daß die Erträge des Stiftungsvermögens dem Personenkreise, dem sie zu Statten kommen sollten, im Sinne des Stifters thunlichst erhalten bleiben. Die Behörde kann die Verfassung der Stiftung ändern, soweit die Umwandlung des Zweckes es erfordert.

Vor der Umwandlung des Zweckes und der Aenderung der Verfassung soll der Vorstand der Stiftung gehört werden.

§. 84. Unverändert.

III. Juristische Personen des öffentlichen Rechtes.

§. 85. Unverändert.

Zweiter Abschnitt.

Sachen.

§§. 86 bis 99. Unverändert.

Dritter Abschnitt.

Rechtsgeschäfte.

Erster Titel.

Geschäftsfähigkeit.

§§. 100 bis 108. Unverändert.

§. 109. Absatz 1, 2 unverändert.

Vorlage.

Die Ermächtigung kann von dem Vertreter zurückgenommen oder eingeschränkt werden.

Die für einen einzelnen Fall ertheilte Ermächtigung gilt im Zweifel als allgemeine Ermächtigung zur Eingehung von Verhältnissen derselben Art.

§. 118.

Ist eine Willenserklärung nach §. 114 nichtig oder auf Grund der §§. 115, 116 angefochten, so hat der Erklärende, wenn die Erklärung einem Anderen gegenüber abzugeben war, diesem, anderenfalls jedem Dritten den Schaden zu ersetzen, den der Andere oder der Dritte dadurch erleidet, daß er auf die Gültigkeit der Erklärung vertraut, jedoch nicht über den Betrag des Interesses hinaus, welches der Andere oder der Dritte an der Gültigkeit der Erklärung hat.

Die Schadensersatzpflicht tritt nicht ein, wenn der Beschädigte den Grund der Nichtigkeit oder der Anfechtbarkeit kannte oder in Folge von Fahrlässigkeit nicht kannte (kennen mußte). Im Falle des §. 116 ist die Schadensersatzpflicht auch dann ausgeschlossen, wenn die Unrichtigkeit der Uebermittelung ihren Grund in höherer Gewalt hat.

§. 119.

Wer zur Abgabe einer Willenserklärung durch arglistige Täuschung oder durch Drohung widerrechtlich bestimmt worden ist, kann die Erklärung anfechten.

Hat ein Dritter die Täuschung verübt, so ist eine Erklärung, die einem Anderen gegenüber abzugeben war, nur dann anfechtbar,

Beschlüsse der Kommission.

Ist der gesetzliche Vertreter ein Vormund, so kann die Ermächtigung, wenn sie von ihm verweigert wird, auf Antrag des Minderjährigen durch das Vormundschaftsgericht ersetzt werden. Das Vormundschaftsgericht hat die Ermächtigung zu ersetzen, wenn sie im Interesse des Mündels liegt.

Die für einen einzelnen Fall ertheilte Ermächtigung gilt im Zweifel als allgemeine Ermächtigung zur Eingehung von Verhältnissen derselben Art.

§§. 110, 111. Unverändert.

Zweiter Titel.

Willenserklärung.

§§. 112 bis 117. Unverändert.

§. 118. Absatz 1 unverändert.

Die Schadensersatzpflicht tritt nicht ein, wenn der Beschädigte den Grund der Nichtigkeit oder der Anfechtbarkeit kannte oder in Folge von Fahrlässigkeit nicht kannte (kennen mußte).

§. 119.

Wer zur Abgabe einer Willenserklärung durch arglistige Täuschung **oder widerrechtlich durch Drohung** bestimmt worden ist, kann die Erklärung anfechten.

Hat ein Dritter die Täuschung verübt, so ist eine Erklärung, die einem Anderen gegenüber abzugeben war, nur dann anfechtbar,

Vorlage.

wenn dieser die Täuschung kannte oder kennen mußte. Hat ein Anderer als derjenige, welchem gegenüber die Erklärung abzugeben war, aus der Erklärung unmittelbar ein Recht erworben, so ist die Erklärung, *soweit durch sie das Recht des Anderen begründet worden ist, diesem* gegenüber anfechtbar, wenn er die Täuschung kannte oder kennen mußte.

§. 123.

Die Vorschriften des §. 122 gelten im Zweifel auch für die durch Rechtsgeschäft bestimmte schriftliche Form. Zur Wahrung der Form genügt jedoch, soweit nicht ein anderer Wille anzunehmen ist, telegraphische Uebermittelung. Wird *diese* gewählt, so kann *der andere Theil* nachträglich eine dem §. 122 entsprechende Beurkundung verlangen.

§. 126.

Eine Willenserklärung, die einem Anderen gegenüber abzugeben ist, wird, wenn sie in dessen Abwesenheit abgegeben wird, in dem Zeitpunkte wirksam, in welchem sie ihm zugeht. Sie wird nicht wirksam, wenn dem Anderen vor oder gleichzeitig *mit ihr* ein Widerruf zugeht.

Auf die Wirksamkeit der Willenserklärung ist es ohne Einfluß, wenn der Erklärende nach der Abgabe stirbt oder geschäftsunfähig wird.

Diese Vorschriften finden auch dann Anwendung, wenn die Willenserklärung einer Behörde gegenüber abzugeben ist.

§. 134.

Ein Rechtsgeschäft, das gegen die guten Sitten verstößt, ist nichtig.

Beschlüsse der Kommission.

wenn dieser die Täuschung kannte oder kennen mußte. **Soweit** ein Anderer als derjenige, welchem gegenüber die Erklärung abzugeben war, aus der Erklärung unmittelbar ein Recht erworben hat, ist die Erklärung **ihm** gegenüber anfechtbar, wenn er die Täuschung kannte oder kennen mußte.

§§. 120 bis 122. Unverändert.

§. 123.

Die Vorschriften des §. 122 gelten im Zweifel auch für die durch Rechtsgeschäft bestimmte schriftliche Form. Zur Wahrung der Form genügt jedoch, soweit nicht ein anderer Wille anzunehmen ist, telegraphische Uebermittelung **und bei einem Vertrage Briefwechsel;** wird **eine solche Form** gewählt, so kann nachträglich eine dem §. 122 entsprechende Beurkundung verlangt **werden.**

§§. 124, 125. Unverändert.

§. 126.

Eine Willenserklärung, die einem Anderen gegenüber abzugeben ist, wird, wenn sie in dessen Abwesenheit abgegeben wird, in dem Zeitpunkte wirksam, in welchem sie ihm zugeht. Sie wird nicht wirksam, wenn dem Anderen **vorher** oder gleichzeitig ein Widerruf zugeht.

Absatz 2, 3 unverändert.

§§. 127 bis 133. Unverändert.

§. 134.

Ein Rechtsgeschäft, das gegen die guten Sitten verstößt, ist nichtig.

Nichtig ist insbesondere ein Rechtsgeschäft, durch das Jemand unter Ausbeutung der Nothlage, des Leichtsinns oder der Unerfahrenheit eines Anderen sich oder einem Dritten für eine Leistung Vermögensvortheile versprechen oder gewähren läßt, welche den Werth der Leistung dergestalt übersteigen, daß den Umständen nach die

Vorlage.	Beschlüsse der Kommission.
	Vermögensvortheile in auffälligem Mißverhältnisse zu der Leistung stehen.
	§§. 135 bis 140. Unverändert.
	Dritter Titel.
	Vertrag.
	§. 141. Unverändert.
§. 142.	§. 142.
Der Antrag erlischt, wenn er dem Antragenden gegenüber abgelehnt oder nicht nach den §§. 143 bis 145 rechtzeitig angenommen wird.	Der Antrag erlischt, wenn er dem Antragenden gegenüber abgelehnt oder **wenn er** nicht **diesem gegenüber** nach den §§. 143 bis 145 rechtzeitig angenommen wird.
	§§. 143 bis 153. Unverändert.
	Vierter Titel.
	Bedingung. Zeitbestimmung.
	§§. 154 bis 159. Unverändert.
	Fünfter Titel.
	Vertretung. Vollmacht.
	§§. 160 bis 177. Unverändert.
	Sechster Titel.
	Einwilligung. Genehmigung.
	§§. 178 bis 181. Unverändert.
	Vierter Abschnitt.
	Fristen. Termine.
§. 182.	§. 182.
Für die in Gesetzen, gerichtlichen Verfügungen und Rechtsgeschäften enthaltenen Frist- und Terminsbestimmungen gelten die Auslegungsvorschriften der §§. 183 bis 188.	Für die in Gesetzen, gerichtlichen Verfügungen und Rechtsgeschäften enthaltenen Frist- und Terminsbestimmungen gelten die Auslegungsvorschriften der §§. 183 bis 188**a**.
	§§. 183 bis 188. Unverändert.
	§. 188a. **(Neu.)**
	Ist an einem bestimmten Tage oder innerhalb einer Frist eine Willenserklärung abzugeben oder eine Leistung zu bewirken und fällt der bestimmte Tag oder der letzte Tag der Frist auf einen Sonntag oder einen am Erklärungs- oder Leistungsorte staatlich anerkannten allgemeinen Feiertag, so tritt an die Stelle des Sonntags oder des Feiertags der nächstfolgende Werktag.

Vorlage.

§. 191.

In zwei Jahren verjähren die Ansprüche:

1. der Kaufleute, Fabrikanten, Handwerker und derjenigen, welche ein Kunstgewerbe betreiben, für Lieferung von Waaren, Ausführung von Arbeiten und Besorgung fremder Geschäfte, mit Einschluß der Auslagen, es sei denn, daß die Leistung für den Gewerbebetrieb des Schuldners erfolgt;
2. derjenigen, welche Land- oder Forstwirthschaft betreiben, für Lieferung von land- oder forstwirthschaftlichen Erzeugnissen, sofern die Lieferung zur Verwendung im Haushalte des Schuldners erfolgt;
3. der Eisenbahnunternehmungen, Frachtfuhrleute, Schiffer, Lohnkutscher und Boten wegen des Fahrgeldes, der Fracht, des Fuhr- und Botenlohns, mit Einschluß der Auslagen;
4. der Gastwirthe und derjenigen, welche Speisen oder Getränke gewerbsmäßig verabreichen, für Gewährung von Wohnung und Beköstigung sowie für andere den Gästen zur Befriedigung ihrer Bedürfnisse gewährte Leistungen, mit Einschluß der Auslagen;
5. derjenigen, welche Lotterieloose vertreiben, aus dem Vertriebe der Loose, es sei denn, daß die Loose zum Weitervertriebe geliefert werden;
6. derjenigen, welche bewegliche Sachen gewerbsmäßig vermiethen, wegen des Miethzinses;
7. derjenigen, welche, ohne zu den in Nr. 1 bezeichneten Personen zu gehören, die Besorgung fremder Geschäfte oder die Leistung von Diensten gewerbsmäßig betreiben, wegen der ihnen aus dem Gewerbebetriebe gebührenden Vergütungen, mit Einschluß der Auslagen;

Beschlüsse der Kommission.

Fünfter Abschnitt.
Verjährung.

§§. 189, 190. Unverändert.

§. 191.

In zwei Jahren verjähren die Ansprüche:
Ziffer 1 bis 7 unverändert.

Vorlage.	Beschlüsse der Kommission.
8. derjenigen, welche im Privatdienste stehen, wegen des Gehaltes, Lohnes oder anderer Dienstbezüge, mit Einschluß der Auslagen;	8. derjenigen, welche im Privatdienste stehen, wegen des Gehalts, Lohnes oder anderer Dienstbezüge, mit Einschluß der Auslagen, **sowie der Dienstberechtigten wegen der auf solche Ansprüche gewährten Vorschüsse;**
9. der gewerblichen Arbeiter — Gesellen, Gehülfen, Lehrlinge, Fabrikarbeiter —, der Tagelöhner und Handarbeiter wegen des Lohnes und anderer an Stelle oder als Theil des Lohnes vereinbarter Leistungen, mit Einschluß der Auslagen;	9. der gewerblichen Arbeiter — Gesellen, Gehülfen, Lehrlinge, Fabrikarbeiter —, der Tagelöhner und Handarbeiter wegen des Lohnes und anderer an Stelle oder als Theil des Lohnes vereinbarter Leistungen, mit Einschluß der Auslagen, **sowie der Arbeitgeber wegen der auf solche Ansprüche gewährten Vorschüsse;**
10. der Arbeitgeber wegen der den gewerblichen Arbeitern auf Lohn oder Auslagen gewährten Vorschüsse;	10. Gestrichen.
11. der Lehrherren und Lehrmeister wegen des Lehrgeldes und anderer im Lehrvertrage vereinbarter Leistungen sowie wegen der für die Lehrlinge bestrittenen Auslagen;	Ziffer 11 bis 18 unverändert.
12. der öffentlichen Anstalten, welche dem Unterrichte, der Erziehung, Verpflegung oder Heilung dienen, sowie der Inhaber von Privatanstalten solcher Art für Gewährung von Unterricht, Verpflegung oder Heilung und für die damit zusammenhängenden Aufwendungen;	
13. derjenigen, welche Personen zur Verpflegung oder zur Erziehung aufnehmen, für Leistungen und Aufwendungen der in Nr. 12 bezeichneten Art;	
14. der öffentlichen Lehrer und der Privatlehrer wegen ihrer Honorare, die Ansprüche der öffentlichen Lehrer jedoch nicht, wenn sie auf Grund besonderer Einrichtungen gestundet sind;	
15. der Aerzte, insbesondere auch der Wundärzte, Geburtshelfer, Zahnärzte und Thierärzte, sowie der Hebammen für ihre Dienstleistungen, mit Einschluß der Auslagen;	

Vorlage.	Beschlüsse der Kommission.
16. der Rechtsanwälte, Notare und Gerichtsvollzieher sowie aller Personen, die zur Besorgung gewisser Geschäfte öffentlich bestellt oder zugelassen sind, wegen ihrer Gebühren und Auslagen, soweit nicht diese zur Staatskasse fließen;	
17. der Parteien wegen der ihren Rechtsanwälten geleisteten Vorschüsse;	
18. der Zeugen und Sachverständigen wegen ihrer Gebühren und Auslagen.	
Soweit die im Abs. 1 Nr. 1, 2, 5 bezeichneten Ansprüche nicht der Verjährung von zwei Jahren unterliegen, verjähren sie in fünf Jahren.	Soweit die im Abs. 1 Nr. 1, 2, 5 bezeichneten Ansprüche nicht der Verjährung von zwei Jahren unterliegen, verjähren sie in **vier** Jahren.
	§§. 192 bis 220. Unverändert.
Sechster Abschnitt. Selbstvertheidigung. Selbsthülfe.	**Sechster Abschnitt.** Ausübung der Rechte. Selbstvertheidigung. Selbsthülfe.
	§. 220a. **(Neu.)** Die Ausübung eines Rechtes ist unzulässig, wenn sie nur den Zweck haben kann, einem Anderen Schaden zuzufügen.
	§§. 221, 222. Unverändert.
§. 223. Wer zum Zwecke der Selbsthülfe eine Sache wegnimmt, zerstört oder beschädigt oder wer zum Zwecke der Selbsthülfe den Verpflichteten festnimmt oder den Widerstand des Verpflichteten gegen eine Handlung, die dieser zu dulden verpflichtet ist, beseitigt, handelt nicht widerrechtlich, wenn obrigkeitliche Hülfe nicht rechtzeittig zu erlangen ist und ohne sofortiges Eingreifen die Gefahr besteht, daß die Verwirklichung des Anspruchs vereitelt oder wesentlich erschwert werde.	§. 223. Wer zum Zwecke der Selbsthülfe eine Sache wegnimmt, zerstört oder beschädigt oder wer zum Zwecke der Selbsthülfe **einen** Verpflichteten, **welcher der Flucht verdächtig ist,** festnimmt oder den Widerstand des Verpflichteten gegen eine Handlung, die dieser zu dulden verpflichtet ist, beseitigt, handelt nicht widerrechtlich, wenn obrigkeitliche Hülfe nicht rechtzeitig zu erlangen ist und ohne sofortiges Eingreifen die Gefahr besteht, daß die Verwirklichung des Anspruchs vereitelt oder wesentlich erschwert werde.
	§§. 224, 225. Unverändert.
	Siebenter Abschnitt. Sicherheitsleistung.
	§§. 226 bis 232. Unverändert.
§. 233. Ein Bürge ist tauglich, wenn er ein der Höhe der zu leistenden Sicherheit angemessenes	§. 233. Ein Bürge ist tauglich, wenn er ein der Höhe der zu leistenden Sicherheit angemessenes Ver-

Vorlage.

Vermögen besitzt und seinen allgemeinen Gerichtsstand im Inlande hat.

Die Bürgschaftserklärung muß schriftlich abgefaßt sein und den Verzicht auf die Einrede der Vorausklage enthalten.

§. 240.

Ist eine Schuld nach gesetzlicher Vorschrift zu verzinsen, so sind fünf vom Hundert für das Jahr zu entrichten, soweit nicht ein Anderes vorgeschrieben ist.

§. 241.

Die Höhe der Zinsen unterliegt der freien Vereinbarung, soweit nicht reichsgesetzliche Vorschriften über den Wucher entgegenstehen.

Ist ein höherer Zinssatz als sechs vom Hundert für das Jahr vereinbart, so kann der Schuldner nach dem Ablaufe von sechs Monaten das Kapital unter Einhaltung einer Kündigungsfrist von sechs Monaten kündigen. Das Kündigungsrecht kann nicht durch Vertrag ausgeschlossen oder beschränkt werden.

Die Vorschriften des Abs. 2 gelten nicht für Schuldverschreibungen auf den Inhaber.

§. 242.

Eine im voraus getroffene Vereinbarung, daß fällige Zinsen wieder Zinsen tragen sollen, ist nichtig.

Sparkassen, Kreditanstalten und Inhaber von Bankgeschäften können im voraus vereinbaren, daß nicht erhobene Zinsen von Einlagen

Beschlüsse der Kommission.

mögen besitzt und seinen allgemeinen Gerichtsstand im Inlande hat.

Die Bürgschaftserklärung muß den Verzicht auf die Einrede der Vorausklage enthalten.

§. 234. Unverändert.

Zweites Buch.

Recht der Schuldverhältnisse.

Erster Abschnitt.

Inhalt der Schuldverhältnisse.

Erster Titel.

Verpflichtung zu Leistung.

§§. 235 bis 239. Unverändert.

§. 240.

Ist eine Schuld nach **Gesetz oder Rechtsgeschäft** zu verzinsen, so sind **vier** vom Hundert für das Jahr zu entrichten, **sofern** nicht ein Anderes **bestimmt** ist.

§. 241.

Ist ein höherer Zinssatz als sechs vom Hundert für das Jahr vereinbart, so kann der Schuldner nach dem Ablaufe von sechs Monaten das Kapital unter Einhaltung einer Kündigungsfrist von sechs Monaten kündigen. Das Kündigungsrecht kann nicht durch Vertrag ausgeschlossen oder beschränkt werden.

Diese Vorschriften gelten nicht für Schuldverschreibungen auf den Inhaber.

§. 242.

Eine im voraus getroffene Vereinbarung, daß fällige Zinsen wieder Zinsen tragen sollen, ist nichtig.

Sparkassen, Kreditanstalten und Inhaber von Bankgeschäften können im voraus vereinbaren, daß nicht erhobene Zinsen von Einlagen

Vorlage.

als neue verzinsliche Einlagen gelten sollen. Kreditanstalten, die berechtigt sind, für der Betrag der von ihnen gewährten Darlehen verzinsliche Schuldverschreibungen auf den Inhaber auszugeben, können sich bei solchen Darlehen für rückständige Zinsen eine Verzinsung bis zu sechs vom Hundert für das Jahr im voraus versprechen lassen.

§. 248.

Hat bei der Entstehung des Schadens ein Verschulden des Beschädigten mitgewirkt, so hängt die Verpflichtung zum Ersatze sowie der Umfang des zu leistenden Ersatzes von den Umständen, insbesondere davon ab, inwieweit der Schaden vorwiegend von dem einen oder dem anderen Theile verursacht worden ist.

Dies gilt auch dann, wenn sich das Verschulden des Beschädigten darauf beschränkt, daß er unterlassen hat, den Schaden abzuwenden oder zu mindern. Die Vorschrift des §. 272 findet entsprechende Anwendung.

§. 265.

Fällt der für eine Leistung bestimmte Tag oder der letzte Tag der für eine Leistung bestimmten Frist auf einen Sonntag oder einen am Leistungsorte staatlich anerkannten allgemeinen

Beschlüsse der Kommission.

als neue verzinsliche Einlagen gelten sollen. Kreditanstalten, die berechtigt sind, für den Betrag der von ihnen gewährten Darlehen verzinsliche Schuldverschreibungen auf den Inhaber auszugeben, können sich bei solchen Darlehen **die** Verzinsung rückständiger Zinsen im Voraus versprechen lassen.

§§. 243 bis 247. Unverändert.

§. 248. Absatz 1 unverändert.

Dies gilt auch dann, wenn sich das Verschulden des Beschädigten darauf beschränkt, daß er unterlassen hat, **den Schuldner auf die Gefahr eines ungewöhnlich hohen Schadens aufmerksam zu machen, die der Schuldner weder kannte noch kennen mußte, oder** daß er unterlassen hat, den Schaden abzuwenden oder zu mindern. Die Vorschrift des §. 272 findet entsprechende Anwendung.

§. 249. Unverändert.

§. 249 a. **(Neu.)**

Wer zum Ersatze von Aufwendungen verpflichtet ist, hat den aufgewendeten Betrag oder, wenn andere Gegenstände als Geld aufgewendet worden sind, den als Ersatz ihres Werthes zu zahlenden Betrag von der Zeit der Aufwendung an zu verzinsen. Sind Aufwendungen auf einen Gegenstand gemacht worden, der dem Ersatzpflichtigen herauszugeben ist, so sind Zinsen für die Zeit, für welche dem Ersatzberechtigten die Nutzungen oder die Früchte des Gegenstandes ohne Vergütung verbleiben, nicht zu entrichten.

§§. 250 bis 264. Unverändert.

§. 265. Gestrichen.

Vorlage.

Feiertag, so ist im Zweifel anzunehmen, daß an die Stelle des Sonntags oder des Feiertags der nächstfolgende Werktag treten soll.

§. 282.

Eine Geldschuld ist während des Verzugs mit fünf vom Hundert für das Jahr zu verzinsen. Kann der Gläubiger aus einem anderen Rechtsgrunde höhere Zinsen verlangen, so sind diese fortzuentrichten.

Die Geltendmachung eines weiteren Schadens ist nicht ausgeschlossen.

§. 284.

Ist der Schuldner zum Ersatze des Werthes eines Gegenstandes verpflichtet, der während des Verzugs untergegangen ist oder aus einem anderen während des Verzugs eingetretenen Grunde nicht herausgegeben werden kann, so kann der Gläubiger Zinsen des zu ersetzenden Betrags von der Zeit an verlangen, zu welcher der Schuldner mit der Leistung des Gegenstandes in Verzug gekommen ist. Das Gleiche gilt, wenn der Schuldner zum Ersatze der Minderung des Werthes eines während des Verzugs verschlechterten Gegenstandes verpflichtet ist.

Für die Zeit, für welche der Gläubiger Zinsen fordert, kann er nicht Ersatz für entzogene Nutzungen verlangen.

Beschlüsse der Kommission.

§§. 266 bis 281. Unverändert.

§. 282.

Eine Geldschuld ist während des Verzugs mit **vier** vom Hundert für das Jahr zu verzinsen. Kann der Gläubiger aus einem anderen Rechtsgrunde höhere Zinsen verlangen, so sind diese fortzuentrichten.

Die Geltendmachung eines weiteren Schadens ist nicht ausgeschlossen.

§. 283. Unverändert.

§. 284.

Ist der Schuldner zum Ersatze des Werthes eines Gegenstandes verpflichtet, der während des Verzugs untergegangen ist oder aus einem während des Verzugs eingetretenen Grunde nicht herausgegeben werden kann, so kann der Gläubiger Zinsen des zu ersetzenden Betrags von **dem Zeitpunkt** an verlangen, welcher **der Bestimmung des Werthes zu Grunde gelegt wird.** Das Gleiche gilt, wenn der Schuldner zum Ersatze der Minderung des Werthes eines während des Verzugs verschlechterten Gegenstandes verpflichtet ist.

§§. 285, 286. Unverändert.

Zweiter Titel.

Verzug des Gläubigers.

§§. 287 bis 298. Unverändert.

Zweiter Abschnitt.
Schuldverhältnisse aus Verträgen.

Erster Titel.

Begründung. Inhalt des Vertrags.

§§. 299 bis 313. Unverändert.

Zweiter Titel.

Gegenseitiger Vertrag.

§§. 314 bis 321. Unverändert.

Vorlage.

§. 351.

Ist in einem gegenseitigen Vertrage vereinbart, daß die Leistung des einen Theiles genau zu einer festbestimmten Zeit oder innerhalb einer festbestimmten Frist bewirkt werden soll, so ist im Zweifel anzunehmen, daß der andere Theil zum Rücktritte berechtigt sein soll, wenn die Leistung nicht zu der bestimmten Zeit oder innerhalb der bestimmten Frist erfolgt.

Beschlüsse der Kommission.

Dritter Titel.

Versprechen der Leistung an einen Dritten.

§§. 322 bis 329. Unverändert.

Vierter Titel.

Draufgabe. Vertragsstrafe.

§§. 330 bis 339. Unverändert.

Fünfter Titel.

Rücktritt.

§§. 340 bis 350. Unverändert.

§. 351. Gestrichen.

§§. 352 bis 355. Unverändert.

§. 355a (früher §. 351).

Ist in einem gegenseitigen Vertrage vereinbart, daß die Leistung des einen Theiles genau zu einer festbestimmten Zeit oder innerhalb einer festbestimmten Frist bewirkt werden soll, so ist im Zweifel anzunehmen, daß der andere Theil zum Rücktritte berechtigt sein soll, wenn die Leistung nicht zu der bestimmten Zeit oder innerhalb der bestimmten Frist erfolgt.

Dritter Abschnitt.

Erlöschen der Schuldverhältnisse.

Erster Titel.

Erfüllung.

§§. 356 bis 365. Unverändert.

Zweiter Titel.

Hinterlegung.

§§. 366 bis 380. Unverändert.

Dritter Titel.

Aufrechnung.

§§. 381 bis 390. Unverändert.

Vierter Titel.

Erlaß.

§. 391. Unverändert.

Vorlage.

Beschlüsse der Kommission.

Vierter Abschnitt.

Uebertragung der Forderung.

§§. 392 bis 407. Unverändert.

Fünfter Abschnitt.

Schuldübernahme.

§§. 408 bis 413. Unverändert.

Sechster Abschnitt.

Mehrheit von Schuldnern und Gläubigern.

§§. 414 bis 426. Unverändert.

Siebenter Abschnitt.

Einzelne Schuldverhältnisse.

Erster Titel.

Kauf. Tausch.

I. Allgemeine Vorschriften.

§§. 427 bis 452. Unverändert.

II. Gewährleistung wegen Mängel der Sache.

§§. 453 bis 486. Unverändert.

Vorlage: §. 487.

Ein allgemeines Versprechen, durch welches der Verkäufer die Gewährleistung wegen aller Fehler übernimmt, ist im Zweifel nur auf die Hauptmängel zu beziehen.

Beschlüsse der Kommission: §. 487. Gestrichen.

§. 488. Unverändert.

III. Besondere Arten des Kaufes.

§§. 489 bis 509. Unverändert.

IV. Tausch.

§. 510. Unverändert.

Zweiter Titel.

Schenkung.

§§. 511 bis 513. Unverändert.

Vorlage: §. 514.

Der Schenker ist berechtigt, die Erfüllung eines schenkweise ertheilten Versprechens zu verweigern, soweit er bei Berücksichtigung seiner sonstigen Verpflichtungen außer Stande ist,

Beschlüsse der Kommission: §. 514.

Der Schenker ist berechtigt, die Erfüllung eines schenkweise ertheilten Versprechens zu verweigern, soweit er bei Berücksichtigung seiner sonstigen Verpflichtungen außer Stande ist, das

Vorlage.

das Versprechen ohne Gefährdung seines standesmäßigen Unterhalts zu erfüllen.

Treffen die Ansprüche mehrerer Beschenken zusammen, so geht der früher entstandene Anspruch vor.

Beschlüsse der Kommission.

Versprechen zu erfüllen, ohne **daß** sein standesmäßiger Unterhalt **oder die Erfüllung der ihm kraft Gesetzes obliegenden Unterhaltspflichten gefährdet wird.**

Treffen die Ansprüche mehrerer Beschenkten zusammen, so geht der früher entstandene Anspruch vor.

§§. 515 bis 522. Unverändert.

§. 522a. **(Neu.)**

Soweit der Schenker nach der Vollziehung der Schenkung außer Stande ist, seinen standesmäßigen Unterhalt zu bestreiten und die ihm seinen Verwandten, seinem Ehegatten oder seinem früheren Ehegatten gegenüber gesetzlich obliegende Unterhaltspflicht zu erfüllen, kann er von dem Beschenkten die Herausgabe des Geschenkes nach den Vorschriften über die Herausgabe einer ungerechtfertigten Bereicherung fordern. Der Beschenkte kann die Herausgabe durch Zahlung des für den Unterhalt erforderlichen Betrags abwenden. Auf die Verpflichtung des Beschenkten finden die Vorschriften des §. 747 sowie die für die Unterhaltspflicht der Verwandten geltende Vorschrift des §. 1591 und im Falle des Todes des Schenkers auch die Vorschriften des §. 1593 entsprechende Anwendung.

Unter mehreren Beschenkten haftet der früher Beschenkte nur insoweit, als der später Beschenkte nicht verpflichtet ist.

§. 522b. **(Neu.)**

Der Anspruch auf Herausgabe des Geschenkes ist ausgeschlossen, wenn der Schenker seine Bedürftigkeit vorsätzlich oder durch grobe Fahrlässigkeit herbeigeführt hat oder wenn zur Zeit des Eintritts seiner Bedürftigkeit seit der Leistung des geschenkten Gegenstandes zehn Jahre verstrichen sind.

Das Gleiche gilt, soweit der Beschenkte bei Berücksichtigung seiner sonstigen Verpflichtungen außer Stande ist, das Geschenk herauszugeben, ohne daß sein standesmäßiger Unterhalt oder die Erfüllung der ihm kraft Gesetzes obliegenden Unterhaltspflichten gefährdet wird.

§. 523. Unverändert.

Vorlage.

§. 524.

Schenkungen, durch die einer sittlichen Pflicht oder einer auf den Anstand zu nehmenden Rücksicht entsprochen wird, unterliegen nicht dem Widerrufe.

§. 537.

Ist eine gemiethete Wohnung so beschaffen, daß ihre Benutzung mit einer erheblichen Gefährdung der Gesundheit verbunden ist, so kann der Miether das Miethverhältniß ohne Einhaltung einer Kündigungsfrist kündigen, auch wenn er die gefahrbringende Beschaffenheit bei dem Abschlusse des Vertrags gekannt oder auf die Geltendmachung der ihm wegen dieser Beschaffenheit zustehenden Rechte verzichtet hat.

§. 558.

Bei Grundstücken ist die Kündigung nur für den Schluß eines Kalendervierteljahrs zulässig; sie hat spätestens am dritten Werktage des Vierteljahrs zu erfolgen. Ist der Miethzins nach Monaten bemessen, so ist die Kündigung nur für den Schluß eines Kalendermonats zulässig; sie hat spätestens am fünfzehnten des Monats zu erfolgen. Ist der Miethzins nach Wochen bemessen, so ist die Kündigung nur für den Schluß einer Kalenderwoche zulässig; sie hat spätestens am ersten Werktage der Woche zu erfolgen.

Bei beweglichen Sachen hat die Kündigung spätestens am dritten Tage vor dem Tage zu erfolgen, an welchem das Miethverhältniß endigen soll.

Beschlüsse der Kommission.

§. 524. Gestrichen.

§§. 525 bis 527. Unverändert.

§. 527a. **(Neu.)**

Schenkungen, durch die einer sittlichen Pflicht oder einer auf den Anstand zu nehmenden Rücksicht entsprochen wird, unterliegen nicht der Rückforderung und dem Widerrufe.

Dritter Titel.

Miethe. Pacht.

I. Miethe.

§§. 528 bis 536. Unverändert.

§. 537.

Ist eine Wohnung **oder ein anderer zum Aufenthalte von Menschen bestimmter Raum** so beschaffen, daß **die** Benutzung mit einer erheblichen Gefährdung der Gesundheit verbunden ist, so kann der Miether das Miethverhältniß ohne Einhaltung einer Kündigungsfrist kündigen, auch wenn er die gefahrbringende Beschaffenheit bei dem Abschlusse des Vertrags gekannt oder auf die Geltendmachung der ihm wegen dieser Beschaffenheit zustehenden Rechte verzichtet hat.

§§. 538 bis 557. Unverändert.

§. 558. Absatz 1 bis 3 unverändert.

Vorlage.

Ist der Miethzins für ein Grundstück oder für eine bewegliche Sache nach Tagen bemessen, so ist die Kündigung an jedem Tage für den folgenden Tag zulässig.

Die Vorschriften des Abs. 1 Satz 1 und des Abs. 2 gelten auch für die Fälle, in denen das Miethverhältniß unter Einhaltung der gesetzlichen Frist vorzeitig gekündigt werden kann.

§. 574.

Durch den Pachtvertrag wird der Verpächter verpflichtet, dem Pächter den Gebrauch und den Fruchtgenuß des verpachteten Gegenstandes während der Pachtzeit zu gewähren. Der Pächter ist verpflichtet, dem Verpächter den vereinbarten Pachtzins zu entrichten.

Auf die Pacht finden, soweit sich nicht aus den §§. 575 bis 590 ein Anderes ergiebt, die Vorschriften über die Miethe entsprechende Anwendung.

§. 609.

Ist die Vergütung nach Zeitabschnitten bemessen, so wird der zur Dienstleistung Verpflichtete des Anspruchs auf die Vergütung nicht dadurch verlustig, daß er für eine verhältnißmäßig nicht erhebliche Zeit durch einen in seiner Person liegenden Grund ohne sein Verschulden an der Dienstleistung verhindert wird. Er muß sich jedoch den Be-

Beschlüsse der Kommission.

Die Vorschriften des Abs. 1 Satz 1, Abs. 2 gelten auch für die Fälle, in denen das Miethverhältniß unter Einhaltung der gesetzlichen Frist vorzeitig gekündigt werden kann.

§§. 559 bis 573. Unverändert.

II. Pacht.

§. 574.

Durch den Pachtvertrag wird der Verpächter verpflichtet, dem Pächter den Gebrauch des verpachteten Gegenstandes **und den Genuß der Früchte, soweit sie nach den Regeln einer ordnungsmäßigen Wirthschaft als Ertrag anzusehen sind,** während der Pachtzeit zu gewähren. Der Pächter ist verpflichtet, dem Verpächter den vereinbarten Pachtzins zu entrichten.

Auf die Pacht finden, soweit sich nicht aus den §§. 575 bis 590 ein Anderes ergiebt, die Vorschriften über die Miethe entsprechende Anwendung.

§§. 575 bis 590. Unverändert.

Vierter Titel.

Leihe.

§§. 591 bis 599. Unverändert.

Fünfter Titel.

Darlehen.

§§. 600 bis 603. Unverändert.

Sechster Titel.

Dienstvertrag.

§§. 604 bis 608. Unverändert.

§. 609.

Der zur Dienstleistung Verpflichtete **wird** des Anspruchs auf die Vergütung nicht dadurch verlustig, daß er für eine verhältnißmäßig nicht erhebliche Zeit durch einen in seiner Person liegenden Grund ohne sein Verschulden an der Dienstleistung verhindert wird. Er muß sich jedoch den Betrag anrechnen lassen, welcher ihm für die Zeit der Verhinderung aus einer

Vorlage.

trag anrechnen lassen, welcher ihm für die Zeit der Verhinderung aus einer auf Grund gesetzlicher Verpflichtung bestehenden Kranken- oder Unfallversicherung zukommt.

§. 610.

Der Dienstberechtigte ist verpflichtet, Räume, Vorrichtungen oder Geräthschaften, die er zur Verrichtung der Dienste zu beschaffen hat, so einzurichten und zu unterhalten und Dienstleistungen, die unter seiner Anordnung oder seiner Leitung vorzunehmen sind, so zu regeln, daß der zur Dienstleistung Verpflichtete gegen Gefahr für Leben und Gesundheit soweit geschützt ist, als die Natur der Dienstleistung es gestattet.

Beschlüsse der Kommission.

auf Grund gesetzlicher Verpflichtung bestehenden Kranken- oder Unfallversicherung zukommt.

§. 609a. **(Neu.)**

Ist bei einem dauernden Dienstverhältnisse, welches die Erwerbsthätigkeit des Verpflichteten vollständig oder hauptsächlich in Anspruch nimmt, der Verpflichtete in die häusliche Gemeinschaft aufgenommen, so hat der Dienstberechtigte ihm im Falle der Erkrankung die erforderliche Verpflegung und ärztliche Behandlung bis zur Dauer von sechs Wochen, jedoch nicht über die Beendigung des Dienstverhältnisses hinaus, zu gewähren, sofern nicht die Erkrankung von dem Verpflichteten vorsätzlich oder durch grobe Fahrlässigkeit herbeigeführt worden ist. Die Verpflegung und ärztliche Behandlung kann durch Aufnahme des Verpflichteten in eine Krankenanstalt gewährt werden. Die Kosten können auf die für die Zeit der Erkrankung geschuldete Vergütung angerechnet werden. Wird das Dienstverhältniß wegen der Erkrankung von dem Dienstberechtigten nach §. 617 gekündigt, so bleibt die dadurch herbeigeführte Beendigung des Dienstverhältnisses außer Betracht.

Die Verpflichtung des Dienstberechtigten tritt nicht ein, wenn für die Verpflegung und ärztliche Behandlung durch eine Versicherung oder durch eine Einrichtung der öffentlichen Krankenpflege Vorsorge getroffen ist.

§. 610.

Der Dienstberechtigte **hat** Räume, Vorrichtungen oder Geräthschäften, die er zur Verrichtung der Dienste zu beschaffen hat, so einzurichten und zu unterhalten und Dienstleistungen, die unter seiner Anordnung oder seiner Leitung vorzunehmen sind, so zu regeln, daß der Verpflichtete gegen Gefahr für Leben und Gesundheit soweit geschützt ist, als die Natur der Dienstleistung es gestattet.

Ist der Verpflichtete in die häusliche Gemeinschaft aufgenommen, so hat der Dienstberechtigte in Ansehung des Wohn- und Schlafraums, der Verpflegung sowie der Arbeits- und Erholungszeit diejenigen

Vorlage.

Erfüllt er diese Verpflichtung nicht, so hat er, wenn ihm ein Verschulden zur Last fällt, den daraus entstehenden Schaden zu ersetzen. Die für den Schadensersatz wegen unerlaubter Handlungen geltenden Vorschriften der §§. 826 bis 830 finden entsprechende Anwendung.

Die Verpflichtung des Dienstberechtigten kann nicht im voraus durch Vertrag aufgehoben oder beschränkt werden.

§. 611.

Das Dienstverhältniß endigt mit dem Ablaufe der Zeit, für die es eingegangen ist.

Ist das Dienstverhältniß nicht für bestimmte Zeit eingegangen und ergiebt sich die Dauer auch nicht aus dem Zwecke der Dienste, so kann jeder Theil das Dienstverhältniß nach Maßgabe der §§. 612 bis 614 kündigen.

§. 615.

Ist das Dienstverhältniß für die Lebenszeit einer Person oder für längere Zeit als fünf Jahre eingegangen, so kann es von dem zur Dienstleistung Verpflichteten nach dem Ablaufe von fünf Jahren gekündigt werden. Die Kündigungsfrist beträgt sechs Monate. Die Kündigung ist nicht zulässig, wenn der Verpflichtete die Dienste durch einen Anderen leisten lassen darf.

§. 616.

Wird das Dienstverhältniß nach dem Ablaufe der Dienstzeit von dem zur Dienstleistung Verpflichteten mit Wissen des anderen Theiles fortgesetzt, so gilt es als auf unbestimmte Zeit verlängert, sofern nicht der andere Theil unverzüglich widerspricht.

Beschlüsse der Kommission.

Einrichtungen und Anordnungen zu treffen, weche mit Rücksicht auf die Gesundheit, die Sittlichkeit und die Religion des Verpflichteten erforderlich sind.

Erfüllt **der Dienstberechtigte die ihm in Ansehung des Lebens und der Gesundheit des Verpflichteten obliegenden** Verpflichtungen nicht, so finden **auf seine Verpflichtung zum** Schadensersatze die für unerlaubte Handlungen geltenden Vorschriften der §§. 826 bis 830 entsprechende Anwendung.

§. 610 a.

Die **dem** Dienstberechtigten **nach den §§. 609a, 610 obliegenden** Verpflichtungen **können** nicht im voraus durch Vertrag aufgehoben oder beschränkt werden.

§. 611.

Das Dienstverhältniß endigt mit dem Ablaufe der Zeit, für die es eingegangen ist.

Ist die Dauer des Dienstverhältnisses **weder bestimmt noch** aus **der Beschaffenheit** oder dem Zwecke der Dienste **zu entnehmen,** so kann jeder Theil das Dienstverhältniß nach Maßgabe der §§. 612 bis 614 kündigen.

§§. 612 bis 614. Unverändert.

§. 615.

Ist das Dienstverhältniß für die Lebenszeit einer Person oder für längere Zeit als fünf Jahre eingegangen, so kann es von dem Verpflichteten nach dem Ablaufe von fünf Jahren gekündigt werden. Die Kündigungsfrist beträgt sechs Monate.

§. 616.

Wird das Dienstverhältniß nach dem Ablaufe der Dienstzeit von dem Verpflichteten mit Wissen des anderen Theiles fortgesetzt, so gilt es als auf unbestimmte Zeit verlängert, sofern nicht der andere Theil unverzüglich widerspricht.

§§. 617 bis 619. Unverändert.

§. 619 a. **(Neu.)**

Nach der Kündigung eines dauernden Dienstverhältnisses hat der Dienstberechtigte

Vorlage.

§. 620.

Bei der Beendigung eines dauernden Dienstverhältnisses kann der zur Dienstleistung Verpflichtete von dem anderen Theile ein schriftliches Zeugniß über das Dienstverhätniß und dessen Dauer fordern. Das Zeugniß ist auf Verlangen auf die Leistungen und die Führung im Dienste zu erstrecken.

Beschlüsse der Kommission.

dem Verpflichteten auf Verlangen angemessene Zeit zum Aufsuchen eines anderen Dienstverhältnisses zu gewähren.

§. 620.

Bei der Beendigung eines dauernden Dienstverhältnisses kann der Verpflichtete von dem anderen Theile ein schriftliches Zeugniß über das Dienstverhältniß und dessen Dauer fordern. Das Zeugniß ist auf Verlangen auf die Leistungen und die Führung im Dienste zu erstrecken.

Siebenter Titel.

Werkvertrag.

§§. 621 bis 641. Unverändert.

Achter Titel.

Mäklervertrag.

§§. 642, 643. Unverändert.

§. 643 a. (Neu.)

Der Anspruch auf den Mäklerlohn und den Ersatz von Aufwendungen ist ausgeschlossen, wenn der Mäkler dem Inhalte des Vertrags zuwider auch für den anderen Theil thätig gewesen ist.

§. 643 b. (Neu.)

Ist für den Nachweis der Gelegenheit zum Abschluß eines Dienstvertrags oder für die Vermittelung eines solchen Vertrags ein unverhältnißmäßig hoher Mäklerlohn vereinbart worden, so kann er auf Antrag des Schuldners durch Urtheil auf den angemessenen Betrag herabgesetzt werden. Nach der Entrichtung des Lohnes ist die Herabsetzung ausgeschlossen.

§. 643 c. (Neu.)

Durch das Versprechen eines Lohnes für den Nachweis der Gelegenheit zur Eingehung einer Ehe oder für die Vermittelung des Zustandekommens einer Ehe wird eine Verbindlichkeit nicht begründet. Das auf Grund des Versprechens Geleistete kann nicht deshalb zurückgefordert werden, weil eine Verbindlichkeit nicht bestanden hat.

Diese Vorschriften gelten auch für eine Vereinbarung, durch die der andere Theil zum Zwecke der Erfüllung des Versprechens dem Mäkler gegenüber eine Verbindlichkeit eingeht, insbesondere für ein Schuldanerkenntniß.

Vorlage.

§. 657.

Macht der Beauftragte zum Zwecke der Ausführung des Auftrags Aufwendungen, die er den Umständen nach für erforderlich halten darf, so ist der Auftraggeber zum Ersatze verpflichtet. Aufgewendetes Geld hat der Auftraggeber von der Zeit der Aufwendung an zu verzinsen.

§. 659.

Der Auftrag erlischt im Zweifel nicht durch den Tod oder den Eintritt der Geschäftsunfähigkeit des Auftraggebers. Erlischt der Auftrag, so hat der Beauftragte, wenn mit dem Aufschube Gefahr verbunden ist, die Besorgung des aufgetragenen Geschäfts fortzusetzen, bis der Erbe oder der gesetzliche Vertreter des Auftraggebers anderweit Fürsorge treffen kann; der Auftrag gilt insoweit als fortbestehend.

Zwölfter Titel.

Hinterlegungsvertrag.

§. 675.

Durch den Hinterlegungsvertrag wird der Verwahrer verpflichtet, eine ihm von dem Hinterleger übergebene bewegliche Sache aufzubewahren.

§. 680.

Macht der Verwahrer zum Zwecke der Aufbewahrung Aufwendungen, die er den Um=

Beschlüsse der Kommission.

Neunter Titel.

Auslobung.

§§. 644 bis 648. Unverändert.

Zehnter Titel.

Auftrag.

§§. 649 bis 656. Unverändert.

§. 657.

Macht der Beauftragte zum Zwecke der Ausführung des Auftrags Aufwendungen, die er den Umständen nach für erforderlich halten darf, so ist der Auftraggeber zum Ersatze verpflichtet.

§. 658. Unverändert.

§. 659.

Der Auftrag erlischt im Zweifel nicht durch den Tod oder den Eintritt der Geschäftsunfähigkeit des Auftraggebers. Erlischt der Auftrag, so hat der Beauftragte, wenn mit dem Aufschube Gefahr verbunden ist, die Besorgung des **über**tragenen Geschäfts fortzusetzen, bis der Erbe oder der gesetzliche Vertreter des Auftraggebers anderweit Fürsorge treffen kann; der Auftrag gilt insoweit als fortbestehend.

§§. 660 bis 663. Unverändert.

Elfter Titel.

Geschäftsführung ohne Auftrag.

§§. 664 bis 674. Unverändert.

Zwölfter Titel.

Verwahrung.

§. 675.

Durch den **Verwahrungs**vertrag wird der Verwahrer verpflichtet, eine ihm von dem Hinterleger übergebene bewegliche Sache aufzubewahren.

§§. 676 bis 679. Unverändert.

§. 680.

Macht der Verwahrer zum Zwecke der Aufbewahrung Aufwendungen, die er den Um=

Vorlage.

ständen nach für erforderlich halten darf, so ist der Hinterleger zum Ersatze verpflichtet. *Aufgewendetes Geld hat der Hinterleger von der Zeit der Aufwendung an zu verzinsen.*

§. 684.

Die Rückgabe der hinterlegten Sache hat an dem Orte zu erfolgen, *wo* die Sache aufzubewahren war; der Verwahrer ist nicht verpflichtet, die Sache dem Hinterleger zu bringen.

§. 686.

Der Hinterleger hat die vereinbarte Vergütung bei der Beendigung der *Hinterlegung* zu entrichten. Ist die Vergütung nach Zeitabschnitten bemessen, so ist sie nach dem Ablaufe der einzelnen Zeitabschnitte zu entrichten.

Endigt die *Hinterlegung* vor dem Ablaufe der für sie bestimmten Zeit, so kann der Verwahrer einen seinen bisherigen Leistungen entsprechenden Theil der Vergütung verlangen, sofern nicht aus der Vereinbarung über die Vergütung sich ein Anderes ergiebt.

§. 687.

Werden vertretbare Sachen in der Art hinterlegt, daß das Eigenthum auf den Verwahrer übergehen und dieser verpflichtet sein soll, Sachen von gleicher Art, Güte und Menge zurückzugewähren, so finden die Vorschriften über das Darlehen Anwendung. Gestattet der Hinterleger dem Verwahrer, hinterlegte vertretbare Sachen zu verbrauchen, so finden die Vorschriften über das Darlehen von dem Zeitpunkt an Anwendung, in welchem der Verwahrer sich die Sachen aneignet. In beiden Fällen bestimmen sich jedoch Zeit und Ort der Rückgabe im Zweifel nach den Vorschriften über den *Hinterlegungs*vertrag.

Bei der Hinterlegung von Werthpapieren ist eine Vereinbarung der im Abs. 1 bezeichneten Art nur gültig, wenn sie ausdrücklich getroffen wird.

Beschlüsse der Kommission.

ständen nach für erforderlich halten darf, so ist der Hinterleger zum Ersatze verpflichtet.

§§. 681 bis 683. Unverändert.

§. 684.

Die Rückgabe der hinterlegten Sache hat an dem Orte zu erfolgen, **an welchem** die Sache aufzubewahren war; der Verwahrer ist nicht verpflichtet, die Sache dem Hinterleger zu bringen.

§. 685. Unverändert.

§. 686.

Der Hinterleger hat die vereinbarte Vergütung bei der Beendigung der **Aufbewahrung** zu entrichten. Ist die Vergütung nach Zeitabschnitten bemessen, so ist sie nach dem Ablaufe der einzelnen Zeitabschnitte zu entrichten.

Endigt die **Aufbewahrung** vor dem Ablaufe der für sie bestimmten Zeit, so kann der Verwahrer einen seinen bisherigen Leistungen entsprechenden Theil der Vergütung verlangen, sofern nicht aus der Vereinbarung über die Vergütung sich ein Anderes ergiebt.

§. 687.

Werden vertretbare Sachen in der Art hinterlegt, daß das Eigenthum auf den Verwahrer übergehen und dieser verpflichtet sein soll, Sachen von gleicher Art, Güte und Menge zurückzugewähren, so finden die Vorschriften über das Darlehen Anwendung. Gestattet der Hinterleger dem Verwahrer, hinterlegte vertretbare Sachen zu verbrauchen, so finden die Vorschriften über das Darlehen von dem Zeitpunkt an Anwendung, in welchem der Verwahrer sich die Sachen aneignet. In beiden Fällen bestimmen sich jedoch Zeit und Ort der Rückgabe im Zweifel nach den Vorschriften über den **Verwahrungs**vertrag.

Bei der Hinterlegung von Werthpapieren ist eine Vereinbarung der im Abs. 1 bezeichneten Art nur gültig, wenn sie ausdrücklich getroffen wird.

Vorlage.

§. 740.

Ist die Theilung in Natur ausgeschlossen, so erfolgt die Aufhebung der Gemeinschaft durch Verkauf des gemeinschaftlichen Gegenstandes nach den Vorschriften über die Zwangsvollstreckung und durch Theilung des Erlöses. Ist die Veräußerung an einen Dritten unstatthaft, so ist der Gegenstand unter den Theilhabern zu versteigern.

Hat der Versuch, den Gegenstand zu verkaufen, keinen Erfolg, so kann jeder Theilhaber die Wiederholung verlangen; er hat jedoch die Kosten zu tragen, wenn der wiederholte Versuch mißlingt.

Beschlüsse der Kommission.

Dreizehnter Titel.

Einbringung von Sachen bei Gastwirthen.

§§. 688 bis 691. Unverändert.

Vierzehnter Titel.

Gesellschaft.

§§. 692 bis 727. Unverändert.

Fünfzehnter Titel.

Gemeinschaft.

§§. 728 bis 739. Unverändert.

§. 740.

Ist die Theilung in Natur ausgeschlossen, so erfolgt die Aufhebung der Gemeinschaft durch Verkauf des gemeinschaftlichen Gegenstandes nach den Vorschriften über **den Pfandverkauf, bei Grundstücken durch** Zwangs**versteigerung**, und durch Theilung des Erlöses. Ist die Veräußerung an einen Dritten unstatthaft, so ist der Gegenstand unter den Theilhabern zu versteigern.

Hat der Versuch, den Gegenstand zu verkaufen, keinen Erfolg, so kann jeder Theilhaber die Wiederholung verlangen; er hat jedoch die Kosten zu tragen, wenn der wiederholte Versuch mißlingt.

§§. 741 bis 745. Unverändert.

Sechszehnter Titel.

Leibrente.

§§. 746, 747. Unverändert.

§. 747a. **(Neu.)**

Zur Gültigkeit eines Vertrags, durch den eine Leibrente versprochen wird, ist, soweit nicht eine andere Form vorgeschrieben ist, schriftliche Ertheilung des Versprechens erforderlich.

Siebzehnter Titel.

Spiel. Wette.

§§. 748, 749. Unverändert.

§. 749a. **(Neu.)**

Wird ein auf Lieferung von Waaren oder Werthpapieren lautender Vertrag in der Absicht geschlossen, daß der Unterschied zwischen dem vereinbarten Preise und dem Börsen- oder Marktpreise der Lieferungszeit von dem

Vorlage.	Beschlüsse der Kommission.
	verlierenden Theile an den gewinnenden gezahlt werden soll, so ist der Vertrag als Spiel anzusehen. Dies gilt auch dann, wenn nur die Absicht des einen Theiles auf die Zahlung des Unterschieds gerichtet ist, der andere Theil aber diese Absicht kennt oder kennen muß.
	Achtzehnter Titel. Bürgschaft.
	§. 750. Unverändert.
	§. 750a. (Neu.) Zur Gültigkeit des Bürgschaftsvertrags ist schriftliche Ertheilung der Bürgschaftserklärung erforderlich. Soweit der Bürge die Hauptverbindlichkeit erfüllt, wird der Mangel der Form geheilt.
	§§. 751 bis 762. Unverändert.
	Neunzehnter Titel. Vergleich.
	§. 763. Unverändert.
	Zwanzigster Titel. Schuldversprechen. Schuldanerkenntniß.
	§§. 764 bis 766. Unverändert.
	Einundzwanzigster Titel. Anweisung.
	§§. 767 bis 776. Unverändert.
	Zweiundzwanzigster Titel. Schuldverschreibung auf den Inhaber.
	§§. 777 bis 792. Unverändert.
	Dreiundzwanzigster Titel. Vorlegung von Sachen.
	§§. 793 bis 795. Unverändert.
	Vierundzwanzigster Titel. Ungerechtfertigte Bereicherung.
	§. 796. Unverändert.
§. 797. Das zum Zwecke der Erfüllung einer Verbindlichkeit Geleistete kann auch dann zurück-	§. 797. Das zum Zwecke der Erfüllung einer Verbindlichkeit Geleistete kann auch dann zurück-

Vorlage.

gefordert werden, wenn dem Anspruch eine Einrede entgegenstand, durch welche die Geltendmachung des Anspruchs dauernd ausgeschlossen wurde.

Wird eine betagte Verbindlichkeit vorzeitig erfüllt, so ist die Rückforderung ausgeschlossen; die Erstattung von Zwischenzinsen kann nicht verlangt werden.

§. 801.

War der Zweck einer Leistung in der Art bestimmt, daß der Empfänger durch die Annahme gegen ein gesetzliches Verbot oder gegen die guten Sitten verstoßen hat, so ist der Empfänger zur Herausgabe verpflichtet, es sei denn, daß dem Leistenden gleichfalls ein solcher Verstoß zur Last fällt. Die Rückforderung ist *auch in einem Falle dieser Art zulässig*, wenn die Leistung in der Eingehung einer Verbindlichkeit bestand; das zur Erfüllung einer solchen Verbindlichkeit Geleistete kann nicht zurückgefordert werden.

§. 809.

Wer eine Frauensperson durch *Anwendung hinterlistiger Kunstgriffe* zur Gestattung der außerehelichen Beiwohnung *verleitet*, ist ihr zum Ersatze des daraus entstehenden Schadens verpflichtet.

§. 810.

Wer *durch eine Handlung, die er nicht in Ausübung eines ihm zustehenden Rechtes vornimmt*, in einer gegen die guten Sitten verstoßenden Weise einem Anderen vorsätzlich Schaden zufügt, ist dem Anderen zum Ersatze des Schadens verpflichtet.

§. 815.

Wer einen Anderen zu einer Verrichtung bestellt, ist zum Ersatze des Schadens verflichtet, den der Andere in Ausführung der Verrichtung

Beschlüsse der Kommission.

gefordert werden, wenn dem Anspruch eine Einrede entgegenstand, durch welche die Geltendmachung des Anspruchs dauernd ausgeschlossen wurde. **Die Vorschrift des §. 217 Abs. 2 bleibt unberührt.**

Wird eine betagte Verbindlichkeit vorzeitig erfüllt, so ist die Rückforderung ausgeschlossen; die Erstattung von Zwischenzinsen kann nicht verlangt werden.

§§. 798 bis 800. Unverändert.

§. 801.

War der Zweck einer Leistung in der Art bestimmt, daß der Empfänger durch die Annahme gegen ein gesetzliches Verbot oder gegen die guten Sitten verstoßen hat, so ist der Empfänger zur Herausgabe verpflichtet. Die Rückforderung ist **ausgeschlossen**, wenn dem Leistenden gleichfalls ein solcher Verstoß zur Last fällt, es sei denn, daß die Leistung in der Eingehung einer Verbindlichkeit bestand; das zur Erfüllung einer solchen Verbindlichkeit Geleistete kann nicht zurückgefordert werden.

§§. 802 bis 806. Unverändert.

Fünfundzwanzigster Titel.

Unerlaubte Handlungen.

§§. 807, 808. Unverändert.

§. 809.

Wer eine Frauensperson durch **Hinterlist, durch Drohung oder unter Mißbrauch eines Abhängigkeitsverhältnisses** zur Gestattung der außerehelichen Beiwohnung **bestimmt**, ist ihr zum Ersatze des daraus entstehenden Schadens verpflichtet.

§. 810.

Wer in einer gegen die guten Sitten verstoßenden Weise einem Anderen vorsätzlich Schaden zufügt, ist dem Anderen zum Ersatze des Schadens verpflichtet.

§§. 811 bis 814. Unverändert.

§. 815.

Wer einen Anderen zu einer Verrichtung bestellt, ist zum Ersatze des Schadens verpflichtet, den der Andere in Ausführung der

Vorlage.

einem Dritten widerrechtlich zufügt. Die Ersatzpflicht tritt nicht ein, wenn der Geschäftsherr bei der Auswahl der bestellten Person und, sofern er Vorrichtungen oder Geräthschaften zu beschaffen oder die Ausführung der Verrichtung zu leiten hat, bei der Beschaffung oder der Leitung die im Verkehr erforderliche Sorgfalt beobachtet oder wenn der Schaden auch bei Anwendung dieser Sorgfalt entstanden sein würde.

Die gleiche Verantwortlichkeit trifft denjenigen, welcher für den Geschäftsherrn die Besorgung eines der im Abs. 1 Satz 2 bezeichneten Geschäfte übernimmt.

§. 816.

Wer kraft Gesetzes zur Führung der Aufsicht über eine Person verpflichtet ist, die wegen Minderjährigkeit oder wegen ihres geistigen oder körperlichen Zustandes der Beaufsichtigung bedarf, ist zum Ersatze des Schadens verpflichtet, den diese Person einem Dritten widerrechtlich zufügt. Die Ersatzpflicht tritt nicht ein, wenn er seiner Aufsichtspflicht genügt oder wenn der Schaden auch bei gehöriger Aufsichtsführung entstanden sein würde.

Die gleiche Verantwortlichkeit trifft denjenigen, welcher die Führung der Aufsicht für den kraft Gesetzes Verpflichteten übernimmt.

§. 817.

Wird durch ein Thier ein Mensch getödtet oder der Körper oder die Gesundheit eines Menschen verletzt oder eine Sache beschädigt, so ist derjenige, welcher das Thier hält, verpflichtet, dem Verletzten den daraus entstehenden Schaden zu ersetzen. Die Ersatzpflicht tritt nicht ein, wenn der Schaden durch ein Hausthier verursacht wird und derjenige, welcher das Thier hält, bei dessen Beaufsichtigung die im Verkehr erforderliche Sorgfalt beobachtet oder wenn der Schaden auch bei Anwendung dieser Sorgfalt entstanden sein würde.

§. 818.

Wer für denjenigen, welcher ein Thier hält, die Führung der Aufsicht über das Thier übernimmt, ist für den Schaden verantwortlich,

Beschlüsse der Kommission.

Verrichtung einem Dritten widerrechtlich zufügt. Die Ersatzpflicht tritt nicht ein, wenn der Geschäftsherr bei der Auswahl der bestellten Person und, sofern er Vorrichtungen oder Geräthschaften zu beschaffen oder die Ausführung der Verrichtung zu leiten hat, bei der Beschaffung oder der Leitung die im Verkehr erforderliche Sorgfalt beobachtet oder wenn der Schaden auch bei Anwendung dieser Sorgfalt entstanden sein würde.

Die gleiche Verantwortlichkeit trifft denjenigen, welcher für den Geschäftsherrn die Besorgung eines der im Abs. 1 Satz 2 bezeichneten Geschäfte **durch Vertrag** übernimmt.

§. 816.

Wer kraft Gesetzes zur Führung der Aufsicht über eine Person verpflichtet ist, die wegen Minderjährigkeit oder wegen ihres geistigen oder körperlichen Zustandes der Beaufsichtigung bedarf, ist zum Ersatze des Schadens verpflichtet, den diese Person einem Dritten widerrechtlich zufügt. Die Ersatzpflicht tritt nicht ein, wenn er seiner Aufsichtspflicht genügt oder wenn der Schaden auch bei gehöriger Aufsichtsführung entstanden sein würde.

Die gleiche Verantwortlichkeit trifft denjenigen, welcher die Führung der Aufsicht **durch Vertrag** übernimmt.

§. 817.

Wird durch ein Thier ein Mensch getödtet oder der Körper oder die Gesundheit eines Menschen verletzt oder eine Sache beschädigt, so ist derjenige, welcher das Thier hält, verpflichtet, dem Verletzten den daraus entstehenden Schaden zu ersetzen.

§. 818.

Wer für denjenigen, welcher ein Thier hält, die Führung der Aufsicht über das Thier **durch Vertrag** übernimmt, ist für den Schaden

Vorlage.

den das Thier einem Dritten in der im §. 817 bezeichneten Weise zufügt. Die Verantwortlichkeit tritt nicht ein, wenn er bei der Führung der Aufsicht die im Verkehr erforderliche Sorgfalt beobachtet oder wenn der Schaden auch bei Anwendung dieser Sorgfalt entstanden sein würde.

§. 819.

Wird durch Schwarz-, Roth-, Elch-, Dam- oder Rehwild ein Grundstück beschädigt, an welchem dem Eigenthümer das Jagdrecht nicht zusteht, so ist der Jagdberechtigte verpflichtet, dem Verletzten den Schaden zu ersetzen. Die Ersatzpflicht erstreckt sich auf den Schaden, den die Thiere an den getrennten, aber noch nicht eingeernteten Erzeugnissen des Grundstücks anrichten.

Ist dem Eigenthümer die Ausübung des ihm zustehenden Jagdrechts durch das Gesetz entzogen, so hat derjenige den Schaden zu ersetzen, welcher zur Ausübung des Jagdrechts nach dem Gesetze berechtigt ist. Hat der Eigenthümer eines Grundstücks, auf dem das Jagdrecht wegen der Lage des Grundstücks nur gemeinschaftlich mit dem Jagdrecht auf einem anderen Grundstück ausgeübt werden darf, das Jagdrecht dem Eigenthümer dieses Grundstücks verpachtet, so ist der letztere für den Schaden verantwortlich.

Sind die Eigenthümer der Grundstücke eines Bezirkes zum Zwecke der gemeinschaftlichen Ausübung des Jagdrechts durch das Gesetz zu einem Verbande vereinigt, der nicht als solcher haftet, so sind sie nach dem Verhältnisse der Größe ihrer Grundstücke ersatzpflichtig.

§. 823.

Verletzt ein Beamter vorsätzlich oder fahrlässig die ihm einem Dritten gegenüber ob-

Beschlüsse der Kommission.

verantwortlich, den das Thier einem Dritten in der im §. 817 bezeichneten Weise zufügt. Die Verantwortlichkeit tritt nicht ein, wenn er bei der Führung der Aufsicht die im Verkehr erforderliche Sorgfalt beobachtet oder wenn der Schaden auch bei Anwendung dieser Sorgfalt entstanden sein würde.

§. 819.

Wird durch Schwarz-, Roth-, Elch-, Dam- oder Rehwild, **durch Hasen oder durch Fasanen** ein Grundstück beschädigt, an welchem dem Eigenthümer das Jagdrecht nicht zusteht, so ist der Jagdberechtigte verpflichtet, dem Verletzten den Schaden zu ersetzen. Die Ersatzpflicht erstreckt sich auf den Schaden, den die Thiere an den getrennten, aber noch nicht eingeernteten Erzeugnissen des Grundstücks anrichten.

Ist dem Eigenthümer die Ausübung des ihm zustehenden Jagdrechts durch das Gesetz entzogen, so hat derjenige den Schaden zu ersetzen, welcher zur Ausübung des Jagdrechts nach dem Gesetze berechtigt ist. Hat der Eigenthümer eines Grundstücks, auf dem das Jagdrecht wegen der Lage des Grundstücks nur gemeinschaftlich mit dem Jagdrecht auf einem anderen Grundstück ausgeübt werden darf, das Jagdrecht dem Eigenthümer dieses Grundstücks verpachtet, so ist der letztere für den Schaden verantwortlich.

Sind die Eigenthümer der Grundstücke eines Bezirkes zum Zwecke der gemeinschaftlichen Ausübung des Jagdrechts durch das Gesetz zu einem Verbande vereinigt, der nicht als solcher haftet, so sind sie nach dem Verhältnisse der Größe ihrer Grundstücke ersatzpflichtig.

§. 819a (Neu.)

Wird der Schaden durch Schwarz- oder Rothwild verursacht, das seinen Stand in einem anderen Jagdbezirke hat, so ist dem Ersatzpflichtigen gegenüber derjenige für den Schaden verantwortlich, welcher in dem anderen Jagdbezirk ersatzpflichtig sein würde.

§§. 820 bis 822. Unverändert.

§. 823.

Verletzt ein Beamter vorsätzlich oder fahrlässig die ihm einem Dritten gegenüber ob-

Vorlage.

liegende Amtspflicht, so hat er dem Dritten den daraus entstehenden Schaden zu ersetzen. Fällt dem Beamten nur Fahrlässigkeit zur Last, so kann er nur dann in Anspruch genommen werden, wenn der Beschädigte nicht auf andere Weise Ersatz zu erlangen vermag.

Verletzt ein Beamter bei der Leitung oder Entscheidung einer Rechtssache seine Amtspflicht, so ist er für den daraus entstehenden Schaden nur dann verantwortlich, wenn die Pflichtverletzung mit einer im Wege des gerichtlichen Strafverfahrens zu verhängenden öffentlichen Strafe bedroht ist. Auf eine pflichtwidrige Verweigerung oder Verzögerung der Ausübung des Amtes findet diese Vorschrift keine Anwendung.

Die Ersatzpflicht tritt nicht ein, wenn der *Beschädigte* unterlassen hat, den Schaden durch *den* Gebrauch eines Rechtsmittels abzuwenden.

§. 824.

Hat ein Beamter vermöge seiner Amtspflicht einen Anderen zur Geschäftsführung für einen Dritten zu bestellen oder eine solche Geschäftsführung zu beaufsichtigen oder durch Genehmigung von Rechtsgeschäften bei ihr mitzuwirken, so erstreckt sich seine Verpflichtung zum Schadensersatze wegen Verletzung der Amtspflicht nicht auf einen Schaden, dessen Entstehung außerhalb des Bereichs der Wahrscheinlichkeit lag oder nach den Umständen, die der Beamte kannte oder kennen mußte, als außerhalb dieses Bereichs liegend angesehen werden durfte.

§. 825.

Sind für den aus einer unerlaubten Handlung entstehenden Schaden Mehrere neben einander verantwortlich, so haften sie, vorbehaltlich der Vorschrift des §. 819 Abs. 3, als Gesammtschuldner.

Ist neben demjenigen, welcher nach den §§. 815, 816 zum Ersatze des von einem Anderen verursachten Schadens verpflichtet ist, auch der Andere für den Schaden verantwortlich, so ist in ihrem Verhältnisse zu einander der Andere allein, im Falle des §. 813 der Aufsichtspflichtige allein verpflichtet.

Ist neben demjenigen, welcher nach den

Beschlüsse der Kommission.

liegende Amtspflicht, so hat er dem Dritten den daraus entstehenden Schaden zu ersetzen. Fällt dem Beamten nur Fahrlässigkeit zur Last, so kann er nur dann in Anspruch genommen werden, wenn der **Verletzte** nicht auf andere Weise Ersatz zu erlangen vermag.

Verletzt ein Beamter bei der Leitung oder Entscheidung einer Rechtssache seine Amtspflicht, so ist er für den daraus entstehenden Schaden nur dann verantwortlich, wenn die Pflichtverletzung mit einer im Wege des gerichtlichen Strafverfahrens zu verhängenden öffentlichen Strafe bedroht ist. Auf eine pflichtwidrige Verweigerung oder Verzögerung der Ausübung des Amtes findet diese Vorschrift keine Anwendung.

Die Ersatzpflicht tritt nicht ein, wenn der **Verletzte vorsätzlich oder fahrlässig** unterlassen hat, den Schaden durch Gebrauch eines Rechtsmittels abzuwenden.

§. 824. Gestrichen.

§. 825. Absatz 1 und 2 unverändert.

Ist neben demjenigen, welcher nach den

Vorlage.

§§. 817 bis 822, 823 zum Ersatze des Schadens verpflichtet ist, ein Dritter für den Schaden verantwortlich, so ist in ihrem Verhältnisse zu einander der Dritte allein verpflichtet.

§. 831.

Im Falle der Verletzung des Körpers oder der Gesundheit sowie im Falle der Freiheitsentziehung kann der Verletzte auch wegen des Schadens, der nicht Vermögensschaden ist, eine billige Entschädigung in Geld verlangen. Der Anspruch ist nicht übertragbar und geht nicht auf die Erben über, es sei denn, daß er durch Vertrag anerkannt oder daß er rechtshängig geworden ist.

Ein gleicher Anspruch steht einer Frauensperson zu, gegen die durch Beiwohnung eine der in den §§. 176, 177, 179, 182 des Strafgesetzbuchs bezeichneten Handlungen begangen oder die durch Anwendung hinterlistiger Kunstgriffe zur Gestattung der außerehelichen Beiwohnung verleitet wird.

§. 833.

Ist wegen der Entziehung einer Sache der Werth oder wegen der Beschädigung einer Sache die Werthminderung zu ersetzen, so kann der Verletzte Zinsen des zu ersetzenden Betrags von der Zeit der Entziehung oder der Beschädigung an verlangen. Für die Zeit, für welche der Verletzte Zinsen fordert, kann er nicht Ersatz für entzogene Nutzungen verlangen.

Beschlüsse der Kommission.

§§. 817 bis 822 zum Ersatze des Schadens verpflichtet ist, ein Dritter für den Schaden verantwortlich, so ist in ihrem Verhältnisse zu einander der Dritte allein verpflichtet.

§. 825a. (Neu.)

Ist ein Beamter, der vermöge seiner Amtspflicht einen Anderen zur Geschäftsführung für einen Dritten zu bestellen oder eine solche Geschäftsführung zu beaufsichtigen oder durch Genehmigung von Rechtsgeschäften bei ihr mitzuwirken hat, wegen Verletzung dieser Pflichten neben dem Anderen für den von diesem verursachten Schaden verantwortlich, so ist in ihrem Verhältnisse zu einander der Andere allein verpflichtet.

§§. 826 bis 830. Unverändert.

§. 831.

Im Falle der Verletzung des Körpers oder der Gesundheit sowie im Falle der Freiheitsentziehung kann der Verletzte auch wegen des Schadens, der nicht Vermögensschaden ist, eine billige Entschädigung in Geld verlangen. Der Anspruch ist nicht übertragbar und geht nicht auf die Erben über, es sei denn, daß er durch Vertrag anerkannt oder daß er rechtshängig geworden ist.

Ein gleicher Anspruch steht einer Frauensperson zu, gegen die **ein Verbrechen oder Vergehen wider die Sittlichkeit** begangen oder die durch **Hinterlist, durch Drohung oder unter Mißbrauch eines Abhängigkeitsverhältnisses** zur Gestattung der außerehelichen Beiwohnung **bestimmt** wird.

§. 832. Unverändert.

§. 833.

Ist wegen der Entziehung einer Sache der Werth oder wegen der Beschädigung einer Sache die Werthminderung zu ersetzen, so kann der Verletzte Zinsen des zu ersetzenden Betrags von **dem** Zeit**punkt** an verlangen, **welcher der Bestimmung des Werthes zu Grunde gelegt wird.**

§§. 834, 835. Unverändert.

Vorlage.

§. 836.

Der Anspruch auf Ersatz des aus einer unerlaubten Handlung entstandenen Schadens verjährt in drei Jahren von dem Zeitpunkt an, in welchem der Verletzte von dem Schaden und der Person des Ersatzpflichtigen Kenntniß erlangt, ohne Rücksicht auf diese Kenntniß in dreißig Jahren von der Begehung der Handlung an.

Hat der Ersatzpflichtige durch die unerlaubte Handlung auf Kosten des Verletzten etwas erlangt, so ist er auch nach der Vollendung der Verjährung zur Herausgabe nach den für die die Herausgabe einer ungerechtfertigten Bereicherung geltenden Vorschriften verpflichtet.

§. 840.

Der Besitz wird dadurch beendigt, daß der Besitzer die thatsächliche Gewalt über die Sache aufgiebt oder in anderer Weise verliert.

Durch eine ihrer Natur nach vorübergehende Behinderung in der Ausübung der Gewalt wird der Besitz nicht beendigt.

§. 853.

Wird gegen den Besitzer verbotene Eigenmacht verübt, so stehen die in den §§. 845, 846 bestimmten Ansprüche auch dem mittelbaren Besitzer zu. Im Falle der Entziehung des Besitzes ist, wenn der bisherige Besitzer den Besitz nicht wiederübernehmen kann oder will, der mittelbare Besitzer zu verlangen berechtigt, daß ihm der Besitz eingeräumt wird. Unter der gleichen Voraussetzung kann er im Falle des §. 851 verlangen, daß ihm die Aufsuchung und Wegschaffung der Sache gestattet wird.

Beschlüsse der Kommission.

§. 836.

Der Anspruch auf Ersatz des aus einer unerlaubten Handlung entstandenen Schadens verjährt in drei Jahren von dem Zeitpunkt an, in welchem der Verletzte von dem Schaden und der Person des Ersatzpflichtigen Kenntniß erlangt, ohne Rücksicht auf diese Kenntniß in dreißig Jahren von der Begehung der Handlung an.

Hat der Ersatzpflichtige durch die unerlaubte Handlung auf Kosten des Verletzten etwas erlangt, so ist er auch nach der Vollendung der Verjährung zur Herausgabe nach den Vorschriften **über** die Herausgabe einer ungerechtfertigten Bereicherung verpflichtet.

§. 837. Unverändert.

Drittes Buch.

Sachenrecht.

Erster Abschnitt.

Besitz.

§§. 838, 839. Unverändert.

§. 840. Absatz 1 unverändert.

Durch eine ihrer Natur nach vorübergehende **Verhinderung** in der Ausübung der Gewalt wird der Besitz nicht beendigt.

§§. 841 bis 852. Unverändert.

§. 853.

Wird gegen den Besitzer verbotene Eigenmacht verübt, so stehen die in den §§. 845, 846 bestimmten Ansprüche auch dem mittelbaren Besitzer zu. Im Falle der Entziehung des Besitzes **ist der mittelbare Besitzer berechtigt, die Wiedereinräumung des Besitzes an den bisherigen Besitzer zu verlangen**; kann oder will **dieser** den Besitz nicht wiederübernehmen, **so kann** der mittelbare Besitzer **verlangen**, daß ihm **selbst** der Besitz eingeräumt wird. Unter der gleichen Voraussetzung kann er im

Vorlage.

§. 887.

Der Eigenthümer einer Sache kann, soweit nicht das Gesetz oder Rechte Dritter entgegenstehen, mit der Sache nach Belieben verfahren, und Andere von jeder Einwirkung ausschließen.

Eine Ausübung des Eigenthums, die nur den Zweck haben kann, einem Anderen Schaden zuzufügen, ist unzulässig.

§. 919.

Der Erwerb des Eigenthums auf Grund der §§. 916 bis 918 tritt nicht ein, wenn die Sache dem Eigenthümer gestohlen worden, verloren gegangen oder sonst abhanden gekommen war. Das Gleiche gilt, falls der Eigenthümer nur mittelbarer Besitzer ist, dann, wenn die Sache dem Besitzer abhanden gekommen war.

Diese Vorschriften finden keine Anwendung auf Geld oder Inhaberpapiere sowie auf Sachen,

Beschlüsse der Kommission.

Falle des §. 851 verlangen, daß ihm die Aufsuchung und Wegschaffung der Sache gestattet wird.

§§. 854 bis 856. Unverändert.

Zweiter Abschnitt.

Allgemeine Vorschriften über Rechte an Grundstücken.

§§. 857 bis 886. Unverändert.

Dritter Abschnitt.

Eigenthum.

Erster Titel.

Inhalt des Eigenthums.

§. 887.

Der Eigenthümer einer Sache kann, soweit nicht das Gesetz oder Rechte Dritter entgegenstehen, mit der Sache nach Belieben verfahren und Andere von jeder Einwirkung ausschließen.

§§. 888 bis 908. Unverändert.

Zweiter Titel.

Erwerb und Verlust des Eigenthums an Grundstücken.

§§. 909 bis 912. Unverändert.

Dritter Titel.

Erwerb und Verlust des Eigenthums an beweglichen Sachen.

I. Uebertragung.

§§. 913 bis 918. Unverändert.

§. 919.

Der Erwerb des Eigenthums auf Grund der §§. 916 bis 918 tritt nicht ein, wenn die Sache dem Eigenthümer gestohlen worden, verloren gegangen oder sonst abhanden gekommen war. Das Gleiche gilt falls der Eigenthümer nur mittelbarer Besitzer **war**, dann, wenn die Sache dem Besitzer abhanden gekommen war.

Diese Vorschriften finden keine Anwendung auf Geld oder Inhaberpapiere sowie auf Sachen,

Vorlage.	Beschlüsse der Kommission.
die im Wege öffentlicher Versteigerung veräußert werden.	die im Wege öffentlicher Versteigerung veräußert werden.
	§. 920. Unverändert.
	II. Ersitzung.
	§§. 921 bis 929. Unverändert.
	III. Verbindung. Vermischung. Verarbeitung.
	§§. 930 bis 936. Unverändert.
	IV. Erwerb von Erzeugnissen und sonstigen Bestandtheilen einer Sache.
	§§: 937 bis 941. Unverändert.
	V. Aneignung.
	§§. 942 bis 944. Unverändert.
§. 945.	§. 945.
Zieht ein Bienenschwarm aus, so wird er herrenlos, wenn nicht der Eigenthümer ihn unverzüglich verfolgt oder wenn der Eigenthümer die Verfolgung aufgiebt oder ihn dergestalt aus dem Gesichte verliert, daß er nicht mehr weiß, wo sich der Schwarm befindet.	Zieht ein Bienenschwarm aus, so wird er herrenlos, wenn nicht der Eigenthümer ihn unverzüglich verfolgt oder wenn der Eigenthümer die Verfolgung aufgiebt.
	§§. 946 bis 948. Unverändert.
	VI. Fund.
	§§. 949 bis 953. Unverändert.
§. 954.	§. 954.
Macht der Finder zum Zwecke der Verwahrung oder Erhaltung der Sache oder zum Zwecke der Ermittelung eines Empfangsberechtigten Aufwendungen, die er nach den Umständen für erforderlich halten darf, so kann er von dem Empfangsberechtigten Ersatz verlangen.	Macht der Finder zum Zwecke der Verwahrung oder Erhaltung der Sache oder zum Zwecke der Ermittelung eines Empfangsberechtigten Aufwendungen, die er **den Umständen nach** für erforderlich halten darf, so kann er von dem Empfangsberechtigten Ersatz verlangen.
	§§. 955 bis 968. Unverändert.
	Vierter Titel.
	Ansprüche aus dem Eigenthume.
	§§. 969 bis 976. Unverändert.
§. 977.	§. 977.
Liegen die in den §§. 971 bis 976 bezeichneten Voraussetzungen nicht vor, so ist der Besitzer weder zur Herausgabe von Nutzungen noch zum Schadensersatze verpflichtet.	Liegen die in den §§. 971 bis 976 bezeichneten Voraussetzungen nicht vor, so **hat der Besitzer die gezogenen Früchte, soweit sie nach den Regeln einer ordnungsmäßigen Wirthschaft nicht als Ertrag der Sache anzusehen sind, nach den Vorschriften über die Herausgabe einer ungerechtfertigten Bereicherung herauszugeben; im Uebrigen ist er** weder zur Herausgabe von Nutzungen noch zum Schadensersatze verpflichtet.

Vorlage.

Für die Zeit, für welche dem Besitzer die Nutzungen verbleiben, finden auf ihn die Vorschriften des §. 97 Anwendung.

§. 1032.

Macht der Nießbraucher Verwendungen auf die Sache, zu denen er nicht verpflichtet ist, so bestimmt sich die Ersatzpflicht des Eigenthümers nach den Vorschriften über die Ge- Geschäftsführung ohne Auftrag. Die Verzinsung des aufgewendeten Geldes kann der Nießbraucher für die Dauer des Nießbrauchs nicht verlangen.

Beschlüsse der Kommission.

Für die Zeit, für welche dem Besitzer die Nutzungen verbleiben, finden auf ihn die Vorschriften des §. 97 Anwendung.

§§. 978 bis 991. Unverändert.

Fünfter Titel.

Miteigenthum.

§§. 992 bis 995. Unverändert.

Vierter Abschnitt.

Erbbaurecht.

§§. 996 bis 1001. Unverändert.

Fünfter Abschnitt.

Dienstbarkeiten.

Erster Titel.

Grunddienstbarkeiten.

§§. 1002 bis 1011. Unverändert.

§. 1011a. **(Neu.)**

Ist auf dem belasteten Grundstück eine Anlage, durch welche die Grunddienstbarkeit beeinträchtigt wird, errichtet worden, so unterliegt der Anspruch des Berechtigten auf Beseitigung der Beeinträchtigung der Verjährung, auch wenn die Dienstbarkeit im Grundbuch eingetragen ist. Mit der Verjährung des Anspruchs erlischt die Dienstbarkeit, soweit der Bestand der Anlage mit ihr in Widerspruch steht.

Die Vorschriften des §. 876 finden keine Anwendung.

§. 1012. Unverändert.

Zweiter Titel.

Nießbrauch.

I. Nießbrauch an Sachen.

§§. 1013 bis 1031. Unverändert.

§. 1032.

Macht der Nießbraucher Verwendungen auf die Sache, zu denen er nicht verpflichtet ist, so bestimmt sich die Ersatzpflicht des Eigenthümers nach den Vorschriften über die Geschäftsführung ohne Auftrag.

Vorlage.	Beschlüsse der Kommission.
Der Nießbraucher ist berechtigt, eine Einrichtung, mit der er die Sache versehen hat, wegzunehmen.	Der Nießbraucher ist berechtigt, eine Einrichtung, mit der er die Sache versehen hat, wegzunehmen.
	§§. 1033 bis 1050. Unverändert.
	II. **Nießbrauch an Rechten.**
	§§. 1051 bis 1066. Unverändert.
§. 1067.	§. 1067.
Gehört ein Inhaberpapier oder ein Orderpapier, das mit Blankoindossament versehen ist, nach §. 88 zu den verbrauchten Sachen, so bewendet es bei den Vorschriften des §. 1050.	Gehört ein Inhaberpapier oder ein Orderpapier, das mit Blankoindossament versehen ist, nach §. 88 zu den **verbrauchbaren** Sachen, so bewendet es bei den Vorschriften des §. 1050.
	III. **Nießbrauch an einem Vermögen.**
	§§. 1068 bis 1072. Unverändert.
	Dritter Titel.
	Beschränkte persönliche Dienstbarkeiten.
	§§. 1073 bis 1076. Unverändert.
	Sechster Abschnitt.
	Vorkaufsrecht.
	§§. 1077 bis 1087. Unverändert.
	Siebenter Abschnitt.
	Reallasten.
	§§. 1088 bis 1095. Unverändert.
	Achter Abschnitt.
	Hypothek. Grundschuld. Rentenschuld.
	Erster Titel.
	Hypothek.
	§§. 1096 bis 1110. Unverändert.
§. 1111.	§. 1111.
Ist ein Gebäude versichert, so kann der Versicherer die Versicherungssumme mit Wirkung gegen den Hypothekengläubiger an den Versicherten erst zahlen, wenn er oder der Versicherte den Eintritt des Schadens dem Hypothekengläubiger angezeigt hat und seit dem Empfange der Anzeige ein Monat verstrichen ist. Der Hypothekengläubiger kann bis zum Ablaufe der Frist dem Versicherer gegenüber	Ist ein Gebäude versichert, so kann der Versicherer die Versicherungssumme mit Wirkung gegen den Hypothekengläubiger an den Versicherten erst zahlen, wenn er oder der Versicherte den Eintritt des Schadens dem Hypothekengläubiger angezeigt hat und seit dem Empfange der Anzeige ein Monat verstrichen ist. Der Hypothekengläubiger kann bis zum Ablaufe der Frist dem Versicherer gegenüber

Vorlage.

der Zahlung widersprechen. Im Uebrigen finden die für eine verpfändete Forderung geltenden Vorschriften Anwendung; der Versicherer kann sich jedoch nicht darauf berufen, daß er eine aus dem Grundbuch ersichtliche Hypothek nicht gekannt habe.

§. 1142.

Soweit die Forderung anf Rückstände von Zinsen oder anderen Nebenleistungen gerichtet ist, bestimmt sich die Uebertragung sowie das Rechtsverhältniß zwischen dem Eigenthümer und dem neuen Gläubiger nach den für die Uebertragung von Forderungen geltenden allgemeinen Vorschriften. Das Gleiche gilt für den Anspruch auf Erstattung von Kosten, für die das Grundstück nach §. 1101 haftet, und für die nach §. 1129 zu entrichtenden Verzugszinsen.

Die Vorschriften des §. 876 finden auf die im Abs. 1 bezeichneten Ansprüche keine Anwendung.

§. 1145

Ist der Hypothekenbrief abhanden gekommen oder vernichtet, so kann er im Wege des Aufgebotsverfahrens für kraftlos erklärt werden.

An Stelle des für kraftlos erklärten Briefes ist dem Gläubiger auf Antrag ein neuer Brief zu ertheilen.

Beschlüsse der Kommission.

der Zahlung widersprechen. **Die Anzeige darf unterbleiben, wenn sie unthunlich ist; in diesem Falle wird der Monat von dem Zeitpunkt an berechnet, in welchem die Versicherungssumme fällig wird.**

Im Uebrigen finden die für eine verpfändete Forderung geltenden Vorschriften Anwendung; der Versicherer kann sich jedoch nicht darauf berufen, daß er eine aus dem Grundbuch ersichtliche Hypothek nicht gekannt habe.

§§. 1112 bis 1141. Unverändert.

§. 1142.

Soweit die Forderung auf Rückstände von Zinsen oder anderen Nebenleistungen gerichtet ist, bestimmt sich die Uebertragung sowie das Rechtsverhältniß zwischen dem Eigenthümer und dem neuen Gläubiger nach den für die Uebertragung von Forderungen geltenden allgemeinen Vorschriften. Das Gleiche gilt für den Anspruch auf Erstattung von Kosten, für die das Grundstück nach §. 1101 haftet.

Die Vorschriften des §. 876 finden auf die im Abs. 1 bezeichneten Ansprüche keine Anwendung.

§§. 1143, 1144. Unverändert.

§. 1145.

Ist der Hypothekenbrief abhanden gekommen oder vernichtet, so kann er im Wege des Aufgebotsverfahrens für kraftlos erklärt werden.

§§. 1146 bis 1173. Unverändert.

Zweiter Titel.

Grundschuld. Rentenschuld.

I. Grundschuld.

§§. 1174 bis 1181. Unverändert.

II. Rentenschuld.

§§. 1182 bis 1186. Unverändert.

Vorlage.

Beschlüsse der Kommission.

Neunter Abschnitt.

Pfandrecht an beweglichen Sachen und an Rechten.

Erster Titel.

Pfandrecht an beweglichen Sachen.

§§. 1187 bis 1255. Unverändert.

Zweiter Titel.

Pfandrecht an Rechten.

§§. 1256 bis 1279. Unverändert.

Vorlage:

Viertes Buch.

Familienrecht.

Erster Abschnitt.

Ehe.

Erster Titel.

Verlöbniß.

§. 1281.

Tritt ein Verlobter von dem Verlöbnisse zurück, so hat er dem andern Verlobten und dessen Eltern den Schaden zu ersetzen, der daraus entstanden ist, daß sie in Erwartung der Ehe Aufwendungen gemacht haben oder Verbindlichkeiten eingegangen sind. Dem anderen Verlobten hat er auch den Schaden zu ersetzen, den dieser dadurch erleidet, daß er in Erwartung der Ehe sonstige sein Vermögen oder seine Erwerbsstellung berührende Maßnahmen getroffen hat.

Der Schaden ist nur insoweit zu ersetzen, als die Aufwendungen, die Eingehung der Verbindlichkeiten und die sonstigen Maßnahmen den Umständen nach angemessen waren.

Die Ersatzpflicht tritt nicht ein, wenn ein wichtiger Grund für den Rücktritt vorliegt.

Beschlüsse der Kommission:

Viertes Buch.

Familienrecht.

Erster Abschnitt.

Bürgerliche Ehe.

Erster Titel.

Verlöbniß.

§. 1280. Unverändert.

§. 1281.

Tritt ein Verlobter von dem Verlöbnisse zurück, so hat er dem anderen Verlobten und dessen Eltern **sowie dritten Personen, welche an Stelle der Eltern gehandelt haben,** den Schaden zu ersetzen, der daraus entstanden ist, daß sie in Erwartung der Ehe Aufwendungen gemacht haben oder Verbindlichkeiten eingegangen sind. Dem anderen Verlobten hat er auch den Schaden zu ersetzen, den dieser dadurch erleidet, daß er in Erwartung der Ehe sonstige sein Vermögen oder seine Erwerbsstellung berührende Maßnahmen getroffen hat.

Der Schaden ist nur insoweit zu ersetzen, als die Aufwendungen die Eingehung der Verbindlichkeiten und die sonstigen Maßnahmen den Umständen nach angemessen waren.

Die Ersatzpflicht tritt nicht ein, wenn ein wichtiger Grund für den Rücktritt vorliegt.

§§. 1282 bis 1284. Unverändert.

Vorlage.

§. 1285.

Die in den §§. 1281 bis 1284 bestimmten Ansprüche verjähren in einem Jahre von der Auflösung des Verlöbnisses an.

§. 1291.

Wird die elterliche Einwilligung einem volljährigen Kinde verweigert, so kann sie auf dessen Antrag durch das Vormundschaftsgericht ersetzt werden. Das Vormundschaftsgericht hat die Einwilligung zu ersetzen, wenn sie ohne wichtigen Grund verweigert wird.

Vor der Entscheidung soll das Vormundschaftsgericht Verwandte oder Verschwägerte des Kindes hören, wenn es ohne erhebliche Verzögerung und ohne unverhältnißmäßige Kosten geschehen kann. Für den Ersatz der Kosten gilt die Vorschrift des §. 1823 Abs. 2.

§. 1300.

Die Ehe wird dadurch geschlossen, daß die Verlobten vor einem Standesbeamten persönlich und bei gleichzeitiger Anwesenheit erklären, die Ehe miteinander eingehen zu wollen, und daß hierauf der Standesbeamte die Ehe für geschlossen erklärt.

Die Erklärungen können nicht unter einer Bedingung oder einer Zeitbestimmung abgegeben werden.

§. 1301.

Der Standesbeamte soll bei der Eheschließung in Gegenwart von zwei Zeugen an die Verlobten einzeln und nach einander die Frage richten, ob sie die Ehe mit einander eingehen wollen, und, nachdem die Verlobten die Frage bejaht haben, aussprechen, daß er kraft Gesetzes sie für rechtmäßig verbundene Eheleute erkläre.

Als Zeugen sollen Personen, die der bürgerlichen Ehrenrechte für verlustig erklärt sind, während der Zeit, für welche die Aberkennung der Ehrenrechte erfolgt ist, sowie Minderjährige nicht zugezogen werden. Personen, die mit einem der Verlobten, mit dem Standesbeamten

Beschlüsse der Kommission.

§. 1285.

Die in den §§. 1281 bis 1284 bestimmten Ansprüche verjähren in **zwei Jahren** von der Auflösung des Verlöbnisses an.

Zweiter Titel.

Eingehung der Ehe.

§§. 1286 bis 1290. Unverändert.

§. 1291. Abs. 1 unverändert.

Vor der Entscheidung soll das Vormundschaftsgericht Verwandte oder Verschwägerte des Kindes hören, wenn es ohne erhebliche Verzögerung und ohne unverhältnißmäßige Kosten geschehen kann. Für den Ersatz der **Auslagen** gilt die Vorschrift des §. 1823 Abs. 2.

§§. 1292 bis 1299. Unverändert.

§. 1300.

Die Ehe wird dadurch geschlossen, daß die Verlobten vor einem Standesbeamten persönlich und bei gleichzeitiger Anwesenheit erklären, die Ehe mit einander eingehen zu wollen. Der Standesbeamte **muß zur Entgegennahme der Erklärungen bereit sein.**

Die Erklärungen können nicht unter einer Bedingung oder einer Zeitbestimmung abgegeben werden.

§. 1301.

Der Standesbeamte soll bei der Eheschließung in Gegenwart von zwei Zeugen an die Verlobten einzeln und nach einander die Frage richten, ob sie die Ehe mit einander eingehen wollen, und, nachdem die Verlobten die Frage bejaht haben, aussprechen, daß **sie** kraft **dieses** Gesetzes **nunmehr** rechtmäßig verbundene Eheleute **seien.**

Als Zeugen sollen Personen, die der bürgerlichen Ehrenrechte für verlustig erklärt sind, während der Zeit, für welche die Aberkennung der Ehrenrechte erfolgt ist, sowie Minderjährige nicht zugezogen werden. Personen, die mit einem der Verlobten, mit dem

Vorlage.

oder mit einander verwandt oder verschwägert sind, dürfen als Zeugen zugezogen werden.

§. 1307.

Eine Ehe ist nichtig, wenn bei der Eheschließung die im §. 1300 vorgeschriebene Form nicht beobachtet worden ist.

Ist die Ehe in das Heirathsregister eingetragen worden und haben die Ehegatten nach der Eheschließung zehn Jahre als Ehegatten mit einander gelebt, so ist die Ehe als von Anfang an gültig anzusehen.

§. 1316.

Eine Ehe kann von dem Ehegatten angefochten werden, der sich bei der Eheschließung in der Person des anderen Ehegatten oder über solche persönliche Eigenschaften oder solche persönliche Verhältnisse des anderen Ehegatten geirrt hat, die ihn bei Kenntniß der Sachlage und bei verständiger Würdigung des Wesens der Ehe von der Eingehung der Ehe abgehalten haben würden.

§. 1317.

Eine Ehe kann von dem Ehegatten angefochten werden, der zur Eingehung der Ehe durch arglistige Täuschung über solche Umstände bestimmt worden ist, die ihn bei Kenntniß der Sachlage und verständiger Ueberlegung von der Eingehung der Ehe abgehalten haben würden. Ist die Täuschung nicht von dem anderen Ehegatten verübt worden, so ist die Ehe nur dann anfechtbar, wenn dieser die Täuschung bei der Eheschließung gekannt hat.

Beschlüsse der Kommission.

Standesbeamten oder mit einander verwandt oder verschwägert sind, dürfen als Zeugen zugezogen werden.

Der Standesbeamte soll die Eheschließung in das Heirathsregister eintragen.

§§. 1302 bis 1305. Unverändert.

Dritter Titel.

Nichtigkeit und Anfechtbarkeit der Ehe.

§. 1306. Unverändert.

§. 1307.

Eine Ehe ist nichtig, wenn bei der Eheschließung die im §. 1300 vorgeschriebene Form nicht beobachtet worden ist.

Ist die Ehe in das Heirathsregister eingetragen worden und haben die Ehegatten nach der Eheschließung zehn Jahre **oder, falls einer von ihnen vorher gestorben ist, bis zu dessen Tode, jedoch mindestens drei Jahre,** als Ehegatten mit einander gelebt, so ist die Ehe als von Anfang an gültig anzusehen. **Diese Vorschrift findet keine Anwendung, wenn bei dem Ablaufe der zehn Jahre oder zur Zeit des Todes des einen Ehegatten die Nichtigkeitsklage erhoben ist.**

§§. 1308 bis 1315. Unverändert.

§. 1316.

Eine Ehe kann von dem Ehegatten angefochten werden, der sich bei der Eheschließung in der Person des anderen Ehegatten oder über solche persönliche Eigenschaften des anderen Ehegatten geirrt hat, die ihn bei Kenntniß der Sachlage und bei verständiger Würdigung des Wesens der Ehe von der Eingehung der Ehe abgehalten haben würden.

§. 1317.

Eine Ehe kann von dem Ehegatten angefochten werden, der zur Eingehung der Ehe durch arglistige Täuschung über solche Umstände bestimmt worden ist, die ihn bei Kenntniß der Sachlage und bei verständiger **Würdigung des Wesens der Ehe** von der Eingehung der Ehe abgehalten haben würden. Ist die Täuschung nicht von dem anderen Ehegatten verübt worden, so ist die Ehe nur dann anfechtbar, wenn dieser die Täuschung bei der Eheschließung gekannt hat.

Vorlage.

§. 1318.

Eine Ehe kann von dem Ehegatten angefochten werden, der zur Eingehung der Ehe durch Drohung widerrechtlich bestimmt worden ist.

§. 1328.

War dem einen Ehegatten die Nichtigkeit der Ehe bei der Eheschließung bekannt, so kann der andere Ehegatte, sofern nicht auch ihm die Nichtigkeit bekannt war, nach der Nichtigkeitserklärung oder der Auflösung der Ehe verlangen, daß ihr Verhältniß in vermögensrechtlicher Beziehung, insbesondere auch in Ansehung der Unterhaltspflicht, so behandelt wird, wie wenn die Ehe zur Zeit der Nichtigkeitserklärung oder der Auflösung geschieden und der Ehegatte, dem die Nichtigteit bekannt war, für schuldig erklärt worden wäre.

Diese Vorschrift findet keine Anwendung, wenn die Nichtigkeit auf einem Formmangel beruht und die Ehe nicht in das Heirathsregister eingetragen worden ist.

Fünfter Titel.

Wirkungen der Ehe im Allgemeinen.

§. 1336.

Die Ehegatten sind einander zur ehelichen Lebensgemeinschaft verpflichtet.

Stellt sich das Verlangen eines Ehegatten nach Herstellung der Gemeinschaft als Mißbrauch seines Rechtes dar, so ist der andere Ehegatte nicht verpflichtet, dem Verlangen Folge zu leisten.

Beschlüsse der Kommission.

Auf Grund einer Täuschung über Vermögensverhältnisse findet die Anfechtung nicht statt.

§. 1318.

Eine Ehe kann von dem Ehegatten angefochten werden, der zur Eingehung der Ehe **widerrechtlich durch Drohung** bestimmt worden ist.

§§. 1319 bis 1327. Unverändert.

§. 1328.

War dem einen Ehegatten die Nichtigkeit der Ehe bei der Eheschließung bekannt, so kann der andere Ehegatte, sofern nicht auch ihm die Nichtigkeit bekannt war, nach der Nichtigkeitserklärung oder der Auflösung der Ehe verlangen, daß ihr Verhältniß in vermögensrechtlicher Beziehung, insbesondere auch in Ansehung der Unterhaltspflicht, so behandelt wird, wie wenn die Ehe zur Zeit der Nichtigkeitserklärung oder der Auflösung geschieden und der Ehegatte, dem die Nichtigkeit bekannt war, für **allein** schuldig erklärt worden wäre.

Diese Vorschrift findet keine Anwendung, wenn die Nichtigkeit auf einem Formmangel beruht und die Ehe nicht in das Heirathsregister eingetragen worden ist.

§§. 1329, 1330. Unverändert.

Vierter Titel.

Wiederverheirathung im Falle der Todeserklärung.

§§. 1331 bis 1335. Unverändert.

Fünfter Titel.

Wirkungen der Ehe im Allgemeinen.

§. 1336.

Die Ehegatten sind einander zur ehelichen Lebensgemeinschaft verpflichtet.

Stellt sich das Verlangen eines Ehegatten nach Herstellung der Gemeinschaft als Mißbrauch seines Rechtes dar, so ist der andere Ehegatte nicht verpflichtet, dem Verlangen Folge zu leisten. **Das Gleiche gilt, wenn der andere Ehegatte berechtigt ist, auf Scheidung zu klagen.**

§§. 1337 bis 1340. Unverändert.

Vorlage.

§. 1341.

Hat sich die Frau einem Dritten gegenüber zu einer von ihr in Person zu bewirkenden Leistung verpflichtet, so kann der Mann das Rechtsverhältniß ohne Einhaltung einer Kündigungsfrist kündigen, es sei denn, daß er der Verpflichtung zugestimmt hat oder seine Zustimmung auf Antrag der Frau durch das Vormundschaftsgericht ersetzt worden ist.

Das Vormundschaftsgericht kann die Zustimmung ersetzen, wenn der Mann durch Krankheit oder durch Abwesenheit an der Abgabe einer Erklärung verhindert und mit dem Aufschube Gefahr verbunden ist oder wenn die Verweigerung der Zustimmung sich als Mißbrauch seines Rechtes darstellt.

Die Zustimmung sowie die Kündigung kann nicht durch einen Vertreter erfolgen; ist der Mann in der Geschäftsfähigkeit beschränkt, so bedarf er nicht der Zustimmung seines gesetzlichen Vertreters.

Das Kündigungsrecht des Mannes ist ausgeschlossen, solange die häusliche Gemeinschaft aufgehoben ist.

§. 1345.

Es wird vermuthet, daß die im Besitz eines der Ehegatten oder beider Ehegatten befindlichen beweglichen Sachen dem Manne gehören. Dies gilt insbesondere auch für Inhaberpapiere und für Orderpapiere, die mit Blankoindossament versehen sind.

Die Vermuthung gilt nicht für die ausschließlich zum persönlichen Gebrauche der Frau bestimmten Sachen, insbesondere nicht für Kleider und Schmucksachen.

Beschlüsse der Kommission.

§. 1341.

Hat sich die Frau einem Dritten gegenüber zu einer von ihr in Person zu bewirkenden Leistung verpflichtet, so kann der Mann das Rechtsverhältniß ohne Einhaltung einer Kündigungsfrist kündigen, **wenn er auf seinen Antrag von dem Vormundschaftsgerichte dazu ermächtigt worden ist. Das Vormundschaftsgericht hat die Ermächtigung zu ertheilen, wenn sich ergiebt, daß die Thätigkeit der Frau die ehelichen Interessen beeinträchtigt.**

Das Kündigungsrecht ist ausgeschlossen, wenn der Mann der Verpflichtung zugestimmt hat oder seine Zustimmung auf Antrag der Frau durch das Vormundschaftsgericht ersetzt worden ist. Das Vormundschaftsgericht kann die Zustimmng ersetzen, wenn der Mann durch Krankheit oder durch Abwesenheit an der Abgabe einer Erklärung verhindert und mit dem Aufschube Gefahr verbunden ist oder wenn sich die Verweigerung der Zustimmung als Mißbrauch seines Rechtes darstellt. Solange die häusliche Gemeinschaft aufgehoben ist, **steht** das Kündigungsrecht **dem Manne nicht zu.**

Die Zustimmung sowie die Kündigung kann nicht durch einen Vertreter **des Mannes** erfolgen; ist der Mann in der Geschäftsfähigkeit beschränkt, so bedarf er nicht der Zustimmung seines gesetzlichen Vertreters.

§§. 1342 bis 1344. Unverändert.

§. 1345.

Zu Gunsten der Gläubiger des Mannes wird vermuthet, daß die im Besitz eines der Ehegatten oder beider Ehegatten befindlichen beweglichen Sachen dem Manne gehören. Dies gilt insbesondere auch für Inhaberpapiere und für Orderpapiere, die mit Blankoindossament versehen sind.

Für die ausschließlich zum persönlichen Gebrauche der Frau bestimmten Sachen, insbesondere für Kleider, Schmucksachen und **Arbeitsgeräthe,** gilt **im Verhältnisse der Ehegatten zu einander und zu den Gläubigern** die Vermuthung, **daß die Sachen der Frau gehören.**

Vorlage.

§. 1354.

Die ausschließlich zum persönlichen Gebrauche der Frau bestimmten Sachen, insbesondere Kleider und Schmucksachen, unterliegen nicht der Nutznießung des Mannes.

§. 1356.

Der Mann ist *zum Besitze der* zum eingebrachten Gute gehörenden Sachen berechtigt.

§. 1359.

Ohne Zustimmung der Frau kann der Mann

1. über Geld und andere verbrauchbare Sachen der Frau verfügen;
2. *Forderungen der Frau, die nicht auf Zinsen ausstehen, einziehen;*
3. Forderungen der Frau gegen solche Forderungen an die Frau, deren Berichtigung aus dem eingebrachten Gute verlangt werden kann, aufrechnen;
4. Verbindlichkeiten der Frau zur Leistung eines zum eingebrachten Gute gehörenden Gegenstandes durch Leistung des Gegenstandes erfüllen.

Beschlüsse der Kommission.

Sechster Titel.

Eheliches Güterrecht.

I. Gesetzliches Güterrecht.

1. Allgemeine Vorschriften.

§§. 1346 bis 1348. Unverändert.

§. 1348a. **(Neu.)**

Vorbehaltsgut sind die ausschließlich zum persönlichen Gebrauche der Frau bestimmten Sachen, insbesondere Kleider, Schmucksachen und Arbeitsgeräthe.

§§. 1349 bis 1353. Unverändert.

§. 1354. Gestrichen.

§. 1355. Unverändert.

2. Verwaltung und Nutznießung.

§. 1356.

Der Mann ist berechtigt, die zum eingebrachten Gute gehörenden Sachen **in Besitz zu nehmen.**

§§. 1357, 1358. Unverändert.

§. 1359.

Ohne Zustimmung der Frau kann der Mann

1. über Geld und andere verbrauchbare Sachen der Frau verfügen;
2. Gestrichen.
3. Forderungen der Frau gegen solche Forderungen an die Frau, deren Berichtigung aus dem eingebrachten Gute verlangt werden kann, aufrechnen;
4. Verbindlichkeiten der Frau zur Leistung eines zum eingebrachten Gute gehörenden Gegenstandes durch Leistung des Gegenstandes erfüllen.

§§. 1360 bis 1392. Unverändert.

3. Schuldenhaftung.

§§. 1393 bis 1400. Unverändert.

4. Beendigung der Verwaltung und Nutznießung.

§§. 1401 bis 1408. Unverändert.

Vorlage.

§. 1418.

Wird durch Ehevertrag die Verwaltung und Nutznießung des Mannes ausgeschlossen oder geändert, so können einem Dritten gegenüber aus der Ausschließung oder der Aenderung Einwendungen gegen ein zwischen ihm und einem der Ehegatten vorgenommenes Rechtsgeschäft oder gegen ein zwischen ihnen ergangenes rechtskräftiges Urtheil nur hergeleitet werden, wenn zur Zeit der Vornahme des Rechtsgeschäfts oder zur Zeit des Eintritts der Rechtshängigkeit die Ausschließung oder die Aenderung in dem Güterrechtsregister des zuständigen Amtsgerichts eingetragen oder dem Dritten bekannt war.

Das Gleiche gilt, wenn eine in dem Güterrechtsregister eingetragene Regelung des güterrechtlichen Verhältnisses durch Ehevertrag aufgehoben oder geändert wird.

§. 1420.

Ein Ehevertrag, durch den die allgemeine Gütergemeinschaft vereinbart wird, kann nicht durch einen gesetzlichen Vertreter geschlossen werden.

Ist einer der Vertragschließenden in der Geschäftsfähigkeit beschränkt, so bedarf er der Zustimmung seines gesetzlichen Vertreters. Ist der gesetzliche Vertreter ein Vormund, so ist die Genehmigung des Vormundschaftsgerichts erforderlich.

§. 1426.

Das Gesammtgut unterliegt der Verwaltung des Mannes. Der Mann ist insbesondere zum Besitze der zu dem Gesammtgute gehörenden Sachen berechtigt und befugt, über das Gesammtgut zu verfügen sowie Rechtsstreitigkeiten, die sich auf das Gesammtgut beziehen, im eigenen Namen zu führen.

Beschlüsse der Kommission.

5. Gütertrennung.

§§. 1409 bis 1414. Unverändert.

II. Vertragsmäßiges Güterrecht.

1. Allgemeine Vorschriften.

§§. 1415 bis 1417. Unverändert.

§. 1418. Absatz 1 unverändert.

Das Gleiche gilt, wenn eine in dem Güterrechtsregister eingetragene Regelung der güterrechtlichen Verhältnisse durch Ehevertrag aufgehoben oder geändert wird.

§. 1419. Unverändert.

2. Allgemeine Gütergemeinschaft.

§. 1420.

Ein Ehevertrag, durch den die allgemeine Gütergemeinschaft vereinbart **oder aufgehoben** wird, kann nicht durch einen gesetzlichen Vertreter geschlossen werden.

Absatz 2 unverändert.

§§. 1421 bis 1425. Unverändert.

§. 1426.

Das Gesammtgut unterliegt der Verwaltung des Mannes. Der Mann ist insbesondere berechtigt, die zu dem Gesammtgute gehörenden Sachen **in Besitz zu nehmen**, über das Gesammtgut zu verfügen sowie Rechtsstreitigkeiten, die sich auf das Gesammtgut beziehen, im eigenen Namen zu führen.

Vorlage.

Die Frau wird durch die Verwaltungshandlungen des Mannes weder Dritten noch dem Manne gegenüber persönlich verpflichtet.

§. 1460.

Die Theilung des Ueberschusses erfolgt nach den Vorschriften über die Gemeinschaft.

Jeder Ehegatte kann gegen Ersatz des Werthes die ausschließlich zu seinem persönlichen Gebrauche bestimmten Sachen, insbesondere Kleider und Schmucksachen, sowie diejenigen Gegenstände übernehmen, welche er in die Gütergemeinschaft eingebracht oder während der Gütergemeinschaft durch Erbfolge, durch Vermächtniß oder mit Rücksicht auf ein künftiges Erbrecht, durch Schenkung oder als Ausstattung erworben hat.

§. 1461.

Sind die Ehegatten geschieden und ist einer von ihnen allein für schuldig erklärt, so kann der andere verlangen, daß jedem von ihnen der Werth desjenigen zurückerstattet wird, was er in die Gütergemeinschaft eingebracht hat; reicht der Werth des Gesammtguts zur Rückerstattung nicht aus, so hat jeder Ehegatte die Hälfte des Fehlbetrags zu tragen.

Als eingebracht ist anzusehen, was eingebrachtes Gut gewesen sein würde, wenn Errungenschaftsgemeinschaft bestanden hätte. Der Werth des Eingebrachten bestimmt sich nach der Zeit der Einbringung.

Das im Abs. 1 bestimmte Recht steht auch dem Ehegatten zu, dessen Ehe wegen seiner Geisteskrankheit geschieden worden ist.

§. 1475.

Der überlebende Ehegatte kann die fortgesetzte Gütergemeinschaft jederzeit aufheben. Die Aufhebung erfolgt durch Erklärung gegenüber dem für den Nachlaß des verstorbenen Ehegatten zuständigen Gerichte; die Erklärung ist in öffentlich beglaubigter Form abzugeben. Das Nachlaßgericht soll die Erklärung den antheilsberechtigten Abkömmlingen und, wenn der überlebende Ehegatte gesetzlicher Vertreter

Beschlüsse der Kommission.

Die Frau wird durch die Verwaltungshandlungen des Mannes weder Dritten noch dem Manne gegenüber persönlich verpflichtet.

§§. 1427 bis 1459. Unverändert.

§. 1460.

Die Theilung des Ueberschusses erfolgt nach den Vorschriften über die Gemeinschaft.

Jeder Ehegatte kann gegen Ersatz des Werthes die ausschließlich zu seinem persönlichen Gebrauche bestimmten Sachen, insbesondere Kleider, Schmucksachen und **Arbeitsgeräthe**, sowie diejenigen Gegenstände übernehmen, welche er in die Gütergemeinschaft eingebracht oder während der Gütergemeinschaft durch Erbfolge, durch Vermächtniß oder mit Rücksicht auf ein künftiges Erbrecht, durch Schenkung oder als Ausstattung erworben hat.

§. 1461.

Sind die Ehegatten geschieden und ist einer von ihnen allein für schuldig erklärt, so kann der andere verlangen, daß jedem von ihnen der Werth desjenigen zurückerstattet wird, was er in die Gütergemeinschaft eingebracht hat; reicht der Werth des Gesammtguts zur Rückerstattung nicht aus, so hat jeder Ehegatte die Hälfte des Fehlbetrages zu tragen.

Als eingebracht ist anzusehen, was eingebrachtes Gut gewesen sein würde, wenn Errungenschaftsgemeinschaft bestanden hätte. Der Werth des Eingebrachten bestimmt sich nach der Zeit der Einbringung.

§§. 1462 bis 1474. Unverändert.

§. 1475. Absatz 1, 2 unverändert.

Vorlage.

eines der Abkömmlinge ist, dem Vormundschaftsgerichte mittheilen.

Die Aufhebung kann auch durch Vertrag zwischen dem überlebenden Ehegatten und den antheilsberechtigten Abkömmlingen erfolgen. Der Vertrag bedarf der gerichtlichen oder notariellen Beurkundung.

§. 1491.

Die Ehegatten können die Fortsetzung der Gütergemeinschaft durch Ehevertrag ausschließen.

§. 1508.

Das eingebrachte Gut wird für Rechnung des Gesammtguts in der Weise verwaltet, daß die Nutzungen, welche nach den für den Güterstand der Verwaltung und Nutznießung geltenden Vorschriften dem Manne zufallen, zu dem Gesammtgute gehören.

Auf das eingebrachte Gut der Frau finden im Uebrigen die Vorschriften der §§. 1354, 1356 bis 1366, 1373 bis 1400 entsprechende Anwendung.

§. 1517.

Das Gesammtgut haftet für Verbindlichkeiten der Frau, die ihr auf Grund der gesetzlichen Unterhaltspflicht ihren Verwandten gegenüber obliegen.

Beschlüsse der Kommission.

Steht der überlebende Ehegatte unter elterlicher Gewalt oder unter Vormundschaft, so ist zu der Aufhebung die Genehmigung des Vormundschaftsgerichts erforderlich.

§§. 1476 bis 1490. Unverändert.

§. 1491. Absatz 1 unverändert.

Auf einen Ehevertrag, durch welchen die Fortsetzung der Gütergemeinschaft ausgeschlossen oder die Ausschließung aufgehoben wird, finden die Vorschriften des §. 1420 Anwendung.

§§. 1492 bis 1501. Unverändert.

3. Errungenschaftsgemeinschaft.

§§. 1502 bis 1507. Unverändert.

§. 1508.

Das eingebrachte Gut wird für Rechnung des Gesammtguts in der Weise verwaltet, daß die Nutzungen, welche nach den für den Güterstand der Verwaltung und Nutznießung geltenden Vorschriften dem Manne zufallen, zu dem Gesammtgute gehören.

Auf das eingebrachte Gut der Frau finden im Uebrigen die Vorschriften der §§. 1356 bis 1366, 1373 bis 1400 entsprechende Anwendung.

§§. 1509 bis 1516. Unverändert.

§. 1517.

Das Gesammtgut haftet für Verbindlichkeiten der Frau, die ihr auf Grund der gesetzlichen Unterhaltspflicht obliegen.

§§. 1518 bis 1531. Unverändert.

4. Fahrnißgemeinschaft.

§§. 1532 bis 1540. Unverändert.

III. **Güterrechtsregister.**

§§. 1541 bis 1543. Unverändert.

Vorlage.

§. 1544.

Die Eintragung erfolgt in den Fällen des §. 1340 Abs. 2 und des §. 1388 Abs. 3 auf Antrag des Mannes.

In den anderen Fällen ist der Antrag beider Ehegatten erforderlich; jeder Ehegatte ist dem anderen gegenüber zur Mitwirkung verpflichtet.

Der Antrag eines der Ehegatten genügt:

1. zur Eintragung eines Ehevertrags oder einer auf gerichtlicher Entscheidung beruhenden Aenderung der vermögensrechtlichen Verhältnisse der Ehegatten, wenn mit dem Antrage der Ehevertrag oder die mit dem Zeugnisse der Rechtskraft versehene Entscheidung vorgelegt wird;
2. zur Wiederholung einer Eintragung in dem Register eines anderen Bezirkes, wenn mit dem Antrag eine nach der Aufhebung des bisherigen Wohnsitzes ertheilte, öffentlich beglaubigte Abschrift der früheren Eintragung vorgelegt wird.

§. 1547.

Die Ehe kann aus den in den §§. 1548 bis 1552 bestimmten Gründen geschieden werden. Die Scheidung erfolgt durch Urtheil. Die Auflösung der Ehe tritt mit der Rechtskraft des Urtheils ein.

§. 1552.

Ein Ehegatte kann auf Scheidung klagen, wenn der andere Ehegatte in Geisteskrankheit verfallen ist, die Krankheit während der Ehe mindestens drei Jahre gedauert und einen solchen Grad erreicht hat, daß die geistige Gemeinschaft zwischen den Ehegatten aufgehoben, auch jede Aussicht auf Wiederherstellung dieser Gemeinschaft ausgeschlossen ist.

§. 1553.

Das Recht auf Scheidung erlischt in den Fällen der §§. 1548 bis 1551 durch Verzeihung.

Beschlüsse der Kommission.

§. 1544. Absatz 1 und 2 unverändert.

Der Antrag eines der Ehegatten genügt:

1. zur Eintragung eines Ehevertrags oder einer auf gerichtlicher Entscheidung beruhenden Aenderung der **güterrechtlichen** Verhältnisse der Ehegatten, wenn mit dem Antrage der Ehevertrag oder die mit dem Zeugnisse der Rechtskraft versehene Entscheidung vorgelegt wird;

Ziffer 2 unverändert.

§§. 1545, 1546. Unverändert.

Siebenter Titel.
Scheidung der Ehe.

§. 1547.

Die Ehe kann aus den in den §§. 1548 bis **1551** bestimmten Gründen geschieden werden. Die Scheidung erfolgt durch Urtheil. Die Auflösung der Ehe tritt mit der Rechtskraft des Urtheils ein.

§§. 1548 bis 1551. Unverändert.

§. 1552. Gestrichen.

§. 1553.

Das Recht auf Scheidung erlischt durch Verzeihung.

Vorlage.

§. 1554.

Die Scheidungsklage muß in den Fällen der §§. 1548 bis 1551 binnen sechs Monaten von dem Zeitpunkt an erhoben werden, in dem der Ehegatte von dem Scheidungsgrunde Kenntniß erlangt. Die Klage ist ausgeschlossen, wenn seit dem Eintritte des Scheidungsgrundes zehn Jahre verstrichen sind.

Die sechsmonatige Frist läuft nicht, solange die häusliche Gemeinschaft der Ehegatten aufgehoben ist. Wird der zur Klage berechtigte Ehegatte von dem anderen Ehegatten aufgefordert, entweder die häusliche Gemeinschaft herzustellen oder die Klage zu erheben, so läuft die Frist von dem Empfange der Aufforderung an.

Der Erhebung der Klage steht die Ladung zum Sühnetermin gleich. Die Ladung verliert ihre Wirkung, wenn der zur Klage berechtigte Ehegatte im Sühnetermine nicht erscheint oder wenn drei Monate nach der Beendigung des Sühneverfahrens verstrichen sind und nicht vorher die Klage erhoben worden ist.

Auf den Lauf der sechsmonatigen und der dreimonatigen Frist finden die für die Verjährung geltenden Vorschriften der §§. 198, 201 entsprechende Anwendung.

§. 1557.

Wird die Ehe aus einem der in den §§. 1548 bis 1551 bestimmten Gründe geschieden, so ist in dem Urtheil auszusprechen, daß der Beklagte die Schuld an der Scheidung trägt.

Hat der Beklagte Widerklage erhoben und wird auch diese für begründet erkannt, so sind beide Ehegatten für schuldig zu erklären.

Ohne Erhebung einer Widerklage ist auf Antrag des Beklagten auch der Kläger für schuldig zu erklären, wenn Thatsachen vorliegen, wegen deren der Beklagte auf Scheidung klagen könnte oder, falls sein Recht auf Scheidung durch Verzeihung oder durch Zeitablauf ausgeschlossen ist, zur Zeit des Eintritts des von dem Kläger geltend gemachten Scheidungsgrundes berechtigt war, auf Scheidung zu klagen.

Beschlüsse der Kommission.

§. 1554.

Die Scheidungsklage muß binnen sechs Monaten von dem Zeitpunkt an erhoben werden, in dem der Ehegatte von dem Scheidungsgrunde Kenntniß erlangt. Die Klage ist ausgeschlossen, wenn seit dem Eintritte des Scheidungsgrundes zehn Jahre verstrichen sind.

Die Frist läuft nicht, solange die häusliche Gemeinschaft der Ehegatten aufgehoben ist. Wird der zur Klage berechtigte Ehegatte von dem anderen Ehegatten aufgefordert, entweder die häusliche Gemeinschaft herzustellen oder die Klage zu erheben, so läuft die Frist von dem Empfange der Aufforderung an.

Der Erhebung der Klage steht die Ladung zum Sühnetermine gleich. Die Ladung verliert ihre Wirkung, wenn der zur Klage berechtigte Ehegatte im Sühnetermine nicht erscheint oder wenn drei Monate nach der Beendigung des Sühneverfahrens verstrichen sind und nicht vorher die Klage erhoben worden ist.

Auf den Lauf der sechsmonatigen und der dreimonatigen Frist finden die für die Verjährung geltenden Vorschriften der §§. 198, 201 entsprechende Anwendung.

§§. 1555, 1556. Unverändert.

§. 1557.

Wird die Ehe geschieden, so ist in dem Urtheil auszusprechen, daß der Beklagte die Schuld an der Scheidung trägt.

Absatz 2, 3 unverändert.

Vorlage.

§. 1563.

Die Unterhaltspflicht erlischt nicht mit dem Tode des Verpflichteten.

Die Verpflichtung des Erben unterliegt nicht den Beschränkungen des §. 1560. Der Berechtigte muß sich jedoch die Herabsetzung der Rente bis auf die Hälfte der Einkünfte gefallen lassen, die der Verpflichtete zur Zeit des Todes aus seinem Vermögen bezogen hat. Einkünfte aus einem Rechte, das mit dem Eintritt eines bestimmten Zeitpunkts oder eines bestimmten Ereignisses erlischt, bleiben von dem Eintritte des Zeitpunkts oder des Ereignisses an außer Betracht.

Sind mehrere Berechtigte vorhanden, so kann der Erbe die Renten nach dem Verhältniß ihrer Höhe soweit herabsetzen, daß sie zusammen der Hälfte der Einkünfte gleichkommen.

§. 1564.

Ist die Ehe wegen Geisteskrankheit eines Ehegatten geschieden, so hat ihm der andere Ehegatte Unterhalt in gleicher Weise zu gewähren wie ein allein für schuldig erklärter Ehegatte.

Beschlüsse der Kommission.

§. 1557a. (Neu.)

Der Ehegatte, der auf Scheidung zu klagen berechtigt ist, kann statt auf Scheidung auf Aufhebung der ehelichen Gemeinschaft klagen. Beantragt der andere Ehegatte, daß die Ehe, falls die Klage begründet ist, geschieden wird, so ist auf Scheidung zu erkennen.

Für die Klage auf Aufhebung der ehelichen Gemeinschaft gelten die Vorschriften der §§. 1556, 1557.

§. 1557b. (Neu.)

Ist auf Aufhebung der ehelichen Gemeinschaft erkannt, so kann jeder der Ehegatten auf Grund des Urtheils die Scheidung beantragen, es sei denn, daß nach der Erlassung des Urtheils die eheliche Gemeinschaft wiederhergestellt worden ist.

Die Vorschriften der §§. 1553 bis 1557 finden keine Anwendung; wird die Ehe geschieden, so ist der für schuldig erklärte Ehegatte auch im Scheidungsurtheile für schuldig zu erklären.

§§. 1558 bis 1562. Unverändert.

§. 1563.

Die Unterhaltspflicht erlischt nicht mit dem Tode des Verpflichteten.

Die Verpflichtung des Erben unterliegt nicht den Beschränkungen des §. 1560. Der Berechtigte muß sich jedoch die Herabsetzung der Rente bis auf die Hälfte der Einkünfte gefallen lassen, die der Verpflichtete zur Zeit des Todes aus seinem Vermögen bezogen hat. Einkünfte aus einem Rechte, das mit dem Eintritt eines bestimmten Zeitpunkts oder Ereignisses erlischt, bleiben von dem Eintritte des Zeitpunkts oder des Ereignisses an außer Betracht.

Sind mehrere Berechtigte vorhanden, so kann der Erbe die Renten nach dem Verhältniß ihrer Höhe soweit herabsetzen, daß sie zusammen der Hälfte der Einkünfte gleichkommen.

§. 1564. Gestrichen.

Vorlage.

§. 1567.

Personen, deren eine von der anderen abstammt, sind in gerader Linie verwandt. Personen, die nicht in gerader Linie verwandt sind, aber von derselben dritten Person abstammen, sind in der Seitenlinie verwandt. Der Grad der Verwandtschaft bestimmt sich nach der Zahl der sie vermittelnden Geburten.

Zwischen einem unehelichen Kinde und dessen Vater besteht keine Verwandtschaft.

Beschlüsse der Kommission.

§§. 1565, 1566. Unverändert.

§. 1566a. (Neu.)

Wird nach §. 1557a die eheliche Gemeinschaft aufgehoben, so treten die mit der Scheidung verbundenen Wirkungen ein; die Eingehung einer neuen Ehe ist jedoch ausgeschlossen. Die Vorschriften über die Nichtigkeit und Anfechtbarkeit der Ehe finden Anwendung, wie wenn das Urtheil nicht ergangen wäre.

§. 1566b. (Neu.)

Wird die eheliche Gemeinschaft nach der Aufhebung wiederhergestellt, so fallen die mit der Aufhebung verbundenen Wirkungen weg und tritt Gütertrennung ein.

Achter Titel. (Neu.)

Kirchliche Verpflichtungen.

§. 1566c.

Die kirchlichen Verpflichtungen in Ansehung der Ehe werden durch die Vorschriften dieses Abschnitts nicht berührt.

Zweiter Abschnitt.

Verwandtschaft.

Erster Titel.

Allgemeine Vorschriften.

§. 1567.

Personen, deren eine von der anderen abstammt, sind in gerader Linie verwandt. Personen, die nicht in gerader Linie verwandt sind, aber von derselben dritten Person abstammen, sind in der Seitenlinie verwandt. Der Grad der Verwandtschaft bestimmt sich nach der Zahl der sie vermittelnden Geburten.

Ein uneheliches Kind und dessen Vater **gelten nicht als** verwandt.

§. 1568. Unverändert.

Zweiter Titel.

Eheliche Abstammung.

§§. 1569 bis 1578. Unverändert.

Dritter Titel.

Unterhaltspflicht.

§§. 1579 bis 1593. Unverändert.

Vorlage.

§. 1612.

Neben dem Vater hat während der Dauer der Ehe die Mutter das Recht und die Pflicht, für die Person des Kindes zu sorgen; zur Vertretung des Kindes ist sie nicht berechtigt. Bei einer Meinungsverschiedenheit zwischen den Eltern geht die Meinung des Vaters vor.

§. 1613.

Ist die Ehe aus einem der in den §§. 1548 bis 1551 bestimmten Gründe geschieden, so steht, solange die geschiedenen Ehegatten leben, die Sorge für die Person des Kindes, wenn ein Ehegatte allein für schuldig erklärt ist, dem anderen Ehegatten zu; sind beide Ehegatten für schuldig erklärt, so steht die Sorge für einen Sohn unter sechs Jahren oder für eine Tochter der Mutter, für einen Sohn, der über sechs Jahre alt ist, dem Vater zu. Das Vormundschaftsgericht kann eine abweichende Anordnung treffen, wenn eine solche aus besonderen Gründen im Interesse des Kindes geboten ist; es kann die Anordnung aufheben, wenn sie nicht mehr erforderlich ist.

Das Recht des Vaters zur Vertretung des Kindes bleibt unberührt.

Beschlüsse der Kommission.

Vierter Titel.

Rechtliche Stellung der ehelichen Kinder.

I. Rechtsverhältniß zwischen den Eltern und dem Kinde im Allgemeinen.

§§. 1594 bis 1603. Unverändert.

II. Elterliche Gewalt.

§. 1604. Unverändert.

1. Elterliche Gewalt des Vaters.

§§. 1605 bis 1611. Unverändert.

§. 1612.

Neben dem Vater hat während der Dauer der Ehe die Mutter das Recht und die Pflicht, für die Person des Kindes zu sorgen; zur Vertretung des Kindes ist sie nicht berechtigt, **unbeschadet der Vorschrift des §. 1661 Abs. 1.** Bei einer Meinungsverschiedenheit zwischen den Eltern geht die Meinung des Vaters vor.

§. 1613.

Ist die Ehe geschieden, so steht, solange die geschiedenen Ehegatten leben, die Sorge für die Person des Kindes, wenn ein Ehegatte allein für schuldig erklärt ist, dem anderen Ehegatten zu; sind beide Ehegatten für schuldig erklärt, so steht die Sorge für einen Sohn unter sechs Jahren oder für eine Tochter der Mutter, für einen Sohn, der über sechs Jahre alt ist, dem Vater zu. Das Vormundschaftsgericht kann eine abweichende Anordnung treffen, wenn eine solche aus besonderen Gründen im Interesse des Kindes geboten ist; es kann die Anordnung aufheben, wenn sie nicht mehr erforderlich ist.

Das Recht des Vaters zur Vertretung des Kindes bleibt unberührt.

§§. 1614 bis 1617. Unverändert.

§. 1617a. **(Neu.)**

Der Vater hat das seiner Verwaltung unterliegende Vermögen des Kindes, welches bei dem Tode der Mutter vorhanden ist oder dem Kinde später zufällt, zu verzeichnen und das Verzeichniß, nachdem er es mit der Versicherung der Richtigkeit und Vollständigkeit versehen hat, dem Vormundschaftsgericht einzureichen. Bei Haushaltsgegenständen genügt die Angabe des Gesammtwerths.

Vorlage.

§. 1627.

Von der Nutznießung ausgeschlossen (freies Vermögen) sind die ausschließlich zum persönlichen Gebrauche des Kindes bestimmten Sachen, insbesondere Kleider und Schmucksachen.

§. 1642.

Ist der Vater verhindert, die mit der elterlichen Gewalt verbundenen Pflichten zu erfüllen, so hat das Vormundschaftsgericht die im Interesse des Kindes erforderlichen Maßregeln zu treffen.

§. 1643.

Wird das geistige oder leibliche Wohl des Kindes dadurch gefährdet, daß der Vater das Recht der Sorge für die Person des Kindes mißbraucht, das Kind vernachlässigt oder sich eines ehrlosen oder unsittlichen Verhaltens schuldig macht, so hat das Vormundschaftsgericht die zur Abwendung der Gefahr erforderlichen Maßregeln zu treffen. Das Vormundschaftsgericht kann insbesondere anordnen, daß das Kind zum Zwecke der Erziehung in einer geeigneten Familie oder in einer Erziehungsanstalt oder einer Besserungsanstalt untergebracht wird.

Das Gleiche gilt, wenn das Kind sittlich verwahrlost und nach der Persönlichkeit und den Lebensverhältnissen des Vaters anzunehmen ist, daß die elterliche Erziehungsgewalt zur Besserung des Kindes nicht ausreicht.

Hat der Vater das Recht des Kindes auf Gewährung des Unterhalts verletzt und ist für

Beschlüsse der Kommission.

Ist das eingereichte Verzeichniß ungenügend, so kann das Vormundschaftsgericht anordnen, daß das Verzeichniß durch eine zuständige Behörde oder durch einen zuständigen Beamten oder Notar aufgenommen wird. Die Anordnung ist für das in Folge des Todes der Mutter dem Kinde zufallende Vermögen unzulässig, wenn die Mutter sie durch letztwillige Verfügung ausgeschlossen hat.

§§. 1618 bis 1626. Unverändert.

§. 1627.

Von der Nutznießung ausgeschlossen (freies Vermögen) sind die ausschließlich zum persönlichen Gebrauche des Kindes bestimmten Sachen, insbesondere Kleider, Schmucksachen und **Arbeitsgeräthe.**

§§. 1628 bis 1641. Unverändert.

§. 1642.

Ist der Vater verhindert, die elterliche Gewalt **auszuüben,** so hat das Vormundschaftsgericht, **sofern nicht die elterliche Gewalt nach §. 1661 von der Mutter ausgeübt wird,** die im Interesse des Kindes erforderlichen Maßregeln zu treffen.

§. 1643.

Wird das geistige oder leibliche Wohl des Kindes dadurch gefährdet, daß der Vater das Recht der Sorge für die Person des Kindes mißbraucht, das Kind vernachlässigt oder sich eines ehrlosen oder unsittlichen Verhaltens schuldig macht, so hat das Vormundschaftsgericht die zur Abwendung der Gefahr erforderlichen Maßregeln zu treffen. Das Vormundschaftsgericht kann insbesondere anordnen, daß das Kind zum Zwecke der Erziehung in einer geeigneten Familie oder in einer Erziehungsanstalt oder einer Besserungsanstalt untergebracht wird.

Hat der Vater das Recht des Kindes auf Gewährung des Unterhalts verletzt und ist für

Vorlage.

die Zukunft eine erhebliche Gefährdung des Unterhalts zu besorgen, so kann dem Vater auch die Vermögensverwaltung sowie die Nutznießung entzogen werden.

§. 1644.

Wird das Vermögen des Kindes dadurch gefährdet, daß der Vater die mit der Vermögensverwaltung oder die mit der Nutznießung verbundenen Pflichten verletzt oder daß er in Vermögensverfall geräth, so hat das Vormundschaftsgericht die zur Abwendung der Gefahr erforderlichen Maßregeln zu treffen.

Das Vormundschaftsgericht kann insbesondere anordnen, daß der Vater ein Verzeichniß des Vermögens einreicht und über seine Verwaltung Rechnung legt. Ist das eingereichte Verzeichniß ungenügend, so kann das Vormundschaftsgericht anordnen, daß das Verzeichniß durch eine zuständige Behörde oder durch einen zuständigen Beamten oder Notar aufgenommen wird. Das Vormundschaftsgericht kann auch, wenn Werthpapiere, Kostbarkeiten oder Buchforderungen gegen das Reich oder einen Bundesstaat zu dem Vermögen des Kindes gehören, dem Vater die gleichen Verpflichtungen auferlegen, welche nach den §§. 1790 bis 1792, 1794 einem Vormund obliegen; die Vorschriften der §§. 1795, 1796 finden entsprechende Anwendung.

Die Kosten der angeordneten Maßregeln fallen dem Vater zur Last.

§. 1647.

Kommt der Vater den nach den §§. 1644, 1645 getroffenen Anordnungen nicht nach oder erfüllt er die ihm nach §. 1646 obliegenden Verpflichtungen nicht, so kann ihm das Vormundschaftsgericht die Vermögensverwaltung entziehen. Zur Erzwingung der Sicherheitsleistung sind andere Maßregeln nicht zulässig.

Beschlüsse der Kommission.

die Zukunft eine erhebliche Gefährdung des Unterhalts zu besorgen, so kann dem Vater auch die Vermögensverwaltung sowie die Nutznießung entzogen werden.

§. 1644. Absatz 1 unverändert.

Das Vormundschaftsgericht kann insbesondere anordnen, daß der Vater ein Verzeichniß des Vermögens einreicht und über seine Verwaltung Rechnung legt. **Der Vater hat das Verzeichniß mit der Versicherung der Richtigkeit und Vollständigkeit zu versehen.** Ist das eingereichte Verzeichniß ungenügend, so **findet die Vorschrift des §. 1617a Abs. 2 Satz 1 Anwendung.** Das Vormundschaftsgericht kann auch, wenn Werthpapiere, Kostbarkeiten oder Buchforderungen gegen das Reich oder einen Bundesstaat zu dem Vermögen des Kindes gehören, dem Vater die gleichen Verpflichtungen auferlegen, welche nach den §§. 1790 bis 1792, 1794 einem Vormund obliegen; die Vorschriften der §§. 1795, 1796 finden entsprechende Anwendung.

Die Kosten der angeordneten Maßregeln fallen dem Vater zur Last.

§§. 1645, 1646. Unverändert.

§. 1647.

Kommt der Vater den nach den §§. 1644, 1645 getroffenen Anordnungen nicht nach oder erfüllt er die ihm nach **den §§. 1617a,** 1646 obliegenden Verpflichtungen nicht, so kann ihm das Vormundschaftsgericht die Vermögensverwaltung entziehen. Zur Erzwingung der Sicherheitsleistung sind andere Maßregeln nicht zulässig.

§§. 1648, 1649. Unverändert.

§. 1649a. **(Neu.)**

Das Vormundschaftsgericht soll vor einer Entscheidung, durch welche die Sorge für die Person oder das Vermögen des Kindes oder die Nutznießung dem Vater entzogen oder be-

Vorlage.

§. 1650.

Verletzt der Vormundschaftsrichter vorsätzlich oder fahrlässig die ihm obliegenden Pflichten, so ist er dem Kinde nach §. 823 Abs. 1 *und nach §. 824* verantwortlich.

§. 1653.

Die elterliche Gewalt des Vaters ruht, wenn von dem Vormundschaftsgerichte festgestellt wird, daß der Vater auf längere Zeit an der Ausübung der elterlichen Gewalt thatsächlich verhindert ist *und für die Person und das Vermögen des Kindes durch die Anordnung einer Pflegschaft nicht genügend gesorgt werden kann.*

Das Ruhen endigt, wenn von dem Vormundschaftsgerichte festgestellt wird, daß der Grund nicht mehr besteht.

§. 1654.

Die Nutznießung an dem Vermögen des Kindes verbleibt *dem Vater, auch wenn seine* elterliche Gewalt ruht, unbeschadet der Vorschrift des §. 1661 Abs. 2.

§. 1661.

Solange die elterliche Gewalt *des Vaters* ruht, übt während der Dauer der Ehe die Mutter die elterliche Gewalt aus. *Dies gilt jedoch nicht, wenn der Vater wegen Verschwendung oder Trunksucht entmündigt ist.*

Ist die Ehe aufgelöst, so hat das Vormundschaftsgericht der Mutter auf ihren Antrag die Ausübung zu übertragen, wenn keine Aussicht besteht, daß der Grund, *aus dem*

Beschlüsse der Kommission.

schränkt wird, den Vater hören, es sei denn daß die Anhörung unthunlich ist.

Vor der Entscheidung sollen auch Verwandte, insbesondere die Mutter, oder Verschwägerte des Kindes gehört werden, wenn es ohne erhebliche Verzögerung und ohne unverhältnißmäßige Kosten geschehen kann. Für den Ersatz der Auslagen gilt die Vorschrift des §. 1823 Abs. 2.

§. 1650.

Verletzt der Vormundschaftsrichter vorsätzlich oder fahrlässig die ihm obliegenden Pflichten, so ist er dem Kinde nach §. 823 Abs. **1, 3** verantwortlich.

§§. 1651, 1652. Unverändert.

§. 1653.

Die elterliche Gewalt des Vaters ruht, wenn von dem Vormundschaftsgerichte festgestellt wird, daß der Vater auf längere Zeit an der Ausübung der elterlichen Gewalt thatsächlich verhindert ist.

Absatz 2 unverändert.

§. 1654.

Solange die elterliche Gewalt **des Vaters** ruht, **ist der Vater nicht berechtigt, sie auszuüben; es** verbleibt **ihm jedoch** die Nutznießung an dem Vermögen des Kindes, unbeschadet der Vorschrift des §. 1661 Abs. 2.

§§. 1655 bis 1659. Unverändert.

2. Elterliche Gewalt der Mutter.

§. 1660. Unverändert.

§. 1661.

Ist der Vater an der Ausübung der elterlichen Gewalt thatsächlich verhindert oder ruht **seine** elterliche Gewalt, **so** übt während der Dauer der Ehe die Mutter die elterliche Gewalt **mit Ausnahme der Nutznießung** aus.

Ist die Ehe aufgelöst, so hat das Vormundschaftsgericht der Mutter auf ihren Antrag die Ausübung zu übertragen, wenn **die elterliche Gewalt des Vaters ruht und** keine

Vorlage.

die elterliche Gewalt des Vaters ruht, wegfallen werde. Die Mutter erlangt in diesem Falle auch die Nutznießung an dem Vermögen des Kindes.

§. 1668.

Ist der Mutter für die Vermögensverwaltung ein Beistand bestellt, so hat sie ein Verzeichniß des ihrer Verwaltung unterliegenden Vermögens unter Zuziehung des Beistandes aufzunehmen und dem Vormundschaftsgericht einzureichen. Ist das Verzeichniß ungenügend, so findet die Vorschrift des §. 1644 Abs. 2 Satz 2 Anwendung.

§. 1673.

Die Mutter verliert die elterliche Gewalt, wenn sie sich wiederverheirathet. Sie behält jedoch unter den im §. 1672 bestimmten Beschränkungen das Recht und die Pflicht, für die Person des Kindes zu sorgen.

§. 1674.

Wird für das Kind ein Vormund bestellt, weil die elterliche Gewalt des Vaters ruht, verwirkt oder ihm entzogen ist, oder wird für die Erziehung des Kindes an Stelle des Vaters ein Pfleger bestellt, so steht der Mutter die Sorge für die Person des Kindes neben dem Vormund oder dem Pfleger in gleicher Weise zu wie nach §. 1612 neben dem Vater.

§. 1684.

Der Vater des unehelichen Kindes ist verpflichtet, dem Kinde bis zur Vollendung des sechszehnten Lebensjahrs den der Lebensstellung

Beschlüsse der Kommission.

Aussicht besteht, daß der Grund **des Ruhens** wegfallen werde. Die Mutter erlangt in diesem Falle auch die Nutznießung an dem Vermögen des Kindes.

§§. 1662 bis 1667. Unverändert.

§. 1668.

Hat die Mutter ein Vermögensverzeichniß einzureichen, so ist bei der Aufnahme des Verzeichnisses der Beistand zuzuziehen; das Verzeichniß ist auch von dem Beistande mit der Versicherung der Richtigkeit und Vollständigkeit zu versehen. Ist das Verzeichniß ungenügend, so finden, **sofern nicht** die **Voraussetzungen** des §. 1644 **vorliegen, die Vorschriften des §. 1617a Abs. 2 entsprechende** Anwendung.

§§. 1669 bis 1672. Unverändert.

§. 1673.

Die Mutter verliert die elterliche Gewalt, wenn sie **eine neue Ehe eingeht.** Sie behält jedoch unter den im §. 1672 bestimmten Beschränkungen das Recht und die Pflicht, für die Person des Kindes zu sorgen.

§. 1674.

Wird für das Kind ein Vormund bestellt, weil die elterliche Gewalt des Vaters ruht **oder** verwirkt ist oder **weil die Vertretung des Kindes dem Vater** entzogen ist, oder wird für die Erziehung des Kindes an Stelle des Vaters ein Pfleger bestellt, so steht der Mutter die Sorge für die Person des Kindes neben dem Vormund oder dem Pfleger in gleicher Weise zu wie nach §. 1612 neben dem Vater.

Fünfter Titel.

Rechtliche Stellung der Kinder aus nichtigen Ehen.

§§. 1675 bis 1680. Unverändert.

Sechster Titel.

Rechtliche Stellung der unehelichen Kinder.

§§. 1681 bis 1683. Unverändert.

§. 1684.

Der Vater des unehelichen Kindes ist verpflichtet, dem Kinde bis zur Vollendung des sechszehnten Lebensjahrs den der Lebensstellung

Vorlage.

der Mutter entsprechenden Unterhalt zu gewähren.

Der Unterhalt umfaßt den gesammten Lebensbedarf sowie die Kosten der Erziehung und der Vorbildung zu einem Berufe.

§ 1691.

Der Vater ist verpflichtet, der Mutter die Kosten der Entbindung und die Kosten des Unterhalts für die ersten sechs Wochen nach der Entbindung *innerhalb der Grenzen der Nothdurft* zu ersetzen. Den gewöhnlichen Betrag dieser Kosten kann die Mutter ohne Rücksicht auf den wirklichen Aufwand verlangen.

Der Anspruch steht der Mutter auch dann zu, wenn der Vater vor der Geburt des Kindes gestorben oder wenn das Kind todt geboren ist.

Der Anspruch verjährt in vier Jahren. Die Verjährung beginnt mit dem Ablaufe von sechs Wochen nach der Geburt des Kindes.

§. 1721.

Von den Erfordernissen des §. 1720 kann Befreiung bewilligt werden, von der Vollendung des fünfzigsten Lebensjahrs jedoch nur, wenn der Annehmende volljährig ist.

Beschlüsse der Kommission.

der Mutter entsprechenden Unterhalt zu gewähren. Der Unterhalt umfaßt den gesammten Lebensbedarf sowie die Kosten der Erziehung und der Vorbildung zu einem Berufe.

Ist das Kind zur Zeit der Vollendung des sechszehnten Lebensjahrs in Folge körperlicher oder geistiger Gebrechen außer Stande, sich selbst zu unterhalten, so hat ihm der Vater auch über diese Zeit hinaus Unterhalt zu gewähren; die Vorschrift des §. 1581 Abs. 1 findet Anwendung.

§§. 1685 bis 1690. Unverändert.

§. 1691.

Der Vater ist verpflichtet, der Mutter die Kosten der Entbindung und die Kosten des Unterhalts für die ersten sechs Wochen nach der Entbindung zu ersetzen. Den gewöhnlichen Betrag dieser Kosten kann die Mutter ohne Rücksicht auf den wirklichen Aufwand verlangen.

Der Anspruch steht der Mutter auch dann zu, wenn der Vater vor der Geburt des Kindes gestorben oder wenn das Kind todt geboren ist.

Der Anspruch verjährt in vier Jahren. Die Verjährung beginnt mit dem Ablaufe von sechs Wochen nach der Geburt des Kindes.

§§. 1692 bis 1694. Unverändert.

Siebenter Titel.

Legitimation unehelicher Kinder.

I. Legitimation durch nachfolgende Ehe.

§§. 1695 bis 1698. Unverändert.

II. Ehelichkeitserklärung.

§§. 1699 bis 1716. Unverändert.

Achter Titel.

Annahme an Kindesstatt.

§§. 1717 bis 1720. Unverändert.

§. 1721.

Von den Erfordernissen des §. 1720 kann Befreiung bewilligt werden, von der Vollendung des fünfzigsten Lebensjahrs jedoch nur, wenn der Annehmende volljährig ist.

Vorlage.

Die Bewilligung steht dem Bundesstaate zu, dem der Vater angehört; ist der Vater ein Deutscher, der keinem Bundesstaat angehört, so steht die Bewilligung dem Reichskanzler zu.

Ueber die Ertheilung der einem Bundesstaate zustehenden Bewilligung hat die Landesregierung zu bestimmen.

§. 1736.

Der Annehmende hat über das Vermögen des Kindes, soweit es auf Grund der elterlichen Gewalt seiner Verwaltung unterliegt, auf seine Kosten ein Verzeichniß aufzunehmen und dem Vormundschaftsgerichte einzureichen. Ist das Verzeichniß ungenügend, so findet die Vorschrift des §. 1644 Abs. 2 Satz 2 Anwendung.

Erfüllt der Annehmende die ihm nach Abs. 1 obliegende Verpflichtung nicht, so kann ihm das Vormundschaftsgericht die Vermögensverwaltung entziehen. Die Entziehung kann jederzeit wiederaufgehoben werden.

§ 1759.

Zum Vormunde soll nicht eine Frau bestellt werden. Ausgenommen sind die Mutter und die Großmutter des Mündels sowie eine Frau, die von dem Vater oder von der ehelichen Mutter als Vormund benannt ist.

Eine Frau, die mit einem Anderen als dem Vater des Mündels verheirathet ist, soll nur mit Zustimmung ihres Mannes zum Vormunde bestellt werden.

Beschlüsse der Kommission.

Die Bewilligung steht dem Bundesstaate zu, dem der **Annehmende** angehört; ist der **Annehmende** ein Deutscher, der keinem Bundesstaat angehört, so steht die Bewilligung dem Reichskanzler zu.

Ueber die Ertheilung der einem Bundesstaate zustehenden Bewilligung hat die Landesregierung zu bestimmen.

§§. 1722 bis 1735. Unverändert.

§. 1736.

Der Annehmende hat über das Vermögen des Kindes, soweit es auf Grund der elterlichen Gewalt seiner Verwaltung unterliegt, auf seine Kosten ein Verzeichniß aufzunehmen und dem Vormundschaftsgericht einzureichen; **er hat das Verzeichniß mit der Versicherung der Richtigkeit und Vollständigkeit zu versehen.** Ist das **eingereichte** Verzeichniß ungenügend, so findet die Vorschrift **des §. 1617a Abs. 2 Satz 1** Anwendung.

Erfüllt der Annehmende die ihm nach Abs. 1 obliegende Verpflichtung nicht, so kann ihm das Vormundschaftsgericht die Vermögensverwaltung entziehen. Die Entziehung kann jederzeit wiederaufgehoben werden.

§§. 1737 bis 1748. Unverändert.

Dritter Abschnitt.

Vormundschaft.

Erster Titel.

Vormundschaft über Minderjährige.

I. Anordnung der Vormundschaft.

§§. 1749 bis 1758. Unverändert.

§. 1759.

Eine Frau, die mit einem Anderen als dem Vater des Mündels verheirathet ist, soll nur mit Zustimmung ihres Mannes zum Vormunde bestellt werden.

§§. 1760 bis 1768. Unverändert.

Vorlage.

§. 1783.

Die im §. 1782 vorgeschriebene Anlegung von Mündelgeld soll nur erfolgen:

1. in Forderungen, für die eine sichere Hypothek an einem inländischen Grundstücke besteht, oder in sicheren Grundschulden oder Rentenschulden an inländischen Grundstücken;
2. in verbrieften Forderungen gegen das Reich oder einen Bundesstaat sowie in Forderungen, die in das Reichsschuldbuch oder in das Staatsschuldbuch eines Bundesstaats eingetragen sind;
3. in verbrieften Forderungen, deren Verzinsung von dem Reiche oder einem Bundesstaate gewährleistet ist;
4. in verbrieften Forderungen gegen eine inländische kommunale Körperschaft oder die Kreditanstalt einer solchen Körperschaft, wenn die Forderungen von Seiten des Gläubigers kündbar sind oder einer regelmäßigen Tilgung unterliegen;
5. in Werthpapieren, die von dem Bundesrathe zur Anlegung von Mündelgeld für geeignet erklärt sind;
6. bei einer inländischen öffentlichen Sparkasse, wenn sie von der zuständigen Behörde des Bundesstaats, in welchem sie ihren Sitz hat, zur Anlegung von Mündelgeld für geeignet erklärt ist.

Die Landesgesetze können für die innerhalb ihres Geltungsbereichs belegenen Grundstücke die Grundsätze bestimmen, nach denen die Sicherheit einer Hypothek, einer Grundschuld oder einer Rentenschuld festzustellen ist.

§. 1810.

Verzögert der Vormund die ihm nach §. 1782 obliegende Anlegung von Mündelgeld, so hat er den anzulegenden Betrag für die Dauer der Ver-

Beschlüsse der Kommission.

II. **Führung der Vormundschaft.**

§§. 1769 bis 1782. Unverändert.

§. 1783. Absatz 1 Ziffer 1—4 unverändert.

5. in **solchen Pfandbriefen oder anderen** Werthpapieren, die von dem Bundesrathe zur Anlegung von Mündelgeld für geeignet erklärt sind;

Ziffer 6 und Absatz 2 unverändert.

§§. 1784 bis 1809. Unverändert.

§. 1810.

Vorlage.

zögerung zu verzinsen. Verwendet er Vermögen des Mündels in seinen Nutzen, so hat er den zu ersetzenden Betrag von der Zeit der Verwendung an zu verzinsen.

Die Geltendmachung eines weiteren Schadens ist nicht ausgeschlossen.

§. 1824.

Verletzt der Vormundschaftsrichter vorsätzlich oder fahrlässig die ihm obliegenden Pflichten, so ist er dem Mündel nach §. 823 Abs. 1 und nach §. 824 verantwortlich.

§. 1842.

Zum Mitgliede des Familienraths soll nicht bestellt werden:

1. eine Frau;
2. der Vormund des Mündels;
3. wer nach §. 1757 oder nach §. 1758 nicht zum Vormunde bestellt werden soll;
4. wer durch Anordnung des Vaters oder der ehelichen Mutter des Mündels von der Mitgliedschaft ausgeschlossen ist.

§. 1863.

Das Vormundschaftsgericht kann eine Frau, die zum Vormunde bestellt ist, entlassen, wenn sie sich verheirathet.

Das Vormundschaftsgericht hat eine verheirathete Frau, die zum Vormunde bestellt ist, zu entlassen, wenn der Ehemann seine

Beschlüsse der Kommission.

Verwendet **der Vormund Geld** des Mündels **für sich**, so hat er es von der Zeit der Verwendung an zu verzinsen.

§§. 1811, 1812. Unverändert.

III. Fürsorge und Aufsicht des Vormundschaftsgerichts.

§§. 1813 bis 1823. Unverändert.

§. 1824.

Verletzt der Vormundschaftsrichter vorsätzlich oder fahrlässig die ihm obliegenden Pflichten, so ist er dem Mündel nach §. 823 Abs. 1, **3** verantwortlich.

IV. Mitwirkung des Gemeindewaisenraths.

§§. 1825 bis 1827. Unverändert.

V. Befreite Vormundschaft.

§§. 1828 bis 1833. Unverändert.

VI. Familienrath.

§§. 1834 bis 1841. Unverändert.

§. 1842.

Zum Mitgliede des Familienraths soll nicht bestellt werden:

1. der Vormund des Mündels;
2. wer nach §. 1757 oder nach §. 1758 nicht zum Vormunde bestellt werden soll;
3. wer durch Anordnung des Vaters oder der ehelichen Mutter des Mündels von der Mitgliedschaft ausgeschlossen ist.

§§. 1843 bis 1857. Unverändert.

VII. Beendigung der Vormundschaft.

§§. 1858 bis 1862. Unverändert.

§. 1863.

Das Vormundschaftsgericht kann eine Frau, die zum Vormunde bestellt ist, entlassen, wenn sie sich verheirathet.

Das Vormundschaftsgericht hat eine verheirathete Frau, die zum Vormunde bestellt ist, zu entlassen, wenn der **Mann** seine Zustimmung

Vorlage.

Zustimmung zur Uebernahme oder zur Fortführung der Vormundschaft versagt oder die Zustimmung widerruft. Diese Vorschrift findet keine Anwendung, wenn der Ehemann der Vater des Mündels ist.

§. 1890.

Ist durch öffentliche Sammlung Vermögen für einen vorübergehenden Zweck zusammengebracht worden, so kann zum Zwecke der Verwaltung und Verwendung des Vermögens ein Pfleger bestellt werden, wenn die zu der Verwaltung und Verwendung berufenen Personen weggefallen sind oder wenn diesen Personen gegenüber ein wichtiger Grund für die Entziehung der Verwaltung und Verwendung vorliegt; ein solcher Grund ist insbesondere grobe Pflichtverletzung oder Unfähigkeit zur ordnungsmäßigen Geschäftsführung.

§. 1905.

Gesetzliche Erben der fünften Ordnung sind die entfernteren Voreltern des Erblassers. Der dem Grade nach nähere Vorfahre schließt den entfernteren aus; mehrere gleich nahe Vorfahren erben zu gleichen Theilen.

Beschlüsse der Kommission.

zur Uebernahme oder zur Fortführung der Vormundschaft versagt oder die Zustimmung widerruft. Diese Vorschrift findet keine Anwendung, wenn der **Mann** der Vater des Mündels ist.

§§. 1864 bis 1871. Unverändert.

Zweiter Titel.

Vormundschaft über Volljährige.

§§. 1872 bis 1884. Unverändert.

Dritter Titel.

Pflegschaft.

§§. 1885 bis 1889. Unverändert.

§. 1890.

Ist durch öffentliche Sammlung Vermögen für einen vorübergehenden Zweck zusammengebracht worden, so kann zum Zwecke der Verwaltung und Verwendung des Vermögens ein Pfleger bestellt werden, wenn die zu der Verwaltung und Verwendung berufenen Personen weggefallen sind.

§§. 1891 bis 1897. Unverändert.

Fünftes Buch.

Erbrecht.

Erster Abschnitt.

Erbfolge.

§§. 1898 bis 1904. Unverändert.

§. 1905.

Gesetzliche Erben der fünften Ordnung **und der ferneren Ordnungen** sind die entfernteren Voreltern des Erblassers **und deren Abkömmlinge.**

Vorlage.

§. 1909.

Das Erbrecht des überlebenden Ehegatten sowie das Recht auf den Voraus ist ausgeschlossen, wenn der Erblasser zur Zeit seines Todes Scheidung *wegen Verschuldens des Ehegatten zu verlangen* berechtigt war und die *Scheidungsklage* erhoben hatte.

§. 1912.

Ist zur Zeit des Erbfalls weder ein Verwandter *der ersten bis fünften Ordnung* noch ein Ehegatte des Erblassers verhanden, so ist der Fiskus des Bundesstaats, dem der Erblasser zur Zeit des Todes angehört hat, gesetzlicher Erbe. Hat der Erblasser mehreren Bundesstaaten angehört, so ist der Fiskus eines jeden dieser Staaten zu gleichem Antheile zur Erbfolge berufen.

War der Erblasser ein Deutscher, der keinem Bundesstaat angehörte, so ist der Reichsfiskus gesetzlicher Erbe.

Beschlüsse der Kommission.

Die Vorschriften des §. 1904 Abs. 2, 3 finden entsprechende Anwendung.

§§. 1906 bis 1908. Unverändert.

§. 1909.

Das Erbrecht des überlebenden Ehegatten sowie das Recht auf den Voraus ist ausgeschlossen, wenn der Erblasser zur Zeit seines Todes **auf** Scheidung **zu klagen** berechtigt war und die **Klage auf Scheidung oder auf Aufhebung der ehelichen Gemeinschaft** erhoben hatte.

§§. 1910, 1911. Unverändert.

§. 1912.

Ist zur Zeit des Erbfalls weder ein Verwandter noch ein Ehegatte des Erblassers vorhanden, so ist der Fiskus des Bundesstaats, dem der Erblasser zur Zeit des Todes angehört hat, gesetzlicher Erbe. Hat der Erblasser mehreren Bundesstaaten angehört, so ist der Fiskus eines jeden dieser Staaten zu gleichem Antheile zur Erbfolge berufen.

War der Erblasser ein Deutscher, der keinem Bundesstaat angehörte, so ist der Reichsfiskus gesetzlicher Erbe.

§§. 1913 bis 1917. Unverändert.

Zweiter Abschnitt.
Rechtliche Stellung des Erben.

Erster Titel.
Annahme und Ausschlagung der Erbschaft. Fürsorge des Nachlaßgerichts.

§§. 1918 bis 1942. Unverändert.

Zweiter Titel.
Haftung des Erben für die Nachlaßverbindlichkeiten.

I. Nachlaßverbindlichkeiten.

§§. 1943, 1944. Unverändert.

§. 1944a. (Neu.)

Der Erbe ist verpflichtet, Familienangehörigen des Erblassers, die zur Zeit des Todes des Erblassers zu dessen Hausstande gehört und von ihm Unterhalt bezogen haben, in den

Vorlage.

§. 1948.

Der Erbe kann die Befriedigung eines im Aufgebotsverfahren ausgeschlossenen Nachlaßgläubigers insoweit verweigern, als der Nachlaß durch die Befriedigung der nicht ausgeschlossenen Gläubiger erschöpft wird.

Einen Ueberschuß hat der Erbe zum Zwecke der Befriedigung des Gläubigers im Wege der Zwangsvollstreckung nach den Vorschriften über die Herausgabe einer ungerechtfertigten Bereicherung herausgegeben. Er kann die Herausgabe der noch vorhandenen Nachlaßgegenstände durch Zahlung des Werthes abwenden. Die rechtskräftige Verurtheilung des Erben zur Befriedigung eines ausgeschlossenen Gläubigers wirkt einem anderen Gläubiger gegenüber wie die Befriedigung.

§. 1949.

Findet ein Aufgebotsverfahren nicht statt, so steht ein Nachlaßgläubiger, der seine Forderung später als fünf Jahre nach dem Erbfalle dem Erben gegenüber geltend macht, einem ausgeschlossenen Gläubiger gleich, es sei denn, daß die Forderung dem Erben vor dem Ablaufe der fünf Jahre bekannt geworden ist.

Beschlüsse der Kommission.

ersten dreißig Tagen nach dem Eintritte des Erbfalls in demselben Umfange, wie der Erblasser es gethan hat, Unterhalt zu gewähren und die Benutzung der Wohnung und der Haushaltsgegenstände zu gestatten. Der Erblasser kann durch letztwillige Verfügung eine abweichende Anordnung treffen.

Die Vorschriften über Vermächtnisse finden entsprechende Anwendung.

II. Aufgebot der Nachlaßgläubiger.

§§. 1945 bis 1947. Unverändert.

§. 1948.

Der Erbe kann die Befriedigung eines im Aufgebotsverfahren ausgeschlossenen Nachlaßgläubigers insoweit verweigern, als der Nachlaß durch die Befriedigung der nicht ausgeschlossenen Gläubiger erschöpft wird. **Der Erbe hat jedoch den ausgeschlossenen Gläubiger vor den Verbindlichkeiten aus Pflichttheilsrechten, Vermächtnissen und Auflagen zu befriedigen es sei denn, daß der Gläubiger seine Forderung erst nach der Berichtigung dieser Verbindlichkeiten geltend macht.**

Absatz 2 unverändert.

§. 1949.

Ein Nachlaßgläubiger, der seine Forderung später als fünf Jahre nach dem Erbfalle dem Erben gegenüber geltend macht, steht einem ausgeschlossenen Gläubiger gleich, es sei denn, daß die Forderung dem Erben vor dem Ablaufe der fünf Jahre bekannt geworden **oder im Aufgebotsverfahren angemeldet worden** ist. **Wird der Erblasser für todt erklärt, so beginnt die Frist nicht vor der Erlassung des die Todeserklärung aussprechenden Urtheils.**

Die dem Erben nach §. 1948 Abs. 1 Satz 2 obliegende Verpflichtung tritt im

Vorlage.

Soweit ein Gläubiger nach §. 1946 von dem Aufgebote nicht betroffen wird, findet die Vorschrift des Abs. 1 auf ihn keine Anwendung.

§. 1966.

Macht der Erbe von dem ihm nach §. 1965 zustehenden Rechte Gebrauch, so finden auf seine Verantwortlichkeit und den Ersatz seiner Aufwendungen die Vorschriften der §§. 1953 bis 1955 Anwendung.

Die in Folge des Erbfalls durch Vereinigung von Recht und Verbindlichkeit oder von Recht und Belastung erloschenen Rechtsverhältnisse gelten im Verhältnisse zwischen dem Gläubiger und dem Erben als nicht erloschen.

Die rechtskräftige Verurtheilung des Erben zur Befriedigung eines Gläubigers wirkt einem anderen Gläubiger gegenüber wie die Befriedigung.

Die Verbindlichkeiten aus Pflichttheilsrechten, Vermächtnissen und Auflagen hat der Erbe so zu berichtigen, wie sie im Falle des Konkurses zur Berichtigung kommen würden.

§. 1988.

Haftet der Erbe für die Nachlaßverbindlichkeiten unbeschränkt, so finden die Vorschriften der §§. 1948 bis 1950, 1952 bis 1955, 1964 bis 1967 keine Anwendung; der Erbe ist nicht berechtigt, die Anordnung einer Nachlaßverwaltung zu beantragen. Auf eine nach §. 1948 oder nach §. 1949 eingetretene Beschränkung der Haftung kann sich der Erbe auch dann berufen, wenn später der Fall des §. 1969 Abs. 1 Satz 2 oder des §. 1980 Abs. 1 eintritt.

Beschlüsse der Kommission.

Verhältnisse von Verbindlichkeiten aus Pflichttheilsrechten, Vermächtnissen und Auflagen zu einander nur insoweit ein, als der Gläubiger im Falle des Nachlaßkonkurses im Range vorgehen würde.

Soweit ein Gläubiger nach §. 1946 von dem Aufgebote nicht betroffen wird, finden die Vorschriften des Abs. 1 auf ihn keine Anwendung.

III. Beschränkung der Haftung des Erben.

§§. 1950 bis 1965. Unverändert.

§. 1966.

Macht der Erbe von dem ihm nach §. 1965 zustehenden Rechte Gebrauch, so finden auf seine Verantwortlichkeit und den Ersatz seiner Aufwendungen die Vorschriften der §§. 1953, 1954 Anwendung.

Absatz 2, 3, 4 unverändert.

§. 1967. Unverändert.

IV. Inventarerrichtung. Unbeschränkte Haftung des Erben.

§§. 1968 bis 1987. Unverändert.

§. 1988.

Haftet der Erbe für die Nachlaßverbindlichkeiten unbeschränkt, so finden die Vorschriften der §§. 1948 bis 1950, 1952 bis 1955, 1964 bis 1967 keine Anwendung; der Erbe ist nicht berechtigt, die Anordnung einer Nachlaßverwaltung zu beantragen. Auf eine nach §. 1948 oder nach §. 1949 eingetretene Beschränkung der Haftung kann sich der Erbe **jedoch** berufen, wenn später der Fall des §. 1969 Abs. 1 Satz 2 oder des §. 1980 Abs. 1 eintritt.

Vorlage,

Die Vorschriften der §§. 1952 bis 1955 und das Recht des Erben, die Anordnung einer Nachlaßverwaltung zu beantragen, werden nicht dadurch ausgeschlossen, daß der Erbe einzelnen Nachlaßgläubigern gegenüber unbeschränkt haftet.

§. 2000.

Hat der Erbschaftsbesitzer einen Erbschaftsgegenstand durch eine strafbare Handlung oder eine zur Erbschaft gehörende Sache durch verbotene Eigenmacht erlangt, so haftet er nach den Vorschriften über unerlaubte Handlungen. Ein gutgläubiger Erbschaftsbesitzer haftet jedoch wegen verbotener Eigenmacht nach diesen Vorschriften nur, wenn der Erbe den Besitz der Sache bereits thatsächlich ergriffen hatte.

§. 2018.

Soweit die Erbtheile wegen der zu erwartenden Geburt eines Miterben noch unbestimmt sind, ist die Auseinandersetzung bis zur Hebung der Unbestimmtheit ausgeschlossen.

Das Gleiche gilt, soweit die Erbtheile deshalb noch unbestimmt sind, weil die Entscheidung über eine Ehelichkeitserklärung, über die Bestätigung einer Annahme an Kindesstatt oder über die s t a a t l i c h e Genehmigung einer vom Erblasser errichteten Stiftung noch aussteht.

§. 2030.

Bei der Auseinandersetzung wird jedem Miterben der Werth der Zuwendung die er

Beschlüsse der Kommission.

Absatz 2 unverändert.

V. **Aufschiebende Einreden.**

§§. 1989 bis 1992. Unverändert.

Dritter Teil.

Erbschaftsanspruch.

§§. 1993 bis 1999. Unverändert.

§. 2000.

Hat der Erbschaftsbesitzer einen Erbschaftsgegenstand durch eine strafbare Handlung oder eine zur Erbschaft gehörende Sache durch verbotene Eigenmacht erlangt, so haftet er nach den Vorschriften über **den Schadensersatz wegen** unerlaubter Handlungen. Ein gutgläubiger Erbschaftsbesitzer haftet jedoch wegen verbotener Eigenmacht nach diesen Vorschriften nur, wenn der Erbe den Besitz der Sache bereits thatsächlich ergriffen hatte.

§§. 2001 bis 2006. Unverändert.

Vierter Titel.

Mehrheit von Erben.

I. **Rechtsverhältniß der Erben untereinander.**

§§. 2007 bis 2017. Unverändert.

§. 2018. Absatz 1 unverändert.

Das Gleiche gilt, soweit die Erbtheile deshalb noch unbestimmt sind weil die Entscheidung über eine Ehelichkeitserklärung, über die Bestätigung einer Annahme an Kindesstatt oder über die Genehmigung einer vom Erblasser errichteten Stiftung noch aussteht.

§§. 2019 bis 2029. Unverändert.

§. 2030.

Bei der Auseinandersetzung wird jedem Miterben der Werth der Zuwendung, die er

Vorlage.	Beschlüsse der Kommission.
zur Ausgleichung zu bringen hat, auf seinen Erbtheil angerechnet. Der Werth der sämmtlichen Zuwendungen, die zur Ausgleichung zu bringen sind, wird dem Bestande des Nachlasses hinzugerechnet.	zur Ausgleichung zu bringen hat, auf seinen Erbtheil angerechnet. Der Werth der sämmtlichen Zuwendungen, die zur Ausgleichung zu bringen sind, wird dem Nachlasse hinzugerechnet, **soweit dieser den Miterben zukommt, unter denen die Ausgleichung stattfindet.**
Der Werth bestimmt sich nach der Zeit, zu der die Zuwendung erfolgt ist.	Der Werth bestimmt sich nach der Zeit, zu der die Zuwendung erfolgt ist.
	§§. 2031, 2032. Unverändert.
	II. **Rechtsverhältniß zwischen den Erben und den Nachlaßgläubigern.**
	§§. 2033, 2034 Unverändert.
§. 2035.	§. 2035.
Nach der Theilung des Nachlasses haftet jeder Miterbe nur für den seinem Erbtheil entsprechenden Theil einer Nachlaßverbindlichkeit:	Nach der Theilung des Nachlasses haftet jeder Miterbe nur für den seinem Erbtheil entsprechenden Theil einer Nachlaßverbindlichkeit:
1. wenn der Gläubiger im Aufgebotsverfahren ausgeschlossen ist; das Aufgebot erstreckt sich insoweit auch auf die im §. 1947 bezeichneten Gläubiger sowie auf die Gläubiger, denen der Miterbe unbeschränkt haftet;	1. unverändert;
2. wenn in einem Falle, in welchem das Aufgebotsverfahren nicht stattgefunden hat, der Gläubiger seine Forderung später als fünf Jahre nach dem Erbfalle geltend macht, es sei denn, daß die Forderung dem Miterben vor dem Ablaufe der fünf Jahre bekannt geworden ist; die Vorschrift findet keine Anwendung, soweit der Gläubiger nach §. 1946 von dem Aufgebote nicht betroffen wird;	2. wenn der Gläubiger seine Forderung später als fünf Jahre **nach dem im §. 1949 Abs. 1 bestimmten Zeitpunkte** geltend macht, es sei denn, daß die Forderung vor dem Ablaufe der fünf Jahre dem Miterben bekannt geworden **oder im** Aufgebotsverfahren **angemeldet worden** ist; die Vorschrift findet keine Anwendung, soweit der Gläubiger nach §. 1946 von dem Aufgebote nicht betroffen wird;
3. wenn der Nachlaßkonkurs eröffnet und durch Vertheilung der Masse oder durch Zwangsvergleich beendigt worden ist.	3. unverändert.
	§§. 2036 bis 2038. Unverändert.
	Dritter Abschnitt.
	Testament.
	Erster Titel.
	Allgemeine Vorschriften.
	§§. 2039 bis 2051. Unverändert.

Vorlage.

§. 2052.

Eine letztwillige Verfügung, durch die der Erblasser seinen Ehegatten bedacht hat, ist unwirksam, wenn die Ehe nichtig oder wenn sie vor dem Tode des Erblassers aufgelöst worden ist. Der Auflösung der Ehe steht es gleich, wenn der Erblasser zur Zeit seines Todes Scheidung wegen Verschuldens des Ehegatten zu verlangen berechtigt war und die Scheidungsklage erhoben hatte.

Eine letztwillige Verfügung, durch die der Erblasser seinen Verlobten bedacht hat, ist unwirksam, wenn das Verlöbniß vor dem Tode des Erblassers aufgelöst worden ist.

Die Verfügung ist nicht unwirksam, wenn anzunehmen ist, daß der Erblasser sie auch für einen solchen Fall getroffen haben würde.

§. 2076.

Ist eine zur Zeit des Erbfalls noch nicht erzeugte Person als Erbe eingesetzt, so ist im Zweifel anzunehmen, daß sie als Nacherbe eingesetzt ist. Entspricht diese Annahme nicht dem Willen des Erblassers, so ist die Einsetzung unwirksam.

Das Gleiche gilt von der Einsetzung einer juristischen Person, die erst nach dem Erbfalle zur Entstehung gelangt; die Vorschrift des §. 81 bleibt unberührt.

§. 2083.

Die Vorschriften des §. 1899 finden auf die Nacherbfolge entsprechende Anwendung.

Erlebt der eingesetzte Nacherbe den Erbfall, nicht aber den Fall der Nacherbfolge, so geht sein Recht auf seine Erben über, sofern nicht ein anderer Wille des Erblassers anzunehmen ist. Ist der Nacherbe unter einer

Beschlüsse der Kommission.

§. 2052.

Eine letztwillige Verfügung, durch die der Erblasser seinen Ehegatten bedacht hat, ist unwirksam, wenn die Ehe nichtig oder wenn sie vor dem Tode des Erblassers aufgelöst worden ist. Der Auflösung der Ehe steht es gleich, wenn der Erblasser zur Zeit seines Todes **auf** Scheidung **zu klagen** berechtigt war und die **Klage auf Scheidung oder auf Aufhebung der ehelichen Gemeinschaft** erhoben hatte.

Absatz 2, 3 unverändert.

§§. 2053 bis 2061. Unverändert.

Zweiter Titel.

Erbeinsetzung.

§§. 2062 bis 2074. Unverändert.

Dritter Titel.

Einsetzung eines Nacherben.

§. 2075. Unverändert.

§. 2076.

Ist eine zur Zeit des Erbfalls noch nicht erzeugte Person als Erbe eingesetzt, so ist im Zweifel anzunehmen, daß sie als Nacherbe eingesetzt ist. Entspricht es nicht dem Willen des Erblassers, **daß der Eingesetzte Nacherbe werden soll**, so ist die Einsetzung unwirksam.

Das Gleiche gilt von der Einsetzung einer juristischen Person, die erst nach dem Erbfalle zur Entstehung gelangt; die Vorschrift des §. 81 bleibt unberührt.

§§. 2077 bis 2082. Unverändert.

§. 2083.

Die Vorschriften des §. 1899 finden auf die Nacherbfolge entsprechende Anwendung.

Stirbt der eingesetzte Nacherbe **vor dem Eintritte des** Falles der Nacherbfolge, **aber nach dem Eintritte des** Erbfalls, so geht sein Recht auf seine Erben über, sofern nicht ein anderer Wille des Erblassers anzunehmen ist.

Vorlage.

aufschiebenden Bedingung eingesetzt, so bewendet es bei der Vorschrift des §. 2049.

§. 2100.

Macht der Vorerbe Verwendungen auf die Erbschaft, die nicht unter die Vorschrift des §. 2099 fallen, so ist der Nacherbe im Falle des Eintritts der Nacherbfolge nach den Vorschriften über die Geschäftsführung ohne Auftrag zum Ersatze verpflichtet. Die Verzinsung des aufgewendeten Geldes kann der Vorerbe für die Dauer der Vorerbschaft nicht verlangen.

Der Vorerbe ist berechtigt, eine Einrichtung, mit der er eine zur Erbschaft gehörende Sache versehen hat, wegzunehmen.

§. 2146.

Die Leistung einer vermachten Sache gilt auch dann als unmöglich, wenn die Sache mit einer anderen Sache in solcher Weise verbunden, vermischt oder vermengt worden ist, daß nach den §§. 930 bis 932 das Eigenthum an der anderen Sache sich auf sie erstreckt oder Miteigenthum eingetreten ist, oder wenn sie in solcher Weise verarbeitet oder ungebildet worden ist, daß nach §. 934 derjenige, welcher die neue Sache hergestellt hat, Eigenthümer geworden ist.

Ist die Verbindung, Vermischung oder Vermengung durch einen Dritten erfolgt und

Beschlüsse der Kommission.

Ist der Nacherbe unter einer aufschiebenden Bedingung eingesetzt, so bewendet es bei der Vorschrift des §. 2049.

§§. 2084 bis 2099. Unverändert.

§. 2100.

Macht der Vorerbe Verwendungen auf die Erbschaft, die nicht unter die Vorschrift des §. 2099 fallen, so ist der Nacherbe im Falle des Eintritts der Nacherbfolge nach den Vorschriften über die Geschäftsführung ohne Auftrag zum Ersatze verpflichtet.

Der Vorerbe ist berechtigt, eine Einrichtung, mit der er eine zur Erbschaft gehörige Sache versehen hat, wegzunehmen.

§§. 2101 bis 2114. Unverändert.

§. 2114a. (Neu.)

Der Vorerbe ist auch nach dem Eintritte des Falles der Nacherbfolge zur Verfügung über Nachlaßgegenstände in dem gleichen Umfange wie vorher berechtigt, bis er von dem Eintritte Kenntniß erlangt oder ihn kennen muß. Ein Dritter kann sich auf diese Berechtigung nicht berufen, wenn er bei der Vornahme eines Rechtsgeschäfts den Eintritt kennt oder kennen muß.

§§. 2115 bis 2120. Unverändert.

Vierter Titel.

Vermächtniß.

§§. 2121 bis 2145. Unverändert.

§. 2146.

Die Leistung einer vermachten Sache gilt auch dann als unmöglich, wenn die Sache mit einer anderen Sache in solcher Weise verbunden, vermischt oder vermengt worden ist, daß nach den §§. 930 bis 932 das Eigenthum an der anderen Sache sich auf sie erstreckt oder Miteigenthum eingetreten ist, oder wenn sie in solcher Weise verarbeitet oder umgebildet worden ist, daß nach §. 934 derjenige, welcher die neue Sache hergestellt hat, Eigenthümer geworden ist.

Ist die Verbindung, Vermischung oder Vermengung durch einen **Anderen als den Erb-**

Vorlage.

hat der Erblasser dadurch Miteigenthum erworben, so gilt im Zweifel das Miteigenthum als vermacht; steht dem Erblasser ein Recht zur Wegnahme der verbundenen Sache zu, so gilt im Zweifel dieses Recht als vermacht. Im Falle der Verarbeitung oder Umbildung durch einen Dritten bewendet es bei der Vorschrift des §. 2143 Abs. 3.

§. 2205.

Ein Testament kann in ordentlicher Form nur vor einem Richter oder vor einem Notar errichtet werden.

Der Richter muß einen Gerichtsschreiber oder zwei Zeugen, der Notar muß zwei Zeugen zuziehen.

§. 2206.

Als Richter, Notar, Gerichtsschreiber oder

Beschlüsse der Kommission.

lasser erfolgt und hat der Erblasser dadurch Miteigenthum erworben, so gilt im Zweifel das Miteigenthum als vermacht; steht dem Erblasser ein Recht zur Wegnahme der verbundenen Sache zu, so gilt im Zweifel dieses Recht als vermacht. Im Falle der Verarbeitung oder Umbildung durch einen **Anderen als den Erblasser** bewendet es bei der Vorschrift des §. 2143 Abs. 3.

§§. 2147 bis 2165. Unverändert.

Fünfter Titel.
Auflage.

§§. 2166 bis 2170. Unverändert.

Sechster Titel.
Testamentsvollstrecker.

§§. 2171 bis 2202. Unverändert.

Siebenter Titel.
Errichtung und Aufhebung eines Testaments.

§§. 2203, 2204. Unverändert.

§. 2205.

Ein Testament kann in ordentlicher Form errichtet werden:

1. vor einem Richter oder vor einem Notar;
2. **durch eine von dem Erblasser unter Angabe des Ortes und Tages eigenhändig geschriebene und unterschriebene Erklärung.**

§. 2205a. **(Neu.)**

Für die Errichtung eines Testaments vor einem Richter oder vor einem Notar gelten die Vorschriften der §§. 2205b bis 2218.

§. 2205b. **(Neu.)**

Zur Errichtung des Testaments muß der Richter einen Gerichtsschreiber oder zwei Zeugen, der Notar einen zweiten Notar oder zwei Zeugen zuziehen.

§. 2206.

Als Richter, Notar, Gerichtsschreiber oder

Vorlage.

Zeuge kann bei der Errichtung eines Testaments nicht mitwirken:

1. der Ehegatte des Erblassers, auch wenn die Ehe nicht mehr besteht;
2. wer mit dem Erblasser in gerader Linie oder im zweiten Grade der Seitenlinie verwandt oder verschwägert ist.

§. 2207.

Als Richter, Notar, Gerichtsschreiber oder Zeuge kann bei der Errichtung eines Testaments nicht mitwirken, wer in dem Testamente bedacht wird oder wer zu einem Bedachten in einem Verhältnisse der im §. 2206 bezeichneten Art steht.

Die Mitwirkung einer hiernach ausgeschlossenen Person hat nur zur Folge, daß die Zuwendung an den Bedachten nichtig ist.

§. 2208.

Als Gerichtsschreiber oder Zeuge kann bei der Errichtung eines Testaments nicht mitwirken, wer zu dem Richter oder dem Notar in einem Verhältnisse der im §. 2206 bezeichneten Art steht.

§. 2209.

Als Zeuge soll bei der Errichtung eines Testaments nicht mitwirken:

1. ein Minderjähriger;
2. wer der bürgerlichen Ehrenrechte für verlustig erklärt ist, während der Zeit, für welche die Aberkennung der Ehrenrechte erfolgt ist;
3. wer nach den Vorschriften der Strafgesetze unfähig ist, als Zeuge eidlich vernommen zu werden;
4. wer als Gesinde oder Gehülfe im Dienste des Richters oder des Notars steht.

§. 2210.

Die Errichtung des Testaments erfolgt in der Weise, daß der Erblasser dem Richter oder dem Notar seinen letzten Willen mündlich erklärt oder eine Schrift mit der mündlichen Erklärung übergiebt, daß die Schrift seinen letzten Willen enthalte. Die Schrift kann offen oder verschlossen übergeben werden. Sie kann von dem Erblasser oder von einer anderen Person geschrieben sein.

Beschlüsse der Kommission.

Zeuge kann bei der Errichtung **des** Testaments nicht mitwirken:

1. der Ehegatte des Erblassers, auch wenn die Ehe nicht mehr besteht;
2. wer mit dem Erblasser in gerader Linie oder im zweiten Grade der Seitenlinie verwandt oder verschwägert ist.

§. 2207.

Als Richter, Notar, Gerichtsschreiber oder Zeuge kann bei der Errichtung **des** Testaments nicht mitwirken, wer in dem Testamente bedacht wird oder wer zu einem Bedachten in einem Verhältnisse der im §. 2206 bezeichneten Art steht.

Die Mitwirkung einer hiernach ausgeschlossenen Person hat nur zur Folge, daß die Zuwendung an den Bedachten nichtig ist.

§. 2208.

Als Gerichtsschreiber **oder zweiter Notar** oder Zeuge kann bei der Errichtung **des** Testaments nicht mitwirken, wer zu dem Richter oder dem **beurkundenden** Notar in einem Verhältnisse der im §. 2206 bezeichneten Art steht.

§. 2209.

Als Zeuge soll bei der Errichtung **des** Testaments nicht mitwirken:

Nr. 1 bis 3 unverändert.

4. wer als Gesinde oder Gehülfe im Dienste des Richters oder des **beurkundenden** Notars steht.

§. 2210.

Absatz 1 unverändert.

Vorlage.

Wer minderjährig ist oder Geschriebenes nicht zu lesen vermag, kann ein Testament nur durch mündliche Erklärung errichten.

§. 2215.

Wer nach der Ueberzeugung des Richters oder des Notars stumm oder sonst am Sprechen verhindert ist, kann ein Testament nur durch Uebergabe einer Schrift errichten. Er muß die Erklärung, daß die Schrift seinen letzten Willen enthalte, bei der Verhandlung eigenhändig in das Protokoll oder auf ein besonderes Blatt schreiben, das dem Protokoll als Anlage beigefügt werden muß.

Das eigenhändige Niederschreiben der Erklärung sowie die Ueberzeugung des Richters oder des Notars, daß der Erblasser am Sprechen verhindert ist, muß im Protokolle festgestellt werden. Das Protokoll braucht von dem Erblasser nicht besonders genehmigt zu werden.

§. 2218.

Das über die Errichtung eines Testaments aufgenommene Protokoll soll nebst Anlagen, insbesondere im Falle der Errichtung durch Uebergabe einer Schrift nebst dieser Schrift, von dem Richter oder dem Notar in Gegenwart der übrigen mitwirkenden Personen und des Erblassers mit dem Amtssiegel verschlossen, mit einer das Testament näher bezeichnenden Aufschrift, die von dem Richter oder dem Notar zu unterschreiben ist, versehen und in besondere amtliche Verwahrung gebracht werden.

Dem Erblasser soll über das in amtliche Verwahrung genommene Testament ein Hinterlegungsschein ertheilt werden.

§. 2219.

Ist zu besorgen, daß der Erblasser früher

Beschlüsse der Kommission.

Wer minderjährig ist oder Geschriebenes nicht zu lesen vermag, kann **das** Testament nur durch mündliche Erklärung errichten.

§§. 2211 bis 2214. Unverändert.

§. 2215.

Wer nach der Ueberzeugung des Richters oder des Notars stumm oder sonst am Sprechen verhindert ist, kann **das** Testament nur durch Uebergabe einer Schrift errichten. Er muß die Erklärung, daß die Schrift seinen letzten Willen enthalte, bei der Verhandlung eigenhändig in das Protokoll oder auf ein besonderes Blatt schreiben, das dem Protokoll als Anlage beigefügt werden muß.

Absatz 2 unverändert.

§§. 2216, 2217. Unverändert.

§. 2218.

Das über die Errichtung **des** Testaments aufgenommene Protokoll soll nebst Anlagen, insbesondere im Falle der Errichtung durch Uebergabe einer Schrift nebst dieser Schrift, von dem Richter oder dem Notar in Gegenwart der übrigen mitwirkenden Personen und des Erblassers mit dem Amtssiegel verschlossen, mit einer das Testament näher bezeichnenden Aufschrift, die von dem Richter oder dem Notar zu unterschreiben ist, versehen und in besondere amtliche Verwahrung gebracht werden.

Dem Erblasser soll über das in amtliche Verwahrung genommene Testament ein Hinterlegungsschein ertheilt werden.

§. 2218a. **(Neu.)**

Wer minderjährig ist oder Geschriebenes nicht zu lesen vermag, kann ein Testament nicht nach §. 2205 Nr. 2 errichten.

§. 2218b. **(Neu.)**

Ein nach §. 2205 Nr. 2 errichtetes Testament ist auf Verlangen des Erblassers in amtliche Verwahrung zu nehmen. Die Vorschrift des §. 2218 Abs. 2 findet Anwendung.

§. 2219.

Ist zu besorgen, daß der Erblasser früher

Vorlage.

sterben werde, als die Errichtung eines Testaments in ordentlicher Form möglich ist, so kann er das Testament vor dem Vorsteher der Gemeinde, in der er sich aufhält, oder, falls er sich in dem Bereich eines durch Landesgesetz einer Gemeinde gleichgestellten Verbandes oder Gutsbezirks aufhält, vor dem Vorsteher dieses Verbandes oder Bezirkes errichten. Der Vorsteher muß zwei Zeugen zuziehen. Die Vorschriften der §§. 2206 bis 2218 finden Anwendung; der Vorsteher tritt an die Stelle des Richters oder des Notars.

Die Besorgniß, daß die Errichtung eines Testaments in ordentlicher Form nicht mehr möglich sein werde, muß im Protokoll festgestellt werden. Der Gültigkeit des Testaments steht nicht entgegen, daß die Besorgniß nicht begründet war.

§. 2220.

Wer sich an einem Orte aufhält, der in Folge des Ausbruchs einer Krankheit oder in Folge sonstiger außerordentlicher Umstände dergestalt abgesperrt ist, daß die Errichtung eines Testaments in ordentlicher Form nicht möglich oder erheblich erschwert ist, kann das Testament errichten:

1. in der durch den §. 2219 Abs. 1 bestimmten Form;
2. durch eine unter Angabe des Ortes und Tages der Ausstellung eigenhändig geschriebene und unterschriebene Erklärung;
3. durch mündliche Erklärung vor drei Zeugen.

Wird die mündliche Erklärung vor drei Zeugen gewählt, so muß über die Errichtung des Testaments ein Protokoll aufgenommen werden. Auf die Zeugen finden die Vorschriften der §§. 2206, 2207 und des §. 2209 Nr. 1 bis 3, auf das Protokoll finden die Vorschriften der §§. 2212 bis 2214, 2217 Anwendung. Unter Zuziehung eines Dolmetschers kann ein Testament in dieser Form nicht errichtet werden.

Beschlüsse der Kommission.

sterben werde, als die Errichtung eines Testaments **vor einem Richter oder vor einem Notar** möglich ist, so kann er das Testament vor dem Vorsteher der Gemeinde, in der er sich aufhält, oder, falls er sich in dem Bereich eines durch Landesgesetz einer Gemeinde gleichgestellten Verbandes oder Gutsbezirkes aufhält, vor dem Vorsteher dieses Verbandes oder Bezirkes errichten. Der Vorsteher muß zwei Zeugen zuziehen. Die Vorschriften der §§. 2206 bis 2218 finden Anwendung; der Vorsteher tritt an die Stelle des Richters oder des Notars.

Die Besorgniß, daß die Errichtung eines Testaments **vor einem Richter oder vor einem Notar** nicht mehr möglich sein werde, muß im Protokolle festgestellt werden. Der Gültigkeit des Testaments steht nicht entgegen, daß die Besorgniß nicht begründet war.

§. 2220.

Wer sich an einem Orte aufhält, der in Folge des Ausbruchs einer Krankheit oder in Folge sonstiger außerordentlicher Umstände dergestalt abgesperrt ist, daß die Errichtung eines Testaments **vor einem Richter oder vor einem Notar** nicht möglich **oder** erheblich erschwert ist, kann das Testament in der durch den §. 2219 Abs. 1 bestimmten Form **oder** durch mündliche Erklärung vor drei Zeugen errichten.

Wird die mündliche Erklärung vor drei Zeugen gewählt, so muß über die Errichtung des Testaments ein Protokoll aufgenommen werden. Auf die Zeugen finden die Vorschriften der §§. 2206, 2207 und des §. 2209 Nr. 1 bis 3, auf das Protokoll finden die Vorschriften der §. 2212 bis 2214, 2217 Anwendung. Unter Zuziehung eines Dolmetschers kann ein Testament in dieser Form nicht errichtet werden.

Vorlage.

§. 2221.

Wer sich während einer Seereise an Bord eines deutschen, nicht zur Kaiserlichen Marine gehörenden Fahrzeugs außerhalb eines inländischen Hafens befindet, kann ein Testament nach §. 2220 Abs. 1 Nr. 2, 3, Abs. 2 errichten.

§. 2222.

Ein nach §. 2219, §. 2220 oder §. 2221 errichtetes Testament gilt als nicht errichtet, wenn seit der Errichtung drei Monate verstrichen sind und der Erblasser noch lebt.

Beginn und Lauf der Frist sind gehemmt, solange der Erblasser im Stande ist, ein Testament *in ordentlicher Form* zu errichten.

Tritt im Falle des §. 2221 der Erblasser vor dem Ablaufe der Frist eine neue Seereise an, so wird die Frist dergestalt unterbrochen, daß nach der Beendigung der neuen Reise die volle Frist von neuem zu laufen beginnt.

Wird der Erblasser nach dem Ablaufe der Frist für todt erklärt, so behält das Testament seine Kraft, wenn die Frist zu der Zeit, zu welcher der Erblasser den vorhandenen Nachrichten zufolge noch gelebt hat, noch nicht verstrichen war.

§. 2223.

Ein Gesandter oder Berufskonsul des Reiches kann im Ausland ein Testament in der Weise errichten, daß er die Erklärung seines letzten Willens offen oder verschlossen dem Reichskanzler mit einem Annahmegesuch übersendet. Das Gleiche gilt für Personen, die zu einer Gesandtschaft oder einem Konsulate des Reiches gehören und im Reichsdienst stehen.

Die Erklärung des letzten Willens und das Annahmegesuch müssen unter Angabe des Ortes und Tages der Abfassung von dem Erblasser eigenhändig geschrieben und unterschrieben sein. Mit der Absendung ist das Testament errichtet.

Der Reichskanzler kann das Testament an eine zur Verwahrung von Testamenten zuständige Stelle abgeben.

Beschlüsse der Kommission.

§. 2221.

Wer sich während einer Seereise an Bord eines deutschen, nicht zur Kaiserlichen Marine gehörenden Fahrzeugs außerhalb eines inländischen Hafens befindet, kann ein Testament **durch mündliche Erklärung vor drei Zeugen** nach §. 2220 errichten.

§. 2222.

Absatz 1 unverändert.

Beginn und Lauf der Frist sind gehemmt, solange der Erblasser außer Stande ist, ein Testament **vor einem Richter oder vor einem Notar** zu errichten.

Absatz 3, 4 unverändert.

§. 2223. Gestrichen.

Vorlage.

§. 2224.

Der Erblasser kann in einem unter Angabe des Ortes und Tages der Ausstellung eigenhändig geschriebenen und unterschriebenen Testamente Vermächtnisse anordnen, sofern diese nicht im Gesammtbetrage den zwanzigsten Theil des Nachlasses übersteigen. Der Werth des Nachlasses und der Vermächtnisse wird nach §§. 2284 bis 2286 berechnet.

Uebersteigen die Vermächtnisse diese Grenze, so werden sie entsprechend gekürzt; die Kürzung erfolgt, sofern nicht der Erblasser ein Anderes bestimmt hat, nach dem Verhältnisse des Werthes. Wer mit einem bestimmten Gegenstande bedacht ist, kann Leistung des Gegenstandes gegen Vergütung des Werthes verlangen, um den das Vermächtniß gekürzt wird.

Fällt eins der Vermächtnisse weg, so kommt der frei werdende Betrag den übrigen zu Statten.

§. 2225.

Der Erblasser kann in der durch §. 2224 Abs. 1 bestimmten Form Anordnungen über sein Begräbniß sowie diejenigen familienrechtlichen Anordnungen treffen, welche in den §§. 1351, 1576, 1616, 1617, 1628, 1663, 1664, 1753, 1758, 1773, 1779, 1832, 1844, 1856, 1885, 1893 bezeichnet sind. Das Gleiche gilt von der Ernennung eines Testamentsvollstreckers.

§. 2227.

Der Widerruf erfolgt durch Testament. Vermächtnisse und Verfügungen der im §. 2225 bezeichneten Art können in der im §. 2224 bestimmten Form widerrufen werden, auch wenn sie nicht in dieser Form errichtet worden sind. Ein in solcher Form erfolgter Widerruf von Vermächtnissen ist jedoch nur wirksam bis zu einem Gesammtbetrage, der den zwanzigsten Theil des Nachlasses nicht übersteigt; die Vorschriften des §. 2224 Abs. 1 Satz 2, Abs. 2, 3 finden entsprechende Anwendung.

Beschlüsse der Kommission.

§. 2224. Gestrichen.

§. 2225. Gestrichen.

§. 2226. Unverändert.

§. 2227.

Der Widerruf erfolgt durch Testament.

§. 2228. Unverändert.

Vorlage.

§. 2229.

Der Erblasser kann die Herausgabe des in amtliche Verwahrung genommenen Testaments verlangen. Die Herausgabe darf nur an den Erblasser persönlich erfolgen. Mit der Empfangnahme der Urkunde durch den Erblasser gilt das Testament als widerrufen.

§. 2240.

Zur Errichtung eines gemeinschaftlichen Testaments nach §. 2220 Abs. 1 Nr. 2, §. 2224 oder 2225 genügt es, wenn einer der Ehegatten das Testament in der dort vorgeschriebenen Form errichtet und der andere Ehegatte die Erklärung beifügt, daß das Testament auch als sein Testament gelten solle. Die Erklärung muß unter Angabe des Ortes und Tages der Ausstellung eigenhändig geschrieben und unterschrieben werden.

§. 2249.

Ein Erbvertrag kann nur vor einem Richter oder vor einem Notar bei gleichzeitiger Anwesenheit beider Theile geschlossen werden. Die Vorschriften des §. 2205 Absatz 2 und der §§. 2206 bis 2217 finden Anwendung; was nach diesen Vorschriften für den Erblasser gilt, gilt für jeden der Vertragschließenden.

Für einen Erbvertrag zwischen den Ehegatten oder zwischen Verlobten, der mit einem Ehevertrag in derselben Urkunde verbunden wird, genügt die für den Ehevertrag vorgeschriebene Form.

Beschlüsse der Kommission.

§. 2229.

Ein vor einem Richter oder vor einem Notar oder nach §. 2219 errichtetes Testament gilt als widerrufen, wenn die in amtliche Verwahrung genommene Urkunde dem Erblasser zurückgegeben wird.

Der Erblasser kann die **Rückgabe jederzeit** verlangen. **Die Rückgabe** darf nur an den Erblasser persönlich erfolgen.

Die Vorschriften des Abs. 2 gelten auch für ein nach §. 2218 b hinterlegtes Testament; die Rückgabe ist auf die Wirksamkeit des Testaments ohne Einfluß.

§§. 2230 bis 2237. Unverändert.

Achter Titel.

Gemeinschaftliches Testament.

§§. 2238, 2239. Unverändert.

§. 2240.

Zur Errichtung eines gemeinschaftlichen Testaments nach **§. 2205 Nr. 2** genügt es, wenn einer der Ehegatten das Testament in der dort vorgeschriebenen Form errichtet und der andere Ehegatte die Erklärung beifügt, daß das Testament auch als sein Testament gelten solle. Die Erklärung muß unter Angabe des Ortes und Tages eigenhändig geschrieben und unterschrieben werden.

§§. 2241 bis 2246. Unverändert.

Vierter Abschnitt.

Erbvertrag.

§§. 2247, 2248. Unverändert.

§. 2249.

Ein Erbvertrag kann nur vor einem Richter oder vor einem Notar bei gleichzeitiger Anwesenheit beider Theile geschlossen werden. Die Vorschriften der §§. 2205 **b** bis 2217 finden Anwendung; was nach diesen Vorschriften für den Erblasser gilt, gilt für jeden der Vertragschließenden.

Für einen Erbvertrag zwischen Ehegatten oder zwischen Verlobten, der mit einem Ehevertrag in derselben Urkunde verbunden wird, genügt die für den Ehevertrag vorgeschriebene Form.

Vorlage.

§. 2257.

Die Bestätigung eines anfechtbaren Erbvertrages kann nur durch den Erblasser persönlich erfolgen. Ist der Erblasser in der Geschäftsfähigkeit beschränkt, so ist die Bestätigung ausgeschlossen.

§. 2261.

Hat der Erblasser den Gegenstand eines vertragsmäßig angeordneten Vermächtnisses in der Absicht, den Bedachten zu beeinträchtigen, zerstört, bei Seite geschafft oder beschädigt, so tritt, soweit der Erbe dadurch außer Stand gesetzt ist, die Leistung zu bewirken, an die Stelle des Gegenstandes der Werth.

Hat der Erblasser den Gegenstand in der Absicht, den Bedachten zu beeinträchtigen, veräußert oder belastet, so ist der Erbe verpflichtet, dem Bedachten den Gegenstand zu verschaffen oder die Belastung zu beseitigen; auf diese Verpflichtung finden die Vorschriften des §. 2144 Absatz 2 entsprechende Anwendung. Ist die Veräußerung oder die Belastung schenkweise erfolgt, so steht dem Bedachten, soweit er *nicht von dem Erben Ersatz* erlangen kann, der im §. 2260 bestimmte Anspruch gegen den Beschenkten zu.

§. 2263.

Ein Erbvertrag sowie eine einzelne vertragsmäßige Verfügung kann durch Vertrag von den Personen aufgehoben werden, die den Erbvertrag geschlossen haben. Nach dem Tode einer dieser Personen kann die Aufhebung nicht mehr erfolgen.

Der Erblasser kann den Vertrag nur persönlich schließen. Ist er in der Geschäftsfähigkeit beschränkt, so bedarf er nicht der Zustimmung seines gesetzlichen Vertreters.

Steht der andere Theil unter Vormundschaft, so ist die Genehmigung des Vormundschaftsgerichts erforderlich. Das Gleiche gilt, wenn er unter elterlicher Gewalt steht, es sei denn, daß der Vertrag *zwischen* Ehegatten oder *zwischen* Verlobten geschlossen wird.

Beschlüsse der Kommission.

§§. 2250 bis 2256. Unverändert.

§. 2257.

Die Bestätigung eines anfechtbaren Erbvertrags kann nur durch den Erblasser persönlich erfolgen. Ist der Erblasser in der Geschäftsfähigkeit beschränkt, so ist die Bestätigung ausgeschlossen.

§§. 2258 bis 2260. Unverändert.

§. 2261.

Hat der Erblasser den Gegenstand eines vertragsmäßig angeordneten Vermächtnisses in der Absicht, den Bedachten zu beeinträchtigen, zerstört, bei Seite geschafft oder beschädigt, so tritt, soweit der Erbe dadurch außer Stand gesetzt ist, die Leistung zu bewirken, an die Stelle des Gegenstandes der Werth.

Hat der Erblasser den Gegenstand in der Absicht, den Bedachten zu beeinträchtigen, veräußert oder belastet, so ist der Erbe verpflichtet, dem Bedachten den Gegenstand zu verschaffen oder die Belastung zu beseitigen; auf diese Verpflichtung finden die Vorschriften des §. 2144 Abs. 2 entsprechende Anwendung. Ist die Veräußerung oder die Belastung schenkweise erfolgt, so steht dem Bedachten, soweit er **Ersatz nicht von dem Erben** erlangen kann, der im §. 2260 bestimmte Anspruch gegen den Beschenkten zu.

§§. 2262. Unverändert.

§. 2263.

Ein Erbvertrag sowie eine einzelne vertragsmäßige Verfügung kann durch Vertrag von den Personen aufgehoben werden, die den Erbvertrag geschlossen haben. Nach dem Tode einer dieser Personen kann die Aufhebung nicht mehr erfolgen.

Der Erblasser kann den Vertrag nur persönlich schließen. Ist er in der Geschäftsfähigkeit beschränkt, so bedarf er nicht der Zustimmung seines gesetzlichen Vertreters.

Steht der andere Theil unter Vormundschaft, so ist die Genehmigung des Vormundschaftsgerichts erforderlich. Das Gleiche gilt, wenn er unter elterliche Gewalt steht, es sei denn, daß der Vertrag **unter** Ehegatten oder **unter** Verlobten geschlossen wird.

Vorlage.

Der Vertrag bedarf der im §. 2249 für den Erbvertrag vorgeschriebenen Form.

§. 2288.

Der Pflichttheilsberechtigte hat sich auf den Pflichttheil anrechnen zu lassen, was ihm von dem Erblasser durch Rechtsgeschäft unter Lebenden mit der Bestimmung, daß es auf den Pflichttheil angerechnet werden soll, zugewendet oder unter der Bedingung, daß er den Erblasser überlebt, geschenkt worden ist. Die Bestimmung, daß eine Zuwendung auf den Erbtheil angerechnet werden soll, gilt im Zweifel auch für die Anrechnung auf den Pflichttheil.

Der Werth der Zuwendung wird bei der Bestimmung des Pflichttheils dem Nachlasse hinzugerechnet. Der Werth bestimmt sich nach der Zeit, zu welcher die Zuwendung erfolgt ist.

Ist der Pflichttheilsberechtigte ein Abkömmling des Erblassers, so finden die Vorschriften des §. 2026 Abs. 1 und der §§. 2027, 2028 entsprechende Anwendung.

§. 2289.

Der Pflichttheil eines Abkömmlinges bestimmt sich, wenn mehrere Abkömmlinge vorhanden sind und unter ihnen im Falle der gesetzlichen Erbfolge eine Zuwendung des Erblassers zur Ausgleichung zu bringen sein würde, nach demjenigen, was auf den gesetzlichen Erbtheil unter Berücksichtigung der Ausgleichungspflicht bei der Theilung entfallen würde. Ein Abkömmling, der durch Erbverzicht von der gesetzlichen Erbfolge ausgeschlossen ist, bleibt bei der Berechnung außer Betracht.

Ist der Pflichttheilsberechtigte Erbe und beträgt der Pflichttheil nach Abs. 1 mehr als der Werth des hinterlassenen Erbtheils, so kann der Pflichttheilsberechtigte von den Miterben den Mehrbetrag als Pflichttheil verlangen, auch wenn der hinterlassene Erbtheil die Hälfte des gesetzlichen Erbtheils erreicht oder übersteigt.

Beschlüsse der Kommission.

Der Vertrag bedarf der im §. 2249 für den Erbvertrag vorgeschriebenen Form.

§§. 2264 bis 2275. Unverändert.

Fünfter Abschnitt.
Pflichttheil.

§§. 2276 bis 2287. Unverändert.

§. 2288.

Der Pflichttheilsberechtigte hat sich auf den Pflichttheil anrechnen zu lassen, was ihm von dem Erblasser durch Rechtsgeschäft unter Lebenden mit der Bestimmung zugewendet worden ist, daß es auf den Pflichttheil angerechnet werden soll.

Der Werth der Zuwendung wird bei der Bestimmung des Pflichttheils dem Nachlasse hinzugerechnet. Der Werth bestimmt sich nach der Zeit, zu welcher die Zuwendung erfolgt ist.

Ist der Pflichttheilsberechtigte ein Abkömmling des Erblassers, so findet die Vorschrift des §. 2026 Abs. 1 entsprechende Anwendung.

§. 2289.

Der Pflichttheil eines Abkömmlinges bestimmt sich, wenn mehrere Abkömmlinge vorhanden sind und unter ihnen im Falle der gesetzlichen Erbfolge eine Zuwendung des Erblassers zur Ausgleichung zu bringen sein würde, nach demjenigen, was auf den gesetzlichen Erbtheil unter Berücksichtigung der Ausgleichungspflicht bei der Theilung entfallen würde. Ein Abkömmling, der durch Erbverzicht von der gesetzlichen Erbfolge ausgeschlossen ist, bleibt bei der Berechnung außer Betracht.

Ist der Pflichttheilsberechtige Erbe und beträgt der Pflichttheil nach Abs. 1 mehr als der Werth des hinterlassenen Erbtheils, so kann der Pflichttheilsberechtigte von den Miterben den Mehrbetrag als Pflichttheil verlangen, auch wenn der hinterlassene Erbtheil die Hälfte des gesetzlichen Erbtheils erreicht oder übersteigt.

Vorlage.

Eine Zuwendung der im §. 2025 Absatz 1 bezeichneten Art kann der Erblasser nicht zum Nachtheil eines Pflichttheilsberechtigten von der Berücksichtigung ausschließen.

§. 2300.

Hat der Pflichttheilsberechtigte selbst ein Geschenk von dem Erblasser erhalten, so ist das Geschenk in gleicher Weise wie das dem Dritten gemachte Geschenk dem Nachlasse hinzuzurechnen und zugleich dem Pflichttheilsberechtigten auf die Ergänzung anzurechnen. Ein nach §. 2288 anzurechnendes Geschenk ist auf den Gesammtbetrag des Pflichttheils und der Ergänzung anzurechnen.

Ist der Pflichttheilsberechtigte ein Abkömmling des Erblassers, so finden die Vorschriften des §. 2026 Abs. 1 und der §§. 2027, 2028 entsprechende Anwendung.

§. 2308.

Der Erblasser kann dem Ehegatten den Pflichttheil entziehen, wenn der Ehegatte sich einer Verfehlung schuldig macht, auf Grund deren der Erblasser nach den §§. 1548 bis 1551 Scheidung zu verlangen berechtigt ist.

Das Recht zur Entziehung erlischt nicht durch den Ablauf der für die Geltendmachung des Scheidungsgrundes im §. 1554 bestimmten Frist.

§. 2312.

Erbunwürdig ist:

1. wer den Erblasser vorsätzlich und widerrechtlich getödtet oder zu tödten versucht oder in einen Zustand versetzt hat, in Folge dessen der Erblasser bis zu seinem Tode unfähig war, eine Verfügung von Todeswegen zu errichten oder aufzuheben;

Beschlüsse der Kommission.

Eine Zuwendung der im §. 2025 Abs. 1 bezeichneten Art kann der Erblasser nicht zum Nachtheil eines Pflichttheilsberechtigten von der Berücksichtigung ausschließen.

Ist eine nach Abs. 1 zu berücksichtigende Zuwendung zugleich nach §. 2288 auf den Pflichttheil anzurechnen, so kommt sie auf diesen nur mit der Hälfte des Werthes zur Anrechnung.

§§. 2290 bis 2299. Unverändert.

§. 2300. Absatz 1 unverändert.

Ist der Pflichttheilsberechtigte ein Abkömmling des Erblassers, so findet die Vorschrift des §. 2026 Abs. 1 entsprechende Anwendung.

§§. 2301 bis 2307. Unverändert.

§. 2308.

Der Erblasser kann dem Ehegatten den Pflichttheil entziehen, wenn der Ehegatte sich einer Verfehlung schuldig macht, auf Grund deren der Erblasser **auf** Scheidung zu **klagen** berechtigt ist.

Das Recht zur Entziehung erlischt nicht durch den Ablauf der für die Geltendmachung des Scheidungsgrundes im §. 1554 bestimmten Frist.

§§. 2309 bis 2311. Unverändert.

Sechster Abschnitt.
Erbunwürdigkeit.

§. 2312.

Erbunwürdig ist:

1. unverändert.

Vorlage.

2. wer den Erblasser vorsätzlich und widerrechtlich verhindert hat, eine Verfügung von Todeswegen zu errichten oder aufzuheben;
3. wer den Erblasser durch arglistige Täuschung oder durch Drohung widerrechtlich bestimmt hat, eine Verfügung von Todeswegen zu errichten oder aufzuheben;
4. wer sich in Ansehung einer Verfügung des Erblassers von Todeswegen einer nach den Vorschriften der §§. 267 bis 274 des Strafgesetzbuchs strafbaren Handlung schuldig gemacht hat.

Die Erbunwürdigkeit tritt in den Fällen des Abs. 1 Nr. 3, 4 nicht ein, wenn der Erblasser die Verfügung, zu deren Errichtung er bestimmt oder in Ansehung deren die strafbare Handlung begangen worden ist, aufgehoben hat, oder wenn die Verfügung, zu deren Aufhebung er bestimmt worden ist, durch eine später errichtete Verfügung unwirksam geworden sein würde.

§. 2320.

Zu dem Erbverzicht ist, wenn einer der Vertragschließenden unter Vormundschaft steht, die Genehmigung des Vormundschaftsgerichts erforderlich; steht er unter elterlicher Gewalt, so gilt das Gleiche, sofern nicht der Vertrag unter Ehegatten oder unter Verlobten geschlossen wird.

Beschlüsse der Kommission.

2. unverändert.
3. wer den Erblasser durch arglistige Täuschung oder **widerrechtlich durch Drohung** bestimmt hat, eine Verfügung von Todeswegen zu errichten oder aufzuheben;
4. unverändert.

Die Erbunwürdigkeit tritt in den Fällen des Abs. 1 Nr. 3, 4 nicht ein, wenn **vor dem Eintritte des Erbfalls** die Verfügung, zu deren Errichtung **der Erblasser** bestimmt oder in Ansehung deren die strafbare Handlung begangen worden ist, **unwirksam geworden ist,** oder die Verfügung, zu deren Aufhebung er bestimmt worden ist, unwirksam geworden sein würde.

§§. 2313 bis 2318. Unverändert.

Siebenter Abschnitt.

Erbverzicht.

§. 2319. Unverändert.

§. 2320.

Zu dem Erbverzicht ist, wenn **der Verzichtende** unter Vormundschaft steht, die Genehmigung des Vormundschaftsgerichts erforderlich; steht er unter elterlicher Gewalt, so gilt das Gleiche, sofern nicht der Vertrag unter Ehegatten oder unter Verlobten geschlossen wird.

Der Erblasser kann den Vertrag nur persönlich schließen; ist er in der Geschäftsfähigkeit beschränkt, so bedarf er nicht der Zustimmung seines gesetzlichen Vertreters. Ist der Erblasser geschäftsunfähig, so kann der Vertrag durch den gesetzlichen Vertreter geschlossen werden; die Genehmigung des Vormundschaftsgerichts ist in gleichem Umfange wie nach Abs. 1 erforderlich.

§§. 2321 bis 2323. Unverändert.

Vorlage.

§. 2324.

Auf einen Vertrag, durch den ein Erbverzicht aufgehoben wird, findet die Vorschrift des §. 2321 und in Ansehung des Erblassers auch die Vorschrift der §. 2320 Anwendung.

§. 2345.

Durch den Erbschaftskauf werden die Parteien verpflichtet, einander zu gewähren, was sie haben würden, wenn an Stelle des Verkäufers der Käufer Erbe geworden wäre.

Artikel 1.

Das Bürgerliche Gesetzbuch tritt an einem durch Kaiserliche Verordnung mit Zustimmung des Bundesraths festzusetzenden Tage spätestens am ...., gleichzeitig mit einem Gesetze, betreffend Aenderungen des Gerichtsverfassungsgesetzes, der Civilprozeßordnung und der Konkursordnung, einem Gesetz über die Zwangsversteigerung und die Zwangsverwaltung, einer Grundbuchordnung und einem Gesetz über die Angelegenheiten der freiwilligen Gerichtsbarkeit in Kraft.

Artikel 9.

Ein einem fremden Staate angehörender und nach dessen Gesetzen rechtsfähiger Verein,

Beschlüsse der Kommission.

§. 2324.

Auf einen Vertrag, durch den ein Erbverzicht aufgehoben wird, findet die Vorschrift des §. 2321 und in Ansehung des Erblassers auch die Vorschrift des §. 2320 **Abs. 2** Anwendung.

§. 2325. Unverändert.

Achter Abschnitt.

Erbschein.

§§. 2326—2343. Unverändert.

Neunter Abschnitt.

Erbschaftskauf.

§. 2344. Unverändert.

§. 2345. Gestrichen.

§§. 2346—2359. Unverändert.

Einführungsgesetz.

Erster Abschnitt.

Allgemeine Vorschriften.

(Artikel 1 bis 30.)

Artikel 1.

Das Bürgerliche Gesetzbuch tritt **am 1. Januar 1900** gleichzeitig mit einem Gesetze, betreffend Aenderungen des Gerichtsverfassungsgesetzes, der Civilprozeßordnung und der Konkursordnung, einem Gesetz über die Zwangsversteigerung und die Zwangsverwaltung, einer Grundbuchordnung und einem Gesetz über die Angelegenheiten der freiwilligen Gerichtsbarkeit in Kraft.

Artikel 2 bis 8. Unverändert.

Artikel 9.

Ein einem fremden Staate angehörender und nach dessen Gesetzen rechtsfähiger Verein,

Vorlage.

der die Rechtsfähigkeit im Inlande nur nach den Vorschriften des §. 21 des Bürgerlichen Gesetzbuchs erlangen könnte, gilt als rechtsfähig, wenn seine Rechtsfähigkeit durch Beschluß des Bundesraths anerkannt ist. Auf nicht anerkannte ausländische Vereine der bezeichneten Art finden die Vorschriften über die Gesellschaft sowie die Vorschrift des §. 51 Satz 2 des Bürgerlichen Gesetzbuchs Anwendung.

Artikel 12.

Die Eingehung der Ehe wird, sofern auch nur einer der Verlobten ein Deutscher ist, in Ansehung eines jeden der Verlobten nach den Gesetzen des Staates beurtheilt, dem der Verlobte angehört. Das Gleiche gilt für Ausländer, die im Inland eine Ehe eingehen.

In Ansehung der Ehefrau eines nach Artikel 8 Abs. 3 für todt erklärten Ausländers wird die Eingehung der Ehe nach den deutschen Gesetzen beurtheilt.

Die Form einer Ehe, die im Inlande geschlossen wird, bestimmt sich ausschließlich nach den deutschen Gesetzen.

Artikel 16.

Für die Scheidung der Ehe sind die Gesetze des Staates maßgebend, dem der Ehemann zur Zeit der Erhebung der Klage angehört.

Eine Thatsache, die sich ereignet hat, während der Mann einem anderen Staate angehörte, kann als Scheidungsgrund nur geltend gemacht werden, wenn die Thatsache auch nach den Gesetzen dieses Staates ein Scheidungsgrund oder ein Trennungsgrund ist.

Ist zur Zeit der Erhebung der Klage die Reichsangehörigkeit des Mannes erloschen, die Frau aber Deutsche, so finden die deutschen Gesetze Anwendung.

Auf Scheidung kann auf Grund eines ausländischen Gesetzes im Inlande nur erkannt werden, wenn auch nach den deutschen Gesetzen die Scheidung zulässig sein würde.

Artikel 21.

Die Legitimation eines unehelichen Kindes

Beschlüsse der Kommission.

der die Rechtsfähigkeit im Inlande nur nach den Vorschriften der §§. 21, **21a** des Bürgerlichen Gesetzbuchs erlangen könnte, gilt als rechtsfähig, wenn seine Rechtsfähigkeit durch Beschluß des Bundesraths anerkannt ist. Auf nicht anerkannte ausländische Vereine der bezeichneten Art finden die Vorschriften über die Gesellschaft sowie die Vorschrift des §. 51 Satz 2 des Bürgerlichen Gesetzbuchs Anwendung.

Artikel 10, 11. Unverändert.

Artikel 12.

Die Eingehung der Ehe, wird, sofern auch nur einer der Verlobten ein Deutscher ist, in Ansehung eines jeden der Verlobten nach den Gesetzen des Staates beurtheilt, dem **er** angehört. Das Gleiche gilt für Ausländer, die im Inland eine Ehe eingehen.

Absatz 2 und 3 unverändert.

Artikel 13 bis 15. Unverändert.

Artikel 16. Absatz 1 bis 3 unverändert.

Auf Scheidung sowie auf Aufhebung der ehelichen Gemeinschaft kann auf Grund eines ausländischen Gesetzes im Inlande nur erkannt werden, wenn sowohl nach dem ausländischen Gesetze als nach den deutschen Gesetzen die Scheidung zulässig sein würde.

Artikel 17 bis 20. Unverändert.

Artikel 21.

Die Legitimation eines unehelichen Kindes

Vorlage.

sowie die Annahme an Kindesstatt bestimmt sich, wenn der Vater zur Zeit der Legitimation oder der Annehmende zur Zeit der Annahme die Reichsangehörigkeit besitzt, nach den deutschen Gesetzen.

Gehört der Vater oder der Annehmende einem fremden Staate an, während das Kind die Reichsangehörigkeit besitzt, so sind die Legitimation und die Annahme unwirksam, wenn die nach den deutschen Gesetzen erforderliche Einwilligung des Kindes oder eines Dritten, zu dem das Kind in einem familienrechtlichen Verhältnisse steht, nicht erfolgt ist.

Artikel 22.

Eine Vormundschaft oder eine Pflegschaft kann im Inland auch über einen Ausländer, sofern der Staat, dem er angehört, die Fürsorge nicht übernimmt, angeordnet werden, wenn der Ausländer nach den Gesetzen dieses Staates der Fürsorge bedarf oder im Inland entmündigt ist.

Das deutsche Vormundschaftsgericht kann vorläufige Maßregeln treffen, so lange eine Vormundschaft oder Pflegschaft nicht angeordnet ist.

Artikel 23.

Ein Deutscher wird, auch wenn er seinen Wohnsitz im Auslande hatte, nach den deutschen Gesetzen beerbt.

Hat ein Deutscher zur Zeit seines Todes seinen Wohnsitz im Auslande gehabt, so können die Erben sich in Ansehung der Haftung für die Nachlaßverbindlichkeiten auch auf die an dem Wohnsitz des Erblassers geltenden Gesetze berufen.

Erwirbt ein Ausländer, der eine Verfügung von Todeswegen errichtet oder aufgehoben hat, die Reichsangehörigkeit, so wird die Gültigkeit der Errichtung oder der Aufhebung nach den Gesetzen des Staates beurtheilt, dem er zur Zeit der Errichtung oder der Aufhebung angehörte; auch behält er die Fähigkeit zur Errichtung einer Verfügung von Todeswegen, selbst wenn er das nach den deutschen Gesetzen dazu erforderliche Alter noch nicht erreicht hat. Die Vorschrift des Artikel 10 Abs. 1 Satz 2 bleibt unberührt.

Beschlüsse der Kommission.

sowie die Annahme an Kindesstatt bestimmt sich, wenn der Vater zur Zeit der Legitimation oder der Annehmende zur Zeit der Annahme die Reichsangehörigkeit besitzt, nach den deutschen Gesetzen.

Gehört der Vater oder der Annehmende einem fremden Staate an, während das Kind die Reichsangehörigkeit besitzt, so **ist** die Legitimation **oder** die Annahme unwirksam, wenn die nach den deutschen Gesetzen erforderliche Einwilligung des Kindes oder eines Dritten, zu dem das Kind in einem familienrechtlichen Verhältnisse steht, nicht erfolgt ist.

Artikel 22. Absatz 1 unverändert.

Das deutsche Vormundschaftsgericht kann vorläufige Maßregeln treffen, **solange** eine Vormundschaft oder Pflegschaft nicht angeordnet ist.

Artikel 23. Absatz 1, 2 unverändert.

Erwirbt ein Ausländer, der eine Verfügung von Todeswegen errichtet oder aufgehoben hat, die Reichsangehörigkeit, so wird die Gültigkeit der Errichtung oder der Aufhebung nach den Gesetzen des Staates beurtheilt, dem er zur Zeit der Errichtung oder der Aufhebung angehörte; auch behält er die Fähigkeit zur Errichtung einer Verfügung von Todeswegen, selbst wenn er das nach den deutschen Gesetzen erforderliche Alter noch nicht erreicht hat. Die Vorschrift des Artikel 10 Abs. 1 Satz 2 bleibt unberührt.

Artikel 24 bis 30. Unverändert.

Vorlage.

Artikel 31.

Die Vorschriften der Reichsgesetze bleiben in Kraft. Sie treten jedoch insoweit außer Kraft, als aus dem Bürgerlichen Gesetzbuch oder aus diesem Gesetze die Aufhebung sich ergiebt.

Artikel 33.

Das Strafgesetzbuch wird dahin geändert:

I. Im §. 34 Nr. 6 werden die Worte: „Vormund, Nebenvormund, Kurator, gerichtlicher Beistand oder Mitglied eines Familienraths" ersetzt durch die Worte:

„Vormund, Gegenvormund, Pfleger, Beistand der Mutter, Mitglied eines Familienraths oder Kurator."

II. Der §. 55 Abs. 2 fällt weg.

III. An die Stelle des §. 65 treten folgende Vorschriften:

Der Verletzte, welcher das achtzehnte Lebensjahr vollendet hat, ist selbständig zu dem Antrage auf Bestrafung berechtigt. Solange er minderjährig ist, hat unabhängig

Beschlüsse der Kommission.

Zweiter Abschnitt.

Verhältniß des Bürgerlichen Gesetzbuchs zu den Reichsgesetzen.

(Artikel 31 bis 52.)

Artikel 31.

Die Vorschriften der Reichsgesetze bleiben in Kraft. Sie treten jedoch insoweit außer Kraft, als **sich** aus dem Bürgerlichen Gesetzbuch oder aus diesem Gesetze die Aufhebung ergiebt.

Artikel 32. Unverändert.

Artikel 33.

Das Strafgesetzbuch wird dahin geändert:

I. Unverändert.

II. An die Stelle des §. 55 treten folgende Vorschriften:

Wer bei Begehung der Handlung das zwölfte Lebensjahr nicht vollendet hat, kann wegen derselben nicht strafrechtlich verfolgt werden. Gegen denselben können jedoch nach Maßgabe der landesgesetzlichen Vorschriften die zur Besserung und Beaufsichtigung geeigneten Maßregeln getroffen werden. Die Unterbringung in eine Familie, Erziehungsanstalt oder Besserungsanstalt kann nur erfolgen, nachdem durch Beschluß des Vormundschaftsgerichtes die Begehung der Handlung festgestellt und die Unterbringung für zulässig erklärt ist.

III. bis IX. Unverändert.

Vorlage.

Beschlüsse der Kommission.

von seiner eigenen Befugniß auch sein gesetzlicher Vertreter das Recht, den Antrag zu stellen.

Ist der Verletzte geschäftsunfähig oder hat er das achtzehnte Lebensjahr noch nicht vollendet, so ist sein gesetzlicher Vertreter der zur Stellung des Antrages Berechtigte.

IV. Als §. 145a wird folgende Vorschrift eingestellt:

Wer im Inlande Schuldverschreibungen auf den Inhaber, in denen die Zahlung einer bestimmten Geldsumme versprochen wird, ohne die erforderliche staatliche Genehmigung ausstellt und in den Verkehr bringt, wird mit einer Geldstrafe bestraft, die dem fünften Theile des Nennwerths der ausgegebenen Schuldverschreibungen gleichkommen kann, mindestens aber dreihundert Mark beträgt.

V. Im §. 171 Abs. 1 und Abs. 3 werden die Worte: „aufgelöst, für ungültig oder nichtig erklärt worden ist“, ersetzt durch die Worte:

„aufgelöst oder für nichtig erklärt worden ist.“

VI. An die Stelle des §. 195 tritt folgende Vorschrift:

Ist eine Ehefrau beleidigt worden, so hat sowohl sie als ihr Ehemann das Recht, auf Bestrafung anzutragen.

VII. Im §. 235 werden die Worte: „ihren Eltern oder ihrem Vormunde“ ersetzt durch die Worte:

„ihren Eltern, ihrem Vormunde oder ihrem Pfleger“.

VIII. Im §. 237 werden die Worte: „ihrer Eltern oder ihres Vormundes“ ersetzt durch die Worte:

„ihrer Eltern, ihres Vormundes oder ihres Pflegers“.

IX. Im §. 238 werden die Worte: „für ungültig erklärt worden ist“ ersetzt durch die Worte:

„für nichtig erklärt worden ist“.

Vorlage.

Artikel 34.

Die Strafprozeßordnung wird dahin abgeändert:

I. Der §. 11 Abs. 1 erhält folgenden Zusatz:

Gehört ein Deutscher einem Bundesstaate nicht an, so gilt als sein Wohnsitz ein durch allgemeine Anordnung des Reichskanzlers zu bestimmender Gerichtsbezirk der Stadt Berlin.

II. An die Stelle des §. 149 Abs. 2 tritt folgende Vorschrift:

Dasselbe gilt von dem gesetzlichen Vertreter eines Angeklagten.

Artikel 35.

Die Gewerbeordnung wird dahin geändert:

I. Der §. 11 Abs. 2 fällt weg; als §. 11a werden folgende Vorschriften eingestellt:

Betreibt eine Ehefrau, für deren güterrechtliche Verhältnisse ausländische Gesetze maßgebend sind, im Inlande selbständig ein Gewerbe, so ist es auf ihre Geschäftsfähigkeit in Angelegenheiten des Gewerbes ohne Einfluß, daß sie Ehefrau ist.

Soweit die Frau in Folge des Güterstandes in der Verfügung über ihr Vermögen beschränkt ist, finden die Vorschriften des §. 1388 des Bürgerlichen Gesetzbuchs Anwendung. Hat die Frau ihren Wohnsitz nicht im Inlande, so ist der Einspruch des Mannes gegen den Betrieb des Gewerbes und der

Beschlüsse der Kommission.

Artikel 34.

Die Strafprozeßordnung wird dahin geändert:

I. **Im** §. 11 Abs. 1 **treten an die Stelle der Sätze 2, 3 folgende Vorschriften:**

In Ermangelung eines solchen Wohnsitzes gilt die Hauptstadt des Heimathstaats als ihr Wohnsitz; ist die Hauptstadt in mehrere Gerichtsbezirke getheilt, so wird der als Wohnsitz geltende Bezirk von der Landesjustizverwaltung durch allgemeine Anordnung bestimmt. Gehört ein Deutscher einem Bundesstaate nicht an, so gilt als sein Wohnsitz **die** Stadt Berlin; **ist die Stadt Berlin in mehrere Gerichtsbezirke getheilt, so wird der als Wohnsitz geltende Bezirk von dem Reichskanzler durch allgemeine Anordnung bestimmt.**

II. Unverändert.

Artikel 35.

Die Gewerbeordnung wird dahin geändert:

I. Unverändert.

Vorlage.	Beschlüsse der Kommission.
Widerruf der ertheilten Einwilligung in das Güterrechtsregister des Bezirks einzutragen, in welchem das Gewerbe betrieben wird. Betreibt die Frau das Gewerbe mit Einwilligung des Mannes oder gilt die Einwilligung nach §. 1388 Abs. 2 des Bürgerlichen Gesetzbuchs als ertheilt, so haftet für die Verbindlichkeiten der Frau aus dem Gewerbebetriebe ihr Vermögen ohne Rücksicht auf die dem Manne kraft des Güterstandes zustehenden Rechte; im Falle des Bestehens einer ehelichen Gütergemeinschaft haftet auch das gemeinschaftliche Vermögen.	
II. Im §. 107 Abs. 1 werden 1. im Satz 4 die Worte: „an den Vater oder Vormund, sofern diese es verlangen", ersetzt durch die Worte: „an den gesetzlichen Vertreter, sofern dieser es verlangt", 2. im Satz 5 die Worte: „an die Mutter" ersetzt durch die Worte: „an die zur gesetzlichen Vertretung nicht berechtigte Mutter".	II. Unverändert.
III. Im §. 108 treten an die Stelle des Satz 2 folgende Vorschriften: Die Ausstellung erfolgt auf Antrag oder mit Zustimmung des gesetzlichen Vertreters. Steht die gesetzliche Vertretung kraft elterlicher Gewalt dem Vater oder der Mutter zu und ist die Erklärung des Vertreters nicht zu beschaffen oder verweigert dieser die Zustimmung ohne genügenden Grund und zum Nachtheile des Arbeiters, so kann die Gemeindebehörde die Zustimmung ergänzen.	III. Im §. 108 treten an die Stelle des Satz 2 folgende Vorschriften: Die Ausstellung erfolgt auf Antrag oder mit Zustimmung des gesetzlichen Vertreters. Ist die Erklärung des **gesetzlichen** Vertreters nicht zu beschaffen oder verweigert dieser die Zustimmung ohne genügenden Grund und zum Nachtheile des Arbeiters, so kann die Gemeindebehörde die Zustimmung ergänzen.
IV. Im §. 110 Abs. 1 werden die Worte: „seines Vaters oder Vormunds" ersetzt durch die Worte: „seines gesetzlichen Vertreters". V. Im §. 113 tritt an die Stelle des Abs. 4 folgende Vorschrift: Ist der Arbeiter minderjährig,	IV. bis VII. Unverändert.

Vorlage.

so kann das Zeugniß von dem gesetzlichen Vertreter gefordert werden. Dieser kann verlangen, daß das Zeugniß an ihn, nicht an den Minderjährigen ausgehändigt werde. Mit Genehmigung der Gemeindebehörde des im §. 108 bezeichneten Ortes kann auch gegen den Willen des gesetzlichen Vertreters die Aushändigung unmittelbar an den Arbeiter erfolgen.

VI. Im §. 131 Abs. 1 Satz 1 werden die Worte: „von dem Vater oder Vormunde" ersetzt durch die Worte:
„von dem gesetzlichen Vertreter".

VII. Im §. 133 Abs. 2 Satz 1 werden die Worte: „der Vater des Lehrlings" ersetzt durch die Worte:
„der Vater des Lehrlings, sofern er die Sorge für die Person des Lehrlings hat".

Artikel 39.

Das Gesetz, betreffend die Eheschließung und die Beurkundung des Personenstandes von Bundesangehörigen im Auslande, vom 4. Mai 1870 (Bundes-Gesetzbl. S. 599) wird dahin geändert:

I. In dem §. 3 Abs. 1 Satz 1, dem §. 9, dem §. 11 Abs. 2 und dem §. 12 Abs. 1 Satz 2 wird das Wort: „muß" ersetzt durch das Wort:
„soll".

II. An die Stelle der §§. 7, 8 treten folgende Vorschriften:

§. 7.

Die Ehe wird dadurch geschlossen, daß die Verlobten vor dem Beamten persönlich und bei gleichzeitiger Anwesenheit erklären, die Ehe mit einander eingehen zu wollen, und daß *hierauf der Beamte die Ehe für geschlossen erklärt.*

Die Erklärungen können nicht unter einer Bedingung oder einer Zeitbestimmung abgegeben werden.

Beschlüsse der Kommission.

Artikel 36 bis 38.

Unverändert.

Artikel 39.

I. Unverändert.

II. An die Stelle der §§. 7, 8 treten folgende Vorschriften:

§. 7.

Die Ehe wird dadurch geschlossen, daß die Verlobten vor dem Beamten persönlich und bei gleichzeitiger Anwesenheit erklären, die Ehe mit einander eingehen zu wollen. **Der Beamte muß zur Entgegennahme der Erklärungen bereit sein.**

Die Erklärungen können nicht unter einer Bedingung oder einer Zeitbestimmung abgegeben werden.

Vorlage.

§. 7a.

Der Beamte soll bei der Eheschließung in Gegenwart von zwei Zeugen an die Verlobten einzeln und nach einander die Frage richten, ob sie die Ehe mit einander eingehen wollen, und, nachdem die Verlobten die Frage bejaht haben, aussprechen, daß er kraft Gesetzes sie für rechtmäßig verbundene Eheleute erkläre.

Als Zeugen sollen Personen, die der bürgerlichen Ehrenrechte für verlustig erklärt sind, während der Zeit, für welche die Aberkennung der Ehrenrechte erfolgt ist, sowie Minderjährige nicht zugezogen werden. Personen, die mit einem der Verlobten, mit dem Beamten oder mit einander verwandt oder verschwägert sind, dürfen als Zeugen zugezogen werden.

§. 8a.

Eine Ehe, die vor einem zur Eheschließung ermächtigten Beamten (§. 1) oder vor einer im §. 8 einem solchen Beamten gleichgestellten Person geschlossen wird, ist wegen Formmangels nur dann nichtig, wenn bei der Eheschließung die im §. 7 vorgeschriebene Form nicht beobachtet worden ist.

Ist die Ehe in das Heirathsregister eingetragen worden und haben die Ehegatten nach der Eheschließung zehn Jahre als Ehegatten mit einander gelebt, so ist die Ehe als von Anfang an gültig anzusehen.

Beschlüsse der Kommission.

§. 7a.

Der Beamte soll bei der Eheschließung in Gegenwart von zwei Zeugen an die Verlobten einzeln und nach einander die Frage richten, ob sie die Ehe mit einander eingehen wollen, und, nachdem die Verlobten die Frage bejaht haben, aussprechen, daß **sie kraft dieses Gesetzes nunmehr** rechtmäßig verbundene Eheleute **seien.**

Absatz 2 unverändert.

§. 8. Unverändert.

§. 8a.

Absatz 1 unverändert.

Ist die Ehe in das Heirathsregister eingetragen worden und haben die Ehegatten nach der Eheschließung zehn Jahre **oder, falls einer von ihnen vorher gestorben ist, bis zu dessen Tode, jedoch mindestens drei Jahre** als Ehegatten mit einander gelebt, so ist die Ehe als von Anfang an gültig anzusehen. **Diese Vorschrift findet keine Anwendung, wenn bei dem Ablaufe der zehn Jahre oder zur Zeit des Todes des einen Ehegatten die Nichtigkeitsklage erhoben ist.**

Vorlage.

Artikel 45.

Das Gesetz über die Beurkundung des Personenstandes und die Eheschließung vom 6. Februar 1875 (Reichs-Gesetzbl. S. 23) wird dahin geändert:

I. Die §§. 28 bis 40, 42, 43, 51 bis 53 werden aufgehoben.

II. An die Stelle der §§. 41, 44, 50, 55 treten folgende Vorschriften:

§. 41.

Für die Eheschließung sind die Vorschriften des Bürgerlichen Gesetzbuchs maßgebend.

§. 44.

Für die Anordnung des vor der Eheschließung zu erlassenden Aufgebots ist jeder Standesbeamte zuständig, vor dem nach §. 1303 des Bürgerlichen Gesetzbuchs die Ehe geschlossen werden *kann*.

§. 50.

Der Standesbeamte soll ohne Aufgebot die Eheschließung nur vornehmen, wenn ihm ärztlich bescheinigt wird, daß die lebensgefährliche Erkrankung eines der Verlobten den Aufschub der Eheschließung nicht gestattet.

§. 55.

Ist eine Ehe für nichtig erklärt oder ist in einem Rechtsstreite, der die Feststellung des Bestehens oder des Nichtbestehens einer Ehe zwischen den Parteien zum Gegenstande hat, das Nichtbestehen der Ehe festgestellt oder ist eine Ehe vor dem Tode eines der Ehegatten aufgelöst, so ist dies am Rande der über die Eheschließung bewirkten Eintragung zu vermerken.

Beschlüsse der Kommission.

Artikel 40 bis 44. Unverändert.

Artikel 45.

I. Unverändert.

II. An die Stelle der §§. 41, 44, 50, 55 treten folgende Vorschriften:

§. 41. Unverändert.

§. 44.

Für die Anordnung des vor der Eheschließung zu erlassenden Aufgebots ist jeder Standesbeamte zuständig, vor dem nach §. 1303 des Bürgerlichen Gesetzbuchs die Ehe geschlossen werden **darf**.

§. 50. Unverändert.

§. 55.

Ist eine Ehe für nichtig erklärt, ist in einem Rechtsstreite, der die Feststellung des Bestehens oder des Nichtbestehens einer Ehe zwischen den Parteien zum Gegenstande hat, das Nichtbestehen der Ehe festgestellt, ist eine Ehe vor dem Tode eines der Ehegatten aufgelöst **oder ist nach §. 1557a des Bürgerlichen Gesetzbuchs die eheliche Gemeinschaft aufgehoben,** so ist dies am Rande der über die Eheschließung bewirkten Eintragung zu vermerken.

Wird die eheliche Gemeinschaft nach der Aufhebung wiederhergestellt, so ist dies auf Antrag am Rande zu vermerken.

Vorlage.

III. Im §. 69 werden die Worte: „in diesem Gesetze" ersetzt durch die Worte:
„in diesem Gesetze und in dem Bürgerlichen Gesetzbuche".

IV. Im §. 75 Abs. 1 werden die Worte: „nach den Vorschriften dieses Gesetzes" ersetzt durch die Worte:
„nach den Vorschriften des Bürgerlichen Gesetzbuchs".

V. Im §. 82 werden die Worte: „durch dieses Gesetz" ersetzt durch die Worte:
„durch die Vorschriften dieses Gesetzes und des Bürgerlichen Gesetzbuchs".

Artikel 60.

Unberührt bleiben die landesgesetzlichen Vorschriften über Rentengüter und über die dem preußischen Gesetze, betreffend die Beförderungen deutscher Ansiedelungen, vom 26. April 1886 unterliegenden sonstigen Güter.

Beschlüsse der Kommission.

III. (Neu.)

Der §. 67 erhält folgenden Absatz 2:

Eine strafbare Handlung ist nicht vorhanden, wenn der Geistliche oder der Religionsdiener im Falle einer lebensgefährlichen, einen Aufschub nicht gestattenden Erkrankung eines der Verlobten zu den religiösen Feierlichkeiten der Eheschließung schreitet.

IV. Im §. 69 werden die Worte: „in diesem Gesetze" ersetzt durch die Worte:
„in diesem Gesetze und in dem Bürgerlichen Gesetzbuche".

V. Im §. 75 Abs. 1 werden die Worte: „nach den Vorschriften dieses Gesetzes" ersetzt durch die Worte:
„nach den Vorschriften des Bürgerlichen Gesetzbuchs".

V. der Vorlage gestrichen.

Artikel 45a. (Neu.)

Der §. 3 des Gesetzes, betreffend den Wucher, vom 24. Mai 1880 (Reichs-Gesetzbl. S. 109) in der Fassung des Art. II des Gesetzes, betreffend Ergänzung der Bestimmungen über den Wucher, vom 19. Juni 1893 (Reichs-Gesetzbl. S. 197) wird aufgehoben.

Artikel 46 bis 52. Unverändert.

Dritter Abschnitt.

Verhältniß des Bürgerlichen Gesetzbuchs zu den Landesgesetzen.

(Artikel 53 bis 152.)

Artikel 53 bis 59. Unverändert.

Artikel 60.

Unberührt bleiben die landesgesetzlichen Vorschriften über Rentengüter und **Ansiedelungsstellen.**

Vorlage.

Artikel 62.

Unberührt bleiben die landesgesetzlichen Vorschriften über das Anerbenrecht in Ansehung landwirthschaftlicher und forstwirthschaftlicher Grundstücke nebst deren Zubehör.

Die Landesgesetze können das Recht des Erblassers über das dem Anerbenrecht unterliegende Grundstück von Todes wegen zu verfügen, nicht beschränken.

Artikel 69.

Unberührt bleiben die landesgesetzlichen Vorschriften, nach welchen

1. die Verpflichtung zum Ersatze des Wildschadens auch dann eintritt, wenn der Schaden durch jagdbare Thiere anderer als der im §. 819 des Bürgerlichen Gesetzbuchs bezeichneten Gattungen angerichtet wird;
2. für den Wildschaden, der durch ein aus einem Gehege ausgetretenes jagdbares Thier angerichtet wird, der Eigenthümer oder der Besitzer des Geheges verantwortlich ist;
3. der Eigenthümer eines Grundstücks, wenn das Jagdrecht auf einem anderen Grundstücke nur gemeinschaftlich mit dem Jagdrecht auf seinem Grundstück ausgeübt werden darf, für den auf dem anderen Grundstück angerichteten Wildschaden auch dann haftet, wenn er die ihm angebotene Pachtung der Jagd abgelehnt hat;
4. der Wildschaden, der an Gärten, Obstgärten, Weinbergen, Baumschulen und einzelstehenden Bäumen angerichtet wird, dann nicht zu ersetzen ist, wenn die Herstellung von Schutzvorrichtungen unterblieben ist, die unter gewöhnlichen Umständen zur Abwendung des Schadens ausreichen;
5. die Verpflichtung zum Schadensersatz im Falle des §. 819 Abs. 3 des Bürgerlichen Gesetzbuchs abweichend bestimmt wird;
6. die Gemeinde an Stelle der Eigenthümer der zu einem Jagdbezirke ver-

Beschlüsse der Kommission.

Artikel 61. Unverändert.

Artikel 62. Absatz 1 unverändert.

Die Landesgesetze können das Recht des Erblassers, über das dem Anerbenrecht unterliegende Grundstück von **Todeswegen** zu verfügen, nicht beschränken.

Artikel 63 bis 68. Unverändert.

Artikel 69. Nr. 1 bis 6 unverändert.

Vorlage.

einigten Grundstücke zum Ersatze des Wildschadens verpflichtet und zum Rückgriff auf die Eigenthümer berechtigt ist oder an Stelle der Eigenthümer oder des Verbandes der Eigenthümer oder der Gemeinde oder neben ihnen der Jagdpächter zum Ersatze des Schadens verpflichtet ist;

7. der zum Ersatze des Wildschadens Verpflichtete Erstattung des geleisteten Ersatzes von demjenigen verlangen kann, welcher in einem anderen Bezirke zur Ausübung der Jagd berechtigt ist.

Artikel 76.

Unberührt bleiben die landesgesetzlichen Vorschriften über die Haftung der Beamten für die von ihnen angenommenen Stellvertreter und Gehülfen.

Artikel 77.

Unberührt bleiben die landesgesetzlichen Vorschriften über die Haftung der zur amtlichen Feststellung des Werthes von Grundstücken bestellten Sachverständigen für den aus einer Verletzung ihrer Berufspflicht entstehenden Schaden.

Artikel 80.

Unberührt bleiben die landesgesetzlichen Vorschriften über die Beaufsichtigung juristischer Personen.

Artikel 85.

Unberührt bleiben die landesgesetzlichen Vorschriften über das Erlöschen oder die Umwandlung von Stiftungen.

Artikel 86.

Unberührt bleiben die landesgesetzlichen Vorschriften, welche den Erwerb von Rechten durch juristische Personen beschränken oder von staatlicher Genehmigung abhängig machen. Wird die nach dem Landesgesetze zu einem Erwerbe von Todeswegen erforderliche Ge-

Beschlüsse der Kommission.

Nr. 7 gestrichen.

Artikel 70 bis 75. Unverändert.

Artikel 76.

Unberührt bleiben die landesgesetzlichen Vorschriften, **nach welchen die Beamten** für die von ihnen angenommenen Stellvertreter und Gehülfen **in weiterem Umfange als nach dem Bürgerlichen Gesetzbuche haften.**

Artikel 77.

Unberührt bleiben die landesgesetzlichen Vorschriften, **nach welchen die** zur amtlichen Feststellung des Werthes von Grundstücken bestellten Sachverständigen für den aus einer Verletzung ihrer Berufspflicht **entstandenen** Schaden **in weiterem Umfange als nach dem Bürgerlichen Gesetzbuche haften.**

Artikel 78, 79. Unverändert.

Artikel 80. Gestrichen.

Artikel 81 bis 84. Unverändert.

Artikel 85. Gestrichen.

Artikel 86.

Unberührt bleiben die landesgesetzlichen Vorschriften, welche den Erwerb von Rechten durch juristische Personen beschränken oder von staatlicher Genehmigung abhängig machen, **soweit diese Vorschriften Gegenstände im Werth von mehr als dreitausend Mark be-**

Vorlage.

nehmigung ertheilt, so gilt sie als vor dem Erbfall ertheilt; wird sie verweigert, so gilt die juristische Person in Ansehung des Anfalls als nicht vorhanden; die Vorschrift des §. 2018 des Bürgerlichen Gesetzbuchs findet entsprechende Anwendung.

Artikel 87.

Unberührt bleiben die landesgesetzlichen Vorschriften, welche die Wirksamkeit von Schenkungen an Mitglieder religiöser Orden oder ordensähnlicher Kongregationen von staatlicher Genehmigung abhängig machen.

Unberührt bleiben die landesgesetzlichen Vorschriften, nach welchen Mitglieder religiöser Orden oder ordensähnlicher Kongregationen nur mit staatlicher Genehmigung von Todeswegen erwerben können. Die Vorschriften des Artikel 86 Satz 2 finden entsprechende Anwendung.

Artikel 95.

Unberührt bleiben die landesgesetzlichen Vorschriften, welche dem Gesinderecht angehören, unbeschadet der Vorschriften der §§. 100 bis 111, 127, 272, 610, 615, 815, des §. 825 Abs. 2 und des §. 1341 des Bürgerlichen Gesetzbuchs. Dies gilt insbesondere auch von den Vorschriften über die Schadensersatzpflicht desjenigen, welcher Gesinde zum widerrechtlichen Verlassen des Dienstes verleitet oder in Kenntniß eines noch bestehenden Gesindeverhältnisses in Dienst nimmt oder ein unrichtiges Dienstzeugniß ertheilt.

Beschlüsse der Kommission.

treffen. Wird die nach dem Landesgesetze zu einem Erwerbe von Todeswegen erforderliche Genehmigung ertheilt, so gilt sie als vor dem Erbfall ertheilt; wird sie verweigert, so gilt die juristische Person in Ansehung des Anfalls als nicht vorhanden; die Vorschrift des §. 2018 des Bürgerlichen Gesetzbuchs findet entsprechende Anwendung.

Artikel 87.

Unberührt bleiben die landesgesetzlichen Vorschriften, welche die Wirksamkeit von Schenkungen an Mitglieder religiöser Orden oder ordensähnlicher Kongregationen von staatlicher Genehmigung abhängig machen.

Unberührt bleiben die landesgesetzlichen Vorschriften, nach welchen Mitglieder religiöser Orden oder ordensähnlicher Kongregationen nur mit staatlicher Genehmigung von Todeswegen erwerben können. Die Vorschriften des Artikel 86 Satz 2 finden entsprechende Anwendung.

Mitglieder solcher religiöser Orden oder ordensähnlicher Kongregationen, bei denen Gelübde auf Lebenszeit oder auf unbestimmte Zeit nicht abgelegt werden, unterliegen nicht den in den Abs. 1, 2 bezeichneten Vorschriften.

Artikel 88 bis 94. Unverändert.

Artikel 95.

Unberührt bleiben die landesgesetzlichen Vorschriften, welche dem Gesinderecht angehören. Dies gilt insbesondere auch von den Vorschriften über die Schadensersatzpflicht desjenigen, welcher Gesinde zum widerrechtlichen Verlassen des Dienstes verleitet oder in Kenntniß eines noch bestehenden Gesindeverhältnisses in Dienst nimmt oder ein unrichtiges Dienstzeugniß ertheilt.

Die Vorschriften der §§. 100 bis 111, 127, 272, **609a bis 610a** 615, 815, des §. 825 Abs. 2 und des §. 1341 des Bürgerlichen Gesetzbuchs **finden Anwendung, die Vorschriften des §. 609a jedoch nur insoweit, als die Landesgesetze dem Gesinde nicht weitergehende Ansprüche gewähren.**

Ein Züchtigungsrecht steht dem Dienstberechtigten dem Gesinde gegenüber nicht zu.

Artikel 96, 97. Unverändert.

Vorlage.

Beschlüsse der Kommission.

Artikel 97a. (Neu.)

Unberührt bleiben die landesgesetzlichen Vorschriften über die Rückzahlung oder Umwandlung verzinslicher Staatsschulden, für die Inhaberpapiere ausgegeben oder die im Staatsschuldbuch eingetragen sind.

Artikel 98 bis 118. Unverändert.

Vorlage:

Artikel 119.

Unberührt bleiben die landesgesetzlichen Vorschriften, nach welchen im Falle der Veräußerung eines Theiles eines Grundstücks dieser Theil von den Belastungen des Grundstücks befreit wird, wenn von der zuständigen Behörde festgestellt wird, daß die Rechtsänderung für die Berechtigten unschädlich ist.

Unberührt bleiben die landesgesetzlichen Vorschriften, nach welchen unter der gleichen Voraussetzung:

1. im Falle der Theilung eines mit einer Reallast belasteten Grundstücks die Reallast auf die einzelnen Theile des Grundstücks vertheilt wird;
2. im Falle der Aufhebung eines dem jeweiligen Eigenthümer eines Grundstücks an einem anderen Grundstücke zustehenden Rechtes die Zustimmung derjenigen nicht erforderlich ist, zu deren Gunsten das Grundstück des Berechtigten belastet ist;
3. im Falle des Artikel 50 der dem Eigenthümer zustehende Entschädigungsanspruch von dem einem Dritten an dem Anspruche zustehenden Rechte befreit wird.

Beschlüsse der Kommission:

Artikel 119.

Absatz 1 und Absatz 2 Ziffer 1 und 2 unverändert.

3. **in den Fällen des §. 1111 des Bürgerlichen Gesetzbuches und des Artikel 50 dieses Gesetzes** der dem Eigenthümer zustehende Entschädigungsanspruch von dem einem Dritten an dem Anspruche zustehenden Rechte befreit wird.

Artikel 120. Unverändert.

Vorlage:

Artikel 121.

Unberührt bleiben die landesgesetzlichen Vorschriften, welche die Rechte des Eigenthümers eines Grundstücks in Ansehung der auf der Grenze oder auf dem Nachbargrundstücke stehenden Bäume und Sträucher für den Fall, daß das Nachbargrundstück ein Waldgrundstück ist, abweichend von den Vorschriften des §. 894 und des §. 907 Abs. 2, 3 des Bürgerlichen Gesetzbuchs bestimmen.

Unberührt bleiben die landesgesetzlichen Vorschriften, welche die Rechte des Eigenthümers

Beschlüsse der Kommission:

Artikel 121. Absatz 1 gestrichen.

Unberührt bleiben die landesgesetzlichen Vorschriften, welche die Rechte des Eigenthümers

Vorlage.

eines Grundstücks in Ansehung der auf der Grenze oder auf dem Nachbargrundstücke stehenden Obstbäume abweichend von den Vorschriften des §. 894 des Bürgerlichen Gesetzbuchs bestimmen.

Artikel 123.

Unberührt bleiben die landesgesetzlichen Vorschriften, welche das Eigenthum an Grundstücken zu Gunsten der Nachbarn noch anderen als den im Bürgerlichen Gesetzbuche bestimmten Beschränkungen unterwerfen.

Artikel 134.

Unberührt bleiben die landesgesetzlichen Vorschriften über die Zwangserziehung Minderjähriger. Die Zwangserziehung ist jedoch, unbeschadet der Vorschriften des §. 56 des Strafgesetzbuchs, nur zulässig, wenn sie von dem Vormundschaftsgericht *auf Grund des §. 1643 oder des §. 1814 des Bürgerlichen Gesetzbuchs* angeordnet wird.

Die Landesgesetze können die Entscheidung darüber, ob der Minderjährige in einer Familie oder in einer Erziehungs- oder Besserungsanstalt unterzubringen sei, einer Verwaltungsbehörde übertragen, wenn die Unterbringung auf öffentliche Kosten zu erfolgen hat.

Artikel 139.

Unberührt bleiben die landesgesetzlichen Vorschriften, nach welchen das Nachlaßgericht auch unter anderen als den im §. 1936 Abs. 1 des Bürgerlichen Gesetzbuchs bezeichneten Voraussetzungen die Anfertigung eines Nachlaßverzeichnisses sowie bis zu dessen Vollendung die erforderlichen Sicherungsmaßregeln, insbesondere die Anlegung von Siegeln, von Amtswegen anordnen kann.

Artikel 140.

Die Landesgesetze können bestimmen, daß die Vorschriften des §. 2223 des Bürgerlichen

Beschlüsse der Kommission.

eines Grundstücks in Ansehung der auf der Grenze oder auf dem Nachbargrundstücke stehenden Obstbäume abweichend von den Vorschriften des §. 894 **und des §. 907 Abs. 2** des Bürgerlichen Gesetzbuchs bestimmen.

Artikel 122. Unverändert.

Artikel 123.

Unberührt bleiben die landesgesetzlichen Vorschriften, welche das Eigenthum an Grundstücken zu Gunsten der Nachbarn noch anderen als den im Bürgerlichen Gesetzbuche bestimmten Beschränkungen unterwerfen. **Dies gilt insbesondere auch von den Vorschriften, nach welchen Anlagen sowie Bäume und Sträucher nur in einem bestimmten Abstande von der Grenze gehalten werden dürfen.**

Artikel 124 bis 133. Unverändert.

Artikel 134.

Unberührt bleiben die landesgesetzlichen Vorschriften über die Zwangserziehung Minderjähriger. Die Zwangserziehung ist jedoch, unbeschadet der Vorschriften **der §§. 55,** 56 des Strafgesetzbuchs nur zulässig, wenn sie von dem Vormundschaftsgericht angeordnet wird.

Die Landesgesetze können die Entscheidung darüber, ob der Minderjährige, **dessen Zwangserziehung angeordnet ist,** in einer Familie oder in einer Erziehungs- oder Besserungsanstalt unterzubringen sei, einer Verwaltungsbehörde übertragen, wenn die Unterbringung auf öffentliche Kosten zu erfolgen hat.

Artikel 135 bis 138. Unverändert.

Artikel 139.

Unberührt bleiben die landesgesetzlichen Vorschriften, nach welchen das Nachlaßgericht auch unter anderen als den im §. 1936 Abs. 1 des Bürgerlichen Gesetzbuchs bezeichneten Voraussetzungen die Anfertigung eines Nachlaßverzeichnisses sowie bis zu dessen Vollendung die erforderlichen Sicherungsmaßregeln, insbesondere die Anlegung von Siegeln, von Amtswegen anordnen kann **oder soll.**

Artikel 140. Gestrichen.

Vorlage.

Gesetzbuchs auf Testamente der Gesandten des Bundesstaats und der zu der Gesandtschaft gehörenden, im Dienste des Bundesstaats stehenden Personen Anwendung finden. An die Stelle des Reichskanzlers tritt die landesgesetzlich bestimmte Behörde.

Artikel 149.

Unberührt bleiben die landesgesetzlichen Vorschriften, nach welchen bei der Errichtung einer Verfügung von Todeswegen der Richter an Stelle des Gerichtsschreibers oder der zwei Zeugen eine besonders dazu bestellte Urkundsperson, der Notar an Stelle der zwei Zeugen einen zweiten Notar zuziehen kann.

Auf die Urkundsperson und den zweiten Notar finden die Vorschriften der §§. 2206 bis 2208 des Bürgerlichen Gesetzbuchs Anwendung.

Artikel 153.

Wer zur Zeit des Inkrafttretens des Bürgerlichen Gesetzbuchs das einundzwanzigste Lebensjahr noch nicht vollendet hat, aber für volljährig erklärt ist oder sonst die rechtliche Stellung eines Volljährigen erlangt hat, steht von dieser Zeit einem Volljährigen gleich.

Artikel 183.

Rechte, mit denen eine Sache oder ein Recht zur Zeit des Inkrafttretens des Bürger-

Beschlüsse der Kommission.

Artikel 141 bis 148. Unverändert.

Artikel 149.

Unberührt bleiben die landesgesetzlichen Vorschriften, nach welchen bei der Errichtung einer Verfügung von Todeswegen der Richter an Stelle des Gerichtsschreibers oder der zwei Zeugen eine besonders dazu bestellte Urkundsperson zuziehen kann.

Auf die Urkundsperson finden die Vorschriften der §§. 2206 bis 2208 des Bürgerlichen Gesetzbuchs Anwendung.

Artikel 150 bis 152. Unverändert.

Vierter Abschnitt.

Uebergangsvorschriften.

(Artikel 153 bis 217.)

Artikel 153.

Wer zur Zeit des Inkrafttretens des Bürgerlichen Gesetzbuchs **nicht** das einundzwanzigste Lebensjahr vollendet hat, aber für volljährig erklärt ist oder sonst die rechtliche Stellung eines Volljährigen erlangt hat, steht von dieser Zeit an einem Volljährigen gleich.

Artikel 154 bis 182. Unverändert.

Artikel 182a. **(Neu.)**

Zu Gunsten eines Grundstücks, das zur Zeit des Inkrafttretens des Bürgerlichen Gesetzbuchs mit Wald bestanden ist, bleiben die landesgesetzlichen Vorschriften, welche die Rechte des Eigenthümers eines Nachbargrundstücks in Ansehung der auf der Grenze oder auf dem Waldgrundstücke stehenden Bäume und Sträucher abweichend von den Vorschriften des §. 894 und des §. 907 Abs. 2, 3 des Bürgerlichen Gesetzbuchs bestimmen, bis zur nächsten Verjüngung des Waldes in Kraft.

Artikel 183.

Rechte, mit denen eine Sache oder ein Recht zur Zeit des Inkraftretens des Bürger-

Vorlage.

lichen Gesetzbuchs belastet ist, bleiben mit dem sich aus den bisherigen Gesetzen ergebenden Inhalte und Range bestehen, soweit sich nicht aus den Artikeln 191 bis 194 ein Anderes ergiebt. Von dem Inkrafttreten des Bürgerlichen Gesetzbuchs an gelten jedoch für ein Erbbaurecht die Vorschriften des §. 1001, für eine Grunddienstbarkeit die Vorschriften der §§. 1004 bis 1011 des Bürgerlichen Gesetzbuchs.

Artikel 187.

Durch landesherrliche Verordnung kann bestimmt werden, daß gesetzliche Pfandrechte, die zu der Zeit bestehen, zu welcher das Grundbuch als angelegt anzusehen ist, zur Erhaltung der Wirksamkeit gegenüber dem öffentlichen Glauben des Grundbuchs während einer zehn Jahre nicht übersteigenden, von dem Inkrafttreten des Bürgerlichen Gesetzbuchs an zu berechnenden Frist nicht der Eintragung bedürfen.

Durch landesherrliche Verordnung kann bestimmt werden, daß Miethrechte und Pachtrechte, welche zu der in Abs. 1 bezeichneten Zeit als Rechte an einem Grundstücke bestehen, zur Erhaltung der Wirksamkeit gegenüber dem öffentlichen Glauben des Grundbuchs nicht der Eintragung bedürfen.

Artikel 200.

Die Scheidung erfolgt von dem Inkrafttreten des Bürgerlichen Gesetzbuchs an nach dessen Vorschriften.

Hat sich ein Ehegatte vor dem Inkrafttreten des Bürgerlichen Gesetzbuchs einer Verfehlung der in den §§. 1548 bis 1551 des Bürgerlichen Gesetzbuchs bezeichneten Art schuldig gemacht, so kann auf Scheidung nur erkannt werden, wenn die Verfehlung auch nach den bisherigen Gesetzen ein Scheidungsgrund oder ein Trennungsgrund war.

Artikel 203.

Ist der Vater oder die Mutter zur Zeit des Inkrafttretens des Bürgerlichen Gesetz-

Beschlüsse der Kommission.

lichen Gesetzbuchs belastet ist, bleiben mit dem sich aus den bisherigen Gesetzen ergebenden Inhalt und Range bestehen, soweit sich nicht aus den Artikeln 191 bis 194 ein Anderes ergiebt. Von dem Inkrafttreten des Bürgerlichen Gesetzbuchs an gelten jedoch für ein Erbbaurecht die Vorschriften des §. 1001, für eine Grunddienstbarkeit die Vorschriften der §§. 1004 bis **1011a** des Bürgerlichen Gesetzbuchs.

Artikel 184 bis 186. Unverändert.

Artikel 187. Absatz 1 unverändert.

Durch landesherrliche Verordnung kann bestimmt werden, daß Miethrechte und Pachtrechte, welche zu der **im** Abs. 1 bezeichneten Zeit als Rechte an einem Grundstücke bestehen, zur Erhaltung der Wirksamkeit gegenüber dem öffentlichen Glauben des Grundbuchs nicht der Eintragung bedürfen.

Artikel 188 bis 199. Unverändert

Artikel 200.

Die Scheidung **und die Aufhebung der ehelichen Gemeinschaft erfolgen** von dem Inkrafttreten des Bürgerlichen Gesetzbuches an nach dessen Vorschriften.

Hat sich ein Ehegatte vor dem Inkrafttreten des Bürgerlichen Gesetzbuchs einer Verfehlung der in den §§. 1548 bis 1551 des Bürgerlichen Gesetzbuchs bezeichneten Art schuldig gemacht, so kann auf Scheidung **oder auf Aufhebung der ehelichen Gemeinschaft** nur erkannt werden, wenn die Verfehlung auch nach den bisherigen Gesetzen ein Scheidungsgrund oder ein Trennungsgrund war.

Artikel 201, 202. Unverändert.

Artikel 203. Absatz 1 unverändert.

Vorlage.	Beschlüsse der Kommission.
buchs in der Sorge für die Person oder für das Vermögen des Kindes durch eine Anordnung der zuständigen Behörde beschränkt, so bleibt die Beschränkung in Kraft. Das Vormundschaftsgericht kann die Anordnung nach §. 1648 des Bürgerlichen Gesetzbuchs aufheben.	
Ist dem Vater oder der Mutter die Nutznießung an dem Vermögen des Kindes durch Anordnung der zuständigen Behörde entzogen, so hat das Vormundschaftsgericht die Anordnung auf Antrag aufzuheben, es sei denn, daß die Entziehung der Nutznießung nach §. 1643 Abs. 3 des Bürgerlichen Gesetzbuchs gerechtfertigt ist.	Ist dem Vater oder der Mutter die Nutznießung an dem Vermögen des Kindes durch Anordnung der zuständigen Behörde entzogen, so hat das Vormundschaftsgericht die Anordnung auf Antrag aufzuheben, es sei denn, daß die Entziehung der Nutznießung nach §. 1642 Abs. 2 des Bürgerlichen Gesetzbuchs gerechtfertigt ist.
	Artikel 204 bis 217. Unverändert.

Berlin, den 11. Juni 1896.

Resolutionen.

Die Kommission beantragt:

Der Reichstag wolle beschließen:

I. es werde die Erwartung ausgesprochen, daß in der gleichzeitig mit dem Bürgerlichen Gesetzbuch in Kraft tretenden Novelle zur Civilprozeßordnung folgende Vorschriften aufgenommen werden:

1. im §. 621: Die von dem zu Entmündigenden angebotenen Gegenbeweise sind zu erheben; zu dem Antrag auf Entmündigung wegen Trunksucht ist die Staatsanwaltschaft nicht befugt;
2. als §. 49a.

Parteifähig ist, wer rechtsfähig ist.

Vereine, die nicht rechtsfähig sind, können verklagt werden, wie wenn sie rechtsfähig wären.

und als §. 668a.

Zur Zwangsvollstreckung in das Vermögen eines nicht rechtsfähigen Vereins genügt ein gegen den Verein ergangenes Urtheil.

II. den Herrn Reichskanzler zu ersuchen, bei dieser Novelle zur Civilprozeßordnung Vorschriften in Erwägung zu nehmen, nach welchen

1. eine schleunigere Beitreibung des verdienten Arbeitslohns ermöglicht wird;
2. in einem auf Räumung einer Wohnung lautenden Urtheil eine angemessene Frist zur Räumung gewährt werden muß;
3. der Kreis der unpfändbaren Sachen erweitert, mindestens auf alle für den Erwerb oder Beruf des Schuldners unentbehrlichen Gegenstände ausgedehnt wird.

III. es werde die Erwartung ausgesprochen, daß

1. die Rechtsverhältnisse der Berufsvereine,
2. die Verträge, durch welche Jemand sich verpflichtet, einen Theil seiner geistigen oder körperlichen Arbeitskraft für die häusliche Gemeinschaft, ein wirthschaft-

liches oder ein gewerbliches Unternehmen eines Anderen gegen einen vereinbarten Lohn zu verwenden,

3. die Haftung des Reiches für den durch Reichsbeamte in Ausübung der Amtsbefugnisse verursachten Schaden für den Fall, daß der Ersatz des Schadens von den Beamten nicht zu erlangen ist,
4. das Bergrecht,
5. das Jagd- und Fischereirecht.
6. das Versicherungsrecht,
7. das Verlagsrecht,
8. das gesammte Wasserrecht mit Einschluß der Vorschriften über Bewässerung und Entwässerung für das Deutsche Reich baldthunlichst einheitlich geregelt werden.

Berichtigung.

S. 27	Zeile 20	von	unten	„den Landesgesetzen"		zu streichen;			
„ 40	„ 18	„	„	statt	138a	zu	setzen	158a;	
„ 42	„ 11	„	„	„	138	„	„	130;	
„ 137	„ 9	„	„	„	39	„	„	45.	

Herrosé & Ziemsen, Gräfenhainichen.

Kolibri 360 GmbH
Ferdinand-Jühlke-Straße 7
99095 Erfurt, Deutschland
produktsicherheit@kolibri360.de